도시재생정책론

임 공 수

청목출판사

서 문

도시재생은 지속가능한 미래지향적인 새로운 도시계획이며 도시개발정책이다. 또, 도시재생은 역사와 문화, 환경과 인류가 공존하는 방법이다. 재개발은 기존의 도시기반을 정리하고 새롭게 만드는 것이라면, 도시재생은 역사적 가치, 문화적 가치, 환경적 가치, 경제적 가치 등을 고려하면서 도시의 구성요소들이 공존할 수 있는 방법론적 해법이다. 재건축, 환경정비 등이 부분적 도시개발이라면 도시재생은 도시를 구성하는 모든 요소를 고려한 종합적인 미래도시발전상의 모습이다.

도시는 인간이 살아가는 가장 일반적인 생활·활동공간으로, 현대사회는 도시생활을 통하여 인간의 모든 활동이 진행된다고 해도 과언이 아니다. 즉, 도시는 인간의 활동영역에서 사회적인 활동. 즉 경제적인 활동과 사회문화적인 활동 등을 이루는 가장 보편적인 공간이다. 도시는 건축물을 비롯하여 쇼핑, 문화, 금융, 경제가 집약되고 교환되는 공간으로써 정치, 행정 등 공공서비스는 물론 각종 서비스가 교환되는 공간이다. 그러므로 모든 국가는 정치, 경제, 사회, 문화 등의 발전상을 도시에 집약하고 있다. 즉, 역사적으로 도시의 발달은 곧 그 국가의 발전과 위상에 따라 진보하여 왔고 성장하여 왔다.

한편, 도시의 건설과 유지에는 막대한 자금이 필요하다. 즉, 금융이 필요하게 된다. 부지매입과 주택을 비롯한 각종 건축물의 신축과 개보수, 도로망의 구축과 도시기반시설을 갖추기 위해서는 불가피하게 금융적인 문제를 해소하지 않고는 실현할 수 없다. 막대한 자금이 필요한 도시정책실행에서 금융은 다양한 형태로 발전하여 왔다. 국가나 공공기관이 운영하는 정책자금과 융자, 국가예산을 비롯하여 각종 펀드, 프로젝트금융과 금융보증상품, 은행 등 금융기관이 운영하는 대출, 투자금융 등 그 종류도 매우 많다.

이처럼 도시정책은 그 중요성과 막대한 자금의 소요, 국민생활과 국가경제에 미치는 영향이 큰 만큼, 이와 관련한 각종 정책·제도들도 다양하게 제시되었고 실행되고 있다. 본서는 도시, 금융의 문제를 정책과 시장 등 복합적인 도시재생정책을 종합적으로 다룰 수 있는 틀을 마련해 보고자 하는 의도에서 기술되었다.

저자 임공수

차 례

제 1 장

도시재생정책의 이해

제1절 서 설

도시재생정책은 새로운 도시계획이며 지속가능한 도시개발정책이다. 기존의 도시정책은 역사적인 도시 외에 새로운 도시(행정도시, 산업도시, 혁신도시 등)의 건설이 일반적인 것이었다. 그러나 점차 도시는 많은 문제들을 안게 되었고, 도시가 안고 있는 문제점인 도시의 노후화, 도심의 공동화 등 문제 해소를 위해 기존 도시의 확대, 재건축, 리뉴얼, 재개발, 환경정비라는 부분별 정책으로 도시의 변화를 가져오는 정책으로 진행된 것이 그 동안의 일반적인 정책이었다. 그러나 이러한 정책만으로는 많은 도시가 않고 있는 문제를 해소하기에는 무리가 있었고, 새로운 도시의 건설은 부지와 기반시설구축도 부담이다. 특히 도시의 역사적, 문화적 가치를 제고하면서 도시의 혁신을 꾀하기 위해서는 새로운 도시디자인의 패러다임이 필요하게 되었는데, 이를 적절하게 반영할 수 있는 정책이 도시재생정책이라고 할 수 있다. 즉 도시재생정책은 국가경제정책이며 국민생활환경정책이고 산업정책이며 고용창출정책으로 종합정책이라고 할 수 있다

도시재생은 낙후된 도시의 문제를 해소하는 중요한 사업이나 이러한 사업은 수익이 기대되는 부분도 있지만, 수익과 무관하게 정책적으로 또는 적자를 감수하더라도 추진해야 할 필요성이 있는 부분도 있다. 그러므로 국가와 공공이 참여하는 것은 물론, 민간 또는 사회적 공동체의 참여가 필요하다. 소통과 참여를 유도함은 물론, 자금적인 측면에서도 국가나 공공은 예산이나 기금을 투입하게 되고, 이는 국가적인 부담으로 작용할 수 있다. 그러므로 공공은 도시재생의 마중물역할을 하는 자금의 투입, 적자이지만 불가피하게 추

진해야 하는 도시재생 등에 집중하고, 수익성이 보장되는 도시재생사업의 경우는 민간의 참여를 적극 유도하는 것이 필요하다. 이를 위해서는 사회적 금융을 육성하고 협동조합, 공동투자기법을 개발하는 등의 다양한 노력이 필요하다. 이를 통하여 지속가능한 도시발전을 도모할 수 있는 재원의 확보와 사업추진이 가능할 수 있다.

도시정책에서의 현안을 일괄적인 계획을 통해서 일체로 다루기에는 무리가 있다. 지역적, 요소별 특성을 반영한 특성화 계획이 필요하다. 도시재생정책에서 우리 정부는 도시에서의 주거문제를 해소하기 위한 주택정책을 비롯하여 도시재생정책, 도시재생관련 금융프로그램의 마련 등에 대하여 가장 중요한 국가정책적인 고려대상으로 여기고 있다. 한편 도시에서의 주거문제 및 도시정책과 관련한 정책적 기저에는 아주 막대한 재원이 필요하다. 그러므로 도시재생사업의 성공적인 추진을 위해서는 재원마련이 중요한 과제가 된다고 할 수 있다. 이에는 공적기금, 예산, 민간자금 등 다양한 재원마련이 도시재생금융정책으로 고려하여야 할 대상이다. 이하에서는 도시재생법규와 정책, 도시정책의 패러다임, 국내외 주요 도시재생사례, 도시재생프로그램과 금융, 도시재생절차와 방법, 모니터링 및 코디네이팅 등을 중심으로 설명하고자 한다.

제 2 절 도시재생정책의 논의 대상

Ⅰ. 도시정책 일반론

도시는 인류가 집단주거지역의 형성과 정치적인 준거점으로부터 시작되었다고 할 수 있다. 고대 도시는 왕궁을 중심으로 하는 정치와 행정, 문화 등 나라의 모든 중심적 기능을 하였다. 이러한 도시의 초기기능은 중앙의 정치, 행정 등의 중심지인 수도에 집중하였고, 점자 지배통제력이 확산되면서 지방행정중심으로 확대되었다. 또한 교역 등이 확대되면서 상업지구 등이 형성되고, 항만 등 해양교류지역, 교통결절지역 등으로 도시화가 진전되었다.[1)]

즉, 도시화는 자연발생적으로 도시지역으로 확대발전하는 경향도 있지만, 행정중심도시, 산업도시, 최근에는 혁신도시 등 계획적인 도시계획에 따라 형성되는 것이 현대적인 도시

1) 수도 ⇒ 지방행정중심 ⇒ 상업지구 ⇒ 해양교류지역 등으로 도시화가 확대되었다. 그러나 IT중심의 가상공간사회에서는 지역적인 고려는 그 의미가 축소되고 있다.

화의 일반적인 모습이라고 할 수 있다. 물론, 고대국가들도 수도건설의 일면을 보면 계획도시의 일면을 많이 볼 수 있다. 현대에서 공업도시 등 산업화에 따른 도시계획은 도시계획의 근간을 이룬다고 할 수 있다. 또 우리나라의 신도시 개발에서 볼 수 있는 것처럼 대규모 택지개발과 함께 도시인프라를 구축하고 주택단지를 조성하고, 행정, 상업, 문화시설, 의료보건시설, 교육시설 등을 건설한 사례들을 보면 체계적인 계획에 따라 이루어졌음을 알 수 있다. 이러한 도시계획은 장기적인 도시정책을 필요로 한다. 우리나라의 경우는 국토종합계획과 함께 도시개발계획도 이루어졌음을 알 수 있는데, 이는 신도시뿐만 아니라 구도시를 개편하는 과정에서도 장기계획을 기반으로 추진되고 있음을 알 수 있다.

물론, 현대 도시개발에서는 도시기반의 다양한 인프라 외에도 주택문제는 가장 큰 도시화의 이슈가 되었다. 도시로 집중되는 인구로 인한 주거문제의 해소는 현대도시에서 추진해야 할 가장 중요한 정책이었다고 할 수 있다. 주택정책에서 가장 큰 이슈는 절대적으로 부족한 주택의 공급확대가 가장 먼저 우선과제로 시행되었고, 이를 해소하기 위한 도시개발에서는 재개발, 재건축의 사업이 중점적으로 추진되었다. 그러나 이러한 주택의 공급에는 막대한 재원이 필요하게 되고, 주택건설을 위한 막대한 재원을 조달하기 위한 금융정책도 주택정책에서 매우 중요한 과제가 되고 있다. 다음으로 주택의 공급질서를 공정하고 투명하게 운영하고자 하는 정책적인 고려도 중요하다. 또한, 자가주택을 확대하기 위한 청약제도, 우대정책 및 자금조달정책, 사회적 취약계층을 위한 공급정책 등 다양한 형태의 주택정책 내지 관련정책이 각 정부에서 시행되었다. 그러나 주택정책은 투기수요를 증폭시키고 주택가격의 불균형 등 많은 부작용도 발생하여 이를 시정하기 위한 정책들도 다양하게 시행되었다. 물론 이러한 정책은 시장의 상황에 따라 때로는 완화하고 때로는 강화하면서 탄력적으로 대응하는 정책적인 고려가 있다고 할 수 있다. 결론적으로 주택정책은 국가경제 및 국민경제, 국민생활에 매우 중요한 부분을 차지하고 있다는 점이며, 도시정책에서도 매우 중요한 정책적인 과제로 고려되고 있다고 할 수 있다.

Ⅱ. 도시계획 및 도시개발정책

개념적으로 도시계획은 용도지역, 지구·구역에 관한계획, 도시기반시설에 관한 계획, 도시개발사업에 관한 계획, 지구단위계획 등을 일관된 체계로 종합화하여 단계적으로 집행할 수 있도록 물적으로 표현하는 계획을 말한다. 우리나라 도시계획은 국토의 계획 및 이용에 관한 법률(국토계획법)에 근거하여 시행되며, 이 법에 의한 도시기본계획 및 도시관리계획 외에도 도시 내 일정구역(단지)을 대상으로 하는 도시계획으로 도시 및 주거환경정비법(도시정비법)에 의한 도시·주거환경정비기본계획, 도시재생 활성화 및 지원에 관한 특별법(도시재생법)에 의한 도시재생전략계획 등이 있다.

국토계획법은 도시계획의 근간이 되는 법률로서 국토의 이용·개발과 보전을 위한 계획의 수립 및 집행 등에 필요한 사항들을 정하여 공공복리를 증진시키고 국민의 삶의 질을 향상시키는 것을 목적으로 제정되었고, 광역도시계획 및 도시기본계획, 도시관리계획, 지구단위계획, 기반시설계획, 개발행위허가 등에 관한 계획수립 절차 및 내용에 대하여 규정하고 있다. 아울러 도시개발법은 도시개발에 필요한 사항을 규정하여 계획적이고 체계적인 도시개발을 도모하고 쾌적한 도시환경의 조성과 공공복리의 증진에 이바지함을 목적으로 하고 있다. 또한, 도시정비법은 도시기능의 회복이 필요하거나 주거환경이 불량한 지역을 계획적으로 정비하고 노후 불량주택을 효율적으로 개량함으로써 도시환경을 개선하고 주거생활의 질을 높이고자 제정되었으며, 도시·주거환경정비기본계획의 수립과 정비구역의 지정, 정비사업의 시행절차 등에 관하여 규정하고 있다. 아울러, 도시재생법은 도시의 경제적·사회적·문화적 활력 회복을 위하여 공공의 역할과 지원을 강화함으로써 도시의 자생적 성장기반을 확충하고 도시의 경쟁력을 제고 하여 지역 공동체를 회복하는 등 국민의 삶의 질 향상에 이바지함을 목적으로 제정되었으며, 도시재생전략계획의 수립과 도시재생활성화지역의 지정, 도시재생사업의 실행방안 등에 관하여 규정하고 있다.

도시계획을 단계별로 구분하면, 우선 광역도시계획은 광역계획권의 장기 발전방향을 제시하는 도시기본계획의 상위계획이다. 다음으로 도시기본계획은 관할구역에 대하여 20년을 단위로 하여 기본적인 공간구조와 장기 발전방향을 제시하는 종합적인 계획으로서, 도시관리계획 수립에 지침이 되는 계획을 말하며 정책방향을 정하는 장기계획을 말한다. 도시관리계획은 토지의 개발, 정비 및 보전을 위하여 수립하는 토지이용, 교통, 환경, 경관, 안전, 산업, 정보통신, 안보, 문화 등에 관한 구체적인 계획을 말한다.

한편, 도시개발은 도시변화의 수요에 대응하여 도시발전을 도모하기 위한 일련의 의도적 행위로서 도시계획의 이념을 실현하는 행위라고 할 수 있다. 도시개발은 급속도로 변화해가며 개발과 환경보전, 기능과 삶의 질 사이에서 계속적인 진보를 거듭하고 있으며, 최근 지속 가능한 개발이 대두되면서 단순히 한정된 도시 분야를 넘어 사회·문화·경제·환경 등 인간이 살아가는데 필요한 모든 분야를 포괄하는 차원에서 도시개발이 이루어지고 있다. 도시개발의 패러다임을 이해하기 위해서는 도시에서 일어나는 변화를 살펴봄이 우선되어야 하는데, 도시의 변화는 크게 도시사회 문화 전반에 걸친 변화와 도시계획 이론의 변화, 도시 공간의 변화 등으로 세분되어 살펴볼 수 있다. 도시사회문화의 전반적인 변화는 도시계획이론의 변화를 이끌고, 이는 도시 공간의 변화에 영향을 미치며 공간의 변화는 다시 도시사회문화 전반의 변화로 이어지는 등 이들은 서로 매우 밀접한 상호관계를 가지고 시간이 지남에 따라 순환하는 체계를 이룬다.

도시개발에 대해서는 다양한 개념적 정의가 있다. 도시개발법에서 정의하는 도시개발의 제도적 개념은 도시개발 구역에서 주거, 상업, 유통, 정보통신, 생태, 문화, 보건 및 복지 등의 기능이 있는 단지 또는 시가지를 조성하기 위하여 시행하는 사업을 말한다. 즉, 도시개발이란 시간적인 변화의 수요에 대응하여 도시발전의 목적을 달성하고자 계획적이고 체계적으로 쾌적한 도시환경 조성과 공공복리의 증진에 기여하는 개발로써, 기본적으로 공공적인 성격을 가지고 있다. 도시개발의 목적은 도시적 형태와 기능을 갖춘 시가지를 조성하거나, 도시공간을 생산 공급하기 위한 개발행위라고 할 수 있다. 도시개발(urban development)의 사전적 의미는 기성도시 주변 또는 떨어진 곳에 인구 및 산업 등을 조절, 정비하고 기성도시의 확장, 신도시의 건설 등을 하는 것이다. 그러나 이는 단순히 도시개발의 개념을 도시와 개발이라는 용어의 결합만을 의미하는 것으로, 보다 구체적인 정의를 위해 도시개발을 새로운 시가지 조성과 기존시가지의 정비나 재개발도 포함되는 것으로 보아야 한다. 새로운 시가지 조성은 아직 도시적 형태와 기능을 지니지 않은 토지에 도시적 기능을 부여하기 위해 형태를 바꾸고 용도를 부여하는 것으로서 단지개발, 신시가지 조성이나 신도시 개발 등을 의미한다.

시대의 변화에 따라 다양한 도시문제가 발생하고 있고, 이러한 문제를 해소하기 위한 다양한 도시개념, 도시이론이 생겨나고 있다. 대표적인 것으로 뉴어버니즘(New Urbanism)과 어번빌리지(Urban Village), 콤팩트시티(Compact City) 등을 들 수 있다. 이러한 도시개념 내지 도시이론은 도시개발의 목표나 방향을 다양하게 구축할 필요성을 요구하고 있다. 도시개발에서 최근에 이슈가 되는 것은 혁신도시개발, 도시재생이다. 혁신도시는 세계적으로 지속가능한 도시의 개발측면에서 추진되고 있다. 우리나라도 행정중심복합도시(행복도시, 현 세종시)를 건설하여 중앙행정기능을 수행하는 부처를 이전한 바 있고, 공공기관의 지방이전정책에 맞추어 각 시도에 혁신도시를 건설하여 균형발전을 도모하고 있다. 외국에서 혁신도시의 대표적인 사례로 프랑스 파리의 라데팡스[2] 등을 들 수 있다.

2) 라데팡스(Quartier de la Defense)는 프랑스 파리 북서쪽 6㎞ 지점에, 744ha(A지구 : 154ha, B지구 : 590ha)면적에 건설한 복합기능도시이다. 개발절차를 살펴보면, Ⓐ EPAD(라데팡스지역 개발본부)의 설립 : 1955년 정부는 경제상업지구 건설계획을 가지고 낭떼르지구를 선정하였는데, 전쟁 후 건물 및 기타 인프라가 없는 상태에서 새로운 도시를 건설하기에는 적합한 장소였고 특히 puteaux와 courbevoie라는 두 지역과 접하고 있어 최적의 입지로 평가되었다. 그 후 EPAD를 설

Ⅲ. 도시재생정책

현대는 급속한 산업화와 도시화에 따른 각종 도시생활문제가 발생하고, 환경적, 문화적, 교육적인 문제 등 다양한 문제들이 발생하면서 도시재생의 문제가 대두되었다. 도시화에 대하여 도시재생이라는 명제가 본격적으로 대두된 것은 1990년대 영국의 사례를 들 수 있다. 그동안의 도시화는 기존도시를 확장하고, 새로운 도시를 건설하는 것이 일반적인 도시정책이었다면, 이제부터 도시정책은 기존도시의 재생이라는 문제에 관심을 가지게 된 것이다. 우리나라의 경우도 현 정부의 도시재생정책을 확대하면서 그동안 재건축, 재개발 형식의 도시환경개선 사업을 보다 진일보한 도시재생정책으로 변경하여 추진하고 있다.

도시계획 및 도시개발, 도시재생은 종합적인 계획이 필요하고 복합개발이 필요한 만큼 이에 소요되는 비용도 막대하다. 그러므로 도시계획 등에는 막대한 재원조달과 효율적인 운영이 필요하다. 여기에서 도시금융정책이 중요한 과제가 된다고 할 수 있다. 도시금융은 프로젝트금융, 펀드, 정책자금 등 다양한 형태로 조달되고 있다. 선진제국들도 막대한 도시금융의 조달을 위한 다양한 프로그램을 활용하고 있음을 알 수 있는데, 우리나라의 경우 다양한 형태의 금융프로그램과 함께 다양한 개발프로그램과 정책금융을 통한 지원대책을 마련하고 있다. 결국 도시계획과 도시재생 등 도시정책에는 금융프로그램이 중요

립하여 적극적인 개발에 나서, EPAD는 6년간의 개발계획입안과 필요한 토지(90만평) 수용절차를 거쳐 1964년 라데팡스 개발 마스터플랜을 수립하여 본격 개발에 착수하였다. Ⓑ CNIT(Centre National des Industries Techniques)의 건설 : 초기 라데팡스개발은 정부가 주도하긴 했으나 개인자본으로 이루어졌으며, 라데팡스 개발의 시작점이라고 할 수 있는 CNIT의 건설은 라데팡스 지구의 성격을 규정짓는 중요한 역할을 함과 동시에 개발을 가속화하는 원동력으로 작용하였다. Ⓒ EPAD의 3가지 고려요소 : EPAD가 정책을 펼 당시 이미 라데팡스에는 파리를 드나드는 가장 빈번한 도로들이 존재하였으며, 하루에 약 65,000대 가량의 차량들이 이 도로를 이용하고 있었기에 도로의 재정비가 요구되었고, 파리의 서쪽 지역은 주로 주거지로 이용되는 지역이며, 이와 가까운 곳에 3차 산업을 위한 지구를 제공함으로써 주거와 일 사이에 새로운 관계정립이 요구되었다. 라데팡스는 탄력적인 건축규제 방안 마련, 입체교통시스템(인공지반 도입과 다층구조 교통여건) 비즈니스 지역(48만평)에 거대한 복층도시구조를 설치하고, 도로·지하철·철도·주차장 등 모든 교통관련시설은 아래층 지하에 설치되고 그 위에 건축물 및 각종 공간 등을 조성, 복층구조를 통해 교통효율의 극대화, 파리의 전통인 역사성과 예술성의 강조, 공간활용도 제고, 개발비용 절감, 지상에서의 도로 확장, 신규도로개설 등에 따른 보상비 부담과 공기장기화 등의 문제를 최소화하고 공간이용도를 극대화하였다. 라데팡스의 성공요인으로는 장기적이고 일관된 개발과 편리한 인프라구성에 의한 기업의 유치, 1970년대 이후 프랑스 국내외 기업들의 진출이 줄을 이었고 비즈니스 지역을 중심으로 1,600여개의 기업이 이곳에 본사나 지사를 설치했으며 엘프아퀴타인사, EDF 토털사, 프랑스텔레콤 등 프랑스 상위 20개사 중 14개사가 이곳에 본사를 두고 있고, 엑손, IBM, 모빌 등 세계적 기업들이 대거 입주해 있다. 또한, 완벽한 교통망 구축으로 세계의 기업들을 유치하고 신도시 주거기능 활성화를 위해 개발초기부터 정부보조 및 건축권 판매로 조성된 자금의 대부분이 교통시설에 집중 투입되었다.

한 비중을 가진다고 할 수 있다.

Ⅳ. 도시금융정책

도시금융은 도시계획 및 도시재생정책을 실현하는 정책적인 금융, 도시재생사업지역에서의 주택을 비롯한 도시재생사업을 추진하기 위한 공공자금, 예산, 펀드, 투자 등의 금융으로 볼 수 있다. 다만, 도시금융은 일반 시장금융상품의 구조적인 틀에서 판단되는 부분 외에도 정책적으로 실행되는 정책적인 금융이 강하게 작용하고 있다는 점을 염두에 둘 필요가 있다. 이러한 측면에서 주택도시기금이라는 정책금융이 우리 정부가 운영하는 기금 중에서 가장 큰 규모와 비중을 차지하고 있는 점도 고려할 필요가 있다. 물론, 주택정책이나 도시기반시설 구축 및 도시재생을 위한 도시정책의 실현은 국민의 기본적인 삶에 필요한 부분이고 이러한 정책을 실현하는데 막대한 재원이 필요한 점도 고려할 필요가 있다.

도시금융은 시중금융, 정책기금 외에도 각종 금융보증제도, 프로젝트금융, 신탁제도, 릿츠, 투자금융, 개발금융 등을 들 수 있다. 최근 확산되고 있는 사회적 금융도 도시금융으로 활용되고 있다. 그러나 주택도시금융이 우리의 현실에서 아직은 주택부분에 대한 금융체계와 금융프로그램이 규모면에서도 절대적인 비중을 차지하고 있고, 도시재생사업을 지원하기 위한 도시재생부분의 금융프로그램은 그 다양성을 확보하지 못하고 있다. 이러한 측면에서 우리 보다 먼저 도시재생정책을 추진하고 있는 선진제국의 도시재생관련 각종 금융프로그램을 검토하는 것은 우리의 현실에 접목할 수 있는 대안을 찾고, 도시재생금융을 활성화하는 방법을 찾을 수 있을 것이다.

또한, 주택도시금융정책이 경제규제정책과 맞물려 실행되고 있는 점을 감안할 필요가 있다. 공급자금융뿐만 아니라 소비자금융측면에서도 각종 규제정책이 복합적으로 추진되고 있는 점은 국가경제와 국민경제에서 그 중요성이 크다는 점을 반증하는 것이지만 규제의 강화와 규제의 완화를 적절하게 조절하는 기능을 통해서 주택정책과 도시정책의 실효성을 제고할 수 있다는 점, 규모와 중요성면에서 정책금융의 역할과 함께 시장금융의 역할이 적절하게 조화될 수 있어야 한다는 점, 주택정책과 도시재생 등이 사회적 주체와 정책주체 등 사회적 합의가 필요하다는 점에서 사회적 금융정책도 접목될 수 있다는 점, 펀드, 리츠, 신탁, 프로젝트금융 등 다양한 형태의 금융프로그램이 활용될 수 있다는 점 등을 고려하여야 할 것이다.

V. 프로세싱 관리 및 코디네이팅 정책

도시계획과 도시개발은 여러 사례에서 살펴보면 그 성공요인으로 철저한 사전조사와 체계적인 추진계획, 일관성 있는 정책 추진, 개발재원의 확보, 주민과 정책당국 등 이해관계자들의 소통과 협업이 중요하다. 아울러 장기간에 걸쳐 추진되는 도시개발과 도시재생사업은 참여자가 자주 바뀔 수 있고, 세대가 바뀌는 경우도 있는 것처럼 전문가 집단의 코디네이팅[3]이 중요한 부분으로 고려되어야 한다.

프로세싱관리정책에서는 기본계획에 대한 프로세스의 정확한 이해와 스케줄링이 필요하다. 그리고 각 단계별로 모니터링하고, 평가하고, 피드백하는 과정이 중요하며, 이러한 단계별(사전, 사후 등 모든 과정) 평가지표와 지침 및 기준의 마련이 필요하다.

코디네이팅 정책에서는 코디네이터의 양성 내지 역량제고, 활용방안, 역할가이드라인의 마련 등이 필요하다. 유럽의 다양한 도시재생사업에서 유럽투자은행(EIB)의 직원 중 약 10%는 각 단계별 모니터링을 하여 피드백하는 작업을 하고 있다. 이때 점검된 주요 사항들을 각 단계별 사업추진의 코디네이팅 자료가 되고, 유사한 다른 사업의 지침이 되도록 관리하고 있다. 결국 EIB가 모니터링과 코디네이터의 역할을 수행하여 유럽의 도시재생사업은 성공적인 사례를 많이 만들고 있다. 아울러 사업성분석, 금융구조화 조언 등에서의 ECORYS도 훌륭한 코디네이터의 역할을 수행하고 있는 점을 고려하면 우리의 도시재생정책에서도 코디네이터의 역할 및 코디네이팅을 고려하여야 할 것이다.

---

3) 정부, 지자체, 기업, 공동체 등이 추진하는 도시재생사업 전반에 대한 조언과 자문을 수행하는 전문가를 말한다. 역할로는 도시재생 사업 대상지역을 탐방하여 지역의 역사, 문화, 도시기능적 특징, 생태자원, 고유한 환경, 인문학적 특징 등 도시재생을 위한 지역적 자산, 지역내 사회적 관계(갈등사안, 주민의 요구, 이해관계 등) 등을 조사하고, 지역의 비전, 지역경제 활성화 방안, 삶의 질 향상 방안, 자립적 선순환 환경시스템, 지역경쟁력 강화, 생태자원의 활용, 인문학적 자산의 활용 등을 기획하고 도시재생마스터플랜을 작성하며, 도시재생 사업이 추진되면 공공 및 민간분야의 여러 사업주체에게 도시재생 기법에 대한 지식을 제하고 중재자 역할을 수행한다. 또한 사업 추진 중에 발생하는 갈등을 조정하기도 한다. 아울러 개발방식, 도시재생재원의 확보와 활용에 대한 금융구조화 작업과 컨설팅 등 금융공학적인 지식, 도시계획과 도시개발측면의 도시공학적인 지식을 겸비한 전문가성이 요구된다.

제 2 장

도시계획 및 도시재생정책

제1절 서 설

도시계획은 도시의 건전한 발전과 균형 있는 정비, 시민의 삶의 질을 보장하기 위해 토지의 이용, 도시기반시설의 확충, 공원이나 편의시설 설치, 주거지구 배분 등을 자연발생적으로 하는 것이 아니라 철저하게 정부의 인위적이고 체계적인 계획 하에 집행하는 것을 말하는 것으로, 사람들의 도시생활 전반에 영향을 끼친다. 현대사회에서 도시계획은 생활수준의 향상뿐만 아니라 도시의 미관을 좋게 하고, 도시환경을 개선하고, 기반시설 등을 구축하여 생활편의를 도모하는 모든 과정을 포함한다고 할 수 있다.

도시개발은 도시의 편리성을 향상시키는 사업의 총칭을 일컫는다. 도시개발은 급속도로 변화해가며 개발과 환경보전, 기능과 삶의 질 사이에서 계속적인 진보를 거듭하고 있으며, 최근 지속 가능한 개발이 대두되면서 단순히 한정된 도시 분야를 넘어 사회·문화·경제·환경 등 인간이 살아가는데 필요한 모든 분야를 포괄하는 차원에서 도시개발이 이루어지고 있다. 도시개발의 제도적 개념은 도시개발 구역에서 주거, 상업, 유통, 정보통신, 생태, 문화, 보건 및 복지 등의 기능이 있는 단지 또는 시가지를 조성하기 위하여 시행하는 사업을 말한다. 즉, 도시개발이란 시간적인 변화의 수요에 대응하여 도시발전의 목적을 달성하고자 계획적이고 체계적으로 쾌적한 도시환경 조성과 공공복리의 증진에 기여하는 개발로써, 기본적으로 공공적인 성격을 가지고 있다. 도시개발의 목적은 도시적 형태와 기능을 갖춘 시가지를 조성하거나, 도시공간을 생산·공급하기 위한 개발행위라고 할 수 있다.

도시정비와 관련하여 도시정비법에서 정한 절차에 따라 도시기능을 회복하기 위하여 정비구역에서 정비기반시설을 정비하거나 주택 등 건축물을 개량 또는 건설하는 ⓐ 주거환경개선사업 : 도시저소득 주민이 집단거주하는 지역으로서 정비기반시설이 극히 열악하고 노후 · 불량건축물이 과도하게 밀집한 지역의 주거환경을 개선하거나 단독주택 및 다세대주택이 밀집한 지역에서 정비기반시설과 공동이용시설 확충을 통하여 주거환경을 보전 · 정비 · 개량하기 위한 사업, ⓑ 재개발사업 : 정비기반시설이 열악하고 노후 · 불량건축물이 밀집한 지역에서 주거환경을 개선하거나 상업지역 · 공업지역 등에서 도시기능의 회복 및 상권활성화 등을 위하여 도시환경을 개선하기 위한 사업, ⓒ 재건축사업 : 정비기반시설은 양호하나 노후 · 불량건축물에 해당하는 공동주택이 밀집한 지역에서 주거환경을 개선하기 위한 사업을 말한다고 규정하고 있다. 결국 도시정비는 노후불량 주거 및 도시기반시설 등을 개선하는 주거환경개선, 재개발, 재건축사업 등을 총칭한다고 할 수 있다.

도시재생은 산업구조의 변화, 즉 기계적 대량생산 위주의 산업에서 최근 신산업(전자공학 · 하이테크 · IT산업 · 바이오산업)으로 변화되는 산업구조 및 신도시 위주의 도시 확장으로 인해 상대적으로 낙후된 기존 도시에 새로운 기능을 도입하고 창출함으로써 쇠퇴한 도시를 새롭게 경제적 · 사회적 · 물리적으로 부흥시키는 도시사업으로 도시정비 및 재개발 등의 사업을 포함하는 개념으로 지속가능한 미래도시상을 구현하는 종합적인 도시개발프로젝트라고 할 수 있다.

도시계획, 도시개발, 도시정비, 도시재생정책은 법령으로 규정하고 있는데, 주요법령으로는 주택법 및 건축법을 비롯하여, 도시개발법, 도시재정비촉진을위한특별법(도시재정비법), 전통시장및상점가육성을위한특별법(전통시장법), 국토계획법, 도시정비법, 도시재생법 등을 들 수 있다. 이들 중 도시계획 및 도시개발정책은 도시계획의 기본정책을 반영한 법이라 할 수 있는 국토계획법, 도시개발법을 중심으로 설명하고, 도시정비와 도시재생정책은 도시정비법, 도시재생법을 중심으로 설명하고자 한다.

제 2 절 도시계획 및 도시개발정책

Ⅰ. 도시계획

도시계획은 국토계획의 범주에서 종합적인 국토계획의 일환으로 추진된다. 그러므로 국토계획법에서도 국토의 이용·개발과 보전을 위한 계획의 수립 및 집행 등에 필요한 사항을 정하여 공공복리를 증진시키고 국민의 삶의 질을 향상시키는 것을 목적으로 하고 있다.

1. 도시 및 국토계획

(1) 도시 및 국토계획의 구분

① 광역도시계획이란 국토계획법에 따라 지정된 광역계획권의 장기발전방향을 제시하는 계획을 말하고, ② 도시·군계획이란 특별시·광역시·특별자치시·특별자치도·시 또는 군(광역시의 관할 구역에 있는 군은 제외)의 관할 구역에 대하여 수립하는 공간구조와 발전방향에 대한 계획으로서 도시·군기본계획과 도시·군관리계획으로 구분된다. 여기에서 ③ 도시·군기본계획이란 특별시·광역시·특별자치시·특별자치도·시 또는 군의 관할 구역에 대하여 기본적인 공간구조와 장기발전방향을 제시하는 종합계획으로서 도시·군관리계획 수립의 지침이 되는 계획을 말하고, ④ 도시·군관리계획이란 특별시·광역시·특별자치시·특별자치도·시 또는 군의 개발·정비 및 보전을 위하여 수립하는 토지이용, 교통, 환경, 경관, 안전, 산업, 정보통신, 보건, 복지, 안보, 문화 등에 관한 Ⓐ 용도지역[1]·용도지구[2]의 지정 또는 변경에 관한 계획, Ⓑ 개발제한구역, 도시자연공원구역, 시가화조정구역(市街化調整區域), 수산자원보호구역의 지정 또는 변경에 관한 계획, Ⓒ

1) 용도지역이란 토지의 이용 및 건축물의 용도, 건폐율(건축법 제55조의 건폐율), 용적률(건축법 제56조의 용적률), 높이 등을 제한함으로써 토지를 경제적·효율적으로 이용하고 공공복리의 증진을 도모하기 위하여 서로 중복되지 아니하게 도시·군관리계획으로 결정하는 지역을 말한다.
2) 용도지구란 토지의 이용 및 건축물의 용도·건폐율·용적률·높이 등에 대한 용도지역의 제한을 강화하거나 완화하여 적용함으로써 용도지역의 기능을 증진시키고 경관·안전 등을 도모하기 위하여 도시·군관리계획으로 결정하는 지역을 말한다.

기반시설의 설치 · 정비 또는 개량에 관한 계획, Ⓓ 도시개발사업이나 정비사업에 관한 계획, Ⓔ 지구단위계획구역의 지정 또는 변경에 관한 계획과 지구단위계획, Ⓕ 입지규제최소구역의 지정 또는 변경에 관한 계획과 입지규제최소구역계획을 말한다. 아울러, ⑤ 지구단위계획이란 도시 · 군계획 수립 대상지역의 일부에 대하여 토지 이용을 합리화하고 그 기능을 증진시키며 미관을 개선하고 양호한 환경을 확보하며, 그 지역을 체계적 · 계획적으로 관리하기 위하여 수립하는 도시 · 군관리계획을 말한다. ⑥ 용도구역이란 토지의 이용 및 건축물의 용도 · 건폐율 · 용적률 · 높이 등에 대한 용도지역 및 용도지구의 제한을 강화하거나 완화하여 따로 정함으로써 시가지의 무질서한 확산방지, 계획적이고 단계적인 토지이용의 도모, 토지이용의 종합적 조정 · 관리 등을 위하여 도시 · 군관리계획으로 결정하는 지역을 말한다.

한편, 국가계획, 광역도시계획 및 도시 · 군계획의 관계에서, 도시 · 군계획은 특별시 · 광역시 · 특별자치시 · 특별자치도 · 시 또는 군의 관할 구역에서 수립되는 다른 법률에 따른 토지의 이용 · 개발 및 보전에 관한 계획의 기본이 되고, 광역도시계획 및 도시 · 군계획은 국가계획에 부합되어야 하며, 광역도시계획 또는 도시 · 군계획의 내용이 국가계획의 내용과 다를 때에는 국가계획의 내용이 우선한다. 이 경우 국가계획을 수립하려는 중앙행정기관의 장은 미리 지방자치단체장의 의견을 듣고 충분히 협의하여야 한다. 또, 광역도시계획이 수립되어 있는 지역에 대하여 수립하는 도시 · 군기본계획은 그 광역도시계획에 부합되어야 하며, 도시 · 군기본계획의 내용이 광역도시계획의 내용과 다를 때에는 광역도시계획의 내용이 우선한다.

(2) 국토 이용관리원칙 및 도시의 지속가능평가

국토는 자연환경의 보전과 자원의 효율적 활용을 통하여 환경적으로 건전하고 지속가능한 발전을 이루기 위하여 Ⓐ 국민생활과 경제활동에 필요한 토지 및 각종 시설물의 효율적 이용과 원활한 공급, Ⓑ 자연환경 및 경관의 보전과 훼손된 자연환경 및 경관의 개선 및 복원, Ⓒ 교통 · 수자원 · 에너지 등 국민생활에 필요한 각종 기초 서비스 제공, Ⓓ 주거 등 생활환경 개선을 통한 국민의 삶의 질 향상, Ⓔ 지역의 정체성과 문화유산의 보전, Ⓕ 지역 간 협력 및 균형발전을 통한 공동번영의 추구, Ⓖ 지역경제의 발전과 지역 및 지역 내 적절한 기능 배분을 통한 사회적 비용의 최소화, Ⓗ 기후변화에 대한 대응 및 풍수해 저감을 통한 국민의 생명과 재산보호의 목적을 이룰 수 있도록 이용되고 관리되어야 한다.

한편, 국토교통부장관은 도시의 지속가능하고 균형 있는 발전과 주민의 편리하고 쾌적한 삶을 위하여 도시의 지속가능성 및 생활인프라(교육시설, 문화·체육시설, 교통시설 등의 시설로서 국토교통부장관이 정하는 것) 수준을 평가할 수 있고, 평가결과를 국가와 지방자치단체는 도시·군계획의 수립 및 집행에 반영하여야 한다.

(3) 도시지역의 관리의무

국토는 토지의 이용실태 및 특성, 장래의 토지 이용 방향, 지역 간 균형발전 등을 고려하여야 하는 바, 도시지역은 인구와 산업이 밀집되어 있거나 밀집이 예상되어 그 지역에 대하여 체계적인 개발·정비·관리·보전 등이 필요한 지역으로 그 지역이 체계적이고 효율적으로 개발·정비·보전될 수 있도록 미리 계획을 수립하고 그 계획을 시행하여 개발·정비 및 보전에 필요한 조치를 마련하여야 한다.

2. 광역도시계획

(1) 광역계획권의 지정

국토교통부장관 또는 도지사는 둘 이상의 특별시·광역시·특별자치시·특별자치도·시 또는 군의 공간구조 및 기능을 상호 연계시키고 환경을 보전하며 광역시설을 체계적으로 정비하기 위하여 필요한 경우에는 광역계획권으로 지정할 수 있다. 이 경우 광역계획권이 둘 이상의 특별시·광역시·특별자치시·도 또는 특별자치도(시·도)의 관할 구역에 걸쳐 있는 경우는 국토교통부장관이 지정하고, 광역계획권이 도의 관할 구역에 속하여 있는 경우는 도지사가 지정한다. 또한, 중앙행정기관의 장, 시·도지사, 시장 또는 군수는 국토교통부장관이나 도지사에게 광역계획권의 지정 또는 변경을 요청할 수 있고, 국토교통부장관은 광역계획권을 지정하거나 변경하려면 관계 시·도지사, 시장 또는 군수의 의견을 들은 후 중앙도시계획위원회의 심의를 거쳐야 한다. 아울러, 도지사가 광역계획권을 지정하거나 변경하려면 관계 중앙행정기관의 장, 관계 시·도지사, 시장 또는 군수의 의견을 들은 후 지방도시계획위원회의 심의를 거쳐야 한다.

(2) 광역도시계획의 수립권자

국토교통부장관, 시·도지사, 시장 또는 군수는 Ⓐ 광역계획권이 같은 도의 관할 구역에 속하여 있는 경우는 관할 시장 또는 군수가 공동으로 수립, Ⓑ 광역계획권이 둘 이상의 시·도의 관할 구역에 걸쳐 있는 경우는 관할 시·도지사가 공동으로 수립, Ⓒ 광역계획권을 지정한 날부터 3년이 지날 때까지 관할 시장 또는 군수로부터 광역도시계획의 승인 신청이 없는 경우는 관할 도지사가 수립의 구분에 따라 광역도시계획을 수립하여야 한다. 그럼에도 불구하고 국가계획과 관련된 광역도시계획의 수립이 필요한 경우나 광역계획권을 지정한 날부터 3년이 지날 때까지 관할 시・도지사로부터 광역도시계획의 승인 신청이 없는 경우는 국토교통부장관이 수립한다.

한편, 국토교통부장관은 시・도지사가 요청하는 경우와 그 밖에 필요하다고 인정되는 경우에는 관할 시・도지사와 공동으로 광역도시계획을 수립할 수 있으며, 도지사는 시장 또는 군수가 요청하는 경우와 그 밖에 필요하다고 인정하는 경우에는 관할 시장 또는 군수와 공동으로 광역도시계획을 수립할 수 있으며, 시장 또는 군수가 협의를 거쳐 요청하는 경우에는 단독으로 광역도시계획을 수립할 수 있다.

(3) 광역도시계획의 내용 및 승인

광역도시계획에는 Ⓐ 광역계획권의 공간구조와 기능분담에 관한 사항, Ⓑ 광역계획권의 녹지관리체계와 환경보전에 관한 사항, Ⓒ 광역시설의 배치・규모・설치에 관한 사항, Ⓓ 경관계획에 관한 사항, Ⓔ 그 밖에 광역계획권에 속하는 특별시・광역시・특별자치시・특별자치도・시 또는 군 상호 간의 기능연계에 관한 사항으로서 대통령령으로 정하는 사항 중 그 광역계획권의 지정목적을 이루는데 필요한 사항에 대한 정책 방향이 포함되어야 한다. 아울러, 시・도지사, 시장 또는 군수는 광역도시계획을 수립하거나 변경하려면 미리 관계 시・도, 시 또는 군의 의회와 관계 시장 또는 군수의 의견을 들어야 하고, 국토교통부장관은 광역도시계획을 수립하거나 변경하려면 관계 시・도지사에게 광역도시계획안을 송부하여야 하며, 관계 시・도지사는 그 광역도시계획안에 대하여 그 시・도의 의회와 관계 시장 또는 군수의 의견을 들은 후 그 결과를 국토교통부장관에게 제출하여야 한다.

한편, 시・도지사는 광역도시계획을 수립하거나 변경하려면 국토교통부장관의 승인을 받아야 하고, 국토교통부장관은 광역도시계획을 승인하거나 직접 광역도시계획을 수립 또는 변경(시・도지사와 공동으로 수립하거나 변경하는 경우를 포함)하려면 관계 중앙행정기관과 협의한 후 중앙도시계획위원회의 심의를 거쳐야 한다.

3. 도시・군기본계획

(1) 도시・군기본계획의 수립권자와 대상지역

특별시장・광역시장・특별자치시장・특별자치도지사・시장 또는 군수는 관할 구역에 대하여 도시·군기본계획을 수립하여야 하며(다만, 시 또는 군의 위치, 인구의 규모, 인구감소율 등을 고려하여 대통령령으로 정하는 시 또는 군은 도시·군기본계획을 수립하지 아니할 수 있다), 지역여건상 필요하다고 인정되면 인접한 특별시·광역시·특별자치시·특별자치도·시 또는 군의 관할 구역 전부 또는 일부를 포함하여 도시·군기본계획을 수립할 수 있다. 아울러, 인접한 특별시·광역시·특별자치시·특별자치도·시 또는 군의 관할 구역을 포함하여 도시·군기본계획을 수립하려면 미리 그 특별시장·광역시장·특별자치시장·특별자치도지사·시장 또는 군수와 협의하여야 한다.

(2) 도시·군기본계획의 내용 및 승인

도시·군기본계획에는 Ⓐ 지역적 특성 및 계획의 방향·목표에 관한 사항, Ⓑ 공간구조, 생활권의 설정 및 인구의 배분에 관한 사항, Ⓒ 토지의 이용 및 개발에 관한 사항, Ⓓ 토지의 용도별 수요 및 공급에 관한 사항, Ⓔ 환경의 보전 및 관리에 관한 사항, Ⓕ기반시설에 관한 사항, Ⓖ 공원·녹지에 관한 사항, Ⓗ 경관에 관한 사항, Ⓘ 기후변화 대응 및 에너지절약에 관한 사항, Ⓙ 방재 및 안전에 관한 사항, Ⓚ Ⓐ~Ⓙ사항의 단계별 추진에 관한 사항, Ⓛ 그 밖에 대통령령으로 정하는 사항에 대한 정책 방향이 포함되어야 한다. 아울러, 특별시장·광역시장·특별자치시장 또는 특별자치도지사는 도시·군기본계획을 수립하거나 변경하려면 관계 행정기관의 장(국토교통부장관을 포함)과 협의한 후 지방도시계획위원회의 심의를 거쳐야 한다.

한편, 시장 또는 군수는 도시·군기본계획을 수립하거나 변경하려면 대통령령으로 정하는 바에 따라 도지사의 승인을 받아야 하고, 도지사는 도시·군기본계획을 승인하려면 관계 행정기관의 장과 협의한 후 지방도시계획위원회의 심의를 거쳐야 한다.

4. 용도지역 및 지구단위계획

(1) 용도지역에서 도지지역

국토교통부장관, 시·도지사 또는 대도시 시장은 용도지역의 지정 또는 변경을 도시·군관리계획으로 결정한다. 이때 도시지역은 Ⓐ 주거지역: 거주의 안녕과 건전한 생활환경의 보호를 위하여 필요한 지역, Ⓑ 상업지역: 상업이나 그 밖의 업무의 편익을 증진하기 위하여 필요한 지역, Ⓒ 공업지역: 공업의 편익을 증진하기 위하여 필요한 지역, Ⓓ 녹지지역: 자연환경·농지 및 산림의 보호, 보건위생, 보안과 도시의 무질서한 확산을 방지하기 위하여 녹지의 보전이 필요한 지역으로 구분하여 지정한다.

(2) 지구단위계획의 수립 및 구역지정

지구단위계획은 도시의 정비 · 관리 · 보전 · 개발 등 지구단위계획구역의 지정 목적, 주거 · 산업 · 유통 · 관광휴양 · 복합 등 지구단위계획구역의 중심기능, 해당 용도지역의 특성, 그 밖에 대통령령으로 정하는 사항을 고려하여 수립한다. 지구단위계획의 수립기준 등은 대통령령으로 정하는 바에 따라 국토교통부장관이 정한다. 아울러, 지구단위계획구역의 지정은 국토교통부장관, 시 · 도지사, 시장 또는 군수는 국토계획법에 따라 지정된 용도지구, 도시개발법에 따라 지정된 도시개발구역, 도시정비법에 따라 지정된 정비구역, 택지개발촉진법에 따라 지정된 택지개발지구, 주택법에 따른 대지조성사업지구, 산업입지 및 개발에 관한 법률의 산업단지와 준산업단지, 관광진흥법에 따라 지정된 관광단지와 관광특구, 개발제한구역 · 도시자연공원구역 · 시가화조정구역 또는 공원에서 해제되는 구역, 녹지지역에서 주거 · 상업 · 공업지역으로 변경되는 구역과 새로 도시지역으로 편입되는 구역 중 계획적인 개발 또는 관리가 필요한 지역, 도시지역 내 주거 · 상업 · 업무 등의 기능을 결합하는 등 복합적인 토지 이용을 증진시킬 필요가 있는 지역으로서 대통령령으로 정하는 요건에 해당하는 지역, 도시지역 내 유휴토지를 효율적으로 개발하거나 교정시설, 군사시설, 그 밖에 대통령령으로 정하는 시설을 이전 또는 재배치하여 토지이용을 합리화하고, 그 기능을 증진시키기 위하여 집중적으로 정비가 필요한 지역으로서 대통령령으로 정하는 요건에 해당하는 지역, 도시지역의 체계적 · 계획적인 관리 또는 개발이 필요한 지역, 그 밖에 양호한 환경의 확보나 기능 및 미관의 증진 등을 위하여 필요한 지역으로서 대통령령으로 정하는 지역의 어느 하나에 해당하는 지역의 전부 또는 일부에 대하여 지구단위계획구역을 지정할 수 있다.

(3) 지구단위계획의 내용

지구단위계획구역의 지정목적을 이루기 위하여 지구단위계획에는 Ⓐ 용도지역이나 용도지구를 대통령령으로 정하는 범위에서 세분하거나 변경하는 사항, Ⓑ 기존의 용도지구를 폐지하고 그 용도지구에서의 건축물이나 그 밖의 시설의 용도 · 종류 및 규모 등의 제한을 대체하는 사항, Ⓒ 대통령령으로 정하는 기반시설의 배치와 규모, Ⓓ 도로로 둘러싸인 일단의 지역 또는 계획적인 개발 · 정비를 위하여 구획된 일단의 토지의 규모와 조성계획, Ⓔ 건축물의 용도제한, 건축물의 건폐율 또는 용적률, 건축물 높이의 최고한도 또는 최저한도, Ⓕ 건축물의 배치 · 형태 · 색채 또는 건축선에 관한 계획, Ⓖ 환경관리계획 또는 경관계획, Ⓗ 교통처리계획, Ⓘ 그 밖에 토지 이용의 합리화, 도시나 농 · 산 · 어촌의 기능 증진 등에 필요한 사항으로서 대통령령으로 정하는 사항 중 Ⓒ와 Ⓔ의 사항을 포함한 둘 이상의 사항이 포함되어야 한다. 다만, Ⓑ를 내용으로 하는 지구단위계획의 경우에는 그러하지 아니하다.

5. 도시계획위원회

(1) 중앙도시계획위원회

광역도시계획 · 도시 · 군계획 · 토지거래계약허가구역 등 국토교통부장관의 권한에 속하는 사항의 심의, 국토계획법 또는 다른 법률에서 중앙도시계획위원회의 심의를 거치도록 한 사항의 심의, 도시 · 군계획에 관한 조사 · 연구의 업무를 수행하기 위하여 국토교통부(국토부)에 중앙도시계획위원회를 둔다.

(2) 지방도시계획위원회

1) 시 · 도도시계획위원회

시 · 도지사가 결정하는 도시 · 군관리계획의 심의 등 시 · 도지사의 권한에 속하는 사항과 다른 법률에서 시 · 도도시계획위원회의 심의를 거치도록 한 사항의 심의, 국토교통부장관의 권한에 속하는 사항 중 중앙도시계획위원회의 심의 대상에 해당하는 사항이 시 · 도지사에게 위임된 경우 그 위임된 사항의 심의를 하게 하거나 도시 · 군관리계획과 관련하여 시 · 도지사가 자문하는 사항에 대한 조언, 그 밖에 대통령령으로 정하는 사항에 관한 심의 또는 조언 등 자문에 응하게 하기 위하여 시 · 도에 시 · 도도시계획위원회를 둔다.

2) 시 · 군 · 구도시계획위원회

도시 · 군관리계획과 관련된 시장 또는 군수가 결정하는 도시 · 군관리계획의 심의와 국토교통부장관이나 시 · 도지사의 권한에 속하는 사항 중 시 · 도도시계획위원회의 심의대상에 해당하는 사항이 시장 · 군수 또는 구청장에게 위임되거나 재위임된 경우 그 위임되거나 재위임된 사항의 심의, 개발행위의 허가 등에 관한 심의를 하게 하거나 도시 · 군관리계획과 관련하여 시장 · 군수 또는 구청장이 자문하는 사항에 대한 조언, 그 밖에 대통령령으로 정하는 사항에 관한 심의 또는 조언 등 자문에 응하게 하기 위하여 시 · 군(광역시의 관할 구역에 있는 군을 포함) 또는 구(자치구를 말한다)에 각각 시 · 군 · 구도시계획위원회를 둔다.

Ⅱ. 도시개발

도시개발법은 도시개발에 필요한 사항을 규정하여 계획적이고 체계적인 도시개발을 도모하고 쾌적한 도시환경의 조성과 공공복리의 증진에 이바지함을 목적으로 하고 있으며, 이 법에서는 "Ⓐ "도시개발구역"이란 도시개발사업을 시행하기 위하여 도시개발법에 따라 지정 · 고시된 구역, Ⓑ "도시개발사업"이란 도시개발구역에서 주거, 상업, 산업, 유통, 정보통신, 생태, 문화, 보건 및 복지 등의 기능이 있는 단지 또는 시가지를 조성하기 위하여 시행하는 사업이라고 정의하면서, 국토계획법에서 사용하는 용어는 이 법으로 특별히 정하는 경우 외에는 이 법에서 이를 적용한다."고 규정하고 있다.

1. 도시개발구역 및 도시개발계획

(1) 도시개발구역의 지정 및 해제

1) 도시개발구역의 지정

특별시장 · 광역시장 · 도지사 · 특별자치도지사(시 · 도지사)와 지방자치법에 따른 서울특별시와 광역시를 제외한 인구 50만 이상의 대도시의 시장(대도시 시장)은 계획적인 도시개발이 필요하다고 인정되는 때에는 도시개발구역을 지정할 수 있고, 도시개발사업이 필요하다고 인정되는 지역이 둘 이상의 특별시 · 광역시 · 도 · 특별자치도(시 · 도) 또는 지방자치법에 따른 서울특별시와 광역시를 제외한 인구 50만 이상의 대도시의 행정구역에 걸치는 경우에는 관계 시 · 도지사 또는 대도시 시장이 협의하여 도시개발구역을 지정할 자를 정한다.[3)]

2) 도시개발구역의 분할 및 결합

법령에 따라 도시개발구역을 지정하는 자(지정권자)는 도시개발사업의 효율적인 추진과 도시의 경관 보호 등을 위하여 필요하다고 인정하는 경우에는 도시개발구역을 둘 이

3) 아울러, 국토교통부장관은 Ⓐ 국가가 도시개발사업을 실시할 필요가 있는 경우, Ⓑ 관계 중앙행정기관의 장이 요청하는 경우, Ⓒ 도시개발법에 따른 공공기관의 장 또는 정부출연기관의 장이 법령으로 정하는 규모 이상으로서 국가계획과 밀접한 관련이 있는 도시개발구역의 지정을 제안하는 경우, Ⓓ 시 · 도지사 또는 대도시 시장이 협의가 성립되지 아니하는 경우, Ⓔ 그 밖에 법령으로 정하는 경우 도시개발구역을 지정할 수 있다. 또한, 시장(대도시 시장 제외) · 군수 또는 구청장(자치구의 구청장)은 법령으로 정하는 바에 따라 시 · 도지사에게 도시개발구역의 지정을 요청할 수 있다.

상의 사업시행지구로 분할하거나 서로 떨어진 둘 이상의 지역을 결합하여 하나의 도시개발구역으로 지정할 수 있다.

3) 도시개발구역 지정의 해제

도시개발구역의 지정은 Ⓐ 도시개발구역이 지정 · 고시된 날부터 3년이 되는 날까지 법령에 따른 실시계획의 인가를 신청하지 아니하는 경우에는 그 3년이 되는 날, Ⓑ 도시개발사업의 공사 완료(환지 방식에 따른 사업인 경우에는 그 환지처분)의 공고일의 어느 하나에 규정된 날의 다음 날에 해제된 것으로 본다.[4)]

(2) 도시개발계획의 수립 및 내용

1) 도시개발계획의 수립 및 변경

지정권자는 도시개발구역을 지정하려면 해당 도시개발구역에 대한 도시개발사업의 계획(개발계획)을 수립하여야 한다(다만, 개발계획을 공모하거나 법령으로 정하는 지역에 도시개발구역을 지정할 때에는 도시개발구역을 지정한 후에 개발계획을 수립할 수 있다). 또한, 지정권자는 창의적이고 효율적인 도시개발사업을 추진하기 위하여 필요한 경우에는 법령으로 정하는 바에 따라 개발계획안을 공모하여 선정된 안을 개발계획에 반영할 수 있다. 이 경우 선정된 개발계획안의 응모자가 도시개발법에서 규정한 시행자의 자격 요건을 갖춘 자인 경우에는 해당 응모자를 우선하여 시행자로 지정할 수 있고, 지정권자는 직접 또는 도시개발법에 따른 관계 중앙행정기관의 장 또는 시장(대도시 시장 제외) · 군수 · 구청장 또는 도시개발사업의 시행자의 요청을 받아 개발계획을 변경할 수 있다.[5)]

---

4) 한편, 공모 또는 법령으로 정하는 구역에 따라 도시개발구역을 지정한 후 개발계획을 수립하는 경우에는 Ⓐ 도시개발구역이 지정 · 고시된 날부터 2년이 되는 날까지 개발계획을 수립 · 고시하지 아니하는 경우에는 그 2년이 되는 날(다만, 도시개발구역의 면적이 법령으로 정하는 규모 이상인 경우에는 5년), Ⓑ 개발계획을 수립 · 고시한 날부터 3년이 되는 날까지 법령에 따른 실시계획 인가를 신청하지 아니하는 경우에는 그 3년이 되는 날(다만, 도시개발구역의 면적이 법령으로 정하는 규모 이상인 경우에는 5년)의 어느 하나에 규정된 날의 다음 날에 도시개발구역의 지정이 해제된 것으로 본다.

5) 한편, 지정권자는 환지(換地) 방식의 도시개발사업에 대한 개발계획을 수립하려면 환지 방식이 적용되는 지역의 토지면적의 3분의 2 이상에 해당하는 토지 소유자와 그 지역의 토지 소유자 총수의 2분의 1 이상의 동의를 받아야 하며(환지 방식으로 시행하기 위하여 개발계획을 변경(법령으로 정하는 경미한 사항의 변경은 제외)하려는 경우에도 또한 같다), 지정권자는 도시개발사업을 환지 방식으로 시행하려고 개발계획을 수립하거나 변경할 때에 도시개발사업의 시행자가 도시개발법에 따른 시행자에 해당하는 자이면 토지 소유자의 동의를 받을 필요가 없다. 또한, 지정권자가 도시개발사업의 전부를 환지 방식으로 시행하려고 개발계획을 수립하거나 변경할 때에 도시개발사업의 시행자가 도시개발법의 조합에 해당하는 경우로서 조합이 성립된 후 총회에서 도시개발구역의 토지면적의 3분의 2 이상에 해당하는 조합원과 그 지역의 조합원 총수의 2분의 1 이상의 찬성으로 수립 또는 변경을 의결한 개발계획을 지정권자에게 제출한 경우에는 토지 소유자의 동의를 받은 것으로 본다.

2) 도시개발계획의 내용

도시개발계획에는 Ⓐ 도시개발구역의 명칭 · 위치 및 면적, Ⓑ 도시개발구역의 지정 목적과 도시개발사업의 시행기간, Ⓒ 도시개발구역을 둘 이상의 사업시행지구로 분할하거나 서로 떨어진 둘 이상의 지역을 하나의 구역으로 결합하여 도시개발사업을 시행하는 경우에는 그 분할이나 결합에 관한 사항, Ⓓ 도시개발사업의 시행자에 관한 사항, Ⓔ 도시개발사업의 시행방식, Ⓕ 인구수용계획, Ⓖ 토지이용계획, Ⓗ 원형지로 공급될 대상 토지 및 개발 방향, Ⓘ 교통처리계획, Ⓙ 환경보전계획, Ⓚ 보건의료시설 및 복지시설의 설치계획, Ⓛ 도로, 상하수도 등 주요 기반시설의 설치계획, Ⓜ 재원조달계획, Ⓝ 도시개발구역 밖의 지역에 기반시설을 설치하여야 하는 경우에는 그 시설의 설치에 필요한 비용의 부담 계획, Ⓞ 수용(收用) 또는 사용의 대상이 되는 토지 · 건축물 또는 토지에 정착한 물건과 이에 관한 소유권 외의 권리, 광업권, 어업권, 물의 사용에 관한 권리(토지등)가 있는 경우에는 그 세부목록, Ⓟ 임대주택(민간임대주택에 관한 특별법에 따른 민간임대주택 및 공공주택 특별법에 따른 공공임대주택을 말한다)건설계획 등 세입자 등의 주거 및 생활 안정 대책, Ⓠ 도시개발법에 따른 순환개발 등 단계적 사업추진이 필요한 경우 사업추진 계획 등에 관한 사항, Ⓡ 그 밖에 도시개발법시행령으로 정하는 사항이 포함되어야 한다. 다만, Ⓝ부터 Ⓠ까지의 규정에 해당하는 사항은 도시개발구역을 지정한 후에 개발계획에 포함시킬 수 있다.

(3) 도시개발계획의 수립절차

1) 기초조사

도시개발사업의 시행자나 시행자가 되려는 자는 도시개발구역을 지정하거나 도시개발구역의 지정을 요청 또는 제안하려고 할 때에는 도시개발구역으로 지정될 구역의 토지, 건축물, 공작물, 주거 및 생활실태, 주택수요, 그 밖에 필요한 사항에 관하여 법령으로 정하는 바에 따라 조사하거나 측량할 수 있다. 조사나 측량을 하려는 자는 관계 행정기관, 지방자치단체, 공공기관의 운영에 관한 법률에 따른 공공기관(공공기관), 정부출연기관, 그 밖의 관계 기관의 장에게 필요한 자료의 제출을 요청할 수 있다. 이 경우 자료 제출을 요청받은 기관의 장은 특별한 사유가 없으면 요청에 따라야 한다.

2) 주민 등의 의견청취

국토교통부장관, 시 · 도지사 또는 대도시 시장이 도시개발구역을 지정(대도시 시장이 아닌 시장·군수 또는 구청장의 요청에 의하여 지정하는 경우를 제외)하고자 하거나 대도시 시장이 아닌 시장·군수 또는 구청장이 도시개발구역의 지정을 요청하려고 하는 경우에는 공람이나 공청회를 통하여 주민이나 관계 전문가 등으로부터 의견을 들어야 하며, 공람이나 공청회에서 제시된 의견이 타당하다고 인정되면 이를 반영하여야 한다. 도시개발구역을 변경(법령으로 정하는 경미한 사항은 제외)하려는 경우에도 또한 같다.

3) 도시계획위원회의 심의

지정권자는 도시개발구역을 지정하거나 개발계획 공모 또는 법령으로 정하는 지역에 따라 개발계획을 수립하려면 관계 행정기관의 장과 협의한 후 국토계획법에 따른 중앙도시계획위원회 또는 시·도도시계획위원회나 대도시에 두는 대도시도시계획위원회의 심의를 거쳐야 한다. 변경하는 경우에도 또한 같다(다만, 법령으로 정하는 경미한 사항을 변경하는 경우에는 제외). 그러나 국토계획법에 따른 지구단위계획에 따라 도시개발사업을 시행하기 위하여 도시개발구역을 지정하는 경우에는 중앙도시계획위원회 또는 시·도도시계획위원회나 대도시에 두는 대도시도시계획위원회의 심의를 거치지 아니한다. 아울러, 지정권자는 관계 행정기관의 장과 협의하는 경우 지정하려는 도시개발구역이 일정 규모 이상 또는 국가계획과 관련되는 등 법령으로 정하는 경우에 해당하면 국토교통부장관과 협의하여야 한다.

(4) 도시개발구역지정의 고시

지정권자는 도시개발구역을 지정하거나 공모 또는 법령으로 정하는 지역의 개발계획을 수립한 경우에는 법령으로 정하는 바에 따라 이를 관보나 공보에 고시하고, 대도시 시장인 지정권자는 관계 서류를 일반에게 공람시켜야 하며, 대도시 시장이 아닌 지정권자는 해당 도시개발구역을 관할하는 시장(대도시 시장 제외)·군수 또는 구청장에게 관계 서류의 사본을 보내야 하며, 지정권자인 특별자치도지사와 관계 서류를 송부받은 시장(대도시 시장 제외)·군수 또는 구청장은 해당 관계 서류를 일반인에게 공람시켜야 하고, 변경하는 경우에도 또한 같다.

도시개발구역이 지정·고시된 경우 해당 도시개발구역은 국토계획법에 따른 도시지역과 법령으로 정하는 지구단위계획구역으로 결정되어 고시된 것으로 본다. 다만, 국토계획법에 따른 지구단위계획구역 및 취락지구로 지정된 지역인 경우에는 그러하지 아니하다. 시·도지사 또는 대도시 시장이 도시개발구역을 지정·고시한 경우에는 국토교통부장관에게 그 내용을 통보하여야 한다.

2. 도시개발사업의 시행

(1) 시행자 및 실시계획

1) 시행자 지정 및 변경

도시개발사업의 시행자(시행자)는 Ⓐ 국가나 지방자치단체, Ⓑ 도시개발법시행령으로 정하는 공공기관, Ⓒ 도시개발법시행령으로 정하는 정부출연기관, Ⓓ 지방공기업법에 따라 설립된 지방공사, Ⓔ 도시개발구역의 토지 소유자(공유수면 관리 및 매립에 관한 법률에 따라 면허를 받은 자를 해당 공유수면을 소유한 자로 보고 그 공유수면을 토지로 보며, 도시개발법에 따른 수용 또는 사용 방식의 경우에는 도시개발구역의 국공유지를 제외한 토지면적의 3분의 2 이상을 소유한 자), Ⓕ 도시개발구역의 토지 소유자(공유수면 관리 및 매립에 관한 법률에 따라 면허를 받은 자를 해당 공유수면을 소유한 자로 보고 그 공유수면을 토지로 본다)가 도시개발을 위하여 설립한 조합(도시개발사업의 전부를 환지 방식으로 시행하는 경우에만 해당), Ⓖ 수도권정비계획법에 따른 과밀억제권역에서 수도권 외의 지역으로 이전하는 법인 중 과밀억제권역의 사업 기간 등 법령으로 정하는 요건에 해당하는 법인, Ⓗ 주택법에 따라 등록한 자 중 도시개발사업을 시행할 능력이 있다고 인정되는 자로서 도시개발법시행령으로 정하는 요건에 해당하는 자(주택법에 따른 주택단지와 그에 수반되는 기반시설을 조성하는 경우에만 해당), Ⓘ 건설산업기본법에 따른 토목공사업 또는 토목건축공사업의 면허를 받는 등 개발계획에 맞게 도시개발사업을 시행할 능력이 있다고 인정되는 자로서 도시개발법시행령으로 정하는 요건에 해당하는 자, Ⓙ 부동산개발업의 관리 및 육성에 관한 법률에 따라 등록한 부동산개발업자로서 도시개발법시행령으로 정하는 요건에 해당하는 자, Ⓚ 부동산투자회사법에 따라 설립된 자기관리부동산투자회사 또는 위탁관리부동산투자회사로서 법령으로 정하는 요건에 해당하는 자, Ⓛ Ⓐ부터Ⓛ까지에 해당하는 자(Ⓕ에 따른 조합은 제외)가 도시개발사업을 시행할 목적으로 출자에 참여하여 설립한 법인으로서 도시개발법시행령으로 정하는 요건에 해당하는 법인 중에서 지정권자가 지정한다.[6)]

---

6) 다만, 도시개발구역의 전부를 환지 방식으로 시행하는 경우에는 Ⓔ의 토지 소유자나 Ⓕ의 조합을 시행자로 지정한다. 이 경우 지정권자는 ⓐ 토지 소유자나 조합이 법령으로 정하는 기간에 시행자 지정을 신청하지 아니한 경우 또는 지정권자가 신청된 내용이 위법하거나 부당하다고 인정한 경우, ⓑ 지방자치단체의 장이 집행하는 공공시설에 관한 사업과 병행하여 시행할 필요가 있다고 인정한 경우, ⓒ 도시개발구역의 국공유지를 제외한 토지면적의 2분의 1 이상에 해당하는 토지 소유자 및 토지 소유자 총수의 2분의 1 이상이 지방자치단체등의 시행에 동의한 경우의 어느 하나에 해당하는 사유가

한편, 지정권자는 ⓐ 도시개발사업에 관한 실시계획의 인가를 받은 후 2년 이내에 사업을 착수하지 아니하는 경우, ⓑ 행정처분으로 시행자의 지정이나 실시계획의 인가가 취소된 경우, Ⓒ 시행자의 부도·파산, 그 밖에 이와 유사한 사유로 도시개발사업의 목적을 달성하기 어렵다고 인정되는 경우, ⓓ 도시개발구역의 전부를 환지 방식으로 시행하는 경우에는 Ⓔ의 토지 소유자나 Ⓕ의 조합을 시행자로 지정된 자가 법령으로 정하는 기간에 도시개발사업에 관한 실시계획의 인가를 신청하지 아니하는 경우의 어느 하나에 해당하는 경우에는 시행자를 변경할 수 있다.

2) 도시개발사업시행의 위탁

시행자는 항만·철도, 그 밖에 법령으로 정하는 공공시설의 건설과 공유수면의 매립에 관한 업무를 법령으로 정하는 바에 따라 국가, 지방자치단체, 법령으로 정하는 공공기관·정부출연기관 또는 지방공사에 위탁하여 시행할 수 있고, 시행자는 도시개발사업을 위한 기초조사, 토지 매수 업무, 손실보상 업무, 주민 이주대책 사업 등을 법령으로 정하는 바에 따라 관할 지방자치단체, 도시개발법시행령으로 정하는 공공기관·정부출연기관·정부출자기관 또는 지방공사에 위탁할 수 있다. 다만, 정부출자기관에 주민 이주대책 사업을 위탁하는 경우에는 이주대책의 수립·실시 또는 이주정착금의 지급, 그 밖에 보상과 관련된 부대업무만을 위탁할 수 있다.

3) 조합 설립의 인가

조합을 설립하려면 도시개발구역의 토지 소유자 7명 이상이 법령으로 정하는 사항을 포함한 정관을 작성하여 지정권자에게 조합 설립의 인가를 받아야 하며, 인가를 받은 사항을 변경하려면 지정권자로부터 변경인가를 받아야 한다. 다만, 도시개발법시행령으로 정하는 경미한 사항을 변경하려는 경우에는 신고하여야 한다. 아울러, 조합 설립의 인가를 신청하려면 해당 도시개발구역의 토지면적의 3분의 2 이상에 해당하는 토지 소유자와 그 구역의 토지 소유자 총수의 2분의 1 이상의 동의를 받아야 한다.

4) 실시계획의 작성 및 인가

시행자는 도시개발법시행령으로 정하는 바에 따라 도시개발사업에 관한 실시계획(실시계획)을 작성하여야 한다. 이 경우 실시계획에는 지구단위계획이 포함되어야 하며, 시행자(지정권자가 시행자인 경우는 제외)는 작성된 실시계획에 관하여 지정권자의 인가를

있으면 지방자치단체나 법령으로 정하는 자(지방자치단체등)를 시행자로 지정할 수 있다. 이 경우 도시개발사업을 시행하는 자가 시·도지사 또는 대도시 시장인 경우 국토교통부장관이 지정한다.

받아야 한다. 아울러, 지정권자가 실시계획을 작성하거나 인가하는 경우 국토교통부장관이 지정권자이면 시·도지사 또는 대도시 시장의 의견을, 시·도지사가 지정권자이면 시장(대도시 시장 제외)·군수 또는 구청장의 의견을 미리 들어야 하며, 인가를 받은 실시계획을 변경하거나 폐지하는 경우에 준용한다. 다만, 국토교통부령으로 정하는 경미한 사항을 변경하는 경우에는 그러하지 아니하다.

5) 실시계획의 고시

지정권자가 실시계획을 작성하거나 인가한 경우에는 도시개발법시행령으로 정하는 바에 따라 이를 관보나 공보에 고시하고 시행자에게 관계 서류의 사본을 송부하며, 대도시 시장인 지정권자는 일반에게 관계 서류를 공람시켜야 하고, 대도시 시장이 아닌 지정권자는 해당 도시개발구역을 관할하는 시장(대도시 시장 제외)·군수 또는 구청장에게 관계 서류의 사본을 보내야 한다. 이 경우 지정권자인 특별자치도지사와 본문에 따라 관계 서류를 받은 시장(대도시 시장 제외)·군수 또는 구청장은 이를 일반인에게 공람시켜야 하며, 실시계획을 고시한 경우 그 고시된 내용 중 국토계획법에 따라 도시·군관리계획(지구단위계획 포함)으로 결정하여야 하는 사항은 같은 법에 따른 도시·군관리계획이 결정되어 고시된 것으로 본다. 이 경우 종전에 도시·군관리계획으로 결정된 사항 중 고시 내용에 저촉되는 사항은 고시된 내용으로 변경된 것으로 본다.

6) 도시개발사업의 시행 방식

도시개발사업은 시행자가 도시개발구역의 토지등을 수용 또는 사용하는 방식이나 환지 방식 또는 이를 혼용하는 방식으로 시행할 수 있으며, 지정권자는 도시개발구역지정 이후 ⓐ 시행자가 도시개발법시행령으로 정하는 기준에 따라 도시개발사업의 시행방식을 수용 또는 사용방식에서 전부 환지 방식으로 변경하는 경우, ⓑ 시행자가 도시개발법시행령으로 정하는 기준에 따라 도시개발사업의 시행방식을 혼용방식에서 전부 환지 방식으로 변경하는 경우, ⓒ 시행자가 도시개발법시행령으로 정하는 기준에 따라 도시개발사업의 시행방식을 수용 또는 사용 방식에서 혼용방식으로 변경하는 경우의 어느 하나에 해당하는 경우에는 도시개발사업의 시행방식을 변경할 수 있다.

7) 순환개발방식의 개발사업

시행자는 도시개발사업을 원활하게 시행하기 위하여 도시개발구역의 내외에 새로 건설하는 주택 또는 이미 건설되어 있는 주택에 그 도시개발사업의 시행으로 철거되는 주택의 세입자 또는 소유자(주민 등의 의견을 듣기 위하여 공람한 날 또는 공청회의 개최에 관한 사항을 공고한 날 이전부터 도시개발구역의 주택에 실제로 거주하는 자에 한정(세입자등))를 임시로 거주하게 하는 등의 방식으로 그 도시개발구역을 순차적으로 개발할 수 있으며, 시행자는 도시개발사업을 시행하는 경우에는 주택법에도 불구하고 임시로 거주하는 주택(순환용주택)을 임시거주시설로 사용하거나 임대할 수 있다.[7]

(2) 수용 또는 사용의 방식에 따른 사업 시행

1) 토지등의 수용 또는 사용

시행자는 도시개발사업에 필요한 토지등을 수용하거나 사용할 수 있다. 다만, 도시개발법의 규정(일부시행자가 100분의 50 비율을 초과하여 출자한 경우는 제외)에 해당하는 시행자는 사업대상 토지면적의 3분의 2 이상에 해당하는 토지를 소유하고 토지 소유자 총수의 2분의 1 이상에 해당하는 자의 동의를 받아야 한다. 이 경우 토지 소유자의 동의요건 산정기준일은 도시개발구역지정 고시일을 기준으로 하며, 그 기준일 이후 시행자가 취득한 토지에 대하여는 동의 요건에 필요한 토지 소유자의 총수에 포함하고 이를 동의한 자의 수로 산정한다.

2) 토지상환채권의 발행

시행자는 토지 소유자가 원하면 토지등의 매수 대금의 일부를 지급하기 위하여 법령으로 정하는 바에 따라 사업 시행으로 조성된 토지·건축물로 상환하는 채권(토지상환채권)을 발행할 수 있다.[8] 한편, 시행자(지정권자가 시행자인 경우는 제외)는 토지상환채권을 발행하려면 도시개발법시행령으로 정하는 바에 따라 토지상환채권의 발행계획을 작성하여 미리 지정권자의 승인을 받아야 한다.

3) 이주대책 및 선수금

시행자는 공익사업을 위한 토지 등의 취득 및 보상에 관한 법률로 정하는 바에 따라 도시개발사업의 시행에 필요한 토지등의 제공으로 생활의 근거를 상실하게 되는 자에 관한 이주대책 등을 수립·시행하여야 하며, 시행자는 조성토지등과 도시개발사업으로 조성

---

7) 순환용주택에 거주하는 자가 도시개발사업이 완료된 후에도 순환용주택에 계속 거주하기를 희망하는 때에는 도시개발법시행령으로 정하는 바에 따라 이를 분양하거나 계속 임대할 수 있다. 이 경우 계속 거주하는 자가 환지 대상자이거나 이주대책 대상자인 경우에는 도시개발법시행령으로 정하는 바에 따라 환지 대상에서 제외하거나 이주대책을 수립한 것으로 본다.

8) 다만, 도시개발법 제11조제1항제5호부터 제11호까지의 규정에 해당하는 자는 동법시행령으로 정하는 금융기관 등으로부터 지급보증을 받은 경우에만 이를 발행할 수 있다.

되지 아니한 상태의 토지(원형지)를 공급받거나 이용하려는 자로부터 도시개발법시행령으로 정하는 바에 따라 해당 대금의 전부 또는 일부를 미리 받을 수 있고, 시행자(지정권자가 시행자인 경우는 제외)는 해당 대금의 전부 또는 일부를 미리 받으려면 지정권자의 승인을 받아야 한다.

4) 원형지의 공급과 개발

시행자는 도시를 자연친화적으로 개발하거나 복합적·입체적으로 개발하기 위하여 필요한 경우에는 법령으로 정하는 절차에 따라 미리 지정권자의 승인을 받아 ⓐ 국가 또는 지방자치단체, ⓑ 공공기관의 운영에 관한 법률에 따른 공공기관, ⓒ 지방공기업법에 따라 설립된 지방공사, ⓓ 시행자가 복합개발 등을 위하여 실시한 공모에서 선정된 자, ⓔ 원형지를 학교나 공장 등의 부지로 직접 사용하는 자의 어느 하나에 해당하는 자에게 원형지를 공급하여 개발하게 할 수 있다.[9)]

5) 원형지 공급승인 취소 및 공급계약 해제

지정권자는 ⓐ 시행자가 원형지의 공급 계획대로 토지를 이용하지 아니하는 경우, ⓑ 원형지개발자가 세부계획의 내용대로 사업을 시행하지 아니하는 경우, ⓒ 시행자 또는 원형지개발자가 이행조건을 이행하지 아니하는 경우의 어느 하나에 해당하는 경우에는 원형지 공급 승인을 취소하거나 시행자로 하여금 그 이행의 촉구, 원상회복 또는 손해배상의 청구, 원형지 공급계약의 해제 등 필요한 조치를 취할 것을 요구할 수 있다.[10)]

6) 조성토지등의 공급 계획

시행자(지정권자가 시행자인 경우는 제외)는 조성토지 등을 공급하려고 할 때에는 조성토지등의 공급 계획을 작성하거나 변경하여 지정권자에게 제출하여야 한다. 이 경우 행정청이 아닌 시행자는 시장(대도시 시장 제외)·군수 또는 구청장을 거쳐 제출하여야 한다.

---

9) 이 경우 공급될 수 있는 원형지의 면적은 도시개발구역 전체 토지면적의 3분의 1 이내로 한정되며, 시행자는 원형지를 공급하기 위하여 지정권자에게 승인신청을 할 때에는 원형지의 공급계획을 작성하여 함께 제출하여야 한다. 작성된 공급계획을 변경하는 경우에도 같다.

10) 한편, 시행자는 ⓐ 원형지개발자가 세부계획에서 정한 착수 기한 안에 공사에 착수하지 아니하는 경우, ⓑ 원형지개발자가 공사 착수 후 세부계획에서 정한 사업기간을 넘겨 사업시행을 지연하는 경우, ⓒ 공급받은 토지의 전부나 일부를 시행자의 동의 없이 제3자에게 매각하는 경우, ⓓ 그 밖에 공급받은 토지를 세부계획에서 정한 목적대로 사용하지 아니하는 등 공급계약의 내용을 위반한 경우의 어느 하나에 해당하는 경우 법령으로 정하는 바에 따라 원형지 공급계약을 해제할 수 있다.

(3) 환지 방식에 의한 사업 시행

1) 환지 계획의 작성

시행자는 도시개발사업의 전부 또는 일부를 환지 방식으로 시행하려면 ⓐ 환지 설계, ⓑ 필지별로 된 환지 명세, ⓒ 필지별과 권리별로 된 청산 대상 토지 명세, ⓓ 도시개발법에 따른 체비지(替費地) 또는 보류지(保留地)의 명세, ⓔ 입체 환지를 계획하는 경우에는 입체 환지용 건축물의 명세와 공급 방법 · 규모에 관한 사항, ⓕ 그 밖에 국토교통부령으로 정하는 사항이 포함된 환지 계획을 작성하여야 하며, 시행자는 환지 방식이 적용되는 도시개발구역에 있는 조성토지등의 가격을 평가할 때에는 토지평가협의회의 심의를 거쳐 결정하되, 그에 앞서 도시개발법시행령으로 정하는 공인평가기관이 평가하게 하여야 한다.

2) 환지계획의 인가

행정청이 아닌 시행자가 환지계획을 작성한 경우에는 특별자치도지사 · 시장 · 군수 또는 구청장의 인가를 받아야 하며, 인가받은 내용을 변경하려는 경우에 준용한다. 다만, 도시개발법시행령으로 정하는 경미한 사항을 변경하는 경우에는 그러하지 아니하다. 또한, 행정청이 아닌 시행자가 환지계획의 인가를 신청하려고 하거나 행정청인 시행자가 환지계획을 정하려고 하는 경우에는 토지소유자와 해당 토지에 대하여 임차권, 지상권, 그 밖에 사용하거나 수익할 권리(임차권등)를 가진 자(임차권자등)에게 환지계획의 기준 및 내용 등을 알리고 도시개발법시행령으로 정하는 바에 따라 관계 서류의 사본을 일반인에게 공람시켜야 한다. 다만, 도시개발법시행령으로 정하는 경미한 사항을 변경하는 경우에는 그러하지 아니하다. 아울러, 토지소유자나 임차권자등은 공람 기간에 시행자에게 의견서를 제출할 수 있으며, 시행자는 그 의견이 타당하다고 인정하면 환지계획에 이를 반영하여야 한다.

3) 동의 등에 따른 환지의 제외

토지 소유자가 신청하거나 동의하면 해당 토지의 전부 또는 일부에 대하여 환지를 정하지 아니할 수 있다(다만, 해당 토지에 관하여 임차권자등이 있는 경우에는 그 동의를 받아야 한다). 그러나 시행자는 ⓐ 환지예정지를 지정하기 전에 사용하는 토지, ⓑ 환지계획인가에 따라 환지를 지정받기로 결정된 토지, ⓒ 종전과 같은 위치에 종전과 같은 용도로 법령에 따라 환지를 계획하는 토지, ⓓ 토지소유자가 환지 제외를 신청한 토지의 면적 또는 평가액(토지평가협의회에서 정한 종전 토지의 평가액)이 모두 합하여 구역 전체의 토지(국유지 · 공유지 제외) 면적 또는 평가액의 100분의 15 이상이 되는 경우로서 환지를 정하지 아니할 경우 사업시행이 곤란하다고 판단되는 토지, ⓔ 법령에 따라 공람한 날 또는 공고한 날 이후에 토지의 양수계약을 체결한 토지(다만, 양수일부터 3년이 지난 경우는 제외)의 어느 하나에 해당하는 토지는 규약 · 정관 또는 시행규정으로 정하는 방법과 절차에 따라 환지를 정하지 아니할 토지에서 제외할 수 있다.

4) 환지 지정 등의 제한

시행자는 주민 등의 의견청취를 위하여 공람 또는 공청회의 개최에 관한 사항을 공고한 날 또는 투기억제를 위하여 시행예정자의 요청에 따라 지정권자가 따로 정하는 날(기준일)의 다음 날부터 ⓐ 1필지의 토지가 여러 개의 필지로 분할되는 경우, ⓑ 단독주택 또는 다가구주택이 다세대주택으로 전환되는 경우, ⓒ 하나의 대지범위 안에 속하는 동일인 소유의 토지와 주택 등 건축물을 토지와 주택 등 건축물로 각각 분리하여 소유하는 경우, ⓓ 나대지에 건축물을 새로 건축하거나 기존 건축물을 철거하고 다세대주택이나 그 밖의 집합건물의 소유 및 관리에 관한 법률에 따른 구분소유권의 대상이 되는 건물을 건축하여 토지 또는 건축물의 소유자가 증가되는 경우의 어느 하나에 해당하는 경우에는 국토교통부령으로 정하는 바에 따라 해당 토지 또는 건축물에 대하여 금전으로 청산하거나 환지지정을 제한할 수 있다.

5) 환지 예정지 지정 전 토지 사용

시행자는 ⓐ 순환개발을 위한 순환용주택을 건설하려는 경우, ⓑ 국방 · 군사시설 사업에 관한 법률에 따른 국방 · 군사시설을 설치하려는 경우, ⓒ 주민 등의 의견청취를 위한 공고일 이전부터 주택법에 따라 등록한 주택건설사업자가 주택건설을 목적으로 토지를 소유하고 있는 경우, ⓓ 그 밖에 기반시설의 설치나 개발사업의 촉진에 필요한 경우 등 법령으로 정하는 경우의 어느 하나에 해당하는 경우에는 법령에 따라 환지 예정지를 지정하기 전이라도 실시계획 인가사항의 범위에서 토지사용을 하게 할 수 있다.[11)]

11) 다만, ⓒ 또는 ⓓ의 경우에는 Ⓐ 사용하려는 토지의 면적이 구역 면적의 100분의 5 이상(최소 1만 제곱미터 이상)이고 소유자가 동일할 것(이 경우 국유지 · 공유지는 관리청과 상관없이 같은 소유자로 본다), Ⓑ 사용하려는 종전 토지가 실시계획 인가로 정한 하나 이상의 획지(劃地) 또는 가구(街區)의 경계를 모두 포함할 것, Ⓒ 사용하려는 토지의 면적 또는 평가액이 구역 내 동일소유자가 소유하고 있는 전체 토지의 면적 또는 평가액의 100분의 60 이하이거나 도시개발법시행령으로 정하는 바에 따라 보증금을 예치할 것, Ⓓ 사용하려는 토지에 임차권자 등이 있는 경우 임차권자 등의 동의가 있을 것 모두에 해당하는 경우에만 환지 예정지를 지정하기 전에 토지를 사용할 수 있다.

6) 사용 · 수익의 정지

시행자는 환지를 정하지 아니하기로 결정된 토지소유자나 임차권자 등에게 날짜를 정하여 그날부터 해당 토지 또는 해당 부분의 사용 또는 수익을 정지시킬 수 있으며, 시행자가 사용 또는 수익을 정지하게 하려면 30일 이상의 기간을 두고 미리 해당 토지소유자 또는 임차권자등에게 알려야 한다.

7) 환지처분

시행자는 환지방식으로 도시개발사업에 관한 공사를 끝낸 경우에는 지체 없이 법령으로 정하는 바에 따라 이를 공고하고 공사 관계 서류를 일반인에게 공람시켜야 하며, 도시개발구역의 토지소유자나 이해관계인은 공람 기간에 시행자에게 의견서를 제출할 수 있으며, 의견서를 받은 시행자는 공사결과와 실시계획 내용에 맞는지를 확인하여 필요한 조치를 하여야 한다. 또, 시행자는 공람기간에 의견서의 제출이 없거나 제출된 의견서에 따라 필요한 조치를 한 경우에는 지정권자에 의한 준공검사를 신청하거나 도시개발사업의 공사를 끝내야 한다.[12)]

3. 도시개발사업의 비용 부담 및 특별회계

(1) 비용 부담의 원칙

도시개발사업에 필요한 비용은 도시개발법이나 다른 법률에 특별한 규정이 있는 경우 외에는 시행자가 부담한다.

1) 도시개발구역의 시설 설치 및 비용부담

도시개발구역의 시설의 설치는 Ⓐ 도로와 상하수도시설의 설치는 지방자치단체, Ⓑ 전기시설 · 가스공급시설 또는 지역 난방시설의 설치는 해당 지역에 전기 · 가스 또는 난방을 공급하는 자, Ⓒ 통신시설의 설치는 해당 지역에 통신서비스를 제공하는 자의 구분에 따른다.

시설의 설치비용은 그 설치의무자가 이를 부담한다. 다만, Ⓑ의 시설 중 도시개발구역 안의 전기시설을 사업시행자가 지중선로로 설치할 것을 요청하는 경우에는 전기를 공급

---

12) 시행자는 지정권자에 의한 준공검사를 받은 경우(지정권자가 시행자인 경우에는 공사 완료 공고가 있는 때)에는 법령으로 정하는 기간에 환지처분을 하여야 하며, 시행자는 환지처분을 하려는 경우에는 환지계획에서 정한 사항을 토지 소유자에게 알리고 법령으로 정하는 바에 따라 이를 공고하여야 한다.

하는 자와 지중에 설치할 것을 요청하는 자가 각각 2분의 1의 비율로 그 설치비용을 부담(전부 환지 방식으로 도시개발사업을 시행하는 경우에는 전기시설을 공급하는 자가 3분의 2, 지중에 설치할 것을 요청하는 자가 3분의 1의 비율로 부담)한다.

2) 지방자치단체의 비용 부담

지정권자가 시행자인 경우 그 시행자는 그가 시행한 도시개발사업으로 이익을 얻는 시·도 또는 시·군·구가 있으면 도시개발법시행령으로 정하는 바에 따라 그 도시개발사업에 든 비용의 일부를 그 이익을 얻는 시·도 또는 시·군·구에 부담시킬 수 있다. 이 경우 국토교통부장관은 행정안전부장관과 협의하여야 하고, 시·도지사 또는 대도시 시장은 관할 외의 시·군·구에 비용을 부담시키려면 그 시·군·구를 관할하는 시·도지사와 협의하여야 하며, 시·도지사간 또는 대도시 시장과 시도지사 간의 협의가 성립되지 아니하는 경우에는 행정안전부장관의 결정에 따른다.13)

3) 공공시설 관리자의 비용 부담

시행자는 공동구(共同溝)를 설치하는 경우에는 다른 법률에 따라 그 공동구에 수용될 시설을 설치할 의무가 있는 자에게 공동구의 설치에 드는 비용을 부담시킬 수 있다. 이 경우 공동구의 설치 방법·기준 및 절차와 비용의 부담 등에 관한 사항은 국토계획법을 준용한다.

(2) 도시개발구역 밖의 기반시설의 설치비용

도시개발구역의 이용에 제공하기 위하여 법령으로 정하는 기반시설을 도시개발구역 밖의 지역에 설치하는 경우 지정권자는 재원조달계획에 따른 비용 부담 계획이 포함된 개발계획에 따라 시행자에게 이를 설치하게 하거나 그 설치비용을 부담하게 할 수 있으며, 국가나 지방자치단체는 시행자가 부담하는 비용을 제외한 나머지 설치비용을 지원할 수 있다. 이 경우 지원규모나 지원방법 등은 국토교통부장관이 관계 중앙행정기관의 장과 협의하여 정한다.14)

---

13) 시장(대도시 시장 제외)·군수 또는 구청장은 그가 시행한 도시개발사업으로 이익을 얻는 다른 지방자치단체가 있으면 도시개발법시행령으로 정하는 바에 따라 그 도시개발사업에 든 비용의 일부를 그 이익을 얻는 다른 지방자치단체와 협의하여 그 지방자치단체에 부담시킬 수 있다. 이 경우 협의가 성립되지 아니하면 관할 시·도지사의 결정에 따르며, 그 시·군·구를 관할하는 시·도지사가 서로 다른 경우에는 관할 시·도지사와 협의하고 협의가 성립되지 않으면 행정안전부장관의 결정에 따른다.

14) 또한, 지정권자는 재원조달계획에 따른 비용 부담 계획에 포함되지 아니하는 기반시설을 실시계획의 변경 등으로 인하여 도시개발구역 밖에 추가로 설치하여야 하는 경우에는 그 비용을 법령으로 정하는 바에 따라 실시계획의 변경 등 기반시설의 추가 설치를 필요하게 한 자에게 부담시킬 수 있으며, 시

(3) 보조 또는 융자

도시개발사업의 시행에 드는 비용은 법령으로 정하는 바에 따라 그 비용의 전부 또는 일부를 국고에서 보조하거나 융자할 수 있다. 다만, 시행자가 행정청이면 전부를 보조하거나 융자할 수 있다.

(4) 도시개발사업 특별회계의 설치 및 운용

1) 도시개발특별회계의 설치

시·도지사 또는 시장·군수(광역시에 있는 군의 군수는 제외)는 도시개발사업을 촉진하고 도시·군계획시설사업의 설치지원 등을 위하여 지방자치단체에 도시개발특별회계(특별회계)를 설치할 수 있으며, 특별회계는 ⓐ 일반회계에서 전입된 금액, ⓑ 정부의 보조금, ⓒ 도시개발채권의 발행으로 조성된 자금, ⓓ 도시개발법에 따른 수익금 및 집행 잔액, ⓔ 도시개발법에 따라 부과·징수된 과태료, ⓕ 수도권정비계획법에 따라 시·도에 귀속되는 과밀부담금 중 해당 시·도의 조례로 정하는 비율의 금액, ⓖ 개발이익환수[15]에 관한 법률에 따라 지방자치단체에 귀속되는 개발부담금 중 해당 지방자치단체의 조례로 정하는 비율의 금액, ⓗ국토계획법에 따른 수익금, ⓘ 지방세법에 따라 부과·징수되는 재산세의 징수액 중 법령으로 정하는 비율의 금액, ⓙ 차입금, ⓚ 해당 특별회계자금의 융자회수금·이자수입금 및 그 밖의 수익금을 재원으로 조성된다. 한편, 국가나 지방자치단체등이 도시개발사업을 환지방식으로 시행하는 경우에는 회계의 구분을 위하여 사업별로 특별회계를 설치하여야 한다.

행자의 부담으로 도시개발구역 밖의 지역에 설치하는 기반시설로 이익을 얻는 지방자치단체 또는 공공시설의 관리자가 있으면 법령으로 정하는 바에 따라 그 기반시설의 설치에 드는 비용의 일부를 이익을 얻는 지방자치단체 또는 공공시설의 관리자에게 부담시킬 수 있다. 이 경우 지정권자는 해당 지방자치단체나 공공시설의 관리자 및 시행자와 협의하여야 한다.

15) 개발이익환수제는 택지개발, 주택단지 조성, 관광단지 조성, 도심 재개발, 온천개발 등으로 토지를 개발할 때 지가상승으로 획득한 이익 중의 일정액을 정부가 환수하는 제도이다. 개발이익 환수에 관한 법률에 의하면, 개발이익을 '토지소유자 자신의 노력 없이 개발사업, 토지이용계획의 변경, 기타 경제·사회적 요인에 의해 상승한 토지가격 중 정상적 지가상승을 초과한 상승분'으로 정의하고 있다. 개발이익의 25%를 개발부담금이라는 명목으로 환수한다. 개발이익환수제는 토지로부터 발생하는 개발이익을 환수함으로써 토지에 대한 투기를 방지하고 토지의 효율적 이용을 촉진하기 위해 도입되었다. 개발이익환수제도는 불로소득을 환수함으로써 세수를 늘리고 조세의 형평성에 기여하며, 토지·주택 등과 같은 부동산에 대한 투기를 억제함으로써 부동산가격 안정 효과를 거둘 수 있다. 또한 환수된 자금은 개발행위 때문에 손실을 입은 사람이나 지역에 대한 보상재원, 그리고 특정지역의 개발로 소외된 낙후지역의 각종 인프라 구축 등 공공사업 투자자금으로 활용할 수 있다. 그러나 지나친 개발이익환수는 부동산개발을 위축시키고 저품질의 개발을 조장할 수 있다는 지적도 있다.

2) 특별회계의 운용

특별회계는 Ⓐ 도시개발사업의 시행자에 대한 공사비의 보조 및 융자, Ⓑ 도시 · 군계획시설사업에 관한 보조 및 융자, Ⓒ 지방자치단체가 시행하는 법령으로 정하는 도시 · 군계획시설사업에 드는 비용, Ⓓ 도시개발법에 따른 도시개발채권의 원리금 상환, Ⓔ 도시개발구역의 지정, 계획수립 및 제도발전을 위한 조사 · 연구비, Ⓕ 차입금의 원리금 상환, Ⓖ 특별회계의 조성 · 운용 및 관리를 위한 경비, Ⓗ 그 밖에 법령으로 정하는 사항의 용도로 사용한다.

(5) 도시개발채권의 발행 및 매입

1) 도시개발채권의 발행

지방자치단체의 장은 도시개발사업 또는 도시 · 군계획시설사업에 필요한 자금을 조달하기 위하여 도시개발채권을 발행할 수 있으며, 도시개발채권의 소멸시효는 상환일부터 기산(起算)하여 원금은 5년, 이자는 2년으로 한다. 도시개발채권의 이율, 발행 방법, 발행 절차, 상환, 발행 사무 취급, 그 밖에 필요한 사항은 법령으로 정한다.

2) 도시개발채권의 매입

Ⓐ 수용 또는 사용방식으로 시행하는 도시개발사업의 경우 : ⓐ 국가나 지방자치단체, ⓑ 도시개발법시행령으로 정하는 공공기관, ⓒ 도시개발법시행령으로 정하는 정부출연기관, ⓓ 지방공기업법에 따라 설립된 지방공사(ⓐ~ⓓ를 "공공기관"이라 한다)와 공사의 도급계약을 체결하는 자, Ⓑ 공공기관에 해당하는 시행자 외에 도시개발사업을 시행하는 자, Ⓒ 국토계획법 제56조제1항에 따른 허가를 받은 자 중 법령으로 정하는 자의 어느 하나에 해당하는 자는 도시개발채권을 매입하여야 하며, 이를 적용할 때에는 다른 법률에 따라 실시계획 인가 또는 국토계획법 제56조의 개발행위허가가 의제되는 협의를 거친 자를 포함한다.

제 3 절 도시정비 및 도시재생정책

도시재생정책관련 주요법령으로는 앞서의 국토계획법과 도시개발법을 비롯하여 주택법 및 건축법, 도시재정비법, 전통시장법, 도시정비법, 도시재생법 등을 들 수 있다. 이들 중 도시정비 및 도시재생정책은 도시정비법과 도시재생법을 중심으로 설명하고자 한다.

Ⅰ. 도시정비

도시정비법은 도시기능의 회복이 필요하거나 주거환경이 불량한 지역을 계획적으로 정비하고 노후·불량건축물을 효율적으로 개량하기 위하여 필요한 사항을 규정함으로써 도시환경을 개선하고 주거생활의 질을 높이는데 이바지함을 목적으로 하고 있다.

1. 정비구역 및 정비사업

(1) 정비구역

정비구역이란 정비사업을 계획적으로 시행하기 위하여 도시정비법의 규정에 의하여 지정·고시된 구역을 말한다.

(2) 정비사업

정비사업이라 함은 도시정비법에서 정한 절차에 따라 도시기능을 회복하기 위하여 정비구역 또는 가로구역(街路區域: 정비구역이 아닌 대통령령으로 정하는 구역을 말하며, 아래 Ⓕ의 사업으로 한정)에서 정비기반시설을 정비하거나 주택 등 건축물을 개량하거나 건설하는 Ⓐ 주거환경개선사업 : 도시저소득주민이 집단으로 거주하는 지역으로서 정비기반시설이 극히 열악하고 노후·불량건축물[16]이 과도하게 밀집한 지역에서 주거환경을

16) 노후·불량건축물이란 ⓐ 건축물이 훼손되거나 일부가 멸실되어 붕괴 그 밖의 안전사고의 우려가 있는 건축물, ⓑ 내진성능이 확보되지 아니한 건축물 중 중대한 기능적 결함 또는 부실 설계·시공으로 인한 구조적 결함 등이 있는 건축물로서 대통령령으로 정하는 건축물, ⓒ 주변 토지의 이용상황 등에 비추어 주거환경이 불량한 곳에 소재할 것과 건축물을 철거하고 새로운 건축물을 건설하는 경우 그에 소요되는 비용에 비하여 효용의 현저한 증가가 예상될 것의 요건에 해당하는 건축물로서 대통령령으

개선하기 위하여 시행하는 사업, Ⓑ 주택재개발사업 : 정비기반시설이 열악하고 노후·불량건축물이 밀집한 지역에서 주거환경을 개선하기 위하여 시행하는 사업, Ⓒ 주택재건축사업 : 정비기반시설은 양호하나 노후·불량건축물이 밀집한 지역에서 주거환경을 개선하기 위하여 시행하는 사업, Ⓓ 도시환경정비사업 : 상업지역·공업지역 등으로서 토지의 효율적 이용과 도심 또는 부도심 등 도시기능의 회복이나 상권활성화 등이 필요한 지역에서 도시환경을 개선하기 위하여 시행하는 사업, Ⓔ 주거환경관리사업 : 단독주택 및 다세대주택 등이 밀집한 지역에서 정비기반시설과 공동이용시설의 확충을 통하여 주거환경을 보전·정비·개량하기 위하여 시행하는 사업, Ⓕ 가로주택정비사업 : 노후·불량건축물이 밀집한 가로구역에서 종전의 가로를 유지하면서 소규모로 주거환경을 개선하기 위하여 시행하는 사업을 말한다. 다만, Ⓒ의 경우에는 정비구역이 아닌 구역에서 시행하는 주택재건축 사업을 포함한다.

2. 기본계획의 수립 및 정비구역의 지정

(1) 도시 및 주거환경 정비 기본방침 수립

국토교통부장관은 도시 및 주거환경을 개선하기 위하여 10년마다 도시 및 주거환경 정비를 위한 국가 정책방향, 도시·주거환경정비기본계획의 수립 방향, 노후·불량 주거지 조사 및 개선계획의 수립, 도시 및 주거환경 개선에 필요한 재정지원계획, 그 밖에 도시 및 주거환경 개선을 위하여 필요한 사항으로서 대통령령으로 정하는 사항을 포함한 기본방침을 수립하고, 5년마다 그 타당성을 검토하여 그 결과를 기본방침에 반영하여야 한다.

(2) 도시·주거환경정비기본계획의 수립

특별시장·광역시장·특별자치시장·특별자치도지사 또는 시장은 정비사업의 기본방향, 정비사업의 계획기간, 인구·건축물·토지이용·정비기반시설·지형 및 환경 등의 현황, 주거지 관리계획, 토지이용계획·정비기반시설계획·공동이용시설설치계획 및 교통계획, 녹지·조경·에너지공급·폐기물처리 등에 관한 환경계획, 사회복지시설 및 주민문화시설 등의 설치계획, 도시의 광역적 재정비를 위한 기본방향, 정비구역으로 지정할 예정인 구

로 정하는 바에 따라 특별시·광역시·특별자치시·도·특별자치도 또는 지방자치법 제175조에 따른 서울특별시·광역시 및 특별자치시를 제외한 인구 50만 이상 대도시의 조례(시·도조례)로 정하는 건축물, ⓓ 도시미관을 저해하거나 노후화로 인하여 구조적 결함 등이 있는 건축물로서 대통령령으로 정하는 바에 따라 시·도조례로 정하는 건축물에 해당하는 건축물을 말한다.

역(정비예정구역)의 개략적 범위, 단계별 정비사업추진계획(정비예정구역별 정비계획의 수립시기를 포함), 건폐율·용적률 등에 관한 건축물의 밀도계획, 세입자에 대한 주거안정대책, 그 밖에 주거환경 등을 개선하기 위하여 필요한 사항으로서 대통령령이 정하는 사항이 포함된 도시·주거환경정비기본계획(기본계획)을 10년 단위로 수립하여야 한다. 다만, 도지사가 기본계획을 수립할 필요가 없다고 인정하는 시(대도시가 아닌 지역을 말한다)와 천재지변 등 긴급히 추진해야할 정비사업은 기본계획을 수립하지 아니할 수 있다. 아울러, 특별시장·광역시장·특별자치시장·특별자치도지사 또는 시장은 기본계획에 대하여 5년마다 그 타당성 여부를 검토하여 그 결과를 기본계획에 반영하여야 한다.

(3) 정비계획의 수립 및 정비구역의 지정

자치구의 구청장 또는 광역시의 군수(구청장등)는 기본계획에 적합한 범위에서 노후·불량건축물이 밀집하는 등 대통령령으로 정하는 요건에 해당하는 구역에 대하여 도시정비법 제4조의 사항이 포함된 정비계획을 수립하여 이를 주민에게 서면으로 통보한 후 주민설명회를 하고 30일 이상 주민에게 공람하며 지방의회의 의견을 들은 후(이 경우 지방의회는 구청장등이 정비계획을 통지한 날부터 60일 이내에 의견을 제시하여야 하며, 의견제시 없이 60일이 지난 경우 이의가 없는 것으로 본다) 이를 첨부하여 특별시장·광역시장에게 정비구역지정을 신청하여야 하고, 정비계획의 내용을 변경할 필요가 있을 때에는 같은 절차를 거쳐 변경지정을 신청하여야 한다.

특별시장, 광역시장, 특별자치시장, 특별자치도지사, 시장 또는 군수는 정비구역을 지정 또는 변경 지정한 경우에는 당해 정비계획을 포함한 지정 또는 변경지정 내용을 당해 지방자치단체의 공보에 고시하고 국토교통부령이 정하는 방법 및 절차에 따라 국토교통부장관에게 그 지정내용 또는 변경지정내용을 보고하여야 하며, 관계 서류를 일반인이 열람할 수 있도록 하여야 한다. 아울러, 구청장등은 정비예정구역 또는 정비구역(정비구역등)이 도시정비법 제4조의3의 규정에 해당하는 사유가 발생한 경우 특별시장·광역시장에게 정비구역등의 해제를 요청하여야 하고, 특별자치시장, 특별자치도지사, 시장 또는 군수는 직접 정비구역등을 해제하여야 한다.

3. 정비사업의 시행

(1) 정비사업의 시행방법

정비사업의 시행방법은 ① 주거환경개선사업, ② 주택재개발사업, ③ 주택재건축사업,

④ 도시환경정비사업, ⑤ 주거환경관리사업, ⑥ 가로주택정비사업으로 구분할 수 있다. 한편, ② 및 ③에 따라 오피스텔을 건설하여 공급하는 경우에는 국토계획법에 따른 준주거지역 및 상업지역에서만 건설할 수 있다. 이 경우 오피스텔의 연면적은 전체 건축물 연면적의 100분의 30 이하이어야 한다.

(2) 사업시행인가

사업시행자(공동시행의 경우를 포함하되, 사업시행자가 시장·군수인 경우 제외)는 정비사업을 시행하고자 하는 경우에는 사업시행계획서에 정관등과 그 밖에 국토교통부령이 정하는 서류를 첨부하여 시장·군수에게 제출하고 사업시행인가를 받아야 한다. 인가받은 내용을 변경하거나 정비사업을 중지 또는 폐지하고자 하는 경우에도 또한 같다. 다만, 대통령령이 정하는 경미한 사항을 변경하고자 하는 때에는 시장·군수에게 이를 신고하여야 한다.

시장·군수는 정비구역이 아닌 구역에서 시행하는 주택재건축사업의 사업시행인가를 하고자 하는 경우에는 건축물의 높이·층수·용적률 등 대통령령이 정하는 사항에 대하여 건축법 제4조에 따라 특별자치시·특별자치도·시·군·구(자치구를 말한다)에 설치하는 건축위원회의 심의를 거쳐야 하며, 사업시행인가(시장·군수가 사업시행계획서를 작성한 경우 포함)를 하고자 하는 경우(인가받은 내용을 변경하는 경우를 포함) 정비구역으로부터 200미터 이내에 교육시설이 설치되어 있는 때에는 해당 지방자치단체의 교육감 또는 교육장과 협의하여야 한다.

시장·군수는 사업시행인가(시장·군수가 사업시행계획서를 작성한 경우 포함)를 하거나 그 정비사업을 변경·중지 또는 폐지하는 경우에는 국토교통부령이 정하는 방법 및 절차에 의하여 그 내용을 당해 지방자치단체의 공보에 고시하여야 한다. 다만, 경미한 사항을 변경하고자 하는 경우에는 그러하지 아니하다.

(3) 정비사업시행을 위한 조치 등

사업시행자는 주거환경개선사업 및 주택재개발사업의 시행으로 철거되는 주택의 소유자 또는 세입자에 대하여 당해 정비구역 내·외에 소재한 임대주택 등의 시설에 임시로 거주하게 하거나 주택자금의 융자알선 등 임시수용에 상응하는 조치를 하여야 한다. 이 경우 사업시행자는 그 임시수용을 위하여 필요한 때에는 국가·지방자치단체 그 밖의 공공단체 또는 개인의 시설이나 토지를 일시 사용할 수 있고, 국가 또는 지방자치단체는 사업시행자로부터 임시수용시설에 필요한 건축물이나 토지의 사용신청을 받은 때에는 대통령령이 정하는 사유가 없는 한 이를 거절하지 못한다. 이 경우 그 사용료 또는 대부료는 이를 면제한다. 아울러, 사업시행자는 정비사업의 공사를 완료한 때에는 그 완료한 날부터 30일 이내에 임시수용시설을 철거하고, 그 건축물이나 토지를 원상회복하여야 한다. 또한, 도시환경정비사업의 사업시행자는 사업시행으로 이주하는 상가세입자가 사용할 수 있도록 정비구역 또는 정비구역의 인근에 임시상가를 설치할 수 있다.

한편, 사업시행자는 정비구역안에서 정비사업을 시행하기 위하여 필요한 경우에는 공익사업을위한토지등의취득및보상에관한법률 제3조의 규정에 의한 토지·물건 또는 그 밖의 권리를 취득하거나 사용할 수 있다. 다만, 가로주택정비사업의 경우에는 그러하지 아니하다.

4. 관리처분계획 등

(1) 분양공고 및 분양신청

사업시행자는 사업시행인가의 고시가 있은 날(사업시행인가 이후 시공자를 선정한 경우에는 시공자와 계약을 체결한 날)부터 60일 이내에 개략적인 부담금내역 및 분양신청기간 그 밖에 대통령령이 정하는 사항을 토지등소유자에게 통지하고 분양의 대상이 되는 대지 또는 건축물의 내역 등 대통령령이 정하는 사항을 해당 지역에서 발간되는 일간신문에 공고하여야 한다. 이 경우 분양신청기간은 그 통지한 날부터 30일 이상 60일 이내로 하여야 한다. 다만, 사업시행자는 관리처분계획의 수립에 지장이 없다고 판단하는 경우에는 분양신청기간을 20일의 범위 이내에서 연장할 수 있다. 아울러, 대지 또는 건축물에 대한 분양을 받고자 하는 토지등소유자는 분양신청기간 이내에 대통령령이 정하는 방법 및 절차에 의하여 사업시행자에게 대지 또는 건축물에 대한 분양신청을 하여야 한다.

(2) 주택의 공급

사업시행자는 정비사업(주거환경개선사업 및 주거환경관리사업의 사업시행자는 제외)의 시행으로 건설된 건축물을 관리처분계획에 따라 토지등소유자에게 공급하여야 한다. 사업시행자가 정비구역안에 주택을 건설하는 경우에는 입주자 모집조건·방법·절차, 입주금(계약금·중도금 및 잔금)의 납부방법·시기·절차, 주택공급방법·절차 등에 관하여는 주택법 제54조의 규정에 불구하고 대통령령이 정하는 범위안에서 시장·군수의 승인을 얻어 사업시행자가 이를 따로 정할 수 있다.

(3) 지분형주택의 공급

정비사업의 사업시행자(LH 등이 사업시행자인 경우로 한정)는 분양대상자와 사업시행자가 공동 소유하는 방식으로 주택(지분형주택)을 공급할 수 있다. 이 경우 공급되는 지분형주택의 규모, 공동 소유기간, 분양대상자 등 지분형주택의 공급에 필요한 사항은 대통령령으로 정한다.

5. 공사완료에 따른 조치 등

시장・군수가 아닌 사업시행자는 정비사업에 관한 공사를 완료한 때에는 대통령령이 정하는 방법 및 절차에 의하여 시장・군수의 준공인가를 받아야 하고, 준공인가신청을 받은 시장・군수는 지체없이 준공검사를 실시하여야 한다. 이 경우 시장・군수는 효율적인 준공검사를 위하여 필요한 때에는 관계행정기관・정부투자기관・연구기관 그 밖의 전문기관 또는 단체에 준공검사의 실시를 의뢰할 수 있다. 시장・군수는 준공검사의 실시결과 정비사업이 인가받은 사업시행계획대로 완료되었다고 인정하는 때에는 준공인가를 하고 공사의 완료를 당해 지방자치단체의 공보에 고시하여야 하고, 시장・군수는 직접 시행하는 정비사업에 관한 공사가 완료된 때에는 그 공사의 완료를 당해 지방자치단체의 공보에 고시하여야 한다. 한편, 시장・군수는 준공인가를 하기 전이라도 완공된 건축물이 사용에 지장이 없는 등 대통령령이 정하는 기준에 적합한 경우에는 입주예정자가 완공된 건축물을 사용할 것을 사업시행자에 대하여 허가할 수 있다. 다만, 자신이 사업시행자인 경우에는 허가를 받지 아니하고 입주예정자가 완공된 건축물을 사용하게 할 수 있다.

6. 도시분쟁조정위원회

정비사업의 시행으로 인하여 발생된 분쟁의 조정을 위하여 정비구역이 지정된 특별자치시, 특별자치도, 또는 시・군・구(자치구를 말한다)에 도시분쟁조정위원회를 둔다. 조정위원회는 부시장・부지사・부구청장 또는 부군수를 위원장으로 한 10인 이내의 위원으로 구성하며, 위원은 Ⓐ 해당 특별자치시, 특별자치도 또는 시・군・구에서 정비사업 관련 업무에 종사하는 5급 이상 공무원, Ⓑ 대학이나 연구기관에서 부교수 이상 또는 이에 상당하는 직에 재직하고 있는 자, Ⓒ 변호사, 건축사, 감정평가사, 공인회계사, Ⓓ 그 밖에 정비사업에 전문적 지식을 갖춘 자로서 시・도조례로 정하는 자 중에서 시장・군수가 임명 또는 위촉한다. 이 경우 Ⓐ 및 Ⓒ의 어느 하나에 해당하는 자가 각 2인 이상이 포함되어야 한다.

Ⅱ. 도시재생

도시재생이란 인구의 감소, 산업구조의 변화, 도시의 무분별한 확장, 주거환경의 노후화 등으로 쇠퇴하는 도시를 지역역량의 강화, 새로운 기능의 도입·창출 및 지역자원의 활용을 통하여 경제적·사회적·물리적·환경적으로 활성화시키는 것을 말한다. 도시재생법은 도시의 경제적·사회적·문화적 활력 회복을 위하여 공공의 역할과 지원을 강화함으로써 도시의 자생적 성장기반을 확충하고 도시의 경쟁력을 제고 하며 지역 공동체를 회복하는 등 국민의 삶의 질 향상에 이바지함을 목적으로 하고 있다.

1. 도시재생계획

(1) 도시재생전략계획 및 도시재생활성화계획

1) 도시재생전략계획

도시재생전략계획이란 전략계획수립권자가 국가 도시재생 기본방침17)을 고려하여 도시 전체 또는 일부 지역, 필요한 경우 둘 이상의 도시에 대하여 도시재생과 관련한 각종 계획, 사업, 프로그램, 유형·무형의 지역자산 등을 조사·발굴하고, 도시재생활성화지역18)을 지정하는 등 도시재생 추진전략을 수립하기 위한 계획을 말한다. 전략계획수립권자는 특별시장·광역시장·특별자치시장·특별자치도지사·시장 또는 군수(광역시 관할구역에 있는 군의 군수는 제외)를 말한다.

2) 도시재생활성화계획

도시재생활성화계획이란 도시재생전략계획에 부합하도록 도시재생활성화지역에 대하여 국가, 지방자치단체, 공공기관 및 지역주민 등이 지역발전과 도시재생을 위하여 추진하는 다양한 도시재생사업을 연계하여 종합적으로 수립하는 실행계획을 말하며, 주요 목적 및

17) 국가도시재생기본방침이란 도시재생을 종합적·계획적·효율적으로 추진하기 위하여 수립하는 국가 도시재생전략을 말한다(국토교통부, 공고 제2019-113호, 2019.01.24.).

18) 도시재생활성화지역이란 국가와 지방자치단체의 자원과 역량을 집중함으로써 도시재생을 위한 사업의 효과를 극대화하려는 전략적 대상지역으로 그 지정 및 해제를 도시재생전략계획으로 결정하는 지역을 말한다.

성격에 따라 Ⓐ 도시경제기반형 활성화계획: 산업단지, 항만, 공항, 철도, 일반국도, 하천 등 국가의 핵심적인 기능을 담당하는 도시·군계획시설의 정비 및 개발과 연계하여 도시에 새로운 기능을 부여하고 고용기반을 창출하기 위한 도시재생활성화계획, Ⓑ 근린재생형 활성화계획: 생활권 단위의 생활환경 개선, 기초생활인프라 확충, 공동체 활성화, 골목경제 살리기 등을 위한 도시재생활성화계획의 유형으로 구분한다.

(2) 도시재생사업

도시재생사업이란 도시재생활성화지역에서 도시재생활성화계획에 따라 시행하는 Ⓐ 국가 차원에서 지역발전 및 도시재생을 위하여 추진하는 일련의 사업, Ⓑ 지방자치단체가 지역발전 및 도시재생을 위하여 추진하는 일련의 사업, Ⓒ 주민 제안에 따라 해당 지역의 물리적·사회적·인적 자원을 활용함으로써 공동체를 활성화하는 사업, Ⓓ 도시정비법에 따른 정비사업 및 도시재정비법에 따른 재정비촉진사업, Ⓔ 도시개발법에 따른 도시개발사업 및 역세권의 개발 및 이용에 관한 법률에 따른 역세권개발사업, Ⓕ 산업입지 및 개발에 관한 법률에 따른 산업단지개발사업 및 산업단지 재생사업, Ⓖ 항만법에 따른 항만재개발사업, Ⓗ 전통시장법에 따른 상권활성화사업 및 시장정비사업, Ⓘ 국토의 계획 및 이용에 관한 법률에 따른 도시·군계획시설사업 및 시범도시(시범지구 및 시범단지를 포함) 지정에 따른 사업, Ⓙ 경관법에 따른 경관사업, Ⓚ 빈집 및 소규모주택 정비에 관한 특례법에 따른 빈집정비사업 및 소규모주택정비사업, Ⓛ 공공주택 특별법에 따른 공공주택사업, Ⓜ 그 밖에 도시재생에 필요한 사업으로서 대통령령으로 정하는 사업을 말한다.

(3) 국가와 지방자치단체의 책무

국가와 지방자치단체는 도시재생사업을 추진하는 데에 필요한 예산을 확보하고 관련 시책을 수립·추진하여야 하고, 국가와 지방자치단체는 도시재생사업을 추진할 때 주민의 삶의 질 향상을 우선적으로 고려하여야 하며, 도시재생전략계획이 수립된 경우, 해당 지방자치단체의 장은 도시재생전략계획이나 도시재생활성화계획 등의 실효성을 확보하기 위하여 지방재정법 제33조에 따른 중기지방재정계획에 반영하여야 한다.

(4) 국가도시재생기본방침의 수립

국토교통부장관은 도시재생 활성화를 위한 국가도시재생기본방침을 10년마다 수립하여야 하며, 필요한 경우 5년마다 그 내용을 재검토하여 정비할 수 있고, 국가도시재생기본방침은 국토기본법 제6조 제2항 제1호에 따른 국토종합계획의 내용에 부합하여야 한다.

그리고 국가도시재생기본방침에는 Ⓐ 도시재생의 의의 및 목표, Ⓑ 국가가 중점적으로 시행하여야 할 도시재생 시책, Ⓒ 도시재생전략계획 및 도시재생활성화계획의 작성에 관한 기본적인 방향 및 원칙, Ⓓ 도시재생선도지역의 지정기준, Ⓔ 도시 쇠퇴기준 및 진단기준, Ⓕ 기초생활인프라의 범위 및 국가적 최저기준, Ⓖ 그 밖에 도시재생 활성화를 위하여 필요한 사항으로서 대통령령으로 정하는 사항이 포함되어야 한다.

아울러, 국토교통부장관은 국가도시재생기본방침의 수립을 위하여 도시재생 종합정보체계를 활용하여 도시쇠퇴를 진단할 수 있다. 이 경우 국토교통부장관은 관계 지방자치단체에 자료를 요청할 수 있으며, 지방자치단체는 이에 우선적으로 협조하여야 한다. 한편, 국토교통부장관은 국가도시재생기본방침을 수립하거나 변경하려면 관계 중앙행정기관의 장과 협의하고 해당 지방자치단체의 장의 의견을 수렴한 후 도시재생특별위원회와 국무회의의 심의를 거쳐 대통령의 승인을 받아야 한다. 다만, 대통령령으로 정하는 경미한 사항을 변경하는 경우에는 그러하지 아니하다.

2. 도시재생의 추진체계

(1) 도시재생특별위원회 및 도시재생기획단

1) 도시재생특별위원회

도시재생에 관한 정책을 종합적이고 효율적으로 추진하기 위하여 국무총리 소속으로 도시재생특별위원회(특별위원회)를 두고, 특별위원회는 Ⓐ 국가 도시재생 기본방침 등 국가 주요 시책, Ⓑ 둘 이상의 특별시·광역시·특별자치시·특별자치도 또는 도의 관할구역에 속한 전략계획수립권자가 공동으로 수립하는 도시재생전략계획, Ⓒ 국가지원 사항이 포함된 도시재생활성화계획, Ⓓ 도시재생 선도지역 지정 및 도시재생 선도지역에 대한 도시재생활성화계획, Ⓔ 그 밖에 도시재생과 관련하여 필요한 사항으로서 위원장이 회의에 상정하는 사항을 심의한다. 위원장은 국무총리가 되고, 위원은 Ⓐ 정부위원 : 대통령령으로 정하는 관계 중앙행정기관의 장, Ⓑ 민간위원 : 도시재생에 관한 학식과 경험이 풍부한 자 중에서 위원장이 위촉하는 자로 하되, 10명 이상 30명 이하로 구성한다.

2) 도시재생기획단

특별위원회의 업무를 지원하고 Ⓐ 국가도시재생기본방침의 작성, Ⓑ 도시재생활성화계획, 도시재생사업 등의 평가 및 지원에 관한 사항, Ⓒ 지방도시재생위원회, 관계 행정기관 및 관계 기관과의 협의, Ⓓ 도시재생사업 관련 예산 협의, Ⓔ 그 밖에 대통령령으로 정하는 사항의 업무를 수행하기 위하여 국토교통부장관 소속으로 도시재생기획단을 둔다.

(2) 지방도시재생위원회

Ⓐ 지방자치단체의 도시재생 관련 주요 시책, Ⓑ 도시재생전략계획 및 도시재생활성화계획, Ⓒ 그 밖에 도시재생과 관련하여 필요한 사항을 심의하거나 자문에 응하게 하기 위하여 지방자치단체에 지방도시재생위원회(지방위원회)를 둘 수 있다.

한편, 국토의 계획 및 이용에 관한 법률 제113조에 따른 지방도시계획위원회가 설치된 지방자치단체의 경우에는 지방도시계획위원회가 대통령령으로 정하는 지방위원회의 구성·운영 등에 대한 조건을 충족하는 경우 지방도시계획위원회가 지방위원회의 기능을 수행하게 할 수 있다.

(3) 전담조직의 설치

전략계획수립권자는 도시재생전략계획 및 도시재생활성화계획의 수립·지원 및 사업추진과 관련한 관계 기관·부서 간 협의 등을 위하여 도시재생 관련 업무를 총괄·조정하는 전담조직을 설치할 수 있다. 도지사와 자치구의 구청장 및 광역시 관할구역에 있는 군의 군수(구청장등)는 필요한 경우 대통령령으로 정하는 바에 따라 전담조직을 설치할 수 있다.

전담조직은 Ⓐ 도시재생 관련 현황 및 주요지표의 조사·관리, Ⓑ 도시재생활성화계획 및 도시재생사업의 총괄·조정·관리·지원, Ⓒ 관계 기관, 관계 행정기관과의 업무 협의 및 교류, Ⓓ 지역 협업체제의 구축·운영, Ⓔ 도시재생 관련 국고보조금 등의 관리, Ⓕ 마을기업 등 지역자원을 활용한 도시재생사업의 발굴 및 추진, Ⓖ 도시재생활성화계획 및 도시재생사업 평가 및 점검, Ⓗ 재원 조달 및 관리, Ⓘ 그 밖에 도시재생의 원활한 추진을 위하여 필요한 사항으로서 대통령령으로 정하는 사항을 수행한다.

(4) 도시재생 지원기구의 설치

국토교통부장관은 Ⓐ 도시재생 활성화 시책의 발굴, Ⓑ 도시재생 제도발전을 위한 조사·연구, Ⓒ 도시재생전략계획 및 도시재생활성화계획의 수립 등 지원, Ⓓ 도시재생사업의 시행 및 운영·관리 지원, Ⓔ 도시재생 종합정보체계의 구축·운영·관리 등에 관한 업무, Ⓕ 도시재생전문가의 육성 및 파견 등의 업무, Ⓖ 도시재생 지원센터 운영 등의 지원, Ⓗ 그 밖에 국토교통부장관이 정하는 업무를 수행하기 위하여 도시재생 지원기구를 설치하되, 대통령령으로 정하는 공공기관을 도시재생지원기구(HUG, LH 등이 지정됨)로 지정할 수 있다.

(5) 도시재생 지원센터의 설치

전략계획수립권자는 Ⓐ 도시재생전략계획 및 도시재생활성화계획 수립과 관련 사업의 추진 지원, Ⓑ 도시재생활성화지역 주민의 의견조정을 위하여 필요한 사항, Ⓒ 현장 전문가 육성을 위한 교육프로그램의 운영, Ⓓ 마을기업의 창업 및 운영 지원, Ⓔ 그 밖에 대통령령으로 정하는 사항에 관한 업무를 수행하도록 하기 위하여 도시재생 지원센터를 설치할 수 있다. 도지사 및 구청장등은 필요한 경우 대통령령으로 정하는 바에 따라 도시재생 지원센터를 설치할 수 있다.

3. 도시재생전략계획

(1) 도시재생전략계획의 수립

전략계획수립권자는 도시재생을 추진하려면 도시재생전략계획을 10년 단위로 수립하고, 필요한 경우 5년 단위로 정비하여야 하고, 지역 여건상 필요한 경우 인접한 지방자치단체의 관할구역 전부 또는 일부를 포함하여 도시재생전략계획을 수립할 수 있다. 이 경우 전략계획수립권자는 미리 해당 지방자치단체의 장의 동의를 받아야 한다. 다만, 공동으로 도시재생전략계획을 수립하는 경우에는 그러하지 아니하다.

아울러, 도시재생전략계획을 수립할 때에는 국가 도시재생 기본방침 및 국토계획법 제19조에 따른 도시·군기본계획의 내용에 부합하도록 하여야 하며, 도시재생과 관련한 각종 계획, 사업, 프로그램, 유형·무형의 지역자산 등이 우선적으로 도시재생활성화지역에 연계·집중됨으로써 도시재생이 효과적으로 이루어질 수 있도록 하여야 한다.

(2) 도시재생전략계획의 내용

도시재생전략계획에는 Ⓐ 계획의 목표 및 범위, Ⓑ 목표 달성을 위한 방안, Ⓒ 쇠퇴진단 및 물리적·사회적·경제적·문화적 여건 분석, Ⓓ 도시재생활성화지역의 지정 또는 변경에 관한 사항, Ⓔ 도시재생활성화지역별 우선순위 및 지역 간 연계방안, Ⓕ 도시재생 지원센터 구성 및 운영 방안, Ⓖ 지방정부 재원조달 계획, Ⓗ 지원조례, 전담조직 설치 등 지방자치단체 차원의 지원제도 발굴, Ⓘ 그 밖에 전략계획수립권자가 도시재생을 위하여 수립하는 사업계획의 사항이 포함되어야 하고, 도시재생전략계획이 수립된 지역에 대하여 다른 법률에 따른 사업계획을 수립할 경우 해당 도시재생전략계획에 부합하도록 하여야 한다.

아울러, 전략계획수립권자가 도시재생전략계획으로 도시재생활성화지역을 지정하려는 경우에는 Ⓐ 인구가 현저히 감소하는 지역, Ⓑ 총 사업체 수의 감소 등 산업의 이탈이 발생되는 지역, Ⓒ 노후주택의 증가 등 주거환경이 악화되는 지역의 요건 중 2개 이상을 갖추어야 한다.

(3) 도시재생전략계획 수립을 위한 기초조사 및 주민 의견청취 등

전략계획수립권자가 도시재생전략계획을 수립하거나 변경하려면 대통령령으로 정하는 바에 따라 기초조사를 하여야 한다. 이 경우 도시재생 종합정보체계를 활용할 수 있고, 효율적인 조사 또는 측량 등을 위하여 필요한 경우 대통령령으로 정하는 바에 따라 기초조사를 전문기관에 위탁할 수 있다.

또한, 전략계획수립권자는 도시재생전략계획을 수립하거나 변경하려면 대통령령으로 정하는 바에 따라 미리 공청회를 개최하여 주민과 관계 전문가 등의 의견을 수렴하고 해당 지방의회의 의견을 들어야 하며, 공청회 또는 지방의회에서 제시된 의견이 타당하다고 인정하면 도시재생전략계획에 반영하여야 한다.

한편, 특별시장 · 광역시장 · 특별자치시장 또는 특별자치도지사는 도시재생전략계획을 수립하거나 변경하려면 관계 행정기관의 장과 협의한 후 지방위원회의 심의를 거쳐야 한다. 다만, 대통령령으로 정하는 경미한 사항을 변경하는 경우에는 그러하지 아니하다. 아울러, 도시재생전략계획을 수립하거나 변경한 때에는 관계 행정기관의 장에게 관계 서류를 송부하여야 하며, 대통령령으로 정하는 바에 따라 그 계획을 공고하고 일반인이 열람할 수 있도록 하여야 한다.

(4) 시 · 군 도시재생전략계획의 승인

시장 또는 군수가 도시재생전략계획을 수립하거나 변경하려면 대통령령으로 정하는 바에 따라 도지사의 승인을 받아야 한다. 다만, 대통령령으로 정하는 경미한 사항을 변경하는 경우에는 그러하지 아니하다.

도시재생전략계획을 승인하려면 관계 행정기관의 장과 협의한 후 지방위원회의 심의를 거쳐야 하고(이 경우 협의 요청을 받은 관계 행정기관의 장은 특별한 사유가 없는 한 그 요청을 받은 날부터 30일 이내에 의견을 제시하여야 한다), 서로 다른 도에 속한 둘 이상의 시장 또는 군수가 공동으로 도시재생전략계획을 수립하거나 변경하려면 해당 지방위원회의 심의를 거친 후 국토교통부장관의 승인을 받아야 한다. 다만, 대통령령으로 정하는 경미한 사항을 변경하는 경우에는 그러하지 아니하다. 국토교통부장관 또는 도지사가 도시재생전략계획을 승인한 때에는 관계 행정기관의 장과 해당 시장 또는 군수에게 관계 서류를 송부하여야 하며, 관계 서류를 받은 시장 또는 군수는 대통령령으로 정하는 바에 따라 그 계획을 공고하고 일반인이 열람할 수 있도록 하여야 한다.

4. 도시재생활성화계획

(1) 도시재생활성화계획의 수립

전략계획수립권자는 도시재생활성화지역에 대하여 도시재생활성화계획을 수립할 수 있고, 구청장등은 도시재생활성화지역에 대하여 근린재생형 활성화계획을 수립할 수 있으며, 도시재생활성화계획에는 Ⓐ 계획의 목표, Ⓑ 도시재생사업의 계획 및 파급효과, Ⓒ 도시재생기반시설의 설치·정비에 관한 계획, Ⓓ 공공 및 민간 재원 조달계획, Ⓔ 예산 집행계획, Ⓕ 도시재생사업의 평가 및 점검 계획, Ⓖ 행위제한이 적용되는 지역, Ⓗ 그 밖에 대통령령으로 정하는 사항이 포함되어야 한다.

아울러, 도시경제기반형 활성화계획을 수립하는 때에는 해당 도시재생활성화지역 내의 산업단지, 항만, 공항, 철도, 일반국도, 하천 등 국가의 핵심적인 기능을 담당하는 도시·군계획시설의 정비·개발과의 연계방안과 해당 도시재생활성화계획의 도시경제·산업구조에 대한 파급효과 등을 우선적으로 고려하여야 하고, 전략계획수립권자 또는 구청장등은 도시재생활성화계획을 수립하거나 변경하려면 국가도시재생기본방침 및 도시재생전략계획에 부합하도록 하여야 한다.

(2) 도시재생활성화계획의 확정 및 승인

특별시장·광역시장·특별자치시장 또는 특별자치도지사는 도시재생활성화계획을 수립하거나 변경하려면 관계 행정기관의 장과 협의한 후 지방위원회의 심의를 거쳐 확정한다. 다만, 대통령령으로 정하는 경미한 사항을 변경하는 경우에는 그러하지 아니하다. 또한, 시장·군수 또는 구청장등이 도시재생활성화계획을 수립하거나 변경하려면 해당 특별시장·광역시장 또는 도지사의 승인을 받아야 한다. 이 경우 특별시장·광역시장 또는 도지사는 관계 행정기관의 장과 협의한 후 지방위원회의 심의를 거쳐야 한다. 다만, 경미한 사항에 해당하는 경우에는 그러하지 아니하다.

전략계획수립권자 또는 구청장등은 관계 행정기관의 장과 협의하기 전 또는 도시재생활성화계획 승인 신청 전에 대통령령으로 정하는 바에 따라 공청회를 개최하여 주민이나 관계 전문가 등으로부터 의견을 수렴하고 해당 지방의회의 의견을 들어야 하고, 특별시장·광역시장·특별자치시장·특별자치도지사 또는 도지사는 도시재생활성화계획에 국가지원 사항이 포함된 경우 확정 또는 승인 전에 국토교통부장관에게 국가지원 사항에 대하여 결정을 받아야 한다. 이 경우 국토교통부장관은 관계 중앙행정기관의 장과 협의한 후 특별위원회의 심의를 거쳐야 한다.

(3) 도시재생활성화계획의 효력

도시재생활성화계획은 고시한 날부터 그 효력이 발생하고, 도시재생활성화계획의 고시일 이전에 사업이나 공사에 착수한 자(도시재생법 또는 다른 법률에 따라 허가·인가·승인 등을 받아야 하는 경우에는 그 허가·인가·승인 등을 받아 사업이나 공사에 착수한 자를 말한다)는 해당 도시재생활성화계획의 고시에 관계없이 그 사업이나 공사를 계속할 수 있다.

아울러, 도시재생활성화계획이 고시된 때에는 Ⓐ 국토계획법에 따른 도시·군관리계획(국토계획법의 근린재생형 활성화계획의 경우는 제외)의 결정 또는 변경 및 같은 법에 따른 도시·군계획시설사업의 시행자 지정, Ⓑ 건축법에 따른 특별건축구역의 지정 및 같은 법에 따른 건축협정의 인가 또는 같은 법에 따른 건축협정 집중구역의 지정, Ⓒ 경관법에 따른 경관협정의 인가, Ⓓ 도시정비법에 따른 주거환경개선사업에 대한 같은 법에 따른 정비계획의 결정 및 정비구역의 지정, Ⓔ 교통약자의 이동편의 증진법에 따른 보행우선지역의 지정, Ⓕ 전통시장법에 따른 상권활성화구역 지정 및 변경, Ⓖ 공유재산 및 물품 관리법에 따른 사용·수익허가의 결정·변경·지정 또는 인가 등(인가등)을 받은 것으로 보며, 이에 대한 고시나 공고를 한 것으로 본다.

(4) 도시재생활성화계획의 효력 상실

특별시장·광역시장·특별자치시장 또는 특별자치도지사는 도시재생사업의 추진 상황으로 보아 도시재생활성화계획의 목적을 달성하였거나 달성할 수 없다고 판단하는 때에는 관계 행정기관의 장과 협의한 후 지방위원회의 심의를 거쳐 도시재생활성화계획을 취소할 수 있다. 또한, 시장·군수 또는 구청장등은 도시재생사업의 추진 상황으로 보아 도시재생활성화계획의 목적을 달성하였거나 달성할 수 없다고 판단하는 때에는 해당 특별시장·광역시장 또는 도지사에게 도시재생활성화계획의 취소를 요청할 수 있다. 이 경우 특별시장·광역시장 또는 도지사는 관계 행정기관의 장과 협의한 후 지방위원회의 심의를 거쳐 도시재생활성화계획의 취소 여부를 결정하여야 한다.

아울러, 도시재생활성화계획에 국가지원 사항이 포함된 경우 특별시장 · 광역시장 · 특별자치시장 · 특별자치도지사 또는 도지사가 도시재생활성화계획을 취소하기 전에 국토교통부장관의 동의를 받아야 한다. 이 경우 국토교통부장관은 관계 중앙행정기관의 장과 협의한 후 특별위원회의 심의를 거쳐 해당 도시재생활성화계획 취소에 대한 동의 여부를 결정하여야 한다. 한편, 도시재생활성화계획을 고시한 날부터 3년이 되는 날까지 하나의 도시재생사업도 착수하지 아니한 경우 그 도시재생활성화계획은 취소된 것으로 보며, 도시재생활성화계획이 취소된 것으로 보는 때에는 해당 도시재생활성화지역의 용도지역은 도시재생활성화계획의 결정 · 고시 이전의 용도지역으로 환원되거나 폐지된 것으로 본다.

(5) 행위 등의 제한

도시재생활성화계획이 고시된 날부터 도시재생활성화계획에 적합하지 아니한 건축물의 건축, 공작물의 설치, 토지의 형질변경, 토석의 채취, 토지분할, 물건을 쌓아두는 행위 등 대통령령으로 정하는 행위를 하고자 하는 때에는 전략계획수립권자 또는 구청장등의 허가를 받아야 한다. 허가받은 사항을 변경하고자 하는 때에도 또한 같다.

5. 도시재생사업의 시행

(1) 도시재생사업의 시행

도시재생사업은 도시재생법에서 정한 사항 외에는 해당 사업의 시행에 관한 사항을 규정하고 있는 관계 법령에 따라 시행하고, 도시재생활성화계획이 고시되기 전부터 도시재생활성화지역에서 시행 중이거나 그 시행이 확정된 사업이 도시재생활성화계획에 포함된 경우에는 해당 사업을 도시재생법에 따른 도시재생사업으로 본다.

(2) 도시재생사업의 시행자

도시재생사업 중 다른 법률에서 사업시행자에 대하여 별도로 규정하지 아니한 사업의 경우에는 Ⓐ 지방자치단체, Ⓑ 대통령령으로 정하는 공공기관, Ⓒ 지방공기업법에 따라 설립된 지방공기업, Ⓓ 도시재생활성화지역 내의 토지 소유자, Ⓔ 마을기업, 사회적기업 육성법에 따른 사회적기업, 협동조합 기본법에 따른 사회적협동조합 등 지역 주민 단체 중에서 전략계획수립권자 또는 구청장등이 사업시행자를 지정할 수 있다.

아울러, 도시재생활성화계획이 고시되기 전부터 도시재생활성화지역에서 시행 중이거나 그 시행이 확정된 사업이 도시재생활성화계획에 포함된 경우 해당 사업의 시행자를 도시재생사업의 시행자로 본다.

6. 도시재생 활성화를 위한 지원

(1) 보조 또는 융자

국가 또는 지방자치단체는 도시재생 활성화를 위하여 대통령령으로 정하는 바에 따라 Ⓐ 도시재생전략계획 및 도시재생활성화계획 수립비, Ⓑ 도시재생 제도발전을 위한 조사·연구비, Ⓒ 건축물 개수·보수 및 정비 비용, Ⓓ 전문가 파견·자문비 및 기술 지원비, Ⓔ 도시재생기반시설의 설치·정비·운영 등에 필요한 비용, Ⓕ 도시재생지원기구 및 도시재생지원센터의 운영비, Ⓖ 문화유산 등의 보존에 필요한 비용, Ⓗ 마을기업, 사회적기업 육성법에 따른 사회적기업, 협동조합 기본법에 따른 사회적협동조합 등의 지역활성화 사업 사전기획비 및 운영비, Ⓘ 도시재생사업에 필요한 비용, Ⓙ 도시재생사업을 위한 토지·물건 및 권리 취득에 필요한 비용, Ⓚ 그 밖에 대통령령으로 정하는 사항에 대하여 그 비용의 전부 또는 일부를 해당 사업 또는 업무를 수행하는 자에게 보조하거나 융자할 수 있다.

아울러, 국가는 지방자치단체의 재정상태 및 도시재생활성화계획의 평가 결과 등을 고려하여 대통령령으로 정하는 바에 따라 보조 또는 융자의 규모·비율 등을 달리할 수 있고, 보조하거나 융자하는 데에 필요한 자금을 일반회계, 국가균형발전 특별법 제30조에 따른 지역발전특별회계 또는 주택도시기금법에 따른 주택도시기금에서 지원한다.

(2) 도시재생특별회계의 설치 및 운용

전략계획수립권자는 도시재생 활성화 및 도시재생사업의 촉진과 지원을 위하여 도시재생특별회계를 설치·운용할 수 있다. 다만, 도지사는 필요한 경우 대통령령으로 정하는 바에 따라 도시재생특별회계를 설치·운용할 수 있다.

① 도시재생특별회계의 세입은 Ⓐ 지방세법에 따라 부과·징수되는 재산세 중 대통령령으로 정하는 일정비율 이상의 금액, Ⓑ 개발이익환수에 관한 법률에 따른 개발부담금 중 지방자치단체귀속분의 일부, Ⓒ 재건축초과이익 환수에 관한 법률에 따른 재건축부담금 중 지방자치단체 귀속분, Ⓓ 수도권정비계획법에 따라 시·도에 귀속되는 과밀부담금 중 해당 시·도의 조례로 정하는 비율의 금액, Ⓔ 일반회계로부터의 전입금, Ⓕ 정부의 보조금, Ⓖ 차입금, Ⓗ 해당 도시재생특별회계 자금의 융자회수금, 이자수익금 및 그 밖의 수익금이다.

② 도시재생특별회계의 세출은 Ⓐ 도시재생사업을 위한 조사 · 연구비, Ⓑ 도시재생전략계획 및 도시재생활성화계획의 수립 비용, Ⓒ 도시재생사업에 필요한 비용, Ⓓ 도시재생활성화지역 내 임대주택 건설 · 관리 비용, Ⓔ 전문가 활용비 및 기술비, Ⓕ 도시재생특별회계의 조성 · 운용 및 관리를 위한 경비, Ⓖ 도시재생지원센터의 구성비 및 운영비, Ⓗ 마을기업 등의 사전기획비 및 운영비, Ⓘ 공공 건축물의 보수 및 정비 비용, Ⓙ 도시재생활성화지역 내 폐가, 공가 매입 및 활용 비용, Ⓚ 또는 융자 비용, Ⓛ 그 밖에 필요한 사항으로 해당 지방자치단체의 조례로 정하는 사항이다.

전략계획수립권자 또는 도지사는 도시재생특별회계를 통한 지원이 도시재생활성화지역에 집중될 수 있도록 노력하여야 하고, 국토교통부장관은 필요한 경우에는 지방자치단체의 장에게 도시재생특별회계의 운용상황을 보고하게 할 수 있다. 아울러, 도시재생특별회계의 설치 및 운용 · 관리에 관하여 필요한 사항은 해당 지방자치단체의 조례로 정한다.

(3) 도시재생종합정보체계의 구축

국토교통부장관은 도시재생활성화를 위하여 관련 정보 및 통계를 개발 · 검증 · 관리하는 도시재생종합정보체계를 구축하여야 하고, 관계 중앙행정기관의 장은 도시재생종합정보체계가 원활히 운영될 수 있도록 각 부문별 소관 분야의 정보 및 통계를 작성하여 제공하는 등 적극 협력하여야 한다. 아울러, 국토교통부장관은 도시재생종합정보체계를 구축하기 위하여 관계 중앙행정기관 · 지방자치단체 · 공공기관의 장에게 관련 정보 또는 자료의 제출을 요구할 수 있다. 이 경우 자료의 제출을 요구받은 관계 기관의 장은 국방상 또는 국가안전보장상 기밀을 요하는 사항 등 정당한 사유가 없으면 이에 응하여야 한다.

(4) 국유재산 · 공유재산 등의 처분

도시재생활성화계획을 확정 또는 승인하려는 특별시장 · 광역시장 · 특별자치시장 · 특별자치도지사 또는 도지사는 도시재생활성화계획에 국유재산 · 공유재산의 처분에 관한 내용이 포함되어 있는 때에는 미리 관리청과 협의하여야 한다. 이 경우 관리청이 불분명한 재산 중 도로 · 하천 · 구거(溝渠) 등에 대하여는 국토교통부장관을, 그 외의 재산에 대하여는 기획재정부장관을 관리청으로 본다.

도시재생활성화지역 내의 국유재산 · 공유재산은 도시재생사업 외의 목적으로 매각하거나 양도할 수 없고, 도시재생사업의 시행자가 폐도(廢道)나 그 밖에 이와 유사한 국유재산 또는 공유재산을 부득이하게 도시재생 목적으로 사용하려는 경우로서 대통령령으로 정하는 경우에는 국유재산법 제9조 또는 공유재산 및 물품 관리법 제10조에 따른 국유재산종합계획 또는 공유재산의 관리계획과 국유재산법 제43조 또는 공유재산 및 물품 관리법 제29조에 따른 계약의 방법에도 불구하고 도시재생사업의 시행자 등에게 우선적으로 이를 수의계약으로 매각 · 임대 또는 양여할 수 있다.

(5) 조세 및 부담금의 감면

국가 및 지방자치단체는 도시재생 활성화를 위하여 필요한 경우에는 도시재생사업의 시행자에 대하여 조세특례제한법 및 지방세특례제한법에서 정하는 바에 따라 법인세 · 소득세 · 취득세 · 등록면허세 및 재산세 등의 조세를 감면할 수 있다. 아울러, 국가 및 지방자치단체는 도시재생 활성화를 위하여 필요한 경우에는 도시재생사업의 시행자에 대하여 개발이익환수에 관한 법률, 농지법, 초지법, 산지관리법, 도시교통정비 촉진법, 자연환경보전법, 공유수면 관리 및 매립에 관한 법률, 환경개선비용 부담법, 국토의 계획 및 이용에 관한 법률 및 대도시권 광역교통 관리에 관한 특별법에서 정하는 바에 따라 개발부담금, 농지보전부담금, 대체초지조성비, 대체산림자원조성비, 교통유발부담금, 생태계보전협력금, 공유수면 점용료 · 사용료, 환경개선부담금, 기반시설설치비용 및 광역교통시설 부담금을 감면하거나 부과하지 아니할 수 있다.

한편, 도시재생활성화계획에 따라 건축하는 Ⓐ 문화예술진흥법에 따른 문화시설, Ⓑ 의료법에 따른 병원, 한방병원 또는 종합병원, Ⓒ 상법 제169조에 따른 회사의 본점 또는 주사무소 건물, Ⓓ 그 밖에 전략계획수립권자가 도시재생을 위하여 필요하다고 인정하는 시설에 해당하는 건축물에 대하여는 지방세특례제한법 및 지방자치단체의 조례로 정하는 바에 따라 취득세, 등록면허세 등 지방세를 감면할 수 있다. 다만, 시장 · 군수 또는 구청장등은 취득세, 등록면허세 등 지방세를 감면하고자 하는 때에는 대통령령으로 정하는 바에 따라 특별시장 · 광역시장 또는 도지사의 승인을 받아야 한다.

(6) 건축규제의 완화 등에 관한 특례

전략계획수립권자 또는 구청장등은 필요한 경우 국토의 계획 및 이용에 관한 법률 또는 같은 법의 위임에 따라 규정한 조례에도 불구하고, 국토계획법 제77조와 관련한 위임규정에 따라 조례로 정한 건폐율 최대한도의 예외, 같은 법 제78조와 관련한 위임 규정에 따라 조례로 정한 용적률 최대한도의 예외(다만, 국토계획법 제78조에 따른 용적률의 최대한도를 초과할 수 없다)의 내용을 포함하는 내용으로 도시재생활성화계획을 수립할 수 있다.

전략계획수립권자 또는 구청장등은 필요한 경우 주택법 및 주차장법에 따른 주차장 설치기준을 완화하는 내용으로 도시재생활성화계획을 수립할 수 있고, 필요한 경우 건축법 제60조 제2항에 따라 조례로 정한 가로구역별 건축물의 최고 높이 또는 같은 조 제3항에 따른 높이 제한에도 불구하고 이를 완화하는 내용으로 도시재생활성화계획을 수립할 수 있다.

7. 도시재생선도지역

(1) 도시재생선도지역의 개념

도시재생선도지역이란 도시재생을 긴급하고 효과적으로 실시하여야 할 필요가 있고 주변지역에 대한 파급효과가 큰 지역으로, 국가와 지방자치단체의 시책을 중점 시행함으로써 도시재생 활성화를 도모하는 지역을 말한다.

(2) 도시재생선도지역의 지정

국토교통부장관은 도시재생이 시급하거나 도시재생사업의 파급효과가 큰 지역을 직접 또는 전략계획수립권자의 요청에 따라 도시재생선도지역으로 지정할 수 있다.

전략계획수립권자는 도시재생선도지역의 지정을 요청하기 전에 대통령령으로 정하는 바에 따라 주민과 관계 전문가 등으로부터 의견을 수렴하고 해당 지방의회의 의견을 들어야 하고, 국토교통부장관은 도시재생선도지역을 지정하거나 변경 지정하는 때에는 관계 중앙행정기관의 의견을 수렴하고, 특별위원회의 심의를 거쳐야 한다(다만, 대통령령으로 정하는 경미한 사항을 변경하는 경우에는 그러하지 아니하다). 또, 국토교통부장관은 도시재생선도지역을 지정 또는 변경 지정하는 때에는 대통령령으로 정하는 바에 따라 그 내용을 관보에 고시하고 관계 서류를 일반인이 열람할 수 있도록 하여야 하고, 국토교통부장관은 전략계획수립권자에게 도시재생선도지역의 지정과 지원에 필요한 자료를 제출하도록 요청할 수 있다.

(3) 도시재생선도지역에 있어서의 특별조치

전략계획수립권자는 지정된 도시재생선도지역에 대하여 도시재생전략계획의 수립 여부와 관계없이 도시재생활성화계획을 수립할 수 있고(다만, 도시재생전략계획이 수립된 지방자치단체의 경우에는 도시재생전략계획이 변경된 것으로 본다), 도시재생선도지역에서 도시재생활성화계획을 수립하거나 변경하려면 지방위원회의 심의를 거쳐 국토교통부장관에게 승인을 요청하여야 한다(경미한 사항에 해당하는 경우에는 그러하지 아니하다). 아울러, 국토교통부장관은 도시재생활성화계획의 승인을 요청받은 경우 특별위원회의 심의를 거쳐 승인한다. 또, 국토교통부장관 및 전략계획수립권자는 지정된 도시재생선도지역에 대하여 예산 및 인력 등을 우선 지원할 수 있고, 국가는 도시재생선도지역에서 도시재생기반시설 중 대통령령으로 정하는 시설에 대하여 다른 법률의 규정에도 불구하고 설치 비용의 전부 또는 일부를 부담할 수 있다.

제 3 장

도시정책의 뉴패러다임 도시재생

제1절 서 설

역사적으로 도시계획은 국가의 도시체계를 구축하는 기본적인 사안이었다. 중앙정부의 소재지를 비롯하여 중앙집권적인 정치행정력을 강화하고 나면 지방통치를 확대하면서 여러 지역에 중소도시를 건설하고 이를 기반으로 지방행정 등의 중심지로 변모시켰다. 이처럼 도시개발은 인류문명의 발전과 역사를 함께 하였다. 과거 농업혁명과 함께 수반된 도시혁명을 계기로 도시는 그 모습을 갖추게 되었으며, 산업 혁명 이후 산업화, 도시화 과정을 통해 본격적인 개발에 대한 계획과 연구가 이루어졌다. 도시개발은 급속도로 변화해가며 개발과 환경보전, 기능과 삶의 질 사이에서 계속적인 진보를 거듭하고 있으며, 최근 지속가능한 개발이 대두되면서 단순히 한정된 도시 분야를 넘어 사회·문화·경제·환경 등 인간이 살아가는데 필요한 모든 분야를 포괄하는 차원에서 도시개발이 이루어지고 있다.

도시개발의 패러다임을 이해하기 위해서는 도시에서 일어나는 변화를 살펴봄이 우선되어야 하는데, 도시의 변화는 크게 도시사회문화 전반에 걸친 변화와 도시계획이론의 변화, 도시공간의 변화 등으로 세분되어 살펴볼 수 있다. 도시사회문화의 전반적인 변화는 도시계획이론의 변화를 이끌고, 이는 도시공간의 변화에 영향을 미치며 공간의 변화는 다시 도시 사회문화 전반의 변화로 이어지는 등 이들은 서로 매우 밀접한 상호관계를 가지고 시간이 지남에 따라 순환하는 체계를 이룬다.

도시개발에 대해서는 다양한 개념적 정의가 있다. 도시개발(urban development)의 사전적 의미는 기성도시 주변 또는 떨어진 곳에 인구 및 산업 등을 조절·정비하고, 기성

도시의 확장, 신도시의 건설 등을 하는 것이다. 그러나 이는 단순히 도시개발의 개념을 도시와 개발이라는 용어의 결합만을 의미하는 것으로, 보다 구체적인 정의를 위해 도시개발을 새로운 시가지 조성과 기존시가지의 정비나 재개발로 나누어 볼 수 있다

도시 사회문화의 변화가 도시공간에 나타나기 위해서는 이를 실현시키기 위한 도시계획 이론이 있어야 한다. 산업혁명 이후 산업화시대에는 그 시대 도시가 지니고 있는 문제와 사람들이 추구하는 바를 실현하기 위하여 이상도시와 근대 도시계획법의 재정을 시작으로 전원도시론, 국제주의, 도시미화운동, 근린주구이론 등이 생성되었으며, 후기 산업시대에는 모더니즘 사상에서 한걸음 더 나아간 포스트모더니즘과 함께 환경, 문화, 예술, 삶의 질, 차별성 등을 추구하는 경향이 높아져 지속가능한 개발이라는 틀 아래, 최근 여러 도시 문제들을 해결하기 위하여 과거와는 다른 새로운 계획이론들이 등장하는데 뉴어버니즘(New Urbanism)과 어번빌리지(Urban Village), 콤팩트시티(Compact City), 스마트시티(Smart City) 등이 대표적이다. 이러한 이론들은 복합용도 개발을 기본으로 하고 있으며, 자동차 통행보다 대중교통과 보행을 중심으로 한 교통체계를 우선으로 한다. 이를 통해 도심지역의 공동화를 방지하고 필요 이상의 자동차 통행으로 인한 환경문제를 해소하며, 도시 내의 거리에 활력을 불어넣어 과거와는 다른, 사람들이 생활하는 활력 있는 도시를 추구한다. 나아가, 도시의 재개발을 넘어 도시재생은 상대적으로 낙후된 기존 도시에 새로운 기능을 도입하고 창출함으로써 쇠퇴한 도시를 새롭게 경제적 · 사회적 · 물리적으로 부흥시키는 도시사업으로 지속가능한 미래형 새로운 도시개발의 패러다임이 되어가고 있다.

제 2 절 도시화 및 도시계획

Ⅰ. 도시의 개념

도시는 인구학적으로 일정한 인구규모 내지 인구밀도를 초과한 지역으로 규정된다. 그러나 도시에 대한 여러 연구에서는 도시를 단순히 인구가 집중된 지역으로만 정의하지 않는다. 그것은 도시에서 인구집중뿐만 아니라 제반 사회경제적 특성이 나타나기 때문이다. 오늘날에 이르러 도시의 규모가 커지면서 도시의 공간적 영역에 대한 개념규정이 다

양해지고 있다. 1938년 워스(Wirth)는 Urbanism에 관한 그의 고전적 논문에서 도시의 세 가지 주요 특성은 Ⓐ 대규모의 인구규모, Ⓑ 높은 인구밀도, Ⓒ 인구의 이질성 등이라고 지적하며 이 세 가지 요소가 도시의 생활양식을 특징적으로 발달시키는 데 기여하였다고 주장했다.

도시를 다루는 학문분야는 다양하다. 사회과학 가운데는 도시지리학 · 도시사회학 · 도시경제학 · 지역개발학 · 도시행정학 등의 분야에서 도시라는 주제가 중심적인 위치를 차지한다. 자연과학 가운데는 건축학 · 도시계획학 · 토목공학 · 조경학 등의 분야에서 도시를 핵심적인 주제로 연구한다. 지리학에서 정의되는 도시는 지표면의 일부를 점유하는 지역으로서 Ⓐ 다수의 인구가 비교적 좁은 지역에 밀집해서 거주해 인구밀도가 상당히 높고, Ⓑ 농업 · 임업 · 수산업 등의 1차 산업비율이 낮은데 반해 제조업 · 건설업 · 상업 등의 2 · 3차의 도시적 산업비율, 즉 비농업적 산업비율이 높으며, Ⓒ 주변지역에 재화와 용역을 제공해 주는 중심지로 정의된다.

도시와 동일한 개념으로 시가 있다. 시는 특정한 기능을 지니고 있는 도시적 취락으로 정의된다. 과거 유럽에서는 보통 주교의 소재지와 대성당이 위치한 곳이 시였다. 현재는 규모가 큰 도시적 취락을 시라 정의하고 있다. 일부 국가에서는 특정 공무원을 선출하거나 지명할 수 있는 권리를 지닌 행정계층 내의 특수한 지역을 시로 정의한다. 시에 대한 규정은 나라마다 상이하다. 각 나라의 도시설정에서는 주민수로 표현되는 인구규모, 인구밀도, 비농업직 종사자율 등의 통계자료와 도시화된 연속적 시가지(built-up area) 내지 도시적 기능이 얼마나 나타나느냐를 기준으로 도시를 설정한다.

도시와 유사한 개념으로 도회지가 있다. 흔히 도회지는 규정된 최소인구 요구치를 보유하는 취락을 뜻한다. 그러나 도회지와 시를 구분할 수 있는 특정한 인구규모범위가 설정되어 있는 것은 아니다. 예를 들면 미국과 같은 국가에서는 도회지가 지방정부의 행정구조에서 특별한 지위를 차지하기도 한다. 도시의 어원인 라틴어 'civitas'는 영어의 'city'로 표현되며, 지방취락에 비하여 강력한 정치권력과 자유를 가진 취락지역을 의미한다. 도시 또는 시라는 영어적 표현은 'urban', 'city', 'town' 등으로 나타낸다. 중국에서는 도시를 '성시(城市)'라 칭한다.

Ⅱ. 도시의 새로운 개념

1. 신도시주의

1980년대 무분별한 도시확산으로 인한 문제점들을 해결하기 위한 대안으로서 미국에서 발생한 새로운 도시계획의 신조류인 신도시주의(뉴어바니즘, New Urbanism)는 도시의 사회문제가 무분별한 도시확산과 밀접한 관계가 있으며 이러한 사회문제를 해결하기 위해 도시개발에 대한 근본적 접근 방법의 전환이 필요하다는 인식으로부터 출발한 도시계획이론이다.

즉, 미국의 개발원칙을 체계적으로 변화시키는 것을 목적으로 1993년 10월 버지니아주 알렉산드리아에서의 모임에서 비롯되어 순수 전문가 조직체가 아닌 서로 다른 분야의 설계전문가와 공공 및 민간의 정책 결정권자, 도시설계나 도시계획에 관심을 가지는 시민들의 연합체로서의 신도시주의 협회가 구성되었다. 이러한 신도시주의 운동을 체계적으로 전개시키기 위하여 공공정책, 개발행위, 도시계획과 설계를 이끌고자 하는 뉴어바니즘 헌장(27개조)을 수립하여 기본원칙을 제시하였다.

뉴어바니즘 헌장에서는 크게 3가지의 권역(대도시권 및 시가지규모차원, 근린주구차원, 개별건축물차원)으로 나눠 접근하고 있다. 기본적인 원칙사항으로서 근린주구(近隣住區, neighborhood unit)[1]는 용도와 인구에 있어서 다양하여야 하며, 커뮤니티 설계에 있어서 보행자와 대중교통을 중요하게 다루며, 복합적인 토지이용을 추구하여야 한다. 또한 도시와 타운은 어디서든지 접근이 가능하면서 물리적으로는 공공공간과 커뮤니티 시설에 의해 형태를 갖추면서 도시적 장소는 그 지역의 역사와 문화 등 지역적 특성과 관행을 존중하도록 강조하고 있다. 결국 뉴어바니즘은 기존 도시에 대한 반성을 통해 도시를 재

---

1) 여기에서 근린주구는 미국의 건축가이며, 도시계획가인 미국의 페리(C. A. Perry)가 1929년 제안한 주거단지계획 개념으로서 어린이놀이터, 상점, 교회당, 학교와 같이 주민생활에 필요한 공공시설의 기준을 마련하고자 초등학교 도보권을 기준으로 설정된 단위 주거구역을 말한다. 이러한 근린주구 조성을 위하여 페리는 6가지 계획원칙을 제시하였다. 즉, ① 규모 : 주거단위는 하나의 초등학교 운영에 필요한 인구규모를 가져야 하고 면적은 인구밀도에 따라 달라진다. ② 주구의 경계 : 주구내 통과교통을 방지하고 차량을 우회시킬 수 있는 충분한 폭원의 간선도로로 계획한다. ③ 오픈스페이스 : 주민의 욕구를 충족시킬 수 있도록 계획된 소공원과 레크리에이션 체계를 갖춘다. ④ 공공시설 : 학교와 공공시설은 주구 중심부에 적절히 통합 ⑤ 상업시설 : 주구내 인구를 서비스할 수 있는 적당한 상업시설을 1개소 이상 설치하되, 인접 근린주구와 면해 있는 주구외곽의 교통집중 지역에 배치한다. ⑥ 내부도로체계 : 순환교통을 촉진하고 통과교통을 배제하도록 일체적인 가로망으로 계획한다.

구성하여 인간과 환경 중심의 공간으로 되살리는 새로운 운동이다.

2. 유시티

유시티(U-city)란 언제 어디서나 시민들이 편하게 행정·교통·복지·환경·방재 등의 도시정보를 제공받고 활용할 수 있는 여건을 제공하는 도시를 말한다. 유비쿼터스란 용어는 물이나 공기처럼 시공을 초월해 '언제 어디에나 존재한다'는 뜻의 라틴어 유비크(ubique)에서 나온 말로, 사용자가 컴퓨터나 네트워크를 의식하지 않고 장소에 상관없이 자유롭게 네트워크에 접속할 수 있는 환경을 말한다. 아울러, 유비쿼터스 도시란 이러한 유비쿼터스의 개념과 도시계획을 혼합한 개념이다. 도시의 경쟁력과 삶의 질의 향상을 위하여 유비쿼터스 도시기술[2)]을 활용하여 건설된 유비쿼터스 도시기반시설[3)] 등을 통하여 언제 어디서나 유비쿼터스 도시서비스[4)]를 제공하는 도시라고 정의되며, 유시티(U-city)라고도 한다. 우리나라에서는 2008년 「유비쿼터스도시법」을 제정하여 유비쿼터스 도시의 건설 및 관리, 정부지원 등에 대해 규정하고 있으며 국토교통부장관은 유비쿼터스 도시의 효율적인 건설 및 관리 등을 위하여 5년 단위로 『유비쿼터스도시종합계획』을 수립하여야 한다. 유비쿼터스도시건설사업은 유비쿼터스도시계획에 따라 유비쿼터스도시서비스를 제공하기 위하여 유비쿼터스도시기반시설을 설치·정비 또는 개량하는 사업이다.

3. 콤팩트시티

도시고밀도 개발을 통해 지속가능한 도시공간형태 조성을 지향하는 도시정책 모델로, 콤팩트시티(Compact City, 압축도시)란 도시 내부 고밀개발을 통해 현대도시의 여러 가지 문제 해결을 도모함과 동시에 경제적 효율성 및 자연환경의 보전까지 추구하는 도시 개발 형태로 도시 내부의 복합적인 토지이용, 대중교통의 효율적 구축을 통한 대중교통수

---

2) 유비쿼터스도시기반시설을 건설하여 유비쿼터스도시서비스를 제공하기 위한 건설·정보통신 융합기술(국토계획법에 따른 기반시설 또는 공공시설을 지능화하기 위하여 건설기술에 전자·제어·통신 등의 기술을 융합한 기술)과 정보통신기술을 말한다.

3) 유비쿼터스도시기반시설이란 Ⓐ 국토계획법에 따른 기반시설 또는 공공시설에 건설·정보통신 융합기술을 적용하여 지능화된 시설, Ⓑ 「국가정보화 기본법」의 초고속정보통신망, 광대역통합정보통신망, 그 밖에 대통령령으로 정하는 정보통신망, Ⓒ 유비쿼터스도시서비스의 제공 등을 위한 유비쿼터스도시 통합운영센터 등 유비쿼터스도시의 관리·운영에 관한 시설로서 대통령령으로 정하는 시설의 어느 하나에 해당하는 시설을 말한다.

4) 유비쿼터스도시기반시설 등을 통하여 행정·교통·복지·환경·방재 등 도시의 주요 기능별 정보를 수집한 후 그 정보 또는 이를 서로 연계하여 제공하는 서비스로서 대통령령으로 정하는 서비스를 말한다.

단의 이용촉진, 도시외곽 및 녹지지역의 개발 억제, 도시정체성을 유지하기 위한 역사적인 문화재의 보전 등을 포함하는 개념이다. 유럽연합(EU)에서는 도시문제와 더불어 환경정책의 일환으로서 콤팩트시티를 지향하고 있다.

20세기 중반 자동차 보급의 증가로 도시의 외형적 팽창이 진행되었고 이런 흐름 속에 많은 도시문제가 발생하였다. 도시 중산층의 대규모 거주지 교외 이동, 도심 공동화 현상과 inner-city 문제, 도시 외곽의 무분별한 환경 파괴 등 복합적인 여러 문제들이 고착화되어 갔다. 이런 상황에서 유럽의 여러 나라들은 지속가능한 개발[5]을 지향하는 콤팩트시티의 실현을 도시정책 목표로 설정하였다. 이러한 콤팩트시티 개념은 미국의 뉴어바니즘과 영국의 어반빌리지 사례에서 구체화되었고, 현재 세계 여러 각국의 국가정책에 영향을 미치고 있다.

4. 스마트 시티

스마트 시티(Smart City)는 텔레커뮤니케이션(tele-communication)을 위한 기반시설이 인간의 신경망처럼 도시 구석구석까지 연결되어 있는 도시를 말한다. 따라서 스마트 시티에서는 사무실에 나가지 않고도 집에서 모든 업무를 처리할 수 있는 텔레워킹(teleworking)이 일반화될 수 있다. 스마트 시티와 비슷한 개념으로는 공학기술이 고도로 발달한 도시를 나타내는 테크노피아, 네티즌이 중심이 되는 도시를 나타내는 사이버 시티, 거대도시의 새로운 형태를 의미하는 월드 시티 등이 있다. 미래학자들이 예측한 21세기의 새로운 도시 유형으로서 컴퓨터 기술의 발달로 도시 구성원들간 네트워크가 완벽하게 갖춰져 있고 교통망이 거미줄처럼 효율적으로 짜여진 것이 특징이다. 학자들은 현재 미국의 실리콘 밸리를 모델로 삼아 앞으로 다가올 스마트 시티의 모습을 그려나가고 있다.

각국 경제 및 발전수준, 도시 상황과 여건에 따라 스마트시티는 매우 다양하게 정의·활용되고, 접근전략에도 차이가 있다. 추진 주체로 민간주도(삶의 질 향상), 공공주도(국가 경쟁력 강화) 로 구분해 볼 수 있고, 목적측면에서는 기후변화 대응, 도시재생을 통한 급격한 도시화 문제 해결, 경기부양 등을 들 수 있다. 일반적으로 도시에 ICT·빅데이터 등 신기술을 접목하여 각종 도시문제를 해결하고, 삶의 질을 개선할 수 있는 도시모델로 정의되는데, 최근에는 다양한 혁신기술을 도시 인프라와 결합해 구현하고 융·복합할 수

5) 지속가능한 개발(Environmentally Sound and Sustainable Development)이란 유엔의 환경과 개발에 관한 세계위원회인 브룬틀랜드위원회가 1987년에 발표한 『우리들 공통의 미래』라는 보고서에서 처음 등장한 개념으로 '미래 세대의 욕구를 충족시킬 능력을 저해하지 않으면서 현재 세대의 욕구를 충족시키는 개발'로 정의되어 있다.

있는 공간이라는 의미의 도시 플랫폼으로 활용된다.[6)]

도시재생과 관련하여서는 ① 스마트시티형 도시재생을 위한 지원을 확대하고 있는데, 2017년 시범지구 5개(旣 선정지역 : 인천부평, 조치원, 부산사하, 포항, 남양주 지자체가 필요에 따라 선택·적용할 수 있도록 스마트시티를 대표하는 분야별 주요 서비스에 대해 가이드라인을 제공)를 포함, 매년 스마트시티형 도시재생사업을 선정하고, 스마트 도시재생 솔루션 가이드라인은 원활한 사업추진을 위해 「스마트시티 특위」를 통한 사업계획 컨설팅 제공, 추가 국비지원 등 종합적인 지원 추진, 추가예산의 효율적인 활용을 위한 가이드 마련(민간기업 사업제안 도입 등)하고 있다. ② 주민주도의 스마트 도시재생 추진을 위해서는 도시재생 주민협의체를 기반으로 민간(스타트업 창업자 등), 지역 전문가(지역대학, 연구원) 등이 참여하는 스마트 거버넌스를 구축하여 지역문제를 도출, 수요·지역특성·예산을 고려해 서비스 수준을 결정한다. 아울러, 데이터에 기반한 시민참여로 도시문제를 해결하는 리빙랩[7)]을 도입, 스타트업, 중소기업의 혁신솔루션을 실증하는 테스트베드[8)]로 활용한다.

5. 중심업무지구

도시 내에서 상업·금융·위락 및 서비스시설이 집중되어 있는 도시의 핵심지역을 말하는데, 중심업무지구(CBD, Central Business District)는 도시의 심장부에 해당하는 곳

---

6) 전 세계적으로 도시화(도시화율 : 한국 82.5%, 일본 93.5%, 미국 81.6%, 영국 82.6%, 2015년 기준 UN)에 따른 자원 및 인프라 부족, 교통 혼잡, 에너지 부족 등 각종 도시문제가 점차 심화될 것으로 전망되고 있다. 이에 대한 해결책으로 도시 인프라 확충 대신 기존 인프라의 효율적 활용을 통해 저비용으로 도시문제를 해결하는 접근방식이 주목되고 있는 상황에서 도시문제의 효율적 해결과 함께, 4차 산업혁명에 선제적으로 대응하고 新성장동력을 창출하고자 스마트시티가 빠르게 확산 중이다. 이는 글로벌 저성장 추세, 첨단 ICT의 급격한 발전, 증가하는 도시개발 수요를 바탕으로 하고 있고, 세계 각국에서 경쟁적으로 추진하고 있다. 한편, 우리 정부에서 추진 중인 혁신성장 선도사업으로 4차 산업혁명 관련 新기술의 성과 가시화를 위하여, 스마트시티 조성·확산이 필수 빅데이터·인공지능(AI) 등 지능형 인프라, 자율차·드론 등 이동체, 가상현실, 신재생에너지 등 혁신기술을 체감할 수 있는 공간 조성하여, 교통·에너지·환경 등 파급효과가 큰 미래 新성장동력으로 역할이 강조되고, ICT 기술을 활용하여 도시문제를 해결하고 삶의 질을 높이며, 4차산업혁명에 대응하는 미래 성장동력으로 스마트시티 정책을 추진하고 있다.

7) 리빙랩(Living Lab)은 살아있는 실험실, 일상생활 실험실 등으로 사용자가 직접 나서 문제를 해결해 나가는 사용자 참여형 혁신공간을 말하는데, 클라우드, 빅데이터, IoT, 모바일 등의 기술을 활용해 다양한 사회 문제를 해결한다. 사용자로부터 직접 의견을 받기 때문에, 리빙랩 개발 과정마다 사용자 반응을 즉시 수집해 문제 해결에 반영할 수 있어 리빙랩은 해당 프로젝트에 참여하는 참여자 간 협력이 중요하다.

8) 신기술·제품·서비스의 성능·효과를 시험할 수 있는 환경 혹은 시스템·설비를 말하는데, 신제품과 신개발 콘텐츠·프로그램·서비스 등의 성공 가능성 측정을 위해 제품을 본격적으로 판매하기에 앞서 우선 출시하는 특정 시장·지역을 가리키는 용어로도 사용된다.

으로서 비록 도시의 좁은 공간을 점유하는 지역이지만 그 기능은 매우 다양하며, 도시경제·사회의 중요도가 높은 지역으로 주로 접근성과 교통여건이 좋은 도시 주요지역에 형성된다. 특히, 전문적 기능이 수행되는 중심업무지구는 고층·복합건물이 밀집되고, 최고의 지가(地價)를 나타내며 자동차와 보행자의 유동과 교통밀도가 도시 내에서 가장 높게 형성된다. 이러한 중심업무지구에서는 전문직과 일반업무의 사무실, 은행의 본점, 유명백화점, 고급상점과 음식점, 극장, 호텔 등 비거주기능이 다수 입지한다. 그 결과 중심업무지구에는 유동인구는 많지만 상주인구가 적어 주간과 야간인구의 격차가 매우 크게 나타남으로써 도심공동화 현상을 야기하기도 한다. 서울의 경우에는 중구, 종로구, 강남구 등이 중심업무지구에 속한다고 볼 수 있으며, 세계적으로는 뉴욕의 맨해튼과 런던의 시티오브 런던, 파리 라데팡스, 도쿄 마루노우치, 오오테마치 등이 중심업무지구에 속한다.

Ⅲ. 도시화

1. 도시화이론

(1) 도시화의 공간적 의미

공간적 측면에서의 도시화(urbanization)는 도시가 되어가는 과정을 의미한다. 도시가 되어 가는 과정은 도시에 관한 지리학적 정의에서 보다 구체적으로 파악할 수 있다. 지리학에서 정의되는 도시화는 많은 사람들이 일정한 지역에 집중하여 그 지역의 인구수가 증가하고, 주변지역에 비해 그 지역의 인구밀도가 상대적으로 높아지는 과정을 의미한다. 또한 도시화가 진행되면 1차 산업 종사자수가 줄어들고 비 농업적 산업종사자수가 늘어나 도시적 산업비율이 증가하는 현상이 나타난다. 그리고 도시화가 진행되면 주변지역에 재화와 서비스를 제공해 주는 결절지가 증가하거나, 기존의 도시가 확대되어 보다 넓은 지역에 재화와 서비스를 제공해 주는 도시권의 확장현상이 나타난다.

이렇게 볼 때 도시화는 점으로서의 도시화와 면으로서의 도시화로 이해하는 것이 가능하다. 점으로서의 도시화는 도시의 수가 증가하는 현상을 의미한다. 도시수가 증가하면 상대적으로 농촌지역이 줄어들고 비 농업직 종사자수도 감소하는 현상이 나타난다. 면으로서의 도시화는 기존의 도시영역이 확대되어 도시주변의 농촌지역을 도시로 바꾸는 대도시권화 양상이 전개된다. 그러므로 공간적 의미에서의 도시화는 인구수가 증가하고 인구밀도가 높아지며, 비 농업적 산업비율이 늘어날 뿐만 아니라, 도시수의 증가와 도시권의 확대가 나타나는 현상으로 정의할 수 있다.

(2) 도시화의 측정

도시화의 개념에 기초하여 도시화를 측정할 수가 있다. 도시화의 측정에는 대체로 다음의 4가지 지표를 사용한다. 첫째는 Ⓐ 인구지표이다. 여기에서는 도시화율, 인구규모, 인구밀도 및 주야간의 인구비율 등을 사용한다. 도시화율은 임의 국가의 전체인구수에 비해서 도시에 살고 있는 사람이 어느 정도인가를 측정하는 지표로 백분율로 나타낸다. 예를 들어 어떤 나라의 총인구수가 1억 명이고 도시에 거주하는 인구수가 5천만 명이라면 그 나라의 도시화율은 50%로 집계되는 것이다. 둘째는 Ⓑ 토지이용지표이다. 여기에서는 농업용 토지가 비농업용 토지로 전용된 비율이나, 도시와 주변지역의 지가 또는 지대변화, 토지투기변화 등의 내용을 다룬다. 일반적으로 도시화가 진행되면 도시주변지역에서는 비 농업적 토지용도비율이 높아지며, 지가의 상승현상과 일부지역에서 투기양상이 나타난다. 셋째는 Ⓒ 농촌요소의 감퇴지표이다. 여기에는 농촌인구 비율의 감소와 농업인구의 겸업률의 증가 등을 사용한다. 대체로 농촌요소의 감퇴양상은 토지이용지표의 내역과 관련지어 취급한다. 넷째는 Ⓓ 도시요소의 증대지표이다. 여기에서는 기존도시와 도시주변지역에 도시용도의 건물이 들어서 도시환경이 조성되는 비율과, 교통이 발달해서 중심도시와 주변지역의 연계성이 증가하는 통근자율의 변화, 그리고 문화시설이 확충되어 도시적 특성이 강화되는 양상을 설명한다. 국가 전체 차원에서의 도시요소의 증대현상을 설명할 때는 도시수의 증가나 대도시권화의 내용을 측정한다.

실제 도시화수준을 측정하는 데 있어 학문분야나 학자에 따라 상이한 지표가 이용되고 있으나, 제일 많이 이용되고 있는 지표는 ⓐ 도시화율 지표와 ⓑ 토지이용 지표이다. 특히 도시화율 지표는 지역적·국가적 차원에서의 도시화수준을 비교하는 데 있어 가장 기초적인 지표로 이용되고 있다. 물론 국가에 따라 도시에 대한 설정기준이 다르기 때문에 도시화율은 상호 비교에 있어서의 절대적인 기준으로 사용하는 데에는 한계가 있다.

(3) 도시화곡선

도시화율의 변화를 그래프화한 것이 도시화곡선(urbanization curve)이다. 도시화의 진행은 처음에는 서서히 진행된다. 그러나 도시화를 촉진하는 여러 요인이 작용하면 갑자기 가속도적으로 도시화가 이루어지다가, 어느 정도 도시화가 진행되면 도시화는 둔화되거나 감소한다. 이러한 도시화의 내재적 속성 때문에 도시화곡선은 도시화가 낮은 단계에서부터 높은 단계에 이르기까지 로지스틱(logistic) 커브인 S자 형태를 나타낸다.

도시화의 Ⓐ 초기단계(initial stage)에는 도시화수준이 극히 낮을 뿐만 아니라 도시화율의 증가속도도 아주 완만하다. 이는 국가 경제가 주로 1차 산업에 의존하고 2·3차 산업이 미약하여 많은 인구가 농촌지역에 거주하고 있음을 보여준다. 도시화의 Ⓑ 가속화단계(acceleration stage)에 이르면 도시화수준이 급성장하게 되어 도시화율의 증가속도가 가속화된다. 이는 국가 경제가 2·3차 산업에 의존하여, 인구 및 경제활동이 공간적으로 도시라는 특정 장소에 집중되는 도시성장의 격변기에 있음을 나타낸다. 도시화의 Ⓒ 종착단계(terminal stage)에 도달하면 도시화 수준이 극대치에 이르게 되어 도시화율의 증가속도는 둔화된다. 이는 도시화가 포화상태가 되면서 집적의 불경제가 나타나 경제와 인구가 분산되며 비도시지역에도 지역발전이 이루어지고 있음을 반영해 준다.

각 나라의 도시에 대한 개념규정이 상이하기 때문에 도시화의 초기단계와 가속화단계, 그리고 종착단계에 이르기까지 각각의 도시화율이 어느 정도인가를 정확히 설명하는 것은 용이하지 않다. 대체로 도시화의 초기단계에서 종착단계까지 도시화율이 20% 전후에서 시작하여 75% 전후까지 이른다고 보고 있다. 일부 선진국에서는 도시화의 종착단계를 지나면 오히려 도시화율이 저하되는 퇴행단계까지 나타나고 있다. 이것은 도시인구가 대도시 혹은 도시지역으로부터 비도시지역으로 이도(移都)하는 분산화 가정, 즉 역도시화(counter-urbanization)현상[9]으로 설명하기도 한다.

(4) 도심공동화와 도심회귀

도심공동화는 도시가 점차 발전하면서 지가 및 주택가격의 상승, 생활물가상승, 도시환경문제 등이 발생하면서 주거여건이 좋은 교외로의 인구이동, 도심의 시가지가 상업지구, 업무지구로 집중되면서 야간시간에의 거주인구가 없는 텅빈도심으로 변하면서 도시의 중심부인 도심의 상주인구가 줄어드는 현상이 발생한다. 중심이 텅 비었다고 해서 도넛 현상이라고도 부른다. 즉, 도시가 어느 정도 성장하기 전까지는 도심에서 상업, 주거, 산업지역이 함께 공존하는 모습을 보인다. 시골 읍내에 주택들과 가게들이 함께 모여 있는 모습을 연상하면 쉽다. 하지만 본격적으로 도시가 성장해 수요가 많은 도심 지역의 땅값이 크게 오르면 땅값을 부담하기 어려운 주택들은 도심에서 외곽지역으로 이동하게 된다. 이로 인해 도심에는 높은 땅값을 부담할 능력이 있는 상업시설들이 다수를 차지하는데 상

9) 역도시화현상은 1970년대 미국의 인구통계자료로부터 대도시에서 비도시지역으로의 인구 순이동에 의해 대도시지역에서 인구가 감소하는 현상이 확인되면서 인지되었다. 역도시화는 대도시에서의 주거환경이 열악해지고, 생활비가 증가하며, 개인의 기동성이 증대되면서 대도시를 벗어나 소규모의 전원적 환경에서 사는 것을 선호하는 사람이 많아지기 때문에 일어난다.

업시설의 특성상 상주인구는 매우 적은 대신 유동인구가 많은 편이다. 결국 도심의 상주 인구는 줄어들게 되는데 이를 도심 공동화 현상이라고 부른다.

우리나라에서는 대표적인 예가 서울특별시의 종로구와 중구다. 서울의 발달 초기에는 종로구와 중구가 말 그대로 중심지였고, 대체로 오래된 도심이므로 도심 공동화를 공통적으로 겪고 있다. 요즘에는 이런 공동화 현상을 겪고 있는 지역을 특별히 원도심이라고 하여 원도심 재생사업을 지자체마다 추진하고 있다. 우리나라에서는 도심에 주거지역이 없다고는 해도 워낙 좁은 땅에 많은 사람들이 살아가는 데다가 대도시의 경우 문화적인 이유까지 겹쳐 낮이건 밤이건 가릴 것 없이 화려한 불야성에 사람들이 많이 돌아다니다 보니, 동 트는 새벽녘 정도가 아니면 도심이 공동화된 것을 두 눈으로 보기는 쉽지 않다.

대체로 공동화가 진행된 도심 지역은 치안이 나쁜 편이다. 서울시에서도 공동화가 진행된 종로구, 중구의 범죄율이 높다. 단, 이는 단순히 거주 인구가 줄어서 치안이 나빠진 것뿐만 아니라, 유동인구가 늘어나면서 절대적인 범죄 발생 빈도 자체가 증가한 부분도 포함되어 있다.

특히 미국에서는 이 현상이 대표적인 사회문제로 취급될 정도로 큰 골칫덩이인데, 대중교통보다는 승용차를 이용하는 교통 시스템, 땅이 워낙 넓다 보니 도심이 슬럼화되어도 재개발을 하지 않고 주변지역으로 퍼져 나가는 스프롤 현상[10], 인종간 사회경제적 격차, 개인주택 위주의 주거문화, 총기 소지의 자유, 마약 문제 등이 어우러져, 뉴욕이나 시카고 정도 되는 도시들을 제외한 대부분의 대도시 도심지역에 해가 진 후 걸어다니는 것 자체가 매우 위험할 정도로 도심공동화 현상이 진행되어 있다. 저녁이나 휴일에도 사람들이 많이 돌아다니는 한국이나 일본, 유럽의 대도시들과 달리 미국의 이런 대도시들은 저녁이나 휴일에는 인적이 없는 가운데 노숙자 등이 돌아다니는 것을 보기가 어렵지 않다.

도심공동화가 어느 정도 진행되어 슬럼화가 됨에 따라 땅값도 내려가고 더 이상 전출할 사람이 남아나지 않는다면 자연스럽게 교외보다 교통접근성이 좋은 도심의 인구가 증가하게 되고, 이것을 '도심회귀' 또는 '역교외화'라 한다. 도시화가 일찍 시작되고 국토 면

10) 도시가 급격하게 팽창하면서 시가지가 도시 교외지역으로 질서 없이 확대되는 현상이다. 즉, 도시의 팽창으로 기존의 주거지역이 과밀화되면서 도시의 주거지역이나 공업지역이 농경지나 삼림지를 잠식하며 도시의 외곽으로 무질서하게 확대되면 토지이용과 도시시설 정비상에서 많은 문제를 유발한다. 대도시의 도심지보다는 외곽지역에서 스프롤현상이 두드러지게 발생하기 때문에 마치 개구리가 뛰는 것처럼 띄엄띄엄 보이는 공지가 상당히 나타난다. 우리나라에서는 고도경제성장에 들어간 1970년대부터 스프롤 현상이 확산되어 대도시 주변의 주택과 공장의 무계획적이고 무질서한 건설, 지가의 앙등, 교통량의 폭증, 대기오염, 환경오염 등 여러 문제가 나타났다. 외국에서도 이 문제는 특정 대도시에서 나타나, 뉴욕·로스앤젤레스·홍콩 등은 특히 유명하다. 스프롤현상의 대책으로 적절한 도시계획에 의한 인구의 분산, 산업구조의 재배치, 개발제한구역 등이 고려되고 있다.

적이 좁은 유럽이나 일본의 대도시에서 흔하게 나타나는데, 도심 재개발이나 재건축과 함께 나타나는 경우가 많다. 한국도 문화 풍토 상 교외보다는 시내 거주를 선호하는 성향이 2008년 이후에 두드러진 것(최근 부동산 업계의 인서울 트렌드)을 미루어볼 때 가까운 미래에 한국도 도심회귀, 역교외화 현상이 두드러질 것이라는 전망이 나온다.

2. 우리나라에서의 도시화

우리나라의 도시발달은 대체로 도시 관련 자료가 확실히 나타나는 조선시대 이후를 중심으로 고찰할 수 있다. 조선왕조는 1394년 도읍을 한양으로 옮기면서 새로운 도시발달의 전기를 마련하였다. 조선시대의 지방제도는 전국을 8도(道)로 구분하고 그 아래 부(府), 목(牧), 대도호부(大都護府), 군(郡), 현(縣) 등과 같이 약 330개의 행정구역으로 구분하여 통치하였다. 조선시대 초기에는 행정중심지로서 정치적 기능을 중심으로 도시가 발달하였으나 점차 교통과 시장기능이 더해졌다. 조선시대 후기에는 상공업과 농업을 위시한 산업이 발달함에 따라 상업적 기능이 커지면서 상공업 중심의 도시발달이 이루어지게 되었다. 그러나 조선시대 중기까지의 우리나라 도시는 정치적 기능을 기반으로 하는 전산업적 소비도시로서 머물러 있었다.

1789년(정조 14년)에 출간된 『호구총수(戶口總數)』를 토대로 우리나라 근대도시의 발달과정은 대체로 1789년부터 몇 가지 단계로 나누는 것이 가능하다. 도시에 관련된 지표 가운데 도시수, 도시인구, 도시화율은 도시발달의 변화단계를 구분하는 지표가 될 수 있다. 우리나라의 도시인구 관련지표는 해방 전의 경우 1930년을 분기점으로 증가하며, 해방 후에는 1960년 이후에 크게 증가한다. 따라서 1789년 이후의 우리나라 근대도시의 발달은 크게 4가지 단계로 구분할 수 있다.

(1) 제1시기(1789~1930년)

1876년 개항 전까지 우리나라는 전 산업시기로 볼 수 있다. 1789년의 경우 역사적 중추행정중심지였던 한성, 개성, 평양 등이 2만 명 이상의 도시를 이루었다. 부목군현(府牧郡縣)의 청사가 있었던 지방행정 중심지인 상주, 전주, 대구, 충주, 의주, 진주 등은 인구 1~2만 명의 소도읍으로 발달하였다. 이 시기에는 교통수단이 도보와 우마차에 의존하는 형태였고, 지역 간의 이동이 제한적인 자급형의 경제구조를 지니고 있었으며, 도시의 발달이 내륙지방을 중심으로 이루어졌다. 1876년 개항과 함께 도시체계는 크게 변화하였고, 1920년까지 일본의 식민지정책이 우리나라 도시발달에 많은 영향을 미쳤다. 개항 후에는 연안 항구도시들이 급격히 건설되었다. 상주, 충주 등 내륙 도시들은 인구가 감소하는 반면, 함흥, 목포, 통영, 군산, 신의주, 청진 등의 항구가 인구 1~2만 명 규모의 도시를 형성하였다. 이 시기 동안 인구 2만 명 이상의 신흥도시로는 부산, 인천, 남포, 원산, 대구 등이 등장하였다. 이들 신흥도시는 대구를 제외하고는 모두 항구에 입지하고 있어 우리나라의 도시가 항구를 축으로 발달하였음을 보여 주었다. 따라서 선박교통과 함께 공간조직이 발달하게 되고 연안도시의 성장이 두드러지며, 항구도시는 생산물을 일본으로 반출하기 위한 적출항 또는 교역도시로의 기능을 담당하였다. 1920년대에는 일제의 식량기지화 정책에 따라 호남지역의 농산물 집적지와 미곡 적출항이 발달했다. 이 시기에 함흥, 신의주, 청진, 목포, 상주, 광주, 마산, 군산, 전주, 진주, 제주 등이 신흥도시로 발달했다. 대체로 이 시기는 연안과 내륙을 잇는 육상교통 수단이 미비하여 전국을 유기적으로 통합할 수 있는 근대적 의미의 도시체계는 이루기 어려운 상태였다.

(2) 제2시기(1930~1945년)

이 시기는 일제가 병참기지화 내지는 농공병진정책 등의 본격적인 식민지정책을 수행한 시기로서 제조업 중심의 공업발달과 더불어 비약적인 도시성장이 이룩된 기간이다. 일제는 1930년 이후의 우리나라 도시를 공업위주의 병참기지로 만들었다. 석탄·수력 등 산업동력의 개발과 철도교통수단의 확장은 이 시기 도시발달의 중요한 배경이 되었다. 아오지, 회령, 강계, 길주, 삼척 등의 탄전지대와 흥남, 성진, 함흥, 원산, 청진, 나진을 잇는 북부 광공업도시의 성장이 두드러졌고, 평양, 남포 등을 중심으로 관서 공업지대가 형성되었으며, 교통상의 요지인 의주, 만포 등을 중심으로 관서 공업지대가 형성되어 교통상의 요지인 의주, 만포, 선천, 안악, 산천, 연안, 재령 등이 발달했다. 1930년에는 철도역수의 증가율이 최고에 이르고 철도의 건설은 1940년에 최고점을 이루었다. 철도교통의 발전이 내륙과 항구를 연결해 주고 지역간 교통망이 확장됨에 따라 도시발달이 크게 확대되었다. 이 시기에 근대적 산업화에 기초한 도시의 발달이 본격화되고, 도시투자가 확대되어 도시기반경제가 정착되었다. 제2시기는 우리나라의 도시체계가 골격을 갖춘 시기라고 할 수 있다.

(3) 제3시기(1945~1960년)

해방으로 해외동포가 귀국하면서 사회적 인구이동이 일어나 서울, 부산, 대구, 마산, 대전 등의 도시에 인구증가 현상인 나타났다. 1950년 6·25전쟁에 의해 다시 격심한 인구변동이 일어나면서, 부산을 비롯하여 대구, 광주, 대전, 전주 등에 북한에서 월남한 피난민들이 모여들었다. 이에 비해 서울, 군산, 김천, 진주 등 전쟁의 피해를 입은 도시들은 정체현상을 보였다. 1955년 이후에는 전후 복구 작업과 산업철도의 발달에 힘입어 관동지역에 광공업과 관련된 도시발전이 두드러졌고, 특히 충남·전북·경남지역에 인구규모 2만 명 이상의 도시발달이 진행되었다.

(4) 제4시기(1960년 이후)

우리나라는 1960년 이후 국가의 산업구조가 공업화로 전환되면서, 공업과 관련된 지역이 도시발달을 선도하였다. 제조업을 중심으로 한 산업개발을 기존 대도시에 입지해 있는 경제여건을 활용하는 방향으로 진행되어 서울, 부산, 대구, 인천 등이 가속적으로 팽창되었다. 또한 지역의 성장거점인 광주, 대전, 전주, 마산 등이 인구규모 25만 명 이상의 도시로 성장하였다. 수출 및 내수산업 개발을 위한 공업화정책은 울산, 청주, 여수 등에 공업단지를 건설하여 도시개발을 촉진시켰다. 안산, 창원, 구미 등의 신도시가 육성되어 이들 지역으로의 인구집중을 유도했다. 산업발전을 위한 유통체계의 질적 성장과 지역적 확충은 전국을 일일생활권으로 묶어 각 도시를 하나의 유기적 공동체로 통합하는 환경을 이루었다. 1960년 이후 남북으로 이어진 종관형의 교통체계에서 동서를 잇는 횡단형 교통체계로 확장되면서 전국은 통합적인 교류체계를 형성하였다. 특히 1960년대 후반의 고속도로 개통은 자동차를 이용한 교통혁신을 이루어 육상교통이 지역 간 유통체계를 주도할 수 있도록 만들었다. 이 기간 중에는 산업동력으로 석유와 석탄이 중시되었다. 1970년대 들어서 석유의 소비가 석탄을 능가하면서 수입석유의 수송과 처리가 용이한 울산, 마산, 포항, 여수 등이 새로운 중화학공업도시로 성장하였다.

1960년 이후 도시와 농촌간의 경제적 격차에 의한 이촌향도(移村向都) 현상과, 제조업의 수도권 집중에 따른 취업기회의 확대로 전국의 인구가 수도권으로 집중되었다. 이 시기의 도시공간분포에서는 위성도시의 발달과, 종주도시화 현상, 그리고 거대도시화 현상이 나타났다. Ⓐ 위성도시는 서울·부산·대구 등의 대도시가 과대해짐에 따라 신산업시설이 대도시주변에 입지하고 있을 뿐만 아니라, 대도시 내부에서 집적의 불경제가 나타나 중심도시에 비해 개발이 덜 된 대도시주변이 발달하는 데서 기인한다. 1990년을 전후하여 수도권 주변지역에는 분당(성남시), 일산(고양시), 중동(부천시), 평촌(안양시), 산본(군포시) 등 신도시가 건설되면서 주택이 대량 공급됨에 따라 도시로의 인구밀집이 촉진되는 계기가 되었다. 그리고 서울 등 대도시 주변지역에서 교외화 현상이 전개되었다.

Ⓑ 종주도시화 현상은 서울·부산·대구 등 도시에 인구가 집중적으로 밀집됨으로써

이루어지고 있다. 1995년의 경우 이 세 도시들의 인구는 2만 명 이상의 총 시읍지역의 41.6%를 차지하고, 전국 인구의 37.0%를 점유한다. 특히 서울은 1990년에 1천만 명을 넘는 초대도시로 팽창되었으며, 서울-인천-대전-대구-부산을 잇는 거대한 메갈로폴리스권 형성이 이루어졌다.

최근 우리나라의 도시발달에서 각 도시의 인구규모가 커지는 © 거대도시화 양상이 확인된다. 인구규모상의 변화에 있어 10만 명 이상의 도시수가 1960년에 9개시에 불과했으나, 1985년에 36개시로 성장하였고, 1995년에는 55개시로 늘어나 한국의 도시가 점점 거대도시화되어 가는 추세에 있음을 보여준다. 1995년에는 인구규모 25만 명 이상의 도시가 21개였으며 2007년에는 39개로 늘어났다. 2010년에 이르러 전국은 수도권, 충청권, 호남권, 대경권, 동남권 등의 5개 대권역과, 강원권, 제주권 등의 2개 소광역권을 중심으로 권역별 도시성장을 모색하고 있다.

3. 도시화의 내용

도시화의 전개과정은 경제적, 인구적, 정책적, 문화적, 기술적, 환경적, 그리고 사회적인 일련의 상호관련적 변화에 의해 도시화가 전개되고, 이는 또한 지형이나 천연자원과 같은 지역적 요소에 의해서도 수정이 된다. 계속해서 더욱 많은 사람들은, 당위성이 없음에도 불구하고 거주지와 일자리를 찾아 기존의 큰 읍이나 시로 모이는 경향을 보이는데, 이는 도시체계와 변화에 중요한 변화를 초래하기도 하고, 토지이용의 변화에 영향을 미치며, 사회와 인구구성을 다루는 사회생태적 측면과 건조환경[11], 그리고 도시를 형성하는 사회내부의 활동과 삶의 질 등 도시성의 본질에까지 영향을 미친다. 이러한 도시화의 과정은 다시 역순환되는 과정을 반복한다.

(1) 경제 · 정책적 변화

도시화에 가장 큰 영향을 미치는 것은 경제적인 변화에 따른 것으로 이는 자본주의 혁신 그 자체에 의한 것임을 의미한다. 제2차 세계대전 이후 미국이나 캐나다 등과 같은 선진국들은 생산 산업에서 서비스산업으로 전환하며 이윤창출을 위한 보다 정교한 경영과 재정 서비스에 주축을 두었다. 이는 산업자본주의에서 진보된 자본주의로의 전환을 의미하고 제조업생산품이 아닌 후기산업시대로 직업전환이 이루어지는 것을 의미한다. 이때

11) 건조환경은 자연 환경과 대비되는 개념으로 자연 환경에 인위적인 조성을 가해 만들어낸 환경으로 구축환경(built environment, 構築環境)이라고 한다.

기업의 세계진출에 따라 경제 분야에서 세계화가 시작되고 이는 기업과 근로자와 정부의 조직화된 관계의 안정을 깨는 계기가 되었다. 이 시기에 포디즘의 대량생산·대량시장·대량소비 구조는 약화되기 시작하며 유연적 생산체계가 핵심이 되어 보다 다양한 소비욕구를 충족시키는 데 중점을 둔 네오포디즘이 등장하여, 기존의 조직화된 경영방식에서 벗어나 기업과 정부, 그리고 근로자가 각각 독립적인 이윤을 추구하는 형태를 보인다. 경제체계의 변환에 따라 그 시기 무엇이 생산되었고 어떻게 만들어졌으며, 어디에서 생산되었는가에 의해 동시의 구조가 수정되었고 변모하는 모습을 보여, 경제적 구조의 변화는 도시화과정으로 이어져 왔다. 혁신의 장소로서 도시는 경제성장과 기회분배의 역할을 하며 새로운 거주지와 개량되는 번성의 장소적 역할을 하였다. 이를 위해 21세기 도시정부는 세계화 과정 속에 기업과 공동체의 파트너십을 개발하고 도시의 불균형과 빈곤 등을 돕기 위해 경제성장의 원동력으로서 뿐만 아니라 사회정의와 도시의 지속적인 개발을 위한 핵심적 역할을 해야 한다.

아울러, 도시화에 관련된 정책적인 변화의 중요성은 매 시기 광의적으로 논의되곤 한다. 사회문제에 대한 개혁운동은 도시문제에 매우 중요하고 지속적으로 영향을 미치고, 각국의 동시다발 또는 연쇄적 도시 대테러에 대한 대응처럼 국제적 차원으로까지 범위가 넓어졌다. 동서의 대립이 끝나면서 미국 선벨트 도시[12]들의 방위산업체에 대한 막강한 경제적 의존이 변화됨과 동시에 정책적인 움직임은 즉각적으로 반응하였다. 도시화는 정책적 변화에 직접적으로 영향을 미치는데, 도시거주자나 교외지역의 거주자들은 선거에 그들의 경제적·사회적 발전을 위한 의지를 표명하고 이는 여당과 야당의 표 차이로 전달되는 것이다. 또한 사람들의 인식은 도시 변화의 다양한 측면과 연합되어 정치권에 전달이 되고 그들의 경쟁을 통해 새로운 형태로 변모하는 간접적인 영향을 미치게 한다.

(2) 인구·사회적 변화

도시는 인구의 증가를 창출하는 장소로서, 인구는 도시화에 가장 큰 영향을 미치는 요소 중 하나이다. 인구규모와 증가율은 도시화의 특성을 규정짓는 가장 특징적인 요소인 것이다. 밀집과 슬럼의 증가는 높은 사망률로 이어지고, 많은 도시의 매력적인 요소들은 사람들의 이주를 유도하며, 국제항만이나 공항을 갖춘 도시들은 이민자들의 분배의 균형

12) 선벨트 지대(sun belt area)는 미국 동쪽의 노스캐롤라이나로부터 텍사스를 거쳐 서쪽의 캘리포니아에 이르는 북위 37도선 이남의 미국의 남부15개 주를 말하는데, 이 지역은 온난한 기후와 석유, 가스자원이 풍부해 제2차 세계대전 이후의 농업, 석유산업 외에 군수, 부동산, 관광 등의 산업을 주축으로 급속한 성장을 이룬 곳이다.

을 깨뜨리기도 한다. 부강한 도시경제는 인구의 변화와 도시화의 관계를 조정하기도 하는데 예를 들어, 출산율과 이주율은 사람들의 인식과 경제적 기회에 대한 기대에 따라 크게 달라지곤 한다. 아울러, 소수민족에 대한 인종적 변화이다. 지난 수십년간 회자되어 왔던 인종문제는 교육적 성과와 직업구성 그리고 무엇보다 거주지 패턴에 영향을 주어 왔고 미국에서 흑인들의 교외화 현상은 이를 잘 반영하고 있다. 도시화 과정에서 사회 행태적인 변화에 의해 중심도시내부의 공동화 현상이 나타나는 등 물리적 혹은 사회경제적으로 도시의 구조가 변화되기도 한다. 또한 사회적 지위의 변화는 경제적인 변화에서 비롯된 직업구조의 전환의 결과로 나타는데, 산업화시기의 자본주의 사회에서 진보된 자본주의로의 전환이 일어남에 따라 쇠퇴한 직업계층으로 인해 중산계층이 크게 성장하는 것을 볼 수 있다.

(3) 문화적 · 환경적 변화

도시화와 문화의 변화는 병행하고 있다. 광의적 개념의 문화의 변화는 1970년대와 1980년대 시작된 '포스트모더니티(postmodernity)'로 요약된다. 이른바 과거의 상기, 과거시대 유물과 존속, 과거로의 회기 등이 역사적 보전이나 건축스타일의 복고성 들을 통해서 도시 형태에서도 보여 지는 것이다. 독특한 도시의 구조물 안에서 젊은 하위문화가 꽃피는 것을 통해 도시화는 문화의 역동적인 변화에 기여한다. 도시화와 문화적 변화의 독립적인 또 다른 측면은 한층 더 깊게 진행되고 있는데, 미국문화의 주류를 이루는 물질주의가 도시화에 어떠한 영향을 미치는가는 거주지개발에서 잘 보여 지고 있다. 이는 또한 경제적 변화와도 연관된 것으로서 거주지 분포는 소득의 차이에 따른 분배의 결과이다. 가장 중요하게 일컬어지는 경제적 변화뿐만 아니라 인구적 변화 측면 역시 문화적 변화의 중요한 요인으로, '베이비붐(baby boom)'세대들이 혁신자가 되어 1960년대의 역문화(counter-culture)부터 1980년을 풍미하는 물질세대인 여피[13]로 이어지기까지 성공적인 매개체 역할을 하였고, 1990년대에는 숨은 소비자로 남아 있게 된다.

한편, 환경과 도시화의 복합적인 관계는 지역적으로부터 범지구적인 측면까지 다양한 문제를 창출하고 있다. 지구상에서 큰 도시들에서 나오는 쓰레기는 도시경계까지 넘쳐나고 있는 듯이 보이는가 하면, 난방과 에너지 발생, 그리고 산업을 위한 화석연료의 사용에 따른 생태학적인 변화는 물론이고, 교통량의 증대와 쓰레기 매입에 따른 오염문제, 도

13) 여피(Young Urban Professional)는 젊음(young), 도시형(urban), 전문직(professional)의 YUP에서 나온 용어이다. 즉 가난을 모르는 세대 가운데 고등교육을 받고 도시근교에서 전문직에 종사하며, 연수입이 일정액 이상을 버는 젊은이들을 지칭한다.

시에서 발생한 매연으로 인한 온실효과에 따른 지역적 기후변화 등은 범지구적으로 논의되고 있다. 지역적으로는 중심도시들로부터 산업화 이후 셀 수 없이 증가하고 있는 브라운필드14)의 재개발과 재활용에 많은 노력을 기울이고 있다.

(4) 기술적 변화

도시화와 기술의 변화 간의 관계는 어느 것이 원인이고 결과인지 아직까지 모호하지만 기술의 진보는 도시화에 큰 영향을 미쳤다. 실제로 전차는 도시가 확산되어 교외지역이 형성되는 데 제일의 수단이었다. 경제적 변화와 발맞추어 진행된 기술의 발전은 도시가 발달하는데 큰 역할을 하였다. 특히 현대 첨단기술의 발달은 도시기반시설과 도시구조를 완전히 변화시키고 있다. 스마트시티의 경우도 이런 기술적 변화가 도시에 접목된 것이라고 할 수 있다.

4. 도시화 현황

(1) 세계도시화의 발전추이

도시화는 이미 오랜 역사를 지니고 있는 동시에 상대적으로 새롭게 시작되고 있는 현상이기도 하다. 지난 수천 년 간 지표상에서는 도시의 성장기, 전성기 및 소멸기가 수없이 반복되었다. 그러나 도시화가 두드러지게 진행된 시대는 산업혁명기로서 그 역사는 1백년이 되지 않는다. 따라서 도시화의 역사는 대체로 산업혁명 이전 시기와 산업혁명 이후의 시기로 구분하는 것이 가능하다.

18세기 중엽에 시작된 산업혁명은 영국에서 발원하여 유럽 및 전세계로 전파되었다. 산업화의 추진은 한편으로 농업효율성을 증대시키는 효과를 가져와 대량의 잉여농업노동력을 야기하였으며, 다른 한편으로 공업의 지역적 집중을 촉진하여 도시에 많은 취업기회를 가져오게 하였다. 그리고 서비스업의 지속적인 발전도 도시에 대량의 고용기회를 창출하게 되었다. 이러한 복합적인 연유로 도시로 인구가 지속적으로 집중되고 도시화가 급진전되었다.

18세기 중반 이후 도시인구의 성장은 총인구의 성장에 비해 훨씬 빠른 속도로 진행되

---

14) 브라운필드(brownfield)는 미국에서 1970년대에 만들어진 신조어로, 강한 사회 정세를 반영하는 용어이기 때문에 세계적으로 고정된 정의는 없다. 대체적으로 미국에서는 토지가 오염되었고 그 토지의 개발이 진행되지 않고 유휴지가 되고 있는 토지를 의미한다. 폐산업단지로 방치된 대지를 예로 들 수 있다.

어 도시화율은 크게 높아졌다. 세계인구 중 10만 명 이상의 도시인구비율은 1800년의 1.7%로부터 1850년에는 2.3%로 성장하였으며, 약 반세기마다 2배씩 증가되어 1900년에는 5.5%, 1950년에는 13.1%에 도달하였다. 이후 1950년대를 전환점으로 도시인구는 더욱 급속히 증가되어 1970년에는 24.0%, 1980년에 40%를 넘어섰다. 1994년의 경우 세계에 약 25억명의 인구가 도시에 생활하여 도시화율은 44.8%에 달하고 있으며 2025년에는 전세계인구의 60%가 도시에서 거주할 것으로 예측되고 있다.

(2) 세계도시화의 주요 특징

세계도시화의 주요 특징은 아래와 같은 몇 가지로 요약하여 볼 수 있다. 첫째로 선진국과 개발도상국의 도시화 특징이 서로 상이하게 전개되고 있다. 선진국의 도시화는 비교적 점진적으로 진행되었으며, 도시화는 주로 농촌으로부터 도시로의 인구이동에 의하여 이루어졌다. 19세기 스위스의 도시화과정 중 도시인구 증가의 70%가 농촌으로부터 도시로의 인구이동에 의하여 이루어졌다. 이에 반해 개발도상국의 도시화는 보다 급속히 이루어지고 있으며, 농촌인구의 도시유입과 함께 도시 자체 인구의 자연증가가 주요 요인이 되고 있다. 예를 들면, 코스타리카의 도시화과정 중 도시인구 증가의 20%만이 농촌으로부터 도시로의 인구이동에 의하여 이루어졌으며, 나머지 80%는 도시인구의 자연증가에 의하여 이루어졌다. 특히, 개발도상국의 도시화는 국가의 경제발전이나 기술혁신 등을 동반 하지 못한 채, 도시의 부양능력에 비해 지나치게 많은 인구가 도시로 집중되어 단순히 인구적으로만 비대해지는 과도시화(over-urbanization) 혹은 가도시화(pseudo-urbanization) 현상을 나타내고 있다. 이에 비해 선진국의 도시화는 경제성장과 비교적 조화로운 관계를 유지하면서 이루어지는 성숙도시화 과정을 겪어 왔다.

둘째로 도시화발전의 주류가 선진국으로부터 개발도상국으로 옮겨갔다. 선진국의 도시화는 19세기 후반기로부터 시작되어 지속적인 발전을 이루어 현재 대체로 포화상태에 있다. 그러나 개발도상국의 도시화는 20세기 중반 이후 본격적으로 진행되어 비교적 저조한 상태에 있으나 현재 급속히 진행되고 있는 중이다. 따라서 초기단계에서의 도시화는 선진국에서 주류를 이루며 진행되었으나 현재는 개발도상국에서 주도하고 있다.

셋째로 도시성장 면에서 대도시권화가 뚜렷하게 나타난다. 1900년에만 하여도 인구 100만 명 이상 도시가 20개에 불과하였지만, 1939년에는 57개, 1951년에는 95개, 1979년에는 213개, 1985년에는 257개로 크게 늘어났다. 세계 100대 도시의 평균 인구규모를 보면 1800년에는 20만 명도 안 되었으나, 1950년에는 210만 명, 1990년에는 500만 명을 초과하였다. 이후 인구 1천만 명 이상의 대도시 증가가 두드러지고, 많은 대도시가 서로 연결되어 대도시권을 형성하고 있다.

(3) 현대도시의 다양한 형태

1980년 초반 이후 유럽과 뉴욕, 로스엔젤레스, 워싱턴 D.C. 등의 북미지역, 그리고 일본 도쿄에서는 20세기에 발달한 근대도시의 동질적인 토지이용과 사회집단의 형성, 중심지로부터 거리와 함께 지가가 하락한다는 특성과 차별적인 형태의 도시유형이 나타나기 시작했다. 이는 모더니티에서 포스트모더니티로 전환되는 사회적 현상과 함께 나타난 형상으로, 도시화의 포스트모던 형태가 모던 형태를 대체하는 범위와 그 본질은 도시마다 매우 다양하게 보여진다. 모더니즘과 포스트모더니즘은 도시화 과정 중 서로 밀접한 관련성을 가지며 독특한 결과를 만들어내는데, 예를 들어 영국의 더햄(Durham)이나 요크(York) 등 많은 도시들은 포스트모던적인 도시화 속에서도 여전히 전 산업시대의 구조를 지니고 있는 반면, 또 다른 여러 도시들은 근대적이거나 산업적이지 않다는 점이다. 실제로 많은 도시들에서 근대도시의 성격들이 새로운 포스트모던 도시 형태와 어우러져 나타는데, 도시재생된 도크랜드 지역은 포스트모던적 과정에 거의 영향을 받지 않은 넓은 이너시티(inner city) 지역으로 둘러싸인 형태를 보인다. 모던적인 구조 내에서 새로운 도시형태가 출현하기 시작했으며, 도시내부 공간의 재편성과 재조직화가 시작되었다는 많은 연구결과와 같이 대부분의 도시는 여전히 산업자본과 도시계획에 의한 근대적 도시화 과정이 나타나고 있다. 그럼에도 불구하고 포스트모던 시대의 도시화 특성 속에서는 형태상 분절적이고, 구조적으로 무질서해 보이는 성운(星雲)형태의 대도시(galactic metropolis) 모습이 나타나, 도시가 하나의 일관적인 형태를 지니기보다 환경적으로나 경제적으로 낙후된 공간을 대상으로 한 수많은 대형 스펙타클한 주거 및 상업용 개발로 이루어진 도시로 보여진다. 즉 하나의 중심에서 점차 외연으로 확장되어 나아가는 일련의 대도시권역이라기보다 여기 저기 흩어져 있는 별들의 모습으로 도시가 형성된다는 개념이다.

(4) 우리나라의 신도시

우리나라 신도시는 주로 수도권에 건설되었다. 신도시 건설은 주택투기문제의 해결을 위해 다량의 주택공급으로 주택가격을 안정시키려고 추진되었으며, 동시에 서울의 과밀로 인한 제반 도시문제를 자족적인 신도시를 건설함으로써 광역적 차원에서의 해결책을 모색하려 했다. 이에 1990년을 전후하여 성남에 분당, 부천에 중동, 고양에 일산, 안양에

평촌, 군포에 산본 신도시를 개발하였다.

신도시의 개발은 긍정적 측면과 부정적 측면의 양면성을 동시에 보여 준다. ① 긍정적인 면에서 첫째로, 주택도시의 개발에 의해 주택가격, 특히 아파트 가격은 상당히 진정되었다. 천정부지로 솟아오르는 서울 강남의 아파트값은 중대형 아파트값의 하락을 필두로 서서히 진정되었으며, 이러한 하락의 리듬은 소형주택으로 전파되었다. 서울의 강남을 대체할 만한 아파트를 대량공급해서 주택 값을 안정시키려는 정부의 의지와 현재의 집값으로 평형도 넓히고 실제로 돌아오는 이득도 있다고 판단한 수요자의 의지가 일치한 결과이다. 둘째로, 주택공급량을 늘려 주택보급률을 높이는 데 일조하였다. 새로운 집을 많이 지어서 집 없는 사람에게 집을 제공하여 주택보급을 확대하고, 주택·건설 경기를 활성화시킴으로써 경제력 부양을 도모한다는 정책논리는 타당한 측면이 있다. 주택 2백만 호 건설의 절반 이상이 신도시에 집중됨으로써 이 지역 주택 부족률을 개선하는 작업이 진행되었다.

그러나 주택도시 건설의 ② 부정적 측면 또한 간과할 수 없는 내용이다. 첫째로, 분당 등 신도시의 건설은 결과적으로 신도시 인구 유입을 초래하고 있다. 중대형 아파트를 중점적으로 짓고 서울의 강남과 같은 생활 및 교육환경을 제공하겠다는 약속을 믿고 서울의 강남인구가 분당 등 주택도시에 몰렸다. 인구가 빠져 나온 강남의 주거지에는 강북 내지 서울 이외지역으로부터의 유입인구로 메워지게 마련이다. 이러한 주택순환과정은 신도시 이외 지역에 여지없이 적용되어, 사람들이 빠져 나간 서울·인천·경기의 신도시 주택으로 신도시 이외 지역의 인구가 유입되고 있음은 부인할 수 없는 현실이다. 둘째로, 분당 등 신도시의 건설은 서울 주변지역에 졸속적으로 진행하는 신도시 건설의 선례를 만들었다. 어떠한 형태의 도시이건 간에 도시건설에는 상당한 계획기간이 소요되고, 상하수도·전기·도로 등의 도시하부구조가 장기간에 걸쳐 조성되어야 함은 지극히 당연한 원론에 속한다. 이제까지 서울 시내의 영동, 잠실, 고덕, 목동, 상계지역 등에 대규모의 도시내 주택단지를 만든 바 있다. 그러나 분당 등 신도시의 출현으로 인해 신도시에는 우후죽순격으로 주거용의 주택도시가 빠른 속도로 만들어졌다.

신도시 개발의 전체적인 맥락에서 신도시 건설의 의미를 찾는다면, 크게 두 가지 특징을 지닌다. 하나는 ① 신도시 건설은 신도시 도시개발의 흐름을 확대정책으로 전환시키는 분기점을 이루었다. 즉 분당 등 신도시의 건설을 계기로 신도시 지역정책은 수용의 차원을 넘어 적극적으로 도시를 개발하는 확대정책으로 정책의 기조가 변환되었다고 평가된다. 다른 하나는 ② 신도시 건설은 집단적 교외화의 특성을 보여준다. 중심도시로부터 주변지역으로의 교외화는 개인적 차원에서 점진적으로 진행되는 것이 일반적이다. 그러나 신도시의 주택신도시의 경우 공기관의 주도하에 수십만 명의 대규모 인구집단을 단기간에 중심도시 주변지역으로 끌어내는 방법이 선택되고 있다. 주택신도시는 애당초 서울의 거주기능을 분담하기 위해 계획되었고, 독자적인 행정체제(municipality)를 갖추고 있다고 보기 어려우며, 독립된 도시기능을 수행할 수 있는 하부구조가 마련되어 있지 않기 때문에, 신도시 주택도시는 서울의 대규모 거주교외지역으로 이해된다.

한편, 일명 혁신도시는 중앙에 집중된 행정, 공공서비스 등을 지방에 분산배치하여 국토의 균형 있는 발전을 도모하자는 차원에서 진행되었다. 이를 위하여 행복도시(세종시)를 비롯하여 광역단위의 혁신도시 건설을 추진하여 대부분의 행정기능은 세종시에, 상당수의 공공기관은 각 지역의 혁신도시에 분산 배치하였다. 혁신도시가 기존의 주거용도 중심의 신도시와 다른 점은 정주여건의 조성 외에 특성화된 도시건설, 다양한 복합기능을 갖출 수 있도록 고려했다는 점이다. 아직까지 정확한 혁신도시의 성과를 구체적으로 논하기는 이르다. 지역균형을 도모한 점은 높이 평가될 수 있으나, 공공기관의 성격상 중앙정부와 연계된 업무활동 등을 고려하면 분산 자체가 가져오는 엄청난 비용의 부담과 시간의 낭비, 삶의 터전을 옮겨온 이주자들에 대한 생활환경과 교육 등 해소해야 할 많은 과제가 남아 있기 때문이다.

5. 도시화의 새로운 대안모색

도시화로 인한 생활환경을 개선하기 위한 논리가 다각적으로 모색되고 있다. 도시화로 인한 부작용을 극복하기 위한 지역정책은 무엇보다도 삶의 질이 보장되는 생활의 정책이 되어야 한다. 시민에게 깨끗한 공기와 맑은 물을 제공하는 것은 물론, 모든 개발행위에 있어서 지속가능한 개발을 지향하는 친환경적·친생태적 지역정책을 확립하는 것이 중요하다. 도시화로 인해 생겨난 신도시는 단순히 잠만 자고 일만 하는 생산지역이 아니다. 사람들이 삶의 질을 추구하며 살 수 있는 생활공간이 되어야 한다. 이를 위해 도시 시설과 환경을 정비해야 한다. 부실과 졸속의 관행을 청산하고 시민이 안전하게 살 수 있는 도시환경을 만들어야 하며, 도시시설의 이용효율을 극대화하는 노력이 절실하다. 또한 시민 중심의 생활공간을 만들어야 한다. 고속성장시대의 논리였던 양적 팽창과 물질 우위의 사고를 지양하고, 시민이 중심이 되는 인간회복의 신도시를 만들어야 한다. 따라서 시민에서 휴식과 여유를 줄 수 있는 푸른 공간이 확보되어야 한다. 교통, 주택, 환경 등 삶의 질과 관련된 모든 부문에서 사람 우선의 지역정책이 시행되어야 한다.

Ⅳ. 도시계획

1. 도시계획의 의의 및 역사

도시계획은 비효율적인 도시건설을 지양하고 효율적인 도시건설 및 공간활용, 도시관리 운영 등을 체계적으로 수립하여 추진하기 위한 프로세스라고 할 수 있다. 도시계획은 인간의 주거와 활동기능을 능률적이고도 효과적으로 공간에 배치하는 계획이다. 그러므로 장단기 계획이 동시에 수립되어야 하는데, 이를 위해 우선 인구증가, 교통량, 주택수요, 문화·교육의 충실도, 산업구조의 장래변화, 생활양식의 변화 등에 관한 통계자료의 수집·분석을 요한다. 인간의 활동에서 도시활동은 경제활동·소비활동·위락활동(慰樂活動) 등이 포함된다. 이들 각종 도시활동 계획을 통해 배치하려면 여러 가지 절차와 과정을 밟아야 한다. 따라서 현대적인 의미의 도시계획은 절차·과정을 통해서 가장 적절한 방안을 이끌어내는 것을 뜻하기도 한다.

도시계획을 수립하기 위해서는 인구 등에 관한 통계자료의 수집·분석을 통해 장기·중기·단기간에 걸친 예측을 한다. 이 예측을 통해 나타난 수요변화에 대처하기 위해 바람직한 목표를 설정해 놓고 이것을 실현하기 위한 장기계획을 수립한다. 이것을 통칭 도시기본계획이라고도 한다. 기본계획에는 각종 지표·목표·실현을 위한 정책수단 등이 포함되어 그 도시가 지향할 기본방향의 성격을 띤다.

기본계획과 병행해서 중기개발계획을 수립해야 한다. 개발계획과 기본계획의 장기성과는 성격이 다르며, 보다 세부적이고 실현 가능성이 있는 사업들로 구성된다. 그리고 이것을 뒷받침해 주는 중기·단기 재정투자계획을 작성한다. 단기계획 속에는 그해에 집행할 집행계획이 포함된다. 도시계획은 이와 같이 장기·중기·단기의 세 가지 계획이 동시에 수립되어야 할 뿐 아니라, 물리계획, 사회 및 경제계획이 입체적으로 짜여진 계획의 특징을 내포하고 있다. 그런데 종래에는 기본계획 속에 물리계획만을 포함하여 도시계획을 추진해 왔기 때문에, 복합적인 현대 도시문제를 해결하는 데 한계가 있었으나, 이러한 폐단은 1970년대 이후로 점차 시정되어 왔다.

아울러, 도시계획의 정의를 협의와 광의로 구분할 수 있는데, 좁은 의미의 도시계획은 도시의 물적 시설을 대상으로 하여 그것의 설치·규모·위치·조형미 등에 관한 계획을 수립하는 것으로, 그 물적 시설의 기능과 용도에 영향을 미치는 사회적·경제적 측면은 제2차적인 배려의 대상으로 보는데 반하여, 넓은 의미의 도시계획은 도시의 사회적 · 경제적 관리를 통한 도시의 발전과 변천을 꾀하는 것이다.

따라서 그 물적 시설에 대한 대책은 사회적 · 경제적 문제를 해결하기 위한 수단으로 보는 입장이다. 이러한 도시계획의 역사는 인류의 역사와 더불어 발생한 도시의 역사만큼이나 오래되었다고 볼 수 있다. 그런데 지금까지의 도시계획에 관한 학문적 · 사회적 인식은 이상의 두 가지 견해를 바탕으로 하되, 근본적으로 도시라는 인간 정주공간의 경제적 · 물리적 발전을 계획적으로 접근하는 데 의의가 있다.

한편, 도시계획의 역사는 도시의 역사만큼이나 오래되었다. 고대 로마의 신전(神殿) · 공회당(公會堂), 그리스의 광장 등을 중심으로 형성되었던 격자형 도로(格子型道路)를 갖춘 고대도시에서부터, 중세 성곽도시에 이르기까지 도로, 각종 건물의 배치, 하수처리를 위한 배수시설 등 토목 · 건축적인 측면에서 도시계획이 이루어졌다. 도시 중심부의 대로(大路) · 광장, 상징적인 기념비 · 공공건물 등이 당시의 독특한 도시계획 요소였던 것이다.

산업혁명을 계기로 도시는 그 형태 · 성격 · 성장속도 등이 이전시대와는 판이하게 새로운 도시로 변하면서, 보다 복잡하고 다양한 성격의 도시계획이 요청되었다. 아울러, 산업혁명을 계기로 공장이 주택가로 침입하여 공해를 일으키고 주택가를 빈민가로 만들 뿐 아니라 도시의 각종 질병, 사회적 범죄 등이 나타나고, 이농인(離農人)들의 주택문제 등이 대두됨에 따라 도시계획이 점차 사회 · 경제적인 요인에 관심을 두게 되었으며, 이것이 도시계획을 통한 사회개혁운동으로 발전하게 되었다.

우리나라의 경우도 고대국가부터 왕도의 체계적인 계획과 설계에서 도시계획의 일면을 볼 수 있다. 왕궁과 성곽, 진입대로와 수로, 관청과 민가의 배치, 그리고 공공시설 및 기타 도시시설의 구조적인 설계가 그것이다. 그리고 고대국가에서도 지방도시들을 건설하면서 행정적인 역할과 군사시설로써의 기능도 함께 하면서 성곽의 설치와 지방도시의 설계는 치밀하게 구체적으로 계획되지 않고는 불가능했을 것이다. 그것은 지리적인 여건과 외침 등에 대비한 행정적 및 군사적인 것이면서 교역 등이 함께 이루어지는 시장의 기능도 함께 할 수 있는 도시시설의 설계가 필요했을 것이다. 이러한 면은 고대국가들은 물론 중세이후 한양의 설계 및 배치도에서도 구체적인 계획과 실행을 엿볼 수 있다.

2. 도시기본계획

(1) 도시기본계획의 개념 및 수립기준

1) 도시기본계획의 개념

도시기본계획이란 국토종합계획·광역도시계획 등 상위계획의 내용을 수용하여 도시가 지향하여야 할 바람직한 미래상을 제시하고 장기적인 발전방향을 제시하는 도시계획의 최상위 법정계획이다.

도시기본계획의 수립권자는 관할 구역에 대하여 도시기본계획을 수립함을 원칙으로 하고 있으나 수도권에 속하지 아니하고 광역시와 경계를 같이하지 아니한 시(또는 군)로서 인구 10만명 이하이거나, 관할구역 전부에 대하여 광역도시계획이 수립되어 있는 시(또는 군)로서 당해 광역도시계획에 도시기본계획의 사항이 모두 포함되어 있는 경우에는 수립하지 않을 수 있다.

도시의 물적·공간적 측면뿐 아니라 환경·사회·경제적인 측면을 모두 포괄하여 주민생활환경의 변화를 예측하고 대비하는 종합계획이며, 도시행정의 바탕이 되는 주요지표와 토지의 개발 및 보전, 기반시설의 확충 및 효율적인 도시관리전략을 제시함으로써 하위계획인 도시관리계획 등 관련계획의 기본이 되는 계획이다. 따라서 당해 도시기본계획이 수립된 도시 내에서 다른 법률에 의한 부문별 계획을 수립할 때에는 반드시 도시기본계획의 내용과 부합되게 하여야 한다.

2) 도시기본계획의 수립기준

도시기본계획의 수립기준으로는, Ⓐ 특별시·광역시·시 또는 군의 기본적인 공간구조와 장기발전방향을 제시하는 토지이용·교통·환경 등에 관한 종합계획이 되도록 할 것, Ⓑ 여건변화에 탄력적으로 대응할 수 있도록 포괄적이고 개략적으로 수립하도록 할 것, Ⓒ 도시기본계획을 정비할 때에는 종전의 도시기본계획의 내용 중 수정이 필요한 부분만을 발췌하여 보완함으로써 계획의 연속성이 유지되도록 할 것, Ⓓ 도시와 농어촌 및 산촌지역의 인구밀도, 토지이용의 특성 및 주변 환경 등을 종합적으로 고려하여 지역별로 계획의 상세정도를 다르게 하되, 기반시설의 배치계획, 토지용도 등은 도시와 농어촌 및 산촌지역이 서로 연계되도록 할 것, Ⓔ 부문별 계획은 도시기본계획의 방향에 부합하고 도시기본계획의 목표를 달성할 수 있는 방안을 제시함으로써 도시기본계획의 통일성과 일관성을 유지하도록 할 것, Ⓕ 도시지역 등에 위치한 개발 가능 토지는 단계별로 시차를 두어 개발되도록 할 것, Ⓖ 녹지축·생태계·산림·경관 등 양호한 자연환경과 우량농지, 보전목적의 용도지역 등을 충분히 고려하여 수립하도록 할 것, Ⓗ 경관에 관한 사항에 대하여는 필요한 경우에는 도시기본계획도서의 별책으로 작성할 수 있도록 할 것, Ⓘ 시·군·구 풍수해 저감 종합계획을 충분히 고려하여 수립하도록 하여야 한다.

(2) 도시기본계획의 주요내용

Ⓐ 지역적 특성 및 계획의 방향·목표에 관한 사항, Ⓑ 공간구조, 생활권의 설정 및 인구의 배분에 관한 사항, Ⓒ 토지의 이용 및 개발에 관한 사항, Ⓓ 토지의 용도별 수요 및 공급에 관한 사항, Ⓔ 환경의 보전 및 관리에 관한 사항, Ⓕ 기반시설에 관한 사항, Ⓖ 공원·녹지에 관한 사항, Ⓗ 경관에 관한 사항, Ⓘ 기후변화 대응 및 에너지절약에 관한 사항, Ⓙ 방재 및 안전에 관한 사항, Ⓚ 단계별 사업추진에 관한 사항 등이다.

도시기본계획의 수립권자는 5년마다 관할 구역의 도시기본계획에 대하여 그 타당성 여부를 전반적으로 재검토하여 정비하여야 한다. 이 때, 도시기본계획에 우선하는 국토계획 및 광역도시계획의 내용을 반영하여야 한다.

(3) 도시기본계획의 수립절차

특별시장(또는 광역시장·특별자치시장·특별자치도지사·시장) 등 도시기본계획의 수립권자가 도시기본계획을 수립하기 위해서는 우선 도시의 전반적인 부분에 대한 기초조사를 실시하여야 한다. 이를 토대로 도시기본계획(안)을 작성하여 일반시민과 관계전문가를 대상으로 공청회를 개최하고 의견을 수렴하여 타당한 의견은 도시기본계획에 반영하게 된다.

이후 도시기본계획 수립내용에 대해 지자체의회의 의견을 듣고 관계 행정기관의 장과 협의 및 도시계획위원회의 심의를 통하여 도시기본계획을 확정하게 되고, 도시기본계획의 확정 이후에는 그 계획을 공고하고 일반인이 30일 이상 열람할 수 있도록 한다.

(4) 도시기본계획 수립현황(2030 서울 도시기본계획)

서울시의 2030 서울 도시기본계획을 살펴보면 2009년 1월 계획수립에 착수하였으며, 초기에는 서울시 특성에 맞는 계획의 편제, 계획의 위상, 미래상에 관한 이슈 등을 논의하였다.

2010년 5월, 서울시 전체 이슈와 자치구 요청사항을 파악하기 위한 설문조사, 자치구 의견수렴, 분야별 자문회의 등을 통하여 도시기본계획(안)이 마련되었다. 작성된 계획안은 서울시 관련부서의 의견을 수렴하여 수정·보완되었고, 2011년 5월 자치구 설명회 및 공청회를 통하여 발표되었다. 그러나 이 과정에서 보다 폭넓고 다양한 의견수렴에 대한 필요성이 제기됨에 따라 계획의 수립과정 및 계획내용에 대한 전면 재검토가 추진되었다.

2011년 12월부터 실질적인 시민참여의 강화, 서울시 최상위 계획으로서의 위상정립, 새로운 시대적 가치 및 계획여건변화 등을 반영한 도시기본계획의 새로운 방향설정 등을 위해 전문가 자문단을 구성하고 계획의 수립방향, 추진체계, 시민참여방식 등을 결정하였다. 더불어 2012년 8월에는 100인의 시민참여단을 구성하여 서울의 미래상과 주요 계획과제를 도출하였다. 이후 분야별 시민그룹, 시의원, 전문가, 공무원 등으로 구성된 '2030 서울플랜 수립추진위원회'를 구성하여 계획안을 작성하였고, 다시 공청회, 지역별 설명회 등 의견수렴 및 법정절차 이행을 통해 최종적으로 확정되었다.

3. 도시관리계획

(1) 도시관리계획의 개념 및 내용

도시관리계획이란 도시의 개발·정비 및 보전을 위하여 상위계획인 광역도시계획 및 도시기본계획에서 제시된 도시의 장기적인 발전 방향을 도시공간에 구체화하는 법정 도시계획으로서 개발·정비 및 보전을 위하여 수립하는 토지이용, 교통, 환경, 경관, 안전, 산업, 정보통신, 보건, 복지, 안보, 문화 등에 관한 Ⓐ 용도지역·용도지구의 지정 또는 변경에 관한 계획, Ⓑ 개발제한구역, 도시자연공원구역, 시가화조정구역(市街化調整區域), 수산자원보호구역의 지정 또는 변경에 관한 계획, Ⓒ 기반시설의 설치·정비 또는 개량에 관한 계획 Ⓓ 도시개발사업이나 정비사업에 관한 계획, Ⓔ 지구단위계획구역의 지정 또는 변경에 관한 계획과 지구단위계획, Ⓕ 입지규제최소구역의 지정 또는 변경에 관한 계획과 입지규제최소구역계획을 말한다.

도시관리계획의 목표년도는 계획수립 기준년도로부터 장래 10년을 기준으로 하며, 연도의 끝자리는 0년 또는 5년으로 하게 된다. 도시의 급격한 여건변화 등으로 인하여 상위계획인 도시기본계획을 다시 수립하는 경우, 도시관리계획을 재검토하고 목표년도는 도시기본계획의 재검토 시점으로부터 장래 10년으로 설정한다. 도시관리계획은 주민들의 건축행위 시 건폐율, 용적률, 층수 등과 도시계획시설의 저촉여부에 대해 직접적인 적용을 받게 되는 법정계획이다.

(2) 도시관리계획의 수립절차

특별·광역 시장 및 특별자치 시장·도지사(시도지사)와 시장·군수·구청장(시장군수)이 도시관리계획의 수립을 위해 기초조사를 실시하여 도시관리계획(안)을 작성하게 된다. 공청회를 개최하는 대신 14일간 공고하여 당해 도시관리계획(안)에 대하여 이해관계자 및 주민들이 의견을 수렴하고 제시된 의견이 타당하다고 인정될 경우에는 도시관리계획(안)에 반영하게 된다. 이후 시장군수가 시도지사에게 결정신청을 하면 시도지사는 관계부서 협의 및 도시계획위원회 심의를 거쳐 도시관리계획을 결정·고시하게 된다.

도시관리계획이 결정·고시가 되면 이와 동시 또는 2년 이내에 지적이 표시된 지형도(축척1/500~1/1,500)에 도시관리계획사항을 표시하여 지형도면을 고시하게 되고 이때부터 도시관리계획 결정 효력이 발생하게 된다. 주민들은 지형도면고시의 내용을 기반으로 하여 작성된 토지이용계획 확인서를 민원으로 발급받거나 토지이용규제정보시스템을 열람하여 개별토지에 대한 각종 법적 규제내용을 확인할 수 있다.

한편, 도시관리계획은 필요에 따라 주민들이 제안할 수도 있다. 국토계획법에 의하면 주민은 Ⓐ 기반시설의 설치·정비 또는 개량에 관한 사항, Ⓑ 지구단위계획구역의 지정 및 변경과 지구단위계획의 수립 및 변경에 관한 사항에 대하여 도시관리계획을 입안할 수 있는 자(지자체)에게 도시관리계획의 입안을 제안할 수 있도록 규정하고 있다.

주민이 도시관리계획의 입안을 제안할 경우 일정양식의 도시관리계획도서와 계획설명서를 제출해야 한다. 주민으로부터 도시관리계획의 입안을 제안 받은 시장군수는 제안일로부터 60일 이내에 도시관리계획으로의 입안 여부를 제안자에게 통보해 주게 된다. 도시관리계획의 입안 제안을 받은 시장군수는 도시관리계획으로의 입안여부를 결정하는데 있어서 필요한 경우 지방도시계획위원회의 자문을 구할 수 있으며, 제안된 도시관리계획의 입안 및 결정에 필요한 비용의 전부 또는 일부를 제안자에게 부담시킬 수 있다.

4. 도시환경정비계획

(1) 도시·주거환경정비기본계획의 개념 및 내용

도시·주거환경정비기본계획이란, 도시환경을 개선하고 주거생활의 질을 높이기 위해 도시정비법에 의해 수립된 장기 도시계획을 말하는데, 도시·주거환경정비기본계획은 크게 도시환경정비사업에 대한 기본골격을 제시하는 도시환경정비기본계획과 주거환경개선사업, 주택재건축사업, 주택재개발사업, 주거환경관리사업의 기본적인 정책방향과 기준을 제시하는 주거환경정비기본계획으로 구분된다.

정비사업 시행을 위해 정비계획을 수립하는 경우 도시·주거환경정비기본계획의 구속력을 받는다. 다만, 정비사업 중 가로주택정비사업은 도시 및 주거환경정비기본계획의 수립 및 정비계획의 수립 및 정비구역의 지정 절차를 적용하지 않는다.

특별시장·광역시장·특별자치시장·특별자치도지사 또는 시장은 Ⓐ 정비사업의 기본방향, Ⓑ 정비사업의 계획기간, Ⓒ 인구·건축물·토지이용·정비기반시설·지형 및 환경 등의 현황, Ⓓ 주거지 관리계획, Ⓔ 토지이용계획·정비기반시설계획·공동이용시설설치계획 및 교통계획, Ⓕ 녹지·조경·에너지공급·폐기물처리 등에 관한 환경계획, Ⓖ 사회복지시설 및 주민문화시설 등의 설치계획, Ⓗ 도시의 광역적 재정비를 위한 기본방향, Ⓘ 정비구역으로 지정할 예정인 구역의 개략적 범위, Ⓙ 단계별 정비사업추진계획(정비예정구역별 정비계획의 수립시기를 포함), Ⓚ 건폐율·용적률 등에 관한 건축물의 밀도계획, Ⓛ 세입자에 대한 주거안정대책 등의 사항이 포함된 도시·주거환경정비기본계획을 10년 단위로 수립하여야 한다.

(2) 도시·주거환경정비기본계획의 수립절차

특별시장·광역시장·특별자치시장·특별자치도지사, 시장이 도시·주거환경정비기본계획을 수립 또는 변경하고자 하는 때에는 14일 이상 주민에게 공람하고 지자체의회의 의견을 들어야 한다. 이후 관계 행정기관의 장과 협의를 사전에 미리 거친 뒤, 도시계획위원회의 심의를 통해 계획안을 결정하게 된다. 수립권자는 기본계획이 수립 또는 변경된 때에는 이를 지체 없이 당해 지자체의 공보에 고시하고, 국토교통부령이 정하는 방법 및 절차에 따라 국토교통부장관에게 보고하여야 한다.

(3) 정비기본계획 수립현황(2025 서울시 도시·주거환경정비기본계획)

2025 서울특별시 도시·주거환경정비기본계획(도시환경정비사업부문)은 2013년 5월 계획수립에 착수하여 약 2년여 기간 동안 워크숍, 현장조사, 전문가 자문회의 등을 거쳐 계획(안)을 마련하였고, 이후 주민공람, 서울시의회 의견청취, 공청회, 서울시 도시계획위원회 심의를 거쳐 결정고시 되었다.

해당 기본계획은 서울시 전역을 대상으로 도시환경정비사업에 대한 기본 골격을 제시하는 계획이며, 목표연도는 2025년으로 설정하였는데, 크게 도시환경정비기본계획과 재생관리지침으로 구성되어 있다.

2025 서울특별시 도시·주거환경정비기본계획(주거환경정비사업부문)은 주거환경개선

사업, 주택재건축사업, 주택재개발사업, 주거환경관리사업의 기본적인 정책방향과 기준을 제시하는 계획이며, 목표연도는 2025년으로 설정하였다. 주거지관리계획과 부문별계획, 주거지 정비·보전·관리지침으로 구성되어 있다.

5. 재정비촉진계획

(1) 재정비촉진사업의 의의

재정비촉진사업은 동일생활권의 도시기능을 종합적으로 증진시키기 위하여 시행하는 제반사업으로, 서울시를 예로 설명하면 「서울특별시 지역균형발전 지원에 관한 조례」에서는 서울의 지역균형발전사업을 그 목적에 따라 뉴타운사업과 균형발전촉진지구사업으로 구분하고 있으며, 뉴타운사업은 신시가지형 뉴타운사업, 도심형 뉴타운사업, 주거중심형 뉴타운사업으로 구분한다.

① 신시가지형뉴타운사업은 미개발지·저개발지 등 개발밀도가 낮은 토지가 산재하고 있어 종합적인 신시가지개발이 필요한 지역(예 : 은평지구), ② 도심형뉴타운사업은 도심 및 그 인근 지역의 기성시가지가 무질서하게 형성되어 있어 주거·상업·업무 등 새로운 도시기능을 복합적으로 개발·유치할 필요가 있는 지역(예 : 왕십리지구), ③ 주거중심형 뉴타운사업은 노후불량주택이 밀집되어 있어 재개발이 필요하거나 주택재개발사업 또는 도시환경정비사업이 추진되고 있는 지역으로서 도로, 공원 등 도시기반시설이 취약하여 동일생활권 전체를 종합적으로 개발하지 않고 부분적으로 개발할 경우 도시기능이 악화될 우려가 있는 지역(예 : 길음지구)을 대상으로 한다.

종래 민간에 의해 소규모로 추진되는 재개발 사업이 도시기반시설에 대한 충분한 고려가 없이 이루어짐으로 인해 난개발로 이어지는 문제점을 개선하기 위해 적정규모의 생활권역을 대상으로 종합적인 계획아래 도시기능을 증진하기 위해 추진하는 새로운 형태의 개발사업이라고 할 수 있다. 즉, 도로, 학교, 공원 등 도시기반시설에 대한 고려 없이 가능한 소규모개발에서 올 수 있는 문제점을 해결하고 종합적이고 장기적인 계획수립을 위해 대상범위를 적정규모의 생활권역으로 확대하여 도시기반시설의 규모·배치를 포함하는 종합적인 계획수립 후 시행하는 사업이다.

재정비촉진사업은 뉴타운지구 지정 시에는 개발의 시급성 및 파급효과, 개발계획의 적정성, 자치구와 주민의 추진의지, 권역별, 지역 간 형평성 등을 고려해야 하고, 사업의 시행은 기존의 개발사업방식(도시개발사업·정비사업·택지개발사업·도시계획시설사업·지구단위계획 등)으로 개별법에서 정하는 바에 따르며 지역여건에 따라 2가지 이상의 방식을 병행할 수 있다. 이후 2005년 말 도시재정비법이 제정되어 사업면적조건이 만족되면 기존의 뉴타운지구는 주거지형 재정비촉진지구로, 균형발전촉진지구는 중심지형 재정비촉진지구로 의제할 수 있도록 하고 있다.

(2) 재정비촉진계획

재정비촉진계획이란 재정비촉진지구의 재정비촉진사업을 계획적이고 체계적으로 추진하기 위한 재정비촉진지구의 토지이용, 기반시설의 설치 등에 관한 계획을 말하는데, 여기서 재정비촉진지구란 도시의 낙후된 지역에 대한 주거환경의 개선, 기반시설의 확충 및 도시기능의 회복을 광역적으로 계획하고 체계적·효율적으로 추진하기 위하여 지정하는 지구(地區)를 말한다.

재정비촉진지구는 지역특성에 따라 ① 주거지형(노후·불량 주택과 건축물이 밀집한 지역으로서 주로 주거환경의 개선과 기반시설의 정비가 필요한 지구), ② 중심지형(상업지역, 공업지역 등으로서 토지의 효율적 이용과 도심 또는 부도심 등의 도시기능의 회복이 필요한 지구), ③ 고밀복합형(주요 역세권, 간선도로의 교차지 등 양호한 기반시설을 갖추고 있어 대중교통 이용이 용이한 지역으로서 도심 내 소형주택의 공급 확대, 토지의 고도이용과 건축물의 복합개발이 필요한 지구)으로 구분된다.

(3) 재정비촉진사업의 도입배경

재정비촉진사업이란 재정비촉진지구에서 시행되는 Ⓐ 도시정비법에 따른 정비사업, Ⓑ 도시개발법에 따른 도시개발사업, Ⓒ 전통시장법에 따른 시장정비사업, Ⓓ 국토계획법에 따른 도시계획시설사업을 말한다.

종래 기성 시가지에 대한 개발방식은 민간주도의 소규모 단위개발 사업방식으로 도시기반시설에 대한 충분한 고려 없이 수익성을 강조하는 주택공급만을 중심으로 추진됨에 따라 도시기반시설의 부족 및 도시경관 왜곡 등 난개발을 초래하였다. 더불어 기존의 소규모 단위개발 방식으로는 여러 기능이 복합된 불량 시가지의 종합적인 정비가 불가능하고 광의적 도시환경 측면에서 체계적인 관리가 어려웠다. 이에 서울시에서는 2002년 12월 23일 뉴타운 시범사업인 길음, 은평, 왕십리 지역의 뉴타운사업을 시작하게 되었고, 이를 기반으로 2003년 「서울특별시 지역균형발전지원에 관한 조례」를 제정하였다. 이후 중앙정부에서는 2005년 12월 30일 도시재정비법을 제정하여 뉴타운사업의 법적 근거를 마련하였으며, 이를 통해 본격적으로 재정비촉진사업이 도입되었다.

(4) 재정비촉진사업의 추진절차

재정비촉진사업은 '재정비촉진지구의 지정 ⇒ 재정비촉진계획수립 ⇒ 재정비촉진사업 시행' 순으로 진행된다.

① 재정비촉진지구 지정은 재정비촉진사업의 범위를 정하기 위한 단계로서 시도 기초단체장은 기초조사를 통해 재정비촉진지구의 명칭·위치·면적, 지정목적, 현황, 개발의 기본방향, 재정비촉진지구 내에서 시행 중인 재정비촉진사업 현황, 개략적인 기반시설 설치에 관한 사항, 부동산 투기에 대한 대책 등이 포함된 지구지정 서류를 작성하게 된다. 시도기초단체장은 재정비촉진지구지정(안)에 대하여 14일 이상 주민에게 공람하여 주민의견을 듣고, 기초단체의회의 의견청취 후 그 내용을 첨부하여 시도지사(광역단체장)에게 재정비촉진지구 지정을 신청하게 된다. 재정비촉진지구의 지정신청을 받은 시도지사는 상위계획인 도시기본계획과 도시·주거환경정비기본계획에 부합되는지를 검토하고, 관계행정기관의 장과 협의 후 시도 도시재정비위원회의 심의를 거쳐 지정하게 된다. 재정비촉진지구가 지정되면 이를 광역단체의 공보에 고시하여야 하며, 국토교통부장관에게 보고하게 된다. 이후 재정비촉진지구는 토지거래허가구역으로 지정되며, 개발행위허가가 제한된다.

② 재정비촉진지구가 지정되면 기초단체장은 재정비촉진계획(안)을 수립하여 14일 이상 주민에게 공람하고 기초단체의회의 의견을 들어야 한다. 이후 주민 및 관계전문가를 초청하여 공청회를 개최하여 의견을 수렴하고 광역단체장에게 재정비촉진계획 결정을 신청하게 된다. 재정비촉진계획의 결정 신청을 받은 광역단체장은 관계행정기관의 장과의 협의 후 광역단체 도시재정비위원회의 심의를 거쳐 결정하고 광역단체 공보에 고시한 후 국토교통부장관에게 보고한다. 재정비촉진지구 지정 고시 후 2년 이내(필요시 1년 연장가능)에 재정비촉진계획이 결정되어야 하며, 기한이 지나면 재정비촉진지구 지정 효력이 상실된다.

③ 재정비촉진사업은 재정비촉진계획이 결정·고시된 이후 각각의 재정비촉진사업을 규정하는 개별법에 따라 시행된다. 기초단체장은 도시기반시설의 확충을 촉진하기 위하여 재정비촉진지구 내 일단의 기반시설 부지를 대상으로 「사회기반시설에 대한 민간투자법」에 의한 민간투자사업으로 기반시설을 설치할 수 있으며, 총괄사업관리자(LH, SH 등)로 하여금 민간투자사업을 대행하게 할 수 있다.

(5) 재정비촉진사업의 시행을 위한 지원 및 개발이익 환수

재정비촉진사업을 시행하면 다양한 혜택이 부여된다. 먼저 건축규제의 완화 등에 관한 특례로 국토계획법에서 정하고 있는 용도지역 내에서의 건축물의 용도 및 용적률, 층수 등이 완화 적용되며, 중심지형 재정비촉진지구의 경우 학교시설 설치기준(학교부지 기준 면적 1/2완화) 및 주차장 설치기준(건축물 부설 주차장 또는 노외주차장 설치기준 완화)의 완화가 가능하다.

또한 고밀복합형 재정비촉진지구의 경우에는 건축법에 따라 조례로 정한 가로구역별 건축물의 최고 높이 또는 높이제한 등을 완화하여 적용할 수 있다. 이외에도 주택의 규모 및 건설비율 완화와 지방세의 감면, 과밀부담금의 면제 등 세제 지원도 이루어지고 있다. 이러한 특례에 따라 재정비촉진지구에서의 개발이익 환수[15]도 동시에 이루어지고 있다. 재정비촉진지구 안에서의 기반시설 설치비용은 사업시행자가 부담하는 것을 원칙으로 하고 있으며, 세입자의 주거안정을 위해 사업방식에 따라 임대주택을 일정비율 이상 의무적으로 건설토록 하고 있다.

6. 도시개발사업계획

(1) 도시개발사업계획의 의의

도시개발사업이란 도시개발구역에서 주거, 상업, 산업, 유통, 정보통신, 생태, 문화, 보건 및 복지 등의 기능이 있는 단지 또는 시가지를 조성하기 위하여 시행하는 사업으로 규정하고 있다. 이러한 도시개발사업의 시행을 위해서는 도시개발구역 지정이 필요하며, 구역 지정을 위해서는 도시개발사업계획을 수립해야 하고, 도시개발사업계획은 필요에 따라 공모를 통해 추진할 수도 있다.

(2) 도시개발사업의 도입배경

1960년대부터 시작된 경제개발 5개년계획으로 인하여 고도의 경제성장이 지속되면서

15) 개발이익환수제는 택지개발, 주택단지 조성, 관광단지 조성, 도심 재개발, 온천개발 등으로 토지를 개발할 때 지가상승으로 획득한 이익 중의 일정액을 정부가 환수하는 제도이다. 개발이익 환수에 관한 법률에 의하면, 개발이익을 '토지소유자 자신의 노력 없이 개발사업, 토지이용계획의 변경, 기타 경제·사회적 요인에 의해 상승한 토지가격 중 정상적 지가상승을 초과한 상승분'으로 정의하고 있다. 개발이익의 25%를 개발부담금이라는 명목으로 환수한다. 개발이익환수제는 토지로부터 발생하는 개발이익을 환수함으로써 토지에 대한 투기를 방지하고 토지의 효율적 이용을 촉진하기 위해 도입되었다. 개발이익환수제도는 불로소득을 환수함으로써 세수를 늘리고 조세의 형평성에 기여하며, 토지·주택 등과 같은 부동산에 대한 투기를 억제함으로써 부동산가격의 안정 효과를 거둘 수 있다. 또한 환수된 자금은 개발행위 때문에 손실을 입은 사람이나 지역에 대한 보상재원, 그리고 특정지역의 개발로 소외된 낙후지역의 각종 인프라 구축 등 공공사업 투자자금으로 활용할 수 있다. 그러나 지나친 개발이익환수는 부동산개발을 위축시키고 저품질의 개발을 조장할 수 있다는 지적도 있다.

인구 및 산업이 도시에 집중됨에 따라 도시화가 급격히 이루어지게 되었다. 이에 따라 주택지 및 공장용지 등의 수요가 급증하였으나 기존의 도시계획법(1962)에 의한 각종 대지조성사업과 토지구획정리사업으로는 신속하게 대지를 공급하는 데 한계가 있었고, 이에 따라 주택건설촉진법(1971), 택지개발촉진법(1980), 산업기지개발촉진법(1973) 등이 제정되어 이들 법률에 의해 주택지 및 산업단지 등이 조성·공급되어 왔다.

그러나 택지개발촉진법 등은 하나의 목적을 달성하기 위한 개별 사업법으로서 복합적인 기능을 갖는 도시를 종합적이고 체계적으로 개발하는 데는 한계가 있었으며 도시계획법에 의한 일단의 주택지조성사업 및 공업용지조성사업, 대지조성사업과 토지구획정리사업법(1966)에 의한 토지구획정리사업 간에도 목적이 중복되고 시행절차의 미비 등으로 원활한 사업시행에 어려움이 제기되었다.

이러한 문제점을 해소하기 위해 도시개발법 제정 필요성이 제기되어 오다가 2000년 7월 도시계획법의 전면개정과 함께 도시계획법상 도시개발사업부문(일단의 주택지조성사업, 일단의 공업용지조성사업, 대지조성사업)과 토지구획정리사업법을 통합하여 도시개발법이 제정되었다. 도시개발법의 제정으로 주택 및 산업단지 뿐만 아니라 유통·관광휴양·역사·문화 등 여러 가지 기능을 가지는 단지 또는 시가지를 조성할 수 있게 되었으며, 더불어 민간에게도 도시개발사업에의 참여기회를 확대함으로써 다양한 형태의 도시개발이 활성화될 수 있도록 하였다.

(3) 도시개발사업의 추진절차

1) 구역지정단계

도시개발구역의 지정단계는 '도시개발구역 지정 요청 ⇒ 도시개발구역 지정 ⇒ 도시개발구역 지정고시'의 순서로 진행된다.

도시지역의 경우, 지정대상구역의 면적이 주거지역 및 상업지역에서는 1만㎡ 이상, 공업지역에서는 3만㎡ 이상, 녹지지역에서는 1만㎡ 이상으로 도시개발구역을 지정할 수 있다. 단, 자연녹지지역인 경우에는 상위계획인 광역도시계획 또는 도시기본계획상 개발이 가능한 지역으로 계획되어 있어야 하며, 생산녹지지역은 생산녹지지역이 도시개발구역 지정면적의 100분의 30 이하인 경우 1만 제곱미터 이상이면 지정이 가능하다.

도시개발구역지정 요청은 시장군수가 시도지사에게 도시개발구역의 지정을 요청하고자 하는 경우에는 주민 의견청취 및 시군구도시계획위원회의 자문을 거쳐야 하고, 일정 요건의 서류를 갖추어 시도지사에게 제출하여야 한다. 단, 도시개발구역 면적이 100만㎡ 이상일 경우 구역지정 요청 전에 공청회를 개최하여 주민 및 관계전문가의 의견을 들어야 한다.

도시개발구역의 지정을 제안할 수 있는 자는 정부투자기관, 지방공사, 도시개발구역안의 토지소유자(구역 내 2/3 이상 토지 소유자동의), 민간법인(국토교통부장관이 일정요건을 갖추어 인정한 건설업자)등이 관련 서류를 갖추어 시장군수에게 구역지정을 제안할 수 있다.

시장군수로부터 구역지정요청을 받은 시도지사는 관계기관 협의를 거쳐 시도시계획위원회 심의 후 도시개발구역을 지정할 수 있으며, 도시개발구역 면적이 100만㎡ 이상일 경우에는 국토교통부에 구역지정신청을 하면 국토교통부장관이 관계 중앙행정기관의 장과의 협의 및 중앙도시계획위원회의 심의를 거쳐 지정하도록 되어 있다. 지정권자는 도시개발구역을 지정할 경우 이를 관보 또는 공보에 고시하고 당해 도시개발구역을 관할하는 시장군수에게 관계서류의 사본을 송부한다. 이 경우 관계서류를 송부 받은 시장군수는 이를 일반에게 공람하게 되고, 이 때 지정된 도시개발구역이 도시지역이 아닐 경우 도시지역으로 변경되며, 동시에 지구단위계획구역으로 지정된 것으로 본다.

2) 실시계획단계

실시계획단계는 '사업시행자지정 ⇒ 실시계획 작성 ⇒ 실시계획인가'의 순서로 진행된다.

도시개발사업의 시행자는 도시개발구역 지정권자가 지정하며, 정부투자기관, 지방공사, 도시개발구역안의 토지소유자(구역 내 2/3 이상 토지 소유자 또는 도시개발사업을 위한 조합), 민간법인(건설교통부장관이 일정요건을 갖추어 인정한 건설업자) 등이 될 수 있다. 다만, 도시개발구역의 전부를 환지 방식으로 시행하는 경우에는 도시개발구역의 토지소유자 또는 도시개발구역의 토지 소유자가 도시개발을 위하여 설립한 조합을 사업시행자로 지정하게 된다.

실시계획은 지구단위계획을 포함하여 사업시행에 필요한 설계도서·자금계획 및 시행기간 등 일정요건의 내용을 갖춘 계획을 작성하여 지정권자에게 실시계획인가를 받아야 한다.

지정권자가 실시계획을 인가한 때에는 이를 관보 또는 공보에 고시하고 시행자와 당해 도시개발구역이 속한 시장군수에게 관계서류의 사본을 송부하여야 하며, 관계서류를 송부받은 시장군수는 이를 일반에게 공람하여야 한다. 실시계획의 고시 내용 중 도시관리계획 관련 내용은 도시·군관리계획이 결정·고시된 것으로 보게 되며, 사업과 관련된 해당 기관과의 협의가 완료된 때에는 건축법에 의한 건축허가, 주택법에 의한 사업계획승인 등

30여 가지의 관련 법률상의 인허가가 의제처리 된다.

관련 법률의 인허가등의 의제를 받고자 하면 실시계획인가를 신청할 때에 해당 법률로 정하는 관계 서류를 함께 제출하여야 하며, 시도지사는 실시계획을 작성하거나 인가할 때 그 내용에 인허가 의제 관련 법률에 해당하는 사항이 있으면 미리 해당 관계 행정기관의 장과 협의한다. 이 경우 관계 행정기관의 장은 협의 요청을 받은 날부터 30일 이내에 의견을 제출해야 한다.

특별히 농지전용허가의 경우 실시계획인가보다 먼저 허가를 받기 위해서는 도시개발구역 지정을 위한 서류 제출 시 관련서류를 함께 제출하여 협의를 완료하여야 하며, 이 경우 도시개발구역 지정시 농지전용허가를 얻을 수 있다.

3) 사업시행단계

도시개발사업의 시행방식은 수용·사용방식과 환지방식, 그리고 이를 혼합한 혼용방식 등 3가지가 있다.

Ⓐ 수용·사용방식은 당해 도시의 주택건설에 필요한 택지 등의 집단적인 조성 또는 공급이 필요한 경우 도시개발구역내 토지를 수용 또는 사용하여 일괄적으로 시행하는 도시개발사업 방식이다.

행정청이 아닌 사업시행자는 토지면적의 2/3 이상에 해당하는 토지를 매입하고, 토지소유자 총수의 1/2 이상에 해당하는 자의 동의를 얻어야 사업시행이 가능하다. 사업시행자가 위의 조건을 갖추었을 때는 공익사업을 위한 토지 등의 취득 및 보상에 관한 법률(토지보상법)에 의한 토지수용권이 부여되며, 법률에서 정하는 사항에 따라 토지를 수용할 수 있게 된다.

사업시행자는 토지소유자가 원하는 경우 토지 매수대금의 일부를 사업시행으로 조성된 토지 또는 건축물로 상환하는 채권(토지상환채권)으로 지급 또는 보상이 가능하고, 사업시행자는 토지보상법에 따라 도시개발사업 구역 내 토지를 시행자에게 제공하여 생활의 근거를 상실하게 되는 자에 관한 이주대책 등을 수립·시행하여야 하며, 사업시행자는 도시개발사업으로 조성된 토지를 공급하고자 하는 경우 일정요건을 갖춘 조성토지 공급계획을 수립하여 지정권자에게 승인을 받아야 한다. 조성토지 매매가격의 전부 또는 일부를 미리 받을 경우에도 지정권자에게 승인을 받아야 한다.

Ⓑ 환지방식이란 사업시행 전에 존재하던 토지 소유권에 변동을 가하지 않고, 각 토지의 위치, 지적, 토지의 이용 상황 및 환경 등을 고려하여 사업시행 후에 새로이 조성된 대지에 기존의 권리를 이전하는 행위를 말한다.

사업시행자는 환지설계, 필지별 환지명세 등의 내용이 포함된 환지계획을 작성한 다음 조성토지의 공급가격에 대하여 공인평가기관에게 평가를 받고, 토지평가협의회의 심의를 받아야 하고, 사업시행자는 작성된 환지계획에 대하여 구청장에게 인가를 받아야 하며, 토지소유자 등에게 이를 통지하고 일반에게 공람하여야 한다. 공람 시 환지계획에 대하여 의견이 있는 자는 공람기간 내에 의견서를 사업시행자에게 제출할 수 있으며, 사업시행자는 60일 이내에 검토하여 그 의견이 타당한 경우에는 환지계획에 반영하게 된다.

7. 도시개발 및 투자 방식

(1) 임대형 민간투자사업(BTL) 방식

민간이 공공시설을 짓고 정부가 이를 임대해서 쓰는 민간투자사업 방식을 말하는데, BTL(Build-Transfer-Lease)은 사회기반시설에 대한 민간투자법에 의한 민간투자사업 방식의 하나이다. 사회기반시설의 준공(Build)과 동시에 당해 시설의 소유권은 국가 또는 지방자치단체에 귀속(Transfer)되나, 사업시행자에게 시설 관리운영권(사용권)을 인정하여 그 시설 관리운영권을 국가 또는 지방자치단체 등이 협약에서 정한 기간 동안 다시 임차(Lease)하여 사용·수익하는 방식이다. 민간사업자가 민간자본에 의한 사회기반시설을 건설한 후 약정기간 동안 국가 또는 지방자치단체가 민간사업자로부터 시설의 관리운영권을 임대하여, 약정된 임대료 수입으로 투자비를 회수하게 되므로 '임대형 민간투자사업'이라고도 한다. 우리나라에서는 종전의 도로 등 교통시설위주로 이루어지던 민간투자사업에서 민간이 직접 이용료 수익을 통해 투자금액을 회수하는 BTO방식을 주로 이용해 왔으나, 민간투자사업 대상이 수익에 취약한 교육·복지·문화 등 생활기반시설분야까지 확대되면서 BTL방식의 민간투자사업이 활발해지는 추세이다.

BTL 방식의 시설 및 부대사업의 운영은 국가 또는 지방자치단체가 직접 운영하거나 사업자에게 위탁운영 할 수 있으며 사업자에게 위탁하는 경우에 사업자는 일정기간 동안 적정 수익률에 의해 산정된 임대료에 유지관리비용을 더한 금액에 부대사업수익을 제외한 만큼을 정부 및 지방자치단체로부터 지급받게 된다. BTL방식을 통해 정부 및 지방자치단체에서는 시급하게 공급이 필요한 교육·복지·문화 등의 생활기반시설에 대한 재정부담을 최소화하면서 적시에 공급할 수 있으며 더불어 민간의 창의성과 효율성을 살려서 사업을 추진할 수 있게 된다. 또한 민간의 입장에서는 적정수익률을 보장받음으로써 안정적으로 사업을 추진할 수 있게 된다는 장점을 가진다.

(2) 수익형 민간투자사업(BTO) 방식

민간이 건설하고 소유권은 정부나 지자체로 양도한 채 일정기간동안 민간이 직접 운영하여 사용자 이용료로 수익을 추구하는 민간투자사업 방식을 말하는데, BTO(Build-Transfer-Operate)는 사회기반시설에 대한 민간투자법에 의한 민간투자사업 방식의 하나이다. 사회기반시설의 준공(Build)과 동시에 당해시설의 소유권이 국가 또는 지방자치단체에 귀속(Transfer)되며, 사업시행자에게 일정기간의 시설관리운영권(Operate)을 인정하는 방식으로 시행되는 민간투자사업이다. 우리나라에서는 사회기반시설확충에 대한 정부 및 지방자치단체의 재원부담을 경감하고 민간에 의한 창의적이고 효율적인 시설 운영을 도모하고자 1999년 민자유치특례법을 제정하였고, 이후 1998년 사회기반시설에 대한 민간투자법으로 전면 개정되면서 민간투자 활성화를 도모하고 있으며 외국자본의 투자도 유치하고 있다.

BTO방식은 주로 도로·철도·항만 등 교통시설 등 운영에 따른 충분한 사용료수익으로 투자금 회수가 예상되는 시설을 대상으로 시행되며, 정부의 민간투자사업계획에 의한 정부주도의 시행은 물론 민간제안방식으로도 시행이 가능하다. BTO방식의 민간투자자는 준공 후 약정된 시설관리 운영기간동안 시설사용자로부터 직접 이용료를 징수하여 수익을 올리고 투자금을 회수하게 되므로 '수익형 민간투자사업'이라고도 한다. 이러한 BTO방식을 수행하는 사업자 입장에서는 투자금 회수를 위한 수요자 예측이 중요하며 투자에 대한 위험부담이 크다는 특징이 있으므로 BTO방식의 사업이 어려운 공공시설사업(사용자로부터 사용료 부과가 어렵거나, 사용료 부과만으로는 투자비 회수가 어려운 교육·문화·복지시설 등을 대상으로 하는 민간투자사업)은 주로 정부가 적정수익률을 보장해주는 BTL(Build-Transfer-Lease) 방식에 의해 시행된다.

(3) 대중교통지향형 개발(TOD) 방식

TOD(Transit Oriented Development)는 미국 캘리포니아 출신의 건축가 Peter Calthorpe에 의해 제시된 이론으로, 대중교통과 토지이용을 연계하여 대중교통중심의 고밀개발을 유도하는 도시개발방식을 말한다. 즉, 개인승용차 의존적인 도시에서 탈피하여 대중교통이용에 역점을 둔 도시개발 방식이다. 도심지역을 대중교통체계가 잘 정비된 대중교통지향형 복합용도의 고밀지역으로 정비하고, 외곽지역은 저밀도의 개발과 자연생태지역의 보전을 추구한다.

TOD의 성공을 위해서는 교통체계의 개선만으로는 한계가 있으며, 근본적으로 대중교통 이용 자체의 편리성과 함께 더 나아가 대중교통 이용으로 인한 도시생활의 편리성과 효율성이 보장되어야 한다. 대중교통지향형 개발의 구체적 방법론은, Ⓐ 전철과 버스 등 대중교통중심의 안전하고 편리한 도시교통시스템을 구축하고, 정거장을 중심으로 한 도보 접근 가능지역(반경 400~800m)에 중심상업지역을 배치하여 업무・주거・여가시설 등을 효과적으로 혼합한다. Ⓑ 업무시설의 주차장 용량 및 방사형 도로확장 등을 제한함으로써 개인승용차 교통량을 억제하고 교외 환승가능한 곳에 주차장 공급을 유도한다. Ⓒ 정거장 주변의 고밀개발지에는 보행자위주의 교통시설을 건설하고 환승과 접근이 용이한 이동시스템을 구축하여 보행성과 대중교통과의 연계성을 높인다.

TOD는 도심의 고밀개발을 지향한다는 점에서 콤팩트시티, 신도시주의, 스마트성장 등과 유사하다고 할 수 있다

Ⅴ. 도시환경개선사업

도시환경의 개선은 정주여건 등 주거환경의 개선(재개발, 재건축, 정비사업 등), 도로 등 기반시설의 정비, 생활시설의 개선, 도시환경오염개선 등 다양한 과제들을 안고 있다. 여기에서는 주로 환경적인 측면에서의 개선사항인 도시정화사업과 관련한 녹지화사업, 도시환경개선을 위한 제도들에 대한 문제를 설명하고자 한다.

1. 도시녹지화 도시공원사업

(1) 도시공원의 의의

도시공원 및 녹지 등에 관한 법률(공원녹지법)상으로 도시지역에서 공원녹지의 확충・관리・이용 및 도시녹화 등에 관하여 필요한 사항을 규정함으로써 도시자연경관의 보호와 시민의 건강・휴양 및 정서생활의 향상에 기여함을 목적으로 관리하는 공원이다.

도시공원은 쾌적한 도시환경을 형성하여 건전하고 문화적인 도시생활의 확보와 공공의 복리증진에 기여함을 목적으로 한다. 도시공원은 공원이 위치한 행정구역을 관할하는 시장 또는 군수가 조성 계획에 의하여 설치 및 관리하는데, 국립공원이나 도립공원이 도시공원에 포함될 수도 있다. 경주국립공원, 서울의 북한산국립공원, 광주의 무등산국립공원이나 대구의 팔공산도립공원이 그 좋은 예이다.

도시공원에서 중요하게 다루는 녹지란 넓은 의미에서 공원뿐만 아니라 하천, 산림, 농

경지 등을 포함하는 오픈 스페이스(open space) 또는 녹화된 공간으로 볼 수 있으며, 좁은 의미로는 국토계획법과 공원녹지법에 의해 지정된 도시용도지역의 공원과 녹지를 말한다. 우리나라의 공원녹지법 제2조 6항에 '녹지'라 함은 도시계획구역 안에서 도시의 자연환경을 보전하거나 개선하고, 공해나 재해를 방지하여 양호한 도시경관의 향상을 도모하기 위하여 국토계획법 제2조의 규정에 의하여 결정된 것을 말한다고 정의하고 있다. 도시녹지는 광의의 개념으로 오픈 스페이스를 의미하는 것으로서 건물 혹은 구조물에 의하여 피복되지 않은 모든 토지 및 수면, 그리고 포장된 도로와 광장 혹은 하천 등 현실적으로 수림대의 조성이 불가능한 공간을 포괄하는 개념이다. 협의의 개념은 도시계획구역 내에서 수목, 초본 및 농작물 등에 의하여 피복된 토지 혹은 그 잠재력을 구비한 토지를 총칭한다.

최근 지속가능한 개발 이념이 대두되면서 인간과 환경의 공존이 강조되고, 이러한 측면에서 생태공원, 녹지 네트워크 등 도시공원과 관련된 다양한 개념이 등장하고 있다. ① 생태공원(Ecological Garden)은 타 공원에 비해 생태환경적으로 비교우위성을 두고 조성되는 공원으로 생태적 요소를 주제로 한 관찰·학습 기능이 부여된 공원이다. ② 녹지 네트워크(green network)는 생물다양성의 증대를 위해 소생물권(biotope)의 서식처 단편화를 방지하고 생물이 자유로이 이동하며 서식할 수 있도록 만드는 생물이동통로(corridor)이다. 종다양성이 높은 식재방법으로 생태계 질서유지에 기여하고 자연을 학습하고 관찰할 수 있는 공간을 조성하는 것이다. 최근 우리나라에서는 도시주변의 산으로부터 도심까지 연결하거나 교외의 농촌에서 시가지 중심까지 하천이나 늪지, 습지 및 초원 등의 핵(core), 거점(spot), 점(point)과 생태통로(eco-corridor) 등에 의해 네트워크화하는 방법을 주거단지 내부로 확대하고 있다.

(2) 공원의 변천

공원이라는 단어 'park'의 어원은 '수목을 가꾸고 가축을 기를 수 있도록 울타리를 두른다'라는 의미에서 비롯된 것이다. 따라서 공원(park)이라는 단어에는 '공공(public)'의 의미가 내포되어 있지 않다. 산업혁명 이후 시민과 공공의 개념이 대두되고 공원이 일반 시민에게 공개되면서 차츰 공공이 사용하는 장소가 됨에 따라 공원(公園, public park)이 되었다.

도시공원은 고대 그리스의 도시국가에서 그 원형을 갖추기 시작하였다. 근대에 이르러서 권력자들이 도시를 지배하게 되면서 개인 소유의 정원을 갖춘 저택들이 생겨났다. 그러므로 도시공원의 발생은 어떤 의미에서는 봉건시대의 유물이라 말할 수 있다. 이것들이 시민혁명과 산업혁명 이후 봉건왕후나 봉건영주의 정원·수렵지·저택과 역사적 유적지 등으로 시민에게 공개되고, 그것들은 그 지역사회의 공유지로 만듦으로써 공원은 늘기 시작하였다. 우리나라에서도 경복궁·덕수궁·창경궁·비원·종묘 등이 이러한 예에 속한다.

시민을 위하여 계획된 도시공원이 공공기관에 의하여 만들어지게 된 것은 19세기 중엽부터이며, 미국 뉴욕의 센트럴파크(Central Park)가 최초의 것이 된다. 종래 귀족적인 색채를 강하게 풍기는 정원적 형태의 공원이었으나, 이 센트럴파크는 개인이나 특정인을 위한 것이 아닌 다수의 도시민을 위한 시민의 공원이었다. 이는 시민의 세금이라는 공공기금으로 설립된 것이고 시민의 보건위생과 도시의 미관을 목적으로 계획적으로 건설되었다.

우리나라의 도시공원에 대하여 규정한 현행 공원녹지법에서는 도시에서의 공원녹지의 확충·관리·이용 및 도시녹화 등에 필요한 사항을 규정함으로써 쾌적한 도시환경을 조성하여 건전하고 문화적인 도시생활을 확보하고 공공의 복리를 증진시키기 위하여, 특별시장·광역시장·특별자치시장·특별자치도지사 또는 대통령령으로 정하는 시의 시장(공원녹지기본계획 수립권자)은 10년을 단위로 하여 관할구역의 도시지역에 대하여 공원녹지의 확충·관리·이용 방향을 종합적으로 제시하는 기본계획(공원녹지기본계획)을 수립하도록 규정하고 있다. 이 법에서 "공원녹지"란 쾌적한 도시환경을 조성하고 시민의 휴식과 정서 함양에 이바지하는 도시공원, 녹지, 유원지, 공공공지(公共空地) 및 저수지, 나무, 잔디, 꽃, 지피식물(地被植物) 등의 식생이 자라는 공간, 그 밖에 국토교통부령으로 정하는 공간 또는 시설을 말하고, "도시공원"이란 도시지역에서 도시자연경관을 보호하고 시민의 건강·휴양 및 정서생활을 향상시키는 데에 이바지하기 위하여 설치 또는 지정된 국토계획법에 따른 공원으로서 도시·군관리계획으로 결정된 공원, 국토계획법에 따라 도시·군관리계획으로 결정된 도시자연공원구역을 말하며, "녹지"란 국토계획법에 따른 녹지로서 도시지역에서 자연환경을 보전하거나 개선하고, 공해나 재해를 방지함으로써 도시경관의 향상을 도모하기 위하여 도시·군관리계획으로 결정된 것으로 규정하고 있다.

(3) 도시공원의 분류

도시공원은 공원녹지법에 따라 설치·관리하는 도시공원 중 국가가 지정하는 공원인 국가도시공원, 생활권공원, 주제공원으로 구분할 수 있다. 이 중 도시공원은 그 기능 및 주제에 따라 크게 도시생활권의 기반이 되는 Ⓐ 생활권공원과 생활권공원 외에 다양한 목적으로 설치하는 Ⓑ 주제공원으로 구분할 수 있겠다. 생활권공원은 ① 소공원(소규모 토지를 이용하여 도시민의 휴식 및 정서 함양을 도모하기 위하여 설치하는 공원), ② 어린이공원(어린이의 보건 및 정서생활의 향상에 이바지하기 위하여 설치하는 공원), ③ 근린공원(근린거주자 또는 근린생활권으로 구성된 지역생활권 거주자의 보건·휴양 및 정서생활의 향상에 이바지하기 위하여 설치하는 공원)으로 나뉜다. 근린공원은 다시 근린생활권 근린공원, 도보권 근린공원, 도시지역권 근린공원, 광역권 근린공원으로 세분된다.

주제공원은 ① 역사공원(도시의 역사적 장소나 시설물, 유적·유물 등을 활용하여 도시민의 휴식·교육을 목적으로 설치하는 공원), ② 문화공원(도시의 각종 문화적 특징을 활용하여 도시민의 휴식·교육을 목적으로 설치하는 공원), ③ 수변공원(도시의 하천가·호숫가 등 수변공간을 활용하여 도시민의 여가·휴식을 목적으로 설치하는 공원), ④ 묘지공원(묘지 이용자에게 휴식 등을 제공하기 위하여 일정한 구역에 장사 등에 관한 법률 2조7호에 따른 묘지와 공원시설을 혼합하여 설치하는 공원), ⑤ 체육공원(주로 운동경기나 야외활동 등 체육활동을 통하여 건전한 신체와 정신을 배양함을 목적으로 설치하는 공원), ⑥ 도시농업공원(도시민의 정서순화 및 공동체의식 함양을 위하여 도시농업을 주된 목적으로 설치하는 공원), ⑦ 그밖에 특별시·광역시·특별자치시·도·특별자치도 또는 인구 50만 이상 대도시의 조례로 정하는 공원으로 나뉜다.

(4) 도시공원의 기능

도시에 도시공원, 숲, 그린벨트(green belt)와 같은 자연의 존재와 그 자연이 가진 나무, 물 등과 같은 요소들은 여러 가지로 도시민의 삶의 질을 향상시킨다. 최근 기후변화와 지구온난화 문제로 도시 열섬현상(heat island)을 완화시키기 위한 공원·녹지의 중요성이 커지고 있다. 도시공원·녹지는 구체적으로 ① 공간적 역할(도시확산(urban sprawl) 방지, 휴식, 운동, 위락 공간 제공, 도시의 안전성 확보), ② 환경적 역할(자연환경 복원 기능, 소음 완화, 미세기후 안정), ③ 사회·심리적 역할(활력 증가, 스트레스 완화, 평온감 제공, 쾌적성 향상)의 기능을 수행한다.

2. 도시활력증진지역 개발사업

국토교통부에서 정부의 지역발전정책에 따라 지자체 스스로의 발전을 유도하기 위하여 도시활력증진지역에 해당하는 지자체에 예산을 포괄적으로 지원하여 시행하는 사업으로, 도심의 낙후된 주거지 등을 대상으로 주거환경, 경관개선, 기반시설정비, 지역역량강화 등 도시활력증진을 통한 주민의 삶의 질 향상 추진을 목적으로 한다.

사업 추진근거는 국가균형발전특별법에 근거하여 정부의 국가균형발전에 따라 인구 50만 이상 대도시를 대상으로 도시활력증진지역 주민에게 최소한의 기초수준 보장, 지역 특성에 맞게 도시가 발전할 수 있도록 총사업비 50%를 국가예산으로 보조한다.

〈도시활력증진지역 개발사업의 유형〉

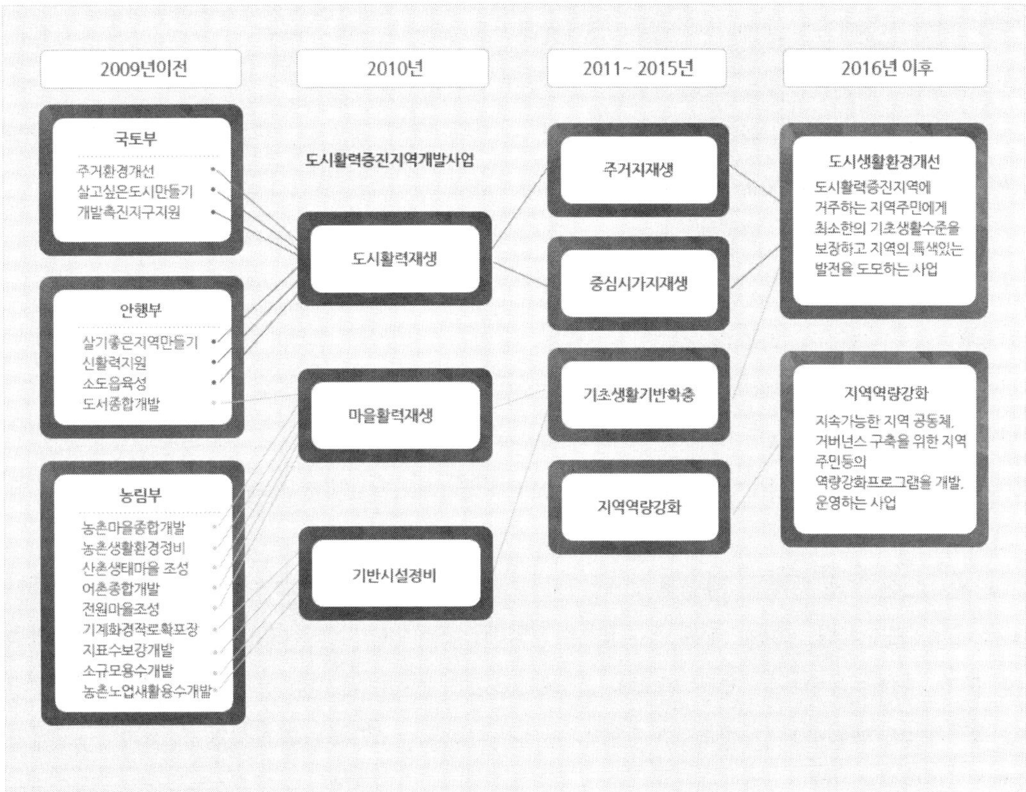

자료 : 도시재생종합정보체계

3. 쓰레기 종량제 및 분류제

종량제는 사용량과는 무관하게 일정한 요금만을 내는 정액제와는 달리, 무게나 사용량 등 일정 단위에 비례하여 요금이 결정되는 방식이다. 통신사용량에 비례하여 요금이 결정되는 전화요금과 인터넷 종량제의 경우 사용한 시간·데이터량에 비례하여 사용요금이 정해지는 것이 이에 해당한다. 이러한 종량제가 생활환경규제를 위하여 가정 등에서 배출하는 생활쓰레기에 대한 종량제(봉투 규격에 따름)가 실시되었다.

쓰레기 종량제란 쓰레기 발생량에 대해 배출자부담의 원칙을 적용해 국민 전체를 대상으로 쓰레기에 대한 가격 개념을 도입한 제도로, 정확한 정책명은 '쓰레기 수수료 종량제'이며 1995년 1월부터 시행됐다. 종량제 적용 대상 폐기물은 일반 가정과 소규모 사업장에서 발생한 생활폐기물로, 배출자는 규격봉투를 구입해 이에 담아 배출해야 한다. 제도 시행 이전에는 환경부가 건물면적, 재산세 등을 과표로 쓰레기 처리 수수료를 징수했던 것과 달리 종량제 규격봉투 가격에 이미 쓰레기 처리 수수료가 포함돼 있어 규격봉투에 담아 버린 쓰레기에 대해서는 따로 수거료를 낼 필요가 없다. 규격봉투의 값은 지역별로 다르며, 거주지역이 아닌 다른 지역의 봉투에 담아 버린 쓰레기는 수거해 가지 않는다. 규격봉투에 넣지 않고 버리는 쓰레기 역시 수거해 가지 않으며, 무단으로 버리다 적발될 경우 100만원의 과태료를 물어야 한다. 재활용품은 수수료 없이 따로 수거해 가는데, 사전에 재활용 쓰레기를 분류해 버리면 배출량이 줄어들기 때문에 그만큼 비용절감 효과를 거둘 수 있다. 재활용품의 수집 방법과 시기도 지역별로 다르다. 이사, 공사, 수리 등으로 발생한 건축쓰레기, 냉장고, 가구 등 대형 쓰레기는 동사무소에 신고하면 동사무소에서 고지서를 발부하고, 금융기관에 처리대금을 납부하면 된다. 환경부의 '쓰레기 종량제 10년 평가결과(1995~2004년)'에 따르면, 1인당 1일 쓰레기 발생량은 1994년 1.33kg에서 2004년 1.03kg으로 감소했고 쓰레기 수집운반비용 및 매립비용은 약 6조 9,239억 원 줄었다.

한편, 쓰레기 분류제는 재활용 쓰레기와 소각용, 매립용 등 폐기용 쓰레기로 분류하여 배출하는 제도이다. 특히 매립 등으로 분해되지 않는 쓰레기(플라스틱, 비닐 등)의 배출로 환경오염을 유발하는 것을 방지하고, 재활용이 가능한 폐기물 등(종이, 빈병, 고철 등)을 활용하여 자원순환을 통해 환경오염 방지는 물론 쓰레기의 획기적인 절감과 자원절약에도 기여할 수 있는 유용한 제도라고 할 수 있다. 쓰레기와 폐기물 등은 도시환경에서 매우 난해한 문제이다. 종량제와 분류제는 도시환경개선과 자원재생활용 등에 매우 획기적인 정책이라고 할 수 있다.

4. 자동차배출가스규제

도시환경오염의 주범인 자동차 배출가스를 절감하는 것은 도시환경개선에 매우 중요한 과제이다. 자동차배출가스규제는 자동차에서 배출되는 해로운 가스를 규제하는 것을 말하는데, 각국에서 적용하고 있는 배출가스 규제법은 대부분 측정방법, 측정기술, 한계값 등에 대하여 기술하고 있다. 그러나 나라마다 생태학적, 경제적, 기후적 또는 정치적 이유 등에 따라 그 내용이 약간씩 다르다. 가장 많이 채택되고 있는 규제법들로, CARB (California Air Resources Board-캘리포니아 주, 미국), EPA(Environmental Protection Agency - 미국) 등을 들 수 있다.

한편, 배기가스 테스트를 목적으로 자동차를 대부분 네 그룹으로 분류하는데, ① 승용차 : 정치식(定置式) 새시 동력계 시험, ② 경트럭 : 각국의 법규에 따라 다르나 보통 총중량 3.5톤~6.35톤까지를 말한다. 승용자동차처럼 새시 동력계 테스트, ③ 중트럭 : 차량총중량 3.5톤~6.35톤 이상의 차량들로 기관을 테스트(모드에 따라, 차량시험은 하지 않고 기관 테스트벤치에서 시험), ④ Off-high way 차량(건설 중장비, 농업기계 및 임업기계 등) : 중트럭과 마찬가지로 기관만 기관 테스트벤치에서 시험한다.

배출가스 검사는 자동차의 종류와 시험목적에 따라 4가지 시험방법으로 나눈다. ① 형식승인 검사는 자동차 형식승인을 받기 위한 시험으로 미국에서는 FTP(Federal Test Procedure)-(75)모드를 사용하고, 유럽에서는 MNEFZ(Modified New European Driving Cycle)를 사용한다. ② 시리즈 검사는 당국이 생산라인에서 임의로 견본을 채취(3대~32대)하여 검사한다. ③ 사용 중인 자동차의 모니터링은 사용 중인 자동차를 대상으로 임의로 견본을 채취하여 출력 및 노화상태가 규정범위 이내에 있는지를 측정하는 시험으로 형식승인 검사에 비해 덜 엄격하다. ④ 계속 검사는 사용 중인 모든 자동차를 대상으로 정기적으로 운행 적합여부를 점검하는 검사이다. 이들 중 가장 비용이 많이 들고 까다로운 시험은 형식승인검사이며, 가장 간단한 시험은 계속검사이다.

결국 노후되거나 오염과다 차량은 정비요구, 통행금지, 운행정지, 폐차 등의 조치가 가능하고, 이는 도시환경의 개선을 위하여 필요한 문제라고 할 수 있다. 최근 들어 미세먼지가 극심한 경우 일정규모 또는 일정 오염수치 이상의 차량이 도심으로 진입하는 것을 규제하여 도시환경의 악화를 방지하고 있는데 이러한 조치들이 도시환경개선계획의 일환으로 볼 수 있다.

5. 버스전용자로제와 자동차요일부제

버스 전용 차로제는 버스만 다닐 수 있는 차로를 따로 만들어 대중교통을 원활히 하고자 하는 제도로, 대중교통의 하나인 버스에 통행우선권을 부여하는 제도이다. 도로 일부를 버스만 다닐 수 있는 전용차로로 사용해 버스의 통행을 원활하게 하고 대중교통 이용을 늘리는 것을 목적으로 1990년에 전국적으로 실시되었다.

버스전용차로는 위치에 따라 가로변 버스전용차로와 중앙 버스전용차로로 구분된다. 가로변 버스전용차로는 도로 중에서 가장 바깥쪽에 있는 차선을 버스 전용으로 사용하는 것이고, 중앙 버스전용차로는 도로의 중앙차선을 버스전용차로로 사용하는 것이다. 고속도로에도 버스의 빠른 통행을 위해 버스 전용 중앙차로제를 실시하고 있다. 즉, 버스전용차로제는 주요 ① 도심도로 최우측 버스전용차로제가 일반적이며, ② 중앙 버스전용차로제도 확대되고 있다. 중앙차로제는 서울시에서 처음 도입하였고, 지자체 및 외국에서도 많은 벤치마킹을 하고 있다. 전용차로제는 대도시의 출퇴근 등 교통체증을 획기적으로 개선하는 효과를 가져왔다.

자동차(요일)부제는 자동차의 끝자리번호를 기준으로 홀짝부제(2부제), 10부제, 5부제(요일부제, 월요일부터 금요일까지) 등으로 자동차운행을 규제하는 것으로 영업용차량 등은 생업을 고려하여 일정부분 유연하게 운영되며, 부제위반 차량 등은 과태료 부과, 공공주차장 진입금지 등 제제조치가 수반되어 실행력을 강화하고 있다. 초기에 자동차요일부제 등은 도심의 교통혼잡을 해소하기 위한 것이 시발이 되었으나, 근래에는 도심의 환경요염 등에 미치는 영향이 크다는 문제가 있어 미세먼지 농도 등이 높은 경우 등에도 부제운행을 강화하여 도시환경개선을 도모하기도 한다.

6. 미세먼지감축정책

도시환경에서 미세먼지는 가장 큰 문제 중에 하나이다. 특히 최근 들어 대도시를 비롯하여 전국이 미세먼지에 대한 영향으로 정상적인 생활이 어려울 정도로 심각한 위협에 놓여있다. 특히 어린이, 노약자는 물론 건강한 성인조차 정상적인 생활이 불가능할 정도로 국민건강에 위협요인이 되고 있다. 이러한 현실적인 문제에 직면에 정부는 2017.9.26.일 미세먼지 종합대책을 마련하였다. 그 중요 내용으로는 그간의 도시환경에서 미세먼지가 주는 악영향을 대처함에 미흡한 점을 반성하고 체계적인 관리와 민관 및 국제적인 협조하에 미세먼지에 대한 저감정책을 적극적으로 추진하겠다는 내용이다. 이를 위하여 우선 추진목표를 미세먼지 감축목표를 2022년까지 30% 저감으로 정하고 기본방향과 추진전략 및 중점추진과제를 제시하였다.

① 기본방향으로 오염도 높은 '우심지역'을 중점관리하는데, 수도권·대도시 중심에서 수도권 外지역 관리로 전환하여 통합적인 저감대책을 추진한다. 2차 생성을 고려한 원인물질 관리 강화, 에너지 정책과의 정합성 제고, 국제협력을 통한 공동노력 강화, 한·중 양자협력, 다자간 협력을 통해 미세먼지 문제에 공동으로 대응하며, 인체위해성 관리에 중점을 둔다. 민감계층 활동공간 관리강화, 보호 서비스 강화 등을 집중보호하고, 과학기

반의 미세먼지에 대한 대응역량을 제고하며, 인벤토리 정교화, 위성·항공기 등을 통한 입체적 미세먼지 분석 등에 중점을 둔다.

〈미세먼지 관리 패러다임 전환〉

구 분	종전 패러다임	신 패러다임
관리지역	수도권 및 대도시 중심	전국 우심지역 중심
관리방식	개별적 오염물질 관리	통합적 관리 추진
국제협력	연구협력 단계	실질적 저감으로 전환
중심정책	일반 대기오염물질 중심	인체위해성 저감 중심
대응기반	개별, 분산된 연구	체계적, 통합적 연구

결국, 우심지역 중점관리, 통합적·과학적 관리, 인체 위해성 최우선 고려 등 미세먼지 정책의 '패러다임 전환'을 추구한다.

② 비전 및 추진체계로는 비전 맑고 깨끗한 공기, 미세먼지 걱정 없는 대한민국을 표방하여, 2022년까지 국내 배출량 30%를 감축한다는 목표이다. 추진전략으로 대규모 배출원의 집중 저감을 통한 감축목표 달성, 주변국과의 환경협력 강화로 동북아 대기질 개선, 민감계층 집중보호로 국민 건강피해 예방, 과학적인 연구기반 강화로 미세먼지 대응역량 제고를 설정하였다.

③ 분야별 중점 추진과제로 국내배출감축을 위해 Ⓐ 발전부문에서는 노후 석탄화력 폐지 등 석탄발전 비중 축소, 발전용 에너지 세율체계 조정 검토, 친환경적 제8차 전력수급계획 수립, 재생에너지 보급 확대를, Ⓑ 산업부문에서는 총량관리 대상지역 확대 및 먼지 총량제 실시, 질소산화물 배출부과금 신설, Ⓒ 수송부문에서는 노후 경유차 저공해화 및 운행제한 확대, LPG차, 전기차 등 친환경차 보급 확대, 친환경차협력금 제도 시행, 선박·건설기계 미세먼지 관리 강화를, Ⓓ 생활부문에서는 공사장·불법소각 등 관리 사각지대 집중 관리, 도로청소차 보급 및 도시 숲 확대를 추진한다. 국제협력부문에서는 한·중, 동아시아 미세먼지 협력, 한·중 정상회의를 통한 공동선언문 발표 추진, 동아시아 미세먼지 저감 협약 체결을 검토하고, 민감계층보호를 위해서는 민감계층 보호 인프라 및 서비스, 아이들을 위한 실내기준 마련, 어린이집, 학교 주변 미세먼지 측정망 우선 설치, 학교 실내 체육시설 확대, 민감계층 대상 찾아가는 케어서비스를 추진하고, 정책기반조성을 위한 과학적 관리 기반으로 환경위성 등 활용한 측정 및 예·경보시스템 강화, 미세먼지 국가전략 프로젝트(R&D) 추진으로 4대 핵심 배출원(발전, 산업, 수송, 생활)을 집중 감축하여 미세먼지 30% 감축 목표를 달성한다는 것이다.

7. 도시환경개선사업 주요 사례

(1) 뉴타운사업

1) 개요

2002년부터 서울시에서 처음 추진한 도시 재개발 방식으로, 종래 민간주도의 도시정비사업에서 나타난 문제점을 개선하기 위한 기성시가지에 대한 재개발방식이다. 한국은 1970년대 이후 고도성장을 거치면서 형성된 기존 시가지들이 노후화되면서 1990년대 중반부터 기존 도시의 정비가 필요한 시점에 도달하게 되었다. 기존 시가지에 대한 정비사업은 도시 및 주거환경정비법에서 규정하고 있다. 이 중 기반시설이 열악하고 노후불량주택이 밀집해 있는 지역에 대해서는 민간주도의 재개발방식으로 사업을 추진하였으나 지나치게 사업성을 중시하여 기반시설이 충분히 확보되지 못하고 소규모로 개발이 되는 문제점이 나타났다. 이러한 문제점을 해결하기 위해서 서울시에서는 2002년부터 뉴타운사업을 도입하여 종전의 소규모 구역단위 재개발사업을 적정 생활권역별 계획적 개발로 전환하고 공공부문의 역할을 증대하였다. 이에 따라 노후 주거지역에 대한 정비사업의 방법으로 다양한 도시개발방식을 활용할 수 있게 되었다. 이후 부산과 인천 등에서도 광역개발방식의 도시정비사업을 추진하면서 뉴타운사업은 전국적으로 확산되었고 광역재개발사업의 통상적인 명칭이 되었다.

2) 추진 내용

주택재개발이 민간개발 편의위주로 개별주택 가치중심의 소규모 개발이라면, '뉴타운개발'은 공공이 원하는 민간사업으로 적정규모의 생활권역을 대상으로 한 충분한 도시기반시설을 확충하는 종합적인 도시계획사업이다. 뉴타운사업은 도입목적이 난개발로 인한 지역간 격차를 해소하는 것이므로 주로 서울시내 기반시설이 열악한 지역의 재개발구역을 광역화하는 방식으로 사업이 추진되었으며, 경기도를 비롯한 전국에도 유사한 방식의 사업이 도입되었다. 뉴타운사업을 통해 추진되는 구체적인 타운 개발유형은 크게 세 가지로 구분할 수 있다.

즉 ① 주거 중심형은 주택재개발 구역 등 노후 불량주거지 밀집지역 등을 중심으로 적정 생활권역에 대해 전체 도시기반 구조를 개선하여 건설하는 유형이고, ② 도심형은 도심 또는 인근지역에 주거, 상업, 업무 기능 등을 복합개발하는 방식으로 건설되며, 대형상가, 문화시설, 관공서, 업무시설은 물론 아파트와 주상복합빌딩 등을 함께 배치하여 직주근접형 도심커뮤니티를 조성하는 유형이며, ③ 신시가지형은 미(저)개발지 등을 대상으로 주거, 상업, 생태, 문화 기능 등을 갖춘 신시가지를 조성하는 방식으로 개발하는 유형이다.

3) 변천과 현황

뉴타운사업은 2002년 10월 서울시에서 3개 지구를 시범지구로 지정하면서 본격적으로 시작되었다. 시범지구 중 은평뉴타운의 경우 신시가지형으로 지정되었으며, 길음뉴타운의 경우 주거중심형으로, 왕십리뉴타운은 도심형으로 지정되었다. 이후 2003년에 12개의 지구가 2차 뉴타운으로 지정되고 2007년까지 순차적으로 11개의 3차 뉴타운 지구가 추가적으로 지정되어 서울시에는 총 26개의 뉴타운지구가 지정되었다.

또한 부산과 인천, 대전 등에서도 2008년까지 약 50개의 지구가 지정되어 뉴타운사업은 도시 내 주택재정비 사업의 주요 사업방식으로 각광받게 되었다. 중앙정부에서도 지방자치단체의 조례를 통한 지원이라는 한계를 가지고 있는 뉴타운사업을 지원하기 위하여 2006년 7월에 도시재정비법을 제정하고 기존의 뉴타운지구를 재정비촉진지구로 전환하여 용적률 완화, 지방세 감면 등의 각종 혜택을 부여하였다.

하지만 뉴타운지구 지정이후 지분가치가 크게 상승한 상태에서 2008년 금융위기로 인해 부동산시장이 침체되면서 사업추진에 어려움을 겪고 있는 지역이 증가하였다. 또한 낮은 원주민 재정착률로 인해 사업의 정당성에도 의문이 제기되는 등 문제점이 나타났다. 이에 따라 지방자치단체별로 이미 지정되었던 뉴타운지구를 해제하는 지역이 나타났고, 기존 거주자들이 지구지정의 해제를 요구하는 지역도 증가하여 향후 뉴타운사업에 대한 조정이 진행되었다. 서울시의 경우는 뉴타운사업에 대한 지구지정의 폐지 등 사실상 사업추진을 철회하였다.

4) 의의와 평가

뉴타운사업은 기존 주택재개발방식을 통한 정비사업의 한계를 극복할 수 있는 사업방식으로 기대를 받았다. 특히 서울시의 경우 점차 심화되어가는 강남·북간의 격차를 해소할 수 있는 대안으로 평가되었다. 하지만 단기간 내에 너무 많은 지역을 뉴타운지구로 지정하여 해당 지역 부동산가격의 상승과 낮은 원주민 재정착률 등의 부작용도 나타났다. 또한 주택시장의 침체로 인해 사업성이 악화된 후로는 지구지정이 취소되는 등 사업규모의 조정도 이루어지고 있어 사업진행과정에 문제가 있다는 평가도 제기되었다.

(2) 서울국가디지털산업단지(가산 · 구로단지)

서울디지털국가산업단지는 서울시 구로구와 금천구에 있는 국가산업단지이다. 1964년부터 1974년까지 10여년에 걸쳐 수출산업공단으로 조성되었으며 조성 당시에는 구로공단으로 불렸다. 2000년대에 들어 산업구조가 바뀌면서 산업공단은 제조업중심의 노후된 공간을 첨단시설로 재생하여 사무환경 등 단지환경이 획기적으로 개선되면서 디지털산업의 입주가 늘어나게 되자 지금의 이름으로 명칭을 변경하였다. 구로구에 속한 부분은 구로디지털단지로, 금천구에 속한 부분은 가산디지털단지로도 불린다. 근처에 2호선 구로디지털단지역과 7호선인 가산디지털단지역이 있다.

1964년 5월 20일 한국수출산업공단(한국산업단지공단)이 설립되어 본격적인 수출산업공단의 조성이 시작되었다. 서울시 구로구에 수출산업공단 제1단지를 세웠으며 이후 구로공단이라 불리게 되었다. 조성 당시 총 면적은 약 1,982,000m^2였으며 이 가운데 산업시설 면적은 1,500,000m^2였다. 2008년 9월말 조사 결과에 따르면 구로디지털단지에는 8,416개 회사가 입주하여 있으며 이 중 6,672개 회사가 가동되고 있다. 이에 소속된 노동자는 총 107,113명에 달한다.

구로공단은 대한민국의 중요 산업단지로서 1960년대부터 수출산업단지로 조성되기 시작해 70년대 후반에는 약 11만명이 이곳에 종사하고 있었다. 80년대부터는 재벌들이 주도하는 중공업 산업단지로 변경되었고, 1985년에는 당시 열악한 노동 조건으로 인해 구로동맹파업이 일어나기도 하였다. 한편, 산업구조가 변화하자 입주해 있던 기업들이 하나 둘씩 줄어갔다. 1995년에는 구로공단의 노동자 수가 총 4만 2천명까지 줄어들었다. 2000년대에 들어 정부 주도로 IT 첨단 산업 단지로 육성하기 시작하면서 이름도 서울디지털산업단지로 변경되었다. 이때 구로동맹파업의 시발점인 대우어패럴 자리에는 오렌지아울렛, 효성물산등 패션타운이 조성되었고, 갑을전자가 있던 자리에는 대륭테크노타워 8차와 같은 아파트형 공장이 세워지고, 서울시 등이 지원하는 각종 혜택으로 인해 제조업, 정보기술업, 물류업 등 중소기업의 아파트형 공장들도 세워졌다. 현재 1단지에는 대부분이 고층 건물로 채워지고 2, 3단지도 전체 면적의 절반 이상이 초고층 아파트형 공장이 세워져있다. 이로 인해, 노동자들이 주로 종사하는 산업도 제조업에서 출판이나, 영상, 방송통신, 정보서비스업으로 변해 갔다. 특히 IMF 사태 이후 테헤란로 등에 몰려 있던 벤처들이 땅값의 급등으로 인해 구로 등으로 모이게 됐다.

(3) 한강르네상스 프로젝트

한강 르네상스 프로젝트(Han River Renaissance Project, 한강 르네상스 계획)는 2006년부터 서울시장이 주운 및 수변문화공간 조성과 자연성 회복, 접근성 향상, 문화기반 조성, 경관개선, 수상이용 활성화를 목표로 추진한 디자인 서울 정책의 핵심 계획이다.

Ⓐ 자연성 회복은 인공호안 녹화, 여의도 샛강생태공원 조성, 암사동 한강둔치생태공원 복원, 강서 습지생태공원 확충, 지천 생태복원, 자연형 친수공간 조성, 한강 지천 합류부 생태 개선이다. Ⓑ 접근성 향상은 한강연결보행녹도 조성, 한강교량 보행환경 개선, 한강 접근도로 정비, 기존제방 지하통로 환경정비, 한강접근안내체계 정비, 셔틀버스 운행이다. Ⓒ 문화기반 조성은 세빛섬, 잠수교 보행전용공간 변경, 반포대교 달빛무지개분수 설치, 광진교의 걷고 싶은 다리 조성, 난지도하늘다리 설치, 절두산 성지 관광지 조성, 한강공원 특화사업(반포권역, 여의도권역, 뚝섬권역, 난지권역, 잠실권역, 이촌권역, 양화권역), 광나루자전거공원 조성이다. Ⓓ 경관 개선은 한강교량·한강공원 조명개선, 한강변 건축경관 개선, 공원시설물 미관제고이다. Ⓔ 수상 이용 활성화는 경인 아라뱃길, 수상관광콜택시, 수상이용 및 지원시설의 관광자원화, 수상시설육성제도 정비이다.

투자 수요는 2006년부터 2010년까지 5년간 약 5,940억 원이 투자되고, 연도별로 2006년 40억 원, 2007년 720억 원, 2008년 1,910억 원, 2009년 2,870억 원, 2010년 700억 원이다. 2010년으로 1단계 계획은 마감이 되었다. 그러나 시장의 정책이 바뀌고, 비용대비 효용 등의 문제로 인하여 현재는 사실상 중단되었다.

(4) 한강공원사업

한강공원(漢江公園)은 한강을 옛날과 같이 깨끗한 강으로 되살리자는 목표로 만든 공원이다. 1982년부터 1986년까지 만들어서, 한강의 서울지역 41.5km의 구간(하일동-개화동)이 평균 수심 2.5m, 강너비 1km의 강으로 변했다. 아울러 강변에 시민 휴식공원과 축구장, 배구장, 농구장, 수영장, 게이트볼장 등 각종 체육시설과 자연학습장, 수상스키장, 수상택시승강장, 요트장, 보트장, 낚시터, 주차장 등을 갖추어 시민들의 오락·휴양지로 이용할 수 있게 했다. 이 사업은 1982년 9월부터 한강종합개발을 시작하여 1986년에 사업이 종료되었다. 지구단위로 살펴보면, 강남쪽 지역은 강서한강공원, 양화한강공원, 반포한강공원, 잠원한강공원, 잠실한강공원, 광나루한강공원을 조성하였고, 강북쪽지역은 난지한강공원, 망원한강공원, 이촌한강공원, 뚝섬한강공원을 조성하였다. 섬지역은 선유도공원, 여의도한강공원을 조성하였고, 수도권의 서울인근 한강지역은 구리한강공원, 남양주한강체육공원, 삼패한강공원을 조성하였다.

Ⅵ. 우리나라의 도시계획

1. 우리나라 근현대 도시계획

우리나라의 근현대도시계획은 1910년 국권침탈 이후 일제가 식민지수탈정책의 일환으로 개발정책을 실시한 것을 시작하여 몇 단계로 나누어 발전하여 왔다. 조선시대의 수도인 한양은 중세의 성곽도시의 특징을 지녔던 폐쇄적 도시였던 것을, 일제가 1934년 조선시가지계획령을 공포하고부터 도로, 철도, 광장, 상하수도 등을 설치하고, 주거지구・상업지구 등을 구분하는 현대적 의미의 토지이용계획을 도입하였다. 8.15광복과 6.25전쟁을 겪으면서 한국의 도시는 큰 변화를 겪게 되었는데, 해외동포들의 귀국, 전쟁피난민들의 대도시정착, 농촌인구의 이농향도성(離農向都性) 등으로 인해 한때 무계획적인 도시확산을 거듭해 왔다.

1950년대 전쟁이 종료되고 정부의 서울 환도 후 파괴된 수도의 재건을 위해 서울도시계획을 수립한 바 있었으나, 인식부족과 재정적인 뒷받침이 부족하여 큰 진전을 보지 못하였다. 도시는 불량무허가주택・판자촌・실업자 등의 많은 문제를 안게 되었다. 1960년대는 도시계획의 큰 전환기가 되었는데, 도시계획의 모법(母法)이 되는 도시계획법이 1962년 12월 31일에 공포된 것을 비롯하여, 국토종합계획법(1963.12)・토지구획사업법(1966.8)・하수도법(1966.8)・도시재개발법(1976.12)・주차장법(1979.4) 등이 계속 제정되어 제도적인 정비를 갖추었다.

그러나 이와 같은 법적 정비와 병행하여, 도시들은 경제성장의 필연적인 현상으로 대도시의 확장이 계속 이루어져 서울・부산・대구 등 상주인구 100만 명을 넘는 대도시가 생겼는가 하면, 이들 도시와 소도시 간의 지역적 격차, 이농향도성의 심화, 대도시의 교통난, 주택・공원・교육시설・상하수도 및 위락시설의 부족 등 많은 문제를 야기시켰다.

1979년을 기하여 도시의 계획적이고도 의도적 성장의 필요를 느껴, 전국 40개 도시(법적으로 인구 5만 이상)가 장기계획을 수립하기 시작하여 2년간의 검토・조정을 거쳐 그 확정을 보게 되었다. 경제개발을 효과적으로 추진하기 위해 그 동안 울산・안산・창원 등 신공업도시를 계획・개발하였고, 이곳에 각종 공업단지를 조성하여 새로운 개념의 토지이용계획・도시설계・단지계획・공동구시설(共同溝施設) 등을 적용하였다.

2. 시기별 도시계획 추진형태

(1) 광복 전

1934년에 공포된 조선시가지계획령을 계기로, 1934년 나진에 대하여 최초의 도시계획이 수립되었으며, 1936년 서울, 1937년 부산·대구·인천 등에 도시계획이 수립되었고, 광복이 될 때까지 총 38개 도시의 도시계획이 수립되었다.

당시의 계획은 25년 내지 30년 앞을 내다보는 장기계획이었으며, 시설계획의 성격을 띠고 있었다. 도시계획의 주요 내용은 가로계획, 토지구획정리사업계획, 용도지역지구제에 한정되었으며, 계획의 방법론은 일반적으로 조사·분석·계획의 과정을 거쳐 이루어졌다. 그러나 당시의 계획은 목표연도의 미래상 제시에 그친 정적인 계획이었으며, 사업계획과 예산간의 괴리 등 협의의 도시계획적 입장이었다.

(2) 광복 후

1) 초기 도시계획 법제의 마련

조선시가지계획령은 1962년 도시계획법이 제정될 때까지 우리나라 도시계획의 기본법 구실을 하였다. 그러나 1962년 1월 20일 총칙 51조의 도시계획법이 제정·공포됨으로써 우리나라도 도시계획개념의 도입과 제도적인 정비의 독자적인 기틀이 마련되었다. 그 뒤 1962년 건축법과 분리하여 제정된 도시계획법에서부터 토지구획정리사업법, 도시재개발법, 주차장법 등이 분리·제정되었으며, 1971년과 1972년 도시계획법은 개발제한구역제도의 도입 등 대폭 수정·보완되었으며, 1980년 공원녹지법이 제정됨으로써 도시계획에 관한 많은 법제가 정비되었다.

2) 체계적인 도시계획 법제의 정비

우리나라 도시계획은 1981년 도시계획법의 개정을 통하여 새로운 전기를 마련하였다. 개정된 주요 내용은 공청회 개최의 의무화를 통한 계획과정에의 주민참여 확대, 도시계획 상임기획단, 또는 전문기관의 설치를 통한 도시계획의 전문화와 질적 수준향상, 그리고 시가화조정구역의 법제화를 통한 시한적 개발구역제의 도입 등을 들 수 있다. 또한, 도시계획체제와 관련하여 주목할 만한 사항은 20년 장기계획인 도시기본계획과 주요 도시시설물에 대한 연차별 집행계획을 체계화시킴으로써, 도시기본계획에서 연차별 집행계획으로 이어지는 일련의 도시계획체계가 확립되어, 우리나라의 도시계획에서도 종합성·과정성·제도성의 특징이 제도적으로 뒷받침되었다. 1988년 2월에는 다양하게 변모해 가는 도시활동에 대응하기 위해 12개 용도지역으로 세분화와 재편성이 이루어졌고, 방재지구를 신설 보완하였으며 매년 단위로 수립하던 집행계획을 3년 이내에 시행될 2단계 집행계획으로 구분하였다. 택지개발촉진법과 주택건설촉진법을 제정하여, 대규모 도시개발사업에 따른 부정적 영향을 최소화하기 위한 장치로서 인구·환경·교통 평가제도가 마련되었다.

1991년 12월에는 광역계획구역을 신설하였고, 토지이용의 합리화와 도시미관의 증진을 위하여 상세계획구역을 도입하였다. 1992년 7월에는 토지의 효율적 이용과 유통기능의 증진을 위하여 상업지역에 유통상업지역을 추가하는 등 각종 조치가 취해졌다.

3) 도시개발정책의 변천과정

도시개발정책의 변천과정을 보면, 국토분단으로 국토와 경제구조는 파행성을 면하지 못하였고, 1960년대까지는 인력·재원·기술·경험 등의 부족으로 제대로 도시계획을 수립하지 못하다가, 1960년대에 와서야 경제개발계획과 병행된 도시개발정책은 1965년의 서울↔인천 특정지역개발계획을 시작으로, 1966년의 울산특정지역개발계획 등 파급효과를 노린 특정지역개발계획이 중심이 되었다. 1960년대의 도시개발사업은 인구의 도시집중과 자동차 증가에 따른 도시교통이 당면문제였으므로, 토지구획정리사업과 이를 통한 도로건설이 주종을 이루었다. 1970년대는 도시계획의 상위계획인 제1차 국토종합개발10개년계획(1972~1981)이 실시된 시기이며, 1960년대 후반부터 건설된 고속도로로 우리나라 도시계획은 전환기를 맞이하게 되었다.

종래 도시는 철도역과 국도를 중심으로 시가지를 형성하였으나, 고속도로가 생김으로써 교차로와 진입로를 중심으로 한 시가지의 재편성이 불가피하게 되었고, 이로 인하여 도시기능의 재배치를 가져왔다. 1970년대 도시개발의 특징은 자동차교통에 밀린 시가지 내 철도노선과 역사의 이전에 있다. 한편, 두 차례에 걸친 경제개발계획은 입지정책의 미비로 인하여 많은 우량농지를 잠식하였다. 이와 관련하여 1970년대 초반 식량자급이 크게 문제화되자 1970년 도시계획법의 개정으로 개발제한구역이 신설되고, 1972년 농지의 보전 및 이용에 관한 법률이 제정되었으며, 이와 같은 분위기는 농지보전을 위한 도시계획의 재정비를 불가피하게 하였다. 이것은 과거 우리나라의 도시계획구역이 필요 이상으로 넓은 지역을 포괄하고 있었던 점을 시정하고, 도시 내 농지에 대한 새로운 인식과 반성의 계기가 되기도 하였다. 1976년 포항시를 제외한 34개의 시급 도시와 122개 읍에 대하여 농지보전을 위한 도시계획재정비가 단행되었다. 또, 1970년부터는 면급 도시계획이 실시되기 시작하여 도시계획적용 도시가 크게 늘어나게 되었다. 도시계획구역이 축소되어 가

용토지가 줄어들자 각 도시는 점차 토지의 고밀도화를 계획하게 되었다. 따라서 1976년 도시계획법시행령을 개정하여 아파트지구를 제도화하였으며, 또 도시재개발법을 제정하여 도시 내 공간의 합리적 이용을 꾀하였다. 그리고 1977년 단계적 개발을 위하여 시가화조정지구제도가 도입되었다. 이와 같은 고밀도정책은 1971년부터 개발제한구역의 지정 및 반월·창원·여천·과천 등의 신도시 건설과 더불어 1970년대 도시정책의 근간이 되었다.

1981년에는 1970년대의 고도경제성장으로 인한 도시계획의 제도적 결함을 보완하기 위하여 도시계획법을 대폭 개정하였다. 이 밖에도 1980년대는 택지의 대량공급을 위하여 택지개발촉진법을 제정하였고, 주택난의 근본적 해결을 위한 주택건설촉진법을 제정하였다.

1990년 12월에는 도로·철도·수도 등 광역적인 정비체계가 필요한 시설을 효율적으로 설치 관리하기 위하여 광역계획구간을 신설하였고, 토지이용의 합리화 및 토지미관의 증진을 위하여 택지개발예정지구·공업단지·재개발구역 등 일정한 지역에 건축물의 용적과 용도 등을 정하는 상세계획구역을 도입하였다. 1992년 7월에는 토지의 효율적 이용과 유통기능의 증진을 위하여 상업지역에 유통상업지역을 추가하였으며, 인구 50만 이상 도시에는 일반주거지역을 1종·2종·3종으로 세분할 수 있도록 하였고, 지구의 종류에 위락지구 및 자연취락지구를 신설하였으며, 시설보호지구를 필요에 따라 학교시설보호지구·공용시설보호지구·항만시설보호지구로 세분할 수 있도록 규정하였다. 그리고 민주화·지방화의 추세에 따라 건설교통부장관이 도시기본계획을 승인하고자 할 때에는 미리 관계 지방의회 의견을 듣도록 함으로써 현지 주민들의 의견이 반영될 수 있도록 하였고, 건설교통부장관의 권한이었던 대부분의 도시계획에 관한 권한을 시·도지사에 위임하였다. 그리고 현실에 맞지 않는 벌금·과태료의 금액을 현실화하여 법의 실효성을 확보하도록 하였다.

3. 현행 도시계획

(1) 현행 도시계획의 구분

현행 도시계획은 앞서 설명한 것처럼, 과거 도시계획법에서 규정했던 것을 국토계획법이 제정(2002.2.4.) 되면서 새로운 체계를 구축하였다. 그간 국토의 이용에 관한법률에 규율하던 내용과 도시계획법이 규율하던 내용을 통합한 성격이나 근본적으로는 국토계획이 종합적으로는 도시계획을 포함하는 것으로 체계적이고 효율적인 국토계획의 일환으로 도시계획이 이루어질 수 있는 계기를 마련한 것이다. 이에 따라 현행 국토계획법에서는 도시계획을 광역도시계획과 도시·군계획 등으로 구분하여 규정하고 있다. 즉, ① 광역도시계획이란 국토계획법에 따라 지정된 광역계획권의 장기발전방향을 제시하는 계획을 말하고, ② 도시·군계획이란 특별시·광역시·특별자치시·특별자치도·시 또는 군(광역시의 관할 구역에 있는 군은 제외)의 관할 구역에 대하여 수립하는 공간구조와 발전방향에 대한 계획으로서 도시·군기본계획과 도시·군관리계획으로 구분된다. 여기에서 ③ 도시·군기본계획이란 특별시·광역시·특별자치시·특별자치도·시 또는 군의 관할 구역에 대하여 기본적인 공간구조와 장기발전방향을 제시하는 종합계획으로서 도시·군관리계획 수립의 지침이 되는 계획을 말하고, ④ 도시·군관리계획이란 특별시·광역시·특별자치시·특별자치도·시 또는 군의 개발·정비 및 보전을 위하여 수립하는 토지 이용, 교통, 환경, 경관, 안전, 산업, 정보통신, 보건, 복지, 안보, 문화 등에 관한 Ⓐ 용도지역[16]·용도지구[17]의 지정 또는 변경에 관한 계획, Ⓑ 개발제한구역, 도시자연공원구역, 시가화조정구역(市街化調整區域), 수산자원보호구역의 지정 또는 변경에 관한 계획, Ⓒ 기반시설의 설치·정비 또는 개량에 관한 계획, Ⓓ 도시개발사업이나 정비사업에 관한 계획, Ⓔ 지구단위계획구역의 지정 또는 변경에 관한 계획과 지구단위계획, Ⓕ 입지규제최소구역의 지정 또는 변경에 관한 계획과 입지규제최소구역계획을 말한다. 아울러, ⑤ 지구단위계획이란 도시·군계획 수립 대상지역의 일부에 대하여 토지 이용을 합리화하고 그 기능을 증진시키며 미관을 개선하고 양호한 환경을 확보하며, 그 지역을 체계적·계획적으로 관리하기 위하여 수립하는 도시·군관리계획을 말한다. ⑥ 용도구역이란 토지의 이용 및 건축물의 용도·건폐율·용적률·높이 등에 대한 용도지역 및 용도지구의 제한을 강화하거나 완화하여 따로 정함으로써 시가지의 무질서한 확산방지, 계획적이고 단계적인 토지이용의 도모, 토지이용의 종합적 조정·관리 등을 위하여 도시·군관리계획으로 결정하는 지역을 말한다.

한편, 국가계획, 광역도시계획 및 도시·군계획의 관계에서, 도시·군계획은 특별시·광역시·특별자치시·특별자치도·시 또는 군의 관할 구역에서 수립되는 다른 법률에 따른 토지의 이용·개발 및 보전에 관한 계획의 기본이 되고, 광역도시계획 및 도시·군계획은 국가계획에 부합되어야 하며, 광역도시계획 또는 도시·군계획의 내용이 국가계획의 내용과 다를 때에는 국가계획의 내용이 우선한다. 이 경우 국가계획을 수립하려는 중앙행정기

16) 용도지역이란 토지의 이용 및 건축물의 용도, 건폐율(건축법 제55조의 건폐율), 용적률(건축법 제56조의 용적률), 높이 등을 제한함으로써 토지를 경제적·효율적으로 이용하고 공공복리의 증진을 도모하기 위하여 서로 중복되지 아니하게 도시·군관리계획으로 결정하는 지역을 말한다.

17) 용도지구란 토지의 이용 및 건축물의 용도·건폐율·용적률·높이 등에 대한 용도지역의 제한을 강화하거나 완화하여 적용함으로써 용도지역의 기능을 증진시키고 경관·안전 등을 도모하기 위하여 도시·군관리계획으로 결정하는 지역을 말한다.

관의 장은 미리 지방자치단체의 장의 의견을 듣고 충분히 협의하여야 한다. 또, 광역도시계획이 수립되어 있는 지역에 대하여 수립하는 도시·군기본계획은 그 광역도시계획에 부합되어야 하며, 도시·군기본계획의 내용이 광역도시계획의 내용과 다를 때에는 광역도시계획의 내용이 우선한다.

도시계획을 절차적으로 살펴보면 우선 기초조사를 실시하고, 도시계획(안)을 마련(광역단체장, 기초단체장 등)하여, 주민청취(공청회 등), 지자체 의회 의견청취 등을 거쳐, 관계행정기관 협의(국토부장관, 시도지사 등)를 하고, 도시계획위원회 심의(중앙도시계획위원회, 지방도시계획위원회)를 통해 도시계획을 확정하고 공고 및 열람을 한다.

(2) 도시계획을 위한 국토 이용관리원칙 및 도시의 지속가능평가

국토는 자연환경의 보전과 자원의 효율적 활용을 통하여 환경적으로 건전하고 지속가능한 발전을 이루기 위하여 Ⓐ 국민생활과 경제활동에 필요한 토지 및 각종 시설물의 효율적 이용과 원활한 공급, Ⓑ 자연환경 및 경관의 보전과 훼손된 자연환경 및 경관의 개선 및 복원, Ⓒ 교통·수자원·에너지 등 국민생활에 필요한 각종 기초 서비스 제공, Ⓓ 주거 등 생활환경 개선을 통한 국민의 삶의 질 향상, Ⓔ 지역의 정체성과 문화유산의 보전, Ⓕ 지역 간 협력 및 균형발전을 통한 공동번영의 추구, Ⓖ 지역경제의 발전과 지역 및 지역 내 적절한 기능 배분을 통한 사회적 비용의 최소화, Ⓗ 기후변화에 대한 대응 및 풍수해 저감을 통한 국민의 생명과 재산보호의 목적을 이룰 수 있도록 이용되고 관리되어야 한다.

한편, 국토교통부장관은 도시의 지속가능하고 균형 있는 발전과 주민의 편리하고 쾌적한 삶을 위하여 도시의 지속가능성 및 생활인프라(교육시설, 문화·체육시설, 교통시설 등의 시설로서 국토교통부장관이 정하는 것) 수준을 평가할 수 있고, 평가결과를 국가와 지방자치단체는 도시·군계획의 수립 및 집행에 반영하여야 한다.

(3) 광역도시계획의 수립 및 내용

국토교통부장관 또는 도지사는 둘 이상의 특별시·광역시·특별자치시·특별자치도·시 또는 군의 공간구조 및 기능을 상호 연계시키고 환경을 보전하며 광역시설을 체계적으로 정비하기 위하여 필요한 경우에는 광역계획권으로 지정할 수 있다. 이 경우 광역계획권이 둘 이상의 특별시·광역시·특별자치시·도 또는 특별자치도(시·도)의 관할 구역에 걸쳐 있는 경우는 국토교통부장관이 지정하고, 광역계획권이 도의 관할 구역에 속하여 있는 경우는 도지사가 지정한다. 또한, 광역도시계획의 수립권자로 국토교통부장관, 시·도지사,

시장 또는 군수는 Ⓐ 광역계획권이 같은 도의 관할 구역에 속하여 있는 경우는 관할 시장 또는 군수가 공동으로 수립, Ⓑ 광역계획권이 둘 이상의 시·도의 관할 구역에 걸쳐 있는 경우는 관할 시·도지사가 공동으로 수립, Ⓒ 광역계획권을 지정한 날부터 3년이 지날 때까지 관할 시장 또는 군수로부터 광역도시계획의 승인 신청이 없는 경우는 관할 도지사가 수립의 구분에 따라 광역도시계획을 수립하여야 한다. 그럼에도 불구하고 국가계획과 관련된 광역도시계획의 수립이 필요한 경우나 광역계획권을 지정한 날부터 3년이 지날 때까지 관할 시·도지사로부터 광역도시계획의 승인 신청이 없는 경우는 국토교통부장관이 수립한다.

아울러, 광역도시계획에는 Ⓐ 광역계획권의 공간구조와 기능분담에 관한 사항, Ⓑ 광역계획권의 녹지관리체계와 환경보전에 관한 사항, Ⓒ 광역시설의 배치·규모·설치에 관한 사항, Ⓓ 경관계획에 관한 사항, Ⓔ 그 밖에 광역계획권에 속하는 특별시·광역시·특별자치시·특별자치도·시 또는 군 상호 간의 기능연계에 관한 사항으로서 대통령령으로 정하는 사항 중 그 광역계획권의 지정목적을 이루는데 필요한 사항에 대한 정책 방향이 포함되어야 한다.

(4) 도시·군기본계획의 수립 및 내용

특별시장·광역시장·특별자치시장·특별자치도지사·시장 또는 군수는 관할 구역에 대하여 도시·군기본계획을 수립하여야 하며(다만, 시 또는 군의 위치, 인구의 규모, 인구감소율 등을 고려하여 대통령령으로 정하는 시 또는 군은 도시·군기본계획을 수립하지 아니할 수 있다), 지역여건상 필요하다고 인정되면 인접한 특별시·광역시·특별자치시·특별자치도·시 또는 군의 관할 구역 전부 또는 일부를 포함하여 도시·군기본계획을 수립할 수 있다. 도시·군기본계획에는 Ⓐ 지역적 특성 및 계획의 방향·목표에 관한 사항, Ⓑ 공간구조, 생활권의 설정 및 인구의 배분에 관한 사항, Ⓒ 토지의 이용 및 개발에 관한 사항, Ⓓ 토지의 용도별 수요 및 공급에 관한 사항, Ⓔ 환경의 보전 및 관리에 관한 사항, Ⓕ 기반시설에 관한 사항, Ⓖ 공원·녹지에 관한 사항, Ⓗ 경관에 관한 사항, Ⓘ 기후변화 대응 및 에너지절약에 관한 사항, Ⓙ 방재 및 안전에 관한 사항, Ⓚ Ⓐ~Ⓙ사항의 단계별 추진에 관한 사항, Ⓛ 그 밖에 대통령령으로 정하는 사항에 대한 정책 방향이 포함되어야 한다.

(5) 용도지역 및 지구단위계획의 수립 및 내용

국토교통부장관, 시·도지사 또는 대도시 시장은 용도지역의 지정 또는 변경을 도시·

군관리계획으로 결정한다. 이때 도시지역은 Ⓐ 주거지역 : 거주의 안녕과 건전한 생활환경의 보호를 위하여 필요한 지역, Ⓑ 상업지역 : 상업이나 그 밖의 업무의 편익을 증진하기 위하여 필요한 지역, Ⓒ 공업지역 : 공업의 편익을 증진하기 위하여 필요한 지역, Ⓓ 녹지지역 : 자연환경·농지 및 산림의 보호, 보건위생, 보안과 도시의 무질서한 확산을 방지하기 위하여 녹지의 보전이 필요한 지역으로 구분하여 지정한다.

지구단위계획은 도시의 정비·관리·보전·개발 등 지구단위계획구역의 지정 목적, 주거·산업·유통·관광휴양·복합 등 지구단위계획구역의 중심기능, 해당 용도지역의 특성, 그 밖에 대통령령으로 정하는 사항을 고려하여 수립한다. 지구단위계획의 수립기준 등은 대통령령으로 정하는 바에 따라 국토교통부장관이 정한다. 아울러, 지구단위계획에는 Ⓐ 용도지역이나 용도지구를 대통령령으로 정하는 범위에서 세분하거나 변경하는 사항, Ⓑ 기존의 용도지구를 폐지하고 그 용도지구에서의 건축물이나 그 밖의 시설의 용도·종류 및 규모 등의 제한을 대체하는 사항, Ⓒ 대통령령으로 정하는 기반시설의 배치와 규모, Ⓓ 도로로 둘러싸인 일단의 지역 또는 계획적인 개발·정비를 위하여 구획된 일단의 토지의 규모와 조성계획, Ⓔ 건축물의 용도제한, 건축물의 건폐율 또는 용적률, 건축물 높이의 최고한도 또는 최저한도, Ⓕ 건축물의 배치·형태·색채 또는 건축선에 관한 계획, Ⓖ 환경관리계획 또는 경관계획, Ⓗ 교통처리계획, Ⓘ 그 밖에 토지 이용의 합리화, 도시나 농·산·어촌의 기능 증진 등에 필요한 사항으로서 대통령령으로 정하는 사항 중 Ⓒ와 Ⓔ의 사항을 포함한 둘 이상의 사항이 포함되어야 한다. 다만, Ⓑ를 내용으로 하는 지구단위계획의 경우에는 그러하지 아니하다.

(6) 도시계획심의를 위한 위원회

도시계획심의 기구로는 중앙도시계획위원회와 지방도시계획위원회를 두고 있는데, 중앙도시계획위원회는 광역도시계획·도시·군계획·토지거래계약허가구역 등 국토교통부장관의 권한에 속하는 사항의 심의, 국토계획법 또는 다른 법률에서 중앙도시계획위원회의 심의를 거치도록 한 사항의 심의, 도시·군계획에 관한 조사·연구의 업무를 수행하기 위하여 국토교통부에 중앙도시계획위원회를 둔다. 지방도시계획위원회는 시·도도시계획위원회와 시·군·구도시계획위원회를 두는데, 시·도도시계획위원회는 시·도지사가 결정하는 도시·군관리계획의 심의 등 시·도지사의 권한에 속하는 사항과 다른 법률에서 시·도도시계획위원회의 심의를 거치도록 한 사항의 심의, 국토교통부장관의 권한에 속하는 사항 중 중앙도시계획위원회의 심의 대상에 해당하는 사항이 시·도지사에게 위임된 경우 그 위임된 사항의 심의를 하게 하거나 도시·군관리계획과 관련하여 시·도지사가 자문하는 사항에 대한 조언, 그 밖에 대통령령으로 정하는 사항에 관한 심의 또는 조언 등 자문에 응하게 하기 위하여 시·도에 두고, 시·군·구도시계획위원회는 도시·군관리계획과 관련된 시장 또는 군수가 결정하는 도시·군관리계획의 심의와 국토교통부장관이나 시·도지사의 권한에 속하는 사항 중 시·도도시계획위원회의 심의대상에 해당하는 사항이 시장·군수 또는 구청장에게 위임되거나 재위임된 경우 그 위임되거나 재위임된 사항의 심의, 개발행위의 허가 등에 관한 심의를 하게 하거나 도시·군관리계획과 관련하여 시장·군수 또는 구청장이 자문하는 사항에 대한 조언, 그 밖에 대통령령으로 정하는 사항에 관한 심의 또는 조언 등 자문에 응하게 하기 위하여 시·군(광역시의 관할 구역에 있는 군을 포함) 또는 구(자치구를 말한다)에 각각 시·군·구도시계획위원회를 둔다.

제 3 절 도시재생정책의 연혁

Ⅰ. 도시개발의 패러다임 변화

1. 새로운 도시개발의 필요성 대두

도시는 1980년대 경제의 세계화가 급속하게 진전됨에 따라 통상, 통신 및 무역의 국내 및 국제적인 네트워크의 결절점으로서 기능하고, 국가의 경계를 넘어서 직접 세계와 결합하게 하는 등 보다 자족적인 단위로 크게 변모하였다.

다국적 기업에 의한 국제적인 수평분업체제나 국제금융자본시장의 성장은 글로벌한 관리거점이 되는 세계도시(global center)를 형성함과 동시에 생산 비용의 절감이나 제품의 판로 확대를 위해서 생산공정의 글로벌한 재배치나 물류, 정보망의 거점 정비가 이루어지고 도시의 구조적 변동이 일어났다. 또한, 이와 같은 세계적인 네트워크에 위치한 도시는 각국, 각 지역에서 다양한 인간이나 문화, 정보가 모여서 경제적 융합 및 문화적 변화를 촉진하게 되었고, 새로운 비즈니스를 창출하기도 하였으며, 기존의 비즈니스를 확대하는 기능을 가지게 되어서 경제활동에 커다란 영향을 미치게 되었다. 1970년대 후반 이후 탈공업화가 진행되고, 심각한 경제 쇠퇴에 직면한 도시에서는 세계도시화 전략이 경제개발 전략과 결합하여 네트워크상의 결절기능을 높이기 위해서 대규모의 도시 재구조화가 전개되었다. 이는 1980년대에 있어서 도시가 변모하게 된 첫 번째 요인이 되었다.

런던의 도크랜드(Docklands), 뉴욕의 배터리파크(Battery Park), 파리의 라데팡스(Ladefense), 도쿄의 항만개발 등 대규모 도시개발 프로젝트가 전개되기도 하였고, 우리나라에서는 서울올림픽 개최를 맞이하여 대규모의 도시재개발 사업이 실시되었고, 중국에서는 경제개방 정책에 따라서 심천이나 상해 등에서의 대규모 재개발이 추진되었다. 이들 도시에서는 국제공항이나 텔레포트(teleport) 등의 인프라 정비나 새로운 오피스 수요에 대응한 재개발이 전개되기도 하고, 투자를 촉진하기 위하여 엔터프라이즈 죤이나 자유무역지대의 도입에 의한 자본과 물자 이동의 자유화나 민간 투자에 대한 우대조치, 규제완화 등이 취해지기도 했다.

화려한 도시의 재구조화의 한편에서는 도시의 사회적인 계층 분화현상을 가져온 것도 1980년대의 특징이었다. 도심지구에 생긴 오피스 붐은 주변의 근린지구에 젠트리피케이션(Gentrification)을 야기시켰고, 공장 등 직장의 감소를 초래함과 함께 재생지구에서 배제된 저소득층이 도심이나 교외의 대규모 공공주택 단지에 집중하기도 하고, 이들 쇠퇴지구에서는 공공투자가 삭감되기도 하여 재생된 도심지구와 쇠퇴지구 사이에 불균형적인 도시발전이 나타나기도 하였다. 저소득층이나 민족적, 인종적 소수계층 등 새로운 빈곤층의 분화현상이 일어나고 사회적, 민족적, 인종적 고립화에 따라 반사회적인 현상이 만성화되는 문제가 일어나기도 한다.

특히 옛날부터 이민 노동자의 비율이 높았던 유럽에서는 심각한 도시쇠퇴에 직면한 1970년대 후반부터 1980년대에 걸쳐 대도시 교외의 주택단지에서 범죄나 반사회적 폭동사건(반달리즘, vandalism)이 일어났고, 미국 로스엔젤레스의 사우스 센트럴 지구에서는 인종문제를 계기로 폭동이 일어나기도 했다. 이러한 문제 지역에서 공통적으로 발견되는 요인 중의 하나로서 대규모 단위의 배타적인 토지이용규제에 의해 지역주민의 사회적인 접촉이 방해된 것이 있다. 도시는 사회적, 문화적, 경제적 발전에 있어서 중요한 자원을 구성하기도 하고, 그들이 각각 내부 관련성을 가지고 있기 때문에 도시정책에 있어서 단지 물적 환경정비 뿐만 아니라, 사회 경제정책을 포함한 다각적인 접근이 중요하다.

영국이나 프랑스에서는 중앙정부와 지역의 관련 공공단체가 협력해서 종합적인 도시정책을 실시하는 조직을 설립하여 산업진흥이나 고용창출, 직업훈련, 사회복지, 문화 스포츠 진흥 등의 커뮤니티 활성화 시책을 전개하였고, 미국에서는 지자체 수준에서 도심지구의 재생에 의한 이익을 근린지구의 사회문제 해결을 위한 다양한 시도가 이루어지고 있다. 도시에서 다양한 사회적 그룹을 융합하고, 도시의 문화적 변화를 촉진시키는 것은 도시문제를 해결하기 위한 중요한 과제이기도 하다.

지구 수준에서의 환경문제에 대한 관심이 높아짐에 따라 도시정책에 있어서도 환경적인 여건을 검토하는 것이 중요하게 되었다. 여러 활동이 집중하는 도시에서 대부분의 물질이나 에너지가 소비되고, 도시가 배출하는 열, 폐기물, 수질이나 대기의 오염 물질 등이 환경악화의 큰 요인이 된다. 이러한 현상은 국제적인 환경 기준이나 대기의 오염물질 등이 환경악화의 큰 요인이 되고 있어, 국제적인 환경 기준이나 도시환경 정책의 제휴가 요구되고 있다. 다만 도시에서 보다 에너지 효율성이 높은 자원이용을 유지해야 하고 토지의 고도 이용을 억제하여야 하지만, 도시의 분산화나 도시 내부지역의 황폐화를 초래한다면, 도시 전체에 악영향을 미치는 일이므로, 양호한 주거환경을 확보하면서 토지 이용의 효율적인 활용을 꾀하고 에너지나 물, 교통시설 등의 보다 효율적인 활용을 촉진하는 일보다 지구 환경에의 부하가 적은 도시구조를 형성할 필요가 있다. 또한 에너지나 물, 교통시설 등의 효율적인 이용을 촉진하는 것 뿐 아니라 새로운 기술 도입도 필요하다. 따라서 사회간접자본에 대한 장기적인 투자가 필요하다.

아울러, 도시정비를 위한 재원을 확보하고, 인프라 정비에 소요되는 자본을 누가 부담하느냐 하는 것도 중요한 과제이다. 도시정책에 있어서 협치가 중요한 과제이다. 사회간접자본의 정비는 기업의 생산성을 향상시켜 위험부담을 감소시키고, 사회간접자본의 정비가 가져올 장래 이익을 현재 프로젝트 비용으로 적정하게 평가하는 것이 중요하다. 프랑스나 독일은 도시계획상 수익자로서의 건설자나 토지소유자의 부담을 명확히 하고 있다. 미국이나 프랑스에서 도입된 민관 파트너십이나 협의정비구역 등은 공공의 통제하에서 민간투자를 유도하면서 일정한 도시정비 사업을 분담하는 제도이고 이는 민간참여형 협치의 도시계획을 지향하는 것이다.

1980년대 후반부터 1990년대에 걸쳐 도시는 국내 및 국경을 초월하여 점점 상호 의존이 강조되었다. 유럽 공동체의 확대, 독일 통합 및 동유럽 재편 등의 지정학적인 변화, 유럽이나 북미, 동아시아 지역에서의 자유무역지대의 창설, 비즈니스나 통상관계, 도시의 사회구조나 거주 패턴 역시 변화하고 있다. 즉, 도시정책은 국제적인 시야에 의한 문제해결이 점점 중요하게 인지되고 종합적인 접근이 요구되고 있다.

2. 도시재개발의 양상변화

(1) 도시화와 도시재개발의 필요성

도시개발은 도시가 성장하고 변화함에 따라 새로운 도시공간에 대한 수요가 발생되기 때문에 필요하다. 도시는 도시화 과정과 도시의 사회·경제적 활동의 변화에 따라 성장하고 변화하게 된다. 이러한 성장과 변화를 수용하기 위하여 도시에는 주택과 생활편익시설, 산업 및 상업업무시설, 도로와 공원녹지, 공공기반시설 등과 같은 새로운 도시공간에 대한 수요가 발생하게 되며 이러한 수요를 충족시키기 위한 공급수단으로서의 도시개발이 필요하게 되는 것이다.

도시화 혹은 인구와 경제활동의 도시집중현상은 인류역사상 고대로부터 있어 왔지만 도시화가 본격적으로 시작된 것은 근세의 현상으로서 산업혁명 이후라고 할 수 있다. 산업혁명은 소규모 수공업을 기계제 대공업으로 생산방식을 전환시키면서, 또 증기기관 등 교통수단의 혁명을 동반하여 도시성장에 결정적인 역할을 했다. 공업은 도시지역에서 수많은 직업을 창출하면서 농어촌 인구를 흡수하는 동시에 교통수단의 발달로 시장영역이 확대됨에 따라 인구유입과 도시확장이 진행되었기 때문이다. 이러한 급속한 도시화는 주택부족, 공공기반시설의 부족, 생활편익시설 부족, 환경오염과 자연환경의 훼손 등 열악한 도시환경의 문제를 유발하게 되었으며 이러한 도시문제는 결국 새로운 도시공간에 대한 수요로 나타나 도시개발을 필요로 하게 되는 것이다.

산업혁명이 시작된 18세기 중엽 이후 전 세계 도시인구의 성장은 총인구의 성장에 비해 빠른 속도로 진행되어 도시화율은 크게 높아졌다. 2025년에는 전 세계 인구의 60%가 도시에 거주할 것이라고 예측되고 있다. 이러한 도시화 추세는 후진국에서 계속되어 21세기 말에는 전 세계 인구의 절대다수가 도시에 거주할 것으로 예측되고 있어서 전 세계적으로 미래의 도시개발 수요가 얼마나 큰지를 짐작할 수 있다.

(2) 도시개발의 종류와 개발방식

개발대상지의 상태에 따라 도시개발을 크게 유형화해 본다면 ① 신개발과 ② 재개발로 구분할 수 있다. 새로운 시가지개발 또는 신개발이란 아직 도시적 형태와 기능을 지니지 않은 토지에서 도시적 기능을 부여하기 위해 토지의 형질을 변경하고 건축물의 건축이나 시설물의 설치를 실시하는 개발행위를 의미한다. 반면에 재개발은 노후화되거나 쇠퇴한 기성시가지를 대상으로 하는 정비활동으로서 도시의 기능을 회복하거나 환경의 질적 수준을 제고하기 위하여 대상지역의 건축물이나 시설물을 모두 철거하고 재개발하거나 기존 시설의 전부 또는 일부를 유지하며 수복・보존・개량 등을 실시하는 개발행위를 의미한다.

신개발은 토지개발, 건축물개발, 토지와 건축물의 종합개발 등 세 가지의 유형으로 구분하여 이해하는 것이 필요하다. 토지개발은 토지의 절토와 성토를 통해 정지작업을 하고 도로와 상하수도 등 각종 도시의 공공기반시설을 설치하여 건축물을 건축할 수 있도록 부지 또는 대지를 조성하는 개발을 의미하는 것으로서 택지개발사업이 대표적이다.

건축물개발은 토지개발에 의해 조성된 부지나 대지에 건축물을 건축하는 개발행위를 의미하는 것으로서 건축물 개발주체는 직접 개발하거나 토지 개발주체로부터 조성된 부지나 대지를 매입 또는 임대하여 개발을 하게 된다. 토지와 건축물의 종합개발은 토지 개발과 건축물 개발을 하나의 사업으로 시행하는 개발행위를 의미하는 것으로서 주택건설사업이 대표적인 사례이다.

(3) 도시재개발

1) 도시재개발의 의의

도시재개발이란 기존 도시지역 내 특정지역의 물리적 환경을 개선, 보수, 혹은 구조물의 철거 등을 통하여 지속적인 도시성장과 발전을 도모하는 것을 말한다. 이 경우 도시의 특정지역이란 건축물이 노후화되었거나 불량한 상태라고 판단되는 지역이다. 재개발의 대상구역 중 대부분 빈민들의 집단적 주거지인 불량주거지(혹은 슬럼)와 기존 도심부 상업지역 중 노후건축물이 밀집된 지구 등이 대표적인 예이다.

도시의 특정지역은 토지이용의 비효율성으로 교통혼잡, 공공시설의 입지불가능, 기반시설의 노후 혹은 질적 낙후 등으로 도시발전과 시민생활에 불편과 불경제를 초래하는 지역에 대한 재개발 사업이 필요하다. 당해 지역의 경제활동의 미약, 해당 주민의 사회경제적 어려움, 그리고 기타 도시문제(범죄, 마약, 공해 문제 등)가 발생되고 있는 지구의 지역사회 개발을 위한 노력 또한 필요하다. 보다 광의적으로 해석하면 정태적인 기존 도시의 물리적 환경을 동태적인 사회경제여건에 적응시켜 나가는 지속적인 도시성장 및 발전과정으로 정의할 수 있다. 그러나 실제적으로는 협의의 개념인 물리적인 도시공간의 개선을 위한 수단으로 이해해야 할 것이다.

재개발이 필요한 이유는 도시의 성장과 변화, 도시의 재구성, 그리고 건물의 경제적 수명과 관련하여 검토할 수 있다. 도시의 성장과 변화 관점에서 볼 때, 도시지역은 정적인 상태가 아니고 경제·사회적 여건의 변화에 따라 내부적 재구성을 경험하면서 끊임없이 확장, 수축 또는 변화한다. 즉 도시에 영향을 주는 많은 여건 변화는 경제활동의 입지 및 경제활동공간의 점진적인 변화와 도시 내부 또는 지역 간의 인구이동을 초래한다. 이러한 동적인 변화양상은 토지이용의 밀도변화를 초래하여 어떤 곳은 성장, 발전하지만 다른 곳은 쇠퇴하는 지역이 발생하게 된다. 이에 따라 노후화된 부분은 제거해서 신진대사작용을 촉진하고, 또 현재는 제 기능을 발휘하고 있지만 앞으로 쇠퇴할 가능성이 있는 지역에 대해서는 적절한 예방조치를 강구하기 위하여 재개발이 필요하게 된다.

도심재개발은 물리적인 도시공간의 개선을 위한 수단일 뿐만 아니라, 도시의 성장과 발전 과정에서 발생하는 도시문제를 해결하고자 하는 노력이다. 동시에 도시를 새로운 상황에 적응하도록 하는 도시재생의 한 수단이기도 하다. 따라서 도심재개발의 필요성은 다음과 같은 몇 가지 측면에서 검토될 수 있다.

첫째, 경제적 측면이다. 도시의 한 지구가 토지생산성이 낮을 때 도시재개발의 필요성이 대두된다. 토지의 효율적인 이용이란 토지가격이 높은 곳을 고도로 개발하고 최고의 지대를 지불할 수 있는 가장 생산적인 기능이 입지하도록 하는 것이다. 그리고 기존의 건물이나 시설물이 노후하여 제기능을 발휘하지 못하여 이를 방치할 경우 경제적으로는 큰 손실을 가져올 수 있다. 가장 합리적이고 효율적인 토지이용과 경제적인 기능 변화에 적응하도록 하는 점에서 도심재개발은 경제적 측면에서 매우 중요하다.

둘째, 물리적·공간적 측면이다. 부적격 시설과 건물을 적정 기능과 건물로 대체하고 도시기능을 회복하는 수단의 하나로 적정기능에 적합한 물리적 공간을 제공하는 방법이 도심재개발이다. 새로운 공간의 조성은 건물을 대체하는 것은 물론, 도로 등 도시기반시설을 양적·질적으로 확충하고 불량한 공간을 정비하여 매력적인 공간을 창출하는 것이 포함된다.

셋째, 사회적인 필요성이다. 서구 대도시 도심지의 경우 특정계층이나 집단(빈민층)이 집중되어 있고, 범죄, 폭력, 약물거래, 교육시설의 낙후, 실업의 만연 등 사회적 문제가 심각하게 나타나기도 한다. 도심재개발은 이러한 사회적 문제에 대한 치료와 예방책으로서의 중요성을 지니고 있다.

2) 재개발의 목적

재개발의 일반적인 목적은 문제가 있다고 판단되는 지역의 개선 및 활성화이다. 주거환경을 개선함으로써 주민의 주거안정을 도모하고 노후불량한 건축물을 대체하거나 개보수함으로써 경제적인 효율성을 증대시킨다는 다양한 목적을 지니고 있다. 이러한 목적을 네 가지로 나누어 살펴보면 다음과 같다.

첫째, 주택 및 물리적 시설의 불량·노후화를 개선·예방하는 것이 목적이다. 개별 주택의 물리적 시설의 불량화나 노후화를 방치해 두면 주변의 다른 주택에 영향을 미치고, 결국 지역사회 주거환경 전체를 악화시킨다. 특히 불량 노후화된 주택이 집단화한 경우에는 도시 전체의 환경악화 뿐만 아니라 해당지역 주민의 보건위생 등의 문제를 야기하기 때문에 재개발은 필수적이다.

둘째, 재개발은 교통시설과 교통체계의 정비, 지역사회를 위한 학교, 공원 등 다양한 공공시설과 서비스를 적정 배치 공급하기 위하여 필요하다. 즉 재개발은 궁극적으로 주민의 삶의 질을 향상시키고 도시의 공공시설 및 서비스를 공간적으로 적정 배치한다는 목적을 담고 있다.

셋째, 재개발지역 주민들의 사회경제적 조건을 향상시키며 공동체적 삶의 질을 향상시킨다.

넷째, 경제적 효율성을 증대하는 것이다. 도시는 산업과 인구가 집중함으로써 밀도가 증대되며 토지가격도 매우 높다. 단위 토지면적당 생산성의 확대라는 측면에서 토지이용의 경제적 효율성의 확보는 재개발의 매우 주요한 목표이다. 특히 상업업무지구의 재개발은 경제적 효율성의 증대가 주요한 재개발의 목표로 인식되고 있으며, 상업지구의 활성화는 도시경제적 파급효과를 지닌다.

3) 재개발의 유형

재개발의 유형은 재개발 대상의 공간적 범위와 토지이용, 재개발방식 등에 의하여 여러 가지로 나누어 볼 수 있다. 우선 재개발 대상의 공간적 범위에 따라 재개발 유형을 분류하면 개별 건축물 단위의 재개발, 블록(block)단위의 재개발, 지구단위의 재개발로 구분할 수 있다. 이것은 다시 재개발을 점진적 재개발과 종합적인 재개발로 구분할 수 있다.

점진적 재개발은 개별 소유자가 자기 토지에서 개별 건축물에 대한 재개발을 점진적으로 수행하는 것으로서 소규모의 자금으로 사업이 추진된다. 이러한 점진적 재개발은 기존 토지의 소유패턴을 유지하고 이루어지기 때문에 강제적인 철거로 인한 복잡한 민원이나 정치·사회·법률적인 문제가 발생하지 않는다. 뿐만 아니라 기존 토지의 필지형태가 유지되기 때문에 재개발을 하더라도 가로와 블록의 형태가 보존되고 역사적으로나 건축적으로 또는 미적으로 의미 있는 건축물을 보전할 수 있으므로 도시의 특성을 보존하고 도시공간에서 과거와의 계속성을 유지할 수 있다.

반면에 블록단위 또는 지구단위의 재개발은 종합적인 재개발의 성격을 가진다. 종합적

재개발은 다수의 토지소유자와 필지로 구성된 비교적 넓은 지역을 대상으로 전면적인 재개발을 실시하는 것으로서 막대한 비용을 투자하여 실시하는 특징을 가진다. 넓은 지역의 도시공간구조를 하나의 종합적인 계획에 의하여 일관성을 가지고 재구성하는 특징을 가지나 개발과정에 많은 이해당사자의 갈등과 권리의 조정을 필요로 한다.

재개발은 재개발 대상지의 토지이용에 따라 분류하면 주거지 재개발, 상업업무지구 재개발, 공공시설의 정비를 위한 재개발 등으로 분류할 수 있다. 우리나라의 도시 및 주거환경정비법은 재개발을 주거환경개선사업, 주택재개발사업, 주택재건축사업, 도시환경정비사업으로 구분하고 있는데 앞의 세 가지는 주거지 재개발 사업에 해당되고 도시환경정비사업은 상업지역이나 공업지역에서의 재개발에 해당된다고 할 수 있다.

또한, 재개발을 시행하는 방식에 따라 전면재개발(redevelopment), 수복재개발(rehabilitation), 보전재개발(conservation) 등으로 분류할 수 있다. 우선 철거재개발이라고도 하는 전면재개발은 재개발 대상구역의 도시시설과 구조물이 전체적으로 노후화되고 그로 인해 도시환경이 극도로 불량하다고 인정될 때에 기존의 시설을 전면적으로 철거하고 새로운 시설물로 대체시켜 쾌적하고 능률적이며 기능적인 도시환경을 창출해 내는 적극적인 개발방식이다. 이 방법의 문제점은 오랜 역사와 문화가 있는 지역을 시설물이 불량하다는 이유로 전면 철거하여 이질적인 시설을 건립할 경우 도시의 정체성이 훼손된다는 점이다.

수복재개발은 관리상 부실로 인하여 도시환경이 악화될 우려가 예견되거나 이미 악화된 지역에 대하여 기존시설을 보존하면서 노후 및 불량화 요인만을 제거하는, 즉 부분적인 철거재개발 형식으로 구역 전체의 기능과 환경을 회복하거나 개선시키는 소극적인 개발방식이다. 회복시키는 조치로서는 건물의 개보수, 하부기반시설의 보완, 공공부문에 의한 공공시설 설치, 자발적인 청소 및 도색 등을 들 수 있다.

보전재개발은 아직은 불량 또는 노후화 현상이 나타나지는 않았으나 현 상태로 방치할 경우 환경악화가 예상되는 지역에 예방적 조치로 시행하는 재개발 방식으로서 이 방식은 역사적 혹은 문화적인 가치를 보존해야 할 시설물이 존재하는 지역에서 주로 시행된다.

4) 도시재개발의 효과와 문제점

재개발의 일반적인 목적은 문제가 있다고 판단되는 지역의 개선 및 활성화이다. 주거환경을 개선함으로써 주민의 주거안정을 도모하고 노후불량한 건축물을 대체하거나 보수함으로써 경제적인 효율성을 증대시킨다는 다목적을 지니고 있다.

보다 구체적으로 재개발의 목적을 보면 첫째, 주택 및 물리적 시설의 불량·노후화를 개선 예방하는 목적이다. 개별주택의 물리적 시설의 불량화나 노후화를 방치해 두면 주변의 다른 주택에 영향을 미치고(근린효과 및 외부효과), 결국 지역사회 주거환경 전체를 악화시킨다. 특히 불량노후화된 주택이 집단화한 경우는 도시 전체의 환경악화뿐만 아니라 해당 지역 주민의 보건 위생 등의 문제를 야기시키기 때문에 재개발은 필수적인 도시 관리 사업인 것이다.

둘째, 재개발은 단순히 불량주택이나 노후 혹은 부적합건축물을 철거·보수하는 것에 끝나는 것이 아니고 교통시설과 교통체계의 정비, 지역사회를 위한 학교, 공원 등 다양한 공공시설과 서비스를 적정배치, 공급하는 것이 중요하다. 궁극적으로 시민의 삶의 질을 향상시키고 도시의 공공시설 및 서비스를 공간적으로 적정 배치한다는 목적을 담고 있다.

셋째, 해당 재개발지역 주민들의 사회경제적 조건을 향상시키며 공동체적 삶의 질을 향상시킨다. 특히 미국과 같은 다민족 도시사회의 재개발은 흑인주거지의 자녀 및 성인교육, 취업알선 및 직업훈련, 문화적 참여기회 마련 등의 사회재개발 목표를 담고 있다.

넷째, 경제적 효율성 증대 목표를 빼놓을 수 없다. 도시는 산업과 인구의 집중으로 밀도가 증대되며, 토지가격이 비싸다. 단위 토지 면적당 생산성의 확대라는 측면에서 토지이용의 경제적 효율성의 확보는 매우 중요한 도시 관리의 목표가 된다. 특히 상업업무지구의 재개발은 경제적 효율성의 증대가 중요한 재개발의 목표로 인식되고 있으며 상업지구의 활성화는 도시경제적인 파급효과를 기대하게 된다.

우리나라에서 실시되고 있는 도심재개발과 주택재개발에서 나타나는 긍정적 효과에도 불구하고, 지난날 경험을 통해 나타난 재개발의 문제점과 부작용이 나타나고 있는데, 주변지역과의 일체감 및 연계성 부족, 고밀도 개발로 인한 교통혼잡의 초래, 공용용지 확보의 어려움, 관리처분에 따른 권리평가의 어려움과 이로 인한 갈등의 발생, 그리고 상위계획과의 연계미흡 등이 문제점으로 지적되고 있다.

3. 지속가능한 도시개발로써 도시재생

(1) 새로운 도시계획개념의 대두

거대도시는 공간적으로 밀집된 대도시권들 사이의 강력한 경제적 연계를 바탕으로 나타난 새로운 도시개념이라 할 수 있다. 현재 세계 여러 지역에서 볼 수 있는 대규모의 도시집중 역시 이러한 거대도시의 개념으로 이해할 수 있다. 독일의 루르(Ruhr)지역, 네덜란드의 란트스타트(Randstad)지역, 일본의 홋카이도 메갈로폴리스(megalopolis) 등이 대표적인 사례이다.

인구 및 산업의 대도시 집중현상은 필연적으로 이용 가능한 토지의 부족현상을 야기하였다. 이에 따라 기존 토지의 합리적 이용방향이 제시되기 시작하였는데 대표적인 사례로는 지하공간 개발이 있다. 지하공간이란 합리적인 이용이 가능한 범위 내에서 지표면의 하부에 자연적 또는 인위적으로 조성된 일정 규모의 공간자원을 의미한다. 이러한 지하공간을 도시공간 이용의 효율화에 따른 경제성의 제고와 지하공간 개발을 통한 지상환경의 보호 목적 하에 개발하는 것을 지하공간 개발이라 한다.

초기의 지하공간 개발은 지상부분의 재개발과 함께 소규모로 이루어져 왔으나 현재는 기술의 발달과 함께 도심지내 각종 도시기능간 연계 도모, 쾌적성 향상 도모, 에너지 절약 등에 대한 인식이 증대됨에 따라 개발 규모가 확대되고 있으며, 각국에서 다발적으로 이루어지고 있다. 현재 우리나라의 지하철역을 중심으로 한 지하가로와 지하광장, 지하쇼핑몰 등이 지하공간 개발의 일례라고 할 수 있으며, 대표적인 지하공간 개발사례로는 파리시 레알(Les Halles) 재개발지구의 지하공간 개발과 뉴욕시 록펠러센터(Rockfeller Center), 몬트리올시 지하네트워크 개발 등이 있다.

지하공간 개발과 함께 현대도시 개발에서 주목할 사항으로는 수변공간 개발이 있다. 수변공간(waterfront)이란 의미는 일반적으로 수제선(水際線)을 사이에 두고 육역(陸域)과 수역(水域)을 포함한 장을 뜻한다. 이러한 수변공간의 개발은 항만기능이 기술·사회의 변화에 따라 쇠퇴함에 따라 새로운 기능창출을 위한 항만지역 재개발에서 비롯되었다.

최근 들어 수변공간개발에 대한 중요성이 증대된 것은 첫째, 과거 대도시들의 성장이 강이나 해안을 중심으로 성장한 바 수변공간 개발은 곧 주변도시의 기능활성화에 직결된다고 볼 수 있기 때문이다. 둘째, 수변공간이 갖는 다양한 이점, 즉, 안락함, 쾌적함 등의 정서적 안정감 제공으로 인하여 주거공간, 관광·위락공간 등으로 개발하기에 용이하기 때문이다. 셋째, 도시지역 내 개발가용용지 부족에 대한 해결책으로서 마지막 남은 한계용지의 의미를 지니고 있기 때문이다. 이러한 측면에서 볼 때 수변공간 개발에 대한 수요는 지속적으로 증대될 전망이다. 대표적인 수변공간 개발사례로는 고베의 포트 아일랜드(Port Island)와 요코하마의 미나토 미라이 21(Minato Mirai 21), 런던의 도크랜드(Docklands), 뉴욕의 배터리 파크 시티(Battery Park City), 샌프란시스코의 피어 39(Pier 39) 등이 있다.

(2) 지속가능한 개발을 위한 도시패러다임

환경친화적 개념에 의해 논의 되고 있는 지속가능한 개발은 지구 환경 용량 내에서 개발을 추진함으로써, 삶의 질을 높이고 급속한 도시화와 과도한 개발로 인한 환경적, 경제적, 사회적 문제점을 극복하고자 한다. 이에 발맞추어 21세기 지구환경시대에 등장하고 있는 도시개발 패러다임은 ① 뉴어바니즘(New urbanism), ② 스마트 성장(Smart Growth), ③ 컴팩트 시티(Compact City), ④ 어반 빌리지(Urban Village) 등이 있다.

① 뉴어바니즘은 도시의 무분별한 확산에 의해 생태계 파괴, 공동체의식 약화, 지역성 약화, 보행환경 악화, 인종과 소득계층 격리 현상 등 도시문제를 극복하기 위한 대안으로 1980년대 미국과 캐나다에서 시작되었다. 추구하는 목표는 교외화 현상이 시작되기 이전의 인간적인 척도를 지닌 근린주구가 중심인 도시로 회귀하자는 것이다. 뉴어바니즘의 기본개념은 근린주구 구성기법에 근거하여 걷고 싶은 보행환경체계 구축, 편리한 대중교통체계 구축, 복합적인 토지이용, 다양한 주택유형의 혼합, 건축 및 도시설계 코드 사용, 고밀도 개발, 녹지공간의 확충, 자동차 사용의 최소화이다. 이러한 목표달성을 위해 건물, 가로, 블록, 근린지구, 타운, 도시 및 지역에 이르는 다양한 분야에 대한 세부적인 도시설계 및 건축계획 지침을 제안하여 실현한다. 뉴어바니즘은 대중교통의 접근성을 확보하고 보행자 중심 계획과 복합용도 근린주구 설계의 필요성을 재발견하였다. 대표적인 도시로는 플로리다 주의 시사이드(seaside)와 새클라멘트의 라구나웨스트(Laguna West)가 있다.

② 스마트성장은 2차 세계대전이후 교외화가 가져온 스프롤(sprawl)[18]을 치유하기 위해서 시작된 도시운동이다. 이 운동은 기개발된 지역 안에서의 신규주택 건설과 상업적 개발을 강조함으로써 새로운 도로와 시설, 어메니티(amenity)[19]에 드는 공공투자와 신

18) 도시계획과 관리 등이 불량하여 발생하는 현상으로, 도시 시설이나 설비가 부족한 채로 도시가 저밀도로 무질서하게 교외로 확산되는 것을 말한다. 이 지역은 각종 재해와 위생에 불안정하여 도시시설 등이 뒤 따라 설치된다 하여도 예산과 자원을 낭비하는 비효율을 초래한다. 스프롤은 모든 방향에서 개발확대를 가능하게 하는 간선도로와 자동차의 부산물이며 후진국의 도시에서 발생하며 행정력이 미치지 못하는 틈에 도시로 유입된 가난한 사람들이 만들어 내어 나타나는 현상이다.

19) 어메니티는 어떤 장소나 기후 등에서 느끼는 쾌적함을 일컫는 용어로, 1990년대 중반부터 서유럽 국가들을 중심으로 농촌 어메니티 운동 또는 농촌 어메니티 정책이 유행하면서 의미가 확대되었다. 이 경우에는 농촌 특유의 자연환경과 전원풍경, 지역 공동체 문화, 지역 특유의 수공예품, 문화유적 등 다양한 차원에서 사람들에게 만족감과 쾌적성을 주는 요소를 통틀어 일컫는다. 자연 경관을 해치지 않고 사람들에게 만족감을 줄 수 있는 농촌의 모든 경제적 자원이 농촌 어메니티이다. 서유럽에서는 이러한 농촌 어메니티를 농촌개발의 새로운 패러다임으로 정해 정부의 농업정책에 적극 반영하고 있다. 더욱이 어메니티는 농촌개발에만 머무르지 않고, 지금은 어촌개발이나 각종 경제 분야에서도 활용되면서 쾌적성만을 의미하는 단순한 추상명사에서 쾌적함과 만족감을 주는 모든 요소들을 함축하는

개발로 인해 발생하는 사회적 비용을 줄여보자는 취지이다. 기본 원칙은 혼합토지이용, 컴팩트한 건물 디자인, 주거지 선택의 범위 확대, 보행 가능한 근린주구 건설, 장소성이 살아있는 개성 있고 매력적인 커뮤니티 육성, 오픈 스페이스, 농지, 자연경관, 취약한 환경지역의 보존, 기존 커뮤니티를 위한 개발 강화와 관리, 다양한 교통수단의 선택기회 제공, 예측가능하고 공평하며 효율적인 개발 결정, 개발결정에 있어 커뮤니티와 이해관계자 간의 협력 등이 있다. 대표적인 도시로는 메릴랜드주의 베서스다시(Bethesda)가 있다.

③ 컴팩트시티는 교외지역 주거지를 저밀도로 확산시키는 개발방식 대신 시가화된 기존의 도시 또는 신도시로 설정된 지역을 고밀도로 집중적으로 개발하는 것이다. 이것은 자연자원의 무분별한 훼손을 막고, 직주근접을 통하여 교외지역에서 발생하는 교통량을 최소화함은 물론 인프라 및 에너지의 효율적 이용을 도모할 수 있는 장점을 가지고 있다. 컴팩트시티 개발은 다수의 교외지역에 확산된 개발보다는 소수의 고밀도개발을 통하여 환경부하를 최소화하고 정주지 개발의 효율성을 높이려는 목적을 가지고 있다. 즉, 도시의 방만한 교외확산을 방지하고 개발지역을 고밀도로 이용함으로써 미개발지를 보호할 수 있게 되어 자연생태계에 대한 부하를 최소화할 수 있다. 그러나 이러한 컴팩트시티 개발은 공원, 정원 등과 같은 녹지공간의 부족을 초래하여 거주민으로부터 자연과의 원활한 친화를 빼앗기 쉽다는 단점을 가지고 있다. 따라서 자연환경보전과 도시개발의 관계 속에서 적정 개발밀도를 도출해야 하는 과제를 안고 있다.

④ 어반 빌리지는 쾌적하고 인간적 스케일의 도시환경 계획을 목표로 1989년 영국에서 시작되었다. 기본 개념은 복합적인 토지 이용, 도보권내 초등학교, 공공시설 및 편익시설 배치, 융통성 높은 건물 계획, 보행자 우선계획, 적정개발규모(이상적인 개발규모는 40ha당 거주인구 300~500인), 지역특성을 반영한 고품격 도시 및 건축 설계, 다양한 가격·규모의 주거유형 혼합을 통해 경제적, 사회적, 환경적으로 지속가능한 커뮤니티를 개발하는 것이다. 또한 대중교통네트워크와 기존 도시와 연계된 개발을 목표로 하며 교외지역의 녹지 개발보다는 기성시가지 기개발지역의 재생에 주안점을 두고 있다. 어반 빌리지 개념이 적용된 최초의 사례는 영국 런던의 도크랜드 지역에 있는 웨스트 실버타운(West Silvertown)이며, 파운드베리(Poundbury)를 비롯하여 그린이치 밀레니엄빌리지(Greenwich Millennium Village) 등 20개 이상의 어반 빌리지가 진행되었다.

용어로 의미가 확대·사용되고 있다. 어항을 중심으로 한 생산 기반시설 위주의 산업공간에서 벗어나 친환경적인 리모델링을 통해 새로운 어촌을 만드는 것을 어촌 어메니티라고 한다. 또 쾌적한 도시환경을 도시 어메니티라고 하는데, 어메니티는 이처럼 어느 한 요소에 국한되지 않고 다양한 분야에서 쓰이고 있다.

(3) 도시활동의 변화와 도시개발

현대의 도시개발 방향은 특정 기능을 중심으로 진행되는 경향을 보이고 있다. ① 실버타운 개발, ② 테크노폴리스 개발, ③ 관광휴양지 개발, ④ 정보화도시 개발 등이 그 예이다. 이러한 개발종류의 세분화는 사회현상 및 도시활동의 변화에 따라 나타나는 것으로서 점차 도시가 개성화되고 있음을 의미한다.

① 실버타운 개발은 인구의 고령화, 고령자의 경제력 향상, 복지서비스 수요의 고급화와 동양의 경우 부양의식과 가족구조의 변화에 기인한다. 일반적으로 실버타운은 노년층에 있어 노년기 삶의 질을 높여주기 위해 신체적 특성에 맞는 건물설계와 서비스 프로그램을 통해 개인의 독립성과 자율성을 유지하며 생활할 수 있도록 계획된 노인집단주거 중심의 도시를 의미한다. 실버타운은 입지적 특성에 따라 도시형, 도시근교형, 전원·휴향형으로 나누며, 대표적인 개발사례로는 미국 캘리포니아 주의 레저월드와 엔젤스 프라자, 일본의 로얄라이프 다마 등이 있다.

② 테크노폴리스 개발은 지역의 문화전통과 자연환경에 첨단기술산업의 활력을 도입하여 첨단기술산업군, 학술연구기관, 쾌적한 생활거주환경의 세 가지 기능이 잘 조화된 도시조성을 실현하여 미래지향적인 새로운 정주체계를 달성하고자 한 개발이다. 이는 지역의 지식집약화가 높은 부가가치를 얻는 산업정책전략인 동시에 인구 및 산업의 지방 분산을 꾀하고 지방의 자립적 발전기반을 구축하여 국가발전의 성장거점을 확립하려는 지역개발이라 할 수 있다. 이와 유사한 개발로는 연구학원도시 개발, 테크노폴리스군과 미국의 실리콘 밸리 등이 있다.

③ 관광휴양지 개발은 장기 체재를 전제로 일정 규모의 양호한 자연조건을 가진 지역에 레크리에이션, 스포츠, 상업, 문화, 숙박 등을 위한 시설들이 복합적으로 갖춰져 인간의 휴양 및 에너지 재충전을 목적으로 구성된 지역 혹은 시설들에 대한 개발이다. 이러한 관광휴양지 개발은 국가마다 국민들이 즐기는 스포츠, 여행, 휴양형태에 따라 다양하게 개발되고 있다. 대표적인 관광휴양지 개발로는 프랑스 랑그도크루시용지역과 일본의 화원촌 관광산촌, 싱가포르의 부란다라트지역, 미국의 레이크파인로취 빌리지 등이 있다.

④ 유시티(U-City)의 도시개발(정보화 도시개발)은 시대의 정보기술의 발전과 그에 따른 도시공간기능의 변화에 의해 등장하였다. 유시티의 개발은 유비쿼터스 기술이 접목된 공간과 도시구성요소가 상호 전자공간으로 연결되어 정보를 주고받고, 사람과 커뮤니케이션을 이루고, 언제, 어디서나 다양한 서비스를 제공받거나 제공할 수 있는 도시로 도

시첨단화 및 활성화 촉진, 도시기능의 최적화, 그리고 도시환경과 기반여건이 고도화된 특성을 가지고 있다. 도시의 공간, 기능, 구조가 고도화되어 도시의 합리성와 생산성, 편리성, 쾌적성, 환경성, 안정성 등을 개선시켜 삶의 공간을 최적화하는 것이다. 대표적인 유시티개발로는 홍콩의 사이버 포트, 싱가포르의 원 노스, 말레이시아의 MSC, 덴마크의 크로스로드 등이 있다.

위의 개발유형 이외에도 도심 공동화 현상으로 도심의 주거기능 활성화를 위한 복합용도개발과 리우환경회의 결과로 친환경적인 도시개발이 최근 꾸준히 관심을 가지게 하는 개발유형이라 할 수 있다.

(4) 도시재생수단으로서의 도시마케팅

1) 도시재생개념의 등장배경 및 필요성

도시는 고정된 불변의 공간이 아니라 끊임없이 변화하는 생물과 같아 'Life Cycle'도 존재하며, 경우에 따라서는 그 생명이 다하기 전에 재생을 통해 새롭게 거듭나기도 한다. 도시의 발전과정에 있어서 산업구조의 변화와 경제적 요건들이 변화함에 따라 전통적으로 도시의 중심이었던 지역이나 산업의 중심지가 여러 가지 이유로 쇠퇴하게 되는데, 이 경우 기존 도심은 보수 및 관리소홀, 슬럼화 등의 문제를 발생시켜 왔다.

그동안 이러한 도시문제를 해결하는 방안으로서 경제 논리에 의해 기존의 노후시설들은 철거 후 깨끗한 이미지를 창출할 수 있는 방식의 재개발이 주로 행해져 왔는데, 이는 기존 도시구조를 파괴하고 그 지역의 정체성을 충분히 반영 못하는 우를 범하였다. 이에 대한 대안으로 물리적 시설의 개선과 개발이익을 화두로 하여 진행된 재개발사업과는 차별화된 도시재생(Urban Regeneration)이라는 개념이 등장하였다.

일반적으로 도시재생은 기존도시가 가지고 있는 물리적·사회적·경제적 문제를 치유하기 위한 모든 행위를 말한다. 이는 도시재개발, 도시재활성화, 도시쇄신 등의 복합어를 포괄하는 광의의 개념으로 받아들여지고 있다. 도심부의 경제적 기반을 재구축하고 물리적 환경을 개선함으로써 도심부로의 인구 및 산업의 회귀를 촉진하고 도심부를 활성화시켜 도심부가 도시 활성화의 촉매제 역할을 하는데 목적이 있다. 대도시 지역의 무분별한 외부확산을 억제하고 도심부 쇠퇴현상을 방지함으로써 도심지역의 재활성화를 모색하는 것이라고 할 수 있다.

로버츠(Roberts)와 사이크스(Sykes)는 도시재생을 일정 도시지역에서 경제적, 물리적, 사회적, 환경적 조건이 변화하고 지속적으로 개선되어야 하는 여러 문제점을 해결하기 위한 총체적이고 종합적인 비전과 행동이라고 정의하고 있다. 즉, 도시재생이란 대도시지역의 외연적 확산을 억제하고, 도시쇠퇴 현상을 방지하며, 도시지역의 재활성화를 도모함으로써 궁극적으로 경제성장과 환경보전이 조화를 이루는 지속가능한 도시개발을 추진하고자 하는 것이라고 정의할 수 있다. 이는 쇠퇴지역의 문제를 종합적인 시각에서 해결하려는 접근으로 해당지역의 경제적, 사회적, 환경적 상태를 지속적으로 개선함으로써 기존도시의 재활성화를 도모하고자 하는 것이다.

도시 쇠퇴의 중심에 있는 도심지역은 오랜 역사 속에서 지역의 문화와 전통을 쌓아온 도시의 얼굴이며 만남과 교류의 장소로서의 성격을 가지고 있다. 다시 말해 도심지역은 지역의 정체성과 역사성을 가지고 있다는 것인데 이것은 도시 간의 경쟁이 심화된 오늘날에는 도시경쟁력을 강화시키는 중요한 요인이 될 수 있다. 따라서 쇠퇴된 도심지역을 재생하여 지역의 역사성과 정체성이라는 지역 특성을 보존하고 업그레이드시키는 것은 도시간의 경쟁력을 확보하기 위한 유용한 전략이 될 수 있다.

또한 도시공간의 쇠퇴로 인해 해당지역이 공동화되고 이로 인해 저소득층의 유입으로 슬럼화되기 시작하면 빈곤, 범죄 등의 사회적 문제까지 함께 발생하여 도시의 쇠퇴가 가속화되기 때문에 이를 예방하기 위해서도 낙후된 도시공간의 재생은 중요한 의미를 가진다.

아울러 세계화와 신자유주의의 등장으로 도시경쟁력이 곧 국가경쟁력이라는 도시관이 확산됨에 따라 세계의 많은 도시들은 도시경쟁력을 확보하기 위해 기성시가지의 정비가 최대의 화두로 떠오르고 있다. 이에 따라 영국, 독일, 프랑스, 미국, 캐나다, 일본 등 선진국에서는 낙후된 기성시가지의 활력을 불러일으키기 위한 다각적인 노력을 시도하고 있다.

특히 도시재생에 가장 많은 노력을 기울이고 있는 영국의 경우 쇠퇴한 기성시가지의 도시기능을 재편하고 도시경제를 재생하는 정책을 시도하고 있으며, 1980년대 후반부터 공공섹터가 중심이 되어 사업을 진행하고 있다. 뿐만 아니라 도시재생사업을 적극적으로 유도하기 위해 사업별 특성에 따라 다양한 도시재생기구를 창설, 운영해 오고 있다. 그리고 산업혁명의 주역으로 1920년대 중반부터 경험했던 산업화 이후 번성한 공업도시의 쇠퇴현상을 치유하기 위해 물리적 환경재생뿐 아니라 거주인구 유입을 위한 신산업유치에 목표를 두고 있다. 영국의 도시재생사례는 쇠퇴한 환경개선뿐 아니라 고용기회확대와 시대변화에 따라 기능을 상실한 도시공간의 재편으로 지역의 문화적 정체성을 회복한다는 문화적 배경을 둔 공적측면이 강조된 사업이라는 면에서 도시재생의 필요성을 보여주고 있다.

2) 최근의 신도시 유형과 도시개발의 미래조망

1960년대에서 1990년대 사이에 건설된 신도시들은 대체로 국토 및 지역개발과 대도시 문제 해결이라는 두 가지 정책목표에 의해서 추진되었으며 그 정책의 뿌리나 도시의 성격 또한 과거 영국이나 일본에서 채택했던 전통적인 신도시와 크게 다르지 않았다. 그러나 2000년대에 접어들면서 새롭게 착수되고 있는 최근의 신도시들은 이전과는 크게 다른 몇 가지 특징을 띠고 있다.

첫째는 신도시의 종류가 매우 다양해졌다는 점이다. 2000년 이후 우리나라에서 추진되고 있는 신도시의 유형은 행정중심복합도시, 혁신도시, 기업도시, 계획적 자족 신도시, 주택공급을 위한 신도시 등이 있다.

둘째 특징은 신도시개발의 목적이 매우 다양해졌다는 점이다. 과거 1990년대까지의 신도시개발은 주로 공업단지 건설과 거점개발 그리고 서울의 인구분산을 겨냥하였으나 2000년 이후에는 국토의 균형발전(행정중심복합도시), 혁신환경의 창출(혁신도시), 민간투자촉진과 지역경제 활성화(기업도시), 수도권 주택공급과 자족기능강화(자족 신도시), 임대주택공급 등 신도시개발의 목적이 크게 다변화되었다.

셋째 특징은 계획 및 설계기법의 선진화로 신도시의 질적 수준이 향후 크게 향상될 것으로 전망된다는 점이다. 과거의 신도시가 도시공간과 주거의 양적인 공급에 급급하여 획일화 경향이 강했던 데 비하여 계획 및 설계 노하우가 크게 향상되었고, 특히 최근에는 민간의 창의력을 극대화하고 수준도 업그레이드되었다. 뿐만 아니라 환경 친화적이고 에너지 절약형 기법과 최첨단 정보통신기술의 도입, 나아가 유시티(U-city) 및 여기에 친환경·생태공간계획기법을 접목한 유비쿼터스-에코시티(U-Eco city)개념에 이르기까지 다양한 계획 및 설계기법이 개발·적용됨으로써 향후 개발되는 신도시의 질적 수준은 놀라울 정도로 향상될 것으로 전망된다.

3) 도시재생과 도시마케팅

1990년대 이후 세계화 지방화에 따라 각 지역들의 공간상의 상대적 역학관계가 새롭게 변화하였고, 이러한 변화속에서 도시간의 경쟁이 심화되면서 차별화된 도시 이미지와 관광객 유치를 위해 '문화'가 매우 중요한 화두로 떠오르게 되었다. 이에 따라 도시화의 역사가 긴 서구도시들은 도시재생을 위한 일련의 도시개발전략들을 구사하기 시작하였고, 각 도시의 독특한 역사와 문화는 이러한 전략의 핵심적 수단으로 인식되었다. 특히 기존 도시 및 쇠퇴공간의 이미지를 재구축함으로써, 지역경제의 활성화 및 지역주민의 사회적 통합을 이루려는 도시문화전략들이 중요한 지역정책으로 부각되었다. 그 과정에서 각 도시들은 도시의 기능회복을 위해 외부의 관광객 유치, 거주인구의 증대뿐 아니라 일자리 창출을 위한 기업을 유치하고자 해당 도시의 차별화된 이미지와 상품성을 홍보하는 도시마케팅 정책을 실시하게 되었다. 즉 도시재생과정에서 지역주민이 살고 싶은 도시공간을, 외부 관광객이 구경 가 보고 싶은 도시공간을, 기업이 들어와 산업활동하기에 좋은 도시를 만들어 차별화된 도시 기능 유치와 새로운 공간 창출과 홍보를 위한 도시마케팅 전략을 통해 도시의 기능회복과 도시경쟁력을 확보할 수 있었다.

실제로 도시재생에 성공한 외국 도시들, 예를 들면 구겐하임 미술관을 건설해 쇠퇴한 구도심에 관광객을 유치하여 지역경제를 살린 스페인의 빌바오(Bilbao), 특이한 대규모 물류항과 포도주 창고를 개조해 쇼핑몰과 박물관, 문화공간이 어우러진 대규모 복합주거단지로 변모시킨 프랑스 파리의 베르씨(Bercy) 프로젝트, 독특한 외형의 쿤스트 하우스(Kunsthaus)를 건립하여 동과 서로 서로 갈라진 도시를 서로 연결시키는 역할을 하는 인공섬 개발로 문화의 다리를 통해 두 지역의 교류 활성화를 통해 분리된 동과 서지역의 통합을 유도하고 많은 관광객을 유치하고 있는 오스트리아의 그라츠(Graz) 등의 사례를 살펴보면 이들의 공통점은 도시재생 사업을 추진하는데 있어서 도시공간과 기능회복 이외에 도시의 정체성 확립이라는 목표를 포함시켰다는 것이다. 즉 이들은 도시재생의 수단으로 도시의 정체성을 잃지 않으면서 인간의 삶의 공간으로서의 도시공간과 기능을 회복시키기 위해, 그리고 과거와 달리 소득수준과 삶의 질 상승에 따라 증대된 문화수요를 충족하기 위해 경제적, 물량 위주의 개발보다는 해당 도시만의 색깔을 만들어 낼 수 있는 새로운 도시문화공간 개발을 선택하였다. 그리고 이를 통해 만들어진 해당 도시만의 차별화된 이미지를 도시마케팅의 전략으로 활용하고 있다.

Ⅱ. 도시재생계획

1. 도시재생의 의미

도시재생이란 산업구조의 변화, 즉 기계적 대량생산 위주의 산업에서 최근 신산업(전자공학 · 하이테크 · IT산업 · 바이오산업 · AI · IoT · 빅데이터 등)으로 변화되는 산업구조 및 신도시 위주의 도시 확장으로 인해 상대적으로 낙후된 기존 도시에 새로운 기능을 활성화하고 창출함으로써 쇠퇴한 도시를 새롭게 경제적 · 사회적 · 물리적으로 부흥시키는 도시사업을 의미한다. 즉, 좁은 의미로는 기성시가지에 있어 시간적 흐름에 따른 노후화로 인해 공간적·환경적으로 쇠퇴한 지역을 물리적으로 개선하는 사업을 일컬어 왔다. 그러나 최근에는 장소의 재탄생이라는 넓은 의미의 도시재생으로서, 기존의 물리적 환경정비 위주로 추진되어온 사업의 한계를 넘어 환경적·경제적·사회문화적으로 쇠퇴한 도시지역의 인프라를 재정비하고 주거복지 차원까지 포괄하는 새로운 공간 창출을 도모하는 개념으로 확장되고 있다.

2. 도시재생 초기정책 경과

도시재생은 초기 재개발, 재건축, 주거환경정비사업 등 개별법에 따라 운용되다가 2002년 도시정비법으로 통합되면서 일원화되었고, 이후 소규모 정비사업의 한계를 보완하기 위해 2005년 도시재정비법이 제정되면서 뉴타운사업이 본격화되었다. 뉴타운사업은 금융위기를 겪으면서 사업성이 악화되어 주민갈등, 사업지연 등의 문제가 나타나면서 많은 지구가 주민설문조사를 토대로 해제되었고, 금융위기 이후 기존의 물리적 정비를 지양하고 도시의 경제적·사회적·문화적 활력 회복을 위하여 도시경쟁력을 제고하며 지역 공동체를 회복할 수 있는 도시재생사업을 도입하기에 이르렀다. 제도적 근거로서 2013년에 도시재생법이 제정되고, 2013년 도시재생특별위원회 구성 및 국가도시재생기본방침 수립, 2014년 도시재생선도지역 13곳 지정 및 사업착수, 2014년 12월 주택도시기금법 제정, 2015년에는 주택도시기금법 시행 및 주택도시기금 개편과 주택도시기금 운용 및 관리규정(훈령) 개정, 2015년 12월 도시계정 운용업무 시행세칙 제정으로 주택도시기금에서 도시재생 지원 출자 및 도시재생지원 융자제도를 마련하였고, 2017년 도시재생 뉴딜정책이 발표되었다.

한편, 도시재생사업은 유형에 따라 정책 및 제도 지원사항이 다른데, Ⓐ 도시경제기반형은 기반시설의 확충·정비, 배후지역 환경 개선, 국·공유지 또는 저이용 공공시설 등 활용, 주택도시기금을 통한 투·융자 지원 가능, Ⓑ 근린재생 중심시가지형(근린중심형)은 도시기반시설 확충 등 지원, 도심지 국·공유자산 활용, 핵심집객시설의 확충, 리모델링 등에 대한 주택도시기금 투·융자 지원 가능, Ⓒ 근린재생 일반형(근린일반형)은 기초생활인프라 확충, 마을기업 등에 대한 소규모 투·융자 지원, 교육 및 컨설팅 지원 등이다.

정부는 2014년 도시재생 선도지역 선정(13곳)을 토대로 성공모델을 가시화하고 2016년부터 33곳의 신규 사업으로 확대하여 지역맞춤형 도시재생모델을 확산하였다. 즉, 선도지역 13곳은 경제기반형 2곳, 근린재생형 11곳(일반 6곳, 소규모 5곳), 일반지역 33곳은 경제기반형 5곳, 근린재생형 28곳(중심시가지 6곳, 일반 19곳)이었다. 2016년에는 신규 도시재생사업 지원 대상지역을 공고하였는데 현황은 아래와 같다.

구 분	대상지역
경제기반형	서울 노원 · 도봉구, 인천 중 · 동구, 경기 부천, 대전 중 · 동구, 대구 서 · 북구
근린중심형	전북 전주, 충북 제천 · 충주, 경북 김천 · 안동, 울산 중구, 경남 김해, 부산 영도구, 제주 제주시
근린일반형	서울 용산 · 구로, 인천 강화군, 경기 부천 · 성남 · 수원, 충남 아산, 전북 남원, 광주 서구 · 광산구, 전남 나주 · 광양, 강원 춘천, 대구 서구, 울산 북구 · 동구, 부산 중구 · 강서구 · 서구

3. 도시재생계획 및 활성화계획

(1) 도시재생전략계획

도시재생 전략계획은 전략계획 수립권자(특 · 광역시장, 특별자치시장, 특별자치도지사, 시장 또는 군수)가 국가도시재생 기본방침을 고려하여 도시 전체나 일부 지역, 또는 필요한 경우 둘 이상의 도시에 대하여 도시재생과 관련한 각종 계획, 사업, 프로그램 및 유형 · 무형의 지역 자산 등을 조사 · 발굴하고, 도시재생활성화지역을 지정하는 등 도시재생 추진전략을 수립하기 위한 계획이라고 할 수 있다. 이러한 도시재생 전략계획 수립 시 고려할 사항으로는, 'Ⓐ 진단 : 도시의 성장 · 쇠퇴의 원인 및 배경 등을 명확히 진단하고, 도시재생의 필요성, 당위성에 대하여 정확히 파악하여야 한다. Ⓑ 전략 : 지역의 역사 · 문화 자산, 지리적 특성, 산업의 비교우위 등 잠재력을 발굴하고, 도시재생을 위한 핵심 목표 및 과제를 도출하여야 한다. Ⓒ 기본구상 : 목표를 달성하기 위한 과제들을 도시공간상에 배치하여 도시의 재생 개념과 방향성을 제시하여야 한다. Ⓓ 활성화지역 : 도시재생의 공간적 범위(도시재생활성화지역)를 과도하게 설정하는 것을 지양하고, 지역역량을 고려하여 적정한 개수로 지정하여야 한다. Ⓔ 우선순위 : 쇠퇴도, 각종 관련계획과의 정합성, 기대효과, 주민 역량 등을 종합적으로 고려하여 활성화지역별 우선순위를 정하여야 한다. Ⓕ 추진체계 : 주민(협의체), 지원조직(지원센터), 지방자치단체(전담조직) 등에 재생을 추진하기 위한 조직을 구성하고 상호간 협력방안을 강구하여야 한다. Ⓖ 재원조달 : 도시재생에 필요한 예산소요를 정확히 산출하고, 국가 보조금 · 지방비 · 민간투자 등 연차별 재원조달 계획을 제시하여야 한다. Ⓗ 자원 · 역량의 집중 : 지방자치단체의 도로, 공원 등 도시계획시설사업 등을 쇠퇴지역에 집중하고, 지방자치단체 보유자산의 양여 · 임대 등 적극 지원하여야 한다. ⓛ 성과관리 : 도시재생 목표에 부합하는 평가지표를 제시하고, 주기적으로 모니터링하기 위한 계획을 수립하여야 한다.' 등을 들 수 있다.

1) 도시재생전략계획의 내용

도시재생전략계획이란, 전략계획수립권자가 국가도시재생기본방침을 고려하여 도시 전체 또는 일부, 필요한 경우 둘 이상의 도시에 대하여 도시재생과 관련한 각종 계획, 사업, 프로그램, 유형·무형의 지역자산 등을 조사·발굴하고, 도시재생활성화지역을 지정하는 등 도시재생 추진전략을 수립하기 위해 도시재생법에 따라 수립되는 계획을 말한다.

도시재생전략계획을 수립할 때에는 국가도시재생기본방침 및 국토계획법에 따른 도시기본계획의 내용에 부합하도록 하여야 하며, 도시재생과 관련한 각종 계획, 사업, 프로그램, 유·무형의 지역자산 등이 우선적으로 도시재생활성화지역에 연계·집중되게 함으로써 도시재생이 효과적으로 이루어질 수 있도록 하여야 하며, 도시재생전략계획은 10년 단위로 수립하고, 필요한 경우 5년 단위로 정비하여야 하며, Ⓐ 계획의 목표 및 범위, Ⓑ 목표 달성을 위한 방안, Ⓒ 쇠퇴진단 및 물리적·사회적·경제적·문화적 여건 분석, Ⓓ 도시재생활성화지역의 지정 또는 변경에 관한 사항, Ⓔ 도시재생활성화지역별 우선순위 및 지역 간 연계방안, Ⓕ 도시재생지원센터, 주민협의체 등 실행 주체 구성 방안, Ⓖ 중앙·지방 정부 재정 지원 및 민간투자유치 등 재원 조달 계획, Ⓗ 지원조례, 협정지침 등 지방자치단체 차원의 지원제도 발굴, Ⓘ 도시재생기반시설의 설치·정비 또는 개량에 관한 계획, Ⓙ 기초생활인프라 최저기준 달성을 위한 계획, Ⓚ 도시재생활성화계획의 성과관리 방법 및 기준에 대한 사항이 포함되어야 한다.

2) 도시재생전략계획의 수립절차

특별시장(광역시장·특별자치시장·특별자치도지사·시장·군수) 등 전략계획수립권자는 도시재생전략계획을 수립하기 위해서 기초조사를 하여야 한다. 이후 계획(안)을 작성하고 공청회를 개최하여 주민과 관계 전문가 등의 의견을 수렴하고 해당 지방의회의 의견을 들어야 하며, 제시된 의견이 타당하다고 인정되면 도시재생전략계획에 반영하여야 한다.

도시재생전략계획(안)을 확정하기 위해서는 관계 행정기관의 장과 협의 후 지방도시재생위원회의 심의(도시계획위원회 심의로 대체가능)를 거쳐야 하며, 도시재생전략계획이 확정되면 그 계획을 공고하고 일반인이 열람할 수 있도록 해야 한다.

〈도시재생 전략계획 수립 절차(국토부, 도시재생전략계획 수립 가이드라인)〉

기초조사 단계	문헌, 통계자료, 현장조사 주민・지역전문가 설문・인터뷰 등을 통해 도시재생자원 발굴
계획수립 단계	쇠퇴진단, 여건분석, 기본구상, 전략수립 도시재생활성화지역 선정, 우선순위 설정, 재원조달계획 등
의견청취 협의단계	공청회, 지방의회 의견청취, 관계행정기관 협의 등 시장・군수의 경우 지방도시재생위원회 자문
심의단계	지방도시재생위원회 심의 (특별시장, 광역시장, 특별자치시장, 특별자치도지사, 도지사)
확정공고 단계	계획의 확정에 따른 공고 및 열람 (특별시장, 광역시장, 특별자치시장, 특별자치도지사, 시장・군수)

3) 도시재생전략계획 수립현황(2025 서울시 도시재생전략계획)

2025 서울시 도시재생전략계획은 2014년 계획수립에 착수하여 2015년 8월 공청회를 시작으로 서울시의회 의견청취, 관계기관(부서) 협의 및 서울시 도시계획위원회 심의를 거쳐 같은 해 12월 공고되었다.

서울시 도시재생전략계획은 국토교통부장관이 수립하는 '국가도시재생기본방침'으로부터 시작되며, 2030 서울도시기본계획에 부합하도록 수립되었다. 서울시 도시재생전략계획은 서울시 전역을 대상으로 도시재생의 추진방향을 제시하는 법정계획으로서 도시재생활성화계획 및 도시재생사업은 해당 계획에 따라 추진된다.

(2) 도시재생활성화계획

도시재생 활성화계획(이하 활성화계획)은 도시재생 전략계획에 부합하도록 도시재생활성화지역에 대하여 국가, 지방자치단체, 공공기관 및 지역주민 등이 지역발전과 도시재생을 위하여 추진하는 다양한 도시재생사업을 연계하여 종합적으로 수립하는 실행계획을 말하며, 주요 목적 및 성격에 따라 도시경제기반형과 근린재생형으로 구분한다. ① 도시경제기반형 활성화계획은 산업단지, 항만, 공항, 철도, 일반국도, 하천 등 국가의 핵심적인 기능을 담당하는 도시・군계획시설의 정비 및 개발과 연계하여 도시에 새로운 기능을 부여하고 고용기반을 창출하기 위한 도시재생활성화계획이며, ② 근린재생형 활성화계획은 생활권 단위의 생활환경 개선, 기초생활인프라 확충, 공동체 활성화, 골목경제 살리기 등을 위한 도시재생활성화계획이다.

도시재생 활성화계획 수립 시 고려할 사항으로는, 'Ⓐ 진단 : 전략계획에서 도출된 도시재생활성화지역에 대한 보다 세밀하고 상세한 쇠퇴 원인 및 현황 등을 진단하여야 한다. Ⓑ 전략 : 지역자산, 특성 등 여건을 분석하고, 해당 활성화지역의 특성을 반영한 비전과 목표를 제시하여야 한다. Ⓒ 사업의 발굴 : 이미 관련계획에 반영된 사업, 시행중인 사업 등을 최대한 활용하고, 도시재생에 활용이 가능한 신규 사업 등을 발굴하여야 한다. Ⓓ 사업계획 수립 : 희망하는 사업을 나열하는 것이 아니라, 구체적으로 실 가능한 사업 위주로 실행계획을 수립하여야 한다. Ⓔ 다양한 수법활용 : 개별 사업별로 가장 최적의 사업시행방식을 도출하고, 다양한 개발수법·재원조달 방식을 활용하여야 한다. Ⓕ 기반시설의 정비 : 활성화계획의 실현을 위하여 필요한 기반시설의 정비 계획을 수립하고, 향후 운영·관리방안까지 제시하여야 한다. Ⓖ 중앙부처 지원사업 활용 : 도시재생에 활용이 가능한 다양한 중앙부처 사업을 발굴하여 활성화계획과 연계시키는 방안을 마련하여야 한다. Ⓗ 재원조달 및 예산집행 : 사업별로 국가보조금, 지방비, 민간투자 등의 비율·금액을 명확하게 제시하고 연차별 투자계획을 마련하여야 한다. Ⓘ 위험관리 : 전반적인 경기 상황 등을 충분히 고려하여 과도한 계획수립을 지양하고, 개발 수요 등에 맞는 적정한 계획을 수립하여야 한다.'를 들 수 있다.

1) 도시재생활성화계획의 내용

도시재생활성화계획이란 도시재생전략계획에 부합하도록 도시재생활성화지역에 대하여 국가, 지방자치단체, 공공기관 및 지역주민 등이 지역발전과 도시재생을 위하여 추진하는 다양한 도시재생사업을 연계하여 종합적으로 수립하는 실행계획을 말한다.

도시재생활성화계획은 주요 목적 및 성격에 따라 도시경제기반형 활성화계획과 근린재생형 활성화계획으로 구분되며, 도시재생활성화계획에는 Ⓐ 계획의 목표, Ⓑ 도시재생사업의 계획 및 파급효과, Ⓒ 도시재생기반시설의 설치·정비에 관한 계획, Ⓓ 공공 및 민간 재원 조달계획, Ⓔ 예산 집행 계획, Ⓕ 도시재생사업의 평가 및 점검 계획, Ⓖ 행위제한이 적용되는 지역, Ⓗ 도시재생지원센터 등 도시재생 관련 조직의 운영 및 활성화 방안에 관한 사항이 포함되어야 한다.

2) 도시재생활성화계획의 수립절차

전략계획수립권자는 도시재생활성화지역을 대상으로 도시재생활성화계획을 수립할 수 있고, 도시재생활성화계획을 수립하거나 변경하려면 국가도시재생기본방침과 상위계획인 도시재생전략계획에 부합하도록 하여야 한다.

전략계획수립권자 등은 해당 도시재생활성화지역의 쇠퇴현황을 분석하고, 도시재생활성화지역 내의 각종 계획, 사업, 프로그램, 유형·무형의 지역자산을 조사·발굴하여 상호 연계하는 방안을 검토하여야 한다. 더불어 도시재생활성화계획 수립 이전부터 시행 중인 사업과 신규로 추진되어야 하는 사업을 구분하여 작성하고 개별 도시재생사업의 범위, 필요성, 사업내용, 추진일정, 참여주체, 재원조달방안 등을 구체적으로 제시해야 한다. 무엇보다도 주민의견을 충분히 수렴하고, 이해관계자 간 갈등 조정 과정 등을 거쳐야 하며, 사업시행 과정에서의 위험요인을 분석하고, 성과관리 방안을 마련하여 실현가능한 계획으로 작성하여야 한다.

전략계획수립권자 등은 계획(안)이 마련되면 공청회를 개최하여 주민이나 관계 전문가 등으로부터 의견을 수렴하고 시의회의 의견을 들어야 한다. 이후 관계 행정기관의 장과 협의하고 지방도시재생위원회의 심의(도시계획위원회 심의로 대체가능)를 거쳐 확정하게 된다.

〈도시재생 활성화계획 수립 절차(국토부, 근린재생형 활성화계획 수립 가이드라인)〉

쇠퇴진단 및 여건분석	물리적 현황, 인문·사회 현황, 산업·경제 현황 측면의 쇠퇴진단
지역자원조사 및 잠재력 분석	지역현황조사 항목에 따른 현황조사 및 인적자산 등 지역자산 조사 해당 지역 내 타 부처, 타부서의 관련 사업 계획 조사 해당 지역의 향후 발전 가능성, 거버넌스 구축 정도 등 잠재력 분석
계획의 목표 및 지표 설정	쇠퇴진단 및 잠재력 분석을 토대로 해당 지역의 실현 가능한 목표 설정 평가 및 모니터링과 연계할 수 있는 정량·정성적 성과 지표 제시
핵심콘텐츠 및 단위사업 계획	지역특색을 반영하고, 경쟁력 있는 핵심 콘텐츠 제시 핵심 콘텐츠의 실현을 위한 단위사업 계획 제시
재원조달 및 예산집행 계획	단위사업별 재원조달 주체와 재원의 단계적 확보 방안 단위사업별 단계별 추진계획 및 예산집행계획 수립
평가 및 점검 계획	도시재생사업 성과의 점검·평가를 위한 모니터링·평가 계획 마련

3) 도시재생활성화지역에서 도시재생사업의 종류

도시재생활성화지역에서 도시재생활성화계획에 따라 시행하는 도시재생사업의 종류는 Ⓐ 국가 차원에서 지역발전 및 도시재생을 위하여 추진하는 일련의 사업, Ⓑ 지방자치단체가 지역발전 및 도시재생을 위하여 추진하는 일련의 사업, Ⓒ 주민 제안에 따라 해당 지역의 물리적·사회적·인적 자원을 활용함으로써 공동체를 활성화하는 사업, Ⓓ 정비사업 및 재정비촉진사업, Ⓔ 도시개발사업 및 역세권개발사업, Ⓕ 산업단지개발사업 및 산업단지 재생사업, Ⓖ 항만재개발사업, Ⓗ 상권활성화사업 및 시장정비사업, Ⓘ 도시·군계획시설사업 및 시범도시(시범지구 및 시범단지 포함) 지정에 따른 사업, Ⓙ 경관사업, Ⓚ 그 밖에 도시재생에 필요한 사업(상업기반시설 현대화사업, 복합환승센터 개발사업, 관광지 및 관광단지 조성사업)을 들 수 있다.

Ⅲ. 도시재생사업 추진현황 개요

도시재생사업은 2014년 도시재생 선도지역 지정을 시작으로 2018년까지 총 4회 관련 사업이 지정되었다. 즉, 2014년 지정된 도시재생 선도지역은 도시경제기반형 2곳과 근린재생형 11곳을 포함 총 13개 지역이 선정되었고, 도시재생 일반지역은 2016년에 지정되었는데 경제기반형 5곳 외에도 중심시가지형 근린재생형 9곳, 일반 근린재생형 19곳 등 총 33개 지역이 추가로 지정되었다. 또, 도시재생 뉴딜사업지역은 2017년에 전국 68개 지역이 지정되었고, 2018년에는 99개 지역이 추가 지정되었다.

1. 2014년에 지정된 도시재생 선도지역

선도지역은 도시재생을 긴급하고 효과적으로 실시하여야 할 필요가 있고 주변지역에 대한 파급효과가 큰 지역으로, 국가와 지방자치단체의 시책을 중점 시행함으로써 도시재생 활성화를 도모하는 지역을 말한다. 도시재생 선도지역은 공모방식으로 진행하여 총 86개 지역이 신청하였으며, 여러 분야의 전문가로 구성된 평가위원회가 서면·현장평가를 시행하고, 도시재생특별위원회 심의를 거쳐 지정하였다.

〈도시재생 선도지역(2014)〉

유형		대상지역			사업명
도시경제기반형 (2)		부산	동구	초량 1, 2, 3, 6동	북항-부산역-원도심을 연계한 창조경제(1인기업, 벤처기업 등)지구 조성
		충북	청주시	상당구 내덕 1, 2동, 우암동, 중앙동	폐공장 부지(연초제조창)을 활용한 공예/문화산업지구
근린재생형	일반규모 (6)	서울	종로구	숭인·창신 1, 2, 3동	뉴타운 사업 해제지역 주거지 재생사업, 봉제공장(가내수공업) 특성화
		광주	동구	충장동, 동명동, 산수 1동, 지산 1동	아시아문화전당 (舊전남도청)주변 구도심 상권 활성화
		전북	군산시	월명동, 해신동, 중앙동	군산 내항지구와 연계한 근대역사 문화지구 조성
		전남	목포시	목원동	유달산 주변 구도심 공·폐가 활용 예술인마을 조성
		경북	영주시	영주 1, 2동	1940~50년대 형성된 근대시장(후생시장, 중앙시장)과 舊철도역사 주변 재생
		경남	창원시	마산합포구 동서동, 성호동, 오동동	부림시장, 창동예술촌 중심의 문화예술 중심 도시재생
	소규모 (5)	대구	남구	대명 2, 3, 5동	공연소극장 (100 여개) 밀집거리재생을 통한 구도심 활성화
		강원	태백시	통동	폐 철도역사, 구 탄광도시의 정체성을 살린 소도시 재생
		충남	천안시	동남구 중앙동, 문성동	빈 건물을 활용한 청년기반시설(기숙사 , 동아리방, 스튜디오) 조성을 통한 활력 창출
		충남	공주시	웅진동, 중학동, 옥룡동	백제 왕도의 문화유산을 활용한 특화거리 조성 ,산성시장 등 전통시장 활성화
		전남	순천시	향동, 중앙동	노후주거지역 친환경마을(옥상녹화, 빗물활용 등)만들기, 생태하천, 부읍성터 복원

2. 2016년 지정된 도시재생 일반지역

일반지역에는 중앙부처와 지자체가 지역에서 추진하는 다양한 사업을 중심적으로 '선택'과 '집중'하여 지원하는 새로운 방식을 도입하였다. 기반시설 위주로 추진되던 기존의 지역개발사업 방식에서 벗어나 경제·문화·관광·주민공동체 사업 등 다양한 창의적 사업 발굴하는 성과를 거두고 있다. 이 중 경제기반형 사업은 민간투자 및 기업유치가 중요하므로, 민관이 함께 하는 새로운 사업모델의 필요성이 제기되었고, 근린재생형은 과거 도시의 중심지였던 원도심과 쇠퇴한 중심상업지역의 활성화를 위해서는 도시계획 차원의 개선이 함께 필요함이 지적되고 있다. 아울러, 2016년 도시재생 사업은 입지의 특성과 지역의 여건에 따라 맞춤형 도시재생사업의 추진과 확산, 사업유형별 특성 강화 및 유형 다양화 등을 추진하게 되었다.

〈도시재생 일반지역(2016)〉

유형	대상지역		사업명
경제 기반형 (5)	서울	노원/도봉구	창동/상계 신경제중심지 조성
	대구	서/북구	경제/교통/문화 허브 조성을 통한 서대구 재창조
	인천	중/동구	인천 개항창조도시 재생사업
	대전	중/동구	원도심, 쇠퇴의 상징에서 희망의 공간으로
	경기	부천시(원미구)	수도권 창조경제의 거점 부천 허브렉스
중심 시가지 근린 재생형 (9)	부산	영도구	영도 대통전수방 프로젝트
	울산	중구	울산, 중구로다
	충북	충주시	충주 원도심, 문화창작도성으로 도약
	충북	제천시	응답하라 1975, 힐링재생 2020
	전북	전주시(완산구)	전주, 전통문화 중심의 도시재생
	경북	김천시	자생과 상생으로 다시 뛰는 심장, 김천 원도심
	경북	안동시	재생두레를 통한 안동웅부 재창조계획
	경남	김해시	가야문화와 세계문화가 상생하는 문화평야 김해
	제주	제주시	같이 두드림 다시 올레!
일반 근린 재생형 (19)	서울	용산구	서울 용산구 해방촌 도시재생사업
	서울	구로구	G-valley 를 품고 더하는 마을 가리봉
	부산	중구	보수 Plus: 책방골목과 언덕배기, 보수동 사람들
	부산	서구	내일을 꿈꾸는 비석문화마을 아미/초장
	부산	강서구	낙동강과 김해평야의 관문 신장로 전원 교향곡
	대구	서구	오늘의 신화와 문화가 살아있는 원고개 날뫼마을
	인천	강화군	"왕의 길"을 중심으로 한 강화 문화 가꾸기
	광주	서구	오감따라 천따라 마을따라, 오천마을 재생
	광주	광산구	전통의 맛과 멋이 한마당되는 활기찬 역세권
	울산	동구	방어진항 재생을 통한 원점지역 재창조사업
	울산	북구	노사민의 어울림, 소금포 기억 되살리기
	경기	수원(팔달구)	세계문화유산을 품은 수원화성 르네상스
	경기	성남(수성구)	주민들이 함께 만드는 언덕 위 태평성대
	경기	부천(소사구)	성주산을 품은 주민이 행복한 마을
	강원	춘천	호반도시 춘천, 소양 관광문화마을/열린장터
	충남	아산	버려진 1만평, 살아나는 10만평
	전북	남원	문화예술로 되살아나는 도시공동체 "죽동애"
	전남	나주	나주읍성 살아있는 박물관도시 만들기
	전남	광양	한옥과 숲이 어우러진 햇빛고을 광양

3. 2017년 도시재생 뉴딜사업

뉴딜사업은 Ⓐ 선정방식에서는 '중앙 선정' 외에 '광역지자체 선정'을 통해 현지실정에 정통한 지자체 역할을 대폭 확대하고, '공공기관 제안' 방식도 도입하였다. Ⓑ 사업범위는 부동산시장 영향을 최소화하고, 실현 가능성이 높은 소규모 사업을 신청할 수 있도록 권장 면적규모를 제시하였다. Ⓒ 사업내용은 단위 · 내역사업 구성 예시를 메뉴판 형태로 제공하여 주민 · 지자체 · 공기업이 여건에 따라 필요한 사업을 손쉽게 선택 · 조합하거나 추가 발굴하여 제안할 수 있도록 지원하였고, Ⓓ 평가항목은 사업의 시급성, 사업계획의 타당성, 뉴딜효과 등을 종합적으로 평가하였다.

〈도시재생 뉴딜사업(2017)〉

시도	대상지역	사업명	선정 방식	유형
부산 (4)	북구	구포 이음	중앙	중심 시가지형
	영도구	베리베리 굿 봉산마을 복덕방	광역 (3)	우리동네 살리기
	사하구	고지대 생활환경 개선, 안녕한 천마마을		주거지 지원형
	동구	래추고(來追古)! 플러싱		일반 근린형
대구 (3)	서구	원(院)하는 대(垈)로 동(洞)네만들기	광역 (3)	우리동네 살리기
	북구	자연을 담고 마음을 나누는 침산에 반하다		주거지 지원형
	동구	소소한 이야기 소목골		일반 근린형
인천 (5)	부평구	인천을 선도하는 지속가능 부평 11번가	중앙	중심 시가지형
	동구	다시, 꽃을 피우는 화수 정원마을	공공	우리동네 살리기
	남동구	만수무강 만부마을	광역 (3)	우리동네 살리기
	서구	서구 상생마을		주거지 지원형
	동구	패밀리-컬처노믹스 타운, 송림골		일반 근린형
광주 (3)	서구	문화와 예술이 꿈틀대는 창작 농성골	광역 (3)	우리동네 살리기
	광산구	어르신이 가꾸는 마을, 꽃보다 도산		주거지 지원형
	남구	근대역사문화의 보고, 살고 싶은 양림		일반 근린형
대전 (4)	대덕구	지역활성화의 새여울을 여는 신탄진 상권활력 UP	중앙	중심 시가지형
	유성구	어은동 일벌(Bees) Share Platform	광역 (3)	우리동네 살리기
	동구	가오 새텃말 살리기		주거지 지원형
	중구	대전의 중심 중촌(中村), 주민 맞춤으로 재생 날개 짓		일반 근린형
울산 (3)	북구	화봉 꿈마루길	광역 (3)	우리동네 살리기
	남구	삼호 둥우리, 사람과 철새를 품다		주거지 지원형
	중구	군계일학(群鷄一鶴), 학성		일반 근린형

시도	대상지역	사업명	선정방식	유형
세종	조치원	지역과 함께하는 스마트재생, 청춘조치원 Ver. 2	중앙	중심 시가지형
경기(8)	수원시	수원시 도시재생, 125만 수원의 관문으로 通하다	중앙	중심 시가지형
	안양시	Upgrade+ Recycle Garden, 정원마을 박달 뜨락	공공(4)	우리동네 살리기
	광명시	광명 도시재생 씨앗, SUSTAINABLE GREEN VILLAGE		주거지 지원형
	남양주시	SLOW & SMART CITY, 남양주 원도심 역사문화재생		중심 시가지형
	시흥시	정왕동 어울림 스마트안전도시		중심 시가지형
	고양시	함께 만드는 삶터 놀터 "당당한 원당 사람들"	광역(3)	우리동네 살리기
	안양시	안양8동 두루미 명학마을		주거지 지원형
	고양시	화전지역 상생 활주로 "활활활"		일반 근린형
강원(4)	강릉시	올림픽의 도시, KTX시대 옥천동의 재도약	중앙	중심 시가지형
	동해시	동호지구 "바닷가 책방마을"	광역(3)	우리동네 살리기
	태백시	태백산자락 장성 탄탄마을		주거지 지원형
	춘천시	공유·공생·공감 약사리 문화마을		일반 근린형
충북(4)	청주시	젊음을 공유하는 길, 경제를 공유하는 길 우암동	중앙	중심 시가지형
	제천시	제천역 사람들의 상생이야기	광역(3)	우리동네 살리기
	충주시	이야기가 있는 사과나무마을		주거지 지원형
	청주시	기록의 과거와 미래가 공존하는 운천·신봉동		일반 근린형
충남(4)	천안시	新경제교통 중심의 스마트복합거점공간 천안역세권	공공	중심 시가지형
	보령시	함께 가꾸는 "궁촌마을 녹색 행복공간"	광역(3)	우리동네 살리기
	공주시	역사를 나누고 삶을 누리는 옥룡동 마을 르네상스		주거지 지원형
	천안시	남산지구의 오래된 미래_역사와 지역이 함께하는 고령친화마을		일반 근린형
전북(6)	군산시	다시열린"군산의 물길"그리고 "째보선창으로 밀려오는 3개의 큰 물결"	중앙(3)	중심 시가지형
	익산시	역사가(驛史街) 문화로(文化路)		중심 시가지형
	정읍시	지역특화산업(떡·차·면·술)으로 살리는 시민경제도시 정읍!		중심 시가지형
	군산시	공룡 화석이 살아있는 장전·해이지구	광역(3)	우리동네 살리기
	완주군	만경강변 햇살 가득 동창(東窓)마을		주거지 지원형
	전주시	주민과 예술인이 함께하는 서학동 마을		일반 근린형
전남(5)	목포시	1897개항문화거리	중앙(2)	중심 시가지형
	순천시	몽미락(夢味樂)이 있는 청사뜰		중심 시가지형
	나주시	도란도란 만들어가는 역전마을 도시재생 이야기	광역(3)	우리동네 살리기
	목포시	보리마당		주거지 지원형
	순천시	비타(vita)민(民), 갈마골		일반 근린형
경북(6)	영천시	사람, 별, 말이 어울리는 영천대말	중앙	중심 시가지형
	영양군	일·삶·꿈의 중심 "영양만점 행복한 마을"	공공	일반 근린형

시도	대상지역	사업명	선정방식	유형
	포항시	새로운 시작! 함께 채워가는 미래도시 포항	(2)	중심 시가지형
	영주시	남산선비마을 인의예지	광역 (3)	우리동네 살리기
	경산시	경산역 역전마을 르네상스		주거지 지원형
	상주시	경상도의 근원을 찾아가는 뿌리샘 상주		일반 근린형
경남 (6)	사천시	바다마실, 삼천포애(愛) 빠지다	중앙 (2)	중심 시가지형
	김해시	포용과 화합의 무게		중심 시가지형
	통영시	문화·관광·해양산업 Hub조성을 통해 재도약하는 글로벌 통영 르네상스	공공	경제 기반형
	하동군	넉넉하고 건강한 하동라이프	광역 (3)	우리동네 살리기
	거제시	1만4천 피란살이 장승포 휴먼다큐		주거지 지원형
	밀양시	밀양 원도심, 밀양의 얼을 짓다		일반 근린형
제주 (2)	제주시	곱들락한 신산머루 만들기	광역 (2)	우리동네 살리기
	서귀포시	혼디 손심엉! 지꺼진 월평마을 만들기		주거지 지원형

4. 2018년 도시재생 뉴딜사업

2차 뉴딜사업은 총 99곳을 선정하였는데, 전국적인 인구감소 지역 증가와 고령화 가속화 등에 따른 도시소멸 위기에 시급하게 대응하여, 전체 사업의 약 70%(69곳)를 시·도에서 선정하게 하여 지역의 권한과 책임을 강화하고, 도시재생이 다양한 분야를 모으는 플랫폼 역할을 한다는 점을 감안해 관계부처 협업을 강화하였다. 그리고 더욱 다양한 지역별 맞춤형 사업이 추진될 수 있도록 공공기관 참여를 확대하고, 도시재생 뉴딜을 통해 지역밀착형 생활 SOC 투자를 본격화하여 주민들의 삶의 질이 높아질 수 있도록 범정부적 역량을 집중하도록 하였다.

〈도시재생 뉴딜사업(2018)〉

구분			대상지역		유형	사업명
			시군구	읍면동		
서울 (7)	시도	중랑구	중랑구	묵2동	일반근린형	장미로 물들이는 재생마을
		서대문구	서대문구	천연동	일반근린형	일상의 행복과 재미가 있는 도심 삶터, 천연충현
		강북구	강북구	수유1동	주거지지원형	함께사는 수유1동
		은평구	은평구	불광2동	주거지지원형	사람향기 품은 불광2동 향림마을
		관악구	관악구	난곡동	주거지지원형	관악산 자락 동행마을, 평생살이 난곡

구분			대상지역		유형	사업명
			시군구	읍면동		
		동대문구	동대문구	제기동	우리동네살리기	젊은이와 어르신이 어우러져 하나되는 "제기동 감초마을"
		금천구	금천구	독산1동	우리동네살리기	예술과 문화가 숨쉬는 반짝반짝 빛나는 금하마을
부산(7)	정부	부산도시公	금정구	금사동	주거지지원형	청춘과 정든마을, 부산 금사!
		동래구	동래구	온천1동	중심시가지형	온천장, 다시 한 번 도심이 되다
	시도	해운대구	해운대구	반송2동	일반근린형	세대공감 골목문화마을, 반송 Blank 플랫폼
		사하구	사하구	신평1동	일반근린형	시간이 멈춘 듯한 정책이주지 동매마을의 공감과 바람! Reborn
		중구	중구	영주동	주거지지원형	공유형 新 주거문화 "클라우드 영주"
		연제구	연제구	거제동	주거지지원형	연(蓮)으로 다시 피어나는 거제4동 해맞이 마을
		서구	서구	동대신2동	우리동네살리기	닥밭골, 새바람
대구(7)	정부	LH	북구	산격동	중심시가지형	청년문화와 기술의 융합 놀이터, 경북대 혁신타운
		대구도시公	북구	복현1동	우리동네살리기	피란민촌의 재탄생, 어울림 마을 福현
		중구	중구	포정동	중심시가지형	다시 뛰는 대구의 심장! 성내
	시도	중구	중구	동산동	일반근린형	동산과 계산을 잇는 골목길, 모두가 행복한 미래로 가는 길
		달서구	달서구	죽전동	일반근린형	죽전(竹田) 대나무꽃 만발 스토리
		서구	서구	비산동	주거지지원형	스스로, 그리고 더불어 건강한 진동촌 백년마을
		남구	남구	이천동	우리동네살리기	시간 풍경이 흐르는 배나무샘골
인천(5)	정부	서구	서구	석남동	중심시가지형	50년을 돌아온, 사람의 길
	시도	중구	중구	신흥동	주거지지원형	주민과 함께하는 신흥동의 업사이클링, 공감마을
		계양구	계양구	효성1동	주거지지원형	서쪽 하늘아래 반짝이는 효성마을
		강화군	강화군	강화읍	주거지지원형	고려 충절의 역사를 간직한 남산마을
		옹진군	옹진군	백령면	우리동네살리기	백령 심청이 마을, 다시 눈을 뜨다
광주(5)	정부	광주광역시	북구	중흥동	경제기반형	광주 역전(逆轉), 창의문화산업 스타트업 밸리
		북구	북구	중흥2동	중심시가지형	대학자산을 활용한 창업기반 조성 및 지역상권 활성화
	시도	동구	동구	동명동	주거지지원형	문화가 빛이 되는 동명마을
		서구	서구	농성동	주거지지원형	벚꽃 향기 가득한 농성 공동체 마을
		남구	남구	사직동	주거지지원형	더 천년 사직, 리뉴얼 선비골
대전(3)	시도	대덕구	대덕구	오정동	일반근린형	"북적북적" 오정&한남 청춘스트리트
		서구	서구	도마동	주거지지원형	도란도란 행복이 꽃피는 도솔마을
		동구	동구	대동	우리동네살리기	하늘은 담은 행복 예술촌 … 골목이 주는 위로
울산(4)	정부	울산도시公(단위사업)	남구	옥동	우리동네살리기	청·장년 어울림(문화복지) 혁신타운
	시도	동구	동구	서부동	일반근린형	도심속 생활문화의 켜, 골목으로 이어지다
		울주군	울주군	언양읍	일반근린형	전통의 보고, 언양을 열어라!
		중구	중구	병영2동	우리동네살리기	깨어나라! 성곽도시

구분			대상지역		유형	사업명
			시군구	읍면동		
세종 (2)	정부	LH/한전	세종시	조치원읍	일반근린형	주민과 기업이 함께 만드는 에너지 자립마을 상리
	시도	세종특별시	세종시	전의면	일반근린형	전통과 문화·풍경으로 그린(Green) 전의
경기 (9)	정부	LH	고양시	일산동	일반근린형	일산이 상상하면 일상이 되는 일산활력창작소 와야누리
		경기도시公	시흥시	신천동	일반근린형	소래산 첫마을, 새로운 100년
		LH	안양시	석수2동	주거지지원형	만년의 기원, 만인이 편안한 도시 만안(萬安) 석수
	시도	평택시	평택시	팽성읍	일반근린형	삶이 안(安)전하고 정(情)감 있는 안정마을
		안산시	안산시	월피동	일반근린형	지역과 대학의 역사가 하나되어 흐르다
		광주시	광주시	경안동	일반근린형	세대융합형 교육친화공동체 경안마을
		고양시	고양시	삼송동	주거지지원형	삶이 즐겁고, 情이 송이송이 피어나는 세솔마을
		화성시	화성시	화산동	주거지지원형	다시 사람을 품다. 황계동 낙(樂)서(書)마을
		시흥시	시흥시	대야동	우리동네살리기	햇살 가득 한울타리 마을
강원 (7)	정부	광해관리공단	태백시	장성동	경제기반형	폐광부지에 다시 세우는 신재생 · 문화발전소 "ECO JOB CITY 태백"
		LH	철원군	철원읍	주거지지원형	평화지역사람들의 희망재생 "화지(花地)마을, 지화(地花)자"
		삼척시	삼척시	정라동	중심시가지형	천년 SAM(Sea Art Museum)척 아트피아
	시도	원주시	원주시	학성동	일반근린형	군사도시의 역전, 평화희망마을로 꿈꾸다
		삼척시	삼척시	성내동	일반근린형	관동제1루 읍성도시로의 시간여행
		영월군	영월군	영월읍	주거지지원형	영월의 미래를 키우는 별총총마을
		정선군	정선군	사북읍	우리동네살리기	내일이 더 빛나는 삶터 함께 꿈꾸는 상생공동체 "사북해봄마을"
충북 (4)	시도	충주시	충주시	문화동	일반근린형	건강문화로 골목경제와 다(多)세대를 잇다
		청주시	청주시	내덕1동	주거지지원형	내덕에 심다. 함께 키우다. 우리가 살다.
		음성군	음성군	음성읍	주거지지원형	역말 공동체! 만남마을
		제천시	제천시	화산동	우리동네살리기	화산 속 문화와 사람을 잇는 의병아카이브마을
충남 (6)	정부	LH	아산시	온양1동	일반근린형	양성평등 포용도시! 아산 원도심 장미마을 R.O.S.E.
		보령시	보령시	대천동	중심시가지형	충남 서남부의 새로운 활력, 新경제 · 문화중심지 Viva 보령
	시도	논산시	논산시	화지동	일반근린형	희희낙락! 동고동락! 함께해서 행복한 화지
		당진시	당진시	읍내동	일반근린형	주민과 청년의 꿈이 자라는 PLUG-IN 당진
		부여군	부여군	부여읍	주거지지원형	역사와 문화가 숨쉬는 동남리 향교마을
		홍성군	홍성군	홍성읍	우리동네살리기	꿈을 찾는 새봄둥지, 남문동마을
전북 (7)	정부	LH	정읍시	수성동	중심시가지형	Re:born 정읍, 해시태그(#) 역(驛)
		전주시	전주시	우아동3가	중심시가지형	전주역세권 혁신성장 르네상스
		김제시	김제시	요촌동	중심시가지형	역사 · 문화 · 사람이 만나, 다채로움이 펼쳐지는 … "세계축제도시 김제"
	시도	남원시	남원시	동충동	일반근린형	씨앗으로 피운 행복, 숲정이마을

구분			대상지역		유형	사업명
			시군구	읍면동		
		부안군	부안군	부안읍	일반근린형	부안 매화풍류마을
		고창군	고창군	고창읍	주거지지원형	고창읍 모양성 스마트마을
		전주시	전주시	서완산동1가	우리동네살리기	용머리 남쪽 빛나는 여의주 마을
전남(8)	정부	LH	나주시	금남동	중심시가지형	현대화로 재조명한 역사·문화 복원 도시
		LH	여수시	문수동	주거지지원형	스마트하게 通通通 문수동
		광양시	광양시	광영동	중심시가지형	새로운 라이프스타일을 꿈꾸는 "워라밸시티 광영"
	시도	나주시	나주시	영산동	일반근린형	근대유산과 더불어 상생하는 영산포
		화순군	화순군	화순읍	일반근린형	달빛이 물들면 청춘낭만이 꿈트는 화순
		강진군	강진군	강진읍	일반근린형	강진읍 위대한 유산
		광양시	광양시	태인동	주거지지원형	태인동 과거·현재·미래를 열다! "始作"
		보성군	보성군	벌교읍	우리동네살리기	엄마품 주거지 장좌마을
경북(8)	정부	포항시	포항시	송도동	경제기반형	ICT 기반 해양산업 플랫폼 포항
		경주시	경주시	황오동	중심시가지형	이천년 고도(古都) 경주의 부활
		구미시	구미시	원평동	중심시가지형	도시재생: 구미(龜尾, 口味)를 당기다
	시도	영천시	영천시	완산동	일반근린형	사람과 별빛이 머무는 완산뜨락
		경산시	경산시	서상동	일반근린형	서상길 청년뉴딜문화마을
		의성군	의성군	의성읍	일반근린형	"마늘을 사랑한 영미" 활력 넘치는 희망의성
		성주군	성주군	성주읍	일반근린형	꿈과 희망이 스며드는, [깃듦] 성주
		포항시	포항시	신흥동	우리동네살리기	함께 가꾸는 삶터, 모갈숲 안포가도 마을
경남(8)	정부	한국관광公(기획안)	남해군	남해읍	중심시가지형	재생에서 창생으로 "보물섬 남해 오시다"
		창원시	창원시	대흥동	중심시가지형	1926 근대군항 진해, 문화를 만나 시간을 잇:다
		김해시	김해시	삼안동	중심시가지형	3-방(주민, 청년, 대학)이 소통하고 상생하는 어울림 캠퍼스타운
	시도	창원시	창원시	구암동	일반근린형	소셜 마을 "두루두루 공동체": 구암
		함양군	함양군	함양읍	일반근린형	빛·물·바람·흙 함양 항노화 싹틔우기
		통영시	통영시	정량동	주거지지원형	바다를 품은 언덕마루 멘데마을
		사천시	사천시	대방동	주거지지원형	바다로 열리는 문화마을, 큰고을 大芫 굴항
		산청군	산청군	산청읍	우리동네살리기	산청별곡, 산청에 살어리랏다
제주(2)	시도	서귀포시	서귀포시	대정읍	일반근린형	캔(CAN) 팩토리와 다시 사는 모슬포
		제주시	제주시	삼도2동	주거지지원형	다시 돌앙 살고 싶은 남성마을

Ⅳ. 도시재생 뉴딜사업 주요 내용[20]

1. 도시재생 뉴딜의 추진배경 및 목표

(1) 추진배경

전국적으로 인구감소 지역이 증가하고 있으며, 특히 지방 중소도시는 인구감소, 고령화 등에 따라 도시축소 및 소멸위기가 대두되고 있는데, 향후 30년 내 84개 시·군·구(37%), 1,383개 읍·면·동(40%)이 소멸될 것으로 전망되고 있다. 아울러, 대도시의 건축물 노후화가 확산 중이며, 쇠퇴한 지역의 일자리 감소도 심각하여 삶의 질 만족도가 선진국에 비해 낮은 수준이다.

2008년 글로벌 금융위기로 부동산경기가 침체되자 도시재생에 대한 관심이 증가하여 도시재생법 제정('13년) 후 선도·일반사업이 추진되었다. 그러나 기존 도시재생 사업은 재생계획 수립 중심으로 추진되어 주민의 체감도가 낮고 정부지원 수준도 미흡(3년간 46곳, 연 1,500억원)하였다.

이러한 상황에서 국가적 문제가 되고 있는 도시 쇠퇴에 대응하여 지역 주도로 도시 공간을 혁신하고 일자리를 창출하는 도시재생 뉴딜정책을 도입(2017년 7월 100대 국정과제에 포함)하였다. 2017년 시범사업(68곳) 선정 이후 2018년(99곳 선정)부터 본격적으로 뉴딜사업을 착수하기 전에 5년간의 추진전략 및 계획인 로드맵 수립을 추진하기 위하여 2017.8월부터 기초연구 착수, 지자체·관련 전문가·관계부처 등을 대상으로 정책방향에 대해 의견 수렴을 통해, 뉴딜 로드맵을 반영하여 도시재생법 및 10년 단위의 국가 도시재생 전략인 「국가도시재생기본방침」을 정비하였다.

20) 국토교통부(관계부처합동) 2018.3.27일자 보도자료 "내 삶을 바꾸는 도시재생 로드맵" 내용을 참고하여 재정리한 것이다.

〈신도시개발정책부터 도시재생뉴딜정책까지 도시정책 흐름〉

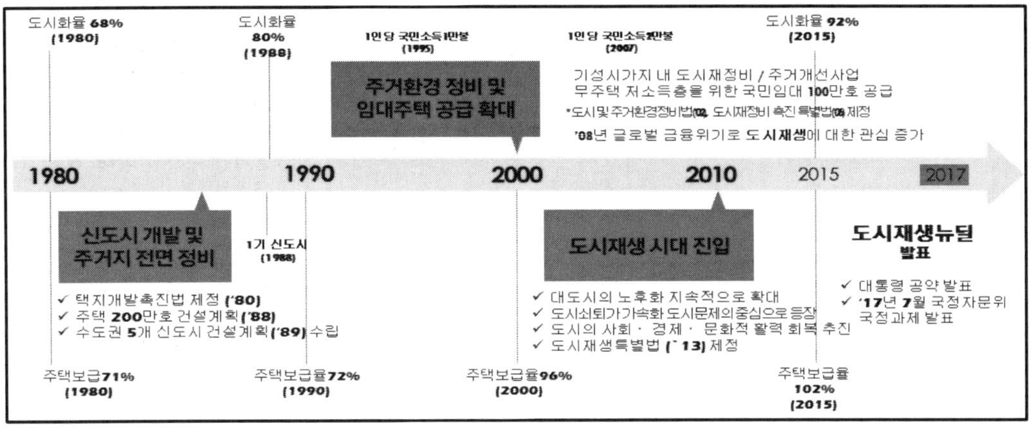

(2) 도시재생 뉴딜정책의 의의 및 목표

〈도시재생 추진전략체계〉

비전	지역 공동체가 주도하여 지속적으로 혁신하는 도시, 살기 좋은 대한민국

정책목표	3大 추진전략	5大 추진과제
주거복지·삶의 질 향상 ➡	도시공간 혁신	〈노후 저층주거지의 주거환경 정비〉 ◇ 선진국 수준의 기초 생활인프라 공급 ◇ 소규모 주택정비사업 활성화 ◇ 주거 젠트리피케이션 완화 및 공적임대 공급
도시 활력 회복 ➡		〈구도심을 혁신거점으로 조성〉 ◇ 컴팩트 네트워크 도시 구축 ◇ 복합기능의 혁신공간 조성 ◇ 지역 특화재생 프로그램 지원 ◇ 스마트 시티형 도시재생 뉴딜 활성화
일자리 창출 ➡	도시재생 경제 활성화	〈도시재생 경제 생태계 조성〉 ◇ 도시재생 경제조직 활성화 지원 ◇ 민간 참여 모델 마련 ◇ 도시재생 뉴딜사업의 일자리 창출 관리
공동체 회복 및 사회 통합 ➡	주민·지역 주도	〈풀뿌리 도시재생 거버넌스 구축〉 ◇ 지역의 도시재생 역량 강화 ◇ 지역 주민의 참여 기반 조성 ◇ 지역의 도시재생 거버넌스 체계 구축
		〈상가 내몰림 현상에 선제적 대응〉 ◇ 동향 모니터링 체계 구축 ◇ 상생협약 체결 활성화 지원 ◇ 임대료 안정공간(공공임대상가) 공급 ◇ 재생이익의 선순환 유도 및 사회적 규제 합리화

<table>
<tr><td rowspan="2">기반
구축</td><td>지역 주도
뉴딜사업 추진</td><td>법·제도 정비</td><td>공적재원의
효율적 운용</td></tr>
<tr><td>◇지역 주도 맞춤형 선정
◇사업 관리체계 구축</td><td>◇도시재생법 개정
◇도시재생 종합정보체계 고도화</td><td>◇재정 투입 : 연 2조원
◇기금 지원 : 연 4.9조원
◇공기업 투자 : 최대 연 3조원</td></tr>
</table>

도시재생 뉴딜은 노후주거지와 쇠퇴한 구도심을 지역 주도로 활성화하여 도시 경쟁력을 높이고 일자리를 만드는 국가적 도시혁신 사업으로, 거주 환경이 열악한 노후 주거지를 정비하여 기초 생활인프라 확충, 저렴한 공적임대주택 공급을 지원으로 주거복지를 실현하고, 쇠퇴한 구도심에 혁신 거점공간을 조성하고 중심 기능을 활성화시켜 도시의 활력을 회복시키고, 주민 참여 거버넌스를 구축하여 지역공동체를 회복하고, 재생이익의 선순환을 유도하여 지역 구성원 간 상생을 추구하며, 업무, 상업, 문화 등 다양한 일자리 공간을 제공하고, 도시재생 경제조직 활성화 등 지역 기반의 지속가능한 일자리 창출에 목표를 가지고 있다.

2. 도시재생 뉴딜의 비전 및 추진전략

(1) 도시재생 뉴딜정책의 비전

뉴딜 로드맵은 '지역 공동체가 주도하여 지속적으로 혁신하는 도시 조성'을 비전으로 3대 추진전략과 5대 추진과제를 설정하였다.

정책 목표	3大 추진전략	5大 추진과제
① 삶의 질 향상 ② 도시 활력 회복	① 도시공간 혁신	① 노후 저층주거지의 주거환경 정비 ② 구도심을 혁신거점으로 조성
③ 일자리 창출	② 도시재생 경제 활성화	③ 도시재생 경제조직 활성화, 민간 참여 유도
④ 공동체 회복 및 사회 통합	③ 주민과 지역 주도	④ 풀뿌리 도시재생 거버넌스 구축 ⑤ 상가 내몰림 현상에 선제적 대응

(2) 도시재생 뉴딜의 3大 추진전략

① 도시공간 혁신 전략을 통하여 삶의 질 향상 및 도시활력 회복을 목표로 한다. 주거환경이 열악한 노후 저층주거지를 정비하고, 쇠퇴한 구도심을 지역의 혁신거점으로 재생하여 도시공간을 혁신하며, 저층 주거지의 주거만족도를 제고('16년 67% → '122년

75% 이상)하고, 지역 혁신거점을 조성('122년까지 250곳 이상)한다.

② 도시재생 경제 활성화 전략을 통하여 일자리 창출을 추진한다. 도시재생 경제조직과 민간의 비즈니스 모델을 발굴하고 지원하여 도시재생 경제 생태계를 활성화하고 일자리를 창출하여, 국토교통형 예비사회적기업을 육성('122년까지 250개 이상)한다.

③ 주민과 지역 주도 전략을 통하여 공동체 회복 및 사회 통합에 기여한다. 지역의 도시재생 역량 강화 및 참여기반 구축을 통해 bottom-up의 거버넌스를 활성화하고, 내몰림 현상에 선제적으로 대응하여 상생을 유도하며, 도시재생대학(200개 이상) 및 도시재생지원센터(300곳 이상) 설치, 내몰림 예상지역의 상생계획 마련 및 공공임대상가를 공급(100여 곳 이상)한다.

도시재생 뉴딜 로드맵 Before & After

과거(AS-IS)		향후(TO-BE)
■ 전면철거형 주거지 정비 - 도시 외곽의 대규모 택지개발 지역에 주택의 양적확대 중심 개발 - 수용, 철거 과정에서 부동산 가격 상승, 주민의 내몰림 등 사회적 갈등 유발	⇨	■ 참여 기반 소규모 정비사업 활성화 - 노후주거지에 선진국 수준의 기초 생활인프라 공급 - 자율·가로주택 정비사업 등 주민이 참여하는 주거 정비방식 활성화 - 뉴딜지역 부동산시장 관리, 주거 젠트리피케이션 대응으로 주민 보호
■ 대규모 계획 수립 중심 - 대규모 구역에 대한 재생계획 수립을 강조 - 정부의 공적 지원 미흡	⇨	■ 지역의 혁신거점 조성 - 지역에 중·소규모의 혁신공간을 조성하고 경제·생활인프라를 집중하여 주민들의 체감도 제고 - 재정, 기금 등 공적지원 강화
■ 공급자 위주 - 재생사업 선정 후 거버넌스 구축(Top-down 방식) - 주민·지역 공동체의 역량 강화에 대한 정부 관심 및 지원 부족 - 임대료 상승에 따라 젠트리피케이션 발생	⇨	■ 수요자 및 현장 중심 - 재생사업 선정 전부터 주민 역량 강화, 주민·지역공동체의 참여 기반 조성(Bottom-up 거버넌스) - 주민 참여를 지원하는 도시재생지원센터 중심의 거버넌스 지원체계 구축 - 상가 내몰림 현상에 대한 선제적 대응체계를 구축하여 주민 보호
■ 국토부, 공기업 중심 - 정부, 공기업 중심 도시재생 사업 추진으로 사회적 경제 육성 미흡 - 각 부처 사업 간 연계 미흡	⇨	■ 도시재생 경제조직 활성화, 범부처 통합 지원 - 도시재생 경제조직, 민간부문 등 다양한 주체의 참여 활성화 - 각 부처 간 협업을 통해 시너지 효과 창출, 주민 체감도 제고

3. 도시재생 뉴딜 로드맵의 주요 추진과제

(1) 노후 주거지를 쾌적한 주거환경으로 정비

저층주거지에 마을도서관·커뮤니티시설 등 선진국 수준의 생활인프라를 확충하기 위한 국가최저기준 정비·지원, 주택도시기금 융자, 통합지원센터 설립 등 공적지원을 강화하여 자율주택 및 가로주택 등 소규모 정비사업 활성화, 주민이 원하는 생활편의 서비스를 공동구매·관리하는 마을관리 협동조합을 활성화(지역금융기관을 지정하여 운영 지원, 주택도시기금에서 사업자금 융자)하고, 공적임대주택 공급도 확대한다.

(2) 구도심을 혁신 거점공간으로 조성

도시재생 어울림플랫폼	도시재생 첨단산업공간	유휴공간 복합 개발	스마트 시티형 뉴딜사업	지역 특화재생 프로그램	계	5년 총계
연 20곳 이상	연평균 3곳 내외	연 5곳 이상	연 5곳 이상	연 20곳 내외	연 53곳	총 250곳

컴팩트 네트워크형 도시재생을 위해 구도심에 창업·주거·문화 등이 복합된 혁신공간을 조성하고 주변과 교통접근성 개선, 도심 내 창업공간, 청년임대주택, 각종 공공서비스 지원센터 등이 연계된 복합 앵커시설(도시재생 어울림플랫폼) 조성, 첨단산업단지를 연계·활용하여 산업·주거·상업 등 복합기능 유치, 국·공유지, 폐교 등을 활용하여 복합문화공간을 조성한다. 또한, 지역 특화재생을 위해 역사·문화재생, 건축·경관재생, 지역상권 재생, 농어촌재생 등을 관계부처와 협업하여 추진하고, 스마트시티형 도시재생 뉴딜사업 활성화 및 IOT기업 등이 사업시행 등에 참여할 수 있도록 민간공모를 추진한다.

(3) 지역 기반의 도시재생 경제 생태계 조성

도시재생 경제조직으로 재생 관련 청년 스타트업 등을 국토교통형 예비사회적 기업으로 우선 지정, 기금 융자 등 지원, 어울림플랫폼 내 창업·주거·커뮤니티 공간 등이 융·복합된 '창업 인큐베이팅 공간'을 조성하여 시세 50%이하로 저렴하게 제공, 지역건축사·에너지평가사·시공자 등의 창업 활성화(「터 새로이」 사업)를 위해 사업비 지원(공모·심사를 통해 지역 청년·주민 고용, 이익 재투자 등 조건 충족 시 지원), 재생지역 건축물 개량사업 우선 수행을 지원한다. 아울러, 주거·상업 시설 등의 복합개발 활성화를 위해 부동산투자회사(리츠)에 대한 기금 지원 확대, 상가, 주택 등을 先매입하여 민간이 저렴하게 활용할 수 있도록 「공간지원리츠」를 도입하여 공공임대상가 공급 등에 활용 민간참여를 확대한다.

뉴딜사업비, 기금 융자 등을 통해 마을도서관·체육시설, 커뮤니티시설 등 지역의 기초생활인프라 공급 지원을 위해, 공공임대주택 건설부지, 공원 등 노후 공유자산을 복합 개발하여 공용주차장 등 개방형 편의시설을 공급하는 모델 마련, 준BTO 방식 등 민·관 협력형 사업모델도 발굴하여 판매·서비스 시설 등 기초 생활편의시설의 공급을 지원한다.

〈준BTO 방식의 사업구조(안)〉

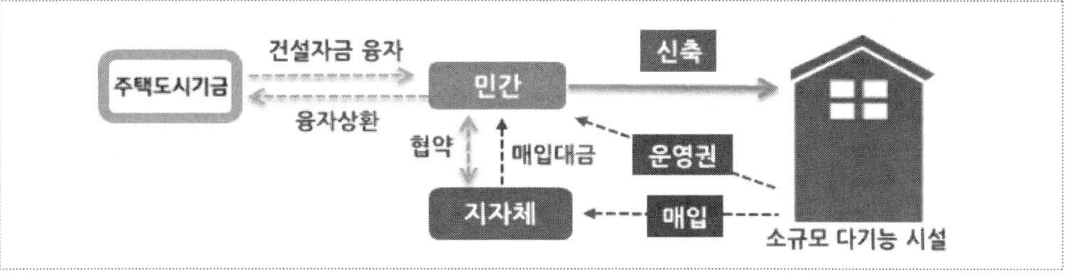

사회적 금융, 모태펀드 등을 통한 자금지원을 위하여, 정부지원 후에도 도시재생이 지속적으로 추진되도록 사회적 금융 등 도시재생 경제조직의 재원조달 방안을 마련하고, 우선 중소벤처기업부(중기부)의 '임팩트 투자펀드'를 연계·활용하여 도시재생 관련 소셜벤처, 국토교통형 예비사회적기업 등 지원, 도시재생 경제조직이 활성화되는 시점에 맞춰 사회성과연계채권(SIB), 크라우드펀딩 투자, 모태펀드 등 新 금융기법 활용방안도 마련한다. 아울러, 리츠활성화를 통한 지원을 위해, 마중물 역할을 하는 주택도시기금 지원을 통해 민간자본의 참여를 유도하도록 한다. 이를 위해 도시재생 복합개발 리츠를 주택도시기금의 출·융자 확대, 전환사채 발행(메자닌 투자) 등 사업성 제고를 통해 민간의 참여 유도, 사전협상제도 도입, 수익의 지역 재투자, 지역기반 조직(도시재생회사 등)에 자산 위탁관리 방안 등 종합대책 수립, 공간지원리츠를 위해 민간사업자의 초기 자금부담을 덜어주기 위해 도시재생사업의 자산(상가, 주택 등)을 先매입하는 리츠 도입, 기금 출·융자를 통해 리츠를 설립하여 자산 매입 후 도시재생 경제조직 등에게 운영·관리를 위탁하여 민간이 저렴하게 활용할 수 있도록 하고, 母子리츠 구조를 도입하여 리츠의 사업 리스크를 분산하여 민간 참여 활성화를 유도한다. 또한, 민관협력(PPP)방식 도입에 공모 등을 통해 민간이 제안한 단위 사업계획을 지자체가 재생활성화계획에 반영하고 단위사업을 민간이 추진하는 방식을 도입하여, 일자리 창출, 공공시설 설치 등 공공성 확보와 연계될 경우 특별구역 지정(취득세·재산세 등 감면, 개발부담금 완화, 건축물 용도·건

폐율·용적률 완화 등) 등을 통해 민간투자를 촉진한다. 다만 민간이 이익을 독점하지 않도록 공공기여 등 개발이익을 해당 도시재생 사업지역 내 재투자하는 방안을 마련한다.

〈도시재생뉴딜 금융지원 확대방안〉

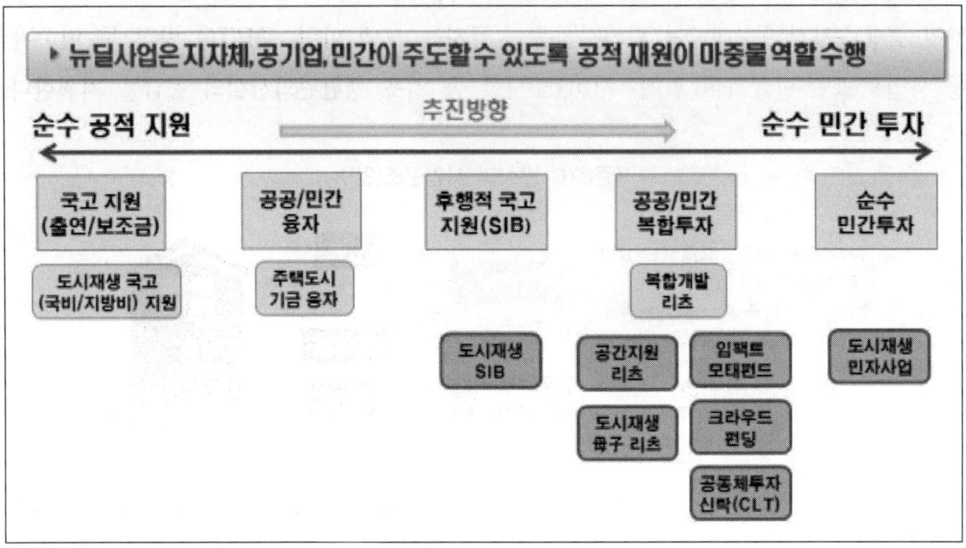

(4) 풀뿌리 도시재생 거버넌스 구축

〈단계별 도시재생 역량강화 지원체계〉

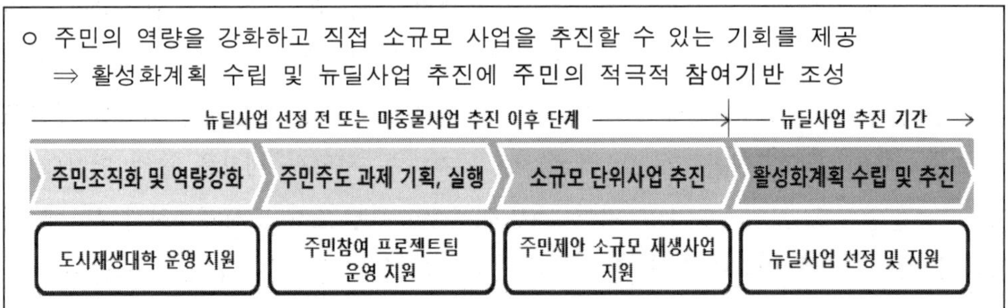

지역이 교육 과정을 직접 기획하고 시행할 수 있도록 '도시재생대학' 중심의 지역주도 교육체계 확립(총 200개 이상 육성)으로 도시재생 역량을 강화한다. 또한, 소규모 재생사업(집수리 등 마을재생 경제조직 설립, 빈집 리모델링 시범사업, 마을도서관 등)을 주민 등이 제안하면 선정('18년 50억원), 「주민 참여 프로젝트 팀(지역 주민, 서비스 디자이너 등 전문가, 도시재생지원센터 직원 등이 참여)」을 구성하여 집중 컨설팅 지원하고, 도시재생지원센터를 활성화하여(총 300곳) 주민서비스의 통합 플랫폼으로 발전 유도(주거복

지센터, 창업지원센터 등 연계)하는 등 현장중심 재생을 활성화한다.

(5) 상가 내몰림 현상(상가 젠트리피케이션 부작용) 대응

도시재생 지역 내 상생협의체 구축 및 상생계획(상생협약 체결 시 금융 및 도시계획상 인센티브 부여 등 내몰림 최소화 대책) 수립 의무화, 저렴한 공공임대상가 공급으로 재생지역을 집중관리하고, 안정적 임차환경 조성을 위해 계약갱신청구권 기간 연장, 권리금 보호 확대 방안을 검토하여 상가임대차법 등의 개정을 추진함은 물론, 뉴딜지역 외를 포괄하는 상생협약의 법제화도 추진(상가임대차법, 지역상권법)하여 사회적 규제 합리화를 추진한다.

4. 추진과제 실천을 위한 기반 구축

(1) 지역 주도의 뉴딜사업 추진

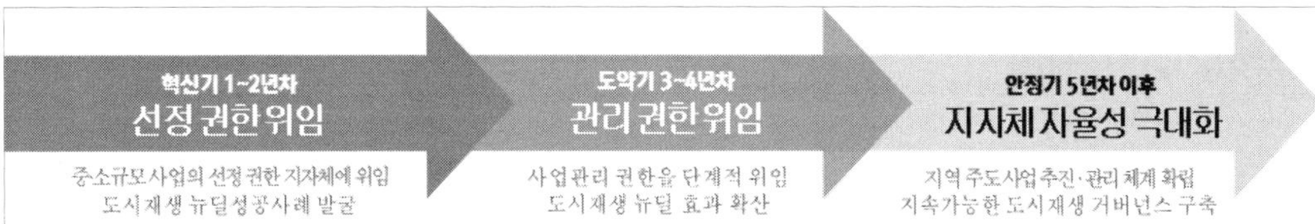

지역 주도의 지속가능한 맞춤형 도시재생을 위해 '22년까지 사업 선정 및 관리권한을 지자체에 단계적으로 위임하고, 연 평균 100곳 내외(총 500곳) 선정, 구체적 물량 및 지역별 규모는 매년 수요조사, 재생계획 준비정도 등을 고려해 결정하고, 사업관리는 재정투입 효과 등 사업의 실현가능성 검증을 강화하여, 사업 신청→선정→착수의 3단계에 걸쳐 부동산시장 과열 시 사업 제외(뉴딜사업지 대상 부동산시장 과열진단지표(棟단위 이하 표본설계) 개발, 조사 실시)한다.

아울러, 효율적인 사업운영을 추진하기 위하여 뉴딜사업 관리체계를 구축한다. ① 우선 사업타당성 평가를 위해, 기존의 1·2차 관문심사(거버넌스 심사, 계획수립 심사)를 재정지원의 타당성 검증 체계로 통합하여 사업 실현가능성 등을 검토한다. 거버넌스, 활성화계획의 적정성, 단위 마중물사업의 경제·사회·환경적 효과 및 추진가능성 등을 정량적·객관적으로 평가(거버넌스 역량에 대해 평가위원 재량 부여 등 필요 시 정량적·정성적 평가 병행), 활성화계획 및 단위 사업의 효과를 평가하기 위해 사업유형별 성과지표에 대한 비용효과분석(E/C), 일자리 창출 효과 산정, 평가의 검증은 전문성을 갖춘 평가

전문기관·전문인력이 참여, 평가결과는 사업 컨설팅, 예산의 증감, 사업의 추진성과 점검에 활용(지자체의 자체평가를 기초로 하므로 자료의 신뢰도를 위해 허위자료에 페널티 부여)한다.

〈관문심사와 도시재생사업 실현가능성 평가체계 비교〉

(기존) 관문심사	(개선) 사업 타당성 평가
(사전준비) 거버넌스 구축 (1차 관문심사: 사업구상서 보완단계) • 지자체가 국토교통부에 관문심사 요청→심사위원 현장방문 및 관문심사 의견제시→지자체 관문심사결과 조치 계획수립 (2차 관문심사: 활성화계획 승인을 위한 심사) • 1차 통과 지자체→컨설팅→2차 요청→ 심사결과 제시→지자체 심사결과 조치 (3차 관문심사: 사업시행단계별 관문심사) • 단계별 관문심사 컨설팅 과정을 거쳐 심사를 통화할 때까지 재심의	(사업 실현가능성 검증) • 1차·2차 관문심사를 통합하여 1회 심사 • **지자체**가 전문 수행기관에 계획의 실현가능성 평가 검증 의뢰→**평가 검증기관**이 검증결과 및 의견 제시→지자체가 평가결과 조치 계획수립 • 사업시행단계 관문심사(3차)에서는 모니터링 및 컨설팅 지속 (중점 평가 항목) • **활성화계획**의 준비정도와 사업의 추진가능성 • **사업의 효과**(성과지표에 대한 비용효과분석 및 일자리 창출 효과 산정)

② 사업시행 및 관리체계 확립을 위해, 기존의 3차 관문심사, 연차별 평가를 통합한 연차별 추진실적평가 및 사업지원 종료 후의 종합성과평가(신설)를 통해 체계적 모니터링을 실시한다. 연차별 추진실적평가에서 사업 전 과정에 걸쳐 단계별로 일관되게 모니터링하는 시스템 구축, 장기적 관점에서 관리, 종합 성과평가에서 사업지원 종료 후에는 사업성과와 효과를 종합적으로 평가하고 피드백(평과결과에 따라 인센티브, 페널티 부여 방안 마련)할 수 있는 종합 성과평가로 진행한다. 또한 주거복지, 일자리 창출, 사회통합 등 뉴딜사업의 목표에 부합하는 사업특성별·질적 표준평가지표를 발굴하여, 기존 재생사업 평가지표 재검토, 지역 및 사업특성 등을 감안하여 경제·사회·환경·문화 및 공동체를 복합적으로 고려한 지표 마련, 사업 실현가능성평가(타당성분석) ⇒ 연차별 실적평가(투입지표 위주) ⇒ 종합 성과평가(성과지표 위주) 지표를 단계별로 표준화한다.

〈도시재생사업 평가시스템 개선 (안)〉

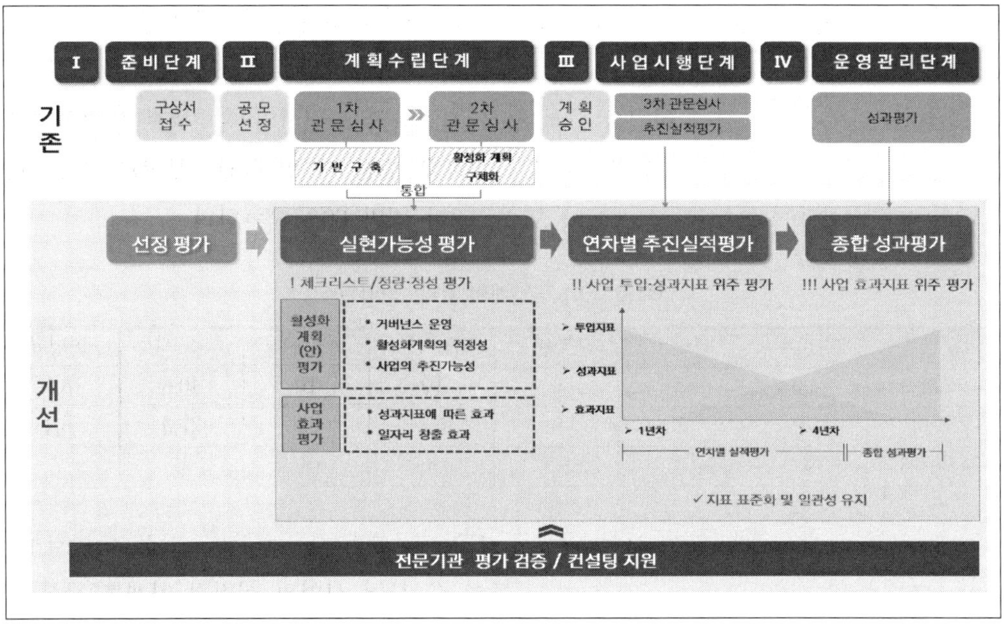

(2) 법 · 제도 개선

혁신공간 조성 등을 지원하기 위한 도시재생특별구역 제도 및 공공기관 · 주민 등이 제안하는 도시재생사업 인정제도 도입 등을 도시재생법의 개정을 통해, 도시재생 특별구역 도입, 도시재생사업 인정제도 도입, 도시재생 활성화계획 정비, 도시재생 전략계획 정비, 재생활성화계획 유형 및 재생활성화 지역 지정기준 개선, 도시재생 종합정보체계 고도화 등을 추진한다.

(3) 공적재원의 효율적 운용

사업추진을 위한 재정(연 2조원)은 국비(8천억), 지방비(5천억), 각 부처 재생 관련 사업(7천억)을 재생지역에 집중적으로 연계하여 지원될 수 있도록 관계부처 협업지원 TF, 도시재생특위 운영의 내실화, 기금(연 4.9조원)은 창업지원시설, 상가, 공용주차장 등 재생사업에 대한 직접 지원(1.1조원 규모) 활성화, 노후산단 등 지원대상을 확대하며, 공기업(연 3조원)이 참여하는 총괄 사업관리자 제도 도입, 도시 · 교통 · 문화 등 다양한 기관의 참여 유도를 위해 경영평가 등에 반영방안을 검토한다.

Ⓐ 대규모 공적재원의 체계적인 운용계획을 수립하여 재정 효율성 제고, Ⓑ 민간 플랫

폼 연계 강화 : 시중은행 연계상품 개발, 사회공헌 연계, Ⓒ 지자체 중심 금융지원체계 구축방안 검토, Ⓓ 공기업 참여 확대 : 총괄사업관리제도 도입, 경영평가 반영을 검토한다. 재정투입 및 재생사업자금 및 금융지원을 위한 계획을 살펴보면, ① 재정 투입계획 : 국비 2조원은 연차별로, 사업 성격과 규모 등을 감안하여 뉴딜사업 유형별로 국비의 차등 지원(스마트시티형 뉴딜 시범사업 등 핵심 국정과제 추진 시 인센티브 부여), 지역 여건에 따라 국비지원 비율을 차등화(광역시 50%, 기타 지방 60% 등)한다.

〈연차별 국비 투입계획(단위: 천억원)〉

구분	'18년	'19년	'20년	'21년	'22년	총 계	연평균
국비	4.6	7	9	10	10	40.6	8.1
지방비	3	5	6	6.7	6.6	27.3	5.4
부처연계	4	6.5	8.5	8	8	35	7

② 각 부처의 도시재생 관련 사업 연계 : 협업지원 TF('17. 9월~, 팀장 : 국토부 1차관), 도시재생특위(위원장 : 국무총리)를 통해 각 부처 사업의 실질적 연계를 강화, 부처 연계사업이 뉴딜사업의 주된 컨셉인 경우 협업지원 TF를 통해 소관 부처와 국토부가 해당 사업을 공동으로 평가·선정, 도시재생특위 심의를 통해 확정된 활성화계획에 포함된 부처 연계사업에 대해서는 각 부처가 우선적으로 추진(예산 배정 등)한다.

③ 주택도시기금 지원계획(연평균 4.9조원 수준) : 대규모 복합개발사업 출융자, 수요자 중심형 재생사업 융자(창업 시설, 코워킹 커뮤니티시설, 상가리모델링, 공용주차장 등), 소규모 주택정비사업 등 도시재생 직접사업에 1.1조원 지원, 뉴딜사업지 및 인근지역에 매입·전세임대, 노후공공청사 복합개발 등을 통한 공적임대주택 공급을 위해 3.8조원 지원하는데, 지자체·공기업·민간에서 사업을 발굴하고 기금 출·융자를 신청하면 지원 적정성에 대한 심사(사업성 심사(출·융자: HUG) 등)를 거쳐 집행, 매년 집행실적을 점검한다.

〈연차별 기금 투입계획(단위: 천억원)〉

구분	'18년	'19년	'20년	'21년	'22년	총 계	연평균
기금	44.8	50	50	51	51	246.8	49

또한, 도시재생 직접사업의 재원인 도시계정이 주택계정 전입금에 의존하는 상황이므로 도시계정의 독자적인 재원조달·운용방안 마련, 부담금 등을 통해 추가 재원을 확충하고 쇠퇴 지역, 저소득층 등에 대한 기금 지원 확대 등 공공성을 강화한다.

④ 주택도시기금 지원 확대 : 지자체, 공기업, 민간이 적극적으로 뉴딜사업에 참여할 수 있도록 다양한 도시재생 사업에 마중물 역할로서 기금 지원 방안 마련, 노후산단 재생 등 기금의 지원 대상을 확대하고, 도시재생사업 인정제도를 활용하여 다양한 재생사업에 기금을 지원, 도시재생 사업자가 HUG의 신용보강을 통해 장기·저리의 금융지원을 받을 수 있도록 다양한 맞춤형 보증상품을 개발한다.

⑤ 민간 플랫폼을 활용한 금융지원 모델 구축 : 시중은행과 협약(HUG는 보증을 통해 신용보강, 시중은행은 맞춤형 대출상품 연계)을 체결하여 은행의 풍부한 유동성, 영업망 등을 활용한 맞춤형 금융상품 개발, 해당 협약을 체결한 융자를 이용하는 도시재생 사업자에게 이자율 및 보증료율 우대, 표준화된 대출조건 적용, 사회복지협의회, 사회공헌정보센터 등을 통해 사회공헌을 희망하는 민간기업과 도시재생 사업자를 연계하고 지원한다.

〈시중 은행과 연계한 협약보증 구조〉

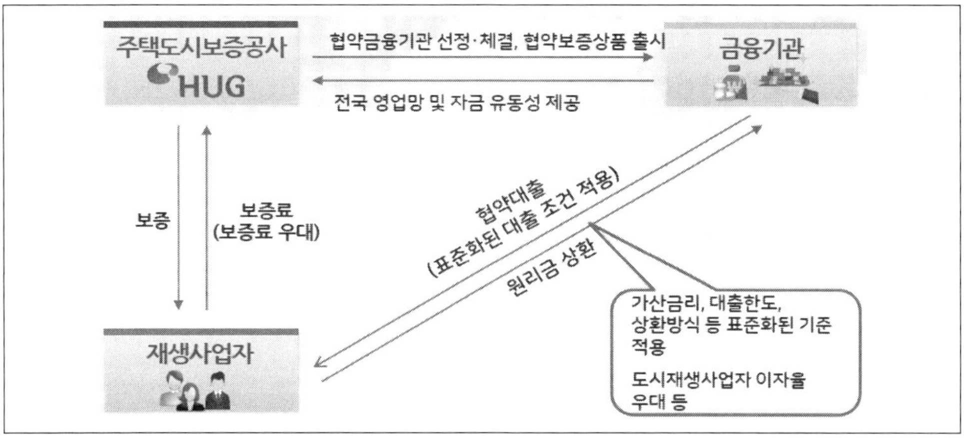

⑥ 지자체 중심의 금융지원 체계 구축 : 도시재생은 주택과 달리 지역별로 사업대상과 유형이 다양하므로 지자체 등 현장 중심으로 기금지원 및 사업 추진이 진행될 필요가 있어, 지자체 도시재생 특별회계(기금)에서 지자체의 개별 프로젝트를 지원하는 구조를 활성화하여 지자체 역할을 강화하고, 도시재생사업 수익 중 일부를 지자체 도시재생 특별회계(기금) 수입으로 책정하여 지역별 도시재생 이익의 선순환 구조 확립, 지자체 차원의 각종 부담금, 민간 투자자 모집 등 지역재생을 위한 재원확보방안을 마련한다.

⑦ 공기업의 역할 확립(투자 유도 연 평균 최대 3조원 수준) : 사업의 시행자 역할에서 단위사업, 거점시설의 사업계획 수립·사업시행·운영까지 총괄 관리하는 사업관리자로의 역할을 확대하고, 무분별한 투자를 방지하기 위해 공기업의 뉴딜사업 참여는 내부

경영투자심의, 공공기관 사업 예비타당성 조사(기재부)를 거쳐 추진한다.

〈총괄 사업관리자 개념도〉

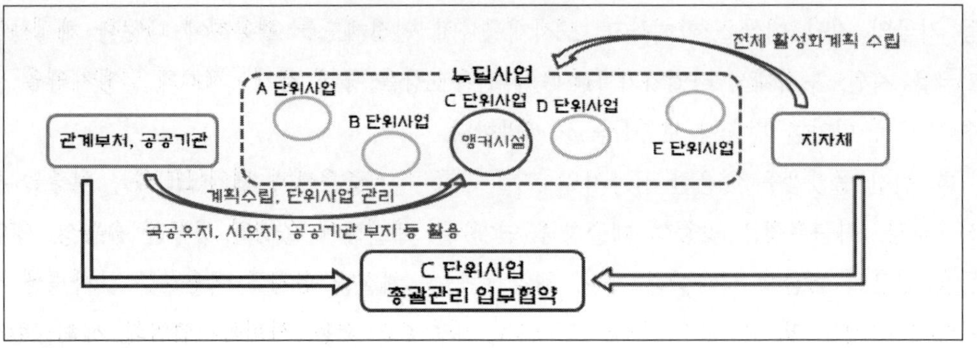

⑧ 공기업의 뉴딜사업 참여 활성화 : 주택·도시개발 관련 공기업(LH, 지방공사 등) 뿐 아니라 교통·문화 등 다양한 공기업의 적극적인 참여를 유도하여, 공기업의 뉴딜사업 참여여부 및 정도를 뉴딜사업 선정기준, 공공기관 경영평가 등에 반영하는 방안 검토, 도시재생 사업지역에서 공공기관이 공공임대상가, 어울림플랫폼 등 복합건축물 사업 등을 추진할 수 있는 기반을 마련한다.

⑨ 지방공기업의 참여 확대 : 지방공기업도 리츠의 자산관리회사(AMC)역할을 수행할 수 있도록 허용하여 지역특화 사업모델 창출, 간접투자 확대, 지방 공유지를 활용한 사업 추진 시 LH와 컨소시엄을 유도하여 공동 AMC를 수행하는 등 지방공기업의 역량 강화도 지원한다.

〈도시재생 뉴딜 금융지원체계 개념도〉

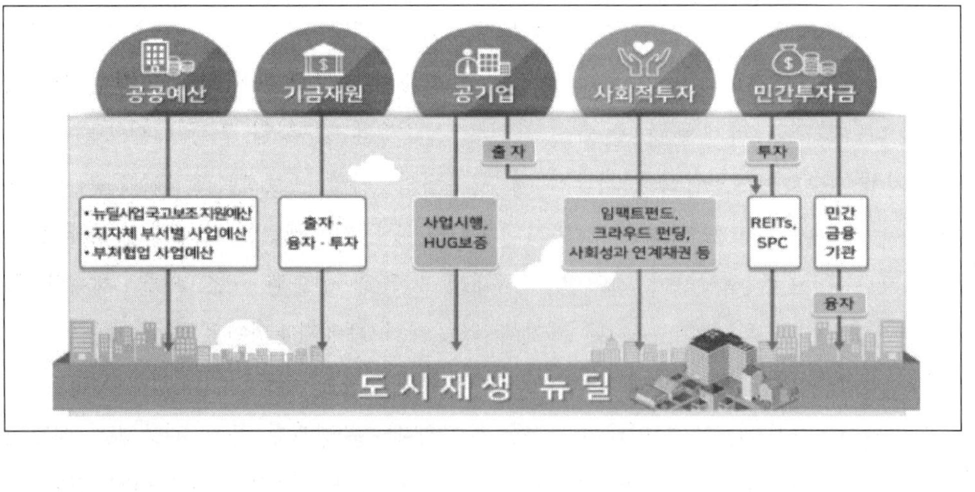

5. 향후 추진계획

혁신공간 조성방안, 도시재생 사회적기업 지원방안 마련, 도시재생법 등 법·제도 개선, 어울림플랫폼 조성 착수를 2018년에 추진하고, 2019년부터 2022년까지 혁신 거점공간, 사회적기업 육성, 공공임대상가 공급, 도시재생지원센터 확대 등 뉴딜사업을 본격화한다. 2020년에 뉴딜사업의 성과를 점검하여 핵심사업에 집중하면서, 지역과 주민 주도의 거버넌스 구축을 통해 지속가능성을 제고한다. 주요 추진계획은 다음과 같다.

추진시기	주요 추진계획
~2018년	o 도시재생 어울림플랫폼 공급방안 마련 o 지역 특화재생 프로그램 추진(관계부처 협업, MOU) o 스마트시티형 도시재생 시범사업 대상 민간 공모 o 국토교통형 예비사회적기업 지정 및 지원 착수 o 「터 새로이」 사업 추진방안 마련
	o 도시재생법 개정 추진, 국가도시재생기본방침 정비 o 도시재생 어울림플랫폼 및 창업 인큐베이팅 공간 조성 착수 o 첨단산단 연계, 국공유지 등 활용 복합문화공간 조성 착수 o 공간지원리츠 도입, 공공임대상가 조성 착수
~2022년	o 도시재생 어울림플랫폼 등 혁신거점 조성(250곳) o 국토교통형 예비사회적기업 육성(250개 이상) o 도시재생대학 프로그램 활성화(200곳 이상) o 도시재생지원센터 확대(300곳 이상) o 공공임대상가 공급(100곳 이상)

제 4 절 도시재생 유형

Ⅰ. 도시재생 유형의 개요

도시재생을 추진함에는 그 유형을 다양한 시각에서 접근해 볼 수 있다. 유형별 특성이 함의하는 바는 정책추진의 목표와 연계된 것이며, 우선적인 정책지향점을 가늠해 볼 수 있는 기준이 되기도 한다. 고려해 볼 수 있는 유형의 분류기준으로, ① 재생지역 규모 : 복합도시재생(국가·광역차원의 대단위 사업), 지역(시군구단위)단위재생, 지구(읍면동)단위재생, 블록(구역)단위재생, 마을단위재생, 지번(소규모)단위재생 등 면적 등을 고려한 유형이다. ② 재생추진 주체 : 합작(국가, 지자체, 공공기관, 민간 등), 국가, 지자체, 공공, 지역주민, 민간 등에 의한 추진주체를 고려한 유형이다. ③ 재생사업 금융방식 : 예산(정부, 지자체), 기금/공공자금, 투자/펀드, 기부 등의 재원에 기준한 유형이다. ④ 개발방식 : 복합도시개발, 문화적 가치제고, 관광 및 상업활성화, 주거환경개선 및 주거복지향상, 사회기반시설 확충 등 그 목적에 따라 개발방식을 달리하는 유형이다. ⑤ 재생지역 및 사업특성 : 도시재생대상 지역의 특성을 고려한 분류방식으로 공장 및 산업단지 재생(룩셈부르크 벨발, 스웨덴 말뫼, 덴마크 코펜하겐 뇌테브로 슈퍼킬른 등), 수변지대 재생(영국 도크랜드, 네덜란드 로테르담 및 암스테르담 등), 항만시설 재생(미국 샌프란시스코 피어39, 스페인 빌바오, 덴마크 코펜하겐 북항만 등), 중심상업 및 업무지대 재생(일본 롯본기힐, 덴마크 코펜하겐 베스테르브르 엥하벤 등), 철로 및 철도역 재생(네덜란드 암스테르담 더 할렘, 일본 도쿄 사이타마, 프랑스 파리 스테이션F 등) 등으로 구분해 볼 수 있다. ⑥ 도시재생의 목적 내지 테마를 중심으로 분류해 볼 수 있는데, 문화, 상업, 공원, 도로, 주거 등으로 구분해 볼 수 있다. 이처럼 분류방식에는 다양한 형태로 설명될 수 있다.

이러한 도시재생유형은 도시재생뉴딜사업추진을 통해서 살펴보면 규모적인 측면이 많이 고려된 것으로 판단된다. 즉, 도시재생 뉴딜사업 5대 사업모델은 면적 규모에 따라 우리동네살리기, 주거정비지원형(주거지 지원형), 일반근린형, 중심시가지형, 경제기반형 등 다섯 가지로 나뉜다. 가장 소규모인 Ⓐ 우리동네살리기는 면적 5만㎡ 미만 소규모 저층 주거밀집지역에서 추진하며 거주민 1,000가구 이하 마을이 해당된다. 이곳에는 주택 개량과 함께 CCTV, 무인택배함 등 생활밀착형 소규모 생활편의시설이 설치된다. Ⓑ 주거정비지원형은 5만~10만㎡ 저층 단독주택지역을 대상으로 하며 도로정비, 주택정비, 공공임대주택 공급 등이 이뤄진다. Ⓒ 일반근린형은 10만~15만㎡ 주거지와 골목상권 혼재지역이다. 여기에는 노인·청소년 등 지역민을 위한 문화서비스 공간 등이 설치된다. Ⓓ 중심시가지형은 주로 상업지역(20만㎡)에서 이뤄지며 노후시장 개선, 빈 점포 리모델링을 통한 창업공간 지원 등이 이뤄진다. Ⓔ 경제기반형은 역세권, 산업단지, 항만 등 대규모 사업지(50만㎡ 산업 지역)가 해당된다. 여기에는 복합지식산업센터 건립, 국유지 활용 개발 등이 이뤄진다.

Ⅱ. 법규상에 규정된 유형

도시재생법에서는 도시재생사업을 도시재생활성화지역에서 도시재생활성화계획에 따라 시행하는 ① 국가 차원에서 지역발전 및 도시재생을 위하여 추진하는 일련의 사업, ② 지방자치단체가 지역발전 및 도시재생을 위하여 추진하는 일련의 사업, ③ 주민 제안에 따라 해당 지역의 물리적·사회적·인적 자원을 활용함으로써 공동체를 활성화하는 사업, ④ 도시정비법에 따른 정비사업 및 도시재정비법에 따른 재정비촉진사업, ⑤ 도시개발법에 따른 도시개발사업 및 역세권의 개발 및 이용에 관한 법률에 따른 역세권개발사업, ⑥ 산업입지 및 개발에 관한 법률에 따른 산업단지개발사업 및 산업단지 재생사업, ⑦ 항만법에 따른 항만재개발사업, ⑧ 전통시장법에 따른 상권활성화사업 및 시장정비사업, ⑨ 국토계획법에 따른 도시·군계획시설사업 및 시범도시(시범지구 및 시범단지를 포함) 지정에 따른 사업, ⑩ 경관법에 따른 경관사업, ⑪ 빈집 및 소규모주택 정비에 관한 특례법에 따른 빈집정비사업 및 소규모주택정비사업, ⑫ 공공주택 특별법에 따른 공공주택사업, ⑬ 전통시장법에 따른 상업기반시설 현대화사업, ⑭ 국가통합교통체계효율화법에 따른 복합환승센터 개발사업, ⑮ 관광진흥법에 따른 관광지 및 관광단지 조성사업으로 규정하고 있다.

결국 도시재생법에서는 도시재생의 유형을 명시적으로 규정하고 있지는 않다. 즉 도시재생사업의 내용을 통해 추정해 보면 도시개선 등과 관련한 많은 사업들이 모두 도시재생에 해당하지만 특별히 유형으로 규정하고 있지는 않다는 점이다. 다만, 도시재생활성화계획의 개념정의에서 도시경제기반형 활성화계획과, 근린재생형 활성화계획으로 구분하고 있어 이를 통하여 '도시경제기반형'과 '근린재생형'이 법규상 규정한 도시재생의 유형으로 고려될 수 있다고 할 수 있다.

〈도시재생법상의 도시재생활성화계획 유형〉

구 분	내 용
도시경제기반형	산업단지, 항만, 공항, 철도, 일반국도, 하천 등 국가의 핵심적인 기능을 담당하는 도시·군계획시설의 정비 및 개발과 연계하여 도시에 새로운 기능을 부여하고 고용기반을 창출하기 위한 도시재생활성화계획
근린재생형	생활권 단위의 생활환경 개선, 기초생활인프라 확충, 공동체 활성화, 골목경제살리기 등을 위한 도시재생활성화계획

도시경제기반형 도시재생활성화계획에 근거해 실시하는 도시재생사업은 어느 정도 규모가 큰 사업으로써 도시에 신기능 도입 등을 통한 고용기반 창출 등 경제적 측면의 효과를 주요 목적으로 하고 있는 것이 특징이다. 때문에 사업완료 후의 효과분석과 관련해서도 경제적 효과부분을 고려할 필요가 있다. 반면 근린재생형 도시재생활성화계획에 근거해 실시하는 도시재생사업은 생활권 단위, 골목 등 비교적 작은 단위의 공간에 대한 물리적 측면의 개선 및 사회적 측면의 공동체 활성화 그리고 경제적 활성화 등을 주요 목적으로 하고 있는 것이 특징이다. 근린재생형 사업은 도시경제기반형 사업에 비해 사업완료 후 물리·환경적 측면뿐만 아니라 사회적, 경제적인 측면을 포함한 다양한 분석지표가 요구된다고 할 수 있다.

〈도시재생관련 법규 및 도시재생사업〉

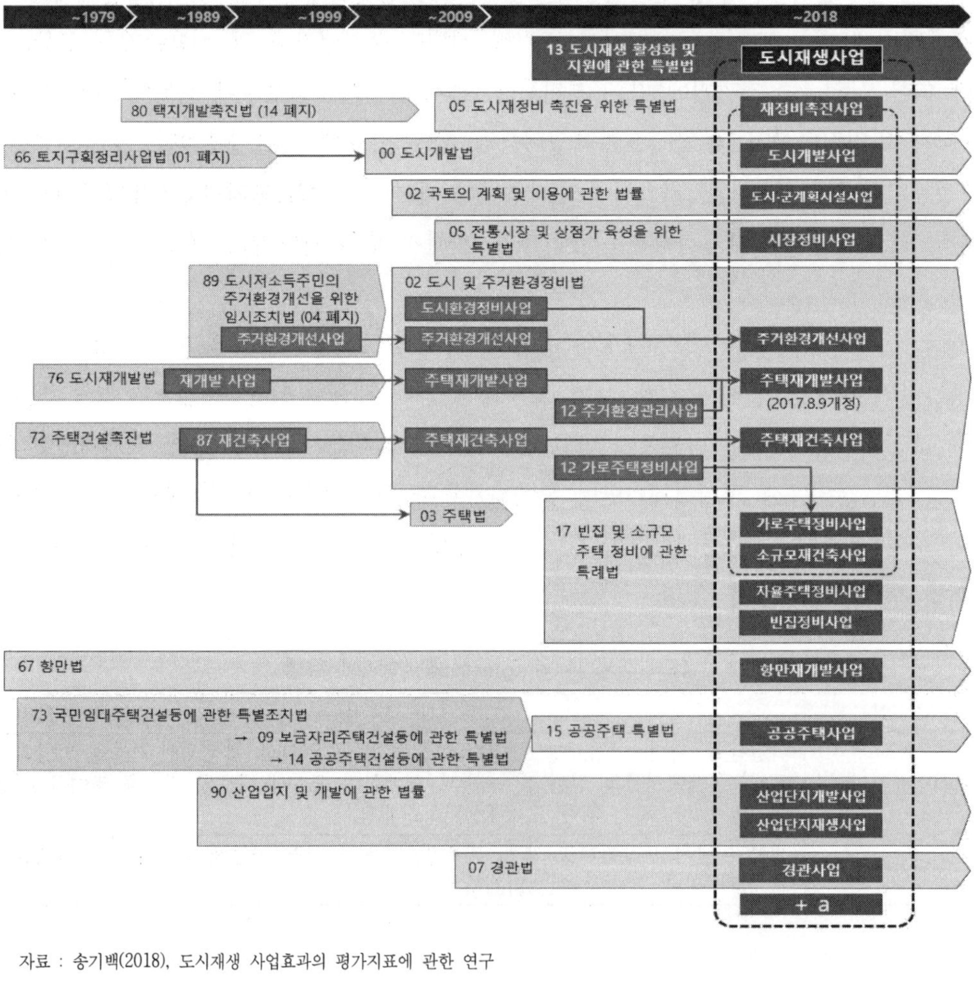

자료 : 송기백(2018), 도시재생 사업효과의 평가지표에 관한 연구

Ⅲ. 정책적인 유형

도시재생사업의 유형과 관련하여 정책적으로 추진되고 있는 사업은 도시재생법 제정 이전부터 시행하고 있는 '도시활력증진지역[21] 개발사업'이 있고, 도시재생법 제정 이후 국가정책에 따라 도시경제기반형과 근린재생형, 도시재생 선도지역에서의 경제기반형, 중심시가지 근린재생형, 일반 근린재생형으로 구분된다. 아울러, 도시재생뉴딜정책에서는 경제기반형, 중심시가지형, 일반근린형, 주거지지원형, 우리동네살리기 등 5가지의 유형모델을 제시하였다.

1. 도시활력증진지역개발사업 정책에서의 유형

도시활력증진지역개발사업은 지자체의 자생적 발전을 유도하기 위해 도시활력증진지역에 해당하는 기초지자체에 포괄보조로 지원하는 사업으로써, 도시활력증진지역에 거주하는 지역주민에게 최소한의 기초생활수준을 보장하고, 지역의 특색 있는 발전 도모를 목적으로 한다.[22] 이 사업은 기존의 노무현 정부에서 2008년 이명박 정부로 교체되면서 도시재생이 새로운 국가정책으로 부상함에 따라 지역발전의 체계적·효과적 지원을 위해 유사사업과 중복지원의 논란이 있었던 정부의 각 부처별 210개 지원사업들을 24개 포괄보조사업군으로 통폐합하면서 도입되었다. 2009년 이전 도시활력증진지역에서 추진하던 국토해양부의 살고 싶은 도시 만들기, 행정안전부의 소도읍육성사업, 농림부의 농촌마을종합개발사업 등 정부부처의 총 16개 사업이 2010년에 도시활력증진지역 개발사업으로 통합 개편된 것이다.[23] 도시활력증진지역 개발사업은 도입당시 Ⓐ 도시활력재생, Ⓑ 마을활력재생, Ⓒ 기반시설정비로 구분하여 관리되었으나 2011년 이후에는 도시활력재생사업이 ⓐ 주거지재생사업과 ⓑ 중심시가지 재생사업으로 세분되고 마을활력재생사업과 기반시설정비사업은 ⓒ 기초생활기반확충사업으로 통합됨과 함께 ⓓ 지역역량강화사업이 신설되면서 4가지 유형으로 분류하여 관리되었다. 4가지로 분류하던 사업유형은 2016년부터 지역역량강화 사업은 유지하고, 기존의 나머지 3개유형(주거지재생·중심시가지재생·기초생

21) 특별·광역시의 군·구 및 도농복합시를 제외한 시 지역 다만, 도농복합시 중 인구 50만 이상의 대도시는 포함된다.
22) 국토교통부(2017), 2017년도 도시활력증진지역 개발사업 지원신청 가이드라인.
23) 홍경구·최문순·박병순·김진수·권혁일·김경배·박민경·권대환·정현순(2013), 도시활력증진지역 개발사업 현황과 과제, 도시정보(제372호).

활기반확충)의 사업을 '도시생활환경개선' 사업으로 통합하면서 2가지 유형으로 구분하여 추진되고 있다.

〈도시활력증진지역 개발사업의 4가지 유형(2011~2015)〉

구 분	주요 내용
주거지재생	정비기반시설이 열악하고 노후, 불량 건축물이 밀집한 지역을 대상으로 도로 등 정비기반시설의 정비, 주택의 직접 건설 또는 지역 주민의 자발적인 주택개량을 유도하기 위한 사업
중심시가지재생	도시가 가지고 있는 경쟁력 우위요소를 발굴하고, 도시별 특화발전계획을 수립하여 도시의 상업, 환경 등 기능을 단독·복합적으로 재생하는 사업
기초생활기반확충	마을생활권을 대상으로 주민과 함께 마을을 진단하고 마을계획을 수립하여 기반시설을 정비·개량하는 사업
지역역량강화	지속가능한 도시재생을 유도하기 위하여 지역주민을 대상으로 한 지역리더 양성 프로그램, 지원센터의 운영, 지역 및 사업을 위한 홍보·교육 등 소프트웨어 사업

자료: 국토교통부(2012), 2012년 도시활력증지지역 개발사업 예산신청 가이드라인

〈도시활력증진지역 개발사업의 유형변경〉

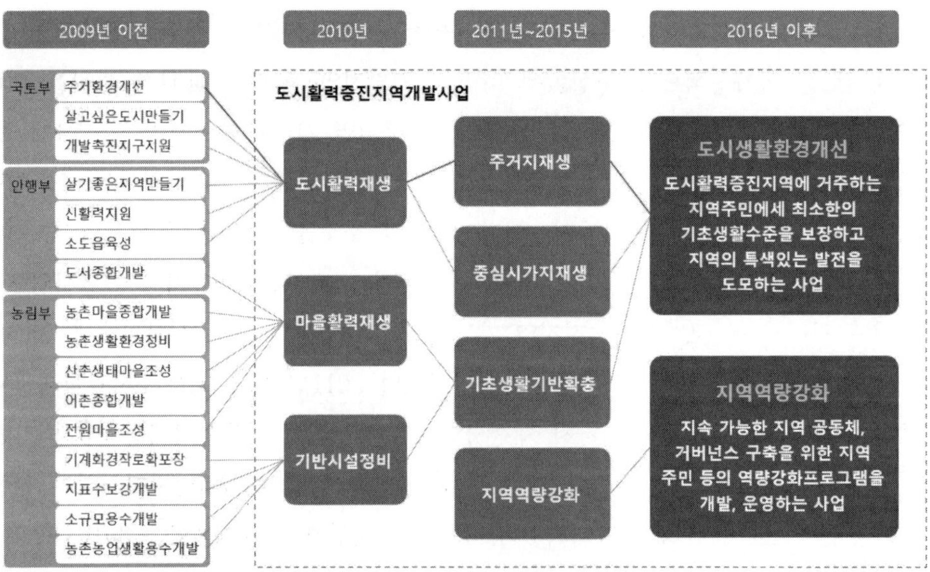

자료: 도시재생종합정보체계

2. 도시재생 선도지역 및 일반지역 정책에서의 유형

법정유형은 도시경제기반형과 근린재생형 2가지로 규정되어 있지만, 실제 이를 적용하

면서 사업유형이 추가되거나 세분되었다. 2014년 도시재생 선도지역을 지정할 때만 해도 법정유형 2가지로 구분하였으나, 2016년 추가로 지정한 도시재생 일반지역은 기존 근린재생형을 '중심시가지 근린재생형'과 '일반 근린재생형'으로 세분하여 지정하였다.

〈도시재생 일반지역 공모 시의 사업유형〉

법정 구분	사업유형 및 주요내용
도시경제기반형	경제기반형 - (목표) 새로운 경제기능의 도입, 기존의 산업기능·업종 전환을 통해 고용기반을 창출하고 주변지역으로 경제회복효과 파급 - (대상지역) 경제회복 효과가 큰 핵심시설*의 정비·개발과 연계하고, 복합적 개발사업(앵커사업) 등을 통해 고용 창출이 가능한 지역 * 산업단지, 항만, 철도, 일반국도, 하천, 공항, 이전적지 등
근린재생형	중심시가지 근린재생형 - (목표) 지역특색을 살려, 침체된 중심시가지의 경제 활성화 - (대상지역) 중심가로와 그 배후지역 등 쇠퇴한 상업지역
	일반 근린재생형 - (목표) 낙후한 근린 주거지역 생활환경 개선을 통한 공동체 유지 - (대상지역) 주거환경이 열악한 근린주거지역

자료: 국토교통부 보도자료(2015.3.20), 쇠퇴도시를 다시 살리는 도시재생사업 공모 착수

3. 도시재생 뉴딜정책에서의 유형

〈도시재생 뉴딜사업 정책에서의 유형 및 내용〉

사업유형	사업의 내용
경제 기반형	국가·도시 차원의 경제적 쇠퇴가 심각한 지역을 대상으로 복합앵커시설 구축 등 新경제거점을 형성하고 일자리를 창출하는 사업
중심 시가지형	원도심의 공공서비스 저하와 상권의 쇠퇴가 심각한 지역을 대상으로 공공기능 회복과 역사·문화·관광과의 연계를 통한 상권의 활력 증진 등을 지원하는 사업
일반 근린형	주거지와 골목상권이 혼재된 지역을 대상으로 주민공동체 활성화와 골목상권 활력 증진을 목표로 주민 공동체 거점 조성, 마을가게 운영, 보행환경 개선 등을 지원하는 사업
주거지 지원형	원활한 주택개량을 위해 골목길 정비 등 소규모 주택정비의 기반을 마련하고, 소규모주택 정비사업 및 생활편의시설 공급 등으로 주거지 전반의 여건 개선
우리동네 살리기	생활권 내에 도로 등 기초 기반시설은 갖추고 있으나 인구유출, 주거지 노후화로 활력을 상실한 지역에 대해 소규모주택 정비사업 및 생활편의시설 공급 등으로 마을공동체 회복

자료: 국토교통부(2017), 도시재생 뉴딜사업 신청 가이드라인

2017년 정부의 도시재생 뉴딜 정책에 의해 기존의 도시재생 유형에 더하여, 저층 노후주거지 주거환경 개선 등을 중점 추진하기 위한 소규모 주거정비 유형(주거지지원형, 우

리동네살리기)이 추가되어 5가지 유형으로 구분하였다. 이에 국토교통부에서는 도시활력증진지역개발사업과의 관계를 포함하여 2018년 3월에 도시재생사업을 유형별로 사업구조와 같이 정리하고 도시경제기반형[24] 외에 각 유형별 도시재생 뉴딜사업 활성화계획 수립 및 사업시행 가이드라인을 정리해 배포하였다. 도시재생사업 유형별 사업구조를 정리하면 다음과 같다.

〈도시재생사업 유형별 사업구조〉

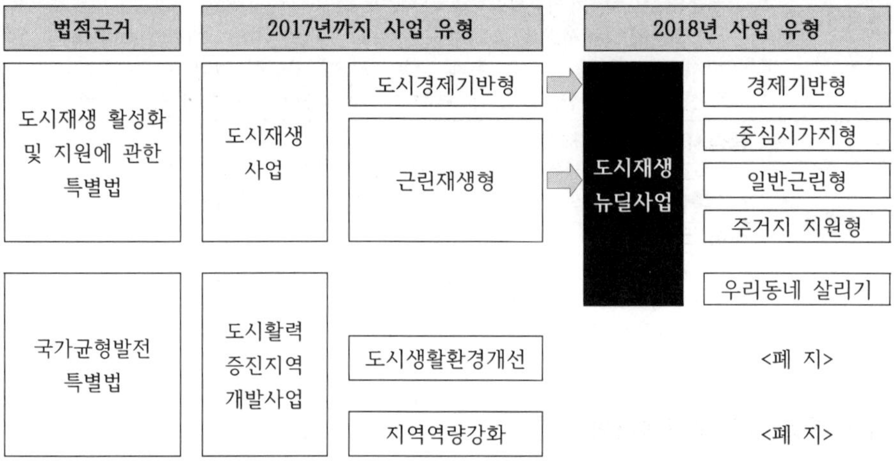

자료: 국토교통부(2018), 도시재생 뉴딜사업(중심시가지형·일반근린형) 도시재생활성화계획 수립 및 사업시행 가이드라인, 송기백(2018), 도시재생 사업효과의 평가지표에 관한 연구

이와 같은 과정을 통해 현재 국내 도시재생사업의 유형은 5가지로 정리할 수 있으며, 각 유형별 특징은 아래 표와 같다. 5가지 유형을 살펴보면 목표 및 대상지역의 특성에 따라 주거기능이 중심인지, 상업 및 산업 등 경제기능을 중심으로 하고 있는 지로 구분할 수 있다. 전자는 우리동네살리기와 주거지지원형이며, 후자는 중심시가지형과 경제기반형이 해당한다고 할 수 있으며, 일반근린형은 중간 혹은 혼합형이라고 할 수 있다.

24) 도시경제기반형과 관련해서는 '도시경제기반형 도시재생 활성화계획 수립 및 사업시행 가이드라인'을 2014년 6월 23일 최초로 배포하였으며 2016년 3월 9일에 이를 수정・보완하였다.

〈도시재생 뉴딜사업의 유형별 특징〉

구분	주거재생형		일반근린형	중심시가지형	경제기반형
	우리동네살리기	주거지지원형			
법정 유형	-	근린재생형			도시경제기반형
기존 사업 유형	(신규)	일반근린형		중심시가지형	도시경제기반형
추진근거	국가균형발전법	도시재생 활성화 및 지원에 관한 특별법			
기간	3년	4년	4년	5년	6년
면적	5만㎡	5만~10만㎡	10만~15만㎡	20만㎡	50만㎡
내용	노후주거지 정비, 공동이용시설, 생활편의시설 등 공급	노후주거지 정비, 골목길 정비, 주차장, 생활편의시설	이전·유휴 공공시설을 활용한 공동체 거점 조성	공공기능 및 상권 활성화를 위한 시설 조성	기반시설 정비 및 복합 앵커 시설 구축
대상지역	소규모 저층 주거 밀집지역	저층 주거밀집지역	골목상권과 주거지	상업, 창업, 역사, 관광, 문화예술 등	역세권, 산단, 항만 등
특성	소규모 주거	주거	준주거	상업	산업
	⇦ 주거기능 중심			경제기능 중심 ⇨	

자료 : 송기백(2018), 도시재생 사업효과의 평가지표에 관한 연구, 국토교통부(2017.9), 도시재생 뉴딜사업 신청 가이드라인, 국토교통부(2018.3), 도시재생 뉴딜사업(중심시가지형·일반근린형) 도시재생활성화계획 수립 및 사업시행 가이드라인.

4. 도시재생사업의 유형별 특징

국내 도시재생사업의 유형 및 특징을 정리하면, 먼저, 국내 도시재생사업의 유형이 점차 세분화되고 있다. 초기 도시경제기반형, 근린재생형 2가지에서 우리동네살리기, 주거지지원형, 일반근린형, 중심시가지형, 경제기반형 5가지로 세분되었다. 그리고 5가지로 세분된 사업유형은 대상지역의 특성 및 사업목적에 따라 주거기능을 중심으로 하는 유형(우리동네살리기, 주거지지원형)과, 경제기능을 중심으로 하는 유형(중심시가지형, 경제기반형), 그리고 주거기능과 경제기능이 혼합된 유형(일반근린형)으로 구분할 수 있다. 그리고 도시재생사업의 유형이 세분화됨에 따라 사업목적이 다르기 때문에 이를 고려한 평가지표의 선정 및 관리방법 등에 대한 고려가 필요하다. 경제기능을 중심으로 하는 유형의 도시재생사업은 대부분 대·중 규모의 사업으로써 고용기반 및 일자리 창출 등의 경제적 효과를 주요 목적으로 하고 있는 것이 특징이기 때문에 효과분석 등과 관련해서도 경제적 효과부분에 초점을 맞춘 지표를 선정할 필요가 있고, 주거기능을 중심으로 하는 유형의 도시재생사업은 생활환경 개선 및 공동체 활성화 부분 등 주민생활의 질 향상에 집중한 지표선정이 요구되며, 규모나 사업목적에 부합하는 거버넌스의 구축과 사업관리프로세스의 체계화도 필요하다.

제 4 장

국내외 도시재생 주요 사례

제 1 절 도시재생 추진 방향

도시재생은 산업구조 변화에 따라 쇠퇴한 도시에 새로운 기능을 추가하는 등의 방법으로 도시에 활력을 불어넣는 것으로, 제2차 세계대전 이후 선진국 도시에서 급속히 나타난 도시 확장으로 인한 도심 공동화 현상을 극복하기 위해 등장했다. 방법론적으로는 도로·공원 등 도시기반 정비, 건축물 리모델링, 첨단산업단지 조성, 역사적 경관 보전·복원 등 다양한 방법이 이에 포함된다.

도시재개발 내지 도시재생 유형은 다양하다. 문화적인 가치를 최대한 활용하여 문화공간으로 복원하는 재생사업을 통하여 관광자원화 하는 유형, 수변공간의 산업이 쇠퇴하여 낙후된 항만 등을 개조하여 새로운 고용창출을 제고하거나 도시의 새로운 활력을 불어넣는 유형, 도시의 편리성을 제고하고 도시와 사람이 공존하며 과거와 현재가 공존하는 역사적 가치를 제고하는 유형, 친환경적인 도시공간을 재창출하여 삶이 생동하는 도시공간으로 만드는 유형, 복합기능도시 재건을 통한 지역산업을 재건하는 유형 등 다양하다. 여기에서는 다양한 유형 중에서 재생 지역 및 사업특성 등을 고려하여 주거·상업·업무 등 복합기능도시로의 재생, 수변공간의 재생, 생태복원을 통한 재생, 지하공간을 활용한 재생, 쇠퇴하거나 폐업된 산업단지 재생, 역사적 문화시설을 고려한 문화관광산업형 재생, 노후시설을 활용한 사회적가치 공간의 재생, 지역산학클러스터구축을 통한 경제기반 재생을 중심으로 설명될 수 있다.

Ⅰ. 도시재생의 주요 방향

세계의 많은 도시들은 기성시가지의 재생을 통해 도시경쟁력을 확보하기 위한 다각적인 노력을 시도하고 있는데, 이들의 핵심전략은 기존의 노후화되고 쇠퇴된 도시공간의 재조성, 특히 역사적 가치를 살려 도시문화공간조성을 통해 주민의 삶의 질 제고와 관광문화사업을 통한 도시경쟁력 확보와 쇠퇴한 산업을 대체할 수 있는 새로운 산업의 유치를 통한 도시경제 활성화에 있다.

Ⓐ 도시문화 공간의 조성을 통한 도시재생은 발틱센터와 게이츠헤드 밀레니엄 브리지, 그리고 음악관인 세이지 게이츠헤드의 건설을 통해 석탄과 밀가루를 나르던 타인강변의 쇠퇴한 공업지구에서 새로운 관광문화의 중심지가 된 영국의 게이츠헤드시, 대도시로의 인구유출과 기존 도시의 노후화로 인해 경쟁력을 상실한 재래시장을 도서관과 문화센터, 교육기관이 공존하는 복합시설로 정비해 과거 재래시장의 명성을 되찾은 일본의 아오모리시(青森市), 구겐하임 미술관 등을 갖춘 스페인 빌바오 등이 대표적인 사례라고 할 수 있다. 이들은 도시재생의 수단으로 도시의 정체성을 잃지 않으면서 인간의 삶의 공간으로서의 도시공간과 기능을 회복시키기 위해, 그리고 과거와 달리 소득수준과 삶의 질 상승에 따라 증대된 문화수요를 충족하기 위해 경제적, 물량위주의 개발보다는 문화공간 개발을 선택한 것이다.

Ⓑ 침체된 지역경제의 활성화를 위해 새로운 산업의 유치를 시도한 대표적인 사례로 쇠퇴한 굴뚝도시에서 첨단도시로 부활한 영국의 쉐필드시를 들 수 있다. 전통산업인 철강산업이 쇠퇴일로를 걷게 되면서 이를 대체할 새로운 산업을 모색하던 쉐필드시는 지역내 산학연계를 통해 IT, 영상, 음반위주의 신기술연구와 관련 중소기업 육성과 과학연구단지와 문화산업지구 조성 등과 같은 첨단인프라 구축을 통해 일자리 창출과 지역경제의 활성화를 도모하였다. 이와 더불어 유럽최대 규모의 쇼핑센터건설, 유니버시아드 대회유치를 계기로 이뤄진 돈밸리 스타디움을 비롯한 다양한 체육시설 건설을 통해 노후화된 도심지역에 대한 대대적인 환경개선사업을 벌여 철강도시로서의 부정적인 이미지를 씻어버리려는 노력을 기울여 회색의 죽어가는 도시를 활기넘치는 도시로 재생시켰다. 또한 일본 후쿠오카현(福岡縣) 북부에 위치한 키타큐슈시(北九州)도 과거의 철강산업을 대신할 새로운 산업의 유치를 통해 도시재생을 시도하였다. 이에 따라 키타큐슈시는 와세다대학 대학원 정보생산시스템 연구과와 같은 대학과 연구소 유치를 통한 아시아의 중핵적 학술연

구기능의 거점으로의 성장을 목표로 키타큐슈학술연구도시 조성사업 추진을 통해 도시재생을 도모하고 있다.

ⓒ 산업구조의 변화로 인해 방치된 산업시설들을 문화유산으로 인식하고 이들의 역사적 가치를 보존하기 위해 기존 시설들을 보존한 채 새로운 용도의 공간을 조성하여 도시재생에 성공한 도시들이 적지 않다. 그 대표적인 예로는 과거의 제재소와 중공업 공장들이 밀집한 지역을 복합문화상업공간으로 재생된 캐나다의 그랜빌 아일랜드, 그리고 독일의 맥주문화를 상징하는 양조장 건물군이 젊은 층의 상업문화수요를 흡수하는 공간으로 재탄생된 디 쿨투어브라우어라이 등이 있다. 또한 런던 템즈강변 남쪽편의 공장지대에 있던 뱅크사이드 화력발전소가 영국을 대표하는 미술관 중 하나인 테이트 모던 갤러리도 재탄생하기도 하였는데, 이는 발전소의 원형을 유지하고 내부를 개조하여 화력발전소의 역사적 가치를 보존하고 있기도 하다.

Ⅱ. 주요 도시재생 형태

1. 구도심 재생을 통한 혁신거점 조성

도심 등 공동화가 심한 지역을 도시의 활력을 가져올 수 있도록 혁신거점으로 재생하여 다른 지역에 파급효과를 가져오게 하는 것이다. 과거 서울시가 도심과 부도심에 대한 거점별 도시활성화를 도모하고자 했던 점을 예로들 수 있다. 외국에서는 스페인 포블레노우를 들 수 있다. 22지구로 불린 포블레노우 지역은 스페인 바르셀로나 도심부 동남쪽에 위치하고 있는데, 1960년대 전까지 바르셀로나 최고의 제조업(방직산업) 집적지역으로 유명하였다. 그러나 1960년대 이후 탈 산업화(1963년부터 1990년까지 포블레노우 지역의 1,300여개 공장이 다른 지역으로 이전) 등으로 인해 공장들이 이전하면서 쇠퇴가 가속화되었다. 시 당국은 2002년 22@Barcellona 프로젝트(쇠퇴한 도심지역의 산업집적지에 스마트 기술과 지식창출 산업을 접목시켜 혁신거점공간으로 육성하고 균형적인 컴팩트 시티 조성)를 통해 주거, 문화 등 도시환경을 개선함과 동시에 미디어, ICT, 에너지 등 혁신창출이 가능한 지식 집약형 클러스터를 육성하였다. 이를 위하여, ① 도심 상업지구와 연결되는 간선도로 설치, 대중교통망(트램, 버스) 정비, 통신망 등 스마트시티 인프라 등의 기반시설을 조성하여, 새로운 도시공간창출을 위한 물리적 환경조성, ② 4가지 주요사업(미디어, ICT, 에너지, 메드테크)을 선정하여 클러스터를 구축, 이 산업과 관련된 주체의 협력체계를 구축할 수 있는 환경을 조성하는 것이었다. 즉 미디어 관련 미디어 파크를 조성하여 미디어 협력체계 환경 조성, ICT 관련 R&D 센터의 네트워크 구축을 위하여 MediaICT 건물 등을 구축, 에너지 사업을 위해 엔지니어링 스쿨, 에너지 관련 기관 등 클러스터 구축, 바이오 비즈니스 파크, 메디컬 테크놀로지 클러스터 등을 구축하였다. 그 결과 925개의 기업 입주, 3만 2,478명의 고용창출(2007년 기준)하였고, 주요 기업을 유치하고 기업건물을 활용하여 업무공간 및 다양한 문화공간을 제공함으로써 지역주민과의 교류확대 및 관광객 유치에도 기여하고, 지역 기능에 대한 새로운 이미지 창출과 함께 지역명소로서의 랜드마크로 부각하게 되었다. 이러한 사례로 미국 시애틀의 아마존캠퍼스 사업, 독일 베를린의 펙토리베를린 사업을 들 수 있다.

한편, 구도심은 그 도시의 대표적인 철도역이 존재하는 것이 일반적인데, 서울의 경우 서울역이 있는 것과 같다. 철도역을 기점으로 하여 구도심이 형성된 것은 근대 도시발전의 일반적인 형상이었다. 그러나 도시가 발전하면서 구도심의 철도역은 도시외곽 등으로 이동하고 쇠퇴하기도 하고 새로운 도시개발로 혁신거점으로 재탄생하기도 한다. 서울역도 지하철은 물론 고속철도와 공항철도 등이 추가되고 역사를 복합쇼핑 및 업무공간으로서의 기능을 더하면서 새로운 변모를 갖추었다. 이러한 구도심 철도역사와 주변 도시재생을 통한 혁신거점으로의 변모는 일본 사이타마를 들 수 있다.

2. 복합기능도시로의 재생

다른 나라에 비하여 먼저 도시재생 정책을 도입한 영국은 산업혁명을 선도한 나라였으나, 2차 대전 뒤 런던의 도클랜드, 맨체스터, 리버풀, 셰필드 등 주요 공업·항만 지역에서 급속한 쇠퇴가 나타났다. 더욱이 80년대 등장한 대처 정부는 사양산업인 제조업·광업 등에 대한 대규모 구조조정과 폐업 등을 통해 주요 공업·무역 도시 지역을 더욱 황폐하게 만들었다. 이때 등장한 것이 바로 '도시재생' 사업이며, 특히 런던의 도클랜드 지역에서 벌어진 대규모 사업은 도시재생의 가장 대표적 사례로 손꼽힌다. 도클랜드 낙후지역은 도시재생사업을 통해 주거, 상업, 문화가 어우러진 복합기능도시로 새로 태어났다. 도클랜드가 도시재생의 시작으로 구분되는 것은 이전까지 단순히 낙후된 물리적 환경을 개선하는 개발에서 벗어나, 역사와 전통을 유지하면서도 도시에 새로운 활력을 불어 넣었으며 동시에 일자리 창출 등 사회, 경제 문제까지 해결할 수 있는 개발이었다는 점이다. 아울러, 덴마크 코펜하겐도 '핑거플랜'이란 종합적인 도시재생 브랜드를 내세워 쇠퇴한 항만시설 재생, 업무지구 재생, 수변공간 재생 등 복합기능도시로의 재생 사례라고 할 수 있다.

3. 수변공간 및 항만시설의 재생

도시 수변공간(waterfront)은 물이라는 자연환경과 도시 활동이 만나는 곳이다. 접점인 그 장소는 많은 사람들과의 교류와 경험이 집적되어 있을 뿐만 아니라 일상의 공간으로 쓰여지는 아주 특색 있는 도시공간으로서의 의미를 갖는다. 또한 도시 안의 수변공간은 도시민들에게 쾌적함을 제공해주고 오픈스페이스로 다양한 사회적 기능과 집회장소를 제공할 수 있으며, 도시 활성화를 촉진하고 교류의 장소로써 기능한다. 이러한 예로 우리나라에서도 청계천 복원사업을 들 수 있고, 한강수변의 공원화 사업도 이러한 예로 볼 수 있다. 외국에서는 샌프란시스코의 피어39 등 재생사업에서도 볼 수 있다. 국내에서 청개천은 산업화 시기 서울의 인구밀집과 하천주변의 낙후된 도심을 복개사업을 통해 청개고가도로를 건설하여 도심교통난을 해소하는 듯하였으나 점차 주변환경은 악화되고 상업지구도 쇠퇴하면서 새로운 구조설계의 필요성이 증대되었다. 결국 고가도로를 철거하고 하천을 복원하여 시민의 휴식처이자 문화적인 공간으로 탈바꿈하였다. 물론 생태적인 부분을 좀더 고려하였더라면 하는 아쉬움은 있다. 그러나 서울도심에 이러한 공간의 탄생은 과거 한성의 문화복원과 현대의 도시가 함께 공존하는 공간으로 자리매김하여 가고 있다. 유럽, 미주 등 대부분의 국가는 바다나 하천에 인접한 도시가 오랜 역사를 가지고 발달하였고, 그만큼 재생의 필요성이 큰 이유가 되기도 한다. 특히 산업이 이러한 도시에 집중하였으나 현재는 해당 산업이 쇠퇴하면서 도시도 함께 쇠퇴한 지역이기 때문이다. 아울러 항만도시의 경우도 항만시설은 물론 조선사업, 제철사업 등의 쇠퇴에 따른 도시쇠퇴는 재생의 필요성이 커진 이유이기도 하다. 스페인 빌바오, 덴마크 코펜하겐, 네덜란드 암스테르담과 로테르담, 영국 런던, 미국 뉴욕 등도 이러한 상황은 같다.

4. 생태복원을 통한 도시재생

미국 텍사스주 남부에 위치한 샌안토니오시의 리버워크(Riverwalk) 기반산업은 군수산업이었으며, 이곳은 과거에 홍수조절을 위한 운하였다. 이것을 콘크리트로 덮어 직강형으로 정비하여 강변 산책로를 개발하였으나 시민들에게 외면받아 황폐해졌으며, 부랑자들이 머무는 장소로 변해 버렸다.

이러한 문제점을 해결하기 위해서 직강형의 하천을 자연형으로 복원하려는 움직임으로 콘크리트를 뜯어내고 주변에 다양한 상업문화 시설을 연계하였다. 그 결과 복원하천의 관광자원화로 인근 유역의 경제적 가치가 향상하였고, 주변지역의 지역사회 및 주민들간의 유대증진을 위한 촉매역할을 하고 있다. 하천의 재정비로 친환경적 도시를 건설하고 강변을 시민들의 활동이 집중되는 명소로 재정비하는데 그 목적이 있었다. 강변 양쪽으로 보행자 전용도로를 조성하고 산책로를 연결하는 31개의 석교를 설치하여 접근성을 높였다. 직강형에서 자연형호안으로 정비하여 하천의 우회수로 터널을 건립하였다. 이로 인해 하천의 양안에 공원을 조성하여 공간을 계획할 수 있었다. 샌안토니오강 주변 블록의 개발밀도, 용도, 높이 등 가이드라인을 제정하여 주변지역을 활성화시켰다. 또한 강변에 랜드마크적인 경관을 조성하기 위하여 호텔, 상업시설, 오피스를 입지시켰으며, 각각의 건축물 연계공간에 공원, 광장 등의 오픈스페이스를 조성하였다. 이후에 도심부 거주자 및 고용이 증가했으며 경제가 활성화되고 재정비 사업이 활성화되었다. 우리나라에서도 여의도 샛강 생태공원조성, 한강변공원조성 등은 이러한 예라고 할 수 있다.

5. 지하공간개발을 통한 도시재생

인구 및 산업의 대도시 집중현상은 필연적으로 이용가능한 토지의 부족현상을 야기하였다. 이에 따라 기존 토지의 합리적 이용방향이 제시되기 시작하였는데 대표적인 사례로 지하공간 개발이 있다.

지하공간이란 합리적인 이용이 가능한 범위 내에서 지표면의 하부에 자연적 또는 인위적으로 조성된 일정 규모의 공간자원을 의미한다. 이러한 지하공간을 도시공간 이용의 효율화에 따른 경제성의 제고와 지하공간 개발을 통한 지상환경의 보호 목적 하에 개발하는 것을 지하공간 개발이라 한다. 초기의 지하공간 개발은 지상부분의 재개발과 함께 소규모로 이루어져 왔으나 현재는 기술의 발달과 함께 도심지내 각종 도시기능간 연계 도모, 쾌적성 향상 도모, 에너지 절약 등에 대한 인식이 증대됨에 따라 개발 규모가 확대되고 있으며, 각국에서 다발적으로 이루어지고 있다. 우리나라도 삼성역일대에 대한 지하도시개발 청사진이 제시되었고, GTX사업도 추진된다.

대표적인 지하공간 개발사례로는 파리시 레알(Les Halles) 재개발지구의 지하공간 개발과 뉴욕시 록펠러센터(Rockfeller Center), 몬트리올시 지하네트워크 개발 등이 있다. 캐나다 몬트리올은 지난 2006년 세계 215개 도시를 대상으로 한 평가에서 22위를 차지할 만큼 도시환경 및 삶의 질이 높은 도시이다. 건축 및 도시 분야에서 몬트리올에 대한 관심은 도시 지하공간 개발에 대한 성과 때문이라고 할 수 있다. 몬트리올 지하도시는 전체길이 32㎞로 지하철역 10개와 기차역 2개, 버스터미널 2개와 연결되며, 지상출입구가

155개로 도심 사무 공간의 80%, 상가 공간의 35%를 연결하면서 안전하고 편리한 도시 공간 창출의 성공사례로 평가받는다.

6. 산업단지 재생사업

산업단지는 입주한 해당 주력산업의 쇠퇴로 인하여 급격한 쇠퇴의 길로 접어들 수 있고, 이는 지역경제는 물론 국가경제에도 매우 위협적인 영향을 미친다. 이러한 예는 조선산업이 침체되면서 옥포조선소가 위치한 거제도의 경제, 고용 등이 악화되고 있는 사례를 볼 수 있다. 그리고 세계 주요 도시들도 기존의 산업이 쇠퇴하거나 침체된 경우 도시전체가 쇠퇴하여 낙후된 후 새로운 회생을 위하여 체계적인 도시재생을 통하여 새로운 도시로 재탄생한 사례가 많다.

산업단지재생은 노후 산업·공업단지를 복합기능의 환경친화적 단지(Eco Industrial Park) 및 첨단산업단지(High-tech Park)로 재생하여, 도시의 경쟁력 제고 및 질적 발전을 위하여 도시 전체의 발전·공간전략과 연계한 집적·복합적 개발을 통해 쾌적한 생산·연구 복합공간으로 조성, 도심입지 부적합 공해업종을 이전 또는 정비하고 컨벤션 및 R&D센터 등을 유치하여 도시의 질적 발전 제고, 쾌적하고 친환경적인 일터 조성, 지역주민과의 마찰 및 단지 과밀화에 따른 생산성 저하 등 부작용을 방지하고 지역혁신 거점화, 녹지·공원, 도로 및 주차장 등의 기반시설을 충분히 확보하여 쾌적한 공간으로 재창조, 개발에 따른 이익의 재투자 유도 도심지역의 고밀도 토지이용 개발압력에 체계적으로 대응하여 개발이익 사유화 여지를 차단하고 재투자 유도, 공공시설 및 기반시설 확충 재원으로 개발이익을 활용하여 개별이익보다는 단지 자체의 가치 증대 추구, 지역주민-지자체-기업-중앙정부간 Governance 구축 재정비 사업의 원활한 추진을 위해 지역주민과 지자체 및 기업 등의 이해관계를 조정하고 상호 협력을 할 수 있도록 제도적인 Process를 구축하는 것이다. 우리나라에서는 과거 구로공단을 구로디지탈단지와 가산디지탈단지로 재생한 사례가 있고, 현재에도 전국의 노후산업단지 등에 대한 재생사업을 단계적으로 추진하고 있다.[1] 세계 각국에서도 쇠퇴한 공업지구 내지 산업단지에 대한 도시재생 사례

---

1) 유치업종 첨단화, 토지이용 고도화, 기반시설 확충 등 산업단지의 공간구조 변경을 통해 미래형 첨단단지로 전환을 유도하기 위해 1995년 「산업입지 및 개발에 관한 법률」 개정을 통해 재생사업 추진근거를 마련하였고, 우선 사업 추진대상 산업단지 10개소(서울(경기) 온수, 부산 신평·장림, 대구 제3·서대구, 대전 1·2, 광주 송암, 전주 1, 마산 자유무역, 안산 반월(도금 포함))를 선정하였다. Ⓐ 제1차 재생사업 추진현황(2009.9.2, 4개소 선정)으로, 노후 산업·공업단지 재생사업 4개 우선사업지구 선정(2009.9.2) 및 재생계획 수립비 30억원 지원(2009.12.21), 재생시행계획 수립비 43억원 지원(2013.3.18.), 재생계획 수립 및 지구지정(전주 2012.6, 대전 2012.9, 대구 2013.12, 부산 2015.4)을

는 무수히 많으며, 현재에도 지속적으로 추진되고 있다.

Ⅲ. 성공적 도시재생사업을 위한 콘텐츠개발 및 균형과 협업

정부와 지자체에서 도시재생에 힘을 쏟고 있고, 주변에서 성공한 사례들이 많이 나올수록 참여 지역은 늘어갈 것으로 보인다. 도시재생은 분명 철거와 건설로 얼룩진 지난 우리모습을 바꾸는 개념이다. 그렇지만 우후죽순으로 생기고 있는 지역의 도시재생센터를 환영의 눈으로만 보기는 힘들다. 국토교통부가 2014년 도시재생사업선도지역으로 지정한 특정 지역에서는 문화·예술을 도시재생의 핵심콘텐츠로 활용하고, 수변경관, 야간경관 개선사업과 지역 출신 예술가 창작스튜디오, 문화의 거리 청년작가를 중심으로 전시·체험행사, 창작예술품 판매시장 운영 등 도시간에 상당히 흡사한 콘텐츠를 가지고 있는 곳도 있다. 물론 전혀 다른 주제로 사업이 진행된 곳도 많다. 하지만 지역마다 선정 이유는 달랐지만 풀어내는 방식은 비슷한 곳도 있었다. 게다가 지방 도시재생센터들은 우수사례로 선정된 지역을 벤치마킹 할 가능성도 많지만, 큰 계획 없이 진행되다가는 어디서 본 듯한 뻔한 도시재생이 될 가능성이 충분한 것이므로 도시재생 지역의 특성을 살린 브랜드가 있는 도시재생사업이 추진되어야 한다.

아울러, 도시재생에서 한 가지 중요한 요건은 협업이다. 도시재생은 사회, 경제, 문화 등과 맞물려 있는 만큼 국가 차원에서 큰 그림을 함께 그리고 필요 재정과 인력 등을 현명하게 배분할 필요가 있다. 즉 중앙부처간, 지자체와 정부, 또 각 지자체간 소통과 전체 균형을 맞춰가야 하고, 도시재생법의 제정이후, 유행처럼 번지는 도시재생이 올바로 나가도록 방향을 잘 잡아야겠다. 또, 젠트리피케이션[2]과 같은 문제도 고려되어야 한다. 국내

하였고, 재생시행계획을 수립(대전 2015.8, 전주 2015.11 대구 2015.12, 부산 2016.9~2018.3)하고, 공사를 착공(대전 2015.8(선도노선), 서대구 산단 2016.9, 전주 2016.6)하였다. Ⓑ 제2차 재생사업 추진현황(2014.3, 4개소 선정)으로는, 재생계획 수립(진주상평), 시행계획 수립(춘천후평, 안산반월, 구미국가1)이 진행되었다. Ⓒ 제3차 재생사업 추진현황(2015.7, 10개소 선정)에서 재생계획을 수립한 곳은 대구염색, 순천일반, 서울온수, 양산일반, 남동국가, 성남일반, 익산국가, 청주일반, 하남일반, 대구성서 등이다. Ⓓ 제4차 재생사업 추진현황(2017.3, 5개소 선정)은 천안2, 원주문막, 여수 오천, 시화국가, 창원국가산업단지이다.

2) Gentrification, 재건축 등으로 인해 도시 환경이 변하면서 중·상류층이 낙후됐던 구도심의 주거지로 유입되고, 이에 따라 주거비용이 상승하면서 비싼 월세 등을 감당할 수 없는 원주민들이 다른 곳으로 밀려나는 현상을 이른다. 이 현상은 1964년 영국의 사회학자 루스 글래스(R. Glass)가 노동자들의 거주지에 중산층이 이주를 해오면서 지역 전체의 구성과 성격이 변하는 것을 설명하면서 처음 사용했다. 본래 신사 계급을 뜻하는 '젠트리'에서 파생된 말로 본래는 낙후 지역에 외부인이 들어와 지역이 다시 활성화되는 현상을 뜻했지만, 최근에는 외부인이 유입되면서 본래 거주하던 원주민이 밀려나는 부정적인 의미로 많이 쓰이고 있다. 미국에서는 제2차세계대전 후 중산층 백인의 교외화 현상

뿐만 아니라 외국사례들을 살펴보아도 지방정부를 비롯한 정부, 지역주민, 지역경제공동체 등 이해관계자들의 협업이 가장 큰 성공적 요인으로 볼 수 있다. 아울러, 국내의 도시재생사업이 특정 지역만의 문제가 아니라 전국적인 균형을 필요로 하고 있다. 지역 편중적인 도시재생은 초기 단계에 있는 국내 도시재생사업의 추진력을 약화시킬 수 있다. 즉, 공공기관 지방이전 등으로 지역균형발전을 추진하고, 지방자치제를 도입하여 정착되어 가는 과정에서 지역적 특성과 균형을 고려한 도시재생사업의 추진은 성공적인 도시재생사업을 추진하기 위한 또 하나의 요소라고 할 수 있다. 편중은 곧 다른 지역의 반감을 불러오고 이러한 여론은 필요성과 타당성이 인정된다고 하더라도 국민적인 공감대를 얻기 어려울 수 있어, 정책의 안정화보다는 폐착이 될 수도 있는 만큼 협업과 균형은 도시재생사업의 중요한 성공요인이라고 할 수 있다.

제 2 절 국내 도시재생 주요 사례

Ⅰ. 국내 도시재생의 연혁 개요

우리나라는 2006~2007년부터 도심재생을 위한 조처로 전국 주요 도시에 41개의 도시재정비 촉진지구를 지정했으며, 이 가운데 서울 종로구·중구 세운상가, 대전 동구 대전역세권, 대구 동구 동대구역세권, 부산 영도구 영도 제1지구 등 7개를 시범 지구로 선정했다. 이들 시범지구에서는 주거환경 개선·기반시설 확충·도시기능 회복 등의 사업이 추진되었다.

그러나 우리나라에 도시재생이 자리 잡기 시작한 것은 얼마 되지 않는다. 2013년 처음으로 도시재생법이 제정되었으니 아직 걸음마 단계라고 할 수 있다. 이법에서 '도시재생이란 인구의 감소, 산업구조의 변화, 도시의 무분별한 확장, 주거환경의 노후화 등으로 쇠

이 두드러졌고, 이로 인하여 뉴욕·보스턴 등 대도시 도심은 흑인과 외국인 이민자를 비롯한 소수민족의 게토로 전락하였다. 이후 1970년대부터 도시에 사는 젊은 전문직 종사자(여피족)들이 게토화된 도심의 낙후지역으로 몰려들어 자본이 본격적으로 유입되고 부유층의 이주를 촉진함으로써 젠트리피케이션이 진행되었다. 한국에서는 2000년대 이후 번성해진 구도심의 상업공간을 중심으로 한 젠트리피케이션이 진행되어 사회적 관심을 끌었다. 대표적 사례로 서울의 경우 종로구 서촌을 비롯해 홍익대 인근, 망원동, 상수동, 경리단길, 삼청동, 신사동 가로수길 등에서 젠트리피케이션 현상이 벌어지고 있다.

퇴하는 도시를 지역역량의 강화, 새로운 기능의 도입·창출 및 지역자원의 활용을 통하여 경제적·사회적·물리적·환경적으로 활성화시키는 것'으로 규정하고 있다.

기존 재개발·재건축은 수익성 있는 노후지역에 개발이익에 관심 있는 토지·건물 소유자가 중심이 되어 주택 또는 기반시설을 정비하는 물리적 환경변화에 치중했다면, 도시재생은 공공지원이 필요한 쇠퇴지역에 거주자 중심의 지역공동체가 주체가 되어 사회·경제·문화·물리적 환경을 개선하는 사업으로, 정부는 쇠퇴하는 도시의 기준으로 Ⓐ 인구가 현저히 감소하는 지역, Ⓑ 총사업체 수의 감소 등 산업의 이탈이 발생되는 지역, Ⓒ 노후주택의 증가 등 주거환경이 악화되는 지역을 기준으로 삼는다.

반면에 본격적인 도시재생의 개념이 도입되기 전에도 국내에서는 여러 지역에서 도시재생을 위한 노력들이 진행된 바도 있다. 한때 탄광산업이 활황일 때 정선군 사북탄좌는 번성하는 도시였다. 그러나 폐광이 되면서 슬럼화되어 감에 따라 정선군은 석탄체험관을 만들고 강원랜드 등을 유치하여 정선을 새로운 관광지역으로의 발전을 시도하였다.

서울에서는 광화문지구 및 청계천의 복원사업을 비롯하여 서울역 고가의 차량통행을 중지하고 고가공원으로 전환시켰다. 또 서울 성곽을 보수하여 주변공간을 모두 역사공간으로 탈바꿈하여 문화유산의 보존 및 관광 상품으로 개발하였다. 한편, 현대적인 도시재생 즉 도시재생금융의 개념을 도입하여 추진한 도시재생사업은 천안시[3]의 도시재생사업을 들 수 있다. 이후 각 시도별로 소규모의 다양한 형태의 도시재생사업이 진행되고 있다.

Ⅱ. 유형별 사례개요

1. 문화예술관광중심형 도시재생

국토교통부는 2014년 도시재생사업선도지역 13곳을 지정하고 재생사업을 진행하였다. 그중 창원시는 대표적인 재생사업 성공지역으로 꼽힌다. 창원시는 원도심 인구(구 마산지역)가 약 49% 정도 감소하는 등 도시쇠퇴가 심각했다. 이에 국토교통부는 창원 원도심을 도시재생선도지역으로 추진하였고, 유동인구와 청년 창업이 증가하고 있다고 밝힌바 있다.

창원시는 원도심의 쇠퇴를 극복하기 위해서 문화·예술 중심의 도시재생 추진 전략을

3) 천안시 동남구청사 부지(약 6천평) 일반상업지역을 사업비 2,286억원을 민관협력사업으로 HUG주택도시기금 출자로 리츠를 설립하였다. 중심시가지 복합개발형태로 진행된다.

수립했다. 문화도시의 정체성 부여를 위한 작품 전시, 벽화, 조형물 설치, 미술·공예 체험 프로그램 등을 진행했다. 창원시가 빈 점포를 활용하여 조성한 창동 예술촌·부림 창작공예촌에는 100여명의 예술가가 활동 중이다.

창원시 도시재생선도지역에는 국토교통부 뿐만 아니라 4개 중앙부처에서 1,600억 규모의 협업사업이 12개 이상 진행됐다. 주차공간부족문제를 해소하고, 공연예술을 활성화하기 위해, 국토교통부와 중소벤처기업부가 손잡고 오동동 문화광장과 부림시장 도심공원을 조성했으며 해양수산부와 서항 해양공원조성을 함께 했다. 또한 마산 아귀찜거리를 관광코스로 개발하기 위한 음식테마거리 관광활성화사업은 문화체육관광부와 협업으로 진행되었다. 이렇게 민간의 적극적 참여와 부처 협업으로 도시재생사업을 꾸준히 시행한 결과, 창원시는 사업시행 전과 비교하여, 유동인구는 132.6%, 월 매출액은 45.0%, 영업점포수는 13.5%, 청년 창업사례는 39.5% 증가했다. 현재 각 지역 도시재생사례는 이러한 유사한 형태로 추진되는 경우가 많다. 지역적인 문화를 살리면서 관광상품화하고 기존 상권을 활성화하려는 노력의 일환으로 풀이된다. 특히 지방의 중소 도시들이 이러한 사례를 채택하고 있으며, 소규모 지역단위 도시재생에서 많이 활용되고 있다.

2. 특화산업 기반조성형 도시재생사업

도시재생법에 따르면 국토교통부뿐 아니라 지자체에서도 도시재생사업을 추진할 수 있다. 이것이 많은 지자체에서 도시재생센터를 설치하는 이유다. 대표적으로 서울을 보면, 2015년 1단계로 13개 지역을 '서울형 도시재생지역'으로 선정했고, 2017년에 2단계 17개 지역을 선정했다. 이들 지역은 쇠퇴한 산업지역, 역사·문화 특화지역, 노후 주거지역, 저이용·저개발 중심지역으로 구분되어 각각 목적에 맞게 도시재생사업이 추진된다.

대표적으로 창동·상계 일대 지역의 경우 특화산업기반의 조성과 문화·예술관련 산업 육성이 주요 계획이다. 특화산업 조성을 위해 서울주택도시공사 등이 참여해 지식형 첨단산업과 같은 거점지역을 조성해 일자리를 창출할 계획이다. 또 문화·예술 산업으로는 국내 최초 아레나급(1만 5,000석~2만석) 복합문화공연시설을 건립해 동북권 문화·예술 기반을 구축하고, 아울러 공원·녹지·중랑천변 친수공간 조성 등으로 부족한 생활, 여가 인프라를 확충하기로 했다.

사실 산업지역을 특화시킨 사례는 도시재생이라는 개념적인 문제가 대두되기 전에 이미 우리나라는 좋은 선례를 가지고 있다. 과거 구로공단지역은 제조산업이 밀집한 서울의 대표적인 공단지역이었다. 그러나 지금은 디지털산업단지로 탈바꿈하고 첨단사무공간 및 각종 디지털산업이 자리하여 새로운 산업단지메카로 자리매김하였다. 이러한 사례는 최근 자동차산업, 조선산업 등이 쇠퇴하는 지역에 대한 도시재생을 어떻게 추진할 것인가 하는 답을 주는 좋은 선례라고 할 수 있다.

3. 기존 시설 활용 및 환경보존형 도시재생

부천시는 2014년 폐쇄되었던 여월정수장을 부천여월농업공원으로 재탄생시켰다. 여월정수장은 1980년대부터 2001년까지 20여 년 동안 부천시민에게 수돗물을 공급하던 곳이었다. 도시가 커지면서 까치울정수장이 대체 가동을 시작하자 여월정수장은 오랫동안 방치된 채 있었다. 이곳에 정수장이라는 역사성을 살리기 위해 침전지, 정수지, 여과지, 회수조 등의 시설물을 허물지 않고 활용하여 수생식물과 생물이 공존하는 생태연못을 가꾸었다. 더불어 캠핑장, 도시텃밭, 수변쉼터 등을 만들어 아동 및 청소년들에게 농업문화를 배울 수 있는 기회를 제공하고, 이곳에서 수확한 작물은 소외계층과 나누고 기부하여 공동체의 가치를 배울 수 있도록 했다.

또한 부천시는 용도 폐기된 삼정동 소각장을 전시·문화 예술공간의 부천미래문화 플랫폼으로 조성하는 계획을 세우고 추진하였다. 이 역시 소각로 및 배기가스 플랜트를 보존하면서 환경 전시장으로 탈바꿈하였다. 2015년 7월부터 약 한 달 동안 공간의 탐닉이라는 작품전시회를 열었고, 이를 통해 폐 소각장이 문화공간으로 변모할 수 있는 가능성을 확인했으며 부천지역작가들의 참여를 이끌어 냈다. 이외에도 부천시는 자투리 공간을 놓치지 않고 활용했다. 부천자원순환센터 1층의 자투리 공간을 활용하여 기후변화체험관을 만들어 지구온난화 및 기후변화에 대한 홍보 교육을 실시해 시민들의 인식 전환을 꾀하고, 외곽순환도로 하부공간에 음지식물을 주제로 '해그늘 식물원'을 조성한 바 있다.

4. 생태공원조성형 도시재생

서산시는 예천동·읍내동에 위치한 일명 똥방죽을 생태호수공원으로 재탄생시켰다. 과거 이곳은 중앙저수지였으나 1970~80년대 재래식 화장실의 인분 처리장소가 되면서 '똥방죽'이라는 별칭으로 불리게 됐다. 2000년대 초반까지 시내 오폐수가 유입돼 악취 등 심각한 환경 오염문제를 발생시킨 곳이었다. 이에 서산시는 주민의 의견을 청취하여 생태호수공원으로 바꾸는 작업을 시작했다. 시민이 찾고 즐기는 공간을 만들기 위해 대학과 MOU를 맺고 조각 작품을 전시하였다. 여름철엔 아이들이 뛰어놀 수 있는 바닥분수를,

겨울에는 야외 스케이트장을 조성했으며, 각종 체육시설과 목교를 설치했다. 이로써 시민 품을 떠났던 중앙저수지는 중앙호수공원이라는 이름으로 다시 시민 품에 돌아왔다. 하지만 호수공원으로 유입되는 하천이 적고 물 순환이 부족해 지속적으로 녹조가 발생하는 환경문제가 대두됐다. 이에 서산시는 다시 시민에게 귀를 기울이고 해법을 찾았다. 현장 토론과 전문연구를 통해 천연광물을 활용한 수질개선사업을 실시했고, 시민들 역시 호수공원동호회 등을 만들어 자발적으로 호수공원 가꾸기에 나섰다. 이에 중앙호수공원은 2015년 하루 평균 3천 명이 찾는 쉼터로 자리를 잡았다. 생태공원의 사례는 여의도 샛강 생태공원도 좋은 사례라고 할 수 있다.

Ⅲ. 국내 도시재생 사업장 주요 사례

1. 서울시의 도시재생

(1) 도시재생 추진 개요

서울시의 도시재생은 1986년 아시안게임과 1988년 올림픽을 준비하는 과정에서 본격적인 도시환경정비사업으로 진행이 있었다고 할 수 있다. 우선 그동안 비만 오면 범람과 홍수로 몸을 앓던 한강정비작업이다. 방죽을 정비하고 역류방지를 위한 수문설치, 수변공간에 대한 공원화 사업, 바닥준설 등을 통하여 서울을 지나는 한강본류에 대한 정지작업은 완료되었다. 지류에 대한 부분은 좀더 시간이 걸렸다. 중랑천, 탄천, 안양천 등에 대한 정비는 이후에도 계속되었다. 한편, 여의도 샛강은 공터에 불과하던 공간을 생태공원으로 조성하여 이제 완전한 생태공원으로 자리잡았다. 이외에도 청계천복원사업, 제조업 중심의 구로공단을 첨단 디지털단지화, 각 지역의 고가를 철거하여 교통흐름을 원활히 하였고, 곳곳에 도시공원을 조성하였다. 그리고 뉴타운사업, 한강르네상스 등의 사업은 그간의 재건축, 재개발을 뛰어넘는 도시재생사업의 시초라고 할 수 있다. 지역별로는 숭인지구 도시재생사업, 서울역고가공원화사업 등도 있지만 서울시의 전반적인 도시재생의 큰 틀과 변혁은 앞서의 사업들을 통하여 그 기초를 다져가기 시작했다고 할 수 있다.

(2) 도시재생 주요 추진사례

1) 창신 · 숭인사업장

종로구 창신동, 숭인동은 종로구의 끝자락에 위치한 주거지역으로 70~80년대 우리나라 봉제산업의 메카였다. 골목골목마다 가내봉제공장들이 빼곡해 하루 종일 미싱 소리가 요란하던 곳이었다. 2000년대에 들어 봉제산업이 주춤하면서 주거환경 정비를 목적으로 뉴타운 지구로 지정되었으나, 주민들의 요청으로 뉴타운 해제 1호지가 된 역사를 지니고 있다.

주민들의 노력으로 창신숭인 지역은 2014년 도시재생 선도지역으로 선정돼 지금까지 도시재생 사업을 이어오고 있다. 뉴타운 해제 이후에 낙후된 동네를 지키고 개선하기 위해 지역재생기업(CRC)을 만들어 주민들이 앞장 선 점이 인상적이다. 창신숭인 지역은 낙산과 동망봉이 있어 경관이 좋고 교통도 편리했다. 일제시대 돌을 채취했다고 해서 돌산마을이라 이름 붙은 동네는 〈건축학개론〉, 〈미생〉, 〈시크릿가든〉 등 드라마나 영화 촬영장소로도 인기를 끌고 있다. 창신동 봉제마을은 동대문 시장의 주요 생산지이자 900개의 봉제공장이 모여 있는 봉제산업의 집적지이다. 대표적인 하청공장들이 밀집해 있는 647번지 일대는 살아있는 봉제박물관이라 불린다. 유행을 선도하는 동대문 패션시장 뒤에서 성실한 땀과 수고로 제품을 만들고 있는 봉제인들을 기념하여 골목길 전체를 '박물간거리'로 만들고 안내판을 세웠다. 시야게(마무리), 시다(보조원) 큐큐(둥글게 파인 단춧구멍) 등 재미있는 봉제용어를 알려주는 안내판이 붙어 있다. 대부분 가정집을 공장으로 사용하고 있다.

이 지역의 도시재생은 2015년 본격적인 사업추진을 시작하면서, Ⓐ 노후주택개량, 기반시설 정비, 공동이용시설확충 등 주거환경개선, Ⓑ 봉제산업활성화, 경제활동지원, 지역명소화 등 지역경제활성화, Ⓒ 역사자원관리, 예술문화활동장려 등 역사와 문화자원화를 중점으로 추진되고 있다. 즉, 지역주민의 이탈 방지를 위해, 재개발, 재건축으로 현재 살고 있는 지역주민을 이주시키는 것이 아니라 도심의 도로나 하수도망, 건축물 등을 정비해서 지역주민의 안전한 생활을 돕고 지역 산업의 보호를 위해 창신동은 길 건너편에 있는 동대문 패션을 손수 만들어내는 곳이다. 곳곳의 다가구 주택이 봉재공장 현장이 되어 이곳에서 만들어진 옷들을 동대문으로 납품한다. 과거 전태일 열사가 몸을 불태워가며 공장 노동자들의 작업환경 개선을 만들어내자고 부르짖었던 역사가 살아있는 곳이 이곳이다. 그리고 지역의 역사 발굴 및 문화 산업 지원을 위해, 지구 전체가 가지고 있는 고유한 역사를 살리고, 주민들의 문화산업을 지원한다. 도시해설사를 두어 지역 경제에 이바지할 뿐만 아니라, 지역 주민들이 자체적으로 각종 전시관이나 프로그램 등을 운영하여 수익을 창출하다. 주요 시설로는 백남준 집터를 개조한 백남준 기념관, 누구나 예술가가 될 수 있는 창신소통공작소 등 다양한 볼거리와 역사적인 자취가 있는 시설들을 갖추고 있다. 총예산규모는 지금까지 도시재생의 마중물 역할을 한 마을의 도시재생사업(200억), 지자체 협력사업(563억), 중앙부터 협력사업(242억), 민간협력(1.2억)이 구상되어 있고, 주민공모와 도시재생 주제공모사업, 도시재생마을학교(마을 배움터), 일자리지원사업, 공공작업장 등을 운영지원하며, 도시재생이 추진되고 있다.

창신숭인지구의 도시재생의 특징은 지역주민들이 주체가 되고 지자체와 중앙정부 등이 협력하여 진행되고 있다는 점이며, 역사적인 자원의 활용, 지역중심산업인 봉제산업의 역사적 의미를 재정립하고 이를 활성화하고 있으며, 주민공동시설을 확충하여 활용하고 지속적인 주민협의체 등을 활용하여 지역주민과 지자체 등 이해관계인들과 소통하고 있다는 점이다. 이러한 점은 창신·숭인지구의 도시재생사업이 서울시의 모범사례로 소개되고 다른 지자체와 국외 도시재생 추진체의 벤치마킹은 물론 관광명소로 자리잡아 가고 있다.

2) 청계천복원사업

서울시가 서울의 역사와 문화·환경을 복원하고, 강남과 강북의 균형 발전을 위해 2003년 7월부터 2005년까지 추진한 청계천 일대의 복원사업으로, 서울시가 복개로인 청계천로와 청계고가로의 Ⓐ 구조물 노후화에 따른 안전문제의 근원적인 해소, Ⓑ 환경 친화적인 도시 공간 조성, Ⓒ 서울의 역사성과 문화성 회복, Ⓓ 장기적 주변 개발을 통한 도시의 균형 발전 도모를 위해 추진한 사업이다.

2003년 초 입찰공고와 현장설명을 거쳐 같은 해 6월 조달청을 통해 사업자를 선정하고, 7월 1일부터 청계고가로 철거를 시작으로 본격적인 사업에 들어가 2005년 10월 1일 복원공사가 완료되었다. 총 사업비는 약 3,600억 원, 연인원 69만 4천여 명이 투입되었다. 이는 청계고가로와 청계로 철거비, 청계천을 자연형 하천으로 복원하는 데 드는 비용이며, 보상비는 제외하였다.

복원사업의 세부 목적은 ① 노후화로 인한 청계고가로 및 복개도로의 안전 문제를 근원적으로 해소하고, ② 자연과 인간 중심의 친환경적인 도시 공간을 조성해 시민들에게 맑은 하천과 휴식 공간을 제공하며, ③ 광교·수표교 등 청계천의 문화유적 복원 등을 통해 서울의 역사성과 문화성을 회복하고, ④ 개발 지체로 노후된 청계천 주변지역의 산업구조 개편과 도심 경제 활성화를 유도하는 데 있었다.

복원 구간은 5.8㎞로, 먼저 청계고가로를 철거한 뒤 복개된 청계천로의 철거를 거쳐 하천 및 주변 복원사업 순으로 진행되었다. 철거는 2003년 7월 1일부터 3공구로 나누어 동시에 시행되는데, 같은 해 10월까지 안전시설 설치가 끝내고 복개구조물·고가구조물·차집관거 철거에 이어 하천복원·하수도정비와 교량 건설을 하였다. 2005년 10월 1일 2년

여의 공사를 마치고 개통식을 가졌다. 이날부터 종로구 태평로 1가의 동아일보사 앞에서 성동구 신답철교에 이르는 5.8㎞의 청계천을 시민들이 걸을 수 있게 되었다.

복원된 하천에는 수심 30㎝ 이상의 물이 흐르고, 나비·방아깨비 등 곤충 모양과 지역적 특색을 형상화한 21개의 교량이 새롭게 들어섰다. 오간수교의 오간수문까지 합하면 22개의 다리이다. 또 호안(護岸)에는 벽화·폭포·분수 등을 갖춘 녹지 8만 3,000여 평이 조성되고, 도로 옆에는 너비 1.5~3m의 산책로가 마련되었다. 그 밖에 3개 구간으로 나뉘어 다양한 광장과 조경·조명시설을 갖춘 테마공간이 구간별로 들어서는 등 청계천 일대는 서울을 대표하는 도심 속 생태하천으로 자리잡았다.

이후 청계천은 과거의 원형은 아니지만 하천기능의 회복과 역사적인 장소로서의 기능, 역사적인 문화와 현대의 문명이 결합된 도심휴식공간으로 탈바꿈되었고, 각종 문화 행사가 연중 개최되는 명소로 자리 잡았고, 국내뿐만 아니라 외국인들도 찾는 명소로 자리잡았다.

3) 서울역고가도로공원사업(서울로 7017)

서울로 7017은 '1970년에 만들어진 고가도로가 2017년에 다시 태어나고, 1970년대 차량길에서 17개의 사람길로 재탄생하는 1970년대에 만들어진 17m 높이의 고가'라는 뜻에서 명명된 서울역고가도로의 도시 재생 공원화 사업명이다. 서울시는 서울역고가를 공원화해 2017년 5월 20일에 개장하였고, 인근 보행로와 고가를 잇는 구조물을 추가 설치해 최종적으로 총 17개의 보행로와 연결할 계획이다.

서울역고가도로는 2012년의 정밀안전진단에서 예상한 수명이 2015년 말에 다하여 붕괴 등 심각한 사고의 우려가 적지 않았기 때문에 2015년 12월 이후에는 사륜자동차의 통행을 금지해야 하는 상태에 있었다. 서울시에서는 이 도로를 철거하지 않고, 오직 보행자만이 다닐 수 있는 보행 전용길로 개조하는 공원화 계획을 내놓았다. 2015년 12월 13일에 고가도로가 폐쇄된 후 공사가 시작되었다. 2016년에 착공하여 2017년 완공 이후 같은 해 5월 20일에 개장하였다.

'서울로'는 '서울을 대표하는 사람길'과 '서울로 향하는 길'이라는 중의적 의미를 담았다. '7017'은 서울역 고가가 처음 태어난 1970년과 보행길로 거듭날 2017년을 함께 나타낸다. 특히 로고는 웃는 얼굴을 떠올리게 하는 곡선형으로 만들어 친근감을 높였다. 길을 나타내는 '로'의 영어표기를 'r' 대신 'l'로 사용해, 두 개의 소문자 'l'을 걷는 모습으로 표현했다. 이는 차량길이 사람길로 변하는 모습을 직관적으로 보여주고, 'seoullo' 아래에는 'since 7017'을 넣어 1970년과 2017년 '두 번의 의미 있는 탄생'을 표시하고 있다.

이곳에는 관광안내소 및 카페부터 목련무대, 달팽이극장, 장미무대, 방방놀이터 등 다양한 체험시설과 편의시설이 설치되어 있어 쉬고 거닐며 즐길 수 있는 공간이자, 645개의 원형화분에 총 228종의 24,085주의 다양한 수목을 식재한 아름다운 공중정원으로 조성되어 있다. 서울로 7017은 365일 24시간 개방되어 있어 언제든지 자유롭게 이용이 가능하다.

2. 전국 주요 도시재생사업 추진사업장 사례

(1) 천안동남구청

정부는 도시재생이 시급한 지역에 선도지역을 지정하여 재정 및 금융지원을 하기로 하고, 도시재생법에 따라 2014년도에 13개 선도지역을 지정하여, 천안을 기금지원 시범사업으로 추진하였다. 천안시는 시청이전 등에 따라 쇠퇴한 원도심의 활성화를 위하여, LH 및 사학재단과 업무협약을 체결하고 도시재생 거점시설 조성을 추진하게 되었으며, 정부, 지자체, 공공기관(HUG, LH 등), 민간이 협업하는 제1호 민간참여 도시재생사업으로 추진되고 있다.

거점시설을 중심으로 쇠퇴 원도심 활성화 및 도시재생 파급효과가 확산될 것으로 전망하고 있으며, 노후청사를 정비하여 주민서비스를 향상시키고 자생적 지역경제기반을 마련할 수 있을 것으로 전망된다. 사업현황과 내용, 사업구상과 금융 등은 아래와 같다.

〈천안남동구청 도시재생 사업개요 및 내용〉

〈사업구상 및 재원 등〉

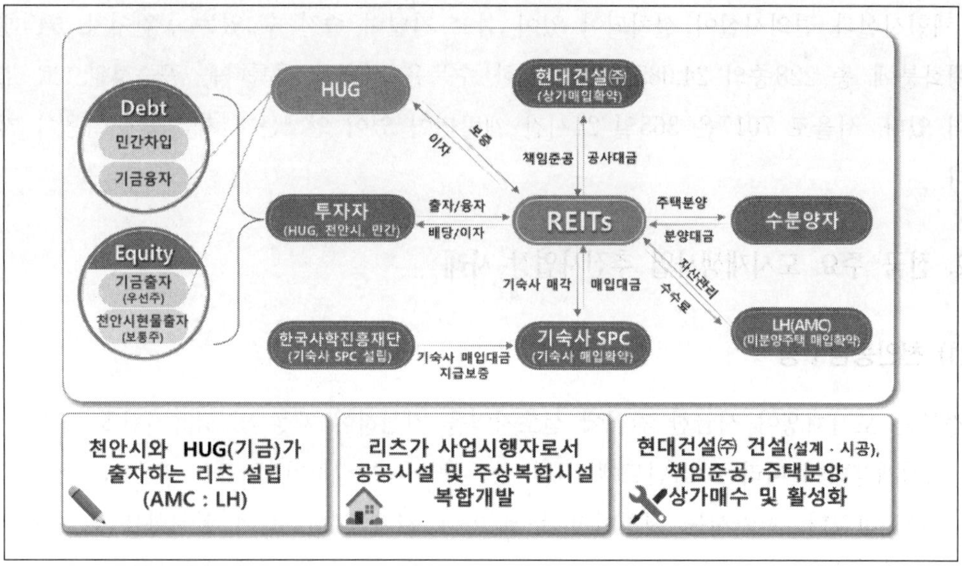

이러한 사업의 추진을 통하여 천안 구도심의 도시환경과 조화를 이루는 역동적인 원도심을 창조하고자 하는 것이다. 즉, 원도심과 주상복합을 연계하는 천안의 랜드마크로 재생하고, 내외부의 입체적 공간을 통한 지역 커뮤니티를 형성하여 커뮤니티를 활성화하고, 행정, 창업, 의료복지시설연계를 통한 공공성을 강화하여 지역 공공에 기여하고, 어린이를 위한 체험, 전시 및 대학생 자립, 성장공간을 마련하여 교육 및 문화의 중추를 담당하고, 친환경 및 에너지 고효율의 친환경 녹색건축물로 친환경 단지를 설계하는 것이다. 동 사업장은 주택도시기금(HUG)이 처음으로 투입된 사업장이다.

(2) 청주연초제조창

도시재생 선도지역(도시경제기반형)으로 선정된 청주연초제조창은 연초제조창을 활용한 창조경제타운 조성을 목표로 하고 있다. 이 지역의 도시재생을 위하여 국비, 시비, 민자 등을 들여 기반시설 확충, 주변 환경 개선, 경제기반 특화시설 도입 등을 추진하는 도시재생사업이다. 청주시가 이 지역을 산업 · 가공(문화산업단지), 창작 · 제조(동부창고), 유통 · 체험(옛 연초제조창), 전시 · 프로모션(국립현대미술관 청주관)이 어우러지는 자립형 선순환 구조의 창조경제문화타운으로 조성할 계획을 밝혔고, 관련 사업으로 공예제조창, 담배박물관, 디지털미디어체험관, 융합교류지원센터, 융복합디자인마켓, 시민예술촌, 문화예술특화거리 조성과 국악방송 설립 등의 구상을 가지고 추진되었다. 청주시는 선도지역 사업이 완료되면 4천300개의 일자리가 창출되고, 약 2천억원의 생산유발 효과가 발생할 것으로 기대하고 있으며, 도시재생 기반 구축 사업을 장기적으로 구도심까지 확대할 계획이다. 이 지역은 연초제조창이 2004년 문을 닫은 이후 쇠퇴일로를 걸어왔다.

청주연초제조창은 청주시가 소유한 부지면적 122,407㎡로 준주거지역(건폐율 70%, 용적률 500%)이다. 건축물은 123,850㎡ 16개 동으로, 연초제조창(8개 동, 85,875㎡) 본관동은 국제공예비엔날레 개최(2년 주기)하고 있고, 공장 동은 국립현대미술관으로 개관하였다. 첨단문화산업단지 1개 동(30,468㎡)은 78개 기업입주, 각종 문화행사 개최를, 동부창고 7개 동(7,507㎡) 중 2개 동은 시설 운영 중(리모델링)이고, 마스터플랜이 수립되었다. 사업구조는 아래와 같다.

〈청주연초제조창 사업구조〉

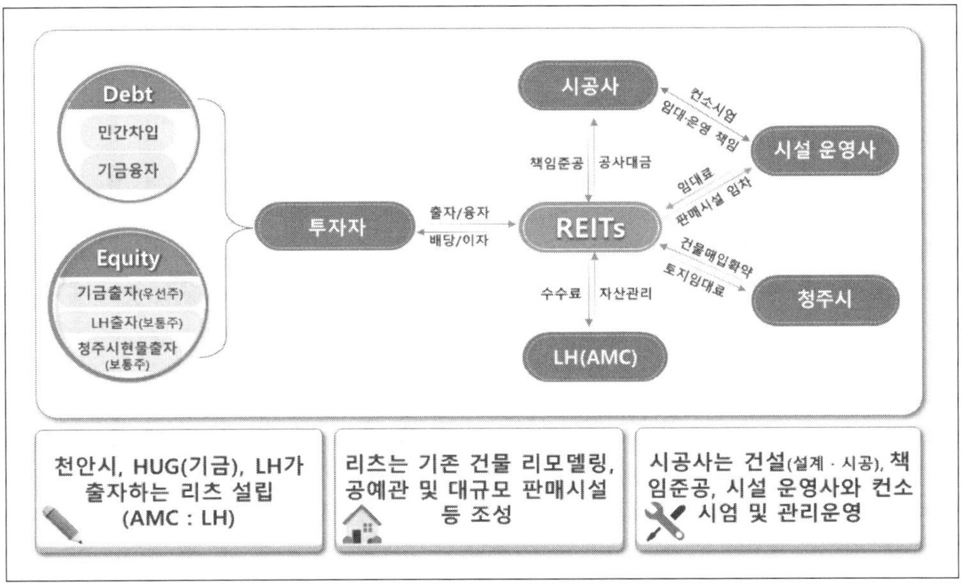

사업비는 3,114억(공공사업 1,396억, 민간사업 1,718억)으로 공공사업(마중물사업)에 500억원이 투입되어 기반시설 정비, 문화업무시설, 중앙광장, 공연 소극장 조성 등의 사업에 투입되고, 부처협력사업(국비 등)에 896억이 투입되어 국립현대미술관 청주관, 국제공예비엔날레, 시민예술촌 조성 등 사업에 투입되고, 민간참여사업에 1,718억원이 투입되어 비즈니스센터 및 호텔, 복하문화레저시설 등에 활용된다. 동 사업은 문화업무 부도심 형성을 목표로 문화창작 및 시민 문화활동의 중심지 조성, 지식산업 육성을 통한 업무지구 형성, 창조계층 유입을 위한 도심형 레저를 확충할 계획이다

(3) 부산영도지구(어묵시장 등)

영도지구의 도시재생 비전은 문화(역사, 문화, 관광자원)와 기술(전통산업과 상권활성화)로 융합된 영도가치 창조이다. 목표는 사람과 기술 그리고 지역을 이어주는 것이다. 사라져가는 기술을 연결하고, 기술은 사람과 사람을 연결하고 지역의 문화와 경제로 이어져 원도심을 회복하여 중심상권을 회복시키는 것이다. 결국 영도의 역사문화자원과 영도다리를 연결하여 사람들이 몰려드는 영도의 새로운 활력소가 되도록 도시재생을 추진하는 것이다.

〈영도 대통전수방 프로젝트 사업추진 전략〉

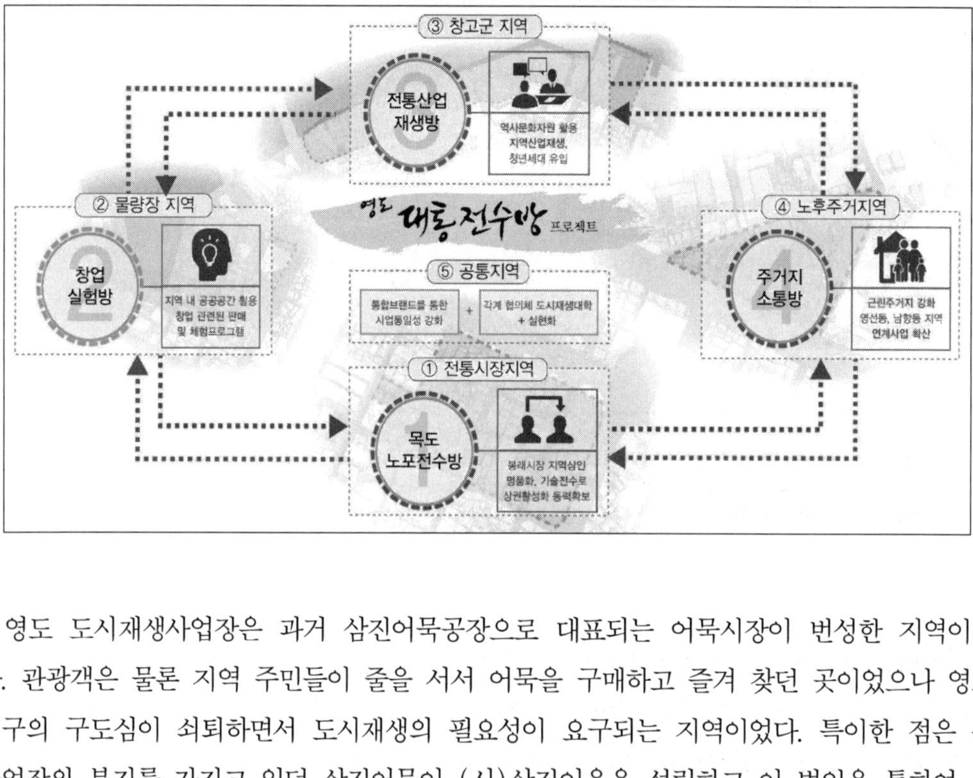

영도 도시재생사업장은 과거 삼진어묵공장으로 대표되는 어묵시장이 번성한 지역이었다. 관광객은 물론 지역 주민들이 줄을 서서 어묵을 구매하고 즐겨 찾던 곳이었으나 영도지구의 구도심이 쇠퇴하면서 도시재생의 필요성이 요구되는 지역이었다. 특이한 점은 동 사업장의 부지를 가지고 있던 삼진어묵이 (사)삼진이음을 설립하고 이 법인을 통하여 동 사업에 참여하면서 민간주도사업장(지역주민, 지역개발회사 등)으로 시작하여 중앙정부와 지방정부 등이 참여하는 사업으로 확대되어 지속가능한 도시재생운영체제를 구축하였다. 사업명은 부산시 영도구 봉래1동 일원 도시재생활성화계획(중심시가지 근린재생형)이며, 사업범위는 봉래1동 전역과 남항 및 영선1동 일부(0.31㎢)를 2016~2020(5년)간 추진된

다. 총사업비는 33개 사업에 619.2억원이다. 이중 마중물 사업에 182억원(15개 사업, 영도 대통전수방 프로젝트), 중앙부처 협업사업 101.11억원(9개사업), 지자체 사업 299.57억원(5개사업), 민간투자사업 36.50억원(4개 사업)이다. 주요 도시재생 브랜드는 '대통전수방 프로젝트'이다. 대통전수방 프로젝트의 추진전략은 전통산업 재생방(창고군 지역), 주거지 소통방(노후주거지역), 목도노포전수방(전통시장지역), 창업실험방(물량장지역), 그리고 공통지역에 통합브랜드를 통한 사업의 통일성강화이다.

3. 국내 도시재생 사례에서의 시사점

아직까지 도시재생을 정책적으로 추진한 것은 초기단계로 많은 사례를 만들지는 못했지만 선도지역에서부터 현재까지 국가나 지자체가 지정한 사업장은 이미 수백 개가 넘는다. 이 중에서 가장 큰 문제는 역시 막대한 재원의 문제를 안고 있다는 점이다. 물론 대단위, 전국적인 뉴딜사업의 정책이므로 국비 등이 가장 우선적으로 고려되고 있다. 그러나 장기적으로 도시재생은 지속적으로 추진되어야 하는 점을 감안하면 향후 도시재생에 민간 등이 적극적으로 참여할 수 있는 대안을 마련하는 것이 필요하다. 이를 위하여 대규모 사업과 비수익구조 재생의 경우는 국가와 지자체, 공공기관이 주도하고, 소형사업과 수익형구조 재생은 민간참여를 적극 유도하거나 민관공동추진 등을 고려할 필요가 크다.

다음으로 각각의 도시재생은 극히 일부를 제외하면 특이할 만한 브랜드가 없다. 추구하는 목표도 대동소이하다. 보다 특화된 고유 도시재생브랜드를 사업장 또는 지역별로 구축하는 것이 필요하다고 할 수 있으며, 지역적 특성을 반영한 특화사업을 활성화할 필요가 크다. 그리고 민간참여는 물론 도시재생이 지역주민과 밀착한 문제를 해소, 개선하는 것으로 지역공동체의 참여와 협업이 중요하다. 이를 위해 사회적 공동투자 활성화 및 협업 거버넌스 구축을 활성화하여야 한다.

제3절 국외 도시재생 주요 사례

Ⅰ. 외국 도시재생 사례 개요

외국의 도시재생 사례는 앞에서 언급한 것처럼 대부분의 선진국들에서 많이 찾아볼 수 있다. 특히 오랜 도시역사를 가진 지역의 경우, 산업발전에 따른 도시의 기능이 변화된 경우, 인구변화가 큰 경우, 역사와 문화가 새로운 변화에 직면한 경우 등 도시의 발전과 쇠퇴, 공존과 변화 및 기능조정과정에 있는 경우가 많은 사례로 설명되고 있다.

영국의 ① 도클랜드는 대표적인 사례이다. 도클랜드(Dockland)는 런던시 동쪽 8㎞지점 템즈강 가의 선박수리 및 항만지구로서 옛날에 영국 런던의 항구 중 하나로 한때에는 세계에서 가장 큰 항구였다. 도클랜드 재개발은 1980년대 초에 낙후된 런던 도심 지역을 새롭게 재개발하여 런던의 도시경제 부활은 물론 침체된 영국경제를 되살리려는 목표로 영국총리가 주도한 도심재생사업이다. 이 사업은 1960년대 후반 이후 일본과 한국 등 개도국 조선업과의 경쟁에서 밀려나 조선업의 쇠퇴를 경험하면서 사실상 버려진 공간을 재개발 하여 부가가치가 높은 21세기형 도시형 산업을 수용할 공간을 만드는 것이었다. 오피스, 주거, 상업, 오락 및 신교통수단 도입 등 복합기능을 보유한 공간확보를 목적으로 하는 재개발 계획이라고 할 수 있다.

1978년과 1983년 사이에만 도클랜드에서 일자리 12,000개가 사라졌다. 런던시에서 성장하는 지역에 있는 일자리는 주로 서비스업이었기 때문에 블루칼라 근로자들로 구성된 도클랜드 지역 주민들에게는 혜택이 갈 수 없었다. 시장기능에 의존해서는 이 지역의 부활을 기대하기 어려운 절망적인 상황이었다. 이에 LDDC(London Dockland Development Corporation)를 설립하여, 자치구가 보유한 개발권은 박탈하고 LDDC에게 토지를 사고팔 수 있는 권한을 부여하였다. 또한 토지관리, 도시 기능 배치, 빌딩건설, 인프라 공급업무 등을 수행할 수 있는 권한도 주었다.

도클랜드지역 개발사업이 런던도클랜드개발공사(LDDC)의 주도로 1981년 7월에 착수되었다. LDDC는 낙후된 지역이미지가 원인이 되고 있는 낮은 토지가치가 경제 활성화를 막고 있다고 판단, 지역이미지의 혁신적 개선방안을 찾을 수밖에 없었다. 이를 위해

1981년에서 1989년까지 2,100만 파운드를 이미지 개선활동에 투입하여 도로, 광장, 공원, 각종 도로 등 인프라를 적극적으로 공급함으로써 신속하게 성공적으로 이 지역이 재개발되는 계기를 만들었으며, 타 지역에도 좋은 영향을 주었다. 이후 18년에 걸쳐 진행된 장기간의 개발로 낙후된 런던대도시권의 경제회생을 돕고, 나아가 영국경제가 다시 부활한 계기가 되었다. 특히 런던시가 필요로 하는 금융, 법률산업 등 생산자서비스업 입지용 오피스 공간을 새롭게 공급함으로써 런던이 세계 금융산업의 중심지 지위를 확고하게 유지할 수 있는 기반을 다질 수 있었다. 도클랜드 지역에 건설된 카너리 워프는 런던시의 대표적 랜드마크가 되었을 뿐만 아니라 초고층 업무, 상업빌딩 등이 입지하고 있고, 주변에 양질의 주거시설과 레저시설이 들어서도록 유도함으로써 낙후된 런던 동부지역의 발전과 영국경제의 회생으로까지 기여했다는 평가를 받고 있다.

이 밖에도 스페인 ② 빌바오는 1980년대 기반사업 몰락으로 쇠퇴한 빌바오에 대해 도시민 삶의 질 향상과 도시환경 개선 및 경쟁력 향상을 꾀하자는 전략을 수립하여, 문화적이고 창조적인 관점에서 도시재생을 추진하였다. 현재 빌바오를 대표하는 구겐하임미술관과 네르비온 강가의 대규모 문화단지 조성, 도시경관 정비 등으로 도시경쟁력을 높이고 도시환경 전반에 걸친 파급효과를 유발하고 있다. 이는 기반산업 몰락지역의 문화적 부흥을 꾀하였다는데 의미가 크다. 빌바오 도시재생은 성공적인 사례로 '빌바오효과'라는 용어가 생겨나기도 했다.

다음으로, 일본 ③ 도쿄 미나미아오야마 잇쵸메도 좋은 사례이다. 공공시설복합형 도심공공주택 사례로서 임대주택, 상업·업무시설, 도시활동지원시설 등으로 구성되는 복합시설을 계획하였고, 지역커뮤니티 형성에 기여할 수 있는 주택 배치, 라이프스타일 변화나 리모델링에 대처할 수 있는 유연성 부여, 육아세대를 위한 보육원과 고령자를 배려한 그룹홈 등 다양한 도시 활동층에 대한 지원시설로 개발하였다. 이는 다양한 지역구성원을 위한 공간의 재창조라는 관점에서 의미가 크다고 할 수 있다.

아울러, 미국 ④ 뉴욕 하이라인은 1980년 열차운행 중단으로 20여년간 방치되어 도심의 흉물로 전락한 고가철로 하이라인을 공공장소로 재창조하기 위한 지역사회모임의 노력으로 뉴욕시민을 위한 고가철도공원을 조성하였다. 즉 해당지역 일대를 역사보존지구로 지정하고, 허드슨 강을 배경으로 도시 전망을 제공하면서 현대와 전통이 멋스럽게 조화된 공간으로 재탄생시킴으로써 도시 이미지 향상에 기여하였다. 이는 방치된 도심의 흉물공간을 공원으로 재탄생시켰다는데 의미가 있다.

Ⅱ. 외국 도시재생 주요 사례

외국의 도시재생은 항구도시에 대한 사례가 많다. 부분적인 재생에서부터 도시의 종합적인 재생까지 다양한 사례를 만들고 있다. 주요 사례로는 스페인의 항구도시 빌바오, 덴마크의 코펜하겐, 스웨덴의 말뫼 폐조선소, 미국 샌프란시스코의 항만선착장을 재생한 피어39 등 도시재생의 모범사례들이 즐비하다. 아울러, 도시 전반에 대한 체계적인 도시재생의 진행이 관심의 대상이다. 빌바오, 코펜하겐 등을 대표적으로 볼 수 있다.

1. 북유럽 도시재생 사례

(1) 덴마크 코펜하겐

1) 도시재생 추진체(거버넌스)

코펜하겐의 도시재생은 시와 도시항만개발청(항만청)[4]이 주체가 되고, EIB코펜하겐사무소는 일정규모 자금을 지원하고 관리하고 있다. By & Havn은 중앙정부와 코펜하겐시 소유 공기업으로, 북항만 재생사업(특별법 제정으로 2010~2050년까지 단계적 개발을 추진 중으로 2009년 국제현상설계가 완료되어 1단계 주거지 개발 완료)인 외레스타트 재생사업(군부대 이전적지) 등을 추진하고 있다. 개발 개념은 ① 기존 항만시설 보존으로 도시의 역사성·상징성을 유지하고, ② 민간에게 토지매각으로 발생하는 수익은 공공시설(지하철·지하차도·공공주차장 등) 건설 자금으로 활용하는 것이다. 사업수익(토지매각대금)의 재투자를 위한 정부·공공의 역할 및 지역의 정체성·역사성 보존을 위한 기존 건축물을 재활용한다.

대규모 도시재생사업(경제기반형)은 공기업(By & Havn)이, 주민참여형 도시재생사

---

4) 항구도시인 코펜하겐은 역사적으로 항만형 도시구조와 인프라를 갖추고 있었다. 오랜 역사를 가진 항구도시는 산업쇠퇴지역과 재생 필요성이 대두되었고, 그 재생추진체의 기능은 도시항만개발청(항만청)을 통하여 추진되고 있다. 항만청은 기존의 외레순개발공사(Ørestad Development Corporation)와 코펜하겐항만공사(Port of Copenhagen Ltd.)가 2007년에 합병하면서 설립되었고, 코펜하겐시정부(55%)와 덴마크정부(45%)가 지분을 공유하고 하고 있다. 그 기능은 코펜하겐 항만과 주변 지역의 건설·관리·임대 등 관리업무를 수행하면서, 토지의 공공적 가치 극대화와 수익창출을 위한 인프라 공공투자를 추진하고 있다. 운영에서 정부는 공영 토지를 By & Havn으로 이전 → 주거 및 상업용으로 재정비함으로써 토지 가치 상승 → 덴마크 국립 은행으로부터 자금 조달 → 조달자금은 기반시설 개발에 사용 → 민간개발자에 토지 매매·임대 또는 자체개발 방식으로 개발한다. 2017년 기준 항만청의 자산은 2조 7,332천억원이고, 영업이익은 1,025억원이다.

업(근린재생형)은 지자체가 추진하고 있다. 코펜하겐시 도시재생 목표는 '낙후지역 활성화로 도시 이미지 개선'이며, 주민참여형 도시재생사업은 장기간·충분한 주민의견 수렴(크바르테르뢰프트)을 통해 사업추진의 동력을 확보하고 있다. 최근 중앙정부의 예산지원 감소(35% → 11%)로 사업순서 조정·사업기간 연장 등을 검토하고 있으며, 재원은 중앙정부·지방정부·민간 기부로 조성(민간차입 無)하고 있다. 이를 토대로 수익형은 주로 민간참여(민간에 토지매각)로, 비수익형은 주로 공공예산(정부·지자체·기부금)으로 사업을 추진하고 있다. 한편, EIB 코펜하겐 사무소는 EU가 정책적으로 결정한 분야의 개별 프로젝트에 대한 금융지원 및 성과평가 업무를 수행하고 있는데, 대규모의 장기적 금융지원이 필요한 도시재생, 공공인프라 건설, 기후변화 대응(에너지 절약 시설 도입) 사업 등을 지원 중이다. 2018. 5월 덴마크 제로에너지 건축물 건설에 1억 유로 융자 지원을 결정하였다.

2) 핑거 플랜

덴마크는 코펜하겐을 중심으로 한 광역도시권은 핑거플랜(finger plan)이라고 불리우는 계획을 1947년 수립하고, 이후 60년간 총 7번의 개정을 통해 추진하고 있다. 현재 계획은 2007년에 수립된 '핑거플랜 2007'로서, 코펜하겐 대도시를 인간의 손에 비유하여 ⓐ 손바닥 부분에 대한 행정, 경제, 문화·교육 기능 통합, ⓑ 각 손가락의 방향으로 근교철도(S-Bahn)의 정비와 연선 뉴 타운 개발, ⓒ 손가락과 손가락 사이의 영역에 대한 개발규제와 녹지의 보전을 추진하고 있다. 즉, 코펜하겐 도심은 쇠퇴하지 않고 오랫동안 경제·문화 중심지로 유지될 수 있었던 바탕에는 코펜하겐의 핑거플랜이 있었는데, 1948년 코펜하겐 인구의 급격한 증가와 도시확산에 대응하기 위해 손가락 모양으로 도시를 계획한 결과 자동차에 의존하지 않는 보행자·자전거 중심의 도시가 형성되었다. 이는 손가락 모양으로 펼쳐진 5개의 대중교통축에 도시개발을 집중하는 원리로 직주근접의 원칙에 따라 대중교통축 가까이에 주거지나 직장을 배치하여 전체 이동시간의 최소화가 가능하도록 하였다. 도심은 손바닥, 각 손가락은 도시 성장축을 형성하며 손가락과 손바닥이 만나는 결절지에는 부도심을 계획하고, 손가락 사이에는 위락용지 또는 개발을 유보하고 자연상태로 보전하는 정책이다.

〈코펜하겐 핑거플랜 개념도〉

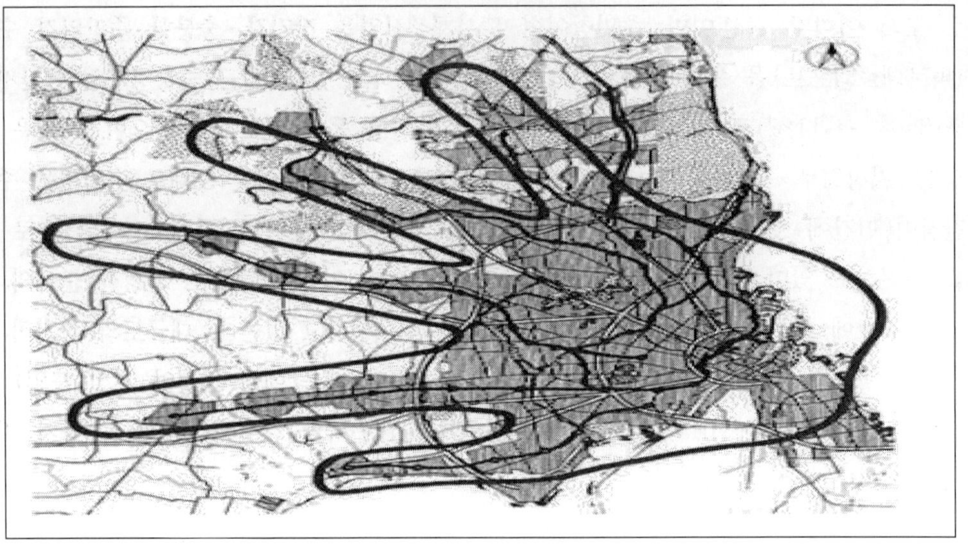

핑거플랜의 주요 특징으로는 신도시 개발을 지양하고, 기성시가지의 정비를 통해 도시 확산을 제어할 수 있는 공공시설의 적절한 배치와 대중교통 촉진 도모, 주요 교통결절점인 기차역에서 600m 이내에 공공시설, 오피스, 점포 배치 장려, 덴마크와 스웨덴을 연결하는 외레순 다리의 완공에 따라 외레스타드(Øresund) 지구와 코펜하겐 국제공항을 포함한 아무르 섬 전체 지역과의 광역정비를 추진하여 인구 260만명 규모의 대도시 발전을 도모하고 있다.

이러한 플랜의 추진을 위한 실행전략으로 Ⓐ 코펜하겐 원도심과 국제공항사이의 기존 군사훈련지역을 포함한 약 310ha(가로 600m, 세로 5㎞)의 선형 부지에 대한 복합용도 개발로써 새로운 인프라(무인메트로)의 구축과 연계한 통합적인 도시개발사업의 추진, Ⓑ 기존의 녹지 및 수변공간을 최대한 활용하여 정주환경의 증대와 현대적인 건축물과 자연경관과의 조화 추구, Ⓒ 기업의 본사, 컨벤션 센터, 대규모 호텔, IT 대학교, 방송사 및 콘서트 홀 등 다양한 기능들이 함께 시너지 효과를 도모하는 것이다.

한편, 코펜하겐은 항구도시 비전 2025을 추진하고 있는데, 항구지역 및 수변공간에 대한 소유권은 코펜하겐시, 지역정부, 주정부, 군사부, 해양부, 항만공사, 개인소유 등 다양하지만 '하나의 항구'라는 기조아래 협력을 통하여 비전을 수립하였다. 즉, Ⓐ 항구에서의 더욱 다양한 활동(More activities within the harbour), Ⓑ 수변공간으로의 접근성 증대(Better access to and from the water), Ⓒ 공공공간 확충(More public spaces),

Ⓓ 깨끗하고 매력적인 항구(A clean and inviting harbour), Ⓔ 자연 및 야생환경 유지 (A harbour with Healthy wildlife), Ⓕ 이벤트 및 임시 프로젝트 유치(Events and Temporary projects), Ⓖ 모두를 위한 다양한 공간 확충(Variation and Room for everyone)의 내용이다.

코펜하겐 항만개발청을 중심으로 지역대학, 기업이 협업하는 구조로 추진되고 있고, 공기업을 중심으로 계획수립, 실행, 이해관계자 설득, 재원조달 등 전주기적 과정에서의 공기업 역할이 중시되고, 특히 정책적으로 주민과 사전에 충분한 협의(잰트리피케이션 방지효과)를 실시하여 원활한 사업추진이 가능하다는 시사점을 제공하고 있다.

3) 주요 도시재생 사업장

① 외레스타트 재생사업

외레스타트 사업지는 코펜하겐 중심부에서 남쪽으로 약 5㎞의 거리에 위치, 동서 약 0.6㎞, 남북 약 5㎞의 길쭉한 모양으로 면적은 약 310ha이다. 과거 군사지역 또는 목초지 등으로 사용되었고, 1995년 운하와 지하철 등을 고려한 친환경적 도시개발 마스터 플랜을 수립하였고, 덴마크와 스웨덴을 연결하는 외레순 다리 프로젝트를 양국이 합의하면서 외레스타드 지구 광역 개발 계획을 수립하게 되는데, 이것이 도시재생사업의 추진계기가 되었다. 도시재생은 신도시 개발을 지양하고, 기성시가지의 정비 및 공공시설의 적절한 조성·배치와 대중교통 촉진을 도모하는데 중점을 두었고, 토지를 민간에 매각하여 발생하는 수익을 지하철·지하차도·공공주차장 등 공공시설 건설 자금으로 활용하였다.

도시재생 추진현황으로는 Ørestad nord, Amager Fælled, Ørestad City, Ørestad Syd 등 4개 영역으로 구분하여 단계적인 추진이 진행 중이다. By & Havn(중앙정부와 코펜하겐시 소유 공기업)을 통해 추진되는 북항만 재생사업(특별법 제정으로 2010~2050년까지 단계적 개발을 추진 중으로 2009년 국제현상설계가 완료되어 1단계 주거지 개발 완료)인 외레스타트 재생사업은 군부대 이전적지에 추진되고 있다. 외레스타트 사업은 개발시 도시 특성을 반영한 양질의 도시설계를 통해 주거·상업·오피스 등 다양한 복합기능을 도입하고, 기존 도심에 비해 스마트 기반 구축 비용이 저렴한 점을 감안하여 스마트시티와 연계한 사업 추진도 고려된다.

② 북항만 재생사업

북항만은 19세기 말 코펜하겐 외레순 해안에 건설된 항만으로, 코펜하겐시내 중심에서 북쪽으로 4km 떨어진 곳에 입지한 구항만 이전적지로서 300h에 달하는 유럽 최대의 도시개발지역 중 하나이다. 바닥면적 400만㎡ 규모의 신규 시설을 도입하는 사업으로 문화·관광, 신산업 유치 등 덴마크 경제 도약의 새로운 기회를 창출할 수 있을 것으로 기대된다. 이 지역은 과거 군사지역 또는 목초지 등으로 사용되었고, 지반이 연약하여 개발의 대상으로 고려되지 않았으나, 이후 1992년 개발을 시작, 1995년 운하와 지하철 등을 고려한 친환경적 도시개발 마스터플랜을 수립하였다.

이 지역은 조선, 제철 등 산업 쇠퇴로 인해 항만 기능을 상실하여, 항만 인근지역 슬럼화가 진행되자 2005년 덴마크 정부와 코펜하겐시가 북항만 도시 개발 내용을 합의하였다. 동 지역은 과거 세계적인 공업항구도시였으나, 1980년대 전후로 북유럽 산업기반이 동유럽으로 이전하면서 쇠퇴하기 시작하여, 개발지역의 50%는 항구기능과 관련한 지역이었으나, 나머지 50%는 버려진 폐부지로 방치되고 있었다. 북항만 지역은 By & Havn 소유지로서 코펜하겐의 항구용량 수요 증가로 인해 매립한 곳이며, 중앙정부에서 초안이 작성되어 특별법(노드하벤 도시개발법, Act on Urban development of Nordhavn, 2007)에 따라 사업이 추진되었다.

추진방향을 살펴보면, 기존 항만시설을 보존하여 도시의 역사성·상징성을 유지하면서 깨끗한 항구로 재생하는 것이다. 기존 항만시설 및 자연환경을 유지하고, 항구지역 및 수변공간에 대한 접근성 증대를 목표로 공공 공간 및 이벤트 유치 공간으로써 기능하도록 개발하여, Ørestad nord는 도심에 인접하여 덴마크 방송협회, 콘서트홀, 코펜하겐 대학(학생수 2만명) 등이 입지, Ørestad city는 스칸디나비아 최대 규모인 쇼핑몰, 필즈 국제회의장, 벨라 컨벤션 센터, 스카이 컴 웰 호텔, 엑센추어 컨설팅 등 핵심업무지구를 형성하고 있다. 현재 1단계 주거지 개발이 완료된 이 지역의 사업추진은 도시 개발 합의내용이 특별법으로 제정되어 국제현상설계공모를 통해 2009년 현상설계가 완료되어, 2010~2050년까지 단계별 개발을 추진하는 것이다. 세부 추진과정을 살펴보면, Ⓐ2005년 Metro Cityring·Nordhavn 개발에 관한 국가 합의 완료, Ⓑ 2007년 Nordhavn 개발에 관한 법률 제정, Ⓒ 2008년 CPH 국제현상설계 공모 개최, Ⓓ 2009년 덴마크 수상 프로젝트 선정 및 마스터플랜 수립(180개 응모작 중 COBE, SLETH, Polyform 컨소시움인 Urban Delta 선정), Ⓔ 2014년 ÅHG West 및 Trælastholmen지역 세부계획 승인을 하였다. 동 사업은 City Regenerative라는 비전 아래 도시기반시설을 공급하고, 수자원을 바탕으로 최적화된 스마트 에너지 단지 조성이 큰 비중을 차지하고 있다. 2025년까지 탄소중립도시 조성을 위해 코펜하겐시, 공기업, 민간, 전문가 그룹, 시민들이 적극 참여하고 있다. 이 도시재생사업은 개발시 ① 기존 항만시설 보존으로 도시의 역사성·상징성을 유지하고, ② 민간에 토지매각으로 발생하는 수익은 공공시설(지하철·지하차도·공공주차장 등) 건설 자금으로 활용하고 있으며, 사업수익(토지매각대금) 재투자를 위한 정부·공공의 역할 및 지역의 정체성·역사성 보존을 위한 기존 건축물 재활용 등이 고려되고 있다.

③ 뇌레브로 슈퍼퀼른 프로젝트

사업장은 코펜하겐 중심부에서 남쪽으로 약 5㎞의 거리에 위치하며, 동서 약 0.6㎞, 남북 약 5㎞의 길쭉한 모양으로 면적은 약 10만 7,000평이다. 프로젝트는 조선, 제철, 섬유 등 산업 쇠퇴로 도시기능 상실 및 실업자 증가 등 슬럼화가 진행되어, 코펜하겐시 주도로 슈퍼퀼른 공원을 중심으로 한 문화 협업 프로젝트로 추진되었다. 추진내용으로는 Red Square(스포츠와 문화활동을 위한 공간), Black Square(문화·오락시설(놀이터, 체스판 등) 공간), Green Square(친환경 잔디광장) 세 개 구역으로 구성된 다국적·다문화 융합 도시공원 조성을 목표로 하였다. 이를 위하여, 정부가 자금을 지원하고 민간이 주도하는 민관협력 도시재생으로써 다문화 지역에 대한 문화융합 추구, 무역 중심지로써 다국적 인구가 유입된 지역이라는 특색을 살려 각 나라의 운동기구를 공원에 배치하는 등 문화융합형 도시재생 도모(프로젝트 슬로건 : 3 Zones, 3 Colors, and 1 Neighborhood), 창의적인 도시재생을 위해 코펜하겐시가 도시건축회사와 디자인회사에 프로젝트에 대한 결정권한과 진행을 일임하여 정부·건축사·디자이너 등 민관협력 도시재생 프로젝트를 추진하였다.

④ 남항만 재생사업 지구(Sydhaven)

Sydhaven은 코펜하겐의 남쪽에 위치하고 있는 3개의 항만지역(Sluseholmen, Teglholmen and Enghave Brygge)을 포함한 개발사업으로, 이 지역은 입지적 장점, 장기적 차원 개발계획 및 코펜하겐시의 성장추세 등에 의해 주택건설수요가 높은 지역이다. 암스테르담 항구재개발 프로젝트(Eastern Harbour dockland)를 벤치마킹하여 네덜란드 도시계획가(Adriaan Geuze, Sjoerd Soeters)를 초청하여 마스터플랜을 수립하였고, 사업지구 내에 학교, 공공체육시설, 생활편의시설 등이 위치하고, 수로를 설치하여 양호한 정주여건을 조성하였다.

추진 현황을 살펴보면, Sluseholmen, Teglholmen 지역에 3,500명이 거주하고 있으며, 전체 9,000개의 주거와 22,500의 일자리 공급, Enghave Brygge는 발전소부지로 10ha의 주거공간과 1.2ha의 상업시설로 계획하였고, 친수공간조성을 위하여 개방형 도시블럭(open urban block)으로 건설하였다. 코펜하겐 원도심에 입지하여 학교, 쇼핑시설, 문화

활동, 수변 및 자연공간으로의 접근성이 높아 다양한 계층을 유입할 수 있는 Social Mix 전략도 고려하여, 2015년 9월 현재 사업전체 면적 160ha중 60ha 개발이 완료되었다.

⑤ 베스테르브로 엥하벤

코펜하겐 중앙역 일대 슬럼지역의 주거환경 개선을 위하여 주민참여형 도시재생사업인 공원조성사업으로, 동 재생사업의 특징은 지역 주민 의견 수렴에 중점을 둔 도시재생(지역주민의 니즈, 민간의 창의적 사업계획의 적극 활용을 위해 지역주민과 다양한 소통・협력 추진)이다. 즉, 지역주민과 공무원이 참여하는 지역 운영위원회 및 대여섯 개의 실무그룹 구성, 정기회의 진행, 시민 의견 수렴을 위한 커뮤니티 센터 설립, 센터에 자치단체 공무원 파견근무 시스템 운영, 사회적 문제 해결, 주민 행복추구를 원칙으로 하는 직접 민주주의식 크바르테르뢰프트(Kvarterloeft, 주민 의견 수렴, 지역 전통 보존 등 도시 전체의 재생을 뜻하는 덴마크어), 하향식 정책이 아닌, 도입시설 등 도시재생 모델 고안 시부터 주민의견을 적극 수렴(지역주민들이 지역 내에서 좋다고 생각하는 구역, 위험하다고 생각하는 구역, 어둡다고 생각하는 구역 등 유형을 세분화하여 수요조사)하여 추진되었다. 재원조달은 주민의견을 바탕으로 사업을 입안하여 2019년말 완공 예정으로, 소요예산을 중앙정부 35%, 지방정부 65% 부담하고 있다. 특히 중앙정부는 사업필요성 심사 및 예산투입까지만 사업에 관여하고, 재생사업모델 및 추진방법 등 사업방식에는 간섭하지 않는다.

4) 코펜하겐 도시재생의 특징 및 시사점

코펜하겐시[5]가 추진하는 도시재생정책은 대규모사업(경제기반형) 추진시 별도법인(By & Havn)을 설립하고, 주민참여형 사업(근린재생형)은 지자체 중심으로 추진되고 있으며, 북항만 재생은 「노드하벤 도시개발법」, 주민참여형은 「도시재생법」에 따라 추진된다. 市는 양호한 재정여건으로 안정적 도시재생사업 추진이 가능하고, 정책적으로 주민과 충분한 협의를 거쳐 사업을 추진한다. 코펜하겐시 도시재생의 목표는 '낙후지역 활성화로 도시 이미지 개선'을 위한 것으로, 주민참여와 다자간 협업을 최우선 가치로 추진되는데, 주민참여형 도시재생사업은 '크바르테르뢰프트' 원칙에 따라 지역의 충분한 의견수렴을 통해 사업추진의 동력을 확보하고, 사업에 필요한 재원은 중앙정부, 지방정부, 민간 기부

5) 코펜하겐 시정부는 시의회 산하에 금융위원회와 6개(재무위원회, 문화레저위원회, 아동 및 청소년 위원회, 건강관리위원회, 사회봉사위원회, 기술환경위원회, 고용 및 통합위원회)의 상임위원회를 운영하고 있는데, 도시정책, 도시재생, 도시개발 관련 정책은 금융위원회(Finance & Administration)에서 담당하고 있다. 행정부서는 재무관리국, 문화 및 레저행정국, 아동 및 청소년 관리국, 사회복지국, 기술 및 환경관리국, 고용 및 통합관리국으로 운영되고 있다.

로 조성(민간 자금조달 없음)되고 있다.

코펜하겐시 도시재생은 수익 창출형 항만재생(경제기반형) 사업과 비수익형인 주민참여형(공원 등 공공시설 조성) 사업으로 구분되며, 수익형 사업은 민간참여(민간에 토지매각) 중심으로 사업을 추진하고, 비수익형은 정부, 지자체 예산지원으로 사업이 추진된다. 市의 재정사업 또한 주민협의를 통한 사업의 투명성 및 신뢰성을 확보하여 지역주도, 주민중심의 도시재생을 추진하고 있다.

(2) 스웨덴 도시재생

1) 도시재생 추진체(말뫼와 예테보리)

말뫼는 사회적 경제조직, 스타트업 기업의 활성화를 지원하기 위하여 비영리·비상설조직으로 공공기업센터(센터)를 운영하고 있다. 센터(제안된 사업에 컨설팅 지원으로 사업추진에 필요한 노하우 전수)는 분야별 전문가(사회적 기업가, 대학교수, 건축·금융 등)로 구성되며, 기업은 크라우드 펀딩(지분형, 투자형) 활용으로 초기 자금을 마련한다.

말뫼시의 도시재생사업 추진 기업으로 대표적인 것이 스칸스카(Skanska)인데, 민간사업자인 스칸스카는 말뫼시의 적극적인 도시재생사업 추진에 따라 보유 토지 및 시유지 개발(공모사업)에 적극 참여하고 있다. 이는 말뫼시가 추진하는 다양한 사업. 즉, 각 프로젝트는 다양한 지역민 의견을 반영하여 창의적 공간개발을 목표로 진행되는 바, 민간참여의 좋은 예를 보여주고 있다. 이러한 민간의 창의적 사업계획의 적극 활용을 위한 민간사업자와 다양한 소통·협력으로 도시재생사업 활성화 지원에 큰 활력이 되고 있다.

말뫼시는 조선업 쇠퇴에 따른 도시기능 변경을 위한 새로운 정책방향을 설정하여 ① 인구유입과 신산업 유치를 위한 말뫼 대학 설립, ② 다양한 분양·임대주택 공급으로 주민 유입, ③ 외레순 대교 건설로 도시 접근성 향상을 위해, 신규 투자유치를 위하여 적극적으로 코쿰스 조선소 부지 매입 및 성공적 사업모델 마련을 위한 노력을 전개하고 있다. 이러한 노력은 지자체의 정책방향 설정과 원활한 사업추진을 위한 토지확보가 중요함으로, 지자체 토지확보 지원을 위한 금융상품의 마련 등에 대한 필요성을 보여주고 있다.

한편, 스웨덴의 예테보리 도시개발청은 市가 100% 지분을 보유한 공기업으로, 'River City Gothenburg 비전'을 통해 폐조선소 부지 재생 업무를 수행하고 있다. 인구유입 확대를 위해 전문공연장 등을 건설하고, 개별건물에는 전시장·도서관(도시개발청 소유, 市가 임대료 제공) 등의 설치, 성공적 사업추진을 위하여 민간(건축가, 시공사, 전문가 등) 협력 강화, IT 산업 클러스터 구축과 공학교육의 중심지로 성장하기 위하여 찰머스 공대 캠퍼스를 유치하여 새로운 산업유치 및 투자를 촉진하고 있다.

2) 스웨덴 주요 도시재생 사업장

① 말뫼 BO01지구

스웨덴에서 3번째로 큰 도시인 말뫼는 외레순 해협 연안에서 지난 150여년 동안 유럽 조선업의 중심지로 위상이 높았으나, 1980년대 후반 경기 침체로 인해 조선소가 폐업하자 급속한 인구감소와 함께 도시의 경쟁력을 급속히 상실하기 시작하였다. 이에 따라 1987년 버려진 항구시설과 공장지대로 남겨져 있던 Western harbour지역에 대한 매립작업을 완료하고, 1998년 BO01 지구를 Western harbour지역의 주거, 환경, 교육 등이 복합된 21세기형 주거지로 건설하는 계획안을 마련하여, 2001년 'BO01 프로젝트'로 정식 명칭을 부여하였다.

이 지역은 조선업 퇴조에 따른 버려진 항구부지의 오염된 토양을 복원하는 과정에서 발생한 30ha의 부지에 약 1,000세대를 수용하는 계획을 수립하고, BO01 지구를 Western harbour지역의 주거, 환경, 교육 등이 복합된 21세기형 주거지로 건설하는 계획안에 따라, 일상 여가공간을 갖춘 매력적인 주거지로 조성하기 위해 해변공원, 해변비치, 해변보행데크, 요트계류장, 바다낚시터를 외곽부에 배치하여, 새로운 랜드마크 및 친수여가형 소운하 조성을 통해 도시이미지 쇄신과 관광객 유인효과를 달성하는 토지이용, 도시내부에 바닷물을 끌어들인 친수형 소운하를 건설하여 시민의 여가공간이자 경관축의 거점인 동시에 보행축으로 기능하도록 하였다. 그 결과, 산업쇠퇴로 도시활력이 저하되고 환경오염이 심했던 항구지역을 경제적 활기, 문화적 다양성, 생태적 건강함이 넘치는 지속가능한 도시로 변모시킨 모범도시로서, 특히 폐조선소, 산업쇠퇴 문제에 대응함으로써 미래 도시로서의 가능성을 제시한 대표적인 북유럽 에코시티 사례라고 할 수 있다.

② 말뫼 베스트라함넨

말뫼는 1980년대 초반까지 코쿰스 조선소의 대형 크레인이 도시의 랜드마크가 될 만큼 조선산업이 번창한 항구도시였으나, 1987년 조선소가 폐쇄된 이후 도시전체가 침체되었다. 조선소가 있던 지역(베스트라 함넨지구 : Västra Hamnen)은 열악한 주거환경 지역으로 쇄락하였다. 이에 따라, 기존 건축물은 재활용(1990년대 이전한 사브 공장 건물은 말뫼 컨벤션 센터로 활용)하고, 기성시가지의 정비 및 공공시설의 적절한 조성·배치와 대중교통을 촉진하는 등 도시재생을 추진하였다.

동 사업은 우선 조선업 쇠퇴에 따른 도시기능 변경을 위한 새로운 정책방향을 ① 인구

유입과 신산업 유치를 위한 말뫼 대학 설립, ② 다양한 분양·임대주택 공급으로 주민 유입, ③ 외레순 대교 건설로 도시 접근성 향상으로 설정하고, 신규 투자유치를 위하여 적극적으로 말뫼시가 보유한 자산(에너지기업 주식)매각을 통하여 조달한 자금을 활용하여 코쿰스 조선소 부지 매입 및 성공적 사업모델 마련을 위한 노력을 전개하였다. 특히, 성공적 사업 추진을 위해 생태도시 비전을 공유하기 위한 전시회, 박람회 개최로 국제적 인지도 제고, 터닝토로소와 같은 모범 프로젝트의 추진으로 지속가능성을 확보하였다.

사업추진은 친환경 주거단지인 BO01 지구를 조성을 시작으로 BO02사업을 진행하였다. 코쿰스 조선소 크레인이 있었던 부지에 도시의 랜드마크로서 에너지 효율을 극대화한 친환경 오피스인 터닝토르소를 조성하였고, 도시재생사업에 20여개의 개발업체와 30개 이상의 건축회사가 참여하였다. 특이한 점은 1998년 부동산개발사무소에게 일련의 시설 개발, 광고권 등을 판매(개발권)하였는데, 개발권은 재생을 위한 세부지침과 말뫼시 담당 건축가의 승인을 조건으로 판매되었으며, 수익은 궁극적으로 BO01지구에 판매로 이루어졌고, BO02는 공공 개입없이 민간 부문에 의해 수익시설로 개발이 추진되었다. 재원조달은 스웨덴 정부로부터 오염부지 정화 및 신재생에너지 설치에 필요한 비용을 지원받았으며, 말뫼시는 지속적 사업 추진을 위해 지속적으로 토지를 매입하였다. 주요 재원과 비용 내역으로 토지매입비(830만유로), 토지오염정화비용(4,540만유로), 개발권 판매수익(2,900만유로), 스웨덴 정부보조금(SEK 250,000,000), EU연합 보조금(150만유로) 등이다. 아울러, 전시회, 박람회 등 도시마케팅 도구로 재생사업을 유도하는 촉매제로 활용하여 전시개발형태의 성공사례로 부상하였고, 말뫼시 토지매입, 정부 보조금 등을 공공투자를 레버리지로 활용하여 민간참여의 활성화를 도모하였다.

③ 예테보리 노라 엘브스트란덴

1973년 석유파동으로 선박 종류와 크기에 대한 수요가 변화함에 따라 예테보리의 조선소에 입지한 모든 조선업이 중단되는 사태가 발생하였다. 조선소 폐쇄에 따라 산업쇠퇴, 일자리 감소 등에 따라 도시이미지가 급격히 저하되고, 1990년대 14,000여명의 노동자들이 타 도시로 이주하여 대규모 유휴지와 공실 건물이 발생하였다.

노라 엘브스트란덴의 재생은 기존의 조선소와 건물 등 역사적 유산을 유지하면서 진행하였으며 시장의 수요에 따라 재생사업을 추진하였고, 기존 조선소의 유산은 보존하고 새로운 오피스와 교육시설 사이로 선박용 운하의 자취와 조선소 건물은 여전히 볼 수 있도록 하였다. 노라 엘브스트란덴은 폐조선소 부지 재생의 1단계 사업으로, 예테보리시 중앙에 위치한 이전적지를 대상으로 항만재개발사업을 추진하는 프로젝트이다. 기존 도시의 역사보존을 활용하여 기존 산업유산과 건축물을 유지한 채로 필요한 요소만을 도입하여 재생사업을 추진하였다. '린드홀멘 사이언스 파크'에는 에릭슨·사브·볼보 등 기업이 입주하여 업무 및 연구시설로 활용하고 있으며, '퀄리티호텔 11'은 조선소 건물 외관 유지 및 내부에 크레인을 보존하여 호텔로 운영 중이다. 개발시 환경친화적 도시건설을 목표로 중앙집중식 냉방(강물을 활용한 냉방시스템), 난방 및 쓰레기 처리시스템을 도입하였다.

Göteborg Norra Älvstranden 쇠퇴항만 지구인 노라 엘브스트란덴은 예테보리 중앙에 위치한 공업관련 지역의 집단이름으로 Hisingen에 위치하고 있으며 예타강의 북쪽 지역으로 면적은 약 250ha로, 현재 Lindholmen Science Park가 입지해 있으며 Ericsson(통신장비 제조회사), SAAB(항공기회사), VolVo(자동차회사) 등 기업들이 입지하고 있다. 대형건축물 중 일부는 소규모 기업들과 예술가들을 위한 작업공간을 제공하는 전제로 개조됨에 따라 시민들이 노라 엘브스트란덴에 방문할 수 있는 여건이 제공되면서 민간투자자들 투자에 성공하여, Lindholmen Science Park를 조성(산업활성화를 위한 재생 추진)하였다. 여기에는 IT산업 클러스터구축과 지식기반산업 육성을 위해 미래성장이 유망한 IT 산업 관련 대학 분소 유치, 기존 조선소의 방치 건물 및 조선소 크레인 등을 역사적 유산으로 활용하면서 지역 정체성 강화를 도모하였다.

대규모 유휴부지를 활용하여 신성장 동력을 확보하는 모범사례로서 국내 항만재개발사업 모델에 시사점을 제공할 수 있을 것으로 보인다. 예테보리시와 도시개발청[6], 지역기업인 에릭슨·볼보 등과 협업하여 4차산업의 선구적 지역으로 발돋움 할 수 있는 다자간의 협업이 이루어졌고, 주민 의견수렴·소통체계 구축을 통해 지역사회가 원하는 계획 수립, 지방자치단체 및 공기업 역할 강화, 기존 건축물 재활용 장려 등이 고려되었다.

6) 도시개발청은 예테보리市가 100% 지분을 보유한 공기업으로, 'River City Gothenburg 비전'을 통해 폐조선소 부지 재생 업무를 수행하고 있으며, connect the city, embrace in water, reinforce the center 등 3대 전략을 추진하고 있고, 조선업체 파산으로 중앙정부가 보유한 폐조선소 부지를 무상으로 확보 후 단계적 재생사업을 추진하고 있다. 쇠퇴도시 이미지 개선을 통한 인구유입 확대를 위하여 전문공연장, 문화공간 등을 설치하고, 개별건물에는 전시장, 도서관 등(전시장, 도서관은 도시개발청이 소유하고, 시는 도시개발청에 임대료 제공)을 설치하여 거주민 삶의 질 향상을 도모한다. 성공적인 사업추진과 민간의 관심을 제고하기 위하여, 민간(건축가, 시공사, 전문가 등)과 사전적으로 다양한 협력을 추진하고, IT 산업 클러스터 구축과 공학교육의 중심지로 성장하기 위하여 찰머스 공대 캠퍼스를 유치하여 새로운 산업유치 및 투자 촉진, 예테보리시가 조선업에 의해 만들어진 도시라는 역사성을 보존하기 위하여 기존 조선소 건물 및 시설을 보존하여 도시재생을 추진하고 있다. 예테보리시는 2035년까지 30%의 경제성장률 달성을 위해 80,000개의 신규주택 건설계획과 크고 작은 20여개의 도시재생사업을 추진하고 있는데, 중앙지역 개발로 2020년을 목표로 2,000개의 신규 주택, 16,000명의 일자리 창출, 문화공간 조성을 위한 프로젝트를 다수 추진 예정이며, 하이징 브릿지는 예테보리의 새로운 랜드마크로서, 2021년 완공 예정이고, 프리포트는 새로운 항만재개발사업으로 Frihamnen 재생사업을 추진하고 있다.

3) 스웨덴 도시재생의 특징 및 시사점

스웨덴 도시재생에서 시사점으로는 국가적 문제인 폐조선소 부지를 공공기관이 무상으로 확보하여 단계적 개발 추진, 민관 협업을 통한 계획수립으로 사업에 민간 참여 활성화를 유도하고, 환경친화적 도시조성으로 인구유입을 통한 지속가능한 도시로 성장시키고, 조선업 관련 시설을 보존하여 개발함으로써 도시의 역사성을 유지하고, 민간과 충분한 협의를 거쳐 수요 발생시점에 사업을 진행하여 사업리스크를 관리하고, 공공이 사업수익을 재투자하여 지속가능한 도시재생을 추진하고 있다는 점이다.

한편, 스웨덴은 사회적 금융이 발달한 나라로 비상설 비영리 조직도 활성화되어 있는 것이 특징이다. 도시재생과 관련하여 말뫼시 공공기업센터는 이러한 조직의 특성을 가지고 도시재생 사업 등의 자문 등을 수행하고 있다. 센터는 2009년 Skane지역 지역사회개발 프로젝트의 일환으로 지역기금을 바탕으로 설립되었으며, 사회적 경제주체 및 스타트업 활성화 지원을 목적으로 하는 비영리·비상설 민간조직이다. 주요 역할은 개인이나 단체의 사업을 지원하고자 사업구조 멘토링, 자금 컨설팅, 네트워크 연결 등을 제공하고 있는데, 150개 이상의 프로젝트의 자금조달 계획, 조직화방법, 지역사회문제 해결을 위한 참여방안에 대해 무료자문을 제공하고 있다. 센터가 하나의 유기조직으로써 각종 사회문제, 사업 저수익 구조 등 'wicked problem' 해결에 대한 노하우를 축적하고, 무료 자문을 통해 노하우를 공유하고 있다. 이를 위해 센터를 사회적 기업인, 대학교수, 건축가, 금융인 등 분야별 전문가로 구성하여, 주로 각종 프로젝트의 자금조달 방안, 프로젝트 조직구성 방안, 네트워킹 방안 등에 대한 자문을 제공한다. 특이한 점은 사회적 경제조직, 스타트업 기업의 활성화를 지원하기 위하여 비영리·비상설 조직으로 운영되고 있으며, 비영리조직인 만큼, 수익형 사업보다는 NGO 장기 프로젝트 등 각종 지역사회문제 관련 사업에 대한 컨설팅에 주력하고 있고, 센터는 사업을 발굴하는 것이 아니고, 제안된 사업에 컨설팅을 지원하여 사업추진에 필요한 경험 등 노하우 전수 기능을 강화하고 있다. 프로젝트 재원조달은 크라우드 펀딩 방식(지분형, 투자형)을 활용하여 초기 자금을 마련한다. 즉, 센터는 활동가, 사회적 기업가, 대학교수, 건축·금융 등 분야별 전문가로 구성되며, 크라우드 펀딩 방식(지분형, 투자형)을 활용하여 초기 자금을 마련하고 있다. 이러한 사례로 환경오염 등으로 지역 내 벌의 개체수가 감소하는 문제를 해결하고자 개인이 벌을 키우는 프로젝트에 대해 컨설팅을 요청함에 따라, 크라우드 펀딩 후 펀딩 참여자에게 현물(벌꿀)을 나눠주는 방식의 자금구조 방안 자문을 제공한 바 있다. 이러한 점은 국내에 도시재생에서 사업구조 내지 금융구조를 전문적으로 자문하는 코디네이터가 부족한 점을 고려하면 이러한 조직의 활성화도 고려해야 할 문제로 판단된다.

2. 중남부 유럽 도시재생 사례

(1) 네덜란드

1) 암스테르담

① 암스텔크바르티어

암스텔크바르티어는 산업화로 황폐화된 공장지역을 정화하고 중심업무지구와 인접한 입지적 장점을 활용한 레저 보트파크 등 다목적 복합개발(mixed-use) 및 다양한 주거옵션 제공을 통한 소셜 믹스(social mix)를 이용하여 지역을 재생한 사례이다.

이 지역은 舊 공장 및 항구 지역을 업무, 여가, 주거 기능(3천 세대)을 가지는 복합단지로 개발하는 프로젝트로, 1단계(2015.10.~2016.10.)는 정지 및 토양오염 정화작업 후 1,500세대의 주택 공급, 2단계(2016.10.~2017.10.)에서는 950세대의 주택 공급 및 공원 등을 조성하였고, 3단계(2017.10.~진행 중)는 550세대의 주택 공급 및 업무·상업지구 등을 진행 중이다. 주거시설은 일반 주택과 사회적 주택 혼합, 다양한 주거면적 구성(30㎡~120㎡), 중심업무지구와 인접 등의 특징이 있다. 이 지역의 일반 주택의 월 평균 임대료는 1,300유로 수준이며 쉐어 하우스의 경우 약 500유로 수준이다. 대상지는 수변공간을 주거(보트하우스), 여가(공원, 조정클럽), 상업목적으로 활용하고 거주민을 위한 커뮤니티 시설(코워킹 스페이스)을 제공하고 있으며, 보트하우스는 세컨드 하우스 개념으로 이용되고 있다. 이 지역의 도시재생사업은 제조업 및 업무중심지역 주변에 잠재적 개발가치가 높은 수변공간과 같은 자연환경이 있는 경우 이를 최대한 활용하여 공간 가치 시너지를 창출하고자 하는 도시재생 사업에 적용이 가능하다.

② 더 할렌

암스테르담 서부구역의 De Hallen은 암스테르담 서부구역 중심지에 위치한 유휴 차량 정비창 및 차고지에 도서관, 미디어, 문화, 패션, 요식업, 공예 등의 기능을 도입하고 지속가능한 고품질 공간으로 재창출하고자 한 도시재생 프로젝트이다. 차고지의 소유권은 GBV(지방교통공사)에 있었으나 1997년 지방 정부로 이전되었으며 지방 정부는 역사 공간 활용방안에 대한 민간 부문의 의견을 수렴하여 개발을 진행하고자 하였으나 개발안에 대한 타당성 부족, 무허가 주거문제, 정치적 논쟁 등으로 개발이 지연되었다. 역사문화자원 보존을 원했던 시민 주체들의 참여로 트램 차고지 개발회사(TROM)를 설립하고

2013년 재생사업이 시작되었고, 트램 차고지 개발회사의 의사결정 과정에서 지역주민들의 의견을 반영 충분히 반영하였다. 사업비는 기금융자(NRF, Dutch National Restoration Fund), 민간투자, 분양수입금으로 조달하였다.

사업지의 건물 내부는 다양한 용도를 가지고 있으며 특이하게 건축물 내부에 지하 자전거 보관 장소가 존재하고 있다. 네덜란드의 경우 자전거 보유 및 이용률이 매우 높으며 별도의 자전거 보관 장소를 마련함으로써 시민들이 보다 편하게 시설에 접근할 수 있다. 이 사업지는 소중한 역사적 가치가 있는 시설이 있는 지역의 경우 기존 시설 철거 대신 주민의 의견과 참여를 반영하여 시설의 용도를 변경하는 것이 지역 사회를 활성화시키고 지속적으로 경제적 효용과 이익을 창출함에 기여할 수 있음을 시사하고 있다.

③ 더 퀴블

더 퀴블(De Ceuvel)) 지구는 20세기 초 조선소, 군용 비행기 생산공장 등으로 이용되던 산업시설지구였으나 조선소 폐쇄, 공장 이전 등으로 인하여 오염된 땅으로 방치되고 있어, 시 당국에서 해당 부지를 매입하여 재생하고자 하였으나 활용 방안을 찾지 못하여 시민 공모전을 실시하였으며 공모 조건은 기름에 오염된 사업부지를 정화하여 사용하고 무상임대 기간 이후에는 모든 것을 원상복구 한다는 조건이었다. 원활한 사업 진행을 위하여 시에서는 4,470㎡ 규모의 사업 부지를 10년 간 무상으로 임대하고 2만 5천 유로의 지원금을 제공하였다.

사업지는 토지정화를 위하여 땅을 직접 밟지 않고 공간을 활용할 수 있는 아이디어가 필요하였으며 사업 대상자로 선정된 Metabolic LAB에서는 암스테르담 곳곳에 방치된 폐보트를 매입·재배치하여 토양오염 정화기술 테스트 베드(Cleantech Playground), 창조산업 오피스(Metabolic LAB), 수상숙박시설, 카페 등으로 활용하고 있다. Metabolic LAB에서는 폐보트를 1유로에 매입하여 사업부지에 배치·활용하고 있다. 이 사업은 사업비의 장기저리 융자뿐만 아니라 공공보유 미사용부지, 빈집 등과 같은 도시 내 유휴 공간 대여와 같은 방법으로 도시재생에 대한 지원을 다각화하고 민간부문에 사업권한 및 사회적 책임을 부여함으로써 도시재생을 활성화할 수 있을 것으로 판단된다.

2) 로테르담

로테르담은 2차세계대전 당시 독일군의 공습으로 도시의 대부분이 폐허로 변했다. 시청, 우체국 등 몇몇 건물만이 겨우 폭격을 피할 수 있었다. 로테르담은 2차세계대전으로 대다수의 중세시대 건축물들을 잃게 되었다. 이후 로테르담은 기존의 모습대로 되돌리는 방법 대신 새로운 모습으로 거듭나는 방법을 선택했다. 다른 곳에서 쉽게 지을 수 없는 실험적인 구조의 건축물들을 로테르담에 짓게 되면서 로테르담은 네덜란드의 현대 건축 도시라고 불리게 되었다. 대표적인 건물로 에라스무스대교 건너편 업무중심지구 강변에 자리한 드 로테르담, 마켓홀, 큐브하우스 등을 들 수 있다. 드 로테르담 주변에는 복합도시재생사업지로 업무지구, 상업지구, 관공서, 호텔숙박, 요트파크, 크루즈터미널, 수상택시 터미널, 어린이박물관, 미술관, 공원, 식물원, 푸드팩토리까지 위치하고 있다.

① 마르크탈 마켓홀과 큐브하우스

재래시장을 문화를 파는 지역의 명물로 재생하기 위하여 재래시장을 전체 9층의 주상복합 건물로 재생하였는데, 임대주택 102가구 등 총 228가구의 주택과 다양한 소매업종의 도입 및 건축적 미학을 강조한 아치형 중앙홀(the Time Stairs) 등으로 공간가치 극대화를 꾀한 사례이다. 주변의 도시경관과도 조화로운 재생사업으로 많은 관광객이 찾는 명소이다. 큐브하우스는 재생주택을 새로운 주택개념을 도입한 특징을 가지고 있다. 마켓홀에 연계되어 있는 공간으로 주거공간의 새로운 실험이라고 할 수 있다. 이러한 마켓홀과 큐브하우스의 특징은 주거공간의 새로운 발견 내지 혁신이라고 할 수 있고, 건축물의 모양이 특정한 규격이어야 한다는 관념을 허무는 새로운 도전이라고 할 수 있겠다.

② 페닉스 푸드 팩토리

항만 창고로 이용되던 건축물을 민간의 적극적인 참여를 통하여 상업, 문화 용도로 재생한 사례로, 해당 건물은 대형 개발사와 시에 의하여 개발될 예정이었으나 글로벌 금융위기로 개발이 힘들어지자 주민 7명이 방치된 건물을 임대하여 푸드 팩토리로 탈바꿈시킨 사례이다. 시사점으로 수익성 확보가 어려운 사업에 민간의 공간 아이디어가 활용되어 부가가치가 창출되고 도시재생이 활성화된 사례이다. 마치 우리나라의 재래전통시장을 연상케 하는 공간적 특색을 지니고 있으며, 전통음식점 및 다양한 상점, 결혼식 및 피로연 등 다양한 행사도 진행되고 있다.

③ RDM캠퍼스

해운업이 발달한 도시답게 항구 곳곳에는 조선소들이 많았으나, 전세계적으로 조선업계에 불황이 닥치면서 로테르담에도 문을 닫는 조선소가 늘어났고, 그 중에서 항구 한 구석에 오랫동안 방치된 조선소와 창고로 2002년 RDM이라는 조선회사가 파산하면서 버려진 장소였다.

비어 있는 공간을 활용하고 싶은 로테르담 항만청과 새로운 캠퍼스를 물색 중인 로테르담 대학교가 만나 RDM 캠퍼스 프로젝트가 시작되었고, 로테르담 대학교, 알베다 대학교 (Albeda College), 로테르담 항만청이 협력하여 지금의 RDM 캠퍼스가 만들어졌다. 원래는 Rotterdamsche Droogdok Maatschappij의 약자인 RDM이었지만 새로운 의미를 얻어 'Research Design Manufacturing'의 RDM 캠퍼스로 다시 태어나게 된 것이다.

RDM 캠퍼스에서는 직업학교-전문대학-공과대학이 서로 연결되어 운영되는데, 직업학교에서 부품을 만들면 전문대학에서 이 부품을 이용하여 제품을 생산하고, 공과대학에서는 제품을 만드는데 필요한 기술, 이론, 소프트웨어 설계 작업 등이 이루어진다. 그 밖에도 연구개발과 창업을 위한 공간이 마련되어 있고, 해양 쓰레기를 수거하는 드론을 만드는 업체, 3D 프린터업체, 공학로봇 제조업체 등 다양한 분야와 규모의 기업들이 입주해 있어 자연스럽게 산학협력을 이루고 있다. RDM 캠퍼스는 대학교라는 민간의 주체가 나서서 버려진 공간을 재생한 사례이다.

④ 루크씽

로테르담의 호프플레인(Hofplein) 거리는 많은 사람들이 모여들던 번화가였으나, 1990년대 도심 중심부에 8차선 도로와 철길이 들어서면서 보행이 불가능해지자 시민들은 도로 맞은편 지역에 가기 위해 자동차를 이용해야만 했고 따라서 도로는 항상 자동차로 가득해 교통정체가 심화되었다. 2008년 금융위기로 경제위기가 찾아오고 2010년 일부 노선 전철화로 인해 호프플레인 역이 폐쇄되면서 이 지역은 점점 더 낙후되어 갔다.

로테르담 시는 이곳에 육교를 만들고 유동인구를 늘려 지역을 되살리겠다는 계획을 발표했지만, 지역 주민과의 의견 조율, 예산 부족 등의 문제로 도시개발계획을 마치는데 무려 30년이 걸릴 것이라는 예측이 나왔다. 이 때 건축사무소 ZUS는 뉴욕의 하이라인파크 사례를 토대로 로테르담 시에게 '내가 만드는 로테르담(I Make Rotterdam)'이라는 프로젝트를 제안했다. 내가 만드는 로테르담 프로젝트는 주민이 주도하는 '크라우드 펀딩 프로젝트'인데, 2011년 이 프로젝트가 언론과 SNS를 통해 알려지면서 3개월 만에 8천여 명이 참여해 목표액인 10만 유로(한화 약 1억 3천만원)의 1/3에 해당하는 액수가 모였다. 그리고 3년 후 2014년, 나무판자 17,000개로 이루어진 길이 350m, 너비 3.3m의 육교가 탄생했다. 이 육교의 이름이 바로 루크싱(Luchtsingel, Air canal, 공중육교)이다. 제작과 해체가 쉬운 나무를 이용하면 이후에 환경이 변화해도 재사용할 수 있다는 것이 가장 큰 장점이다. 시민들의 적극적인 참여를 확인한 로테르담 시 정부는 이후 주민 투표를 통해 400만 유로(한화 약 50억)의 예산을 도시재생계획에 지원했다. 그 결과 육교 인근의 낙후지역에 옥상정원 조성, 폐쇄되었던 호프플레인 기차역 리모델링, 육교 아래에

폼펜버그(Pompenburg) 공원 조성 프로젝트들이 이어졌는데, 이 모든 프로젝트들이 이루어진 기간은 단 3년이었다.

(2) 룩셈부르크 테크노포트

테크노포트는 룩셈부르크 벨발(Beval) 지역에 정부와 기업이 합자해 건설한 비즈니스 인큐베이터(BI: Business Incubator) 단지 및 산학연 클러스터이다. 2000~2001년 : 제철소 운영이 중지된 이후 120헥타르 부지에 대해 민관 합작 Agora 개발회사(현 ArecelorMittal)를 설립하여 재개발 마스터플랜을 착수하였고, 2005~2008년 : "과학·연구·혁신" 단지로 개발 방향이 설정된 이후 연구기관 Gabriel Lippmann의 이주, 1400명의 RBC Dexia 투자회사 입주, 주거여가복합 단지 Belvalplaza 일부 개장을 필두로 과학·연구·혁신 단지로의 재편이 본격화되었다. 2009~2013년 : 대학 캠퍼스(룩셈부르크 대학)의 주 건물인 Maison de Savoir 착공, 주거여가복합단지 Belvalplaza 2단계 사업 완료, 바이오기술 연구기관 설립, 통근열차 주차시설인 Park & Rail 건물이 완공되었다. 쇠락한 공장지대를 미국 실리콘벨리와 같은 혁신 산업 단지로 계획하여 아마존, 이베이, 애플 아이튠즈 등 거대 외국 기업 유치에 가시적인 성과를 거두고 있다. 시사점으로 부지 무상 임대, 강력한 투자 유인책 적용, 민간의 창의적 아이디어 적극 수용을 통한 민관 협력의 이점을 극대화한 사례이며 주거, 고용, 상업, 여가의 도시 핵심 기능들을 유기적으로 연결한 모범 사례이다.

벨발지역의 폐제철소 부지에는 제철소의 주요 구조물을 원상대로 존치하면서 신구(新舊)의 시설이 조화롭게 배치된 최첨단 캠퍼스 등을 구축하여 역사적 가치와 첨단시설을 공존시킨 재생사업 진행으로 일자리창출은 25,000개, 대학인구 5천 명 및 상주인구 8천 명을 유치할 것으로 예상된다. 공공투자액은 10억 유로이고, 창업인큐베이터(technoport) 건립과 관련하여 EU의 유럽지역개발기금(ERDF)에서 150만 유로가 지원되었다.

(3) 스페인 빌바오

1) 스페인 북부 버스카야주도 빌바오 도시재생 현황

빌바오 도시재생은 가장 모범적인 도시재생사례 중에 하나로 꼽힌다. 1980년대까지 스페인의 금융, 철강산업 중심지로 이름을 날리며 바스크 주 전체의 경제적 중심지 역할을 맡았던 빌바오는 네르비온 강과 700년 역사를 함께 했다. 16세기에 철광, 조선, 화학 관련된 산업들이 발전하고 주변국들과 교역하면서 무역항으로 성장하였고, 19세기에는 만여

명에 불과하던 인구가 100년이 지난 후 20만 명을 넘었고, 20세기에는 인구가 40만 명을 넘어서며 성장 전과 비교하여 40배의 인구가 증가하였다. 폭발적인 인구성장과 더불어, 광산, 항만 관련 시설, 물류 시설들이 네르비온 강변에 조성되고, 상가, 사무실, 중산층 주거지가 들어서면서 도심을 형성하였다. 그러나 1970년대 후반부터 빌바오를 먹여 살리던 광산, 조선업이 쇠퇴하면서 빌바오의 실업률이 급격하게 증가하여, 1985년에는 실업률이 25%를 넘어서며 극심한 경제 침체기에 들어섰고, 일자리를 잃은 사람들이 떠나고 회사들이 문을 닫자 방치된 산업시설들에서 나오는 오염물질들이 네르비온 강과 빌바오를 오염시키기 시작했다. 아울러, 스페인에서 바스크 지역의 독립을 외치던 사람들이 끝없는 테러를 일으키면서 빌바오는 정치적으로 가장 불안정한 지역 중 하나로 전락하고 말았다.

이렇게 빌바오가 처한 현실을 극복할 수 있는 방안은 쇠퇴한 도시를 재생하여 산업과 경제를 부흥시키는 것이 시급한 상황이었다. 이를 위하여 빌바오 메트로폴리-30(Bilbao Metropoli-30)과 빌바오 리아 2000(Bilbao Ria 2000)플랜을 구축하였다. Ⓐ 빌바오 메트로폴리-30(메트로30)은 1991년 17명의 멤버로 조직되었고 바스크 지역의 공기업, 민간기업, 대학이 축을 이루어 도시재생 전략을 담당하였다. 메트로30의 역할은 넓은 관점에서는 공공부문과 민간부문의 사이에서 의견을 조율하는 것이고, 그보다 좁은 의미로는 도시재생의 계획이 잘 수행되고 있는지 점검하는 것이다. 메트로30은 4가지 실행 계획을 제시하였는데, ⓐ 지식기반 산업영역 조성, ⓑ 구도심 재생, ⓒ 환경보호, ⓓ 문화주도 재생을 통한 문화적 정체성 강화이다. Ⓑ 빌바오 리아 2000(리아2000)은 메트로30 설립 1년 뒤인 1992년에 만들어졌다. 메트로30이 빌바오의 비전 수립과 공공, 민간부문을 조율하는 컨트롤타워 역할을 한다면 리아2000은 계획을 실행하는 기관이라고 할 수 있다. 1979년부터 바스크 주정부가 중앙정부로부터 독립된 세금체제를 유지하면서 바스크 주정부는 중앙정부의 간섭 없이 세금을 집행할 수 있는 권한을 가지고 있었다. 그렇기 때문에 리아2000이 사업을 진행하고 결정하는데 있어서 일관되고 신속한 태도를 유지하여 성공적인 사업을 이끌어낼 수 있었다. 현재 빌바오시의 도시재생에 있어서 메트로30과 리아2000이 각자 역할을 분담하는 체제가 도시재생 프로젝트를 효과적으로 운영하는데 도움이 되었다고 평가받고 있다.

4가지 실행계획에 근거하여 수립된 도시재생계획 중 가장 우선이었던 것은 기존의 상황을 고려하여 각 구역별로 특징을 살린 프로젝트를 만드는 것이었다. 네르비온 강 중심인 '아반도이바라(Abandoibarra)' 지역이 가장 쇠퇴한 지역이었기 때문에 이곳을 먼저 살리는 것에 집중했다. 빌바오의 중심이며 강변에 위치한 지리적 여건 덕분에 지역을 활성화 할 수 있는 장점을 가진 곳으로 쇠퇴한 항구의 이미지를 벗기 위해 아반도이바라 지역에 주거, 업무, 상업, 문화가 어우러진 복합 비즈니스센터를 조성하는 전략을 택했다. 빌바오의 중심이자 가장 쇠퇴하기도 한 지역인 아반도이바라(Abandoibarra)를 활성화시키는 메트로30의 프로젝트중에 빌바오 구겐하임 미술관이 포함되어있다. 빌바오 구겐하임 미술관은 빌바오를 세계적으로 유명하게 만든 문화예술 시설이다. 개관 후 1년만에 예상 방문객의 3배에 달하는 130만 명 이상의 방문객을 유치하고 1억 6천만 달러의 수입을 창출했다. 인구 34만의 작은 도시인 빌바오를 세계적으로 널리 알리는데 큰 역할을 한 것이 바로 구겐하임 빌바오 미술관이다. 구겐하임 미술관을 통해 '빌바오 효과'라는 학문적 용어까지 생겨날 정도였다. 빌바오 효과는 하나의 건축물이 도시의 부흥을 일으키는 현상을 일컫는다. 아울러, 알론디가 빌바오는 빌바오 시의 복합문화레저시설이다. 1909년에 지어진 이 건물의 용도는 대형 포도주 저장고였다. 1970년대에 새 창고가 지어지면서 오래된 창고는 실업자 신세가 되었다가, 1994년에 이르러 오래된 창고에게 새로운 역할이 주어졌는데, 그것은 영화관, 수영장, 도서관, 전시실, 레스토랑, 상점 등 다양한 문화시설을 품은 문화레저센터로 재탄생하며 알론디가 빌바오(Alhondiga Bilbao)라는 이름을 얻었다. 바스크정부는 알론디가 빌바오를 공공문화자산으로 공표하고 본격적인 복원과 개조를 시작했다. 근대주의 양식을 유지하며 내부는 용도에 맞게끔 리모델링하는 방식으로 진행되었으며, 마침내 2010년, 연면적 68,000㎡에 달하는 복합문화레저센터가 완성되었다. 지붕덮인 공공광장으로 불리는 알론디가 빌바오는 크게 3개의 건물들로 구성되는데, 첫 번째 건물에는 다양한 서적과 시청각자료들이 소장된 미디어도서관, 두 번째 건물에는 실내체육관과 수영장이 있다. 그 중에서도 옥상의 수영장은 투명한 바닥이 아래층의 천장 역할을 하며 수영하는 사람들의 실루엣이 비치는데 마치 예술작품이 상영되는 것 같은 인상을 준다. 세 번째 건물에는 무대예술을 지원하는 바스크지방 고등무대예술센터가 있어 강당, 전시실, 영화관 또한 이곳에서 이용할 수 있다.

빌바오 시는 도시재생을 계획하면서 구겐하임 빌바오 미술관 외에도 다양한 도시 인프라에 대한 투자를 이어왔다. 빌바오 지하철, 빌바오 공항, 빌바오 박람회장, 주비주리 보행교(Zubizuri Foot Bridge), 파인아트 뮤지엄, 이베르드롤라 타워(Torre Iberdrola), 사무디오 기술단지, 우스깔두나 콩그레스 뮤직홀 등등 다양하다. 빌바오 시는 공항, 지하철, 보행자교 등 도시 기반시설을 확충하는 것에 집중했고 이는 장기적인 관점에서 빌바오가 살기에, 관광하기에 편리한 도시로 경쟁력을 갖추게 만든 요인이 되었다.

2) 빌바오 효과

한 도시의 건축물이 그 지역에 미치는 영향이나 현상으로, 스페인의 북부 소도시 빌바오에서 비롯됐다. 당시 쇠락을 거듭하던 빌바오에 구겐하임미술관이 설립되면서 관광업 호황이 이뤄졌고, 이후 도시의 세계적 건축물이 도시경쟁력을 높이는 효과를 나타내는 말로 사용되기 시작했다.

빌바오는 과거 제철소, 조선소로 융성했으나 1980년대 불황으로 스페인 철강산업이 쇠퇴하고 바스크 분리주의자들의 잇따른 테러로 실업률이 30%에 달하는 등 급격히 쇠락하기 시작했다. 이를 극복하기 위해 정부는 문화산업을 통한 경제 부흥을 계획했고, 그 일환으로 구겐하임미술관을 유치해 성공을 거두었다. 1997년 미술관 개관 이후 인구 40만이 채 안 되는 빌바오에 매년 100만 명이상의 관광객이 찾아오기 시작하면서 수십억 달러의 관광수입이 생겨난 것이다. 이후 빌바오 효과는 도시의 세계적 건축물이 도시경쟁력을 높이는 효과를 나타내는 말로 사용되기 시작했다. 이 밖에 '100% Pure'라는 슬로건을 내세워 관광객을 유치하는 뉴질랜드와 '유니클리 싱가포르(Uniquely Singapore)'의 싱가포르도 빌바오 효과를 노린 대표적 국가로 꼽힌다.

(4) 프랑스 파리와 리옹

프랑스에서 도시혁신사례를 꼽자면 파리의 라데팡스를 떠올린다. 복합도시건설을 추진하여 경제중심지구역할 뿐만 아니라 파리를 대표하는 관광명소로도 자리잡고 있다. 그러나 라데팡스는 혁신도시의 성격을 가진 것으로 엄격한 의미에서 재생도시는 아니다. 프랑스의 대표적인 도시재생 사례로는 파리 스테이션F, 리옹의 콩플뤼앙스를 들 수 있다.

1) 파리의 스테이션F

파리시의 철도차량기지였던 이 사업장은 프랑스 파리 13구의 역사적 건물을 개조하여 지은 세계 최대 규모의 스타트업 인큐베이터 및 엑셀레이터이다. 1920년대 프랑스 엔지니어 외젠 프레시네가 디자인한 동 사업장을 프랑스 건축가 장미셸 윌모트가 개조하였다. 파리 13구 세느강 근처에 위치하고 있으며, 2017년 7월 1일 스테이션F를 개관(공사기간 3년)하였다. 규모는 3만4천㎡(약 1만285평)이다.

스타트업 생태계 지원 목적의 스타트업 캠퍼스로, 1,000개 스타트업 입주, 3,000개 업무 공간, 60개 회의실, 8개 행사장, 휴식 공간, 370명 수용가능 강당, 우체국, 은행, 팝업스토어, 30개 이상의 개인 샤워실, 카페, 4개 레스토랑, 100개실의 공동아파트, 26개 스타트업 프로그램을 제공한다. 투자자와 테크 스타트업들을 위한 업무공간, 이벤트 공간, 제품 개발 작업 공간의 메이커스페이스(makerspace), 코워킹 커피숍, 대형 레스토랑 등 스타트업 육성을 위한 모든 생태계를 하나의 공간에서 해결할 수 있는 것이 특징이다.

스테이션 F 주요구역은 ⓐ 셰어존(Share Zone) : 행사, 미팅 등 업무 공간, ⓑ 크리에이트존(Create Zone) : 프로그램에 참여하는 스타트업 전용 공간, ⓒ 칠존(Chill Zone) : 7일 24시간 운영하는 휴게 공간(식당, 카페 등)으로 구분된다. 동 사업의 재원은 프랑스 정보통신 기업 CEO 자비에 닐(Xavier Niel)이 개인 사비로 2억5천만 유로를 투자하였다.

2) 리옹의 콩플뤼앙스

전통사업의 퇴보로 쇠락한 리옹의 역사적 산업 자원들을 보존하여 활용하기 위한 콩플뤼앙스 도시재생사업은 수상광장, 집합주택(2010), 론-알프 레지옹청사(2011), 콩플뤼앙스 쇼핑센터(2012), 콩플뤼앙스 박물관(2014) 준공, 스마트시티 및 커뮤니티사업(2015)을 추진하였다. 동 사업장은 총면적 150ha로 1단계와 2단계로 나누어 단계별 추진한다.

단계	내용
1단계 (2003-2018)	부지면적: 41ha(공공공간 22.5ha 포함) 건축규모: 1백만㎡
2단계 (2012-2025)	부지면적: 35ha(리옹역 주변 토지 5ha) 건축규모: 40만㎡

동 사업장은 그랜드 리옹의 명성과 영향을 향상시키는 새로운 도심 근린생활권의 창조를 목적으로 버려진 산업 및 창고지역을 재생한 것으로, 문화 및 쇼핑, 공공서비스, 혁신적이고 매력적인 형태의 도시레저 등을 도입하였고, 두 강과 대상지 경관미를 강조하여 재생사업을 추진하였다. 재원은 11억 4,500만 유로(약 3조 1,000억원)이며, 도시재생사업 추진주체는 지역공사 SPL(사업주체), Grand Lyon, 리옹시, 레지옹의회 등이 사업 지원 및 예산을 마련하였다.

(5) 영국

1) 런던 도크랜드

도시재생사례에서 도크랜드는 세계적으로 대표적인 사례이다. 세부내용은 앞에서 설명하였으므로, 개요를 중심으로 약술하기로 한다. 도크랜드 도시재생사업은 런던 도심의 동쪽 템즈강가의 워터프론트 일대를 마스터플랜에 의해 장기적인 실행계획과 추진기구인

LDDC(런던 도크랜드개발공사)의 강력한 권한과 리더십으로 도시재생에 성공한 사례로, 도크랜드는 1880년대 런던의 항구로 개발되면서 1960년대까지 유럽의 가장 번성한 상업 항구 중 하나였으나, 1960년대 후반 컨테이너 시스템과 운송시스템의 변화로 런던 도크의 기능이 퇴보하면서 지역경제가 급속히 침체됨에 따라 쇠퇴한 이 지역 경제의 활성화 요구 등으로 인하여 1981년 LDDC를 설립하여 도시개발을 추진하였다.

정부주도의 대규모 용도변환을 통하여 도시기능의 회복, 인접 도심부의 업무시설 공급 부족 및 주택난 해소, 과밀방지, 도시경쟁력을 가진 국제적 업무단지로 발전하여 구항만 재개발의 대표적인 사례가 되었다. 총면적은 2,200ha로 크게 4개 재생구역으로, 재원 83억 파운드 중 정부가 18억 파운드, 민간이 65억 파운드를 투자하였다. 사업은 영국정부, LDDC 등 공공·민간이 협업하였는데, 정부는 기반시설 공사를 담당하고, 민간은 수익성이 있는 특정지역 개발을 대부분 담당하였다. 도크랜드는 집단재개발을 통해 주거·업무·상업기능을 이상적으로 결합하였고, 쾌적한 주거환경 창출, 도시생산성을 극대화 하였다.

〈도크랜드의 4개 재생구역별 현황〉

구 역	규 모	주요 현황
Surrey Docks	82만평	• 상업시설(London Bridge City) • 복합주거시설, 주택/식음/레저(마리나 등) 등 각종 해양 • 스포츠시설 / 박물관 / 가축농장 등
Wapping	54만평	• 세계무역센터, 타워호텔, 백화점, 식당 등 상업지구 • 전통적인 양식의 거리와 건물 • 런던타워, 대규모안내소 등 관광시설
Isles of Docks	59만평	• 중핵적 재개발 위치로 기업유도조성지구 • 국제금융센터(Canaray Wharf) 및 주변공간 위락시설 계획 • 다목적 체육관(12,500석 규모의 회의장으로 전용가능) • 호텔(400실/2개소), 기업체 업무용 빌딩(29개소)
Royal Docks	33만평	• 런던시티공항을 개발하여 유럽 각 도시와 연계 • 비즈니스 파크(제조시설, 연구소 등), 사무실, 주거시설, 대학교 • 대규모 체육관, 전시관, 호텔/휴양시설, 스포츠 시설 등 • 25,000석의 체육관, 전시관, 쇼핑시설, 호텔 등

2) 런던 테이트 모던 미술관

영국정부 런던 밀레니엄 도시재생 프로젝트에서 주목할 만한 도시재생사례로, 2차대전 이후 런던의 전력을 공급하다 1981년 버려진 런던 서더크 지역의 화력발전소에 테이트 모던 미술관 건립을 들 수 있다. 밀레니엄 프로젝트는 관광객이 끊이지 않는 템즈강 북쪽

지역과 쇠퇴한 남쪽 지역의 도시 균형 발전을 도모하기 위해 시작되었으며, 템즈강에 밀레니엄 브릿지를 설치하여 남·북의 주거지, 상업지와 미술관, 공연장 등의 공공 문화 시설을 도보로 묶는 프로젝트이다. 미술관 사업은 영국 정부의 런던 밀레니엄 도시재생 프로젝트 중 가장 성공적인 사업으로 평가되고 있는데, 발전소의 굴뚝(99m)과 로비(3,400㎡)를 그대로 보존하였다. 다만, 3,400㎡ 로비의 내부 터빈실의 터빈만 제거 후 철제빔과 천장크레인도 그대로 보존하였다. 동 재생사업은 방문객 연평균 500만명으로 21세기 가장 성공한 현대미술관으로 손꼽힌다.

3) 케이츠헤드시의 발틱미술관과 세이지 뮤직센터

케이츠헤드시의 도시재생에서 대표되는 것이 발틱 현대미술관과 세이지 뮤직센터이다. 영국 게이츠헤드시는 폐공장 부지 및 건물들을 리모델링하여 문화공간으로 탈바꿈 시킬 도시재생계획을 추진하여 2002년 곡물창고를 리모델링해 만든 발틱 현대미술관을 개원하였다. 그리고 소라껍질 형상을 모티브로 한 세이지 뮤직센터를 건립하였다. 이들 문화공간형 도시재생을 통하여 관광을 통한 경제적 효과는 상당하다. 발틱 현대미술관의 관람객은 연평균 100만명이며, 게이츠헤드의 관광산업 규모 약 4억2천500만 파운드이다. 도시재생에 투입된 재정은 한화로 약 900억원(국민복권기금에서 660억원 조달, 발틱재정위원회 기금 투자 등)인 점을 감안하면 투입대비 효과가 엄청난 것이다. 그러므로 케이츠헤드시의 도시재생은 폐공장 등의 리모델링을 통한 문화시설 활용, 상징적인 뮤직센터의 건립 등으로 인한 경제적 부가가치가 다른 재생도시보다 매우 높다는 데에서 성공적인 사례로 보고 있다.

(6) 독일 루르탄전지역 엠셔파크 프로젝트

독일의 IBA 엠셔파크(Internationale Bauausstellung Emscher Park) 프로젝트는 1989년부터 1999년까지 10년간 진행된 도시재생사업으로, 독일 엠셔강 유역의 17개 광산도시가 주정부와 공동으로 'IBA 엠셔파크'라는 기구를 세우고, 미술·디자인·환경·사회학·도시개발·수학·교육·저널리즘·큐레이터 등 다양한 분야의 전문가를 채용하여 5개 분야 85개의 도시 재생 프로젝트를 진행하였다. 이 프로젝트는 지역 주민의 적극적인 참여 가운데 이루어졌으며, 단순한 옛 시설의 복원뿐만 아니라 지역 주민들의 생활 여건을 개선하고 파괴된 환경을 복구하는 데에 초점을 두었다. 동 프로젝트에는 유럽연합, 독일 연방정부, 시청, 시민단체 등이 참여하고 민간이 주도되어 추진되었다. 독일의 루르탄전지역 엠셔파크는 독일 루르공업지대가 황폐화됨에 따라 이를 극복하기 위한 방안으로 루르 전체지역을 공원으로 조성하여 새로운 활기를 불어넣고, 지역의 이미지개선 및 기업유치, 지역 활성화에 성공한 사례이다.

엠셔파크 프로젝트가 적용된 독일의 루르 탄전지역은 지금은 폐광지역이지만 19세기와 20세기 중반까지 유럽 최대의 광공업지대로서 탄광과 제철소를 중심으로 거대한 중공업 지대를 이뤘다. 도르트문트, 에센, 두이스부르크와 같은 독일의 대표적인 공업도시가 형성되었다. 1970년대 말 최대호황기에는 연간 석탄생산량이 7,300만톤, 연간 매출액은 62억3천만달러에 종업원만도 13만명 이르렀다. 그렇지만 독일 또한 석탄산업이 쇠퇴하고 철강산업마저 한국과 같은 신흥공업국에 밀려나면서 80년대를 고비로 급속히 몰락의 길을 가게 되었다. 결국 격렬한 탄광근로자들의 저항 속에서 탄광과 제철소들은 문을 닫고 오랫동안의 탄광개발로 인해 황폐화된 루르 지역은 심각한 환경오염과 극심한 경제침체를 겪게 되었다.

독일 중부 노르트라인 베스트팔렌(Nordrhein-Westfalen)에 위치한 루르(Ruhr) 공업지대의 중앙부에 위치하며 흔히 우리가 공원이라고 부르는 일상적인 개념과는 규모나 성격면에서 많은 차이를 갖는다. 엠셔파크는 라인강의 지류 중 하나인 엠셔강(Die Emscher) 주위의 도시를 중심으로 한 광역적인 도시환경계획 구역 전반을 아우르는 통칭을 일컫는다.

폐광지역의 문제 중 두드러지게 나타난 것은 폐갱도로 인한 산림 훼손과 지반 침하, 폐갱구에서 여전히 흘러나오는 폐수로 인한 수질오염을 제쳐 두고라도 지역 주민의 생존권과도 직결된 심각한 지역경제의 쇠퇴였다. 졸버레인 탄광 산업단지가 있는 에센은 독일 루르 지방에 있는데, 루르 지방은 풍부한 지하자원을 바탕으로 독일의 석탄, 제철 산업 중심지 역할을 하였다. 그러나 매장되어 있던 자원의 양이 줄어들고 산업의 중심이 첨단산업으로 바뀌면서 루르 지방은 점차 쇠퇴하게 되었다. 에센뿐만 아니라 독일 라인 강변을 따라 자리 잡고 있던 공업 지역 모두 경제적 기반이 흔들리게 되었고, 지역의 쇠퇴를 극복하기 위해 베스트팔렌 주정부와 독일 중앙 정부는 이 일대를 재개발하는 'IBA 엠셔파크 프로젝트'를 시작하였다. 이 프로젝트는 기존의 건물을 유지하면서 교육과 문화를 접목하여 도시를 재생시키는 것을 주된 목적으로 하였다. 굳이 헌 건물을 부수지 않고 보존한 이유는 프로젝트의 기획자들이 탄광 산업 단지의 건물들이 곧 역사라고 생각했기 때문이며, 한때 독일의 경제를 이끌었던 중공업의 흔적이 고스란히 남아 있는 곳이었기 때문이다.

졸버레인 탄광 산업단지에 있던 갱도는 당시 루르 지방의 생활모습을 재현한 석탄 박물관으로 개조되었다. 이 박물관은 깨진 유리창 하나도 그대로 둘 만큼 옛 모습 그대로를 간직하고 있다. 또한 이곳에서 채굴했던 석탄, 석탄을 나르던 컨베이어 벨트, 당시 광부들이 사용했던 물건 등이 남아 있어 당시 루르 지방에 살던 사람들의 생활 모습을 엿볼 수 있다. 석탄을 저장했던 많은 창고들은 각종 전시장과 공연장으로 변신하였고, 사무실과 기숙사 건물들은 디자이너들의 작업실이나 카페, 레스토랑 등으로 바뀌었다. 큰 보일러가 있던 곳은 레드닷 디자인 박물관으로 개조하였다. 이곳에는 디자인이 우수한 생활용품에 수여하는 레드닷 디자인 어워드에서 수상한 작품들이 전시되고 있다.

졸버레인 탄광 산업단지가 세계문화유산으로 지정(2001년)된 이유는 독일의 근대 탄광 산업을 대표하는 중요한 문화재이면서, 옛 것과 현대의 건축 기술이 서로 조화를 이루어 재탄생하였기 때문이다. 하나의 건물을 재활용하는 수준을 벗어나 한 지역을 새롭게 되살리는 개발이 졸버레인 탄광 산업단지를 통해 이루어진 것이다.

엠셔파크는 그간에 금광을 활용하여 광명동굴을 만들어 성공적인 관광명소가 된 사례와 사북탄좌 등을 재생하여 석탄체험관과 강원랜드를 건립하여 도시활력을 만든 사례가 석탄 및 광물을 체굴하던 갱도, 동굴을 어떻게 활용할 것인가에 대한 해답을 준다고도 할 수 있다. 특히 엠셔파크 프로젝트에서처럼 모든 시설 들을 보전할 것은 보전하고 현대와 공존하는 시설로 결합하여 문화적이고 역사적인 가치를 제고하여 세계문화유산으로 등재된 독일의 사례는 도시재생의 새로운 방향성을 제시한다고 할 수 있다.

3. 북미의 도시재생 사례

(1) 미국

1) 뉴욕

하이라인(High Line)파크는 뉴욕 시에 있는 길이 1마일(1.6km) 선형공원이다. 1993년 개장한 파리의 프롬나드 플랑테에서 영감을 얻어, 웨스트 사이드 노선으로 맨해튼의 로어 웨스트 사이드에서 운행되었던 1.45마일(2.33km)의 고가 화물 노선을 꽃과 나무를 심고 벤치를 설치해서 공원과 산책로로 재이용한 장소이다. 공원은 12번가에서 남쪽으로 한 블록 떨어진 곳에서, 미트패킹 디스트릭트(Meatpacking District)에서 30번가까지 뻗어나가, 첼시 지구를 지나고, 재비츠 컨벤션 센터 근처의 웨스트 사이드 야드(West Side Yard)까지 달한다. 하이라인 공원이 생기면서 근처 부동산개발이 활발해졌다.

하이라인 파크는 1930년대에 세워져 더 이상 사용되지 않는 고가 철도에 있다. 1934년부터 10번가와 평행으로 달리던 기찻길은 육고기와 가금류를 맨해튼 서편으로 운송하기 위한 용도로 사용되었다. 더 많은 교통수단의 발달에 따라, 철로는 더 이상 필요 없어졌고 1980년에 마지막으로 기차가 이 철로를 달렸다.

2003년에 하이라인 공원을 개발하기 위해서는 1억 5천만 달러(약 1,800억 원) 정도가 예상되었다. 이는 시 정부가 지불할 수 있는 금액이 아니었으나, 하이라인 파크 주변의 부동산 가격이 상승하면 산출되는 세수가 많아질 것으로 예상되어, 시는 공원을 짓기로 결정했다. 2006년에는 총 세 구역 중 첫 구역에서 공사가 시작되어, 2009년 6월에 첫 구역이 대중에게 개방되었다. 2011년 6월 8일에는 두 번째 구역을 개장했다. 마지막 구역은 2014년 9월에 공사를 마쳐 개방되었다. 2009년 6월에 첫 구역을 오픈한 이 공원은 1억5,230만 달러의 예산을 들이고 10년간 계획하여 3년 이상의 공사 기간을 거친 끝에 지어졌다. 미국 역사상 최초로 철도의 역사와 생태환경을 재조성한 이 신개념 공원은 1999년 Friends of the high line이란 단체를 통해 만들어졌다. 1980년도에 중단된 철도를 재활용해 만들어진 휴식 공간으로 지상 9m 높이에 조성되었고, 철로 길을 그대로 살려두었고 그 사이사이를 아름다운 꽃과 풀로 채웠으며, 곳곳에 휴식 공간 등을 마련하였다. 신 개념의 도시재생 아이디어를 가진 하이라인 파크 도시재생사례는 많은 나라가 벤치마킹을 해갔다. 로테르담의 루크싱, 우리나라의 서울역 고가도로 공원화 사업 등을 들 수 있다.

2) 필라델피아

웨스트 필라델피아 지역은 과거 전차가 지나는 교외주거지였으며 상업중심지였으나 1940년대 이후 흑인인구가 유입되면서 경제적으로 낙후되어 실업과 인구감소 현상이 1990년대 초반까지 지속되었다. 가로변 상가들은 상당수 공실이 되었고 2층은 대부분 방치되었으며 지역주민들이 이용하던 근린상가들은 패스트푸드점이나 주류 판매점으로 바뀌었다. 또한 범죄율도 높아져 갔다. 주변상황이 악화되자 웨스트 필라델피아에 있는 펜실베이니아 대학의 교직원과 학생단체들은 주변지역의 쇠퇴가 대학의 미래에 위협이 된다는 사실을 인지하고 지역주민과 함께 대책을 마련하였다. 1994년까지 지역주민, 시민단체, 공무원, 대학교직원들 이 지역의 교육여건 개선뿐만 아니라 주택과 상가의 재생방안을 논의하기 시작하였다. 게다가 1996년 펜실베이니아 대학 졸업생이 캠퍼스와 인접한 지역에서 살인사건을 저지르면서 대학가의 쇠퇴가 대학의 지속가능성에 심각한 위협이 될 수 있다는 공감대가 확대되면서 재생사업에 대한 논의가 구체화되었다.

다양한 커뮤니티 수준의 지역계획이 논의되었고 일부는 대학이 주도적으로 참여하였다.

웨스트 필라델피아 계획(West Philadelphia Initiative)은 깨끗하고 안전하고 매력적인 거리와 근린 조성, 활기를 되찾은 소매상점, 수준 높은 학교교육 조성, 경제적 통합을 통한 일자리 창출, 고품질의 다양한 주택제공 등을 포함한 5개의 종합적인 목표를 설정하였다. 동 사업의 중요한 특징은 리더십을 외부주체나 파트너십이 아닌 대학자체가 맡기로 결정한 데 있었다. 당시 총장이었던 로딘(Rodin)은 재생사업을 학문적 사업이나 연구과제로 접근하지 않고 대학과 광범위하게 연관된 주요정책으로 다루었다. 도시재생사업에 대한 책임을 하나의 부서나 개인에게 떠맡기지 않고 대학의 주요 행정부서에서 책임을 나누어 맡기로 하였다. 재단이사회, 총장, 부총장, 커뮤니티 파트너십센터, 교육대학원 직원 등이 핵심적인 주체로 활동하였는데 지역주민과의 대화, 행정당국과의 협의를 통해 도시재생사업을 성공적으로 이끌어 갔다. 커뮤니티 파트너십 센터는 대학차원에서 공공교육과 커뮤니티 프로그램에 대한 학문적 지원을 하였고, 교육대학원은 대학이 지원하는 공립학교의 조직, 운영에 중요한 역할을 하였다.

결국, 대학은 지역 및 시민단체의 대표들과 사전에 회의를 개최하여 의견을 듣고 주요 문제들을 사전에 예측하고 협력을 강화하였으며, 대학은 공청회와 계획과정의 공개를 필수요소로 생각하였고, 계획의 실행단계마다 토론을 계속하고 정보를 공유하기 위해 노력하였고, 쇠퇴한 지역의 이미지를 개선하기 위해 다른 지역과 차별화되는 특징을 적극적으로 도출하였으며 학생, 학부모 등 사회계층에 따라 다른 의사소통전략을 도입하는 등 적극적인 마케팅전략을 추진한 것이 사업의 성공요인으로 정리할 수 있다.

3) 라스베가스

미국 라스베가스시의 다운타운 지역의 재생을 위한 'Downtown Project'는 기업의 투자를 통한 커뮤니티로의 반환을 목표로 수행되고 있는 도시재생 사례이며, 공유가치창출형 도시재생의 전략을 구상할 수 있는 대표적인 사례이다. 공유가치창출 전략은 지속가능한 도시재생을 위한 새로운 재원확보 방안으로써 활용이 가능하며, 도시재생 전략 운영체계는 장기적인 안목으로 진행해야 함을 보여주는 사례이다.

온라인 신발회사 자포스의 라스베가스 '다운타운 프로젝트'는 라스베가스 구도심의 교육과 인프라 부족 문제를 창업가의 도시로 탈바꿈시키고, 기업의 공유가치창출을 통한 도시재생의 사례이다. 주요 프로젝트를 살펴보면, Turntable Health는 보험료 없이 월 80달러로 무제한 1차 진료와 건강계좌를 제공했다. 9th Brige School은 프로젝트 기반 교육을 통해 아이들이 행복을 찾도록 기업가정신 교육을 했다. Emerency Art를 통해 커피숍과 갤러리이자 예술가의 작업공간을 마련했다. Container Park에서는 주민들과 스타트업 실험의 장이자 40개의 컨테이너박스로 만들어진 공원, 라스베가스 케트펀드는 이곳의 스타트업에게 돈과 공간, 네트워크를 지원한 사업이다.

이는 기업의 단순 자선사업이 아닌 영리를 위해서 진행된 사업으로 지역상권 활성화를 유도하고, 단순임대수익이 아닌 자산가치 상승효과를 가져왔다. 우선 동 사업을 추진한 자포스의 대표 토니셰이는 3억5천만 달러를 투입하여 라스베가스 구도심에 10만평의 부지를 매입하여 지역개발창업을 추진하였다. 즉, 도시를 '창업'한 것이다. 이 사업을 추진한 3가지 원칙은 만남(Collisions), 공동학습(Co-learning), 상호연결(Connectedness)이다. 여기에 투자자이익의 극대화가 아닌 만남의 극대화(Return on Collision)를 추구하였다. 이러한 사업은 쇠퇴한 구도심을 지역 주민과 창업가, 예술가들을 위한 공간으로 만들었고, 공유가치창출 도시재생의 모범사례가 되었다.

4) 샌프란시스코

피어39지역은 샌프란시스코만(San Francisco) 연안에 있는 부두 위에 건축되었다. 피셔맨스 워프(Fisherman's Wharf)의 끝자락에 위치하며, 노스비치(North Beach), 엠바카데로센터(Embarcadero Center)등과 인접해 있다. 사업가 워런 시몬스(Warren Simmons)가 건설하여 개장하였다. 이곳에는 대형 쇼핑센터와 브랜드 상점, 레스토랑, 선물가게 등이 입점해 있다. 일대에 수족관과 회전목마 등 위락시설이 있어 샌프란시스코만 최대의 관광명소로 자리잡았다. 에인절 아일랜드(Angel Island), 알카트래즈(Alcatraz), 골든 게이트 브리지(Golden Gate Bridge) 등 샌프란시스코 만에 위치한 관광명소를 한눈에 조망할 수 있다. 주변에 바다사자가 서식하여 볼거리를 제공하고 있으며 주말에는 거리 예술가와 밴드가 공연을 한다. 부두 서쪽에 샌프란시스코 만 유람선인 블루 앤 골든 플리트(Blue and Golden Fleet)의 선착장이 있다.

이 지역은 수변공간의 도시개발 사례로, 선착장 부두위에 쇼핑몰과 음식점 등 각종 상점이 입점하여 있다. 아울러, 바다사자의 서식지를 보전하기 위하여 수변개발과 함께 바다사자가 서식지를 잃지 않도록 배려하는 것을 고려하여 여전히 지금도 바다사자는 안전한 연안안쪽의 나무부표위에서 자유롭게 생활하고 있어, 이곳을 찾는 관광객의 볼거리를 제공하고 있다.

수변공간(waterfront)이란 의미는 일반적으로 수제선(水際線)을 사이에 두고 육역(陸域)과 수역(水域)을 포함한 장을 뜻한다. 이러한 수변공간의 개발은 항만기능이 기술·사회의 변화에 따라 쇠퇴함에 따라 새로운 기능창출을 위한 항만지역 재개발에서 비롯되었다. 최근 들어 수변공간개발에 대한 중요성이 증대된 것은 첫째, 과거 대도시들의 성장이 강이나 해안을 중심으로 성장한 바 수변공간 개발은 곧 주변도시의 기능활성화에 직결된다고 볼 수 있기 때문이다. 둘째, 수변공간이 갖는 다양한 이점, 즉, 안락함, 쾌적함 등의 정서적 안정감 제공으로 인하여 주거공간, 관광·위락공간 등으로 개발하기에 용이하기 때문이다. 셋째, 도시지역 내 개발가용용지 부족에 대한 해결책으로서 마지막 남은 한계용지의 의미를 지니고 있기 때문이다. 이러한 측면에서 볼 때 수변공간 개발에 대한 수요는 지속적으로 증대될 전망이다. 피어39외에도 대표적인 수변공간 개발사례로는 고베의 포트 아일랜드(Port Island)와 요코하마의 미나토 미라이 21(Minato Mirai 21), 런던의 도크랜드(Docklands), 뉴욕의 배터리 파크 시티(Battery Park City) 등이 있다.

(2) 캐나다

1) 토론토

디스틸러리 디스트릭트(The Distillery District)는 토론토의 대표적인 문화역사지구이다. 엄청난 규모의 양조장이 문을 닫고 낙후된 공간으로 남겨졌다가 2003년에 새로운 문화공간으로 바뀌어 개장하게 된 곳이다.

이곳은 원래 1832년에 문을 열었던 Gooderham and Worts 라는 위스키를 생산하는 양조장이 있었고, 한 때는 대영제국의 가장 큰 양조장이었다. 이후 1988년에 캐나다 역사유적지(National Historic Site of Canada)로 지정이 된 이후에 대대적인 개조를 통해 지금의 보행자 전용 디스틸러리 디스트릭트가 되었다. 북미에서 가장 잘 보존되었다는 47개의 빅토리아 양식 건축물의 매력을 그대로 살려 아주 독창적인 도시재생의 명소로 재탄생한 것이다. 이곳에는 유명한 갤러리나 부티크부터 눈길을 사로잡는 독특한 인테리어 가게와 멋진 카페, 레스토랑뿐만 아니라 예술가의 작업실이나 공방도 가득하다. 특히 겨울 시즌에는 크리스마스 마켓이 화려하게 열려서 더욱 볼거리와 즐길거리가 풍부하다. 건물 곳곳에서 옛 양조장의 흔적을 찾는 것도 재미있다. 과거에 양조장에서 사용하던 기구들을 전시하며 당시 역사를 함께 기록해둔 것들을 보며 과거의 흔적을 엿볼 수 있다. 또한 현재 활동 중인 아티스트들의 스튜디오도 즐비하다. 이곳 디스틸러리 디스트릭트는 사실 토론토 시내 중심부와는 다소 거리가 떨어져 있지만 역사적 가치를 살려 문화, 관광의 명소로 자리잡았다.

한편, 에버그린 브릭워크스는 토론토시의 버려진 벽돌공장을 활용한 녹색도시를 지향하는 도시재생모델로 평가 받는다. 동 사업장은 커뮤니티활동 허브로 녹색기술분야에서 활동하는 사회적기업에게 작업공간과 회의실을 제공하고, 자전거 DIY공간을 운영해 자전거

수리기술을 가르치고, 직접 수리할 수도 있다. 또 지역 농산물 직거래 장터인 파머스 마켓을 운영하고, 가족페스티벌 개최, 예술의 거리 등 다양한 행사를 가진다. 연간 50만명이 이곳을 찾는다.

2) 벤쿠버

벤쿠버 그랜빌아일랜드의 재생에는 국가보조금 2,500만 달러가 마중물 역할을 하고, 나머지 재정은 모두 자생적 재정으로 실행하였다. 도시재생을 통하여 낡은 건물을 복합문화상업공간으로 활용하여 연간 100만명 관광명소로 탈바꿈하였다. CMHC가 affordable Housing 사업 등을 통하여 도시재생을 추진하였고, 도시재생 브랜드는 "Island Isight"이다. 즉, '그랜빌 아일랜드(Granville Island)'는 원래 밴쿠버항을 중심으로 성장한 공업도시였다. 그러나 경제 대공황을 겪으면서 위기를 겪게 되고 수많은 제재소가 폐업하고 판자촌이 섬 곳곳에 나타나게 되었다. 이후 일반 시민들에게 친근한 이미지로 다가가기 위해서 낡고 오래된 공장과 창고들을 재활용한 도시재생 프로젝트가 시작되었다. 그랜빌 아일랜드에 도착하면 마치 과거로 시간여행을 온 것 같은 기분이 들 정도로, 오래된 공장과 창고 건물들이 그대로 남아 있다.

그랜빌 아일랜드의 재생사업은 1980년대에 캐나다 정부가 2,500만 달러의 재정적 지원을 하면서 시작되었다. 반드시 과거 산업 유산의 특징을 유지하며 섬이라는 점을 활용하고 강조해야 한다는 개발의 원칙 아래 도시재생이 이루어졌고, 현재는 밴쿠버의 대표적인 관광지이자 많은 시민들이 즐겨찾는 공간이 되었다. 벤쿠버의 도시재생은 공기업인 CMHC를 설립하여 Island Isight프로젝트로 복합문화상업도시로 변혁시키는 것이 특징이다. 또, 과거를 단순히 아이템으로만 활용한 것이 아니라 유산으로 인정하고 보존하려는 노력이 있었다.

4. 아시아의 도시재생 사례

(1) 일본

1) 록본기힐

록본기힐 도시재생사업장의 사업현황은 도쿄 록본기역 주변으로 시행구역은 약 11ha, 사업부지는 약 84,800㎡, 연면적은 약 728,246㎡이다. 건축규모는 사무소동(지하 6층, 지상 54층), 주거동 A동(지하 2층, 지상 6층), 주거동 B·C동(지하 2층, 지상 43층), 주거동 D동(지하 2층, 지상 18층), 주차대수 2,762대, 취업인구는 약 20,000명, 총사업비는 약 2,700억엔이다.

1986년 록본기 지역의 도심지내 환상 3호선의 불연계로 만성 교통 정체, 아사히 TV・공단 주택의 노후화・지역주민의 노령화에 따른 무장애 시설의 필요성 증대, 도심부 도로 및 공공시설 확보, 광역 교통 거점, 지역 방재 거점으로서 지역에 공헌하는 정비 추진이 필요하게 되었다.

동사업은 기성시가지의 노후한 주택지를 국제경쟁력을 갖춘 매력적인 도시로 재생, 도쿄의 중심부에 어울리는 국제적 수준의 시설과 다양한 문화공간을 가진 도심 상업지 복합용도개발(재개발) 프로젝트, 도쿄의 문화거점으로서 다양한 도시복합용도의 도입과 문화시설의 집중적인 유치하는 것이다. 동사업의 특징은 ⓐ 오피스, 주택, 호텔, 문화, 상업, 시네마콤플렉스, 방송 센터 등으로 이루어진 거대한 도심복합시설, ⓑ 도심지 녹지공간 확보에 따른 공공성 확보, ⓒ 모리사에 의한 모리 유토피아 건설 목적의 최고급, 최상의 기능을 갖춘 도시재생, ⓓ 장기간 다수의 지원자가 참여하였다. 1986년 재개발 유도지구 지정 이후, 착공(2000년)에 이르기까지 약 15년이 소요되었으며, 최종적으로 지구 내 권리자 수는 당초(약 500명)의 약 80%인 약 400명이 참가하였고, 총사업비 약 2,700억엔은 참가 조합원이 부담하는 형식으로 하였으며, 모리빌딩은 조합원으로 참가하고 체비지를 취득하였다. 모리 빌딩은 자금조달에 있어 특수목적 회사(SPC)를 설립해 일본 최초의 대규모 개발형 프로젝트 파이낸스 사업을 실현하였다.

〈록본기 힐 사업장 배치도〉

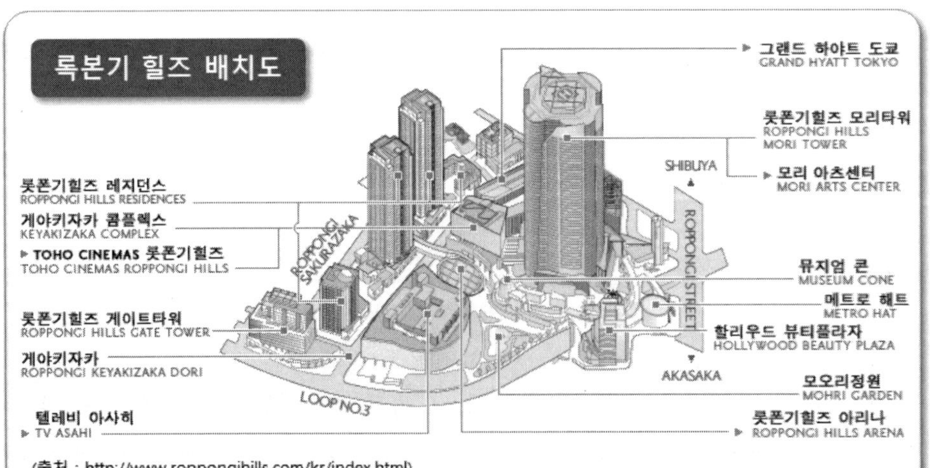

(출처 : http://www.roppongihills.com/kr/index.html)

2) 사이타마

사이타마는 철도부지를 활용하여 추진한 문화와 첨단기능의 복합형도시재생사례다. 사업기간은 1991년 4월 25일부터 2003년 3월 31일까지(12년 소요), 총 면적은 47.4ha, 목표 취업인구는 약 5만 7천명, 사업장내 건물의총 연면적은 180만㎡이다. 사이타마 신도심 개발사업은 동경도 내 공공기관의 지방이전에 대처함과 동시에 사이타마시의 산업・문화를 선도하는 고기능 도심을 형성하기 위해 추진하였다. 이를 위해 사이타마현과 오오미야시, 요노시, 우라와시는 1984년 舊국철 오오미야 조차장의 기능폐지에 따라 유휴지가 된 철도 조차장 철거지 및 선로를 끼고 반대편에 있는 공장철거지등을 활용하여 개발사업을 추진하였다.

진행과정을 살펴보면 사이타마 신도심의 개발은 1988년 1월 22일 동경도 시가지에 위치한 국가행정기관 등의 외곽이전 방침이 각료회의에서 결정되고, 추진주체로서 〈국가기관 등 이전추진 연락회의〉가 설치되면서 시작, 1988년 7월 19일 각료회의에서 이전대상기관 등의 내용이 담긴 〈국가행정기관 등의 이전에 대해서〉를 발표하면서 집단이전의 기본원칙 제시 기관의 이전장소는 업무내용 등을 고려하여 정하였다. 단, 특별행정기관들에 대해서는 업무의 효율화라는 관점에서 집단이전을 추진하고 국가연구기관들은 쓰꾸바연구학원도시, 관서문화학술연구도시를 비롯한 적지(適地)로 이전될 수 있도록 배려하였다. 1989년 8월 24일 〈국가기관등이전추진연락회의〉에서 기관별 이전대상 후보지역 결정 공포, 건설성 산하의 관동지방건설국(현재 관동지방정비국) 등 10개 부처 14개 기관에 대하여 사이타마 신도심지구로의 집단이전 방침이 확정되었다.

사이타마 신도심은 공공기관의 이전을 기회로 도심을 활성화한 사례로, 현재 사이타마 신도심은 공공기관 등 공공・업무기능과 주민 편익시설 및 상업시설이 집적된 사이타마시 성장의 핵심지역이다. 계획단계에서부터 사회적 약자와 외국인들이 안심하고 생활할 수 있는 무장애 도시(Barrier Free) 건설을 추진함으로써 방치된 철도창 부지를 활용하여 인간중심의 도심 활성화를 달성한 대표적 사례로 평가받는다.

사이타마 신도심 개발의 가장 큰 특징은 관련 공공기관의 집적화를 들 수 있다. 사이타마 신도심 내에는 주요 5개 건물에 22개의 공공기관이 집적하여 있으며 이들은 신도심 개발사업의 주요 입주대상이자, 타 기관 및 서비스 기능을 지역 내로 견인하는 역할을 하였다. 공공기관 합동청사 우정청사 및 우체국남측 중핵시설군 산학교류센터, 사이타마 신도심내 공공기관은 합동청사 및 기타 관련건물에 집적하여 있다. 이중 사이타마 신도심 합동청사 1호관과 2호관 및 검사동은 공공기관의 입주를 목적으로 설립되었다. 합동청사

1호관에는 관동 경제산업국 등 8개 기관이 입주해 있으며, 2호관에는 동경 방위시설국 등 6개 기관이, 검사동에는 2개소의 독립행정법인이 입주하고 있다. 이외에 메이지야스다 생명 사이타마 신도심 빌딩에 관동지방환경사무소와 사이타마 노동국 및 독립행정법인 수자원기구가 입주하고 있으며 사이타마 신도심 우정청사에 일본우정공사 사이타마 감사실, 일본우정공사 관동지사, 일본우정공사 동경저금사무센터 등이 입주하여 있다.

공공청사와 더불어 사이타마 신도심을 대표하는 건물은 사이타마 수퍼아리나인데, 사이타마 수퍼아리나는 컨벤션 시설과 상업·서비스시설 및 문화시설 등이 집적된 곳으로 존레논 박물관 등 다양한 시설들이 입주하고 있다. 다양한 문화시설 및 편의시설의 집중배치 결과 수퍼아리나는 이 지역 상업중심지로서 뿐만 아니라 문화중심지로서 역할을 수행하고 있다. 사이타마 신도심조성사업은 무장애도시, 유연하게 통일된 다채로운 도시, 재해에 강하고 안전한 도시, 정보교류 도시인 '4가지 기본원칙'을 기치로 하여 개발하였으며, 특히 노약자와 장애인 및 어린이들이 이용에 불편함이 없는 무장애 도시(Barrier Free City)를 조성하는데 중점을 둠으로써 모든 사람들이 쉽게 이용하고 접근할 수 있는 지역으로 개발 무장애 도시, 사람중심의 도시 기치를 가장 잘 보여주는 것이 신도심내의 보행자 데크인데, 지구 전체에 이층으로 통일된 보행자 데크가 정비되어 있어 사람과 자동차가 완전하게 분리되어 있다.

사이타마 재생의 성공요인은 동경의존을 탈피하기 위해 업무, 문화시설 등 도시중심 기능을 역세권 주변에 배치하여 자립형 도시로 발전을 추진하였고, 공공기관의 집적화와 더불어 대단위 상업·문화시설물(사아타마 수퍼아리나)을 설치하여 유동인구를 유인하는 등 도심의 핵심지구로 육성 수퍼아리나내에는 음악, 스포츠, 문화 등 다양한 이벤트 공간을 설치, 역사와 이어지는 2층 인공지반을 테마공원인 느티나무 광장으로 조성하고 1층은 open space 주위에 점포를 배치하여 활기찬 도시공간을 창출하고, 사회적 약자 등을 고려한 개발계획의 수립 계획단계부터 무장애(Barrier Free) 도시 개발을 추진함으로써 누구나가 안심하고 이용할 수 있는 지역으로 명성을 확보하였다.

결론적으로 사미타마 신도심 개발사업이 명성을 얻은 것은 단순히 방치된 철도창 부지를 공공기관 이전부지로 활용하고 이를 통해 개발하였다는 사실이 아니라 사이타마 신도심 개발에서 특히 중요한 것은 인간중심의 개발철학이라고 할 수 있다. 사이타마는 무장애, 개성과 조화, 안전, 정보교류라는 4가지 기본원칙이 충실히 지켜진 도심개발사례로, 이러한 기본원칙의 준수가 결국 신도심으로의 인구 유입을 촉진하고 나아가 관광자원으로서 신도심을 활용할 수 있게 된 계기가 되었다.

(2) 싱가포르의 클락키

클락키는 보트키(Boat quay), 로버트슨키(Robertson quay)와 함께 싱가포르 해상무역의 거점이었다. 1960년대 중반까지 약 100년에 걸쳐 그 위상은 공고했었다. 클락키는 교역량이 많은 보트키 물류단지로써 각종 향신료, 통조림 보관 창고가 즐비했다. 클락키는 인구과밀화와 수질오염의 부작용이 고민이었다. 싱가포르 정부는 1970년대부터 30년에 걸쳐 수질개선과 도시재생 작업을 실천했다. 오늘날 클락키는 젊음의 거리로 유명하다. 싱가포르 도시재생이 성공작이라고 평가받는 이유는 정부 시스템 때문인데, 1971년부터 도시개발을 시작하면서 도시개발청(URA)이라는 재생 주도 담당기관에 힘을 실었다. 정부는 50년 단위의 중장기 계획을 세우고 5~10년 단위로 세부 계획인 마스터플랜을 수립하는 역할을 담당한다.

항구도시 싱가포르의 싱가포르 강 하구에 위치한 클락키(Clarke Quay)는 과거 싱가포르의 무역중심지로, 교역을 통한 상품들을 저장해두는 물류창고가 밀집한 지역이었다. 그러나 1970년대부터 싱가포르 강의 오염이 심화되자 싱가포르 정부차원에서 물류사업을 타 지역으로 옮기고 환경개선 사업을 추진하게 되었다. 클락키 도시재생은 다섯 블록에 걸친 기존의 물류창고를 철거하지 않고, 모든 건물들을 복원·개조하여 도시재생을 추진하였다. 조명과 채색을 다채롭게 형형색색의 창고건물들을 복원하고, 수변을 따라 조성된 독특한 디자인의 테라스, 그리고 창고건물을 덮은 거대한 파고라까지 지금의 클락키는 싱가포르 정부가 꾸준히 관리하고 개발해 온 결과물로 수변 도시재생의 대표 사례로 꼽힌다.

클락키 도시재생 사업은 1977년부터 1987년까지 클락키 지역의 역사적인 건물을 복원하고 토지이용을 상업, 주거지역으로 전환하는 것이었다. 1993년 클락키는 아시아 최대의 부동산회사인 캐피털랜드(Capitaland)의 소유가 되었다가, 10년 뒤에 본격적인 도시재생이 추진되기 시작했다. 이때 클락키는 본격적으로 지금의 모습을 갖추게 되었다. 당시 알솝 설계사(Alsop Architects)는 클락키의 오래된 건축물 외관을 재설계하고, 싱가포르 강으로 테라스를 확장하여 새로운 수변공간을 창출하였다. 그리고 클락키 지역을 덮는 파고라를 설계하였는데, 복잡한 구조의 쉐이딩 및 냉각시스템을 통한 미기후 효과의 구조물로 클락키 지역의 온도를 4도가량 낮추는 역할을 하고 있다. 또한 클락키는 수변에서 별도의 토지이용이 없는 가로공간의 일부로, 수변공간과 인접공간에 외부활성지역(ORA)을 지정하고 임시점용허가제도(TOL)를 운영하여 수변공간의 접근성과 이용을 극대화시켰다.

이후 클락키는 싱가포르에서 최고의 화려한 밤거리를 자랑하게 되었다. 해가 지고 어두운 밤이 되더라도, 높은 파고라부터 비춰지는 불빛과 수변을 따라 화려하게 수놓아진 조명이 지역을 환하게 비춘다. 수변을 따라 전 세계의 음식을 맛볼 수 있는 레스토랑, 독특한 물건을 파는 상점들이 자리하고 있다. 대부분의 레스토랑은 야외 테이블을 갖추고 있어 강변의 정취를 느낄 수 있고, 노후된 건물의 외관을 리모델링하여 클락키 거리만의 이색적인 분위기를 연출한다. 클락키는 싱가포르의 나이트스폿이라 불릴 정도로 클럽과 펍[7]이 밀집하였는데, 가게마다 다양한 장르의 음악공연이 펼쳐지며 전 세계의 젊은이들과 관광객이 붐빈다. 또한 클락키는 싱가포르의 화려한 수변경관을 감상할 수 있는 수상관광수단인 리버크루즈(River Cruze)를 이용하는 선착장이 연결되어 있어, 보트키(Boat Quay), 마리나베이(Marinabay) 등 유명 관광명소와 접근이 용이하다. 결과적으로 클락키는 2008년 아시아 베스트 워터프론트 개발(Cityscape Asia Awards, Best Waterfront Development in 2008)의 영광을 누렸으며, 연간 1,200만 명의 관광객이 방문하는 싱가포르의 대표 관광명소가 되었다.

클락키와 함께 싱가포르 강을 중심으로 로버슨키(Robertson Quay), 보트키(Boat Quay) 등 지역도 과거 이주민 사무실, 낙후 주거지, 창고 지역이 쇼핑, 식당, 전시, 주거 등의 여러 용도로 새롭게 재탄생한 사례다. 이처럼 싱가포르는 수변공간을 중심으로 재생이 활발하게 이루어지고 있으며, 도시 내 다양한 기능들이 복합적으로 작동하고 있다. 수변 도시재생의 대표 사례로, 마리나베이[8]와 함께 싱가포르에서 성공적인 도시재생으로 꼽힌다.

7) 펍(Pub)은 영국에서 발달한 술집으로, Public House의 약자이다. 미국에서의 스탠드바와 같은 스타일이다. 서양식 주점을 선술집, 퍼브, 바 등으로 혼용하여 부르기도 한다. 현대 호텔산업에 있어서 펍의 형태는 호텔의 종합 사교 오락장으로 디스코텍, 생음악 라운지, 당구룸, 레스토랑, 닷트(Dot)게임, 전자오락 등을 즐길 수 있는 호텔의 레저 공간 장소로 이용되고 있다.

8) 싱가포르의 남쪽 끝, 넓은 바다와 높은 빌딩들이 어우러진 지역에 전망 좋은 호텔과 고급 레스토랑, 명품 브랜드가 입점한 쇼핑몰이 즐비한 마리나베이는 싱가포르를 대표하는 관광지다. 마리나베이의 랜드마크로 자리 잡은 마리나베이 샌즈 호텔은 싱가포르를 방문하는 사람이라면 누구나 한 번쯤 가보고 싶어 하는 세계적인 관광 명소다. 특히 독특한 건축물로 유명한데, 57층 규모의 건물 3개가 범선 모양의 스카이 파크를 떠받치고 있는 외형이 눈길을 사로잡는다. 마리나베이 샌즈 호텔은 무려 2,500여 개의 객실을 갖춘 종합 리조트 시설로 어마어마한 규모에 버금가는 호화로운 부대시설로도 유명하다. 마리나베이의 또 다른 명물은 세계 최대 규모의 관람차인 '싱가포르 플라이어'다. 2008년 약 160m, 42층 높이로 조성된 싱가포르 플라이어는 영국의 런던 아이보다 30m 더 높다. 싱가포르 플라이어에 탑승하면 멀리 센토사 섬과 말레이시아, 인도네시아까지 조망할 수 있다.

제 5 장

도시재생금융정책

제1절 서 설

도시재생금융은 기존에 활성화된 주택금융과 새롭게 부각되고 있는 도시금융, 그리고 이러한 금융을 정책금융으로 지원하고 있는 주택도시기금, 주택정책과 도시 및 도시재생 정책을 지원하는 금융보증상품 등을 중심으로 설명될 수 있다.

도시재생과 관련한 도시금융이 기업을 위한 금융이나 개인을 위한 금융제도가 활성화되지 못한 상황에서, 최근에 도시재생정책이 중요한 국가정책으로 추진되면서, 국가예산이나 정책금융을 통한 제도가 일반적이다. 그러나 최근 도시에 대한 개념과 가치의 변화 도시개발에 대한 정책의 변화로 개발위주에서의 도시정책은 재생이라는 측면에서 다양한 형태의 재생정책이 발표되면서 주택기금의 성격도 주택도시기금으로 변화하였고, 주택금융보다는 아직 미약하지만 도시금융의 형태나 구조 및 비중도 점차 확대되고 있다. 이러한 측면에서 주택도시기금의 역할은 더욱 커질 것으로 판단된다. 주택도시기금은 당초 국민주택기금으로 1981년부터 설치되어 오다가 2015년부터 주택도시기금으로 개편되어 주택계정과 도시계정으로 운영되고 있다. 정책금융으로서의 주택도시기금은 앞으로 도시재생금융의 근간이 될 것으로 판단된다.

아울러, 도시재생정책을 지원하기 위한 각종 금융보증상품들도 다양화 되고 있다. 개인이나 기업 및 정책금융인 기금의 손실보전 내지 신용보완을 통해 도시재생금융의 큰 축으로 자리잡아가고 있다.

제 2 절 도시재생금융관련 법규

주요 도시금융관련 법규는 신탁법 및 투신법규, 은행 및 여신금융법규, 자본시장법 등 금융일반법규, 도시재생법, 주택도시기금법(기금법) 등을 들 수 있다. 여기서는 기금법을 중심으로 간략하게 설명하기로 한다.

Ⅰ. 도시기금의 설치 및 재원

1. 도시금융체계 구축의 목적

주택도시기금법(기금법)은 주택도시기금을 설치하고 주택도시보증공사(이하 "공사"라 한다)를 설립하여 주거복지 증진과 도시재생 활성화를 지원함으로써 국민의 삶의 질 향상에 이바지함을 목적으로 한다.

2. 기금의 설치 및 계정

정부는 주택도시금융체계의 구축 목적을 달성하기 위한 자금을 확보·공급하기 위하여 주택도시기금(이하 "기금"이라 한다)을 설치하고, 기금은 ① 주택계정 및 ② 도시계정으로 구분하여 운용·관리한다.

3. 기금의 재원

(1) 도시계정의 조성 재원

도시계정 기금은 Ⓐ 일반회계로부터의 출연금 또는 예수금, Ⓑ 국가균형발전 특별법에 따른 지역발전특별회계로부터의 출연금 또는 예수금, Ⓒ 공공자금관리기금법에 따른 공공자금관리기금으로부터의 예수금, Ⓓ 기금법 제6조에 따른 예수금, Ⓔ 도시계정의 회수금·이자수입금과 도시계정의 운용으로 생기는 수익, Ⓕ 도시계정에서 출자한 기관의 배당수익, Ⓖ 도시계정 대출자산의 매각자금, Ⓗ 도시계정 자산의 유동화로 조성한 자금, Ⓘ 주택계정으로부터의 전입금 또는 차입금, Ⓙ 그 밖에 대통령령으로 정하는 수입금으로 조성한다.

(2) 재원 조성 및 운용

국토교통부장관은 기금을 운용하기 위하여 필요한 경우에는 기금의 부담으로 한국은행 또는 금융기관 등으로부터 자금을 차입할 수 있고, 기금의 자산에 대하여 자산유동화에 관한 법률에 따른 자산유동화[1])를 할 수 있다.

4. 자금의 기금 예탁

Ⓐ 국민연금법에 따라 조성된 기금, Ⓑ 그 밖에 대통령령으로 정하는 기금 또는 자금의 관리자나 저축자는 그 기금 또는 자금의 전부 또는 일부를 기금에 예탁할 수 있고, 한국토지주택공사법에 따른 한국토지주택공사는 기금에 필요하다고 인정할 때에는 한국토지주택공사법에도 불구하고 기금에 자금을 예탁할 수 있다.

5. 국민주택채권

(1) 국민주택채권의 발행 등

정부는 국민주택사업에 필요한 자금을 조달하기 위하여 기금의 부담으로 국민주택채권을 발행할 수 있다. 국민주택채권은 국토교통부장관의 요청에 따라 기획재정부장관이 발행하며, 국민주택채권에 관하여 기금법에 규정한 것을 제외하고는 국채법을 적용하고, 국민주택채권의 종류·이율, 발행의 방법·절차 및 상환과 발행사무 취급 등에 필요한 사항

1) 자산유동화법 제2조에 의한 "자산유동화"라 함은 ⓐ 유동화전문회사(資産流動化業務를 專業으로 하는 外國法人을 포함한다)가 자산보유자로부터 유동화자산을 양도받아 이를 기초로 유동화증권을 발행하고, 당해 유동화자산의 관리·운용·처분에 의한 수익이나 차입금 등으로 유동화증권의 원리금 또는 배당금을 지급하는 일련의 행위, ⓑ 「자본시장과 금융투자업에 관한 법률」에 따른 신탁업자(이하 "신탁업자"라 한다)가 자산보유자로부터 유동화자산을 신탁받아 이를 기초로 유동화증권을 발행하고, 당해 유동화자산의 관리·운용·처분에 의한 수익이나 차입금 등으로 유동화증권의 수익금을 지급하는 일련의 행위, ⓒ 신탁업자가 유동화증권을 발행하여 신탁받은 금전으로 자산보유자로부터 유동화자산을 양도받아 당해 유동화자산의 관리·운용·처분에 의한 수익이나 차입금 등으로 유동화증권의 수익금을 지급하는 일련의 행위, ⓓ 유동화전문회사 또는 신탁업자가 다른 유동화전문회사 또는 신탁업자로부터 유동화자산 또는 이를 기초로 발행된 유동화증권을 양도 또는 신탁받아 이를 기초로 하여 유동화증권을 발행하고 당초에 양도 또는 신탁받은 유동화자산 또는 유동화증권의 관리·운용·처분에 의한 수익이나 차입금 등으로 자기가 발행한 유동화증권의 원리금·배당금 또는 수익금을 지급하는 일련의 행위를 말한다.

은 대통령령으로 정한다.

(2) 국민주택채권의 매입

Ⓐ 국가 또는 지방자치단체로부터 면허·허가·인가를 받는 자, Ⓑ 국가 또는 지방자치단체에 등기·등록을 신청하는 자, Ⓒ 국가·지방자치단체 또는 공공기관의 운영에 관한 법률에 따른 공공기관 중 대통령령으로 정하는 공공기관과 건설공사의 도급계약을 체결하는 자, Ⓓ 주택법에 따라 건설·공급하는 주택을 공급받는 자에 해당하는 자 중 대통령령으로 정하는 자는 국민주택채권을 매입하여야 한다.

Ⅱ. 기금의 용도 및 운용

1. 기금의 용도

기금의 도시계정 용도는 ① Ⓐ 도시정비법 제2조제2호가목부터 다목까지의 사업[2], 빈집 및 소규모주택 정비에 관한 특례법 제2조제1항제2호 및 제3호의 사업, Ⓑ 도시재정비법 제2조제7호에 따른 기반시설 중 같은 법 제29조제2항에서 정하는 기반시설의 설치에 드는 비용에 대한 융자, ② Ⓐ 도시재생법 제2조제1항제7호에 따른 도시재생사업의 시행에 필요한 비용, Ⓑ 도시재생법 제2조제1항제5호에 따른 도시재생활성화지역 내에서 해당 지방자치단체의 장이 도시재생을 위하여 필요하다고 인정하는 건축물의 건축에 필요한 비용의 사업 중 법령으로 정하는 요건을 충족하는 사업에 필요한 비용의 출자·투자 또는 융자, ③ Ⓐ 도시정비법 제126조에 따른 도시·주거환경정비기금, Ⓑ 도시재정비법 제24조에 따른 재정비촉진특별회계, Ⓒ 도시재생법 제28조에 따른 도시재생특별회계의 기금, 특별회계에 대한 융자, ④ 기금법 제5조 및 제6조에 따른 예수금, 예탁금, 차입금의 원리금 상환, ⑤ 기금의 조성·운용 및 관리를 위한 경비, ⑥ 그 밖에 도시계정의 설치목

---

2) "정비사업"이란 이 법에서 정한 절차에 따라 도시기능을 회복하기 위하여 정비구역에서 정비기반시설을 정비하거나 주택 등 건축물을 개량 또는 건설하는 ⓐ 주거환경개선사업: 도시저소득 주민이 집단거주하는 지역으로서 정비기반시설이 극히 열악하고 노후·불량건축물이 과도하게 밀집한 지역의 주거환경을 개선하거나 단독주택 및 다세대주택이 밀집한 지역에서 정비기반시설과 공동이용시설 확충을 통하여 주거환경을 보전·정비·개량하기 위한 사업, ⓑ 재개발사업: 정비기반시설이 열악하고 노후·불량건축물이 밀집한 지역에서 주거환경을 개선하거나 상업지역·공업지역 등에서 도시기능의 회복 및 상권활성화 등을 위하여 도시환경을 개선하기 위한 사업, ⓒ 재건축사업: 정비기반시설은 양호하나 노후·불량건축물에 해당하는 공동주택이 밀집한 지역에서 주거환경을 개선하기 위한 사업을 말한다.

적을 달성하기 위하여 법령으로 정하는 사업에 사용한다.

아울러, 기금의 출자 · 투자할 수 있는 총액의 한도는 법령으로 정하며, 국토교통부장관은 기금에 여유자금이 있을 때에는 법령으로 정하는 방법으로 운용할 수 있고, 국민주택규모 이하의 주택의 구입과 준주택의 구입에 해당할 때에는 법령으로 정하는 방법에 따라 기금을 유한책임대출로 운용할 수 있다.

2. 기금의 운용 · 관리

기금은 국토교통부장관이 운용 · 관리한다. 국토교통부장관은 기금의 운용 · 관리에 관한 사무의 전부 또는 일부를 공사에 위탁할 수 있고, 공사는 위탁받은 사무의 일부를 국토교통부장관의 승인을 받아 금융기관 등에 재위탁할 수 있다. 다만, 국토교통부장관은 필요하다고 인정하는 경우 금융기관 등에 직접 위탁할 수 있다.

공사는 법령으로 정하는 바에 따라 기금의 조성 및 운용 상황을 국토교통부장관에게 보고하여야 한다. 아울러, 공사 및 기금재수탁자 등(기금 사무의 일부를 재위탁 또는 위탁받은 금융기관 등을 말한다)은 선량한 관리자의 주의로 위탁받은 사무를 처리하여야 한다. 한편, 국토교통부장관은 기금의 운용에 관한 계획을 수립하려는 경우에는 미리 기획재정부장관과 협의하여야 한다.

3. 기금의 회계

(1) 기금의 회계연도 등

기금의 회계연도 · 운용계획 및 결산 등에 관하여 기금법에 규정한 것을 제외하고는 국가재정법을 적용한다.

(2) 기금의 회계기관

국토교통부장관은 기금의 수입과 지출에 관한 사무를 수행하게 하기 위하여 소속 공무원 중에서 기금수입징수관, 기금재무관, 기금지출관 및 기금출납공무원을 임명하여야 한다.

또한, 공사 및 기금재수탁자 등은 기금의 운용 · 관리에 관한 사무를 위탁받은 경우에는 공사 및 기금재수탁자 등의 임직원 중에서 다음 각 호에 해당하는 자를 임명한 후 이를 국토교통부장관에게 보고하여야 한다. 이 경우 그 임명된 자는 각각 Ⓐ 기금수입 담당임직원(기금수입징수관의 직무), Ⓑ 기금지출원인행위 담당임직원(기금재무관의 직무),

Ⓒ 기금지출직원(기금지출관의 직무), Ⓓ 기금출납직원(기금출납공무원의 직무)의 구분에 따른 직무를 수행한다.

아울러, 국토교통부장관, 공사 및 기금재수탁자 등은 기금수입징수관·기금재무관·기금지출관 및 기금출납공무원, 기금수입 담당임직원·기금지출원인행위 담당임직원, 기금지출직원 및 기금출납직원을 임명한 경우에는 감사원·기획재정부 및 한국은행에 통지하여야 한다.

(3) 이익금과 손실금의 처리

국토교통부장관은 매 사업연도에 기금의 결산에서 이익이 생긴 경우에는 이익금 전액을 기금에 적립하여야 하고, 매 사업연도에 기금의 결산에서 손실금이 생긴 경우에는 적립금으로 보전하되, 보전한 후에도 남는 손실액이 있는 경우에는 정부가 일반회계에서 이를 보전할 수 있다.

(4) 기금 대출채권의 상각

공사 및 기금재수탁자 등은 채무자의 무자력 등으로 인하여 기금의 대출금을 회수할 수 없는 경우에는 국토교통부령으로 정하는 바에 따라 대출채권을 상각할 수 있다. 다만, 유한책임대출의 경우에는 채무자의 자력이 있더라도 미회수 대출채권을 상각할 수 있다.

공사 및 기금재수탁자 등은 상기에 따라 상각처리된 채권의 보전이나 추심을 위한 관리업무를 수행하다가 국토교통부령으로 정하는 기간이 끝났을 때에는 그 관리업무를 정지하고 그 내용을 국토교통부장관에게 보고하여야 한다.

Ⅲ. 기금운용관리기관인 공사의 설립 및 업무

1. 공사의 설립

기금법의 목적을 달성하기 위한 각종 보증업무 및 정책사업 수행과 기금의 효율적 운용·관리를 위하여 주택도시보증공사(공사, HUG)를 설립한다. 공사는 법인으로 하며, 공사의 자본금은 5조원으로 하고, 그 2분의 1 이상을 정부가 출자한다. 공사에 대하여 국가가 출자한 주식의 주주권은 국토교통부장관이 행사한다. 아울러, 공사가 발행할 주식의 종류, 1주의 금액, 그 밖에 필요한 사항은 정관으로 정하며, 공사는 정관을 제정하거나 변경하려는 경우에는 국토교통부장관의 인가를 받아야 한다.

2. 공사의 업무 등

(1) 업무

① 공사는 그 목적을 달성하기 위하여 Ⓐ 법령에 따른 기금의 운용 · 관리에 관한 사무, Ⓑ 분양보증, 임대보증금보증, 하자보수보증, 그 밖에 대통령령으로 정하는 보증업무, Ⓒ Ⓑ에 따른 보증을 이행하기 위한 주택의 건설 및 하자보수 등에 관한 업무와 구상권 행사를 위한 업무, Ⓓ 자산유동화에 관한 법률에 따른 유동화전문회사등이 발행한 유동화증권에 대한 보증업무, Ⓔ Ⓓ에 따른 유동화전문회사등으로부터 자산유동화에 관한 법률에 따라 위탁받은 유동화자산의 관리에 관한 업무, Ⓕ 부동산의 취득 · 관리 · 개량 및 처분의 수탁, Ⓖ 국가 · 지방자치단체 · 공공단체 등이 위탁하는 업무, Ⓗ Ⓐ부터 Ⓖ까지의 업무와 관련된 조사 및 연구, Ⓘ 그 밖에 법령으로 정하는 업무를 수행한다.

② 공사는 Ⓐ와 Ⓑ에 따른 업무의 수행을 위하여 부동산(건축 중인 건물을 포함)에 관한 권리를 신탁받을 수 있다. 이 경우 공사의 신탁의 인수에 관하여는 자본시장과 금융투자업에 관한 법률을 적용하지 아니한다. 또, ③ 공사는 이사회의 의결을 거쳐 ①에 해당하는 업무 또는 이와 유사한 업무를 행하는 법인에 대하여 출자 또는 출연할 수 있다.

(2) 회계처리의 구분 및 이익금의 처리

공사는 공사의 회계와 기금의 회계를 구분하여 회계처리하여야 한다. ① 공사는 매 회계연도의 결산 결과 이익이 생긴 때에는 Ⓐ 이월손실금의 보전, Ⓑ 자본금과 같은 금액에 달할 때까지 이익금의 10분의 2 이상을 이익준비금으로 적립, Ⓒ 자본금의 2분의 1이 될 때까지 이익금의 10분의 2 이상을 보증이행준비금으로 적립, Ⓓ 이익의 배당 순서에 따라 처리하여야 하고, ② Ⓑ 및 Ⓒ의 적립금은 결손 보전에 충당하거나 자본금에 전입하는 경우 외에는 사용하지 못한다.

제 3 절 국내 도시금융

국내 도시금융의 가장 비중을 가지는 주택도시기금은 주택청약저축과 국민주택채권이 가장 큰 비중을 가지고 있다. 그러므로 이를 재원으로 하는 도시재생금융도 정책금융인 도시기금의 재원에서 논해질 수 있다. 다만, 주택도시기금 외에도 다양한 금융상품이 도시재생사업에 투자할 수 있고, 활용될 수 있으므로 각종 금융상품의 활용가능성과 금융보증상품의 활용가능성과 역할도 도시재생금융에서 검토되어야 한다.

Ⅰ. 도시금융시장과 금융상품유형

1. 도시금융시장

(1) 도시금융시장의 특성

도시금융시장이란 도시공간을 이루는 요소 외에 역사적, 문화적 가치 등도 매개체로 거래되는 시장으로, 일반적인 시장이 공급과 수요에 의해 가격과 거래량이 결정되는 것과는 달리 정책적인 요인들에 의하여 가격결정이 제한되는 경향이 있다. 이러한 도시금융시장의 특징으로 공간 등이 특정한 지역에 위치하는 지역적인 특성을 가진다는 것이고, 다른 재화에 비하여 신축성이 떨어지며, 단지 공급과 수요에 의하여 가격과 거래가 결정되지 않는 다른 요인들, 예를 들면 문화적, 교육적, 지리적 요소 등 외부적인 요인에 많은 영향을 받으며, 경제환경이나 정책적인 요인 등에 의하여 영향을 받는다. 또, 정부의 각종 규제(공급, 거래, 가격 등)에 의한 통제가 이루어지며, 가격규모가 큰 특징을 가져 금융적인 측면에서도 매우 중요한 특성을 가진다. 아울러, 도시기반시설 등이 연관산업과의 연관성과 파급효과도 크며, 기반시설 등을 구성하는 요소들이 각종 산업의 집합체이면서 그 기술과 성능, 구조 등에서 첨단성이 가해지고, 사회문화적인 요소까지 가미된 복합체의 특징을 가진다.

도시금융은 도시의 대지(용지)조성과 개발, 건설, 개보수, 구입, 임차 등에 필요한 자금조달과 투자, 대출, 펀드 등과 연관된 금융취급을 전제로 하는 시장으로 다른 상업금융에 비하여 자금의 회전속도가 느리다. 이러한 금융시장은 소비자금융과 공급자금융 등으로 나누어 볼 수 있고, 도시건설 등에 막대한 비용을 필요로 하므로 정책금융이 많이 작용한다. 또 건축물 등과 연관된 담보성 금융도 상당부분 활용되고 있다. 그리고 각종 금융조달을 위해 대출, 프로젝트금융 등 보증시스템도 상당부분 큰 비중을 차지하며, 리츠, 신탁 등의 금융도 중요한 부분에 해당하고, 개발금융, 투자금융도 많은 작용을 한다.

(2) 도시금융시장의 구성

일반적인 금융시장이란 기업, 가계, 정부 등 경제주체들이 금융상품을 거래하여 자금을 조달하고 여유자금을 운용할 수 있도록 자금수요자와 자금공급자가 만나 금융거래를 하는 곳이다. 경제주체들은 자금의 수요자와 공급자로 구분된다. 일반적인 수요자는 재고유지나 사업확장을 위해서 항상 돈이 필요한 기업이다. 소비자들도 자동차구입이나 주택구입과 같이 일시적으로 대규모 지출이 필요한 경우에는 자신들의 소득으로 지출을 감당할 수 없기 때문에 수요자가 될 수도 있다. 정부도 조세수입보다 지출이 많은 경우에 자금의 수요자가 될 수 있다. 이 밖에 외국도 자금의 공급자나 수요자가 될 수 있다. 자금의 공급자는 본인들의 수입이나 소득보다 지출이 적은 사람들인데 이들은 자신들이 저축한 돈의 가치가 증가하기를 바라는 사람이다. 저축자들은 단순히 돈을 보관하는 것이 아니라 투자자가 되어서 적극적으로 돈을 증식시키려고 한다. 이들은 채권이나 주식을 포함한 다양한 금융상품을 구입하여 이자나 배당소득 그리고 매매차익을 노린다. 대출상품을 제외하고는 금융상품의 수요자가 자금의 공급자가 되고 금융상품의 공급자가 자금의 수요자가 된다.

도시금융시장에서는 정부, 공기업, 지자체, 지방공사 등 공공기관이 주로 금융을 공급(점차 민간투자도 확대되고 있고, 공동체 투자도 활성화 되고 있다)한다. 아울러 도시계획이나 도시재생에도 정부나 지자체가 개입한다. 또한, 기업, 가계(건축물·주택구입자 등), 주택도시사업시행자(건설업자, 조합 등), 투자회사, 신탁사, 금융보증을 비롯한 각종 보증을 취급하는 보증기관, 금융기관 등 다양한 구성원이 도시금융시장에서 거래하는 당사자들이다. 한편, 도시금융시장에서 거래대상은 토지 등도 있지만, 조합원의 지위, 분양권, 임차권 등의 권리나 지위도 있고, 사업의 시행권도 있다. 이처럼 다양한 형태의 구성요소가 결집된 곳이 도시금융시장이라고 할 수 있다.[3] 이 시장에서는 저축, 미래가치에 투자하는 프로젝트 금융, 펀드 등의 투자형태도 다양하게 접목되고 있다. 물론 정책사업에 해당하는 경우(도시 건설, 대단지 주택공급 등)에는 국가예산도 투입하여 기반시설 구축, 공원, 학교, 행정시설, 문화시설 등도 갖추게 되므로 다양한 예산프로그램도 이 시장을 구성하는 요소라고 할 수 있다.

---

3) 다양한 금융기법 중에 임팩트금융(impact finance)은 사회적 가치와 재무 수익률을 동시에 추구하는 투자행위를 뜻하는 "임팩트 투자"와 소액금융지원을 뜻하는 "마이크로파이낸스"를 결합한 용어이다. 임팩트 금융에서 가장 대표적이고 성공적인 모델이 마이크로파이낸스이다. 영국에서 활용되고 있는 사회성과연계채권(SIB, Social Impact Bond)도 재무적 성과와 동시에 사회문제 해결이라는 사회적 성과를 동시에 추구하는 방식으로 임팩트금융의 일종으로 볼 수 있다.

2. 일반 금융상품

(1) 저축상품

안전성 · 수익성 · 유동성을 기준으로 보면 저축상품은 수익성보다는 안전성과 유동성이 높은 금융상품이다. 저축은 목적에 따라 입출금이 자유로운 보통예금, 목돈마련을 위한 정기적금, 목돈을 불려나가는 거치식 예금인 정기예금 등 다양한 상품에 가입할 수 있다. 보통예금은 이자가 없거나 아주 낮은 대신에 입출금이나 송금이 자유롭고 신용카드나 체크카드의 결제계좌로 활용될 수 있는 장점이 있다.

정기적금은 일정 기간 동안 정기적으로 돈을 저축하여 목돈을 만들기 위한 용도로 활용되고, 정기예금은 한꺼번에 일정 금액을 일정 기간 넣어두어 이자를 받아 돈을 불리기 위한 용도로 활용된다. 그러나 정기예금이나 정기적금은 예치기간이 정해져 있어서 보통예금보다 이자가 많지만 유동성은 낮다. 그러나 만기이전에 해약을 하게 되면 약정한 이자보다 훨씬 낮은 이자를 지급받거나 경우에 따라서는 이자가 없을 수도 있다.

보통예금은 이자율은 낮지만 입출금이나 송금결제에 이용하기 편리하고 정기예금은 이자율은 높지만 결제계좌로 사용할 수 없고 입출금에 제약이 있다.

이 외에도 1년 이상 예치기간을 두고 이자를 지급하는 장기저축상품으로 주택마련을 위한 주택청약종합저축, 노후자금을 위한 연금저축 등 다양한 상품이 있다. 장기저축상품의 특징은 복리식 이자지급과 10년 이상 유지시 비과세 혜택, 그리고 연말정산시 세제혜택 등이 있다. 기업도 여유자금예치, 영업자금 및 사업자금예치 등을 들 수 있다. 정책적으로는 매칭저축, 주택청약저축연금, 재형저축, 전용저축 등 옵션통장을 활용한 저축도 고려할 만하다. 이는 내 맘대로 선택옵션(통장 하나로 여러 가지 기능을 통합하는 옵션)을 통한 저축과 연금, 재형, 대출이 가능하도록 하는 제3세대 옵션통장의 활용을 고려하는 것이다.

(2) 대출상품

대출상품은 부동산, 주택, 자동차, 예금 등을 담보로 저당권을 설정하고 돈을 빌려주는 담보대출과 담보 없이 개인이나 기업의 신용으로 대출을 받는 신용대출로 나눌 수 있다. 담보대출은 금융회사의 입장에서 보면 대출받은 사람이 돈을 갚지 못할 경우 담보로 잡은 자산을 매각하여 원금을 되찾을 수 있기 때문에 일반적으로 신용대출보다 대출금리가 낮다.

담보로 기업은 사업부지, 사옥, 기타 건축물 등 기업의 부동산담보, 기업의 주식, 채권이나 자산 등에 대한 담보, 기업의 예금담보 등을 들 수 있다. 또는 기업의 사업전망 등 영업권이나 신용도 등에 대한 담보도 가능할 수 있다. 개인도 소유의 부동산 및 예금 등을 담보로 대출받을 수 있고, 제3자의 담보제공을 통한 대출도 가능하다. 대출상품도 다양화를 시도할 필요가 있는데 저축·펀드 등의 상품과 연계(구입자금대출, 토지건물임차대금대출, 사업자금대출 등)하는 상품을 고려하는 것도 필요하다.

(3) 투자금융상품

금융상품은 투자성이 있는 금융투자상품과 투자성이 없는 비금융투자상품으로 나눌 수 있다. 여기서 투자성이란 투자한 원금의 손실 가능성이 있는 경우를 말한다. 금융투자상품은 장래에 이익을 얻거나 손실을 회피할 수 있도록 해주는 금융상품을 말하는데, 투자에 대한 성과를 얻을 수 있지만, 손실을 볼 위험도 있다.

금융투자상품 중 원금까지만 손실이 발생할 가능성이 있는 것에는 주식, 채권, 펀드 등이 있고, 원금을 초과하여 손실이 발생할 가능성이 있는 것으로 파생상품 등이 있다.

주식은 주식회사의 자본을 구성하는 단위로서 발행 주식의 액면 금액이 회사의 자본금이 되며, 주식회사의 주인인 주주가 가지는 권리와 지분을 나타낸다. 기업은 주식 발행을 통해 안정적인 산업자본을 조달할 수 있고, 일반 투자자들은 재산증식을 위한 투자대상으로 주식을 활용할 수 있다.

채권은 주식과 함께 자본을 조달하는 대표적인 수단 중 하나로 활용된다. 채권은 정부, 지방자치단체, 특별법에 의해 설립된 법인 및 주식회사 등이 투자자들로부터 비교적 장기의 자금을 조달하면서 일정 기간 정기적으로 이자를 지급하고 만기에 원금을 상환한다는 조건을 명시한 유가증권이다. 채권수익률은 채권의 신용등급이 높을수록 낮고, 채권의 신용등급이 낮을수록 높다. 도시기반시설채권 또는 도시채권의 발행 및 유동화, 민자도시투자채권의 발행 및 유동화 등도 고려할 필요가 있다.

펀드란 다수인으로부터 자금을 모아 주식, 채권, 기타 금융상품에 나누어 투자하고 그에 따른 수익 또는 손실 등의 결과를 다시 투자자에게 배분하는 투자상품을 말한다. 투자자 입장에서 소액 자금으로도 금융시장에 참여할 수 있으며 풍부한 경험과 전문지식을 가진 자산운용사들이 투자자를 대신하여 자산을 운용하므로 전문적인 투자와 위험의 분산이라는 장점을 누릴 수 있다.

파생상품은 다른 자산의 가격에 따라 그 가치가 결정되는 금융상품이다. 파생상품을 이용하는 주된 목적은 예상치 못한 금리, 환율, 주가의 변동 등 시장의 변동으로 곡물, 원유, 금, 주식, 채권과 같은 기초자산의 가치가 달라지는 위험을 회피하기 위한 것이다. 파생상품의 가치가 연동되는 기초자산을 현물이라고 하며, 대표적인 파생상품으로 선물·옵션·스와프(swap) 등이 있다.

(4) 보증상품

도시금융 보증상품은 개인보증상품과 기업보증상품으로 구분할 수 있다. 개인보증은 도시재생지역에서 주택을 취득, 임차 또는 중도금 및 잔금, 건설자금, 시설자금 등을 조달하기 위하여 금융기관으로부터 자금을 대출받고자하는 개인에게 해주는 보증을 말한다. 내용적으로 보면 주택은 중도금을 포함한 구입자금대출보증, 전세자금대출보증 및 임차보증금반환보증 등을 들 수 있다. 또, 시설신축자금이나 개량자금 융자나 대출관련 금융보증상품도 가능하다.

다음으로, 사업자보증(기업보증)은 분양 또는 임대, 도시재생 등의 목적으로 주택건설, 도시재생사업을 하기 위하여 금융기관으로부터 자금대출을 받고자 하는 사업자 등에게 해주는 보증을 말한다. 사업자 보증상품으로는, ① 프로젝트금융보증 : 건설사업자가 주택건설 및 도시재생사업을 하는데 필요한 자금을 금융기관에서 프로젝트금융방식(당해 프로젝트의 미래현금 수입을 주요 상환재원으로 하여 자금을 조달하는 금융기법)으로 받는 대출에 지원하는 보증이다. ② 건설자금보증 : 건설사업자 등이 분양 또는 임대, 도시재생을 위해 주택도시기금으로부터 공사비를 대출받고자 하는 경우 지원하는 보증이다. 상세한 상품별 특성은 주택도시금융보증에서 설명하기로 한다.

Ⅱ. 도시금융 유형

1. 융자 및 대출

도시재생과 관련하여 정책금융성격의 융자가 마중물역할을 수행하고 있다. 현재 HUG를 통하여 실행되고 있는 도시금융 융자는 수요자중심형 융자로 코워킹커뮤니티시설 조성자금, 상가 리모델링 조성자금, 공용주차장 조성자금, 창업시설 조성자금, 임대상가 조성자금, 가로주택정비사업자금, 자율주택정비사업자금 등을 실행하고 있다. 자금규모는 크지 않아도 그 역할로 보면 현재 추진되고 있는 도시재생사업을 추진하는데 가장 핵심적인 재원이라고 할 수 있다.

대출은 부동산 등 물적담보 또는 신용상태를 토대로 자금을 융통하는 금융거래를 말한다. 여기서 부동산을 담보로 하는 금융거래란 대출하거나 또는 부동산 담보부 채권을 담보로 대출하는 것은 그 자금조달에 따른 경제 및 법률행위를 하는 담보금융의 하나다. 주택을 구입할 때 자금이 부족하여 그 부족분을 금융기관에서 융자받고 장기간에 걸쳐 변제하면서 대신 담보로 저당권을 설정해준다. 또 살아가는 중에 가계자금이 부족하거나 사업자금이 필요하여 부동산을 담보로 자금을 빌린다. 뿐만 아니라, 융자금을 다 갚고 노후에 수입이 적어 생활자금이 필요하면 다시 주택을 담보로 매월 생활비를 받아쓸 수 있다. 이 모두 담보대출의 형태를 띠고 있다.

담보대출의 규모는 담보력이다. 담보력이란 금융대출의 규모를 산정하는 환가가치의 크기로 각 물건의 특성에 따라 다르고, 담보의 규모에 따라 다르다. 예를 들어 10평의 대지와 100평의 대지에서 담보력은 100평의 대지가 크며, 같은 크기라도 지가의 높고 낮음에 따라 환가가치가 다르므로 지역별, 지목별 가치를 반영하고, 감정가격 등은 이러한 시장성을 반영하여 판단한다. 즉, 담보대출은 개인뿐만 아니라 기업도 마찬가지로 활용하는 것으로 특정 지역의 주택 및 도시개발을 위한 대지의 확보에 소요되는 자금을 마련하기 위하여 사업자금이 필요한 경우 그 기업이 가지고 있는 담보물(부동산, 채권 등)을 근거로 대출을 하는 것이다.

한편, 신용을 담보로 하는 것은 기업의 영업실적, 사업능력, 재무상태, 투자가치 등 상환능력이 충분하다는 전제조건에 따라 대출하는 것이다. 통상 담보대출은 담보력을 기반으로 하기 때문에 금융기관의 입장에서는 리스크관리 측면에서 안정적이어서 선호된다. 그러나 신용대출은 안정성을 확보하기가 상대적으로 어려워 대출규모가 크지 않다는 점이다.

2. 자산유동화

자산유동화증권(ABS, Asset-Backed Securities)은 기업이나 은행이 보유한 자산을 근거로 발행하는 증권이다. 일반적으로 자산담보부증권이라 불려 왔으나 1998년 자산유동화에 관한 법률이 제정되면서 자산유동화증권이라는 용어를 사용하게 됐다. 여기서 자산이란 기업이 고객들로부터 미처 받지 못한 미수금(매출채권), 금융기관 대출금, 리스채 등 각종 채권, 부동산 등 일반 자산이다. 즉, ABS란 기업의 부동산을 비롯한 여러 가지 형태의 자산을 담보로 발행된 채권이다. ABS를 통해 조기에 매출채권이나 대출을 현금으로 회수하는 것이 가능하므로 기업과 은행의 현금흐름이 좋아진다. 특히 여러 채권을 통합하여 각 단위로 나누어 ABS를 발행하여 판매하는 형태를 가지는데, 일반적으로 특별한 목적을 가진 기업인 유동화전문회사가 기업이나 은행으로부터 자산을 사들이고 이를 담보로 ABS를 발행한다.

보통 원리금 지급이 거의 확실한 선순위채권과 그렇지 않은 후순위채권으로 분리 발행된다. 금융시장이 발달한 선진국의 경우를 보면 ABS는 상대적으로 안전성이 높으면서 적정한 수익률을 제공하는 금융상품으로 인식되며 발행규모가 해마다 증가하고 있다. ABS는 국내에서 1999년부터 발행되기 시작했으며, 금융·기업 구조조정과정에서 발생한 부실채권을 처리하는 방법으로 자주 쓰이고 있다.

ABS의 발행과정으로, 유동성이 떨어지는 부실채권이나 직접 매각하기 어려운 부동산 등을 보유한 기업이나 금융기관은 이를 담보로 맡기고 ABS를 발행해 쪼개서 팔게 된다. 일반적으로 ABS는 자산보유자와 별도로 분리된 특수목적회사(SPC)가 발행한다. 통상 투신, 증권 등이 함께 설립하는 자산유동화 전문회사는 투기등급채권을 넘겨받은 뒤 이를 담보로 ABS를 발행해 시장에 유통시키는 역할을 하며 ABS상환이 끝나면 해산한다.

ABS는 담보채권을 엄격히 심사한 후에 발행된다. 실물자산을 근거로 발행되기 때문에 자산보유회사의 신용도와 관계없이 높은 신용도를 받을 수 있다. 기업은 대출금 등을 받기에는 시간이 걸리는 반면 ABS를 발행하면 현금을 쉽게 확보할 수 있다. 따라서 자산보유자 입장에서는 현금유동성을 높이는 수단이 된다. ABS발행 이후 원채무자가 대출금이나 미수금을 상환하면 이를 바탕으로 ABS투자자에게 원리금을 지급하면 된다.

자산유동화증권의 여러 가지 형태로, 자산유동화증권 중 금융기관이 집을 담보로 대출해 주고 그 채권을 근거로 발행하는 것은 주택저당담보부채권(MBS)으로 별도로 분류한다. 또 투기등급의 고수입-고위험 채권을 담보로 발행하는 채권담보부증권(CBO), 신용도가 낮은 기업들에 대한 은행의 대출채권을 묶어 이를 담보로 발행하는 대출채권담보부증권(CLO)도 자산유동화증권의 일종이다.

3. 리츠

리츠(REITs, Real Estate Investment Trusts)는 부동산투자신탁이라는 뜻이다. 소액투자자들로부터 자금을 모아 부동산이나 부동산 관련대출에 투자하여 발생한 수익을 투자자에게 배당하는 회사나 투자신탁으로 증권의 뮤추얼펀드와 유사하여 부동산 뮤추얼펀드라고도 한다. 주로 부동산개발사업·임대·주택저당채권 등에 투자하여 수익을 올리며, 만기는 3년 이상이 대부분이다.

리츠는 설립형태에 따라 회사형과 신탁형으로 구분된다. 회사형은 뮤추얼펀드와 마찬가지로 주식을 발행하여 투자자를 모으는 형태로 투자자에게 일정기간을 단위로 배당을 하며 증권시장에 상장하여 주식을 사고 팔 수 있다. 신탁형은 수익증권을 발행하여 투자자를 모으는 형태로 상장이 금지되어 있다. 투자의 대상이 부동산의 개발·임대·주택저당채권(MBS) 등 부동산에만 집중된다는 것이 여타 뮤추얼펀드와 차이점이다. 리츠에는 부동산에 직접 투자하는 지분형(Equity) 리츠, 부동산담보대출에 투자하는 부채형(Mortgage) 리츠 그리고 양쪽을 조합한 혼합형(Hybrid) 리츠가 있다.

리츠는 세법이 정한 요건을 갖추기 위해 투자자에게 안정적으로 배분해야 하기 때문에 대개 임대수입이 있는 상업용 부동산을 투자대상으로 삼는다. 이러한 리츠는 직접투자보다 몇 가지 더 나은 강점이 있다. 첫째, 조세감면 효과로 부동산취득에 따른 취득세와 등록세가 감면(50%)되어 직접투자 보다 수익성이 우수하다. 둘째, 관리가 용이하다. 직접투자는 부동산의 관리에 시간과 비용을 투자해야 하나, 리츠는 자산관리회사에 운용을 맡기므로 관리가 편하다. 셋째, 유동성이 우수하다. 부동산을 증권화하여 증권거래소에 상장하므로, 직접투자보다 유동성이 우수하다. 넷째, 소규모 투자가에게 기회를 제공한다. 대형빌딩과 같은 부동산투자 기회는 투자기회가 일부 시장진입자에게 국한되나, 리츠를 이용하면 소규모 자금으로 대형부동산 투자기회를 얻을 수 있다. 다섯째, 자금조달이 용이하다. 개발사업에 필요한 자금을 자본시장에서 일반국민 또는 기관투자가로부터 직접 조달할 수 있다. 여섯째, 시장이 투명화 된다. 부동산증권화를 촉진하여 유동성을 증가시키고 시장의 투명화, 외자유입의 촉진효과도 있다.

우리나라는 부동산 투자수익을 소액 투자자들에게 향수할 기회를 준다는 취지로 2001년 4월 도입되었고 동년 7월 부동산투자회사법이 제정되었다. 2010년 12월 기준 부동산투자회사(상품)는 51개에 자본금 합계는 3.7조원이었고, 총자산은 7.8조원 규모로 2002년에 비해 크게 증가한 셈이다. 대개 상품이 5~10년 만기로 구성되어 있다. 한편, 정부는 자본시장을 통합시킨다는 취지로 자본시장과 금융투자업에 관한 법률을 2007년 제정하여 '집합투자업'제도를 도입하여 부동산간접투자제도를 자본시장에 통합시켰다.

4. 프로젝트금융

프로젝트금융(PF, Project Financing)은 자금을 빌리는 사람의 신용도나 다른 담보 대신 사업계획, 즉 프로젝트의 수익성을 보고 자금을 제공하는 금융기법이다. 이 때 자금을 투자받은 사업자는 수익성이 높은 사업에 투자한 뒤 이후 나오는 이익으로 채무를 갚아 나간다. PF는 원래 1920년대 미국의 유전개발 사업에 활용되면서 세계적으로 확산됐다. 지금도 대규모 투자가 요구되는 가스, 석유와 같은 에너지개발이나 도로, 항만, 발전소와 같은 사회간접자본 투자에 많이 활용된다. 프로젝트 자체를 담보로 장기간 대출을 해주는 것이므로, 금융기관이 개발계획 단계부터 참여해 수익성이나 업체의 사업수행능력 등을 포함한 광범위한 분야에 걸쳐 심사한다. 즉시 확인할 수 있는 담보대신 프로젝트 자체의 사업성을 면밀히 평가하는 작업이 필수적으로 요구된다는 것이다. 금융기관은 심사과정에서 사업계획의 타당성, 추진주체인 회사나 국가의 신용도, 완공 후 해당 시설이나 설비의 유용성 등을 종합적으로 판단할 수 있어야 한다. 대규모 플랜트나 도로공사의 경우 개발기간만 10년이 넘는 경우도 허다하기 때문에 금융사 스스로 개발계획의 위험을 평가하고 이에 적당한 수익률, 즉 대출금리를 계산해낼 수 있어야 한다.

구체적인 투자는 모회사와는 별도로 설립된 프로젝트 회사(SPC)에 제공된다. 모기업의 담보와 신용을 근거로 하는 일반금융과 달리 해당업체의 신용보다는 특정사업 자체를 지원하는 까닭에 형식으로 달라지는 셈이다. 자금을 지원하는 금융기관들은 이에 따라 프로젝트회사에 대출 등을 진행하게 된다. 프로젝트가 실패하더라도 모회사는 차입금 상환에 대한 부담은 없다.

그러나 최근 프로젝트의 리스크가 커지면서 모회사가 직·간접으로 보증을 서는 변형된 프로젝트금융이 등장하고 있다. 우리나라에서 은행들이 주로 선호한 형태의 PF는 건설사의 보증이 붙은 후자로 분류된다(아래 금융보증 구조도는 HUG에서 취급). 일단 PF투자가 이뤄지면 대출금 상환은 프로젝트에서 발생하는 수익으로 원천을 삼는다. 이 때문에 프로젝트에서 발생한 현금흐름을 유지·확보하는 것이 중요하다. 국내에서는 부동산을 제외하면 석유 및 플랜트업체, 종합상사 등이 국내외 프로젝트에 소요되는 자금을 PF로 조달하는 경우가 많다. 또 주택사업에는 상당부분 활용되고 있으며, 도시재생사업에도 상당부분 활용될 것으로 판단된다.

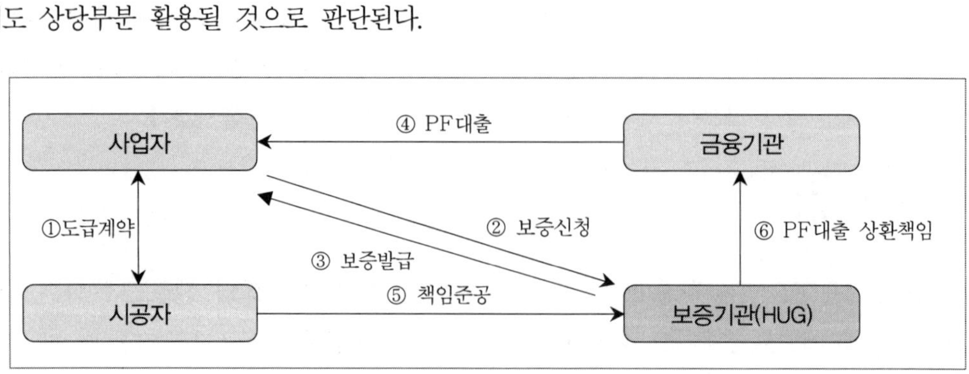

5. 펀드

불특정 다수인으로부터 모금한 실적 배당형 성격의 투자기금으로, 주식이나 채권 파생상품 등 유가증권에 투자하기 위해 조성되는 투자자금으로써, 일정금액 규모의 자금 운용단위를 말한다.

유형별로 공·사채형과 주식형으로 분류할 수 있다. 공·사채형 펀드는 펀드에 투자할 때 투자자금을 예치해 둘 수 있는 기간에 따라 초단기형·MMF형·단기형·중기형·장기형·2년이상형·분리과세형 등으로 나눈다. 주식형 펀드의 경우에는 약관상의 주식편입비율에 따라 안정형·안정성장형·성장형·자산배분형·파생상품형 등으로 구분한다.

펀드의 수익률은 기준가격의 상승률로 계산한다. 수익률은 원칙적으로 투자신탁자금을 결산할 때 지급되는 이익분배금 지급률(분배율)로 계산하지만, 펀드의 경우에는 수익자별로 수익증권의 매입시점과 매도(환매)시점이 다르기 때문이다.

위탁자가 국내 투자자들과 외국 투자자들을 대상으로 수익증권을 발행하여 판매된 투자자금으로 국내증권과 해외증권에 동시에 투자하는 매칭 펀드, 벤처기업에 대한 투자를 목적으로 창업투자회사에서 결성하는 벤처 펀드, 채권·주식·선물에 적절한 비율로 투자해 손실위험을 줄이는 원금보존형 펀드, 한국증권시장에서 투자활동을 할 수 있는 외국인들의 수익증권인 코리아 펀드, 수수료 없이 주식형에서 공사채 펀드로, 공·사채 펀드에서 주식형으로 돌릴 수 있는 카멜레온 펀드(전환형 펀드) 등이 있다. 부동산개발이나 대규모주택건설 등 펀드를 조성하여 개발투자형태로 운영하여 완공판매 후 그 이익을 배당할 수 있다.

(1) 개방형펀드와 폐쇄형펀드

투자자가 펀드에 투자한 후 환매를 청구할 수 있는지 여부에 따라 개방형펀드(Open-end Fund)와 폐쇄형펀드(Closed-end Fund)로 구분된다. 개방형펀드는 투자자가 펀드에 투자 후 환매청구를 할 수 있고 투자대상자산의 공정한 평가가 매일 가능한 자산에 투자를 하게 된다. 반면, 폐쇄형펀드는 투자자가 환매청구를 할 수 없고, 펀드의 존속기한이 정해져 있다. 폐쇄형펀드의 경우 투자자가 환매를 통한 투자금 회수가 어려우므로 거래소시장에 상장하도록 하여 투자자가 상장된 펀드지분을 거래소시장에서 매매거래를 통하여 투자금을 회수하도록 하는 구조를 갖는다(공모펀드의 경우만 적용). 폐쇄형펀드는 환매부담이 없으므로 펀드의 투자목적에 따라 펀드자산을 전부 투자할 수 있고 부동산과 같이 매일 공정한 평가가 어려운 자산에 대한 투자를 하게 된다.

(2) 사모펀드

사모펀드는 소수의 투자자로부터 모은 자금을 운용하는 펀드로, 사모펀드의 운용은 비공개로 투자자들을 모집하여 자산가치가 저평가된 기업에 자본참여를 하게 하여 기업가치를 높인 다음 기업주식을 되파는 전략을 취한다. 우리나라 투자신탁업법에서는 100인 이하의 투자자, 증권투자회사법(뮤추얼펀드)에서는 50인 이하의 투자자를 대상으로 모집하는 펀드를 말한다. 국제적으로 사모펀드는 대부분 헤지펀드를 의미한다.

사모펀드는 금융기관이 관리하는 일반 펀드와는 달리 사인(私人)간 계약의 형태를 띠고 있어 금융감독기관의 감시를 받지 않으며, 공모펀드와는 달리 운용에 제한이 없는 만큼 자유로운 운용이 가능하다. 보통 공모펀드는 동일종목에 신탁재산의 10%이상 투자할 수 없고, 동일회사 발행주식의 20% 이상을 매입할 수 없다. 하지만 사모펀드는 신탁재산의 100%까지 한 종목에 투자할 수 있다.

반면 이러한 점 때문에 사모펀드는 재벌들의 계열지원, 내부자금이동 수단으로 활용될 수 있고 검은 자금의 이동에도 활용될 수 있다. 또한 주식형 사모펀드는 특정 기업이나 개인이 사모펀드에 가입하는 방법으로 다른 회사 경영권을 인수하는 적대적 기업인수합병(M&A) 수단으로 활용될 수 있다.

국내에서 사모펀드는 1998년 투신업법 개정을 통해 허용되었지만 세부시행세칙과 표준약관이 마련되지 않아 투신업계가 사모펀드 설정준비를 제대로 못하고 있었다. 그러다 정부는 1999년 9월 금융시장 불안해소 대책의 일환으로 사모펀드를 허용했으나 기대 수익이 높은 주식형은 배제되고 공사채형만 허용되었다. 그리고 2000년 7월에 기업 자금사정 원활화를 위해 주식형 사모펀드를 허용하였다. 또 2001년 3월 M&A사모펀드 설립허용과 M&A사모펀드의 의결권제한폐지 등을 골자로 하는 증권투자회사법의 개정으로 적대적 M&A까지 가능한 M&A사모펀드가 가능해졌다.

(3) 공모펀드

공모펀드는 공개적으로 특정하지 않은 많은 투자자로부터 자금을 모으는 것이고, 사모펀드는 소수의 투자자(기관투자자)로부터 자금을 모아 주식이나 채권 등에 투자하여 운용하는 펀드를 말한다. 공모펀드는 자산총액의 10% 이상을 증권에 투자할 수 없고, 동일종목이나 동일 법인이 발행한 지분증권 총수의 10% 이상을 투자할 수 없는 등의 제한이 있다. 그러나 사모펀드는 이러한 제한이 없어 이익이 발생할 만한 어떠한 투자대상에도 투자할 수 있다.

펀드 매매업자(판매회사)는 개인 투자자가 공모펀드에 투자할 때는 최소한 다음의 절차를 준수하여 영업해야 한다. 즉, 1단계(투자가의 성향 파악) → 2단계(투자가의 유형분류) → 3단계(투자가에게 적합한 펀드 선정) → 4단계(펀드에 대한 설명) → 5단계(투자가 의사 확인) → 6단계(사후 관리)로, 이것은 정부가 개인 투자가를 보호하기 위해 마련한 장치다. 관련법은 자본시장과 금융투자업에 관한 법률이다.

(4) 헤지펀드

헤지펀드(hedge fund)는 주식, 채권, 파생상품, 실물자산 등 다양한 상품에 투자해 목표수익을 달성하는 것을 목적으로 하는 펀드다. 불특정 다수로부터 자금을 유치하는 공모펀드보다는 대규모 자금을 굴리는 소수의 기관고객을 상대하는 사모펀드 형태가 일반적이다.

현물과 선물을 결합한 다양한 투자전략을 사용하며, 목표이상의 수익을 내면 펀드운용사는 높은 수준의 성과급을 챙긴다. 주로 조세회피지역에 거점을 확보한다. 전형적인 단기투자자본으로 투자내용도 공개하지 않는다. 헤지펀드는 일반 공모펀드와 달리 거액의 차입도 가능하다.

이 때문에 손실이 커질 경우 금융시장 불안 요인으로 작용하기도 한다. 세계 금융계를 좌지우지하는 대표적 헤지펀드로는 미국의 조지 소로스가 운영하는 퀀텀펀드를 들 수 있다. 한편 사모펀드(Private Equity Fund)는 투자대상기업의 경영권 참여와 구조조정 등을 통해 기업가치를 높이고 수익을 투자자에 나눠주는 것으로, 위험회피(헤지) 기법으로 투자하는 헤지펀드와 차이가 있다.

한국은 2011년 12월에 한국형 헤지펀드를 도입했다. 한국형이라고 하는 이유는 기존 사모펀드보다 운용 관련 규제는 완화하면서도 국내 금융환경, 글로벌 규제 논의 추세 등을 반영했기 때문이다. 한국형 헤지펀드는 최저가입 기준이 기존 5억원 이상에서 1억원 이상(레버리지 200% 이상인 펀드는 3억원 이상)으로 문턱이 낮아지면서 2015년 말부터 폭발적으로 성장하기 시작했다.

헤지펀드가 자주 사용하는 투자기법이 공매도와 롱쇼트전략[4]이다. 공매도는 주식이나

---

4) 매수를 의미하는 '롱(long) 포지션'과 매도를 뜻하는 '쇼트(short) 포지션'을 동시에 취하는 방식이다. 장기적으로는 주식시장에서 저평가된 주식을 사고, 단기적으로 고평가된 주식을 파는 기법을 조합한 '장단기 기법'이다. 전통적인 헤지펀드의 일반적 거래 형태이기도 하다. 주식을 매수하는 동시에 공매도를 하거나 현물과 연계된 선물이나 옵션을 매도함으로써 차익을 얻는다. 또는 사업구조가 유사한 두개의 종목을 짝을 지어 상승이 예상되는 저평가된 것은 보유하고 고평가된 종목은 매도하는 '페

채권, 외환 가격이 하락할 것으로 예상되는 경우 해당 금융상품을 가지고 있지 않은데도 팔고 나중에 되사 갚는 것이다. 롱쇼트전략은 본질가치보다 싼 주식은 사고, 동시에 비싼 주식은 팔아 수익을 추구하는 것이다.

6. 커버드 본드

커버드 본드(Covered Bond)는 금융기관이 중장기자금 조달을 위해 주택자금대출채권, 공공기관대출채권 등 우량자산을 담보로 발행하는 채권을 말하며 우량자산담보채권이라고도 한다. 이 채권의 주요 투자자들은 은행, 펀드, 해외 중앙은행 및 정부기관, 연기금 등 다양하며, 발행주체는 자산을 보유한 여신금융기관이다. 통상적으로 담보는 주택담보대출, 공공부문대출채권, 선박대출채권 등 탄탄한 담보가치를 보유한 대출채권이며, 채권의 금리는 대다수가 고정금리로 조기상환이 불가능한 특징이 있다. 도시재생채권에도 활용이 가능하다.

이 채권은 크게 파산위험의 절연성과 이중청구권 두 가지 특징을 지닌다. ① 파산위험의 절연성이란 이 채권의 발행에 이용된 담보자산이 발행회사의 재무제표에 계속 존재하되, 발행회사로부터 절연되는 것을 의미한다. 담보자산이 발행회사로부터 절연되면 발행회사가 파산하더라도 담보자산에 대한 권리는 투자자들이 온전히 가져갈 수 있게 된다. 커버드본드와 달리 일반적인 담보부채권의 경우 파산위험의 절연성을 가지지 못하기 때문에 발행회사가 도산할 경우 투자금 회수에 문제가 생길 수 있다.

다음으로 ② 이중청구권이란 Ⓐ 채권 발행자가 도산하더라도 담보자산에 대한 우선청구권과 Ⓑ 담보자산의 가치하락으로 상환재원이 부족할 때 여타 자산청구권에 대한 권리를 보장받는 것을 말한다. 이 두 가지 특징으로 인해 커버드본드는 위험이 크지 않은 채권으로 분류되어 발행회사의 신용등급을 상회하는 채권등급을 획득할 수 있으며, 조기상환이 불가능하고 고정금리가 대다수인 특성을 이용하여 금융회사들은 이 채권을 통해 조달한 자금을 중장기대출자금으로 활용한다.

핀란드, 프랑스, 아일랜드, 노르웨이, 스웨덴 등 유럽의 많은 국가들이 이 채권을 활발하게 발행하고 있으며, 우리나라에서는 2009년 5월 국민은행이 최초로 담보자산을 금융회사 외부에 신탁하여 절연시키는 방식으로 만기 5년, 발행규모 10억 달러, 금리 7.25%의 커버드본드를 발행하였으며 이 채권에 아시아 56%, 미국 25%, 유럽 17%로 투자하

어스 트레이딩(pairs trading)' 전략이 있다. 롱 쇼트 전략을 원활하게 구사하기 위해서는 현물자산의 차입이 자유롭고 차입에 따르는 비용도 적어야 한다.

였다. 2010년 7월에는 주택금융공사(HF)가 만기 5년 5개월, 발행규모 5억 달러, 금리 4.125%의 커버드본드를 발행하였으며 투자자는 아시아 49%, 미국 38%, 유럽 13%로 구성되었다

7. 신탁

신탁이란 위탁자가 특정한 재산권을 수탁자에게 이전하거나 기타의 처분을 하고 수탁자로 하여금 수익자의 이익 또는 특정한 목적을 위하여 그 재산권을 관리·처분하게 하는 법률관계를 말하는데, 계약신탁과 유언신탁, 사익신탁과 공익신탁, 자익신탁과 타익신탁, 민사신탁과 영업신탁, 금전신탁과 비금전신탁, 개별신탁과 집단신탁 등으로 나눌 수 있다.

신탁의 의사표시에는 신탁재산·신탁목적·수익자가 확정되어야 한다. 민사신탁은 방식에 제한이 없으나, 영업신탁에는 그 제한이 있다. 신탁재산은 양도가 금지되지 않은 재산권이어야 하며, 영업신탁에서는 그 종류의 정함이 있다. 신탁재산은 수탁자 및 위탁자의 개인재산과는 독립성을 가지며, 신탁재산은 등기·등록하거나 증권과 원부(原簿)에 기재하여야 제3자에게 대항할 수 있고, 수탁자가 수인인 신탁재산은 합유(合有)가 된다. 탈법신탁·소송신탁·사해신탁(詐害信託)은 금지된다.

위탁자는 신탁재산의 처분능력이 있어야 하며, 도산절차에서는 신탁행위가 부인권(否認權)의 대상이 될 수 있다. 행위무능력자와 파산자는 수탁자가 될 수 없으며, 영업신탁의 수탁자는 금융감독위원회의 인가를 받아야 한다. 수탁자는 신탁행위에서 다른 정함이 없는 한 신탁재산에 대한 관리행위는 할 수 있으나 처분행위는 하지 못한다. 수탁자는 신탁재산에 관한 소송에서 당사자적격을 가진다. 수탁자는 선량한 관리자의 주의의무, 비용 및 손해보상청구권을 비롯한 각종의 권리와 의무를 가진다. 수탁자는 신탁행위로 인하여 수익자에 대하여 부담하는 채무에 관하여는 신탁재산의 한도 내에서 책임을 진다. 수탁자는 법원이나 주무관청의 감독을 받는다. 수익자는 신탁행위 당시에는 특정되지 않거나 존재하지 않아도 되며, 수익자의 권리는 원칙적으로 수익의 의사표시가 없어도 발생한다.

신탁은 신탁행위에서 정한 사유의 발생과 신탁목적의 달성 또는 달성불능, 일정한 사유에 의한 해지 등에 의하여 종료된다. 신탁이 종료되면 현존하는 신탁재산은 귀속권리자에게 귀속한다. 신탁이 종료하여도 신탁재산이 귀속권리자에게 완전히 이전될 때까지는 신탁은 존속하는 것으로 본다. 주택 및 도시재생관련 부동산신탁, 도시재생사업지, 일반건축물 외에도 역사적 문화적 가치 있는 건축물 등 자산에 대하여 활용이 가능하다. 신탁

은 시중 부동산관련 신탁사가 주로 수행하고 있고, 주택도시보증공사도 신탁을 취급하고 있다.

8. 정책금융

정책금융이란 정책적으로 정부가 특정 산업과 업종 등에 선별적으로 지원하는 금융을 일컫는 것으로, 정부가 정책 등을 수행하기 위해서 실시하는 대출, 보험, 보증 등 각종 금융지원을 이르는 말이다. 주로 기금, 정책예산, 공공자금 등이 이에 해당한다.

고도성장을 위해 자본의 집중적 투자가 요구되는 대규모 산업화 시기, 즉 경제개발계획 시기에 주로 수출지원, 기간산업건설, 중소기업육성, 농업개발, 특수산업보호육성 등의 목적으로 정책금융이 시작되었으며, 그로 인해 많은 기업들이 정부와 국책은행의 지원을 받아 크게 성장하는 결과를 낳았다. 하지만 대표적인 관치금융인 정책금융은 자금운용의 효율성과 자율성을 저해하고, 국내 금융산업의 경쟁력을 떨어뜨리는 문제를 일으키기도 했다. 이에 1980년대 초 금융자율화 추진 이후 정책금융의 비중을 축소하려는 움직임이 시작되었으며, 1990년대 금리자유화를 계기로 일반 상업은행과 국책은행이 같이 취급하던 정책금융을 국책은행이 전담하게 하고, 정책금융의 공급수단인 한국은행의 재할인제도를 자동재할인제도에서 총액한도제도로 전환하는 등의 방식으로 정책금융의 영역과 기능축소가 시도되었다.

정책금융은 시장의 실패(시장경제 체제에서 자원이 골고루 효율적으로 배분되지 못하는 상황)가 발생한 산업을 부흥시키기 위한 것이 목적이다. 시장실패가 일어난 산업의 경우 일반 금융회사들이 대출 등 자금지원을 기피하기 때문에 이에 정부가 금리 인하나 보조금 지급 등의 방법으로 이러한 산업에 자금을 지원하는 것이다. 그러나 정책금융은 금융산업이 발전하는데 장애요소가 될 수 있고, 기업자생력을 약화시킬 수 있으며, 무역마찰의 요인으로 작용할 수 있다는 우려가 있다.

우리나라의 대표적인 정책금융기관으로는 KDB산업은행, 수출입은행, 기업은행이 있다. KDB산업은행은 2015년 1월 산업은행과 정책금융공사가 통합된 기관이다(1954년 설립된 산업은행은 중장기적인 산업자금을 기업에 공급하며, 정책금융공사는 산업은행에서 정책금융기능을 분리하면서 2009년 10월 설립된 바 있다). 수출입은행(1976년 설립)은 장기저리(低利)의 수출입금융과 해외투자 등을 통해 수출기업들의 해외거래를 지원하고 있다. 또 기업은행(1961년 설립)은 중소기업을 중점 지원하는 역할을 담당하고 있다.

도시금융분야의 대표적인 정책금융은 주택도시기금이다. 주택도시기금은 주택계정과 도시계정으로 구분하여 정책금융을 지원(융자, 출자, 대출 등)하고 있다. 아울러 도시금융보증도 정책금융을 지원하기 위한 중요한 금융서비스에 해당하는데, 주택도시기금운영관리기관인 주택도시보증공사(HUG)가 주로 수행하고 있다.

9. 도시금융조달 및 간접투자

도시재생자금 조달 및 부동산 간접투자 활성화를 위한 부동산 금융거래소와 아파트 공급을 위한 건전한 투자여건을 마련하고, 지속가능한 건설공급을 위한 부동산 간접투자거래소의 도입이 필요하다. 간접투자자(소액도 가능)로부터 건설자금을 조달하고, 준공시점에 청산(리츠형태)하는 것이다. 즉, 주택도시건설사업자는 건설자금을 조달하기 위하여 토지구입 후 사업계획(현 분양승인 내용), 미분양시 매입확약,[5] 준공보증 및 미분양 재매입에 대한 보증[6], 사업성 등을 평가한 이후 승인 후 투자자를 모집한다. 투자자는 기본구좌 단위(*ex*:3.3㎡단위)로 권한을 구입(증권)하고 거래소를 통해 자유롭게 거래, 80% 공정시점에서 경매(최고가)를 통하여 일반에게 매각, 미분양 물량에 대해 건설사가 매입하여, 투자자 지분별로 배당한다.

이를 통하여 부동산 투기근절 및 참여 주체별 Win-Win전략이 가능하다. 즉, 건설회사는 사전에 안정적으로 사업자금을 조달받고, 미분양매입 보증을 통해 사업리스크를 최소화할 수 있다. 아울러 투자자는 저위험(분양권 전매에 비해) 고수익 간접투자가 가능하고, 가수요에 의한 가격 외곡현상의 감소로 인해 소비자후생이 극대화될 수 있다. 또, 투자자 모집시 서민주거안정을 위해 공급주택의 일부분을 현행 선분양제도로 분양하는 대신 전매거래는 불허할 수 있다. 이러한 방법은 도시재생의 사업지에 대한 주택, 상가, 업무시설 등 분양·매매거래관리 등에도 적용될 수 있다.

Ⅲ. 도시재생금융 및 금융보증

1. 도시재생관련 주요 융자

도시재생자금과 관련하여 HUG에서 운영하고 있는 코워킹커뮤니티시설 조성자금 등

5) 건설회사가 준공 80%에 경매시 미분양 물량에 대하여 일정금액으로 매입하겠다는 확약 또는 일정공정 이상의 미분양물량에 대하여는 환매조건부미분양매입을 확약하는 것이다.
6) 건설사가 매입 확약한 미분양 물건 일정부분에 대하여 대금을 지급하겠다는 보증이다.

주요 도시재생자금 융자내용을 간략하게 소개하기로 한다.

(1) 코워킹커뮤니티시설 조성자금

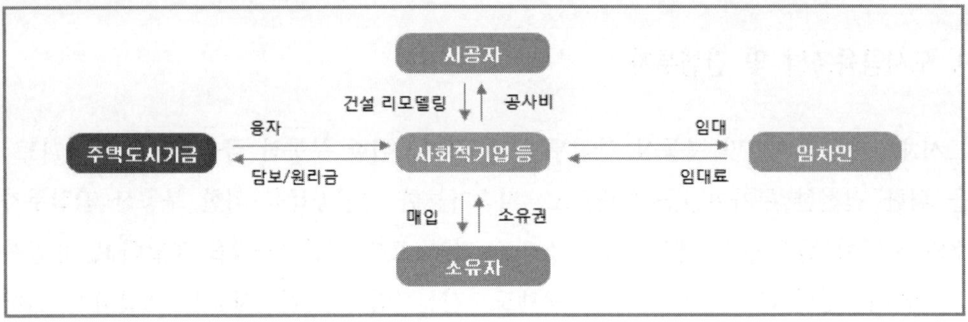

코워킹커뮤니티시설 조성자금 관련 융자구조는 위와 같다. 융자조건 등에 대한 내용은 아래 표와 같다.

대 상	• (대상) 도시재생 활성화지역에 있는 시설 중 업무, 문화집회, 교육연구, 판매·숙박, 근린생활시설, 주택 등이 동일건축물 내 복합활용 목적으로 함께 운영되는 시설 • (요건) 건축법 제2조제2항에 따른 시설 중 복합활용 목적으로 함께 운용되는 시설(공동작업장, 교육시설, 주민복지시설 등 입주민이 공동으로 사용할 목적으로 조성한 공간)로 구성되고, 지역경제 또는 지역커뮤니티 활성화에 기여하는 시설일 것. • (예시) 예술인공간, 공유오피스, 창업거점공간, 지역특화장터 등
용 도	• 건설·매입·리모델링 등 자금
한 도	• 건설·매입·리모델링 등 : 총사업비의 70~80%(융자한도 적용기준에 따라 담보 내 증액가능) • 임차보증금 : 임차보증금의 90%(단, 담보물의 담보인정가액 이내)
기 간	① 5년 만기일시상환 또는 원리금(원금) 균등분할상환(1회 연장, 최장 10년) ② 신청인이 지자체, 공공기관, 지방공기업인 경우 2회 연장, 최장 15년
이 율	• 연 1.5%(변동금리)

(2) 상가 리모델링자금

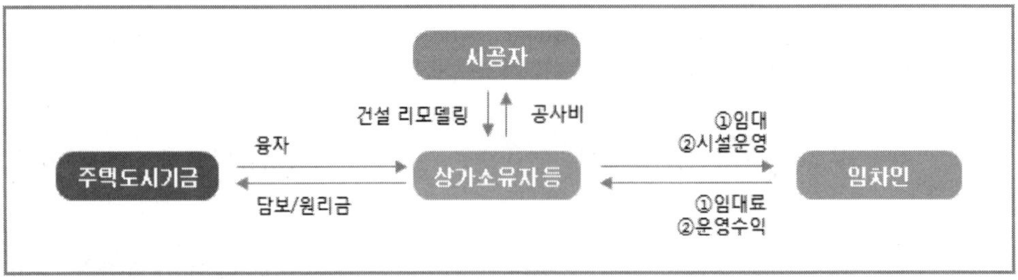

상가 리모델링자금 융자구조는 위와 같고, 융자 대상 및 조건 등은 아래와 같다.

대 상	• 도시재생 활성화지역 내 상가 리모델링을 추진하는 상가소유자 또는 상가 신축을 추진하는 토지소유자
용 도	• 건설 · 리모델링자금*
한 도	• 건설 · 리모델링 등 : 총사업비의 70~80%(융자한도 적용기준에 따라 담보 내 증액가능)
기 간	• 5년 만기일시상환 또는 원리금(원금) 균등분할상환(1회 연장, 최장 10년)
이 율	• 연 1.5%(변동금리)

(3) 공용주차장 조성자금

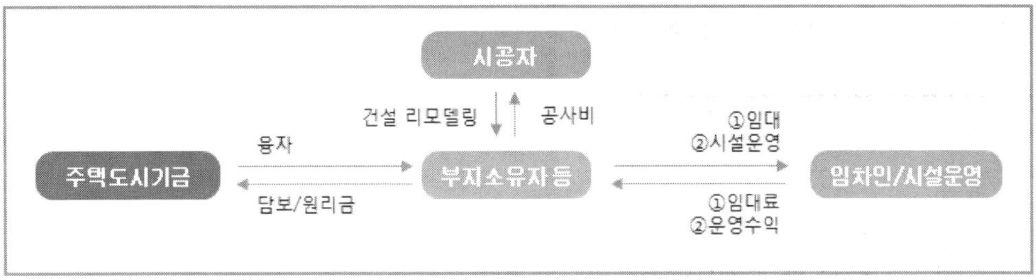

공용주차장 조성은 지자체를 비롯하여 개인사업자까지 다양하게 수행할 수 있다. 조성자금 융자구조는 위와 같고, 조건은 아래와 같다.

대 상	• (대상) 공용주차장을 조성하는 지자체, 공공기관, 지방공기업 마을기업, 사회적 기업, 협동조합 등 법인 또는 개인사업자 • (요건) ① 사업대상 토지 또는 건축물의 주용도가 '주차장'인 경우 ② 주차장 운영 시 주변시세* 이하로 주차료 제한 등 지역주민의 복리 증진을 위하여 융자약정에서 정하는 사항 준수
용 도	• 주차장 및 주차복합시설 조성에 필요한 토지매입 및 건설자금
한 도	• 총사업비의 70~80%(융자한도 적용기준에 따라 담보 내 증액가능)
기 간	① 5년 만기일시상환 또는 원리금(원금) 균등분할상환(1회 연장, 최장 10년) ② 신청인이 지자체, 공공기관, 지방공기업인 경우 2회 연장, 최장 15년 * 중도상환수수료 없음
이 율	• 연 1.5%(변동금리)

(4) 창업시설 조성자금

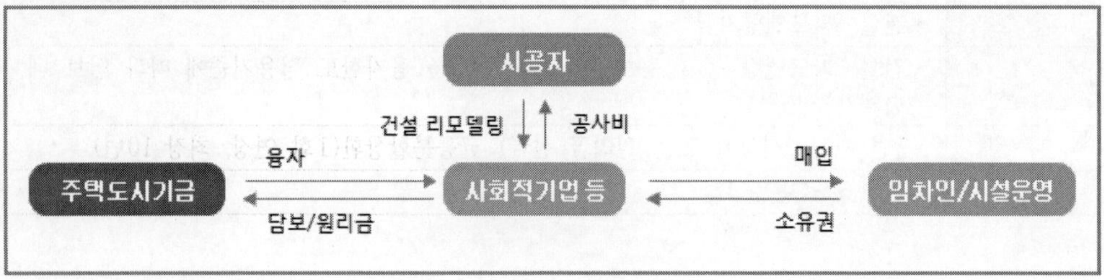

창업시설 조성자금은 청년창업자, 마을기업, 사회적 기업 등에게 제공되는 것으로 자금 구조는 위와 같고, 조건은 아래와 같다.

대 상	도시재생활성화지역 내 신규창업시설을 건설·매입·리모델링하는 청년창업자, 마을기업, 사회적기업, 협동조합 등
용 도	• 건설·매입·리모델링 등 자금
한 도	• 총사업비의 70%(단, 담보물의 담보인정가액 이내)
기 간	• 5년 만기일시상환 또는 원리금(원금) 균등분할상환(1회 연장, 최장 10년)
이 율	• 연 1.5%(변동금리)

(5) 임대상가 조성자금

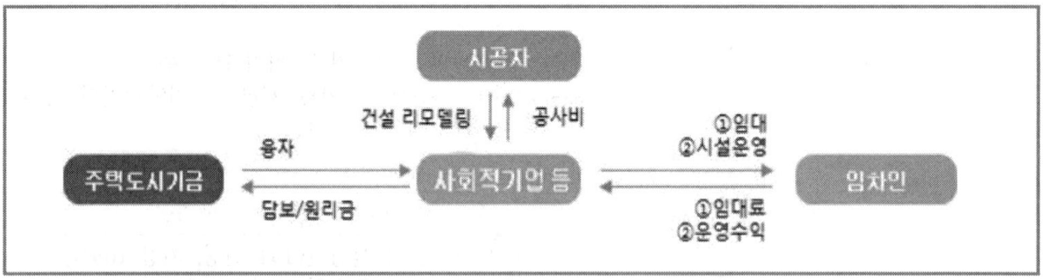

임대상가 조성자금은 공공기관을 비롯하여 마을기업, 개인까지 활용할 수 있다. 융자구조는 위와 같고, 조건은 아래와 같다.

대 상	도시재생활성화지역 내 임대상가를 건설·매입·리모델링하는 공공기관, 지방공기업, 마을기업, 사회적기업, 협동조합 등 법인 및 개인
용 도	• 건설·매입·리모델링 등 자금
한 도	• 총사업비의 80%(단, 담보물의 담보인정가액 이내)
기 간	• 5년 만기일시상환 또는 원리금(원금) 균등분할상환(1회 연장, 최장 10년)
이 율	• 연 1.5%(변동금리)

(6) 가로주택정비사업 금융지원

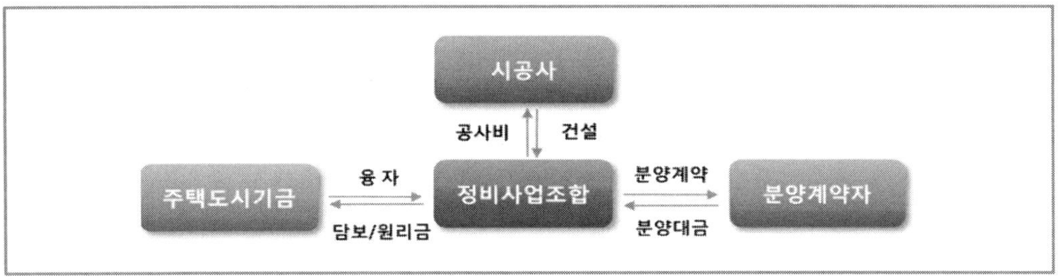

<table>
<tr><td colspan="2">대 상</td><td>• (융자) 「빈집및소규모주택정비에 관한 특례법」에 따라 가로주택정비사업을 시행하는 토지등소유자, 조합, 공동시행자, 공공시행자, 지정개발자 등
• (보증) 「빈집및소규모주택정비에 관한 특례법」에 따른 가로주택정비사업을 시행하는 조합 등(융자규정 제28조에 따라 공공시행자는 담보[보증서] 생략가능)
• (요건) 10호 이상의 단독주택, 20세대 이상의 공동주택의 주거환경을 개선하려는 토지등소유자</td></tr>
<tr><td colspan="2">용 도</td><td>• (초기사업비) 조합운영비, 용역비, 총회 비용 등
• (사업비) 초기사업비, 설계비, 공사비, 부동산 매입비, 금융비용, 이주비 등(이주비는 종전자산평가액의 70%이내에서 사업비와 구분하여 실행)
$\text{이주비 요청 조합원의 종전 토지 및 건축물 평가액} \times \frac{\text{총 융자승인금액}}{\text{총사업비}}$
• (이주비) 종전토지 또는 건축물에 대하여 담보취득이 가능한 조합원 또는 토지등소유자의 이주비
• (부담금) 조합원이 분양받은 주택의 분양대금 납부자금(부담금)
* 이주비, 부담금의 경우 보증만 취급중</td></tr>
<tr><td colspan="2">한 도</td><td>• (융자) 총사업비의 최대 70%(연면적의 20%이상 공적임대 공급시)
• (보증) 총사업비의 최대 90%(단, 담보물의 담보인정가액 이내)
* 조합원 종전자산평가액, 부담금 및 총사업비는 사업시행계획인가서 기준</td></tr>
<tr><td rowspan="2">기간</td><td>융자</td><td>• (초기사업비) 최대 3년(조합설립인가이후~사업시행계획인가 이전)
• (사업비) 최대 5년(사업시행계획인가 이후~준공후 6개월까지)
* 최대 5년 이내에서 1년 단위로 연장가능(☞ 이주비제외)</td></tr>
<tr><td>보증</td><td>• (초기사업비) 보증서발급일부터 대출원리금의 상환기일까지
• (사업비) 보증서발급일부터 대출원리금의 상환기일까지
• (이주비/부담금) 보증서발급일부터 대출원리금의 상환기일까지</td></tr>
<tr><td colspan="2">이 율</td><td>• 연 1.5%(변동금리)</td></tr>
</table>

노후·불량건축물이 밀집한 가로구역에서 종전의 가로를 유지하면서 소규모로 주거환경을 개선하기 위하여 시행하는 사업으로 가로정비지역은 도시계획도로로 둘러싸인 면적이 1만제곱미터 미만일 것, 해당 지역 통과 도로(너비 4미터 이하 도로 제외)가 설치되어 있지 아니할 것, 노후·불량건축물의 수가 전체 건축물의 수의 3분의 2 이상일 것, 해당 구역 기존 단독주택의 호수(戶數)와 공동주택 세대수 합이 20 이상일 것 등의 요건을

갖추어야 한다. 사업시행방식은 조합 또는 공동시행자(조합이 조합원 과반수의 동의를 받아 시장·군수, 주택공사, 건설업자, 주택사업자, 신탁사와 공동 시행 가능)이다. 주택공급은 기존 단독주택의 호수(戶數)와 공동주택의 세대 수를 합한 수 이상의 주택을 공급하고, 건설하는 건축물의 층수는 7층 이하이다. 다만, 사업시행에 따른 건축물의 높이·층수·용적률 등 대통령령으로 정하는 사항에 대하여 지방건축위원회의 심의를 거쳐 자율, 가로주택정비사업 등은 그 기준을 완화받을 수 있다.

(7) 자율주택정비사업 금융지원

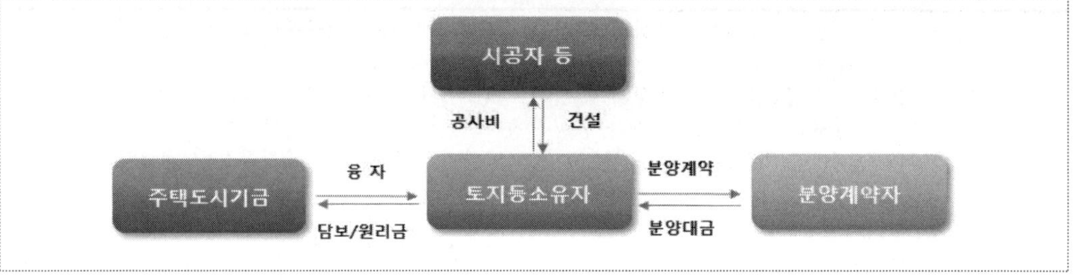

구분		내용
대 상		• (융자) 「빈집및소규모주택정비에 관한 특례법」에 따라 자율주택정비사업을 시행하는 토지등소유자, 토지등소유자와 공동으로 사업시행하는 자 • (보증) 「빈집및소규모주택정비에 관한 특례법」에 따른 자율주택정비사업을 시행하는 토지등소유자(융자규정 제28조에 따라 공공시행자는 담보취득 생략가능) • (요건) 단독주택 10호 미만, 20세대 미만의 공동주택의 주거환경을 개선하려는 토지등소유자
용 도		• (초기사업비) 운영비, 용역비 등 • (사업비) 초기사업비상환, 선순위해지비(종전세입자 임차보증금 포함), 부동산매입비, 공사비, 이주비 등 (민간시행자 이주비는 임차보증금 제외한 월차임 및 이사관련 부대비용에 限) • (이주비) 종전토지 또는 건축물에 대하여 담보취득이 가능한 토지등소유자의 이주비 • (부담금) 토지등소유자가 분양받은 주택의 분양대금 납부자금(부담금) * 이주비, 부담금의 경우 보증만 취급중
한 도		• (융자) 총사업비의 최대 70% (연면적의 20%이상 공적임대 공급시) • (보증) 총사업비의 최대 90% (단, 담보부대출금을 차감한 금액 이내) * 소규모주택정비사업의 종전자산평가액, 부담금 및 총사업비는 사업시행계획인가서 기준 (단, 자율주택정비사업은 사업시행자가 제출한 사업비내역서 내용 기준 가능)
기간	융자	• (초기사업비) 최대 3년(주민합의체 신고이후~사업시행계획인가 이전) • (사업비) 최대 5년(최대 5년이내에서 1년단위로 연장가능) * 단, 사업시행자가 전체 연면적 20%이상 "공공지원민간임대주택"으로 건설해 임대하는 경우 최초 융자실행일로부터 10년 이내에서 2년 단위로 연장가능(p164)
	보증	• (사업비) 보증서발급일부터 대출원리금의 상환기일까지 • (이주비/부담금) 보증서발급일부터 대출원리금의 상환기일까지
이 율		• 연 1.5%(변동금리)

도시활력증진지역 개발사업의 시행구역, 지구단위계획구역, 정비예정구역·정비구역이 해제된 지역, 도시재생활성화지역, 인구 50만 이상 대도시의 조례로 정하는 지역의 노후화된 단독주택 또는 다세대 밀집지역의 주민들이 주민합의체를 구성하여 스스로 개량 또는 건설하는 사업대상이다. 사업시행방식은 2명이상의 토지등소유자 또는 토지등소유자와 사업을 시행하는 공동시행자방식이다.

주택공급은 기존 단독주택의 호수(戶數)와 공동주택의 세대 수를 합한 수 이상의 주택을 공급하고, 건설하는 건축물의 층수는 7층 이하여야 한다. 다만, 사업시행에 따른 건축물의 높이·층수·용적률 등 대통령령으로 정하는 사항에 대하여 지방건축위원회의 심의를 거쳐 자율, 가로주택정비사업 등은 그 기준을 완화받을 수 있다.

2. 도시재생관련 주택계정 주요 금융보증[7)]

(1) 주택사업 금융보증(표준PF대출)

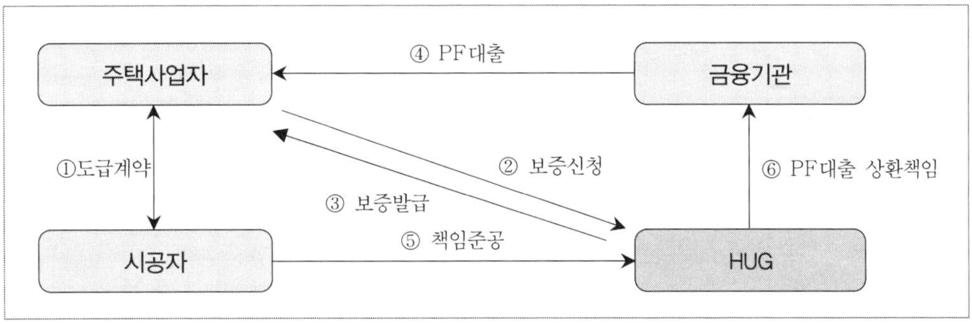

주택건설사업의 미래 현금수입 및 사업성을 담보로, 대출금융기관에 대하여 주택사업자의 사업비 대출상환을 책임지는 보증이다.

보증대상은 사업계획승인(건축허가 포함)을 득한 분양·임대사업(HUG의 분양보증, 임대보증금 보증 대상 사업이어야 함)이고, 보증한도는 분양사업은 총사업비의 50%, 임대사업은 총사업비의 70%(단, 사회주택 등 주거약자 지원형 임대사업으로서, 지자체 등의 매입확약이 있는 경우에는 총사업비의 최대 90%)이다. 기타 필수요건으로는 아래 표와 같다.

7) 주택계정 주요 금융보증은 주택도시기금운영관리기관인 주택도시보증공사(HUG)가 취급하고 있는 금융보증상품을 중심으로 설명한다.

단위사업 선투입	(분양사업) 토지비의 10%와 총사업비의 2% 중 큰 금액 이상 선투입 (임대사업) 총사업비의 5% 이상 선투입
시공자 요건	- 신용평가등급 BB+ 이상 [HUG 신용평가 체계 기준] - 시공순위 500위 이내 또는 최근 5년간 주택건설실적 300세대 이상 업체 * 주거약자 지원형 임대사업으로서 30세대 미만인 경우, 신용등급 C 이상, 시공순위·시공실적 요건 면제
건축연면적 요건 (사업규모)	(분양사업) 수도권·광역시 5천㎡ 이상, 기타 1만㎡ 이상 (임대사업) 지역에 관계없이 5천㎡ 이상
사업부지 신탁	사업부지는 공사 또는 공사가 지정하는 부동산 신탁회사에 신탁

(2) 기금건설자금 대출보증

(준)주택을 건설하기 위하여 주택도시기금 수탁기관으로부터 대출받는 자금의 상환을 책임지는 보증이다.

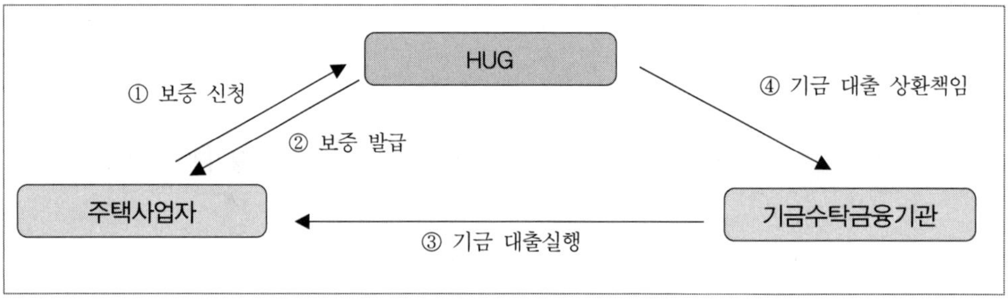

보증대상은 공공분양, 공공임대, 민간임대주택자금, 도시형생활주택, 준주택자금으로 (준)주택을 건설하는 단위사업으로, 보증금액은 총 대출금액에서 보증채권자가 산정한 사업부지의 담보평가금액을 차감한 금액의 90%이다.

(3) 후분양 대출보증

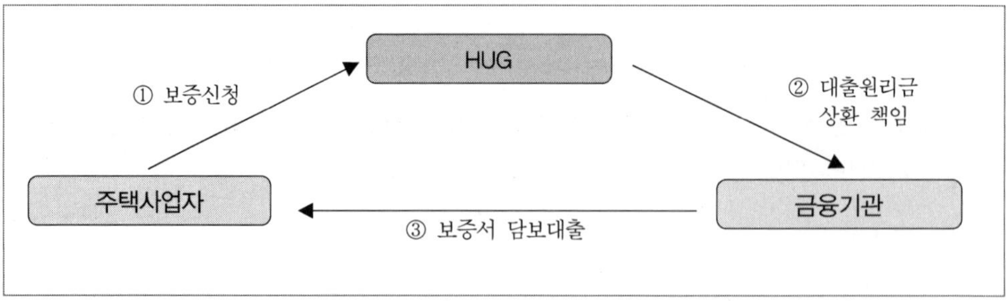

주택사업자가 주택의 일부를 후분양하는 조건으로 주택건설자금 대출금을 조달하는 경

우 이의 원리금상환을 책임지는 보증이다. 보증대상과 한도, 보증금액 등은 아래 표와 같다.

<table>
<tr><th colspan="2">구분</th><th>입주자모집승인전 사업장</th><th>입주자모집후 준공전 사업장</th></tr>
<tr><td colspan="2">보증대상</td><td>• 사업승인 받은 분양보증 대상 사업장으로 입주자모집승인전 사업장</td><td>• 분양보증사업장중 공정률 30%이상 사업장(재개발, 재건축 포함)</td></tr>
<tr><td colspan="2">보증한도</td><td>• 세대수 기준에 의한 한도
- 전체 세대수의 60%
• 면적에 의한 세대별 한도
- 주거전용면적이 85㎡이내 세대
: 분양가격의 70% 이내
- 주거전용면적이 85㎡초과 세대
: 분양가격의 60% 이내</td><td>• 세대수 기준에 의한 한도
- 전체 세대 중 미분양 세대
• 면적에 의한 세대별 한도
- 주거전용면적이 85㎡이내 세대
: 분양가격의 60% 이내
- 주거전용면적이 85㎡초과 세대
: 분양가격의 50% 이내</td></tr>
<tr><td rowspan="2">시공사</td><td>요건</td><td>• 신용평가등급 BB+이상
• 도급순위 500위/최근 5년실적 300세대 이상
• 고객상시모니터링 결과 경보등급 미해당</td><td>• 신용평가등급 CC등급 이상
• 고객상시모니터링 결과 경보등급 미해당</td></tr>
<tr><td>책임</td><td colspan="2">• 책임준공</td></tr>
<tr><td colspan="2">보증금액</td><td>• 전체세대 60%범위내 후분양 대상주택 분양가격의 60~70%</td><td>• 미분양세대 전체세대가 보증대상으로, 미분양세대 분양가격의 50~60% (임대공급 확약시 10% 추가)</td></tr>
</table>

(4) 모기지 보증

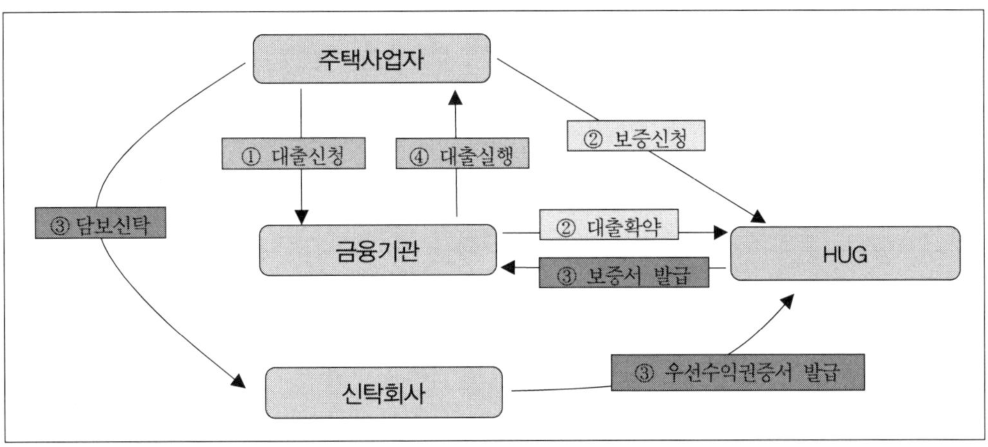

주택사업자가 보유한 준공 후 미분양주택을 담보로 취득하고 모기지 대출원리금의 상환을 책임지는 보증이다. 보증대상은 단지규모가 30세대 이상인 아파트, 연립주택, 다세대

주택 및 주거용오피스텔이고, 보증한도는 주택의 감정가액의 60% - [선순위채권액 + 공사 보증서담보부대출 미상환 잔액 + 전세보증금]이다.

(5) 정비사업 자금 대출보증

조합 또는 조합원이 금융기관으로부터 정비사업의 사업비, 이주비, 부담금을 조달시, 대출 원리금상환을 책임지는 보증이다.

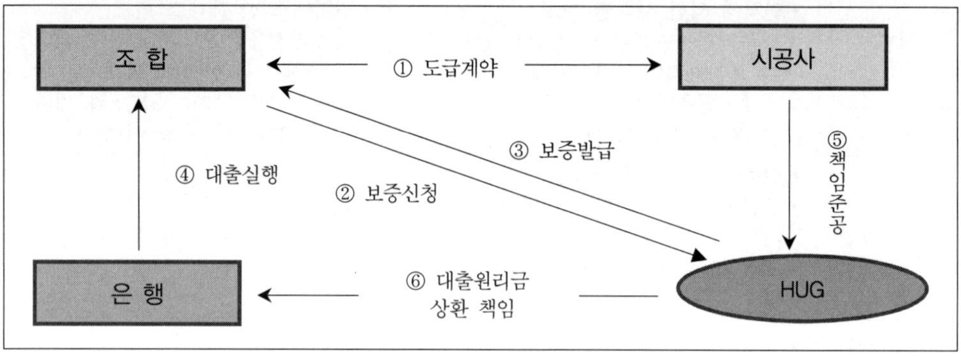

보증대상은 주거환경개선사업, 주택재개발사업, 주택재건축사업, 도시환경정비사업, 가로주택정비사업, 시장정비사업의 사업비 · 이주비 · 부담금 대출금액이다.

구 분		주택재개발사업	주택재건축사업	도시환경정비사업	가로주택정비사업
사업특성	대상지역	주거지역	주거지역	상업/공업지역 등	주거지역
	지역특성	노후불량건축물 밀집(기반시설 열악)	노후불량건축물 밀집(기반시설 양호)	도시기능 회복, 상권 활성화 필요지역	노후불량건축물 밀집 가로구역(소규모)
	대상사업	주거환경개선	주거환경개선	도시환경개선	주거환경개선
보증요건	공통	• 심사평점표 70점 이상 • 기타 보증금지사유 미해당	좌 동	좌동 및 주거면적(총건축연면적 대비 주택 및 주거용 오피스텔) 비율 60% 이상	• 심사평점표 70점 이상 • 기타 보증금지사유 미해당
	시공자 요건 (사업비 보증)	• 신용평가등급 CCC+이상 • 책임준공의무 부담 • 고객상시모니터링 결과 경보등급* 미해당	좌 동	좌 동	좌 동

시공자는 신용평가등급 CCC+이상, 책임준공의무 부담, 고객상시모니터링 결과 경보등급에 해당하지 않아야 한다. 보증한도는 아래와 같다.

구분	보증한도
이주비대출보증	조합원별 종전자산평가액의 70%
부담금대출보증	조합원 부담금의 70%
사업비대출보증	총사업비의 50% *단, 가로주택 정비사업의 경우 다음 각 목에 해당하는 한도 적용 ㅇ 미분양주택 매입확약 세대수가 일반분양분의 100% : 총사업비의 90% 이내 ㅇ 미분양주택 매입확약 세대수가 일반분양분의 50% : 총사업비의 70% 이내 ㅇ 미분양주택 매입확약을 체결하지 않는 경우 : 총사업비의 50% 이내

3. 도시계정 주요 금융보증

(1) 도시재생 PF보증

도시재생사업의 미래 현금수입 및 사업성을 담보로 토지비 등 사업비 대출의 상환을 책임지는 보증이다.

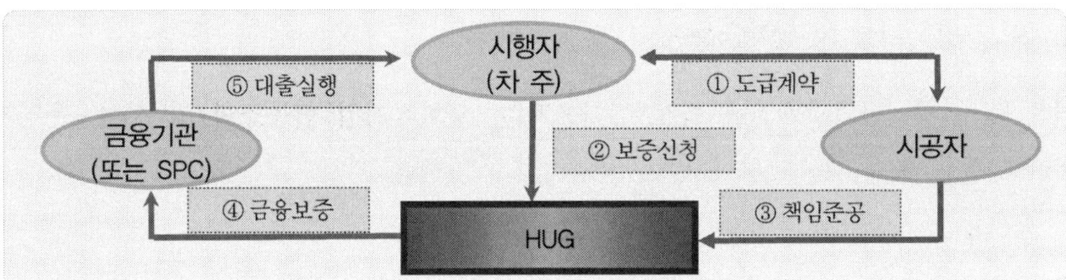

보증신청인은 토지비, 건축비 등 사업비를 금융기관으로부터 대출받는 차주이고, 보증요건은 총사업비의 20% 이상 자기자금을 선투입(임대리츠와 유사 수준)한 시공자 요건으로, 경제기반형은 신용등급 BB+이상 & 시공순위 500위 이내(또는 3년간 시공실적 500세대 이상), 근린재생형은 신용등급 C 이상이다.

보증채권자는 대출한 금융기관으로 유동화구조의 PF인 경우에는 SPC(유동화전문회사)이며, 보증한도는 총사업비의 80% 이내(임대리츠PF와 유사 수준)이다. 단, 사전임차·매입확약 등 기준요건에 미달한 경우 70%이다.

(2) 도시재생 리모델링자금보증

사업자 소유의 건물을 담보로 도시재생을 위한 리모델링 사업의 사업비 대출의 상환을 책임지는 보증이다.

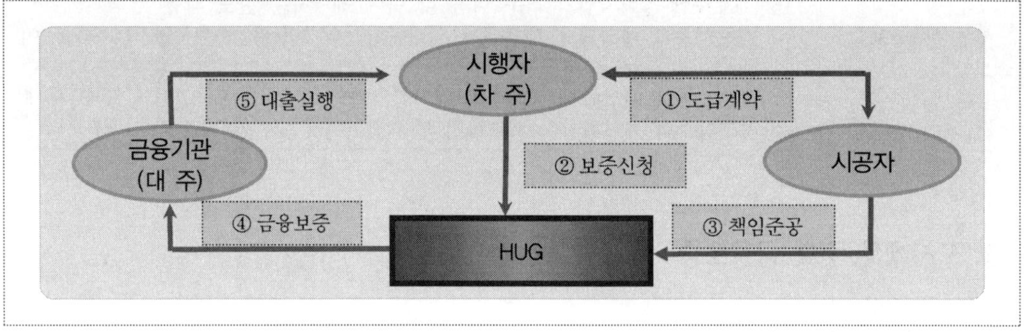

보증신청인은 리모델링자금을 금융기관으로부터 대출받는 차주이고, 보증요건은 신용등급 C이상이다. 보증채권자는 차주에게 대출해 준 금융기관이고, 보증한도는 담보가치의 60% 이내(선순위채권 차감)이다.

(3) 도시재생 시설 · 운영자금보증

건물 또는 전세금반환채권을 담보로 마을기업, 사회적기업(협동조합)의 시설 · 운영자금 대출의 상환을 책임지는 보증이다.

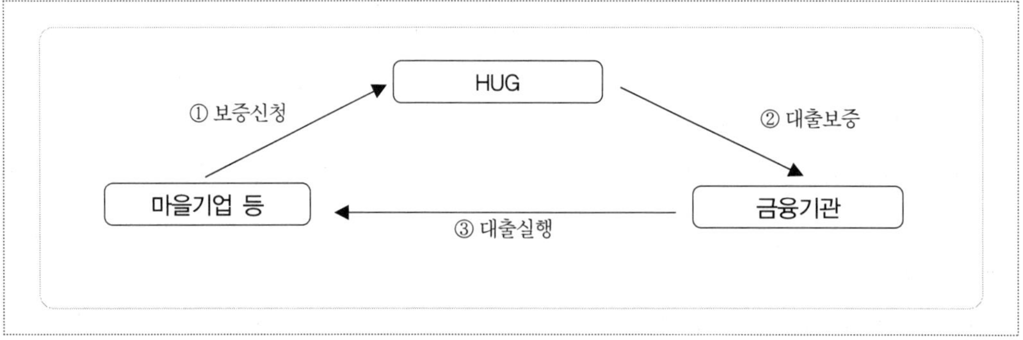

보증신청인은 시설 · 운영자금을 금융기관으로부터 대출을 받는 차주로, 보증요건은 마을기업 등의 시설 · 운영자금 용도이어야 한다. 보증채권자는 차주에게 대출해 준 금융기관이고, 보증한도는 차주가 건축물 보유시, 담보가치의 60% 이내이고, 차주가 임차인인 경우는 전세금의 80% 이내이다. 단, 보증한도 산정시 건축물에 대한 선순위채권을 차감

한다.

(4) 수요자중심형 도시재생지원자금보증

<table>
<tr><th colspan="2">구 분</th><th>상품내용</th><th>비고</th></tr>
<tr><td rowspan="5">코워킹 커뮤니티 시설 조성 자금</td><td>사업내용</td><td>도시재생활성화지역 내 코워킹커뮤니티시설 조성에 필요한 자금 융자</td><td rowspan="25">수요자 중심형 도시 재생자금 융자 보증대상</td></tr>
<tr><td>신청자격</td><td>개인, 마을기업, 사회적기업, 협동조합 등 법인, 지방자치단체, 지방공기업, 공공기관</td></tr>
<tr><td>자금용도</td><td>건설, 매입, 리모델링</td></tr>
<tr><td>융자한도</td><td>총사업비의 70%(단, 담보한도 이내)</td></tr>
<tr><td>융자내용</td><td>연 1.5%(변동금리), 5년 만기일시상환 또는 원리금(원금)균등분할상환</td></tr>
<tr><td rowspan="5">상가 리모델링자금</td><td>사업내용</td><td>도시재생활성화지역 내 쇠퇴 구도심 활성화를 이하여 개별점포 또는 집단적 상가 리모델링 및 건설에 필요한 자금 융자</td></tr>
<tr><td>신청자격</td><td>상가소유자, 토지소유자</td></tr>
<tr><td>자금용도</td><td>건설, 리모델링</td></tr>
<tr><td>융자한도</td><td>총사업비의 70%(단, 담보한도 이내)</td></tr>
<tr><td>융자내용</td><td>연 1.5%(변동금리), 5년 만기일시상환 또는 원리금(원금)균등분할상환</td></tr>
<tr><td rowspan="5">공용 주차장 조성 자금</td><td>사업내용</td><td>도시재생활성화지역 내 노후불량주택 밀집지역 또는 주차장이 부족한 원도심 상권지역 내에서 공용주차장, 주차복합시설 등 건설에 필요한 자금 융자</td></tr>
<tr><td>신청자격</td><td>주차장부지 소유자, 지방자치단체, 지방공기업, 공공기관</td></tr>
<tr><td>자금용도</td><td>건설</td></tr>
<tr><td>융자한도</td><td>총사업비의 70%(단, 담보한도 이내)</td></tr>
<tr><td>융자내용</td><td>연 1.5%(변동금리), 5년 만기일시상환 또는 원리금(원금)균등분할상환</td></tr>
<tr><td rowspan="5">창업 시설 조성 자금</td><td>사업내용</td><td>도시재생활성화지역 내 쇠퇴도심 일자리 창출을 위하여 신규로 창업하는 시설 조성에 대한 자금 융자</td></tr>
<tr><td>신청자격</td><td>청년창업자 등 개인, 마을기업, 사회적기업, 협동조합 등</td></tr>
<tr><td>자금용도</td><td>건설, 매입, 리모델링</td></tr>
<tr><td>융자한도</td><td>총사업비의 70%(단, 담보한도 이내)</td></tr>
<tr><td>융자내용</td><td>연 1.5%(변동금리), 5년 만기일시상환 또는 원리금(원금)균등분할상환</td></tr>
<tr><td rowspan="5">임대 상가 조성 자금</td><td>사업내용</td><td>도시재생활성화지역 내 임대상가를 건설·매입·리모델링사업 자금 융자</td></tr>
<tr><td>신청자격</td><td>도시재생활성화지역 내 임대상가를 건설·매입·리모델링하는 공공기관, 지방공기업, 마을기업, 사회적기업, 협동조합 등 법인 및 개인</td></tr>
<tr><td>자금용도</td><td>건설·매입·리모델링 등 자금</td></tr>
<tr><td>융자한도</td><td>총사업비의 80%(단, 담보물의 담보인정가액 이내)</td></tr>
<tr><td>융자내용</td><td>연 1.5%(변동금리), 5년 만기일시상환 또는 원리금(원금) 균등분할상환(1회 연장, 최장 10년)</td></tr>
</table>

수요자중심형 도시재생사업자가 기금으로부터 장기저리로 필요자금을 조달할 수 있도록 상기 기금융자의 원리금 상환을 책임지는 보증이다. 보증대상은 도시재생관련 가로주택정비사업자금과 자율주택정비사업자금 및 코워킹커뮤니티시설자금 등 도시재생자금 융

자 상품이다.

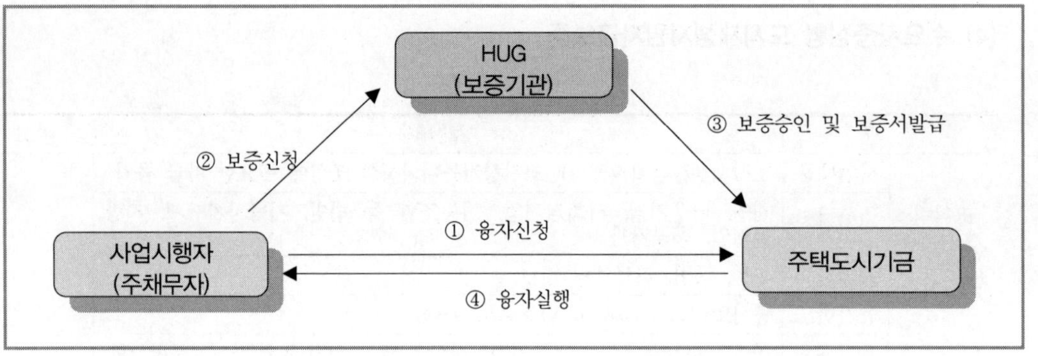

수요자중심형 도시재생자금융자는 도시재생사업을 위한 건설, 매입, 리모델링 자금을 주택도시기금으로부터 대출받는 사업자로, 보증신청인은 수요자중심형 도시재생사업을 위한 건설, 매입, 리모델링자금을 주택도시기금으로부터 대출받는 사업자(개인, 법인)이다. 보증채권자는 국토교통부장관과 기금법에 따른 주택도시기금의 수탁기관 또는 재수탁기관이고, 보증한도는 보증한도 및 산출기준은 수요자중심형 도시재생지원 융자와 동일한 총 사업비의 70%(한도 증액시 80%까지 가능)이고, 보증금액은 수요자중심형 도시재생지원 대출원금에서 담보물 담보인정가액(공사 보증서 제외)을 차감한다. 아울러 소규모 주택정비사업자금 융자에 대한 금융보증도 같은 구조로 운영되고 있다.

<table>
<tr><th colspan="2">구 분</th><th>상품내용</th><th>비고</th></tr>
<tr><td rowspan="4">가로주택정비사업</td><td>사업내용</td><td>가로주택정비사업을 시행하는 조합 등에 대한 초기사업비 및 사업비 융자</td><td rowspan="8">소규모 주택 정비사업 융자 보증대상</td></tr>
<tr><td>신청자격</td><td>가로주택정비사업조합, 지자체, 공공기관, 지방공기업</td></tr>
<tr><td>융자한도</td><td>• 초기사업비의 5%(단, 담보한도 이내, 한도 15억원 이내)
• 사업비 최대 70%(연면적 20% 이상 공적임대 제공시)</td></tr>
<tr><td>융자내용</td><td>연 1.5%(변동금리)</td></tr>
<tr><td rowspan="4">자율주택정비사업</td><td>사업내용</td><td>자율주택정비사업을 시행하는 토지등소유자 등에게 초기사업비 및 사업비 융자</td></tr>
<tr><td>신청자격</td><td>토지등소유자, 토지등소유자와 공동으로 사업을 시행하는 자</td></tr>
<tr><td>융자한도</td><td>• 초기사업비: 총사업비의 5%(단, 담보가액 이내)
• 사업비: 총사업비의 최대 70%(건축연면적 20%이상 공적 임대주택 공급시)</td></tr>
<tr><td>융자내용</td><td>연 1.5%(변동금리)</td></tr>
</table>

Ⅳ. 도시금융 정책수행기관

주택도시금융 수행기관은 국토교통부를 비롯하여 주택도시기금, 주택도시보증공사, 수탁은행이다. 이외에도 한국주택금융공사,[8] 은행 등 금융기관, 신탁사 등 일정부분 주택도시금융을 취급하는 기관이다. 그러나 정책적인 측면에서 그리고 주택금융과 도시금융을 모두 취급하는 측면에서 판단한다면 정책수행기관으로는 국토교통부와 주택도시기금, 주택도시보증공사, 주택도시기금 수탁은행을 중심으로 설명할 수 있다.

1. 국토교통부와 주택도시기금

금융정책을 총괄하는 기재부나 금융위의 협의사항이지만, 주택도시기금을 총괄운영하는 기관은 국토교통부이다. 국토교통부는 기금의 조성과 운용, 기금을 통한 각종 주택정책과 도시정책사업을 입안하고 추진한다. 기금은 예산회계법상 하나의 국가이면서, 운영주체는 해당 기금의 사업목적에 부합하는 국가정책을 집행하는 부서가 담당하므로 기금을 총괄하는 국토교통부는 사실상 주택도시금융의 최고 정책기관이라고 할 수 있으며, 실질적인 수행기관이라고 할 수 있다. 다만, 주택도시보증공사 등에 위탁하여 운영할 수 있다. 그렇다고 위탁운영자체로 정책수행기관의 지위가 바뀌는 것이 아니므로 실직적인 주택도시금융 최고정책기관이면서 실행기관이라고 할 것이다.

2. 주택도시보증공사

주택도시보증공사는 분양보증을 비롯한 주택건설사업과 관련한 각종 보증(기업, 개인)을 통하여 주택분양계약자 및 입주자를 보호하고 주택건설사업자의 원활한 사업수업을 지원함으로써 주택건설을 촉진하여 국민의 주거복지의 향상을 목적으로 설립된 준시장형 공기업이다. 공사가 취급하는 보증상품은 주택건설과 관련한 각종 기업금융보증과 주택구입과 임차인을 위한 각종 개인금융보증을 취급하는 등 주택사업 시작부터 준공 후 하자

8) 한국주택금융공사는 주택저당채권 등의 유동화와 주택금융신용보증 및 주택담보 노후연금보증업무를 수행함으로써 주택금융 등의 장기적·안정적 공급을 촉진하기 위해 종전의 주택저당채권유동화(주)(1999설립)와 통합하여 2004년 3월 1일자로 설립된 기금관리형 준정부기관이다. 장기모기지론, 주택금융신용보증, 보금자리론과 적격대출의 공급, 주택연금 및 유동화증권(MBS, MBB)의 발행 등의 업무를 담당하고 있다.

보증까지 그리고 공급과 수요자를 위한 각종 보증, 주택구입과 임차인을 위한 각종 보증, 도시재생과 관련한 각종 금융지원과 보증을 망라하여 취급하고 있다. 아울러, 주택도시기금전담기관으로 지정되어 기금을 운영관리하고 있다.

3. 주택도시기금 수탁은행

주택도시금융과 관련하여 기금의 수탁은행들도 일정부분 주택도시금융정책을 수행하는 기관이라고 할 수 있다. 정책금융의 특성상 모든 시중은행이 취급하는 것은 아니므로 수탁은행으로 지정되는 경우 제한적으로 그 기능을 수행하고 수수료를 지급받게 된다. 시중상업은행이 정책기금의 창구업무를 수행하는 것은 그 자체로 해당 시중은행의 위상과 상호 연관 금융상품을 판매할 수 있어 시너지가 발생하는 긍정적인 효과가 있다.

Ⅴ. 주택도시기금(도시계정)

1. 기금설립 연혁 및 관리운영

(1) 설치배경 및 근거

1) 국민주택기금 설치 목적

도시화에 따른 인구 및 가구수 증가 등 요인으로 주택수요는 증가하였으나, 주택건설에 대한 제반지원 부족으로 주택공급이 수요에 미치지 못하고 있었고, 특히 대도시 및 저소득층의 주택문제가 악화되어 주택건설자금의 원활한 공급을 통해 국민주택건설을 촉진하고, 저리 주택자금 지원으로 무주택 서민층의 주거안정을 도모하기 위하여 국민주택기금이 1981년도에 설치되었다.

2) 주택도시기금으로의 개편 배경

우리나라는 산업화와 고도 성장기를 거치면서 주택의 절대부족 문제는 해소되었으나, 전월세시장 안정화, 임대주택 공급 및 도시·주거환경 정비가 주요 과제로 부상하는 가운데, 경제성장 둔화, 저금리 기조 등 경제환경변화로 개발이익을 통한 공공주택공급이나 전면철거를 동반하는 도시정비 방식이 더 이상 작동하기 어려웠다. 이에 따라, 시중의 풍부한 유동성을 주거복지 및 도시재생 분야로 유도하여 임대주택공급 및 도시재생을 활성화하기 위해, 국민주택기금 설치 33년을 맞아 자산 100조원을 넘은 주택기금을 확대·재정립하고, 운용체계를 혁신하는 등 국민주택기금을 주택도시기금(이하 "기금"이라 한다)으로 2015년도에 개편하게 되었다.

〈환경변화에 따른 기금 개편의 필요성〉

- ▸(공공임대) 경제성장 둔화와 주택시장 장기 침체로 과거와 같은 개발이익에 기초한 공공임대주택 공급 곤란
- ▸(민간임대) 초기 투자비용, 위험 부담 등으로 민간의 임대주택 참여 부진
- ▸(도시재생) 개발이익에 의한 민간의 재개발·재건축이 부진하고, 도시재생특별법('13.5 제정)도 재원 및 지원방식에 있어 한계
- ▸(기금 운영체계) 단순 융자대행인 과거 은행 위탁방식하에서는 기금혁신에 한계가 있고, 5년주기 교체 등으로 안정적 운용 저해

* 출자, 투융자 등 사업성 심사에 기초한 기능은 책임성·공공성 확보 필요

〈주택도시기금 개편〉

기능재정립	1세대 국민주택기금		2세대 주택도시기금
지원대상	주택	→	주택 + 도시
지원방식	융자	→	융자+출자, 투융자, 보증 등 다각화
정책재원	정부 재정(기금 포함)	→	시중 민간자금 유치
제도 · 상품	금융기관 관점	→	금융소비자 관점
운영체계	시중은행 위탁	→	전담 운용기관

이렇게 개편된 기금의 효과로는 ① 민간자금을 활용한 새로운 방식으로 임대주택의 공급을 본격화할 수 있다. 즉, 기금의 출·융자, 금융기관으로부터의 저리 민자조달로 새로운 임대주택공급의 대안으로 부각된 임대주택 리츠 등 유연한 기금운영을 통해 다양한 임대주택 공급방식의 도입이 가능하다. 다음으로 ② 소규모 주거환경개선을 활성화할 수 있다. 즉, 골목길 확충, 공원·주차장 신설 등 근린재생사업(재정보조) 추진시, 민간 불량주택 개량 및 소규모 임대주택 건설에 대한 금융지원을 할 수 있다. 그리고 ③ 상업시설 경관정비 및 주민 자생조직을 활성화할 수 있다. 즉, 상업지역 가로정비, 경관개선사업(재정보조) 추진시, 상가건물의 입면정비, 내부 리모델링 자금지원으로 상권활성화 효과를 극대화하고, 주민이 구성한 마을기업·협동조합사업에 대한 금융지원(집수리, 운영자금

(전세금), 소득창출(게스트하우스·카페 운영) 등)을 할 수 있다. 아울러, ④ 도심 복합시설 등 경제기반 구축을 통한 경제활성화를 견인할 수 있다. 즉, 기금과 주택도시보증공사의 금융지원(출자, 투융자, 공적보증 등)으로 도심내 민관협력 복합개발 등 도시재생사업 투자를 촉진할 수 있다.

3) 기금의 설치근거 및 목적

기금의 설치근거는 주택도시기금법(이하 "기금법"이라 한다) 제1조 및 제3조에 기반하고 있다. 기금법의 목적은 기금을 설치하고 공사를 설립하여 주거복지 증진과 도시재생 활성화를 지원함으로써 국민의 삶의 질 향상에 이바지함이며 이를 달성하기 위한 자금을 확보·공급하기 위하여 기금을 설치하였다.

(2) 연혁

1972년 주택건설촉진법을 제정(법률 제2409호)하여 1981년에 국민주택기금을 설치하고, 당시 한국주택은행에 기금업무를 위탁(주택건설촉진법 제10조의3)하였다. 이후 1997년 한국주택은행이 민영화됨에 따라 2000년 기금의 운용·관리업무 위탁기관을 한국주택은행에서 건설교통부장관이 지정하는 금융기관으로 변경(주택건설촉진법 제10조의3 및 부칙 제2항)하여 2002년에는 국민주택기금 재 위탁은행을 선정(우리은행, 농협중앙회)하였고, 2008년에는 국민주택기금 수탁기관 재선정(5개 은행, 4.1 업무취급 개시)하여 총괄은행으로는 우리은행을 일반수탁은행(기업은행, 농협은행, 신한은행, 하나은행)으로 구분하여 취급하였고, 2013년에는 국민은행을 수탁은행으로 추가하였다. 이후 기금은 2015년 기금법을 제정하여 국민주택기금을 주택도시기금으로 개편하고, 공사를 설립하여 전담운용기관으로 출범시켰다. 아울러 2018년에는 간사수탁은행으로 우리은행, 일반수탁은행으로는 국민, 기업, 농협, 신한은행을, 청약저축 수탁은행으로는 경남, 대구, 부산, 하나은행이 협상적격자로 선정되었다.

(3) 관리체계

1) 기금관리 체계

기금은 국토부장관이 운용·관리(기금법 제10조)하고 있는데, 국토부장관은 기금의 운용·관리에 관한 사무의 전부 또는 일부를 금융기관 등 국토부장관이 지정하는 자(기금수탁자)에게 위탁(기금법 제10조제2항)할 수 있다. 이에 따라 공사는 기금을 총괄하고, 신설되는 출자·투융자사업의 사업성분석, 집행업무를 전담하고, 수탁은행은 기존의 창구

대출 및 상담업무(융자, 조성)를 지속 수행하게 되었다.

【관리주체】		【기금전담 운용기관】	【재수탁기관】
국토부 장관	⇒	주택도시보증공사(HUG)	우리(간사), 국민, 기업, 농협, 신한/경남, 대구, 부산, 하나
○ 매년도 기금운용계획 수립 ○ 관련법령 제·개정 및 주택종합계획 수립 ○ 정부부문의 자금조달 ○ 전담기관 관리감독		○ 운용 및 관리 총괄 ○ 주택채권, 청약저축 업무 총괄 ○ 주택도시기금 대출업무 총괄 ○ 대출금 관리 총괄	○ 주택채권 발행, 청약저축 취급 ○ 기금 대출심사 및 운용 ○ 대출금 관리업무 ○ 경남, 대구, 부산, 하나 : 청약저축만 취급

2) 기금 수탁자의 의무사항

공사 및 기금재수탁자 등은 기금의 조성 및 운용상황을 다음달 20일까지 국토부장관에게 보고(기금법 제10조제4항)하고, 공사 및 기금재수탁자 등은 선량한 관리자의 주의로 위탁받은 사무를 처리하여야 한다(기금법 제10조제5항). 또한, 공사 및 기금재수탁자 등은 회계연도마다 기금의 결산보고서를 작성하여 다음 해 2월 20일까지 국토부장관에게 제출하여야 한다(기금법 시행령 제19조제1항).

한편, 공사 및 기금 재수탁자 등은 기금 운용·관리에 관한 사무를 위탁 받은 경우에는 임직원 중에서 기금수입담당 임직원, 기금지출 원인행위 담당 임직원, 기금 지출직원, 기금 출납직원을 임명한 후 이를 국토부 장관에게 보고하여야 하고, 이 경우 그 임명된 자는 각각 ① 기금 수입 담당 임직원 : 기금 수입 징수관의 직무, ② 기금 지출 원인행위 담당 임직원 : 기금 재무관의 직무, ③ 기금 지출직원 : 기금 지출관의 직무, ④ 기금 출납직원 : 기금 출납 공무원의 직무의 구분에 따른 직무를 수행한다.

아울러, 공사 및 기금 재수탁자 등은 기금 수입 징수관·기금 재무관·기금 지출관 및 기금 출납 공무원, 기금 수입 담당 임직원·기금 지출 원인행위 담당 임직원, 기금 지출 직원 및 기금 출납 직원을 임명한 경우에는 감사원·기재부 및 한국은행에 통지하여야 하고(기금법 제13조제3항), 기금 재수탁자 등은 기금회계와 기금 재수탁자 등의 다른 회계를 구분하여 회계처리 하여야 하며(기금법 시행령 제18조제5항), 공사는 공사의 회계와 기금의 회계를 구분하여 회계처리 하여야 한다(기금법 제28조).

(4) 조성재원 및 운용용도

1) 도시계정 조성재원

기금의 도시계정 재원은 Ⓐ 일반회계로부터의 출연금 또는 예수금, Ⓑ 각종 예수금 및 예탁금(공공자금관리 기금 예수금, 국민연금기금·공무원연금기금·군인연금기금·사립학교 교직원 연금기금 등 예탁금, 한국토지주택공사 예탁금, 기타 예탁금), Ⓒ 국가균형발전 특별법에 따른 지역발전 특별회계의 출연금 또는 예수금, Ⓓ 도시계정의 회수금·이자 수입금과 도시계정의 운용 수익, Ⓔ 도시계정의 출자기관배당수익, 도시계정 대출자산 매각자금, 도시계정자산 유동화로 조성한 자금, Ⓕ 주택계정으로부터의 전입금 또는 차입금 등으로 조달된다.

2) 도시계정 운용용도

기금 도시계정은 ① 융자(Ⓐ 도시정비법 제2조제2호 가목부터 바목까지의 사업(주거환경개선사업, 주택재개발사업, 주택재건축사업, 도시환경정비사업, 주거환경관리사업, 가로주택정비사업), Ⓑ 도시재정비법 제2조제7호에 따른 기반시설(국토계획법 제2조제6호에 따른 시설) 중 같은 법 제29조제2항에서 정하는 기반시설(공공시설, 학교, 도서관, 사회복지시설, 문화시설, 공공청사, 그 밖에 해당 지자체의 조례가 정하는 기반시설)의 설치에 드는 비용), ② 법령으로 정하는 요건을 충족하는 사업에 필요한 비용의 출자·투자 또는 융자(Ⓐ 도시재생법 제2조제1항제7호에 따른 도시재생 사업의 시행에 필요한 비용, Ⓑ 도시재생법 제2조제1항제5호에 따른 도시재생 활성화지역 내에서 해당 지방자치단체의 장이 도시재생을 위하여 필요하다고 인정하는 건축물의 건축에 필요한 비용), ③ 기금 및 특별회계에 대한 융자(Ⓐ 도시정비법 제82조에 따른 도시·주거환경 정비 기금, Ⓑ 도시재정비법 제24조에 따른 재정비 촉진 특별회계, Ⓒ 도시재생법 제28조에 따른 도시재생 특별회계), ④ 기금법 제5조 및 제6조에 따른 예수금, 예탁금, 차입금의 원리금상환, ⑤ 기금의 조성·운용 및 관리를 위한 경비, ⑥ 도시계정의 설치목적을 달성하기 위하여 법령으로 정하는 사업(Ⓐ 도시재생 활성화를 위한 연구·조사, Ⓑ 도시재생을 효율적으로 추진하기 위한 기획 및 관리 사업)에 운용한다.

2. 기금 운용(도시재생관련)

(1) 도시재생 지원 출자

도시재생사업에 대한 기금의 출자를 통하여 민간금융의 마중물 효과 창출 및 사업성을 제고하여 쇠퇴도시의 경제 활력 제고 및 국민의 삶의 질 향상에 기여하고자 기금법 제9조에 근거하여 2016년 100억원(사업장당 50억원, 2개 사업장)을 출자(누적적·비참가적 우선주)하였고, 지원조건은 총사업비의 20% 범위에서 기금운용계획에서 정한 금액으로 하며, 사업시행주체는 도시재생활성화 지역 내에서 도시재생사업을 시행하는 부동산투자회사이다. 사업은 도시경제 기반형·근린 재생형 도시재생 사업을 시행하는 부동산 투자회사 등에 출자하는 방식으로 추진되었다.

한편, 2013년 12월 도시재생법 제정 및 시행, 도시재생특별위원회 구성 및 국가도시재생기본방침 수립, 2014년 5월 도시재생선도지역 13곳 지정하고 사업착수에 들어갔으며, 이를 지원하기 위하여 기금법에 반영하였고, 2015년 12월 도시계정 운용업무 시행세칙을 제정하였다. 아울러, 2017년 도시재생뉴딜정책을 발표하면서 향후 5년간 매년 10조원(이중 50%는 기금에서 지원)을 투입(총 50조원)하여 도시재생사업을 추진하기로 하면서, 2017년에 국토부에 도시재생추진단이 조직되고, 도시재생뉴딜정책을 지원하기 위한 상품개발 및 제도설계를 위하여 기금운용관리기관인 공사는 도시재생지원조직을 마련하였다.

(2) 도시재생 지원 융자

도시재생 사업에 대한 기금의 융자를 통하여 민간금융의 마중물 효과 창출 및 사업성을 제고하여 쇠퇴도시의 경제 활력 제고 및 국민의 삶의 질 향상에 기여하고자 지원하는 것이다.

융자대상자는 도시재생 활성화 지역 내에서 도시재생사업을 시행하는 부동산투자회사이고, 융자조건의 대출한도는 총사업비의 30% 범위에서 기금운용계획으로 정한 금액, 대출기간은 최장 13년 거치 원금 만기 일시상환 또는 원리금 분할상환이다.

(3) 재정비 촉진사업 융자

도시재정비법에 따른 재정비촉진지구 내에서 기반시설(도로, 공원, 주차장 등)을 조성하는 지자체에 대한 기반시설 설치비 융자 지원으로 융자대상자는 재정비 촉진지구에서 기반시설을 조성하는 지자체이다. 융자조건의 대출한도는 지자체가 확보해야 할 지방비 예산액의 10% 이내(최대 30억원 한도), 대출기간은 최대 10년 거치 15년 원리금 분할상환이다.

(4) 주거환경 개선자금

도시영세민 밀집지역의 노후불량주택 개량 및 공동주택 신축 등을 위해 소요되는 자금을 지원함으로써 저소득 주민에게 쾌적하고 안정적인 주거 공간 제공이 목적이다.

융자대상자는 ① 주거환경개선 사업지구 내 토지 및 주거용 건축물의 소유자 또는 그들이 구성한 조합으로 시장·군수·구청장으로부터 융자대상자 결정통지를 받은 자 또는 시장·군수·한국토지주택공사 등, ② 주거환경개선 지구이외 지역의 노후·불량주택 소유자 중 시장·군수·구청장으로부터 융자대상자 결정통지를 받아 주택을 개축, 증축, 대수선하고자 하는 자(구 불량주택개선자금 대출대상자)이다.

융자조건은 Ⓐ 단독, 다가구, 다세대주택은 전용면적 85㎡ 이하, Ⓑ 아파트·연립주택(임대주택포함)의 분양주택은 전용면적 75㎡ 이하(민간사업자는 60㎡ 이하), 임대주택은 전용면적 85㎡ 이하, Ⓒ 대학가 노후하숙집은 기존 주거환경개선 자금 지원조건과 동일하다. 주거환경개선지구에서 건축허가를 받아 건설하는 아파트 19세대, 연립주택은 29세대 이하만 가능하며, 주거환경개선 지구 이외 지역에서 건설되는 아파트·연립주택은 대출대상에서 제외된다. 상환기간은 1(3)년 거치 19(17)년 분할상환(단, 다가구주택은 1년 일시상환)이다.

(5) 리모델링 임대주택 자금

민간주택을 활용하여 대학생 및 독거노인에게 저렴한 임대주택을 공급하면서, 집주인에게는 자산증식 또는 안정적 생활비 확보 기회를 제공할 목적이다. 지원대상자는 장기임대목적으로 다가구주택 또는 다세대 주택을 신축하거나 대수선하여 한국토지주택공사에 임대관리를 위탁하는 자이다. 대출대상은 가구(세대)당 주거전용면적 85㎡ 이하인 다가구주택 또는 다세대주택으로 대출한도는 총 2억원, 가구(세대)당 4,000만원, 대출기간은 1년 거치 후 8년, 10년, 12년, 16년, 20년 분할상환이다. 단, 원리금 균등분할상환 또는 혼합상환(대출금의 65%는 원리금 균등분할상환, 35%는 만기 일시상환)이 가능하다.

(6) 도시 재정비 자금

도시재정비법에 의거 추진되는 재정비촉진지구의 기반시설 설치비용을 융자 지원함으로써 재정비촉진사업의 원활한 추진을 도모하기 위한 것이다. 도시재정비법 제29조(기반시설 설치비용의 지원 등)에 의하면 국토부장관은 시·도지사 또는 시장·군수·구청장에게 대통령령이 정하는 기반시설의 설치에 소요되는 비용의 전부 또는 일부에 대해 주택법 제60조에 의한 기금을 융자·지원할 수 있으며, 기금의 구체적인 융자방법·조건 등에 관하여 필요한 사항은 대통령령으로 정하고, 동법 시행령 제32조(기반시설 설치비용의 지원 등)에서는 기금의 융자방법 및 융자조건 등은 주택법 제62조제1항에 따라 국토부장관이 정하는 주택 도시기금의 운용 및 관리에 관한 규정에 따르도록 하고 있다. 2005년 12월 30일 도시재정비법 제정되고, 2006년 3월 30일 서민주거복지증진과 주택시장합리화방안(3.30대책)에서 시범지구 지정계획이 발표되었다. 융자대상자는 시·도지사 및 시장・군수・구청장이다.

제 4 절 주요 국가의 도시재생금융

Ⅰ. 유럽의 도시재생 정책과 금융체계

유럽국가들은 각각의 국가별 도시재생금융프로그램을 운영하는 것 외에도 전 유럽차원에서 EU영역 내에서의 도시재생금융 등을 지원하기 위하여 유럽투자은행(EIB), 유럽지역개발기금(ERDF) 등을 설립하였다. 유럽투자은행은 도시재생금융의 실행을 위한 중요한 프로세스를 제공하고 있는데, 가장 중요한 파이낸싱프로세스가 홀딩펀드(HF)와 도시재생금융(UDF)으로 요약될 수 있다. 이하에서는 EIB의 금융구조, 파이낸싱 프로세스 등에 대하여 설명하기로 한다.

〈EIB의 주요 금융프로그램〉

구 분	내 용
JESSICA	• JESSICA는 Joint European Support for Sustainable Investment in City Areas의 약자로, 금융공학구조를 통해 지속 가능한 도시 개발 및 재생을 지원 • 주로 도시 기반사업, 유적지 및 문화지역 개발, 재개발 지역의 개발, 상권개발, 대학 건물 건설, 에너지 효율 개선 등 프로젝트 지원
JEREMIE	• JEREMIE는 Joint European Resources for Micro to Medium Enterprises의 약자로 유럽지역의 중소기업 개발지원사업 지원 • 구조화된 기금을 통해 중소기업 자금확보에 대한 접근성을 증대시키는 역할 수행
JASMINE	• JASMINE은 Joint Action to Support Micro-finance Institutions in Europe의 약자로 JEREMIE의 구조를 차용하여 마이크로 크레딧 사업 지원
JASPERS	• JASPERS는 Joint Assistance to Support Projects in European Regions의 약자로 주로 기반사업과 같은 주요 대형 프로젝트에 대한 금융지원 (Ex : 지역 열공급시설, 도시쓰레기 재활용 시설 등)

1. 유럽투자은행(EIB)의 도시재생 정책과 금융

(1) 기관 개요

유럽투자은행(European Investment Bank)은 EU연합국가의 구성 국가들이 출자한 투자은행으로, 도시재생사업 외에 에너지효율화사업, 중소기업지원업무 등 다양한 활동을 추진하고 있다.

조직은 1958년 로마 조약(the Treaty of Rome)에 의거 설립되었으며 50년 이상의 PF(Project Financing) 경험을 보유하고 있고, 2,900여 명의 전문가를 보유(대부분 Luxembourg HQ 근무)하고 있는데 이 중 약 300명의 엔지니어 및 경제학자가 매 프로젝트의 사전, 진행, 사후 과정을 모니터링에 담당하고 있다.

지배구조로는 EU의 28개 회원국이 주주이며, Board of Governors, Board of Directors, Management Committee 및 Audit Committee를 구축하고 있다. 이들 의사결정 조직에서 ① Board of Governors는 EIB의 일반적 지침(general directives)에 대한 결정, ② Board of Directors는 전략적 관리(strategic management)에 대한 책임, ③ Management Committee는 EIB의 일상적 관리(day-to-day management)에 대한 책임을 담당하고 있다. 자본금은 2013년 기준 2,430억유로(316조원)로 자기자본비율은 28.7% 수준이다. 1958년 설립 이래 약 1조유로(1,300조원) 이상을 각종 사업에 투자하였고, 2000년대 중반 연 평균 450억유로(59조원)를 대출하였으며, 2016년에는 763억유로(99조원)를 대출하였다. 자본금규모는 2016년 기준 2,863억달러(한화 약 326조원)로 한국의 예산규모와 비슷한 수치이다.

(2) EIB의 역할

EIB는 EU 정책목표에 기여하는 지속가능한 투자 프로젝트에 재원 및 전문지식을 제공(lending, blending, advising)한다. 즉, ① 대출(lending)은 대부분 대출(loan)을 통하여 제공하나 보증(guarantee), 소액금융(microfinancing), 지분투자(equity investment) 등도 수행하고, ② 혼합(blending)은 EIB 자체 조달뿐만 아니라 EU 예산(EU budget) 등을 조달할 수 있도록 지원하고 있으며, ③ 조언(advising)은 투자 활성화를 위하여 프로젝트 관리 지원을 통해 European Investment Advisory Hub역할을 하고 있다.

① 대출(lending)에서 Ⓐ Project Loans은 총 투자비용이 250백만유로(325억원)를 초과하는 개별 프로젝트에 대출하는 것으로, 3천명 이상을 고용하고 있는 중형 회사(Midcap Companies)가 약 750만유로(100억원)~2,500만유로(325억원) 규모의 대출을 요구할 경우 제공 가능(direct loans)하다. 대출 규모는 프로젝트 비용의 50%를 초과할 수 있으나 일반적으로 1/3 수준의 대출이 이루어지며, Multi-component, multi-annual investment programmes도 이용 가능하다. 재원조달 조건은 투자유형과 제3자에 의해

제공되는 담보 등에 따라 달라진다. 금리는 고정·유동 모두 가능(fixed, floating, revisable or convertible)하고, 반년 혹은 연간 주기 대출상환이며 건설기간 동안 상환 유예가 이루어질 수 있다. Ⓑ Intermediated Loans은 지역 은행(local banks) 또는 금융 중개자 역할(intermediaries)을 하는 기관에 대출이 가능하며 이는 해당 중개자가 공공정책 목적에 부합하는 프로젝트에 대출을 시행하는 조건이다. Ⓒ Venture Capital은 혁신적 하이테크 중소기업에 대한 초기 투자(EIF, 유럽투자펀드)로, EIF의 지분투자 활동은 EIB와 유럽위원회(European Commission)에 의하여 담보(backed)된다. Ⓓ Venture Debt은 소규모, 고위험, 혁신적 프로젝트를 위한 대출이다. Ⓔ Equity & Fund Investment는 인프라, 환경, 탄소저감, 도시지역(JESSICA), 에너지 효율 및 재생에너지 관련 프로젝트에 대한 선제적 지분·기금 투자로 민간 부문의 투자를 촉진한다.

② 혼합(blending)에서 Ⓐ Structured Finance는 일반적 투자보다 리스크가 큰 프로젝트에 대한 투자로, Structured Finance Facility(SFF)에 의하여 선순위대출과 보증, 메자닌[9], 프로젝트 관련 파생상품 등의 형식으로 제공된다. Ⓑ Project Bonds는 선순위 및 후순위 트란쉐(tranche) 발행으로 기관 투자자가 장기간 채권을 보유할 수 있도록 한다(선순위 트란쉐). EIB에 의해 제공되는 Project Bond Credit Enhancement는 프로젝트 신용도가 부족할 경우 대출의 형태로 이루어질 수 있다. Ⓒ Guarantees는 선순위 및 후순위채권에 대한 보증제공으로 프로젝트에 대한 리스크를 줄여준다. Ⓓ Urban Development Technical Assistance(JESSICA)는 지분투자, 대출, 보증의 형태로 지원이 가능하다. EIB는 Holding Fund 역할을 수행할 수 있으며 일반적으로는 advising기능에 초점이 맞추어졌다. Ⓔ European Structural and Investment Funds Financial Instruments, Ⓕ InnovFin(EU Finance for Innovators), Ⓖ Trust Funds, Ⓗ Flexible SME Funding(JEREMIE), Ⓘ The Mutual Reliance Initiative(MRI), Ⓙ Private Finance for Energy Efficiency(PF4EE), Ⓚ Natural Capital Financing

9) 메자닌은 건물 1층과 2층 사이에 있는 라운지 공간을 의미하는 이탈리아어로 채권과 주식의 중간 위험 단계에 있는 전환사채(CB)와 신주인수권부사채(BW)에 투자하는 것을 말한다. 주가 상승장에는 주식으로 전환해 자본 이득을 취할 수 있고, 하락장에도 채권이기 때문에 원금보장이 되는 데다 사채 행사가격 조정(리픽싱)에 따른 이득을 챙길 수 있다. 메자닌투자는 발행기업의 채무불이행(디폴트) 가능성을 점검해 선별 투자하는 게 관건이다. 주식과 채권의 성격을 모두 가진 상품이나 주식과 채권에 동시에 투자하는 펀드 등에 이런 이름이 많이 붙는다. 그러나 꼭 주식과 채권의 성격을 모두 가진 상품에만 메자닌이라는 이름이 붙는 것은 아니며 위험의 정도가 중간 정도인 파생금융상품에도 메자닌 이라는 이름을 종종 사용한다. 2008년 금융위기의 주범이었던 서브프라임 모기지를 비롯, 모기지 채권을 기초로 발행되던 각종 CDO(채권담보부증권) 역시 그 위험도, 다시 말해 CDO에 편입된 채권의 부도 가능성에 따라서 여러 가지 계층으로 나뉘어서 신용등급이 매겨지는데 여기서도 중간 정도의 위험도를 가진 CDO에 대해 메자닌 CDO라는 표현을 사용했다.

Facility(NCFF), Ⓛ Transport Infrastructure가 제공된다.

③ 조언(advising)은 Ⓐ InnovFin, Ⓑ Support to Public-Private Partnerships(EPEC), Ⓒ JASPERS(Joint Assistance to Support Projects in European Regions), Ⓓ Sustainable Energy : Maximising Investment(ELENA), Ⓔ European Structural and Investment Funds Financial Instruments, Ⓕ FELICITY: Sustainable Solutions for Cities, Ⓖ MPSF(Municipal Project Support Facility)를 제공한다.

이러한 역할에서 우선순위는 유럽의 성장 및 고용과 관련된 투자를 지원하는 것이다. 기술과 혁신(Innovation and Skills)과 관련하여서는 소규모 사업에 대한 금융 지원(Access to finance for smaller businesses), 인프라(Infrastructure), 기후 및 환경(Climate and Environment) 등의 사업을 추진하고 있다. 일반적 EIB 활동보다 높은 리스크를 갖는 프로젝트에 대하여서는 EIB그룹과 유럽위원회(European Commission)가 공동 설립한 전략적 투자를 위한 유럽기금(European Fund for Strategic Investments, EFSI)에서 지원하고 있다. 유럽의 남부 접경지역과 西발칸 프로젝트의 재원조달을 위해 경제회복계획(Economic Resilience Initiative)을 개발 중에 있으며, EIB의 2015-2016 활동을 통하여 2020년까지 225만개의 일자리창출을 기대하고 있다. 한편, 약 10%의 기금을 150여개의 비 EU국가에서 운용하고 있다. 특히, EIB는 유럽연합(EU) 지역의 도시 재개발 및 개발 프로젝트에 지속가능한 투자를 촉진하기 위한 JESSICA(Joint European Support for Sustainable Investment in City Areas)프로그램을 운영하고 있다.

2. 홀딩펀드(HF)

(1) HF의 개요

JESSICA의 수행 및 발전을 위한 HF(Holding Fund)는 유럽연합(EU) 지역의 도시 재개발 및 개발 프로젝트에 지속가능한 투자를 촉진하기 위한 유럽투자은행(EIB)과 유럽개발은행이사회(CEB)가 공동으로 운영하는 유럽위원회의 금융지원계획(initiative)인데, 전통적인 보조금방식의 한계를 보완하고, 다양한 금융의 관리능력을 갖춘 광범위한 파트너를 통한 유연하고 통합적 접근방식을 회원국에게 제공하기 위한 것이다. JESSICA 수행을 위한 자금의 지원은 Ⓐ HF를 매개로 하여 UDF(Urban Development Fund)에 투자, Ⓑ HF를 거치지 않고 직접 UDF를 설립, Ⓒ 전통적인 보조금(Grant money)

으로 지원하는 방식이다.

〈JESSICA의 수행을 위한 자금흐름〉

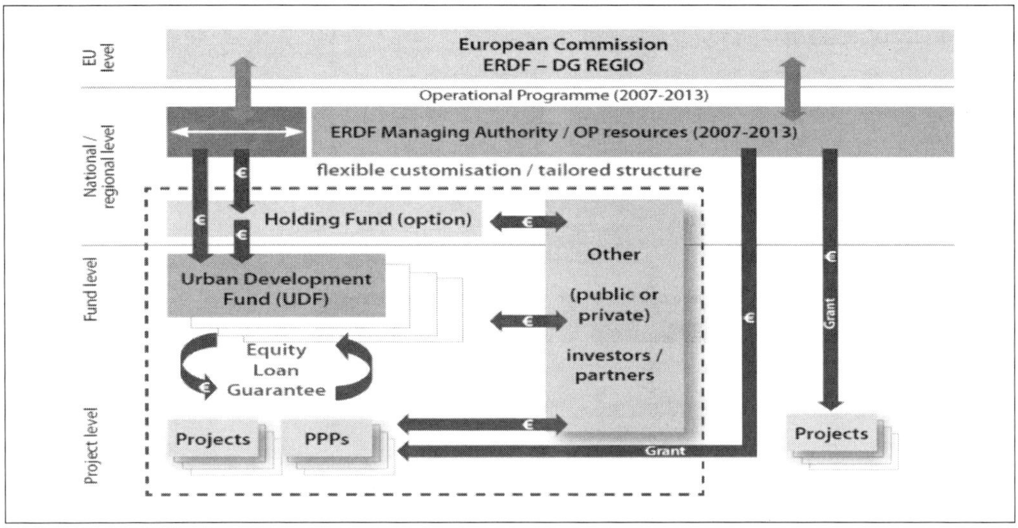

* ERDF : 유럽지역개발기금(European Regional Development Fund)
* Holding Fund(HF) : 2010년 7월 이사회 규정(EC) 따라 둘 이상의 UDF에 투자하기 위해 설립된 펀드
* Urban Development Fund (UDF) : 2006년 12월 위원회 규정(EC)에 따라 "도시개발을 위한 통합계획"에 포함된 공공·민간 협력 및 기타 사업에 투자(출자, 보증, 융자 형태)하는 펀드
자료 : EIB 홈페이지

(2) HF의 특징

HF의 설립은 관리기관(MA : Managing Authority)의 선택사항이며, UDF를 직접 설립하여 JESSICA 사업이 가능하기 때문에 HF 설립은 조건을 고려하여 결정한다. 대부분의 지역에서 UDF의 투자능력은 초기단계에 머물러 있어 HF는 UDF의 투자를 촉진하고, 지역의 공공당국(local public authorities)이 도시개발 사업에 JESSICA 접근을 이용하도록 장려하는 역할을 한다. HF를 통하는 경우 독립적이고 전문적인 자금관리를 보장하고, 투자 다양화 및 관리의 효율성을 제고할 수 있는 장점이 있다. 아울러, MA를 대신하여 통제와 위험평가 및 재무관리를 통한 효과적인 UDF의 목적을 달성할 수 있다. 반면에, HF의 설립은 몇 단계 의사결정과정을 거치면서 시간소비 및 비용이 증가하고, MA가 이미 금융적인 전문지식을 보유한 경우에는 HF설립의 장점이 반감될 수 있다.

(3) HF의 설립

예비 단계로서 사전 타당성조사를 바탕으로 JESSICA 이행여부, UDF를 직접 수립할 것인지, HF를 설립할 것인지를 결정한다. 사전 타당성조사의 관리와 감독은 EIB 등이 수행하고, JESSICA 이행과 관련된 사항은 MA가 단독으로 결정한다. HF의 설립은 MA가 HF을 설립하는 방법으로 3가지로 구분할 수 있는데, EIB와 Ⓐ 직접계약, 금융기관에 직접 HF역할, Ⓑ 위탁, Ⓒ 공공조달 프로세서에 의한 HF선정을 들 수 있다.

〈HF 설립을 통한 JESSICA의 수행〉

자료 : EIB 홈페이지

(4) HF의 프로세스

1) HF의 투자이전(pre-investment) 프로세서

투자이전 프로세서는 설립단계(set-up phase)와 투자의사결정단계(investment decision-making)로 구분할 수 있다. Ⓐ 설립단계는 자금조달 협정 및 서명, HF의 거버넌스 규칙 및 투자위원회와 HF 구조, 규칙재정 등을 다루고, Ⓑ 투자의사결정단계는 UDF를 위한 조달절차(procurement procedure) 및 UDF선정과정 결정, 리스크 관리, UDF카운터파트너의 선정, UDF의 승인 및 서명으로 설명된다.

2) HF의 투자(investment) 프로세서

투자 프로세서는 UDF에 대한 투자를 구현하기 위한 프로세스를 의미한다. 이 단계의 주요 프로세스에는 지출(payments), 상환(repayments), 재투자(investment recycling)로 구분된다. 지출단계에서 HF는 지출의 적합성, 지출흐름의 관리, 재무감시 등에 책임을 정하고, 상환단계에서는 HF에서 UDF로 투자된 자금을 상환하고, 재투자단계에서는 MA가 HF에 제공한 지침에 따라 재투자를 결정한다.

〈투자(investment) 프로세서〉

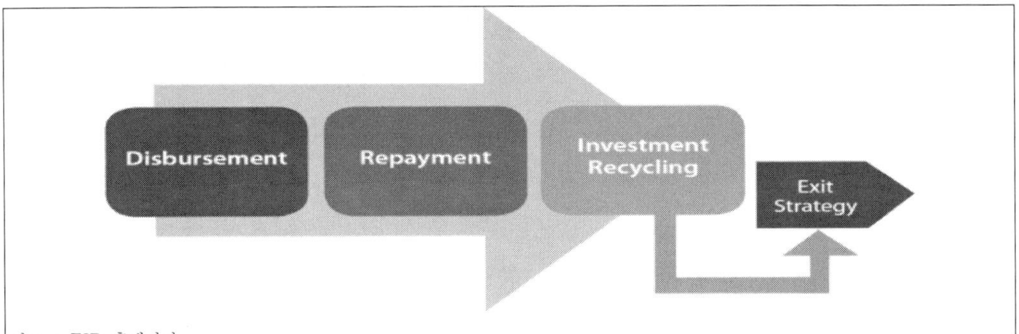

자료 : EIB 홈페이지

3) HF의 투자이후(post-investment) 프로세서

투자이후의 프로세서에서는 펀딩협정이 체결된 이후, 특히 UDF에 대한 투자 및 운영협정서에 서명한 이후 시작되는 일련의 활동을 포함한다. 여기에서는 모니터링 및 지출이후(post-disbursement) 이벤트에 대한 통제와 MA 및 HF의 이사회에 대한 보고(재무보고를 수반)가 이루어진다.

〈투자 이후(post-investment) 프로세서〉

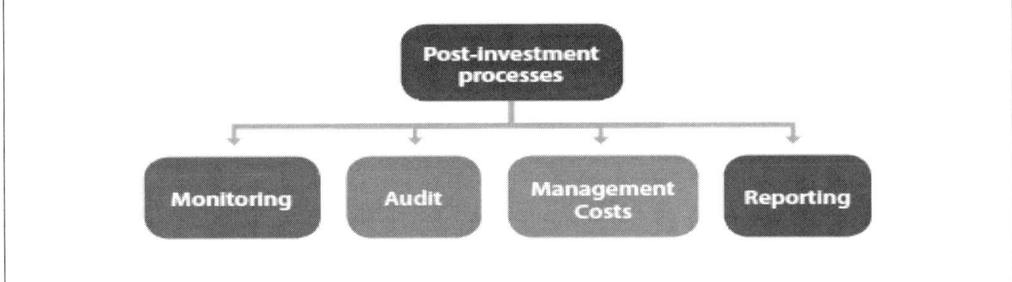

자료 : EIB 홈페이지

3. 도시개발기금(UDF)

도시개발기금(UDF)은 대부분 융자상품이지만 일부의 경우 출자(Equity)로 제공되며, 대상은 도시재개발, 상업용 사무실 개발 및 에너지 효율성 관련 사업이다. 프로세서는 ① 사전준비 단계, ② 사전투자 프로세서, ③ 투자 프로세서, ④ 모니터링 및 감사, 보고로

구분할 수 있다.

(1) 사전 준비 단계(Preliminary Steps)

운영프로그램에 대하여 UDF 제공과 관련된 전략 및 지급여부를 결정하기 위한 핵심 단계로, Ⓐ JESSICA 평가 연구단계에서는 시장실패가 확인된 지역에 대한 UDF투자의 정당성과 JESSICA운영이 지원할 수 있는 방법 및 전략을 모색하는 단계로, 수요평가, ERDF(유럽지역개발기금) 재원, 국가 및 공동투자의 유용성, 예비 재무분석, JESSICA 운영구현을 위한 적절한 구조 등을 고려한다. 다음으로 Ⓑ HF/MA 투자 전략 수립단계로, JESSICA 평가 연구에서 확인된 정책, 목표 및 우선순위를 반영하는 투자계획과 목표를 설정하는 단계로, 회원국(MS) 또는 지역 내에서 거시적 차원에서 JESSICA운영의 초점을 두고 수립(JESSICA운영에 가능한 구조화, 금융구조 : 대출, 출자, 보증 등)한다. Ⓒ 도시개발기금(UDF) 투자전략의 수립단계에서는 도시프로젝트 대상, 자금조달, 평가 등에 대한 조건, UDF의 운영예산 및 재무전망, UDF파트너 및 이해관계자에 대한 사항, UDF 내규, 투자종료정책 등을 포함한다.

(2) 사전 투자 절차(Pre-investment process)

UDF의 설립 및 도시프로젝트에 대한 투자의사결정 단계로 구분할 수 있는데, UDF가 HF/MA로부터 운영프로그램(OP) 재원을 수령하는 계약을 레벨II 자금조달협정(Funding Agreement)이라고 한다.

도시개발기금(UDF)의 설립(UDF의 선정 및 레벨II 자금조달 협정)에서 일반적으로 MA를 대신하여 HF의 감독 하에 진행된다. UDF의 선정은 국가조달절차에 따라 선정되며, 레벨II 자금조달 협정단계를 거치는데, 전형적으로 신청자는 UDF수여기준에 따른 사업계획서를 제출하고, 선정된 이후 협상을 통해 사업계획을 수정하고, 레벨II 자금조달협정을 체결한다. 이때, UDF사업계획에는 UDF투자목표, 선택방법론, 투자기간, 예상수입, 출구전략에 대한 세부정보 및 다양한 이슈와 이들에 대한 해결방안, 관리비용 및 수수료, 투자 및 출구전략, 재활용 등을 포함되며, 레벨II 자금조달 협정서에는 운영프로그램(OP)을 충족하는 투자우선순위, 투자상품별 유형 및 세부사항, 모니터링 및 감사활동, 리스크 관리, UDF 및 UDF펀드매니저의 권리의무관계 등이 포함된다. 한편, HF/MA를 통한 거버넌스구조에서, 유럽연합(EU)규정 및 지역운영프로그램(OP)에 내재된 책임에 따라 MA(또는 HF가 있는 경우)가 UDF에 대한 감독활동을 수행하고, UDF펀드매니저들은 정밀조사를 위해 MA/HF에게 자신들의 활동내역을 제출한다.

〈UDF의 거버넌스 구조〉

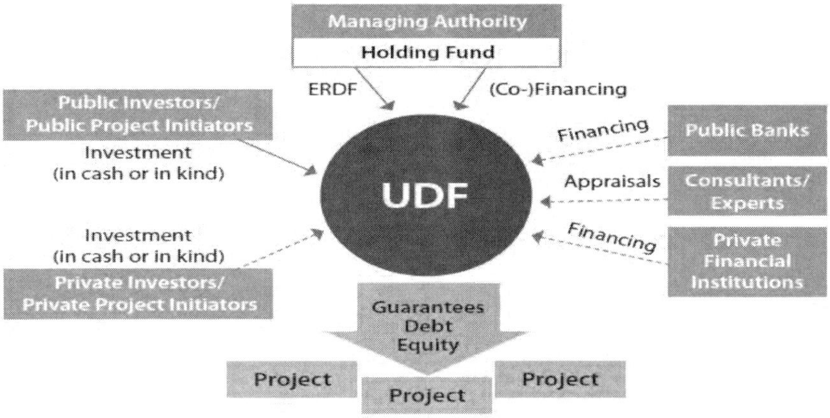

자료 : EC, EIB 홈페이지

(3) 투자프로세서(investment process)

UDF가 광범위한 실사과정을 거친 후 최종 UDF에서 투자할 대상인지를 결정하고, UDF기금관리자는 UDF의 투자 프로세스를 관리할 때 네 가지 주요 작업(재무관리, 지출, 상환, 재투자)을 수행한다. Ⓐ 재무관리에서는 적합한 투자대상으로 선정된 도시프로젝트에 투자하기 위해 UDF가 보유하고 있는 투자재원의 관리를 하고, Ⓑ 지출에서는 UDF로부터 도시프로젝트로 투자되기 이전에 투자협정에 합의된 것과 부합하는지에 대한 최종점검과 지출이 적법하도록 해야 한다. 이를 위해 UDF펀드매니저는 필요한 승인사항 및 요건충족 사항, 필요한 재원과 제공조건에 대한 정보를 점검하는 것이 필요하다. 한편, 펀드매니저는 UDF재원분배에 따른 리스크에 대한 인식, 담보의 확보, 투자활동에 대한 모니터링, 투자요구사항에 대한 변경에 대한 확인 등이 요구된다. Ⓒ 상환에서는 UDF에 의한 OP의 재원이 HF/MA로 상환 되는 것과 도시프로젝트에 투자에 의해 발생된 수입금과 자본수입으로 구분한다. 수입금과 자본수입은 대출에 따른 이자, 출자에 대한 수익, 보증에 따른 보증수수료 등이 있으며, 정산기에 수수료 징수와 관련한 공제내용 등에 대한 점검을 하고, 도시프로젝트의 수익성 감소, 예기치 못한 비용의 발생 등에 의한 채무불이행을 위한 조치 및 필요 절차를 진행한다. Ⓓ 재투자에서는 UDF투자로 인한 소득 및 자본수입 또는 모든 보증 후에 남겨진 재원은 규정의 요구사항과 일치하는 방식으로 재사용되어야 하는데, UDF투자전략이 재투자를 위한 HF/MA의 정책에 부합하는지에 대한 확인은 MS와 MA의해 이루어지며, 이 역시 국고보조(State Aid)규정에 부합해야 하고, 대상은 중소기업에 의한 프로젝트, 기존주택을 포함한 빌딩의 에너지효율개선 등에 대하여 OP우선순위에 따라 선정한다.

한편, UDF에는 도시프로젝트로부터의 UDF종료와 HF/MA로의 재원반환 및 다음 단계의 자금조달협약의 해지 2가지 출구전략이 있는데, 출구 전략에는 UDF를 중단하는 동안 재원처리 프로세스에 대한 명확한 규정을 마련하고, 가능한 시나리오별 사항을 고려해야 한다.

〈Flow of UDF Resources〉

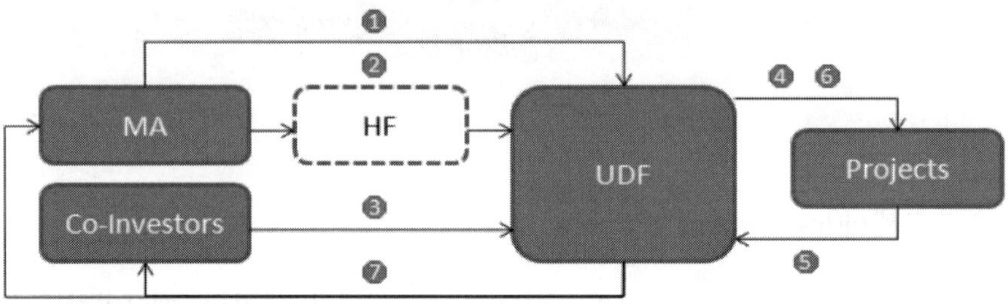

1. Where an HF does not exist, MA approves and transfers payment of ERDF OP Resources into a UDF
2. Where an HF exists, HF makes arrangements for tranched ERDF OP payments into a UDF
3. Co-investors transfer funds to the UDF based on individual agreements
4. UDF invests in projects
5. Projects return receipts (income and capital payments) to UDF
6. UDF continues to re-invest resources into projects, OR
7. UDF returns receipts to investors.

자료 : EC, EIB 홈페이지

(4) 모니터링, 관리 검증, 감사 및 보고

OP의 시행경과, 책임자의 감독 등 도시프로젝트 운영 및 투자의 진행사항에 대한 내용을 다루고, 정기적이고 체계적으로 수행되며, 감사는 재무 및 비재무적 프로세스가 대상이고, 일반적으로 전문 자격을 갖춘 독립 감사기관에 의해 수행된다.

〈UDF의 상향 및 하향 모니터링 활동〉

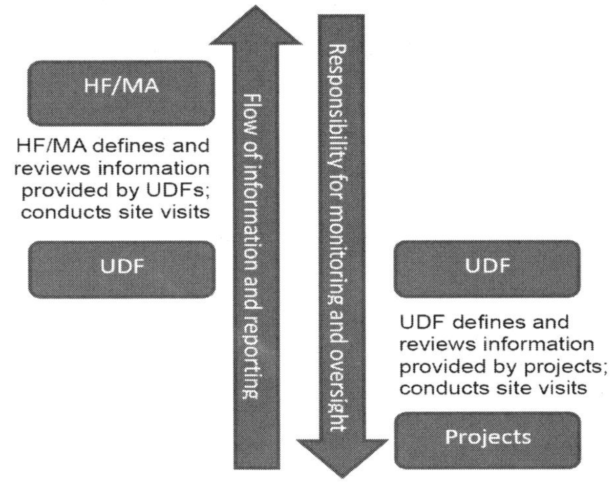

자료 : EC, EIB 홈페이지

4. 유럽지역개발기금(ERDF)

〈ERDF의 사업 구조〉

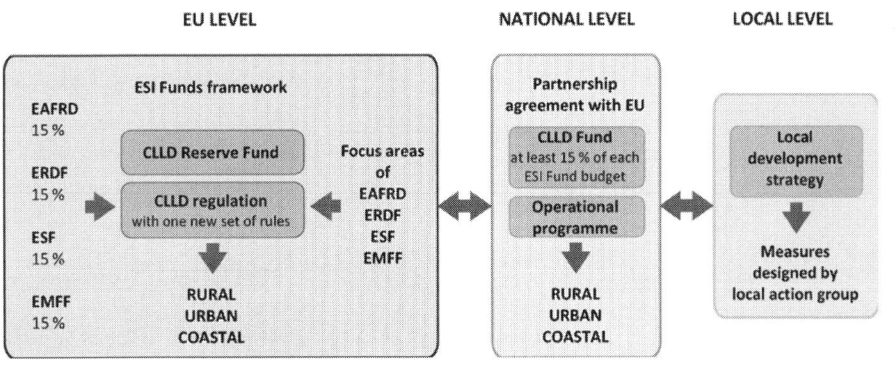

자료 : ERDF 홈페이지

유럽지역개발기금(ERDF, European Regional Development Fund)은 혁신과 연구, 디지털 아젠다, 중소기업 지원, 저탄소 경제 등에 투자를 집중하고 있다. 유럽연합의 경제 불균형을 수정함으로써 유럽연합의 경제 및 사회적 통합을 강화하고자 하는데, ERDF자원은 국가와 지역에 따라 차등적 지원을 실시한다. 선진국의 경우 최소 80% 이상의 자금이 우선순위 중 적어도 2가지 이상에 지원되어야 하며, 전환지역(Transition region)의 경우 60%, 저개발지역의 경우 50%를 차지한다. ERDF는 특정 영토 특성에 특히 집중하고 있으며, ERDF는 지속가능한 도시개발에 중점을 두고 도시지역의 경제, 환경 및 사회문제를 줄이기 위하여 고안되었으며, 도시에서 관리하는 "Integrated actions"를 통해 ERDF자원의 최소 5%가 할당되어 있다. 지리적 관점에서 불리한 지역에 대한 특별조치가 포함되어 있으며, 유럽의 저개발지역에 관련된 것으로 개발지역의 경우 지역의 경쟁력과 고용을 향상시키기 위하여 활용하고 있다. ERDF는 유럽 내 다양한 국가에 제공되고 있으며, 다른 기금과 통합하여 실행되는 경우가 많다.

5. 유럽구조투자기금(ESIF)

〈ESIF 운영 프로세스〉

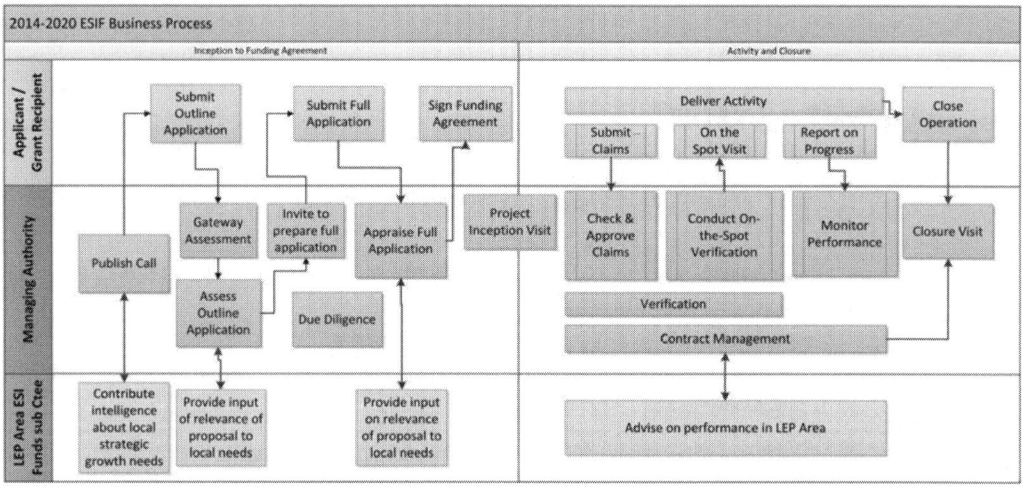

자료 : ESIF 홈페이지

유럽구조투자기금(ESIF, European Structural and Investment Funds)은 일자리창출과 지속가능하고 건전한 유럽 경제 및 환경에 투자하기 위한 기금이며, 유럽의 전반적인 경제성장 및 불경기 완화를 목적으로 지원하는 것이다. ESIF는 2014년부터 2020년까지 유럽연합에 속해 있는 국가들을 대상으로 지원을 하고 있으며, 연구 및 혁신, 디지털 기술, 저탄소 경제 지원, 천연자원의 지속가능한 관리, 중소기업지원 등 5개 분야에 중점을 두고 있다. 이 기금은 유럽지역개발기금(ERDF), 유럽사회기금(ESF), 결속기금(Cohesion fund), 지역개발을 위한 유럽농업기금(EAFRD), 유럽해상어업기금(EMFF)

등 총 5개의 기금으로 구성되어 있으며, EU국가들은 공유관리를 통해 분산된 기반으로 자금을 관리하고 있다. 기금은 구성하고 있는 기금별 운영지침에 따라 관리되고 있으며, ESIF를 통해 지원되는 프로젝트는 일반적으로 ERDF 및 ESF가 지원하는 프로젝트에 초점을 맞추지만, 실제 실행되는 사업들은 유럽농업개발기금(EFAD)의 과정에 따라 진행된다.

Ⅱ. 영국의 도시재생 정책과 금융

1. 도시재생정책 및 제도의 흐름

(1) 도시재생의 등장배경

영국에서는 시대에 따라 다양한 도시문제가 발생했으며, 각각의 문제에 대응하여 해결책을 모색하기 위한 노력의 일환으로 도시재생이 등장하였다. 영국의 도시재생은 19세기 과밀하고 비위생적인 산업도시가 처한 주택문제와 공공보건정책이 그 출발점이라 할 수 있으며, 도시쇠퇴 문제를 해결하기 위해 시대별로 다양한 접근과 시도를 전개하여왔다. 즉, Ⓐ 1930년대 슬럼제거, Ⓑ 1950~60년대 물리적 차원의 도시재건(Reconstruction), Ⓒ 1970년대 물리적 차원의 도시재정비(Renewal), Ⓓ 1980년대 경제적 차원의 도시재개발(Redevelopment), Ⓔ 1990년대 사회적 차원의 도시재생(Regeneration)시도, Ⓕ 2000년대 이후에는 경쟁력 강화 측면에서 더 좋은 장소를 만들기 위해 도시재생정책과 주택정책을 통합적으로 추진하였다. 특히 금융위기 이후 정부재정이 악화됨에 따라 민간영역의 역할이 확대되었으며, 중앙정부 주도에서 지방정부 주도로 전환하면서 도시재생사업의 질을 확보하기 위한 지방정부의 리더십과 책임이 중요해졌다.

(2) 도시재생정책 및 제도의 시대별 추이[10)]

1) 19세기 과밀한 도시의 주택 및 보건 개선(1800년대)

19세기 영국 산업도시들은 과밀로 인한 심각한 주택난과 도시문제에 직면하여, 1848년 런던의 공공문제 해결을 위해 Public Health Act를 제정하고, 이어서 1868년 자치구가 주택 소유자에게 위생 상태를 개선하도록 강제하는 Torrens Act를 제정하였다. 1875년

10) The 5th International Forum on Housing and Urban Finance(2017), 임공수(2018), 주택도시금융정책론 등의 내용을 재정리하였다.

Artisans & Labourers Dwelling Act를 제정하여 자치구 차원에서 노동자들의 열악한 주택을 개선한 후 재입주하게 하였다. 산업자본가들은 산업화를 통해 축적한 부를 바탕으로 노동자를 위한 모델타운(Model Towns) 건설을 통해 열악한 주택과 공공보건문제 해결을 시도하게 되었다.

2) 슬럼제거와 주택철거(1940년대)

도시의 과밀화는 점차 주택과 보건위생의 문제를 넘어 도시빈곤과 범죄문제로 이어졌다. 이에 도시슬럼을 해결하기 위한 일환으로 슬럼에 대한 대대적인 철거작업이 진행되었다. 1930년대 슬럼철거지역 지정과 철거, 1935년 Housing Act는 지방정부에게 기존의 낙후된 슬럼을 철거할 수 있는 법률적 권한을 부여하였고, 1947년 Town and Country Planning Act를 근거로 한 종합개발지구를 지정하였다. 이러한 흐름은 1960년대까지 지속되었으며, 1960년대에는 매년 약 10만호의 도심주택이 철거되었다.

3) 2차 대전 후 도심쇠퇴에 대응한 재생(1950~60년대)

2차 대전 후 영국 대부분의 도시들은 탈산업화로 인한 경제·산업구조의 큰 변화를 경험하였다. 이런 현상은 1960년대와 1970년대를 거치면서 더욱 더 가속화되었는데, 1960년대 말까지 이어진 신도시 건설의 실패와 함께 심화된 도심쇠퇴로 인해 영국 도시정책 자체가 새로운 신도시 건설보다는 도심재생사업에 집중하게 되었다.

런던과 핵심도시의 쇠퇴는 도심쇠퇴로 이어졌고, 실업, 가난, 사회문제로 이어지는 도심공동화 현상이 전국적으로 나타났다. 도심쇠퇴 문제와 이민자가 집중된 열악한 근린지구에 대한 문제를 해결하기 위해 1968년 도시프로그램을 실행하고, 1969년 Local Government Grant Act을 제정하여 재정적 바탕을 마련하였다.

4) 도시재생정책의 실험시기(1960년대 말~1970년대)

도심쇠퇴가 단일 요소가 아닌 복잡한 물리적·사회적·경제적 차원에서 기인하고 있다는 시각을 바탕으로, 기존의 도심재개발정책에 대한 새로운 방향을 모색하는 시기였다. 이 시기에는 물리적 환경 개선을 슬럼철거 방식에서 재보수·재정착시키는 방향으로 전환하여 1969년 종합개량지구 프로그램(GIA, General Improvement Areas)과 1974년 주택개선지구 프로그램(HAA, Housing Action Areas)이 실행되었다. 또한 사회적·경제적 측면의 도심활성화정책이 실험적으로 진행되어 다양한 시범 프로젝트가 시도되었는데, 1977년에는 도심침체를 효과적으로 막기 위한 포괄적 커뮤니티 프로그램을 실행하고,

1978년에는 IAPs(Inner Area Partnerships) 출범을 통해 도심쇠퇴지역의 문제해결을 위한 협력체계를 조성하였다.

5) 민간 중심의 도시재생(1980년대)

1979년부터 1997년까지 보수당이 집권하면서 시장경제원리와 작은 정부를 지향하였다. 대처 정부의 도시재생정책은 도시계획정책 차원과 연계되어 시장중심적인 규제완화, 민간주도, 보조금 중심, 중앙집권적, 비정부기관 중심의 정책이 실행되었으며, 파트너십이 중요시 되었는데, 대표적으로 1981년에 정부의 역할을 대신하기 위해 도시개발공사(UDC, Urban Development Corporations)를 설립하고, 사업에 방해가 되는 제약을 최소화하기 위해 엔터프라이즈 존(EZ, Enterprise Zones)을 도입하였다.

1981년 런던 도크랜드개발공사와 머시사이드개발공사가 최초로 설립되었으며, 이후 13개의 UDC가 추가로 설립되었다. UDC의 재원은 중앙정부의 펀딩과 토지 및 부동산 매각을 통해 확보했으며, 부동산 중심의 민간투자를 장려하였다. EZ는 1981년 잉글랜드의 11곳에 지정되었고, 이후 14곳이 추가로 지정되고, EZ는 개발토지세 면제, 산업 및 상업용 부동산 세율 면제, 법인세 및 소득세 면제, 도시계획 절차의 간소화 및 도시계획허가 면제의 혜택을 받았다. 또한 도시재생사업을 지원하기 위해 다양한 보조금(Grant)정책을 실시하였는데, 1982년 Urban Development Grant, 1983년 Derelict Land Grant, 1987년 Urban Regeneration Grant, 1988년 City Grant 등 다양한 시도를 하였다. 한편, 대처정부를 거치면서 도시재생사업은 보조금 중심에서 민간의 효율성을 반영한 경쟁입찰구조로, 비정부기관의 역할 중심에서 조인트벤처와 파트너십 중심으로 점차 변화하게 되었다.

6) 통합재생예산의 도입과 도시재생(1990년대)

기존 정부의 도시재생프로그램이 중복되어 있으며, 시간과 재원을 효율적으로 사용하지 못하고, 지나치게 경쟁적인 입찰구조를 갖는 문제점을 해결하기 위해 1994년에 Single Regeneration Budget(SRB)을 도입하였다. 이를 통해 기존의 20개 분산된 도시재생프로그램을 통합된 하나의 재정에서 관리하게 되었으며, UDC를 비롯해 Housing Action Trust, English Partnerships(EP) 등 도시재생 관련 비정부기관의 재원을 지원하고, 기존 English Estates, City Grant, Derelict Land Grant의 기능을 통합하여 잉글랜드 지역의 도시재생사업을 담당하는 국가도시재생기구로 잉글리시파트너십을 설립하였다.

7) 커뮤니티 중심의 도시재생(1990년대 말~2000년대)

1997년부터 2010년까지 집권한 노동당 정부는 도시계획체계의 개혁과 함께 도시재생 정책에도 새로운 접근을 시도하였다. 장소에 기반을 둔 도시재생정책, 사회·경제적으로 침체된 커뮤니티의 도시재생, 중앙정부·광역정부·지방정부·커뮤니티·사회단체 등 여러 이해당사자의 참여를 유도하는 도시재생정책을 지향하였다. 이러한 변화는 기존의 도시재생정책이 중앙집권적·관료주의적이며 지역 현안과 동떨어졌었던 점, 근린·지역간 심화된 빈부격차, 중앙과 지방정부간 협력의 필요성, 새로운 형태의 시민참여 필요성 등에 기반하고 있다.

노동당 정부의 커뮤니티 중심 도시재생정책은 1998년 발표한 National Neighbourhood Renewal으로 구체화되었고, 이 국가전략을 통해 사회적으로 침체되고 경제적으로 소외된 지역과 계층의 커뮤니티에 대한 사회적 차원의 프로그램을 실시하였는데, NDC(New Deal for Communities), NMP(Neighbourhood Management Partnerships), NRF (Neighbourhood Renewal Fund) 등이 대표적인 프로그램이다.

8) 도시재생회사 중심의 도시재생(2000년대)

노동당 정부는 이전 보수당의 민간중심 도시개발공사(UDC)와는 성격이 다른 도시재생회사(URC, Urban Regeneration Companies)를 1999년에 설립하였는데, URC는 광역지역개발청, 지방정부, 잉글리시파트너십이 공동으로 출자한 회사이다.

URC는 비관료적인 조직으로 지자체, 민간, 중앙정부, 여러 이해당사자 사이에서 중재자로써 도시재생사업이 원활이 진행되도록 하고 있으며, URC는 2010년 폐지되기 전까지 도시재생사업을 지원하면서 민간투자를 유치하고, 신규 일자리와 주택을 공급하는데 중심적인 역할을 한다.

9) 자유재량적 도시재생(2010년 이후)

2010년 집권한 보수당·자유당 연합정부는 자유시장주의와 작은 정부를 지향하는 보수당의 전통적 기조를 유지하였다. 정부는 2011년 Localism Act를 통해 도시재생사업에 영향을 주는 5가지 원칙을 제시하였는데, Ⓐ 지자체의 성장에 지자체가 중심 역할을 하도록 권한 부여, Ⓑ 지자체 정부를 중앙의 통제로부터 자유 부여, Ⓒ 지역주민이 지자체 정부에 관여할 수 있는 더 많은 권한 부여, Ⓓ 지역주민에게 지자체 재원사용의 우선순위 결정권에 더 많은 권한을 부여, Ⓔ 노동당 정부의 Regional Development Agency(RDA) 폐지와 Local Enterprise Partnership(LEPs) 설립이다. 이와 같은 정책적 기조를 통해 지자체의 도시재생사업에도 지자체와 커뮤니티 중심으로 이루어지는 기초를 마련하였다. 이 배경에는 도시계획체계는 지역의 경제활성화, 지속가능하고 매력적인 환경, 민주적인 의사결정과정을 통해 이루어져야 함을 강조하고 있으며, 이를 위해 투명하고 지역주민이 중심이 된 개방형 도시계획체계를 도입하였다. 또한 2008년에 서민주택공급과 도시재생사업을 효율적으로 진행하기 위해 기존 잉글리시 파트너십과 HC(Housing Corporation)을 통합하여 HCA(Homes & Community Agency)를 설립하고, 2010년에는 지방정부와 광역지역의 이해당사자들이 중심이 되는 지역기업파트너십(LEPs, Local Enterprise Partnership)을 설립하였다.

〈영국 도시재생 추진체계〉

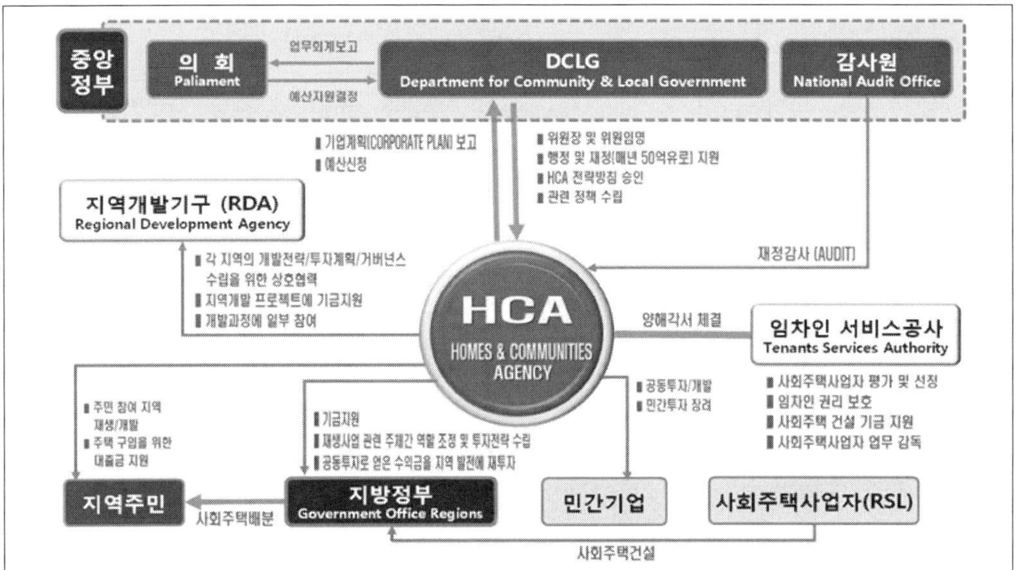

자료 : 도시재생사업단(2014), 도시재생 기반지식 구축 및 실용화 전략 최종보고서

2. 도시금융정책 프로그램

(1) 도시경제 활성화 예산 프로그램[11]

1) 통합재생예산

GOR(Government Office for the Regions)에 의해 총 6회에 걸친 지원과정 이후

11) The 5th International Forum on Housing and Urban Finance(2017)과 임공수(2018), 주택도시금융정책론 등의 내용을 재정리하였다.

RDA로 책임이 이관되었으나, 2001년에 RDA의 지원금이 통합예산(SB, Single Budget)으로 통합되면서 종료되었다. 통합재생예산(SRB, Single Regeneration Budget)의 가장 큰 특징은 파트너십에 대한 강조라고 할 수 있다. 1994년 보수당 정부에서 처음 등장했으며, 이전의 정부지원금정책이 물리적·경제적 측면만 강조한 것과는 달리 파트너십 기반의 접근으로 공공, 민간, 시민단체, 지역단체를 통합하고 고용과 교육측면에 집중하였다.

2) 통합예산

통합재생예산(SRB)의 뒤를 이은 통합예산(SB)은 2002년에 시작하여 2011년에 종료되었다. 2011년 RDA가 연립정부의 등장으로 폐쇄됨에 따라 LEPs가 그 역할을 대신하면서, 초기에는 RGF(Regional Growth Fund)가 LEP를 지원했으며 2014년부터는 LGF(Local Growth Fund)가 지원을 시작하였다.

3) GPF(Growing Places Fund)

2012년에 DCLG(Department for Communities and Local Government)와 DFT(Department for Transport)가 LEPs에 7억 3천만 파운드를 지원하였는데, 주로 기반시설사업에 투자하였다. LEP와 지방정부에 통제권을 넘겨 유연성을 최대화하고, 중앙정부의 개입을 최소화함으로써 이들은 자율적으로 지역을 기반으로 하는 어떤 사업에 투자할 것인지 결정할 수 있으며, 민간사업자와 파트너십을 통해 수익을 극대화할 수 있다. 지원금 분배 방식이 경쟁 입찰은 아니지만, 특정 기준을 준수할 것을 요구한다.

4) RGF(Regional Growth Fund)

2011년부터 2017년까지 영국의 지역경제를 지원하기 위한 목적으로 지원금을 분배한 것으로, 민간투자를 이끌어냄으로써 지역경제를 활성화하고, 기존에 공공부문에 의존하고 있던 지역사회를 민간주도의 성장으로 이행시키는 것을 목적으로 하였다. 1~4회차까지는 LEPs지원을 목적으로 5억 7천만 파운드를 지원하였고, 5~6회차는 LGF(Local Growth Fund)의 등장으로 민간단체만을 대상으로 하며, 민간의 투자를 끌어내기 위한 투자로 28억 5천만 파운드를 배분하였다. 평균적으로 RGF 1파운드 당 민간은 약 5.5파운드를 지원하여 총 160억 파운드의 민간지원을 기대할 수 있고, 2015년에 이미 14만 9천개의 일자리가 생성되었으며, 2020년 중반까지 총 58만 1천개의 일자리가 생성될 것으로 예상되고 있다.

5) LGF(Local Growth Fund)

2014년 지역경제 발전에 120억 파운드의 투자를 결정하여, 39개의 LEPs로 분배하여 초기 60억 파운드가 첫 번째로 투자되었고, 이 중 2015년과 2016년에 걸쳐 20억 파운드가 할당되었다. 청년 일자리 교육, 새로운 일자리 창출, 새로운 주거 공급, 교통 개선과 초고속 인터넷망을 포함한 기반시설 프로젝트를 목적으로 하고 있다. 주거, 기반시설, 기타 지원금을 통합하고 지역에 분배하여 그들이 자유롭게 사용하게 하고 있다.

(2) 근린재생형 예산 프로그램

1) NDC(New Deal for Communities)[12)]

초기의 집약적인 ABI(Area-based Initiatives) 프로그램으로, 노동당 정부의 장소 중심적인 도시재생 프로그램으로 39개의 지역을 10년에 걸쳐 통합적으로 변화시켰는데, 범죄, 공동체, 주거, 물리적 환경 측면, 교육, 건강, 실업 문제를 통합적으로 다뤄 지역 간 격차를 줄였다. 1998년부터 2010년까지 운영되었다.

영국의 도시재생정책의 특징은 지역기반접근방식(ABA, Area-Based Approach)에서 지역기반주도방식(ABI, Area-Based Initiative)로 발전하고 있으며, 커뮤니티 주택청(HCA, Home and Communities Agency) 주도로 이루어지고 있다. HCA의 전신인 EP는 국가차원의 도시재생 기관으로서 역할을 수행하였으며, 광역적이고 국가적인 차원에서 도시재생을 추진할 기관의 필요성이 커지면서 설립되었다. EP의 가장 핵심적인 업무는 도시재생사업 실행에 드는 비용과 개발로 인한 실제 가치 사이의 차이를 최소화하는 것이며, 공공의 개입과 초기 투자 없이는 민간의 참여가 어려운 지역에 EP가 참여하여 재정적, 제도적, 정치적 중재자 역할을 수행하고 민간 참여와 개발이 가능하도록 만드는 역할을 담당한다. EP가 HCA에 흡수 통합되고, 광역 차원의 광역개발기구(RDA)의 역할이 강화되는 추세이며, HCA는 이러한 현상에 따라 중앙정부와 지방정부 중간의 광역수준에서의 조정 역할이 강조되고 있다.

NDC는 지역문제를 보다 장기적이고 자치적인 관점에서 해결하기 위한 지역 내 활성화 프로그램이다. 빈곤지역에서 실업문제, 범죄, 도시환경의 황폐화 등을 해결하기 위해서 보다 장기적이고 자치적인 관점에서 지역 지도자, 공적 자금지원 조정자를 양성하고 지역주민, 자원봉사자, 지방자치제 및 지역 내 민간 기업 등으로 이루어지는 관·민 자원봉사

12) 대한부동산학회(2018), 지역재생을 위한 지역공동체 주도의 공동체투자 모델 개발 연구용역과 임공수(2018), 주택도시금융정책론의 내용을 재정리하였다.

자 활동을 지원하는 목적을 두고 있다. 커뮤니티 뉴딜 정책은 영국의 도시 지역을 중심으로 빈곤지역 활성화를 위해 도입한 자금지원 프로그램으로 실업문제, 빈곤 및 열악한 주거환경의 악순환을 반복하고 있는 지역주민들에게, 물리적 환경을 개선하여 삶의 질을 높이고 고용의 기회를 증가시키는 등 새로운 기회를 제공하는 것을 목표로 하고 있다.

커뮤니티 뉴딜 정책이 이전의 다른 지역활성화 사업과 구별되는 가장 큰 특징은 지역주민과 지방정부가 주체가 되어 파트너십을 형성한다는 것이다. 이는 신 노동당 정부의 슬로건인 현대화된 정부의 Joined Up Government 정책이 도시정책에 투영되어 중앙정부와 지방정부, 지방정부와 지역 내 주민단체 및 관련 민간부문이 통합되어 도시정책을 실현하는 과정을 의미한다.

〈NDC 조직 및 주민참여〉

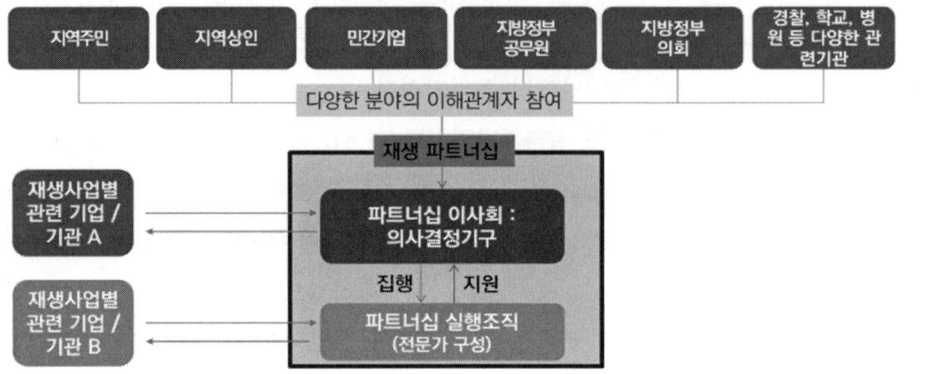

자료 : 이태희(2018), 영국 근린재생에서의 거버넌스 체계에 관한 연구

도시활성화를 위한 커뮤니티 뉴딜정책의 추진체계는 파트너십 구성 및 기본계획 수립(단계 1), 실시준비계획 수립(단계 2), 계획 실시(단계 3)로 나누어져 지방정부의 지원을 받았던 지역 파트너십이 지역활성화 사업의 진행을 담당한다. 다음 단계로 넘어가는 결정은 각 단계 종료 시 지방정부가 심사하여 결정하고, 단계 1~단계 2까지의 종료 시점은 1년으로 예상하고 단계 3을 포함한 계획 전체에 관해서는 10년 이내를 두고 투자적 지출은 사업 시작 후 5년까지로 계획한다. 세부적으로 보면 각 지역별로 '파트너십'이라는 조직이 중심이 되어 전략계획(strategic planning), 사업개발(project development), 사업집행(project delivery) 과정까지 참여하도록 하고, 파트너십은 각 지역을 기반으로 하는 사람들로 구성되어 있으며, 주로 지방 기업체, 지역 내 시민단체, 학교, 각종 공공기관 등이 파트너십 위원회를 통해 협력체계를 구축한다. 커뮤니티 뉴딜정책의 핵심 정책 분야

는 주택 및 물리적 환경, 교육, 실업, 범죄, 보건 등으로, 각 분야별로 문제점을 수집하고 그에 기반을 두어 구체적인 대안을 찾아가는 '증거를 바탕으로 한 정책' 수립에 역점을 둔다.

Sheffield의 Burngreave NDC 사례에서 NDC 지역은 셰필드 도심의 북동쪽에 있으며, 4,000가구 규모(인구 8,000명)이다. 이 지역 인구의 절반 정도가 사회주택에 거주하고 주택 상당수가 Victoria시대의 오래된 주택과 1960년대 지어진 주택으로 NDC 프로그램 초기 이 지역은 녹지와 공공공간이 부족하고, 지구 내에는 노후하고 열악한 쇼핑센터가 위치하고 있었다. 사업초기에는 다른 NDC에서와 같이 Burngreave NDC도 2001년 이후 파트너십을 결성, 발전하였다. 초기 2~3년간은 주민과 주민 간, 주민과 기관, 주민과 프로그램 팀 간의 소통, 협력과정에서 긴장과 어려움이 존재하는데, 초기 단계의 어려움은 중앙정부의 정책 우선순위를 염두에 두는 전문가들과 도시재생 프로그램 경험이 없는 주민의 우선적인 요구 사이에 공감대를 형성하는 과정이며 이러한 초기 문제는 경험 있는 전문인력 부족 문제로 더욱 두드러진다. 프로그램은 지역주민, 지역 민간 단체와 공공기관, 그리고 자원봉사 기구들의 대표로 구성된 파트너십위원회에 의해 운영된다. 선출된 지역사회 대표(10명), 자원봉사 기구 대표(3명), 지역 기업 대표(2명), 청소년 대표(2명), 지방 자치 단체 대표(1명) (선출직), 그밖에 Sheffield 시의회, 경찰서, 지역포럼 등의 대표자를 포함하여 구성되었으며, 의사결정 내용을 Executive Management 팀을 통하여 실행한다. 실무 운영팀으로 Executive Asset Manager, 재무관리자(Finance Manager), 행정인력, 고객지원 담당 등 급여를 지급하는 인력을 고용하였다.

〈NDC 기금 활용 모델〉

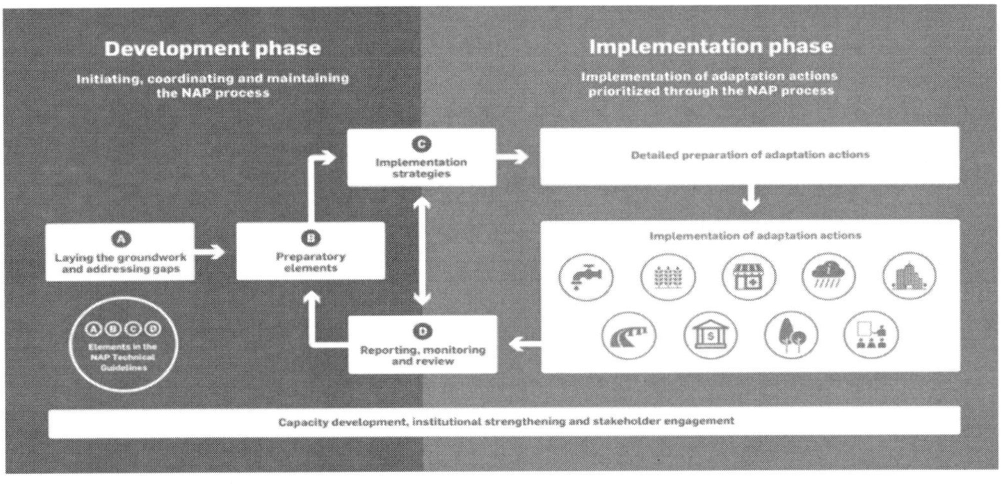

자료 : NDC 홈페이지

Burngreave NDC 지역 활성화에 도움이 되는 NDC 프로그램과 여러 활동에 대한 교육이나 고용 또는 참여를 지원하기 위해 개인에는 최대 500파운드 또는 단체의 경우 최대 5,000파운드의 보조금을 제공하는데, 소규모 보조금 프로젝트는 개인을 지원하고 Burngreave 지역사회의 필요한 니즈를 충족시키기 위한 신규 프로젝트 개발을 위한 핵심 수단이다. 이 프로젝트는 지역사회 참여 팀(Community Engagement Team)에 의해 지원되고 촉진되었는데, Community Engagement Team은 지역 내 개인 및 단체가 신청서 작성과 제출을 완료할 수 있도록 직접적인 지원 및 조언을 제공하는 멘토링 역할을 수행한다.

2) NRF(Neighbourhood Renewal Fund)

2000년에 영국 부총리실에 의해서 형성된 지원금제도로, 88개의 지역에 형성된 LSPs(Local Strategic Partnership)에 8억 파운드를 지원하였는데, 중앙정부의 공공서비스가 근린의 빈곤지역까지 연결되어야 한다는 목표를 가지고 있다. 2007년까지 운영되었다.

3) NMP(Neighbourhood Management Partnerships)

35개의 파트너십을 도와 SEU(Social Exclusion Unit)에 의해 제안된 근린관리 계획을 시범사업으로 진행하여, 빈곤한 지역공동체를 위주로 지역서비스개선을 지원하였다. 2001년부터 2012년까지 운영되었다.

4) WNF(Working Neighbourhood Fund)

실업문제를 해결하기 위해 14억 파운드를 3년에 걸쳐 지원하였다. 65개의 지자체를 지원하였는데, 특히 빈곤지역 위주로 지원하였다. 지역 내 소외계층에 대한 강조가 직업교육이나 일자리 창출에 중요한 역할을 했다. 2008년부터 2011년까지 운영되었다.

5) NCB(Neighbourhood Community Budgets)와 Our Place!

NCB는 20개의 근린이 시범사업으로 지정되어 2011년부터 2013년까지 지원받았는데, Our Place! 프로그램으로 변경되었다. NCB(Neighbourhood Community Budgets)가 'Our Place!'로 변경되었는데, CB(Community Budgets)의 시범사업 형태로 추진되었다. 지역사업을 더 적극적으로 이끌어 가려는 지역사회 누구나(기업, 공무원, 주민 등) 참여 가능하고, 논리 모델(Logic Model)과 실행계획(Operational Plan)의 두 가지 형태로 진행되었다. 처음 2달간 보조금 지원을 받으면서 지역발전에 어떻게 기여할 수 있는

지 논리 모델을 발전시킨 후 실행 가능한 업무계획을 수립한다.

6) CDF(City Deals Fund)

지역별 일자리창출과 직업교육에 투자한 것으로, 접근방식은 지역마다 다르다. 리즈(Leeds) 지역의 경우, 대학과 지방정부가 협력하는 견습제도를 통해 약 2,500개의 청년 견습직을 창출하였다.

7) CB(Community Budgets)

근린을 중심으로 운용할 수 있는 지원금으로, 공통 자원을 설립하고 지역주민의 지역에 대한 이해와 공동체 자산을 공유함으로써 자원을 더 효과적으로 운용할 수 있고, 중앙정부의 개입을 최소화함으로써 지역 전문가가 더 나은 서비스를 제공할 수 있도록 하였다. 지역주민이 지역의 공공서비스에 대한 더 큰 통제권을 가지도록 하고, 지역 파트너십과 거버넌스 구조를 설립함으로써 지역에 대한 통합적인 접근을 시도하였다.

3. 도시재생과 금융기법

(1) 민간임대부문 부동산투자신탁회사

2017년 5월 발표된 Sigma Group의 민간임대부문 부동산투자신탁회사(Private Rented Sector Real Estate Investment Trust, The PRS REIT plc) 사례는, 정부 지원 하에서 민간이 임대주택을 공급하는 시스템에 대한 가능성을 보여주었다. PRS REIT는 상장주식회사(plc)로서 민간임대부문 투자자들에게 6%의 배당금을 안정적으로 지불하는 것을 목표로 하고 있다. Sigma Group의 자회사인 Sigma PRS Management Limited가 투자자문회사의 역할을 할 것이고, 주택은 Sigma's PRS platform을 통해 공급되었다. PRS REIT는 런던 교외지역에 임대주택을 공급하는 것을 주 목표로 삼고, HCA(Homes & Community Agency)와의 긴밀한 협조아래 프로젝트를 진행하였다.

HCA 외에도 영국의 주택건축 및 도시재생관련 회사인 Countryside Properties plc, Keepmoat Limited, Keepmoat Regeneration 등이 참여하고 있는데, HCA의 역할은 초기투자자로 2,500만 파운드의 자기자본을 투자하였다. 투자목표는 2억 5,000만 파운드였으며, 2017년 현재 60개 이상의 금융기관으로부터 약 4억 파운드의 투자를 받았다. 정부기관이 투자하여 사업의 안전성을 보여줌으로써 민간투자를 성공적으로 유치한 것으로 해석되며, 영국정부의 영향력을 보여주는 사례라고 할 수 있다.

Sigma Group 사례에서 보듯, 적합한 투자모델이 있다면 투자자들은 충분히 참여할 의사가 있으며, 주택 뿐 아니라 상업과 같은 타 분야에 대한 투자 역시 이끌어낼 수 있다. 단, 이러한 프로젝트는 지역을 기반으로 준비되어야 하며, 종합적인 계획과 전략을 바탕으로 추진될 필요가 있다.

〈PRS REIT구조〉

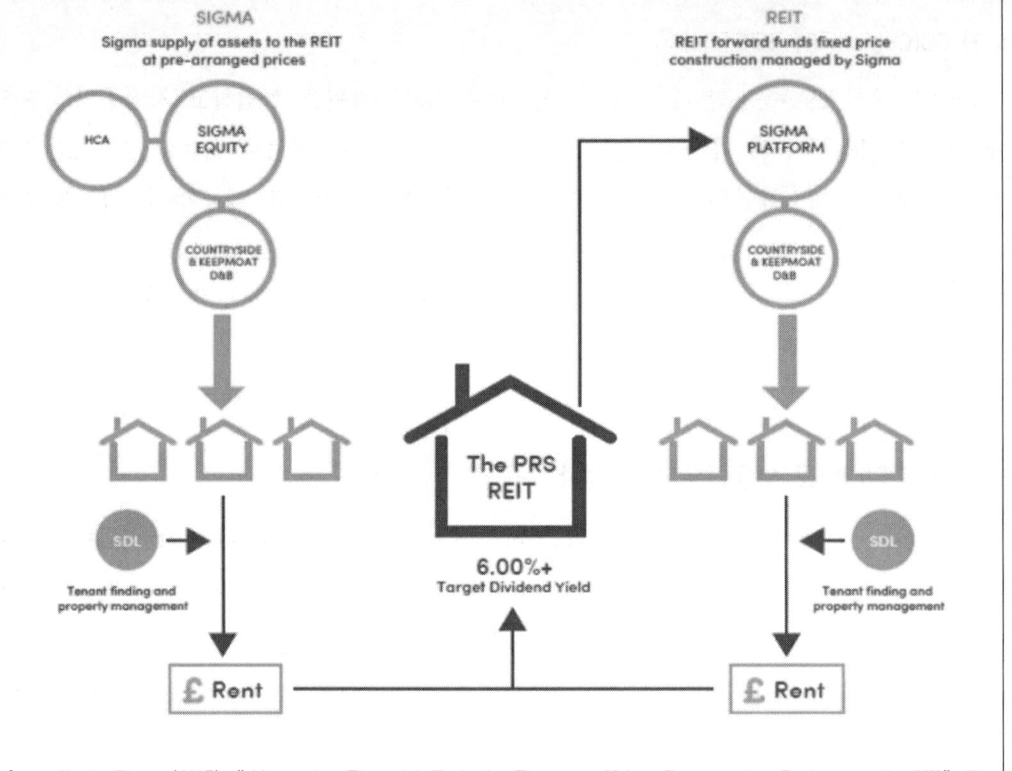

자료 : Keith Thorpe(2017), "Alternative Financial Tools for Financing Urban Regeneration Projects in the UK", The 5th International Forum on Housing and Urban Finance(2017)

(2) 사회성과연계채권

사회성과연계채권(SIB, Social Impact Bond)은 정부가 공공사업의 성과 목표를 달성하기 위해 민간 전문 사업자와 약정 후 사회적 목표가 달성된 경우 해당 사업의 예산 절감효과에 비례하여 지급 청구권이 발생하는 일종의 채권 계약으로, 재무적 성과와 동시에 사회문제 해결이라는 사회적 성과를 동시에 추구하는 방식이다. 채권 발행인과 투자자 간의 채권관계가 아닌 사회성과 파트너십을 이루는 관계로, 채무증권과 지분증권의 성격을 모두 가지는 복합금융상품의 성격을 가진다.

SIB는 2010년 9월 영국에서 최초로 도입하였고, 2015년 12월 현재 미국과 유럽 등에서 약 45개의 SIB를 진행 중인데, 최초 영국의 SIB 도입목적은 교도소의 재범률을 낮추기 위해서였다. 2010년 Peterborough 지역 HMP(Her Majesty's Prison) 교도소 출소자를 대상으로 사회정착프로그램을 실행하기 위해 세계최초로 SIB를 도입하여 2015년 기준 총 28개의 SIB를 발행하였다. Peterborough SIB는 12개월 미만 경미한 범죄에 대한 단기형을 받은 남성 수감자의 재범률을 낮추는 것을 목적으로 프로젝트에 참여하기를 희망하는 3,000명에 대해 6년간 사회복지 프로그램 서비스를 제공하여, SIB 운영기간은 총 8년으로, 6년간 프로그램을 실행하고, 갱생훈련 참여 후 1년이 지난 시점에서 재범 발생 수를 측정하였다. 자선단체 등으로부터 5백만 파운드(한화 86억 원)의 투자를 유치하여 그 재원으로 재활사업을 집행하고, 약정한 성과목표를 달성하면 법무성이 약정한 수익을 성과정도에 따라 투자자에게 지급하는 계약구조를 가진다. 정부의 재정부족과 기업 등의 사회적 책임 요구증가 과제를 동시에 해결할 수 있는 혁신적인 아이디어로 받아들여지면서 빠른 속도로 확산되었다.

SIB의 구조는 정부기관과 사회성과연계채권 발행기구(SIBIO, Social Impact Bond-Issuing Organization)간의 기본계약관계, 투자자와 SIB 발행기구간의 관계, SIB 발행기구와 서비스 제공자간의 관계 등으로 구성되는데, 정부는 SIBIO와 합의된 평가지표를 바탕으로 미래의 성과에 기반하여 예산을 집행하겠다는 계약을 체결한다. SIBIO는 채권을 발행하여 민간투자자로부터 사업자금을 조달하고, 단수 또는 복수의 서비스 제공자를 선정하여 사업비를 지급하며 관리하며, 서비스 제공자는 수혜집단을 대상으로 서비스를 제공하고, 사회문제를 해결한다.

독립된 평가기관이 사업에 대한 성과를 정량적·객관적으로 평가하여 성과평가 결과를 정부 및 SIBIO에 전달하고, 정부는 성과평가 결과를 바탕으로 사전에 약정된 기준에 따라 SIBIO에 예산을 집행하며, 성과목표 미달성 시 예산집행을 하지 않는다. SIBIO는 투자원금 및 이자 또는 성과금을 투자자에게 상환한다. 이러한 구조를 기본으로 하는 SIB는 여러 가지 측면에서 기존의 정부가 직접적으로 문제를 해결하거나 비영리기관에 발주를 주는 방식보다 유용한 정책 수단이 될 수 있다.

〈사회성과연계채권(SIB)의 투자구조〉

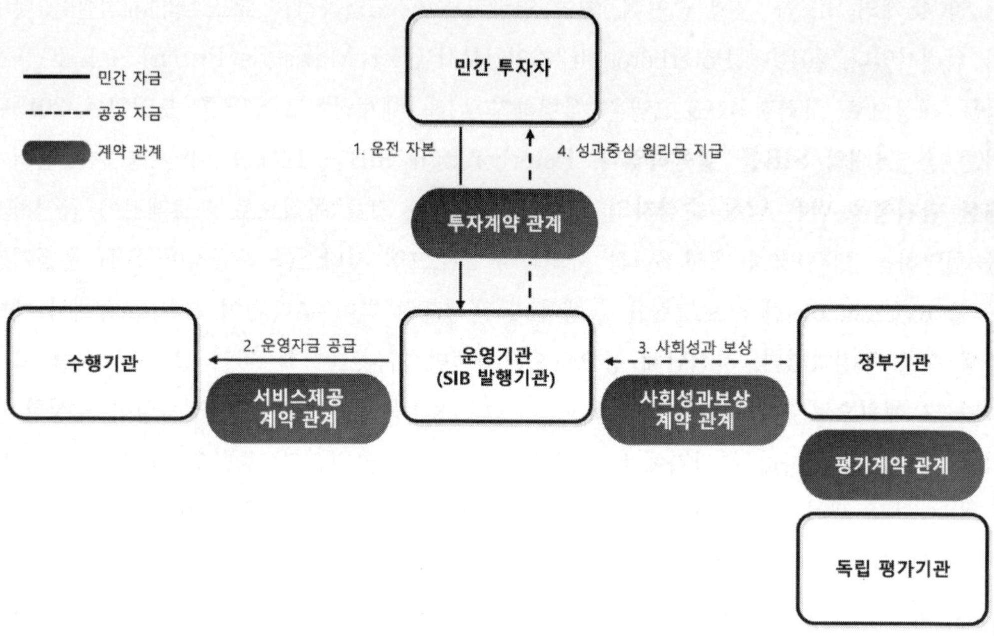

자료: 김갑례(2017). 영국 청년고용 사회성과연계채권(SIB) 성공의 시사점. The 5th International Forum on Housing and Urban Finance(2017)

성과급 형태의 SIB는 각각 다른 이해관계자에게 다음과 같은 잠재적 이익을 초래할 수 있다. 즉, Ⓐ SIB는 결과에 따라 지불하는 형태로 정부는 서비스 제공에 대한 선수금을 지급하지 않고, 성과가 좋지 않을 경우 투자자에게 금융위험을 전가시킨다. Ⓑ 서비스 제공자는 결과에 따라 비용을 지불하지 않고 위험을 부담하지 않으며, 서비스 제공자들은 목표달성을 위해 다른 서비스 제공자들과 함께 서비스를 제공할 수 있다. Ⓒ SIB는 새로운 투자기회를 제공한다. 즉 투자자들은 일부 금융수익을 받을 뿐만 아니라 자신의 자본투자를 통해 유익한 사회적 결과를 얻게 된다. Ⓓ SIB를 통해 이전에는 없던 서비스 공급 자금을 제공함으로써 성과와 삶의 질을 향상시킬 수 있고, SIB는 예방을 위해 또는 정부가 사전에 자금지원을 하지 않은 서비스를 제공하기 위해 자금을 모을 수 있다. 또한 SIB에 관한 일부 문헌에서는 개인 투자자와 기관은 정부보다 더 혁신적이고 더 위험이 따르는 프로젝트에 대해서도 투자를 고려한다. Ⓔ 범죄자를 포함한 일부 집단의 경우, 기부 및 정부로부터 수혜를 덜 받는 상황이 발행할 수 있는데, 이러한 상황을 개선하기 위해 SIB는 이들 집단을 위한 기금을 모집할 수 있다.

Peterborough지역 SIB의 투자자는 대부분 자선기금이었으며, SIB 투자자 기반을 확대하기 위해서는 SIB사업 실패시 투자자들이 부담하는 투자위험을 정부가 일정 부분 분담하는 방안도 생각해 볼 수 있다. 민간 투자자는 사회적 목적을 가진 기업들도 가능하겠으나, 실질적으로는 비영리 재단의 참여로 이루어진다. 투자자를 위한 수익률을 제시하기 위해 사회문제 해결에 대한 성과 측정이 가능하고, 측정된 사회적 성과가 경제적 가치로 환산될 수 있어야 한다. Peterborough지역 SIB의 경우 전과범들이 다시 재범으로 체포될 경우 경찰비용, 사법비용, 재수감시 소요비용, 수감자의 자녀 등의 보호 비용 등을 고려하여 재범률을 낮춤으로써 정부가 얻을 수 있는 경제적 효과를 제시하고 이를 투자수익으로 투자자에게 지급할 수 있다. SIB를 적용함으로써 발생하는 넓은 의미의 사회적 이익을 성과로 설정하지 않는다. 예를 들어 재범률을 낮춤으로써 기대할 수 있는 안전한 지역 수립, 삶의 질 향상, 범죄로 인한 희생자의 감소 등의 현금화 할 수 없는 성과는 제외한다.

4. 주택단지재생 프로그램(ERP)과 크라우드펀딩(MCCP)

(1) 주택단지재생 프로그램

2016년 영국연방정부는 주택단지재생 프로그램(ERP, Estate Regeneration Programme)을 국가전략으로 추진할 것을 발표하였다. ERP는 주택단지 재생사업을 수행하고자 하는 커뮤니티를 선정하여 사업비 지원과 함께 사업의 원활한 추진을 위한 가이드를 제공하는 정책으로, 연방정부는 최대 100개의 주택단지에 대한 재생계획이 가능할 것으로 전망하였다. ERP는 재생사업이 장기적이고 복합한 프로젝트이며 소기의 목적을 달성하기까지 상당한 규모의 초기 지출을 필요로 한다는 인식을 기반으로 한다. 계획내용상 충분히 성공할 수 있는 다수의 재생사업들이 자금운용상의 제약으로 인해 답보상태에 있어, 민간부분(사회주택을 건설하는 자로서 주택협회에 등록한 기업도 포함)의 경쟁입찰을 통해 주택공급 및 주택개선 사업, 실행 가능하고 지방정부의 지원이 가능한 사업 등을 선정하여 지원한다.

1) 추진주체

ERP는 중앙정부의 지역사회·지방자치부(DCLG, Department for Communities and Local Government)가 담당한다. DCLG는 살기좋은 거주환경 조성과 공동체의 결속과 성장이라는 목표 아래 쇠퇴한 주택시장의 회복, 지불가능한 양질의 주택공급, 지역경제성장 지원, 통합된 공동체형성, 효율적인 지방자치 확립 등과 같은 업무를 담당한다.

ERP진행시 DCLG는 기본적인 가이드만 제공하고, 각 커뮤니티 단위 또는 사업단위로 민간의 창의력을 발휘할 수 있도록 융통성 있는 지원기능을 수행한다. 주민은 물론 다양한 이해관계자들이 참여할 수 있으며, 통상적으로 로컬파트너, 전문가 집단, 투자자, 개발자, 커뮤니티 등이 참여하는 워크숍을 6개월 정도 진행한다. 참여주체 간 협업, 지방정부의 리더십, 주민참여 및 민간금융 참여 유도, 수익의 공유, 원주민 거주보장 등을 중요한 원칙으로 설정한다.

2) 지원내용 및 지원방식

ERP의 담당기관인 DCLG는 소유주와 주택단지재생 프로젝트를 돕기 위해 3가지 유형의 펀딩을 제공한다. 첫째, 주택공급 활성화, 거주자의 생활의 질 향상을 목적으로 2016년부터 2021년까지 5년 동안 1억 4천만 파운드(약 2,022억 원)의 프로젝트파이낸스를 제공하는데, 대출에 대한 이자율은 시장이자율에 신용도와 담보설정 등을 고려하여 정해진다. 둘째, 2016~2017년 동안 지방정부 및 사회적 주택을 공급하는 주택협회에게 3천만 파운드(약 433억 원)를 우선적으로 배정하고, 사업제안서(타당성 분석, 실현가능성 분석, 마스터플랜 등) 등을 기획하는데 사용하게 하였다. 셋째, 2016~2017년 동안 2백만 파운드(약 29억 원)를 지방자치단체가 주택단지재생사업을 수행하는데 있어 필요한 능력을 배양하기 위한 역량강화 목적으로 지원하였다.

ERP를 지원하기 위한 펀딩의 배분은 입찰, 자격 확인 및 평가, 입찰가 상장, 전용 거래관리자 할당, 대출결정 수신 및 가격 결정, 실사 및 협약서 작성, 투자금상환의 과정으로 진행되는 것이 일반적이다. 입찰자격으로는 Ⓐ 상환능력, Ⓑ 민간부분(사회주택을 건설하는 자로서 주택협회에 등록한 기업 포함), Ⓒ 제안서의 실행가능성, Ⓓ 해당 지방정부의 지원여부를 고려한다. 평가과정에서는 Ⓐ 주민들에게 최고의 가치를 제공하는가, Ⓑ 실행가능한가, Ⓒ 공동체 의식의 형성·강화에 기여하는가, Ⓓ 지방정부와 잘 협력하고 있는가, Ⓔ 실질적으로 주택수가 증가하고, 점유형태의 선택이 다양한가, Ⓕ 주택의 질과 주거환경이 양호한가 등을 고려한다.

3) 재원조달방안

ERP를 지원하기 위한 펀딩의 재원은, Ⓐ 분권협상[13]을 통한 예산 책정 : 분권협상은

13) 분권협상(Devolution Deals)은 2017년 3월까지 13개 도시권이 정부와 협상안에 합의하였고, 맨체스터 대도시권을 포함한 8개 도시권에서 지방의회 승인을 거쳐 최종 확정되었고, 9개 도시권에서는 지자체 연합기구를 설립하였고, 이 중 6개 도시권에서는 2017년 5월 연합기구 광역시장을 선출하였다. 분권협상을 통해 중앙정부는 교통, 주택 및 토지, 생애교육 및 훈련, 고용지원, 기업지원, 보건 및

국가 예산을 수령하여 광역시장이 통제하는데, 일부 협상에는 전용 투자기금이 포함된다. Ⓑ LGF(Local Growth Fund) : 2013년에 발표된 120억 파운드 규모의 LGF를 활용되는데, 이 중 77억 파운드는 지역기업파트너십(LEPs)을 통한 성장협상에 할당된다. Ⓒ European Funding : 2014~2020년의 기간 동안 약 50억 파운드 규모의 European Structural Investment Fund Growth programme 활용한다. Ⓓ 그 외 소규모 자금조달 프로그램 : CCF(Coastal Communities Fund), High Streets, Growth Hubs 등이다.

DCLG는 혁신적인 재원조달모델을 활용하여 민간투자를 유도하도록 권장하고 있지만 사업성이 낮은 런던 중심 이외 지역에서의 도시재생사업 추진에 있어서는 아직까지 어려움이 있다. ERP의 개념적 금융모델은 은행 융자, 기업 대출, 에쿼티, 보조금, 정부 대출 및 보증, 추가적인 토지 등으로 자금을 조달하고, 여기서 발생하는 토지가치 향상, 민간주택 분양, 장기임대 소득을 통해 사업성을 확보한다. 영국의 투자자들은 도시재생 및 성장에 대한 투자를 활성화하기 위해 정부지원의 중요성을 강조한다. 그러나 정부의 지나친 개입은 투자자를 최우선 순위로 생각할 수 있다. 정부의 역할은 민간투자를 장려하기 위해 자본을 투입하는 초기투자자로서 핵심역할을 하는 것이다. ERP의 투자유치는 무엇보다도 해당 재생사업에 참여하는 지역파트너의 역량이 핵심요소이다. DCLG는 지역성과와 투자자의 관심을 유도하는 지역파트너의 3가지 주요 요건으로 Ⓐ 강력한 리더십, Ⓑ 상업적인 전문지식, Ⓒ 명확한 비전과 장기전략을 제시한다.

(2) 런던 시 크라우드펀딩 프로그램

2014년부터 시행된 런던 시 크라우드펀딩 프로그램(MCCP, Mayor's Civic Crowd-funding Program)은 유럽에서는 최초로 시정부의 정책에 크라우드펀딩 요소를 공식적으로 적용한 사례로 평가된다. 2016년 기준으로 MCCP를 통해 200만 파운드(약 29억원) 이상의 기금을 조성하였다.

1) 추진방식

런던 시 도시재생팀과 크라우드펀드로 지역개발 경험이 있는 Spacehive[14]가 공동으로

사회보장, 경찰 및 소방, 형사, 수자원 및 연안관리, 자금 등 다양한 공공서비스 및 지역개발 기능의 집행권한을 맞춤형 방식으로 지역에 이양한다. 분권협상의 집행을 위해 중앙정부는 지역에 정책자율권, 포괄보조금을 포함한 재정재원, 조세지원 등을 제공하고, 지역은 책임성 확보 및 성과관리를 위한 확약서를 정부에 제출하여 승인 받았다(이원섭(2017), 영국의 지역발전정책 분권화와 분권협상).

14) 정부・시민 간 지역사회 문제를 해결하는 영국의 크라우드펀딩 플랫폼이다. 이러한 지역사회 문제

런던 시 도시재생 전용 온라인 플랫폼을 개발하고, 시민들은 주변 유휴공간의 개선방안에 대한 아이디어를 온라인 플랫폼에 제안하는 방식이다. 온라인모금을 통해 시민들의 좋은 아이디어를 프로젝트화하고, 공청회를 통한 붐업, 워크숍, 펀딩, 성과보고의 진행과정을 통해 주민의 자발적 참여를 유도한다. 정부에 대한 불신이 많은 영국에서 Spacehive의 중립적 성격은 시민영역의 공공에 대한 거부감을 감소시키는 효과가 있었으며, 이는 MCCP의 성공요인 중 하나이다. 비수익형 사업이므로 별제의 규제 적용은 받지 않으며, Spacehive는 달성 프로젝트 규모의 5%를 수수료로 받아 운영비용으로 활용한다.

2) 성과 및 한계

런던 시정부의 후원으로 2배 이상의 크라우드펀딩을 조성했으며, 시청이 후원한 캠페인의 성공률은 97%에 달한다. 시청이 후원한 총액은 약 82만파운드이고, 현물지원의 예상 가치는 약 20만 파운드 규모이다. 크라우드펀딩을 통해 시민들로부터 확보한 금액은 약 100만파운드로, 191개의 커뮤니티 주도 프로젝트가 추진되었으며, 금액으로는 총 가치 약 795만파운드 규모에 해당한다. 이러한 프로젝트에 시민이 참여하고 기여함으로써, 커뮤니티 내에서 시민들의 자긍심, 지역에 대한 애착과 주인의식, 공동체의식 등이 높아진다. 시민들이 지역의 발전과정에 참여할 수 있는 기회를 얻음으로써 새로운 기술과 지식, 경험을 지역 내 무형의 자산으로 축적하였다. 5년간 파일럿 테스트를 거친 후 타 지자체로 확산하여 적용할 계획이고, 조성된 펀드는, 유휴공간을 주민들을 위한 공원, 레크리에이션 시설로 조성하거나 역사적인 건물을 리모델링하는데 활용된다. Ⓐ Peckham Coal Line : 석탄을 운반하던 철로(coal line)를 활용하여 공원을 조성하는데, 크라우드펀딩을 통해 공원 디자인비용과 사업성분석 연구비용을 조달한다. Ⓑ Peckham Lido : 사용하지 않던 수영장을 리모델링하여 레크리에이션 시설로 조성하는데, 사업성분석, 사업계획 수립, 건설비용 조달계획 작성과 관련된 비용을 크라우드펀딩을 통해 조성한다. Ⓒ London High Line : 철로를 활용하여 공원과 보행공간, 자전거도로 등으로 리모델링하는 것으로, 크라우드펀딩으로 사업초반 설문조사와 사업성조사 비용을 조달한다. Ⓓ Rio Cinema : 지역의 문화유산인 리오극장 개보수로, 개보수비용 전액이 크라우드펀딩을 통해 조성되었으며, 향후의 유지관리비도 크라우드펀딩으로 조달할 예정이다. 다만, 다음과 같은 한계점이 있다. 즉, 온라인 참여방식이므로, 모든 참여자들이 디지털상식을 갖추고

해결을 목표로 운영되는 크라우드펀딩 플랫폼은 이외에도 임비(YIMBY, Yes In My Back Yards), 미국의 IOBY(In Our Back Yards), 네이버리(neighbor.ly) 등을 들 수 있다. 그 중에서도 2012년 설립된 스페이스하이브는 이 분야의 시초로 여겨지며 다른 크라우드펀딩 플랫폼의 등장에 큰 영향을 준 것으로 알려져 있다.

있어야 한다. '무엇을 위해서 펀딩을 조성한다'라는 것 자체가 특정 집단의 의도를 주입하는 것일 수 있으며, 비딩방식의 시간적·기술적 제약으로 인해 오히려 좌절하는 지원자(혹은 지역)가 생길 수 있고, 다른 이슈들에 비해 기업가적 성격을 띤 프로젝트가 더 선호되는 경향이 있다.

5. 영국 도시재생정책과 시사점

영국의 주택도시금융은 공급부족 해소를 위해 중앙정부의 건설보조금 지원 및 Green Act(1930)로 슬럼 재개발 지원, 중앙정부의 저소득층을 위한 임대료 보조금 지급 및 사회적 주택공급, 중앙정부 주도로 민간투자를 유치하고 Urban Regeneration Grant로 보조, Affordable Housing 확대, 취약계층 자가소유 촉진 프로그램(Help to Buy) 시행, 지자체 주도의 도시재생 프로그램 추진 등으로 설명될 수 있다. 즉, 주택금융이 도시재생과 연계하여 운영되고 있음을 알 수 있다. 특히 영국의 도시재생은 오랜 경험을 가지고 있고, 성공적인 사례도 선도적으로 보여주고 있다. 이러한 영국의 도시재생관련 금융부분의 특징 등을 살펴본다면, 먼저 민간을 활용한 공공사업의 추진을 통한 성공사례와 중앙정부는 물론 지방정부의 자체추진 등의 성공사례도 많다는 점이다. 이러한 도시재생과정에서의 주민참여는 필수였고, 이러한 과정이 합의와 협력을 이끄는 단초가 되어 성공으로 나타나고 있다는 점이다.

영국에서 최초로 도입된 SIB는 정부가 공공사업의 성과 목표를 달성하기 위해 민간전문 사업자와 약정 후 사회적 목표가 달성된 경우 해당 사업의 예산 절감효과에 비례하여 지급청구권이 발생하는 일종의 채권계약으로, 재무적 성과와 동시에 사회문제 해결이라는 사회적 성과를 동시에 추구하였다. SIB는 여러 가지 측면에서 기존의 정부가 직접적으로 문제를 해결하거나 비영리기관에 발주를 주는 방식보다 유용한 정책수단이 될 수 있다. 또한 사회적 측면에서도 SIB를 통해 이전에는 없던 서비스 공급 자금을 제공함으로써 성과와 삶의 질을 향상시킬 수 있고, 정부 재정만으로는 도시재생 뉴딜사업을 추진하기 어려운 현 상황에서 재원조달의 대안적 기법으로 유용하게 작용하였다.

아울러, 영국 연방정부의 도시재생사업은 장기적이고 복잡한 프로젝트이며, 소기의 목적을 달성하기까지 상당한 규모의 초기 지출을 필요로 한다는 인식에서 출발하였다. 민간부문의 투자를 유도하여 공공재정에 대한 의존도를 줄이면서 전국의 단지재생을 지원하고 장려하는 것을 목표로 하는데, 민간부분(사회적 주택을 건설하는 자로서 주택협회에 등록한 기업도 포함)의 경쟁 입찰을 통해 주택공급 및 주택개선 사업, 실행 가능하고 지방정부의 지원이 가능한 사업 등을 선정하여 지원하고, 3가지 유형의 펀딩을 제공하고 있다. 우리나라 역시 중앙정부 차원에서 도시재생뉴딜사업을 주요 국정과제로 추진하기 시작했으며, 본 사업이 성공적으로 추진되기 위해서는 재원조달방안에 대한 구체적인 전략 마련이 요구된다. 따라서 ERP와 같은 기금정책을 구체화하여 사업의 촉매제 역할을 수행하도록 하는 것에 대한 적용가능성을 검토할 필요가 있다. 또한, 런던시에서는 2014년부터 MCCP를 시행하고 있으며, 이는 유럽에서는 최초로 시정부의 정책에 크라우드펀딩 요소를 공식적으로 적용한 사례이다. 런던시 도시재생팀과 크라우드펀드로 지역개발 경험이 있는 Spacehive가 공동으로 런던 시 도시재생 전용 온라인 플랫폼을 개발하고, 시민들은 주변 유휴공간의 개선방안에 대한 아이디어를 온라인 플랫폼에 제안하였다.

한편, ERP는 통상적으로 로컬파트너, 전문가 집단, 투자자, 개발자, 커뮤니티 등이 참여하는 워크숍을 6개월 정도 진행하며, 참여주체 간 협업, 지방정부의 리더십, 주민 참여 및 민간금융 참여 유도, 수익의 공유, 원주민 거주 보장 등을 중요한 원칙으로 한다. MCCP는 온라인모금을 통해 시민들의 좋은 아이디어를 프로젝트화하여 자긍심을 증진하고, 공청회를 통한 붐업, 워크숍, 펀딩, 성과보고의 진행과정을 통해 주민의 자발적 참여를 유도한다. 정부에 대한 불신이 많은 영국에서 Spacehive(비영리 법인 성격의 크라우드펀딩 업체)의 중립적 성격은 시민영역의 공공에 대한 거부감을 감소시키는 효과가 있었고, 이는 MCCP의 성공 요인 중 하나로 평가된다. ERP는 사업성이 낮은 런던 중심 이외 지역에서는 추진이 어렵다는 한계가 있으며, MCCP는 아직까지 소규모 사업에 한정되어 추진되고 있다. 이와 같은 새로운 시도들은 그 규모는 상대적으로 작지만, 지역 내 도시재생사업의 도화선이자 구심점이 되어 점진적으로 사업범위를 확산할 수 있으며, 주민참여를 통해 사업의 내실과 지속성을 높일 수 있다는 점에서 시사하는 바가 있다.

영국에서의 도시재생과 관련한 금융프로그램이 시사하는 바와 같이, 우리나라 도시재생의 원활한 추진을 위해서도 MCCP와 같은 새로운 형태의 재원조달 방식을 적극 도입할 필요가 있다. 단 영국 런던의 사례와 마찬가지로, 서울과 같은 대도시 이외의 사업성이 낮은 지방중소도시에서도 실현될 수 있는지에 대한 세밀한 검토가 선행되어야 할 것이다. 특히 기부문화가 아직 보편화되지 않은 국내 현실에서 크라우드펀딩을 통한 재원조달 활용은 아이디어와 사업발굴이 지속되어야 하고 그렇지 않은 경우 이벤트성이나 1회성 기부에 머무를 수 있는 한계가 있다. 따라서 사업의 실행가능성을 높일 수 있도록 관련제도와 기준을 정비할 필요가 있다.

오랜 도시재생 역사를 가지고 있는 영국은 도시경제 활성화 및 근린재생과 관련된 다양한 예산 프로그램을 만들어 왔으며, 금융위기 이후 SIB, ERP, 크라우드펀딩 등 새로운 재원조달방안에 대한 고민을 하고 있다. 또한 공공주체의 선도적 역할에 있어, 재정적 지원뿐만이 아니라 도시계획 수립권을 비롯한 사업시행과 관련된 권한과 수단들이 활용되고 있다는 것에도 주목할 필요가 있다. HCA가 도시재생 과정에서 담당하는 마스터플랜이나 공용수용권 등은 대규모 개발형 사업 시행시 민간투자자들의 불확실성과 위험성을 줄일 수 있고, 뿐만 아니라, 도시재생사업지에 장소 중심의 기능과 재원, 시설들에 대한 종합적 계획·개발 및 운영이 가능하도록 하여 사업의 실행가능성을 높이고 민간참여를 촉진하는데 기여할 수 있을 것이다.

Ⅲ. 유럽 주요 국가의 도시재생금융

1. 독일의 도시재생과 금융

〈독일 도시재생 사업절차 및 기금 구조〉

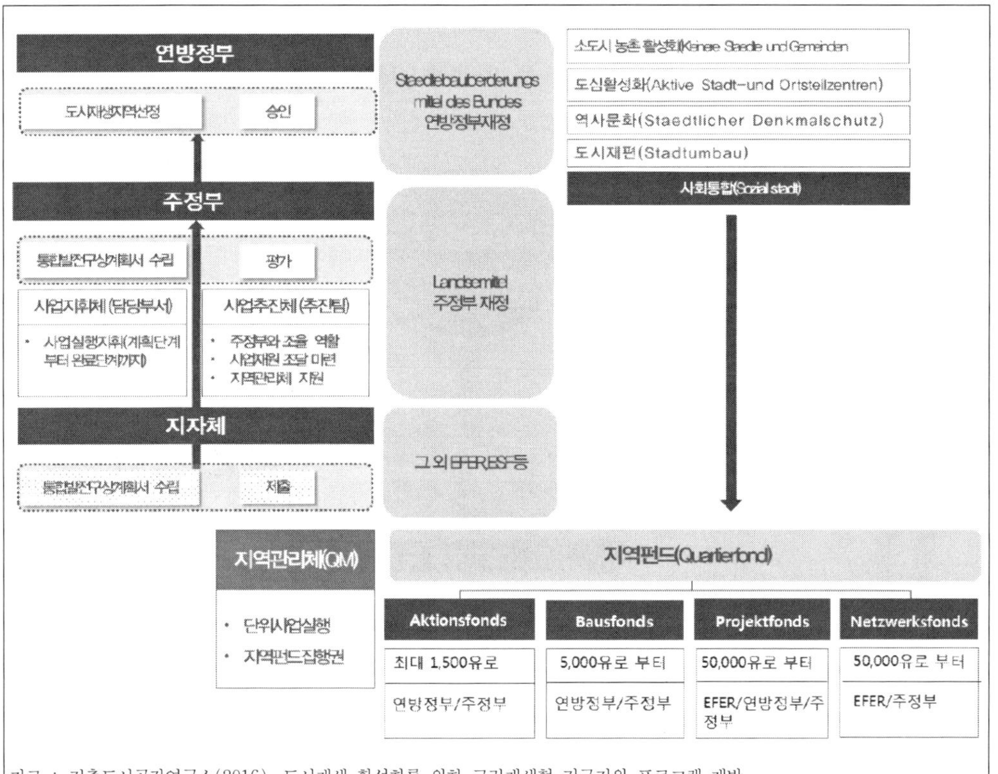

자료 : 건축도시공간연구소(2016), 도시재생 활성화를 위한 근린재생형 기금지원 프로그램 개발

독일은 영국 등과 달리 장소 중심의 재정지원 프로그램을 다양하게 운영하고 있으며, 기금은 연방정부, 주정부, 지자체가 각각 1:1:1의 비율로 기금을 마련하는 매칭방식으로 운영하고 있다. 독일에서는 Soziale Stadt 프로그램(사회통합도시재생)을 통해 낙후된 주거지역의 물리적 환경개선 외에도 교육지원, 상담지원, 일자리 지원과 같은 사회적 문화 환경 개선사업 역시 지원하고 있다.

독일 지역재생기금은 지역관리체인 QM이 중간지원조직 역할을 담보하면서 재정프로그램을 운영하고 있으며, 실제로 사업을 추진할 수 있는 운영조직으로 사업추진팀을 구성하고 지역관리체인 QM이 중간지원조직으로서 사업추진과 관련된 의사결정 및 예산집행 권한을 가진다. QM은 지역재생기금을 위탁받아 민간이나 비영리단체 등 민간주체를 대상으로 일자리 창출이나 지역공동체 형성을 위한 사업에 예산을 지원하고 있으며, 지역공동체가 중심이 되는 거버넌스조직이 지역의 문제를 발굴하고 문제해결의 주체로 나설 때 기금을 지원하는 방식으로 지역역량을 강화하는데 기여하고 있다.

2. 프랑스의 도시재생과 금융

〈프랑스 도시재생 추진체계〉

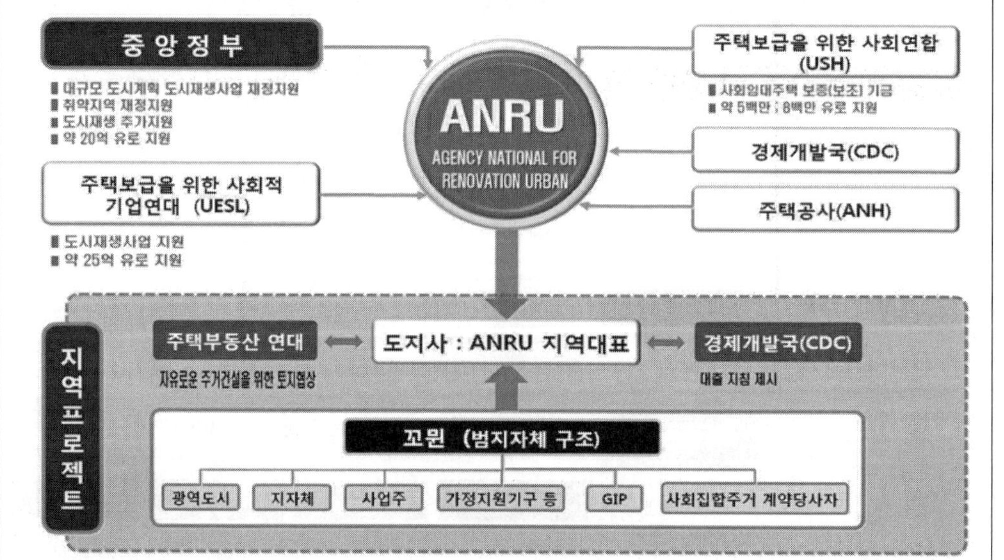

자료 : 도시재생사업단(2014), 도시재생 기반지식 구축 및 실용화 전략 최종보고서

1982년 도시분권화법의 제정에 따라 코뮌(지자체)으로 도시재생관련 정책집행 권한이

상당 부분 이양되었으며, 중앙정부와 지자체가 협의 하에 사업을 시행하고 재정분담의 계약을 체결하도록 제도화되어 있다. 도시재생사업 시 주민협의를 의무화하도록 법적으로 명시하고, 도시재생창구를 일원화하여 사업절차를 단순화하고, 효율적인 지원시스템을 구축하여 사업의 효율성 및 절차 간소화를 위해 공공기관을 설립·운영하고 있다.

국가도시재개발청(ANRU, l'Agence Nationale pour la Rénovation Urbaine)은 도시재생정책의 효율적 집행을 추진하기 위하여 2003년 신설된 기관이다. ANRU는 도시재생에 대한 정책 패러다임의 변화를 수용하고 분산된 정책집행 기능을 통합함과 동시에 도시재생 자금의 효율적인 집행을 주관하고 있고, ANRU는 주로 도시쇠퇴지역의 재생사업에 참여하고 있으며, 지자체와 사회주택 임대인들이 도심재개발사업을 실시함에 있어서 그 절차를 간소화시켜 빠르고 간편하게 목적을 달성하기 위하여 지원하는 역할을 담당한다.

한편, 정부와 민간 기금을 활용(CDC)하는 사례도 볼 수 있는데, 정부 지원금을 활용하여 낮은 이자와 세금혜택을 제공받는 공동저축제도를 통해 민간자본을 유치하고, 이를 바탕으로 주거 복지를 실현하고 있다.

〈정부·민간 기금 활용 사례(CDC)〉

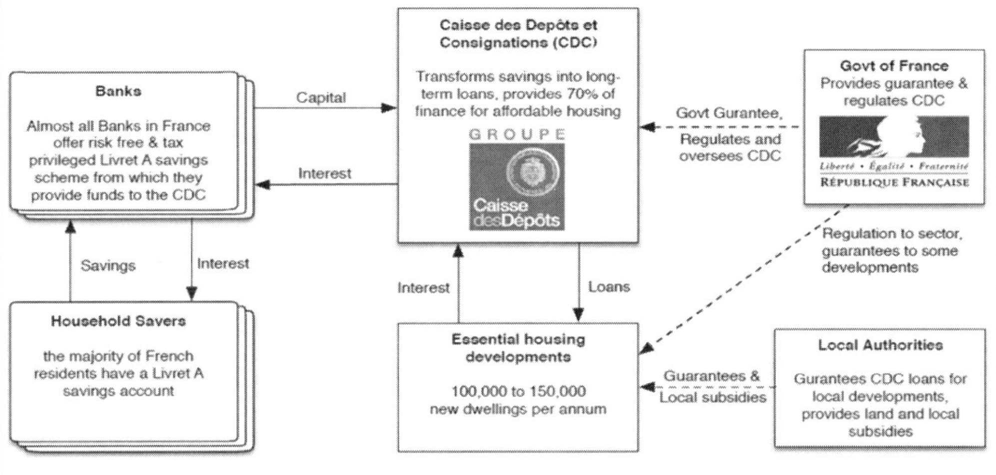

자료 : L. Janusz Hooker(2014), Austrailia's Essential Housing Crisis, 대한부동산학회(2018), 지역재생을 위한 지역공동체 주도의 공동체투자 모델 개발 연구용역.

3. 스위스의 도시재생금융

EGW 또는 BIC는 자금 조달을 위해 정부 보증 채권을 발행하여 민간 자본을 유치하고, 이를 바탕으로 복지형 주택 개발자에게 주택개발 비용의 최대 70%를 융자한다.

〈정부 · 민간 기금 활용 사례(BIC)〉

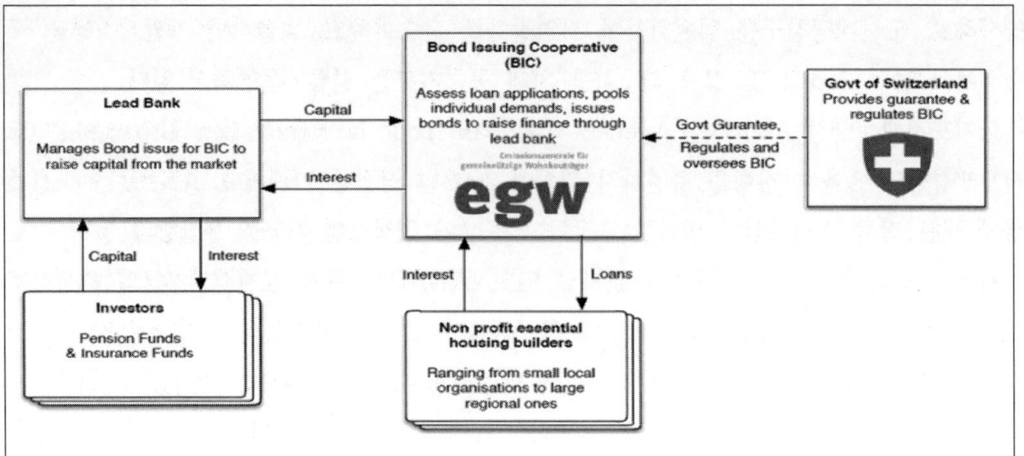

자료 : L. Janusz Hooker(2014), Austrailia's Essential Housing Crisis, 대한부동산학회(2018), 지역재생을 위한 지역공동체 주도의 공동체투자 모델 개발 연구용역.

4. 오스트리아의 도시재생금융

오스트리아는 HCCB를 통해 장기 저비용의 기금을 조성하고, 민간 은행과 오스트리아 기금(WBF)를 통해 개발비용을 지원하고 있다.

〈정부 · 민간 기금 활용 사례(HCCB)〉

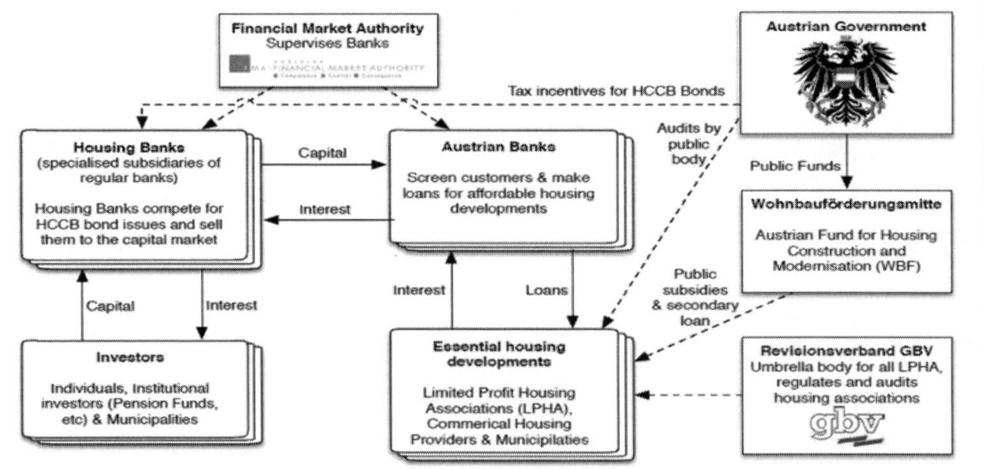

자료 : L. Janusz Hooker(2014), Austrailia's Essential Housing Crisis, 대한부동산학회(2018), 지역재생을 위한 지역공동체 주도의 공동체투자 모델 개발 연구용역.

Ⅳ. 미국의 도시재생정책과 금융

1. 도시재생정책 및 제도의 흐름

(1) 도시재생의 등장배경

20세기 중반부터 미국의 도시들은 탈공업화의 경제구조 변화를 겪게 되고, 도시 내 거주인구들의 대규모 교외이주가 발생하여, 도시내부에 거주인구 및 일자리가 급격하게 줄어들면서 도심쇠퇴와 공동화현상이 빠른 속도로 진행되었다. 즉, 경제적 여유가 있는 중산층 이상 백인들의 교외이주는 지속적으로 증가했으며, 경제력이 부족했던 저소득층과 소수인종들은 쇠퇴한 도심에 거주하게 되고, 도심내부의 빈곤율과 범죄율이 증가함과 동시에 도시기반시설들의 노후화와 함께 부동산가격도 하락하게 되었다.

도심쇠퇴에 대한 대처방안으로 연방정부는 빈곤지역 전면 철거화를 앞세워 지역정부 및 개발사업 이해관계자들에게 토지수용권을 부여하고, 주거의 교외화를 가속시킬 고속도로 건설에 주력하였다. 그러나 인종차별과 소득 및 주거지에 대한 차별을 구조화시킨 차별적 주택담보대출(redlining)과 부동산투기 현상으로 인해 도심지역의 슬럼가는 빈곤의 집중과 투자자본의 유입이 결여되어 결과적으로 도심은 급격한 쇠퇴의 길을 걷게 되었으며, 이로 인해 새로운 도시재생의 필요성이 대두되었다.

(2) 도시재생 용어의 개념적 정의

미국에서는 도시재생(Regeneration)을 얘기할 때, 도시재개발(Renewal or Redevelopment), 도시재활성화(Revitalization)등의 용어들을 큰 구분 없이 사용되어 왔다. 그러나 최근 들어 각각의 용어들이 담고 있는 개념에 역사적 해석이 덧붙으면서 미묘한 차이들을 인지하고, 이와 관련된 논의가 진행되고 있다.

Urban Redevelopment는 가장 광의의 개념으로 쓰이고 있으며, 지방정부가 재개발이 요구되는 지역을 인식하고 재개발 주체를 설립하여, 연방정부와 주 정부로부터 법령을 통한 권한을 부여받아 도시쇠퇴 문제를 해결하는 개발사업을 의미한다. 또한, Urban Renewal은 중·고밀도의 토지이용 지역에 대한 도시재개발 프로그램으로, 1940년대부터 1960년대까지 도심부 슬럼화에 대응하여 빈민가 철거운동을 목적으로 진행된 사업을 지칭한다. 한편, Urban Revitalization은 경제적·사회적으로 낙후된 지역을 재개발·재조직·재편성하여 살기 좋은 지역개발을 하는데 목적이 있으며, 이를 위한 다양한 계획들을 의미하는데, 낙후지역에 활기를 불어넣는 것에 초점이 맞춰져 있으며, 주로 대규모 사업보다는 커뮤니티 단위의 개발사업을 지칭하고 있다.

(3) 도시재생정책 및 제도의 흐름

① 1950년대, 전면 철거형 재개발을 슬로건으로 내세워 도심 내 낙후지역에 대한 재개발을 추진하기 시작하였다. 자동차 수요와 공급의 증대에 따라 기존의 노후화된 도심주거지를 벗어나 새로운 주택의 공급을 교외지역으로 집중시키고, 이를 가능하게 할 고속도로 건설이 재개발 사업의 주된 목표였다. 이 당시 도심의 심각한 슬럼화, 빈곤화를 극복하기 위해 1954년 주택법(Housing Act)이 개정되었고, 예방적 재개발방식을 도입하였다.

② 1960년대 후반, 연방정부는 복지 및 주거환경의 개선을 위해 150개 도시를 Model City로 선정하고, Model City Program을 추진하였다. 1965년 HUD가 설립되면서 본격적인 도시재개발사업을 지원하기 시작하였으며, 재개발사업의 추진주체로 도시재개발공사(URA, Urban Development Authority/Agency)가 각 도시에 설립되었다.

〈도시재생 추진체계〉

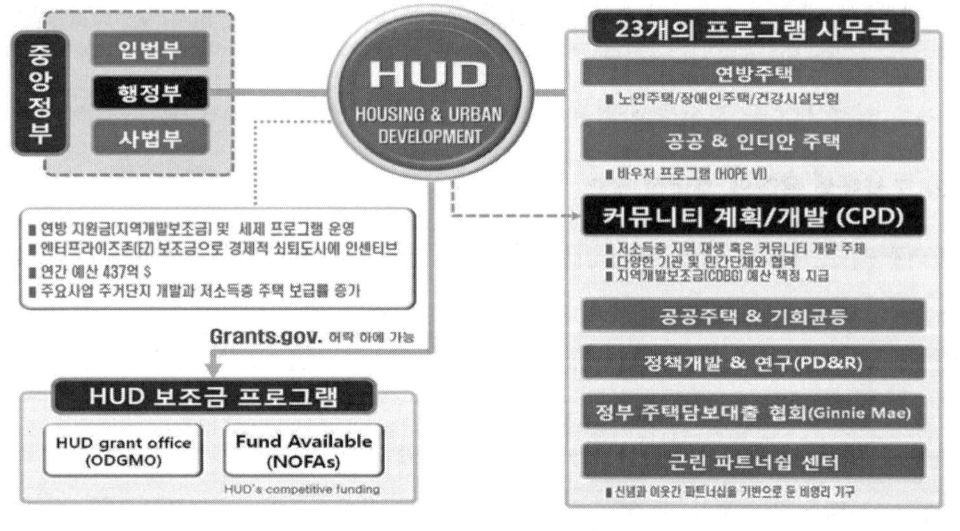

출처 : 도시재생사업단(2014), 도시재생 기반지식 구축 및 실용화 전략 최종보고서.

미국은 연방정부의 일방적 지원보다는 상업기능 강화 및 민간 기업유치를 위한 인센티브 위주의 정책을 기조로 하고 있으며, 따라서 중앙정부의 관계부처보다는 주 정부와 시민 조직 등의 협의체를 활용하는 경향이 강하다. 중앙정부차원에서는 주택도시개발청

(HUD, Department of Housing and Urban Development)의 설립을 통해 도시 및 지역관련 프로그램을 통일적으로 지원하려는 목적으로 물리적 환경과 더불어 사회서비스를 향상시키려는 집중적 투자가 이루어지나, 주로 지역공동체 개발구역 보조금 사업이나 주택 투자 협력사업 기금을 운영하여 예하 정부기관의 재생사업을 지원하고 있다. 주요 지원정책으로는 세금충당금지원(TIF), 커뮤니티개발 보조금(CDBG) 등이 활용되고 있다. 세금충당금지원은 지방정부가 일정지구 재개발 프로젝트의 사업자금을 미래고정자산세의 세수 증가분에 의거하여 사전 지원하는 제도이며, 커뮤니티개발 보조금은 공공시설의 취득과 개·보수, 쇠퇴 지역의 재생, 소기업 지원 등을 위해 연방정부에서 주 정부로 교부한 후, 주 정부가 다시 시 정부에 교부하는 보조금을 활용하는 것이다.

③ 1970년대, 급속한 교외개발로 인해 도심의 슬럼화가 심각해짐에 따라 연방정부는 이를 타개하기 위해 1974년 Housing and Community Development Act를 제정하고, 이를 기반으로 지역개발포괄보조금(CDBG, Community Development Block Grants) 제도가 창설되었고, 지역개발회사(CDCs, Community Development Corporations)가 주도하여 저소득층 밀집지역의 재개발을 실시하였다. 아울러, 연방정부의 도시개발사업보조금(UDAG, Urban Development Action Grant)을 통해 도심 내 대규모 재개발을 촉진하고, PUD(Planned Unit Development), TDR(Transfer of Development Right), BID(Business Improvement Districts)등의 다양한 재원조달 및 재개발 기법이 도입되었다.

④ 1980년대, 성장관리정책이 도시재생사업의 주요정책으로 등장하였고, 도심공동화로 인한 도심쇠퇴를 극복하기 위해 도심재개발사업 추진 시, 상업 및 업무용도의 건물과 함께 주거시설을 함께 조성해야 한다는 조례 및 정책을 입안하여, Main Street Program, Business Improvement Districts, Downtown Linkage 제도를 주로 활용하였다.

⑤ 1990년대, 지속가능한 커뮤니티를 목표로 하는 뉴어바니즘(New Urbanism)이 도시재생정책의 기조로 자리 잡았는데, 이는 토지자원의 효율적 이용, 이동거리의 단축 및 자동차로 인한 환경파괴방지 등을 주요 목적으로 하였고, 혼합적 토지이용을 장려, 유휴화된 공업부지(brownfield)의 개발이 촉진되었다.

2. 도시금융정책의 흐름

(1) 조세담보금융

조세담보금융(TIF, Tax Increasement Financing)은 기본적으로 재개발사업에 있어서 필요한 공공재원을 해당 지역이 개발되었을 경우를 가정하여 재개발 이후 발생하게 될 세수의 증가분을 예측하고 이를 활용하여 재생 또는 재정비를 위한 재원을 조달하는 방법으로, 지금까지 미국의 지방정부들이 시행했던 도시개발사업의 재원조달기법으로 가장 널리 이용되었다.

TIF구역(TIF District 또는 Tax allocation district)으로 지정되면 개발로 인해 미래에 발생하게 될 총세수를 예측한 후, TIF시행 이전부터 발생하고 있던 기존의 세수를 제외한 순수증가분만을 일정기간동안 별도로 수집하여 그 지역에 재투자하고, TIF제도가 종료되면 사업을 통해 발생된 세수증가분(주로 재산세 증가분)은 기존 세수와 함께 기존 과세기관의 일반세수로 적립된다. 즉, 개발사업 자금의 일부를 정부 또는 민간의 자본이 아닌 도시의 재산세 수입을 통해 충당하는 방법이다.

미국의 TIF는 낙후된 지역 내 재생 및 재정비사업 시행 시에만 사용허가가 나는데, 이 때 낙후된 지역은 저투자로 인한 저성장, 개발의 침체들로 인해 주변지역까지 함께 낙후되어 있거나, 노후화된 건물 또는 개발을 저해하는 요소들로 인해 정상적으로 민간자본을 유치하여 개발이 불가능한 지역을 의미한다. 그러나 노후화된 지역이 아니더라도, 고용창출의 가능성을 보인다든지 군용지개발과 같은 특별한 목적이 있는 경우에는 예외적으로 TIF가 허용된다. 미국은 TIF를 활용하여 공공부문에서 도시재생사업 시행 시 발생하는 초기기반설치비용을 해결하고 있으며, 공공부문의 보조가 없이는 재개발사업이 어려운 지역의 재개발을 촉진하는데 유용하다.

(2) 업무환경개선지구

협의적 의미의 업무환경개선지구(BID, Business Improvement District)는 1990년대 이후 도심 내 중심시가지 및 상업·업무지역의 경제활성화를 목적으로 특별히 선정된 지구를 말하는 것으로, 광의적으로는 강제적으로 부담금을 징수하고 이를 통해 자치조직이 해당지역의 치안유지, 공공시설 유지·보수, 도로 정비, 그리고 다양한 형태의 마케팅활동들을 주최하여 선정지구를 전체적으로 관리·운영하는 제도를 의미한다.

BID는 기존에 낙후되었던 상업·업무지구의 활성화에 크게 기여하면서 도시재생사업에 있어 급속하게 확대·적용되었고, BID의 구역 지정은 청원 또는 이의신청 등의 절차를 통해 진행된다. 즉, 지역 내 부동산 소유자, 상인 및 사업자 등 지역 내의 이해관계자들을 대상으로 투표를 통해 동의의 절차를 거친 후, 부동산가액(자산가치)의 50% 이상의 소유자가 찬성하는 조건을 충족시킬 경우 BID를 지정하고, 이 구역의 구성원에게 추가세금(BID세)을 부과하는 과정으로 진행된다. 이후 해당 지방정부는 추가세금 징수와 이의 적절한 활용을 위한 비영리 조직에 역할을 이관하는데, 비영리조직은 추가세금을 통해 만들어진 자금을 바탕으로 해당지역의 경제 활성화를 위한 다양한 형태의 공공서비스를 제공한다. BID는 공공과 민간의 파트너십을 기반으로 지역 내 이해관계자들의 운영 및 관리에 있어 책임감을 높였다는 점과 자체적인 재원조성을 이끌어냈다는 점에서 의의가 있다.

(3) 지역개발포괄보조금

지역개발포괄보조금(CDBG) 제도는 1974년 Housing and Community Development Act를 기반으로 시행된 도시재생프로그램이다. 빈곤이 집중화된 지역에 기반시설을 정비·확충하고 주택건설, 상권 활성화, 고용창출 등을 이루기 위한 주정부와 지역정부의 노력에 자금을 지원하는 제도로 현재까지 HUD에 의해서 운영되고 있으며, 타 도시재생 프로그램과의 차이점은 민간금융기관을 개발주체로 끌어들였다는 점이다.

CDBG를 받은 지방정부는 민간금융기관에 이를 위탁한 후 회전융자기금(RLF, Revolving Loan Fund)[15]으로 활용하여 이윤을 회수하고 새로운 사업을 추진할 수 있게 한다. 또한 지역 내 CDCs를 통해 보조금을 지원하고 운용을 하도록 요구하는데, 이로 인해 운영추진 주체인 지역개발회사의 설립이 활성화되었으며, 그 결과 낙후지역 개발에 있어 민간부문의 참여가 촉진되었다. 아울러 분야별로 다르게 존재하던 경쟁적인 보조금 프로그램들을 단일의 포괄적 보조금정책으로 통합시켰다는 점에서 의의가 있다.

CDBG는 매년 1,209개 지방정부 및 주정부에 예산을 분배하고 있는데(연방정부재정), 예산분배기준은 지역 내 빈곤율, 인구, 주택밀도, 주택노후도, 상대적 인구증가율 등 선택된 여러 지표들을 이용해 선정한다. CDBG의 규정은 최소 70% 이상의 보조금이 저소득 또는 중산층을 위한 활동에 사용되어야 하며, 낙후지역의 개선 또는 주민들의 건강 및 복

15) 여신을 취급하는 금융회사가 자금공급규모를 미리 확정한 후 일정 기간 동안 한도 범위 내에서 대출하는 융자방식으로, 대출상환의 회전 측면에서 명칭이 유래하였다. 차입자가 차입한도 내에서 대출금을 일시에 찾지 않아도 되고, 만기 전에 상환할 수 있으며, 필요 시 추가 대출을 받을 수 있다. 또한 개별 프로젝트가 대출상환 시 중앙기금이 보충됨에 따라 신규 프로젝트에 대한 대출을 발행할 수 있는 기회가 생긴다.

지를 해하는 노후화된 주거환경개선의 용도로만 사용하도록 제한하고 있다.

3. 도시재생과 지역개발금융

(1) 지역개발금융

미국은 오래 전부터 저소득층 및 빈곤지역 내 금융서비스 확대와 낙후지역의 개발을 위해 공공뿐만 아니라 민간차원의 자생적 노력을 활발히 전개해 왔다. 미국 연방정부는 1934년 연방주택청(FHA, Federal Housing Administration)을 설립하여 정부보증 모기지대출을 취급토록 함으로써 민간부문의 주택건설을 촉진하였다. 그러나 FHA는 사회적 평판이 낮은 지역을 별도로 구분하여 정부보증을 거부 또는 제한함으로써 대부분의 FHA 보증대출이 백인에게 집중되는 현상이 나타났다. 이에 흑인 거주 비중이 높은 낙후 도심지역을 지도상에서 빨간색으로 표시하고 대출을 제한하거나 대출금리를 높이는 레드라이닝(redlining)[16]에 대한 논란과 이를 근절하기 위한 대응을 전개하는 과정에서 지역개발금융이 태동하였다.

초기 지역개발금융(CDF, Community Development Finance)은 1950년대 후반 소수인종에 대한 차별과 낙후한 커뮤니티들의 집중화로 인한 도심 내 또는 비도시의 빈곤지역 증가를 극복하기 위한 정부 노력의 일환으로 등장하였으나, 경제적으로 낙후된 빈곤지역 내 거주자들의 신용에 적합한 금융상품의 부족과 주류 민간금융들이 제공하는 금융상품에 대한 차별적인 접근성이 문제가 되었다.

1964년 Civil Rights Act Title Ⅶ(민권법 제7편)을 통해 연방정부가 정부보조금을 지원함으로써 CDCs를 지원하고 펀딩할 수 있는 법적기반을 마련하였고, 존슨 정부가 추진한 빈곤퇴치캠페인과 맞물려, 지역개발금융의 토대가 되는 CDCs가 출범하였다. CDCs는 도시 및 비도시에 존재하는 빈곤지역의 발전을 목적으로 활동하였다.

1970년대 Community Reinvestment Act(CRA)의 제정과 함께, 연방정부는 금융기관들에게 빈곤지역개발에 협조를 구하고, 초기의 지역개발금융은 저소득층 및 빈곤지역 거주자들에 대한 금융상품제공을 통해 금융소외 극복에 초점을 맞추었다. 그러나 1970년대에 지역개발금융기관(CDFIs, Community Development Financial Institutions)들은 연방정부로부터의 사업개발에 대한 자금을 지원 받았다. 또한 민간 투자자 또는 종교단체들과의 접촉을 통해 영역을 넓히는 등 다양한 재원조달 방식을 통해 지역개발금융은

16) 레드라이닝(redlining)은 1935년부터 미국 주택담보대출기관이 흑인들이 많이 사는 낙후 도심지역을 지도상에 빨간색으로 표시하고 대출을 제한하거나 대출 금리를 높이는 데서 유래된 용어다.

1970년대와 1980년대에 급속도로 성장하였다.

1990년대 클린턴 정부는 연방정부 차원에서 저소득층의 발전 및 빈민지역의 개발을 지원해줄 수 있는 법안을 제안했으며, 1994년에 Community Development Banking and Financial Institutions Act(CDFI Act)이 제정되었다. 지역개발은행 및 금융기관법의 주된 목적은 CDFIs에게 재정적, 경영적, 기술적인 지원을 제공함으로써 형평성이 강조된 투자를 시행 가능케 하여 빈곤지역에 대한 경제 활성화 및 지역개발을 촉진하는데 있다.

(2) 지역재투자법

FHA가 경제 낙후지역에 대한 차별적인 지도를 작성하고, 이를 기준으로 모기지 대출 및 보험을 차등적으로 취급하도록 하는 가이드라인을 민간 금융기관들과 공유한다. 이로 인해 FHA가 시행한 정부보증대출의 대부분이 백인 및 중산층 이상의 가구들에게 집중되는 현상이 발생하였다. 이 과정에서 유색 인종 또는 소수 인종, 낙후지역 거주자, 저소득층들은 정부보증 모기지 대출에 대한 접근성을 박탈당하게 되어, 이를 극복하기 위해 의회 차원에서 인종, 종교, 국적, 성별 및 나이 등에 따른 신용공여 차별화를 금지하는 노력이 진행되었으며, 그 결과 1977년 Community Reinvestment Act(CRA)이 제정되었다. 이를 통해 레드라이닝을 법적으로 금지하고, 금융기관에게 당해 지역 저소득층 및 소수 인종, 소기업 등의 대출수요에 적극 대응토록 의무화하였다.

CRA는 지역금융을 활성화하고, 금융 소외계층을 위한 금융서비스제공이 주요 목적이다. 일반적으로 총자산 2억5천만 달러 이상의 개별 금융회사와 총자산 10억달러 이상인 지주회사의 개별 자회사가 CRA대상은행인데, CRA대상은행은 자산규모에 따라 일정비율 이상을 소기업, 소농장, CDFIs에 대한 대출과 중간소득 이하 계층에 대한 모기지대출에 할애해야 한다. 이때 지역 중간소득의 50% 이하 소득계층을 저소득계층, 지역 중간소득의 80%~120% 소득계층을 중간소득계층으로 분류한다.

1990년 대규모 저축대부조합(Savings & Loans) 부도사태를 계기로 지역사회의 여신충족을 위한 역할 증대를 위해 CRA를 강화하기 위한 일련의 조치들이 시행되었다. CRA도입 이후에도 1990년대 대도시에서 여전히 차별적인 금융서비스가 이루어지고 있음이 확인되면서 개정안에 대한 촉구가 거세어졌고, 결국 1995년 CRA는 개정되었는데, 새롭게 개정된 법안은 자산규모 2억 5천만 달러 이상인 대형 금융기관들을 대상으로 낙후지역 내 주민들과 사업체들을 위한 금융서비스를 공정하게 제공하고 있다는 보고를 의무화하였고, 대출 이외에도 지역투자, 각종 금융서비스 등 세 가지 측면에서 기관활동에 대한 평가를 요구하였다. 무엇보다 미국 연방준비제도(Fed, The Federal Reserve), 미국 연방예금보험공사(FDIC, Federal Deposit Insurance Corporation) 등의 감독기관이 CRA에 근거한 금융기관 평가요소에 CDFIs에 대한 은행의 지분투자 및 대출을 포함하여 지역개발에 대한 주류 대형 민간금융업체들의 역할을 증대시켰다.

4. 지역개발금융기관과 도시재생금융

(1) 지역개발금융기관

〈지역개발금융기관(CDFIs)의 유형 및 특징〉

유형	특 징
지역개발은행 (Community Development Bank)	- 영리 추구 기관 - 설립 지역주민들 또는 이해관계자들을 이사회에 포함 - 주류 금융기관들과 가장 비슷한 유형의 기관 - 지역 내 경제 활성화를 주요 목적으로 하는 대출 및 투자를 수행 - Federal Deposit Insurance Corporation(FDIC), the Federal Reserve, the Office of Thrift Supervision, and State banking agencies의 감독 및 규제를 받음 - FDIC에 의해 예금을 보호받음
지역개발신용협동조합 (Credit Union for Community Development)	- 비영리 금융협동조합 - 저소득층, 저신용등급자, 금융서비스에 소외된 소수인종들에 초점을 맞춰 금융상품을 제공 - National Credit Union Administration(NCUA), 연방정부, 주정부의 감독을 받음 - NCUA에 의해 예금을 보호받음
지역개발 론펀드 (Community Development Loan Fund)	- 비영리기관 - 이사회에 지역주민들 또는 이해관계자들을 포함 - 영세기업, 소기업, 중 · 저소득층을 위한 주택(affordable housing) 및 지역단체를 위한 융자를 제공 - 대체적으로 다른 CDFIs에 비해 가장 빠른 융자가 가능함 - 적은 수만 존재하기 때문에 모든 지역마다 론펀드가 없을 수도 있다는 단점 존재
지역개발 벤처캐피탈펀드 (Community Development Venture Capital)	- 비영리 또는 영리 기관이며 지역 대표성을 포함 - 경제 낙후지역 내 소규모 또는 중간 규모의 사업체에 자본투자 시행 - 다른 기관들에 비해 그 수가 상대적으로 적은 유형 - 전체 CDFI 기금의 1% 정도가 해당됨

지역개발금융기관(CDFIs)은 빈곤지역 내 거주자들 또는 금융서비스에 있어서 소외된 저소득층들에 대한 금융서비스의 진입장벽을 낮추고, 이들을 위한 금융상품을 확대하는데 주요 목적을 둔 민간금융기관들을 총칭하는데, 미국 내 약 1,000여개의 CDFIs가 존재한다.

CDFIs가 CDFI 프로그램에 참여하고, 기금을 받기 위해서는 먼저 재무부로부터 CDFI 인증을 받아야 한다. 인증을 받기 위해서는 해당 기관이 합법적으로 수립되었으며, 정부기관이 아니고, 지역개발 활성화가 주요 목적이며, 금융상품제공 외에 다양한 교육적 지원(창업계획 수립 검토, 신용상담, 첫 주택구입 상담 등)을 제공한다는 것을 입증해야 한다. CDFIs는 저소득층과 빈곤지역 내 가장 근본적으로 문제가 되었던 금융서비스의 확대 및 투자유치를 이루어 냄으로써 낙후지역 재생정책에 대한 새로운 접근 방법을 제시한 것으로 평가된다.

CDFIs는 꼭 비영리단체일 필요는 없으나, 이윤의 극대화 또한 기관의 궁극적 목표가 아니고, CDFIs는 무엇보다 빈곤지역 내 또는 저소득층의 소규모 자영업 활성화 및 개인들의 경제적 활성화를 목표로 한다. 세부적으로는 저소득 가족들의 첫 주택마련 및 소규모창업에 재원확보의 기회를 제공하며, 빈곤지역 내 의료기관, 교육시설, 또는 커뮤니티센터 개발 등에 투자를 지원한다. 아울러, CDFIs는 민간기업으로서 다양한 방식의 대출 및 융자를 할 뿐, 보조금을 만들거나, 정부로부터의 보조금을 직접적으로 수여하는 기관은 아니고, CDFIs는 여러 단체, 기업 및 정부와 파트너십을 형성할 수 있으며, 이를 통해 전략적인 지역개발을 지향한다. CDFIs는 사업유형과 법적 수립근거에 따라 크게 4가지 유형으로 구분할 수 있는데, 지역개발은행, 지역개발신용협동조합, 지역개발 론펀드, 지역개발 벤처캐피탈펀드이다.

(2) CDFI 기금

1) 기금의 개요

〈CDFI 기금의 예산 추이〉

구분	2016년	2017년	2018년
CDFI Program(FA+TA)	1억 5,342만 3천 달러	1억 5,313만 1천 달러	-
Healthy Food Financing Program	2,200만 달러	2,195만 8천 달러	-
Bank Enterprise Award Program	1,900만 달러	1,896만 4천 달러	-
Native American CDFI Assistance Program	1,550만 달러	1,547만 1천 달러	-
Administration	2,360만 달러	2,355만 5천 달러	1,400만 달러
계	2억 3,352만 3천 달러	2억 3,307만 9천 달러	1,400만 달러

자료 : CDFI Fund(2017a), The 5th International Forum on Housing and Urban Finance(2017)

CDFI 기금은 1994년 Community Development Banking and Financial Institutions

Act를 근거로 CDFIs를 지원하기 위해 설치된 미국 재무부의 기금으로, 공공과 민간부문의 조화와 균형달성을 규제와 인센티브를 통해 이룰 수 있도록 하는 것이 CDFI기금의 주요 목적이다. CDFI기금은 매년 의회의 심사를 거쳐 예산이 책정되며, 예산은 사용처에 따라 크게 프로그램비용과 행정관리비용으로 구분된다.

프로그램기금은 보조금, 융자, 예금 및 주식 투자금으로 경쟁적 지원절차를 거친 후 선택된 대상자들에게 수여되고, NMTC(New Markets Tax Credits)프로그램은 분리되어 별도의 예산이 책정되며, CDFI BG(Bond Guarantees)프로그램은 정부의 비용지출 없이 제공된다.

2016년 회계연도 기금활용보고서에 의하면, 2016년말 기준으로 총 1,049개(전년 대비 91개 증가)의 CDFIs가 존재하며, 총 2억 3,352만 3천 달러 중에서 약 1억 5,342만 3천 달러가 CDFI 프로그램에 사용되었다. 1,550만 달러는 NACA(Native American CDFI Assistance) 프로그램에, 1,900만 달러는 BEA(Business Enterprise Award) 프로그램에 각각 사용되었다.

2016년에 11,300개의 사업체들이 CDFI 프로그램을 통해 재원을 조달받았고, 530개 사업체가 NMTC 프로그램의 수혜자로 선정되었으며, NMTC 프로그램을 통해 약 37,600개의 새로운 일자리가 창출되었다. NMTC 프로그램을 통해 약 1천만 평방피트의 부동산개발이 이루어졌다.

CDFI 프로그램과 NMTC 프로그램을 통해 재원을 조달받아 34,000개의 중·저소득층을 위한 아파트 유닛이 공급되었는데, 기금이 생긴 후부터 2016년까지의 총 누적액을 살펴보면, CDFI BG 프로그램에 11억 달러, CDFI 프로그램 및 NACA 프로그램에 20억 달러, BEA 프로그램에 4억 1천만 달러, CMF(Capital Magnet Fund) 프로그램에 1억 7,100만 달러가 사용되었다. NMTC 프로그램을 통해서는 5,400개의 사업체가 재원을 조달받았고, 710,000개의 일자리가 창출되었다. 또한 CMF와 NMTC를 통해 총 24,800개의 중·저소득층을 위한 아파트 유닛이 건설되었다. 그러나 트럼프 정부가 제출한 2018년 CDFI기금 예산안을 살펴보면, CDFI기금을 위한 모든 예산이 삭감되었다. 트럼프 정부는 보조금과 직접적 융자프로그램의 예산을 삭감하고, 현재 진행 중인 CDFI BG 프로그램과 NMTC 프로그램의 관리를 위한 예산만 책정하였는데, 이와 같은 예산 삭감은 CDFI 기금이 설립된 이래 처음 있는 일이다. 이에 대해 트럼프 정부는 세금이 들어가지 않으면서 저비용 장기간의 파이낸싱을 제공하는 CDFI BG 프로그램의 확대를 대안으로 제시하였다.

2) CDFI 기금의 지원프로그램

① CDFI 프로그램

CDFI프로그램은 CDFI 기금의 주력 프로그램으로, 연방 보조금을 지원하여 저소득층 지역주민들이 이용할 수 있는 자본과 신용, 금융상품들을 만들 수 있도록 CDFIs들의 역량을 강화하는데 초점을 맞춘 프로그램이다. 많은 중소기업과 중요한 지역개발 프로젝트는 자본투자에 대한 접근이 부족하여, 이에 소규모 자영업체 지원, 일자리 창출, 상업부동산 개발을 통해 지역경제개발을 활성화하고, 중·저소득층을 위한 주택개발 및 주택소유를 늘릴 수 있도록 도우며, 기본적인 은행업무, 금융인식개선 프로그램, 약탈적 담보대출에 대한 대안제공을 목적으로 하고 있다.

재정지원금(FA, Financial Assistance awards)과 경영지원보조금(TA, Technical Assistance Grants)으로 구분된다. 매년 엄격한 심사과정을 거쳐 보조금이 수여되고 있으며, 2016년 회계연도에는 FA와 TA를 합쳐 1억 4,820만 달러가 수여되었다. Ⓐ FA는 CDFIs에게 대출, 보조금, 주식투자, 예금, 신용조합주식 등의 형태로 지원금을 수여하는데, FA를 지원받을 시, CDFIs는 연방자금과 일대일 대응이 되는 비연방자금(개인 및 민간단체로부터의 자금)을 수여받았음을 입증해야 한다(1:1 매칭방식). 이를 통해 CDFIs가 경제적으로 어려움을 겪는 지역에서 저렴한 금융상품에 대한 수요를 충족시키기 위한 연방투자의 영향력을 배가시킬 수 있다. 즉, CDFIs가 보조금 외에 민간자본을 레버리지 하여 지역개발을 위한 맞춤 금융상품의 개발과 서비스 수요를 달성하게 하는데 목적이 있다. Ⓑ TA는 CDFIs의 지역 내 소규모 사업체들에 대한 창업지원능력을 키울 수 있도록 하고 있다. FA와 다르게 일대일 대응 펀드가 요구되지 않으며, 다양한 목적으로 쓰일 수 있다. 예를 들면, CDFIs 직원들의 임금, 혜택, 트레이닝 제공 등에도 사용할 수 있다. 주로 새롭게 인증된 CDFIs가 대출융자상품 개발 및 업무담당자들의 능력개발을 위해 종종 이 경영지원 프로그램에 지원한다. 2016년에는 62개의 지원서가 접수되었으며, 35개의 단체들이 선정되어 4,100만 달러를 교부받았다.

2016년 회계연도 한 해 동안 CDFI프로그램의 성과로는, 36억 달러 규모의 대출 및 투자 유치, 13,300개 이상의 기업에 재정지원 제공, 33,500호의 affordable housing 공급을 위한 자금제공, 42만 7,000명 이상의 개인에게 금융교육 및 기타교육 제공을 들 수 있다.

② HFF 프로그램

HFF프로그램(Healthy Food Financing Program)은 빈곤지역에 저렴하고 건강한 식품에 대한 이용 및 접근가능성을 높여 지역사회의 식량 및 건강문제를 개선하기 위한 것으로, 이를 지원하기 위해 건강한 식품 확대와 관련된 활동을 하는 CDFIs에게 FA를 제공하며, 큰 틀에서는 CDFI 프로그램에 포함된다.

③ BEA 프로그램

BEA프로그램(Bank Enterprise Award Program)은 FDIC의 보장을 받는 예금취급 금융기관들이 CDFIs 및 경제 낙후지역에 투자를 할 수 있도록 금전적 지원을 제공함으로써, 주류 민간금융기관들의 지역개발 참여 및 협조를 확대하는데 주된 목적이 있다. BEA는 1994년 CDFI법의 제정과 함께 BEA프로그램이 시작되었으며, 현재까지 총 4억 2,900만 달러 이상이 지원되었는데, BEA프로그램의 수혜기관들은 재무부를 통해 인증된 CDFIs에게 보조금, 주식투자, 융자, 예금과 같은 다양한 금융 및 기술 서비스 지원들을 제공해야 한다.

BEA를 통해 대형금융기관의 보조를 받게 될 CDFIs는 30% 이상의 지역거주민이 국가 평균 빈곤수준에 있거나 또는 그 이하에 해당되어야 하며, 또는 실업률이 국가 평균에 비해 최소 1.5배 이상 되는 지역에 위치하고 있어야 한다. BEA프로그램은 규제와 혜택을 통해 CDFIs에 대한 투자를 증대하거나 낙후지역에 대한 직접적인 대출 및 여타 금융서비스를 늘릴 수 있는 인센티브를 대형은행 등에 제공하는데, 지난 6개월간의 투자금액을 기준으로 해당 금융기관에게 보조금을 수여한다. 인증된 CDFIs에 투자한 경우에는 최대 투자금액의 33%까지 지원받을 수 있으며, 낙후지역에 대한 대출 및 금융서비스를 제공한 경우에는 투자금액의 5%를 보조금으로 받을 수 있고, CDFIs에 지분투자를 하는 경우에는 투자금액의 15%, 대출 및 경영지원을 하는 경우에는 11%의 보조금을 받을 수 있다.

④ NACA 프로그램

NACA프로그램(Native American CDFI Assistance Program)은 북미 원주민들 소유의 CDFIs를 지원하기 위한 것으로, 북미 원주민들을 위한 CDFIs의 증가 및 역량확보를 목표로 하고 있으며, FA와 TA로 구분된다. 2016년에는 FA와 TA 수혜자를 통합하여 모두 61개의 지원서가 접수되었으며, 이 중 38개의 기관들이 총 1,550만 달러를 지원받았다.

⑤ NMTC 프로그램

NMTC프로그램(New Markets Tax Credit Program)의 주요 목적은 민간투자자본을 경제 낙후지역으로 유인하는 것으로, 2000년도에 NMTC를 도입, 경제 낙후지역에 더 큰 투자가 일어날 수 있도록 유도하여 프로젝트 파이낸싱의 틈을 메꾸려 노력하고 있다. 민간부문투자로 인해 낙후지역들은 일자리창출뿐만 아니라, 제조업, 주택, 의료, 기술, 및 교육과 관련된 공공시설에 대한 접근성 향상 등의 혜택을 누리게 된다.

NMTC프로그램은 텍스크레딧을 인증된 지역개발단체(CDEs, Community Development Entities)에게 할당하고, CDEs는 금융 중개역할을 수행하여 투자자본이 투자자로부터 저소득지역 내 사업체로 흘러갈 수 있도록 도와주고, CDEs는 자신들이 소유한 텍스크레딧을 투자자들의 자본과 교환하여 지역개발사업을 진행한다. 이러한 투자들을 통해 CDEs는 낙후지역 내 사업체들이 운영될 수 있는 융자와 투자를 시행하며, 이들은 민간자본투자를 기반으로 하고 있기 때문에 경쟁력과 유연성을 확보할 수 있다.

NMTC프로그램이 시작된 이래, 총 5,400개 이상의 기업에 지원이 이루어졌으며, 연방기금 1달러당 8달러의 민간투자를 유치하는 성과를 얻었다. 그리고 1,032개의 기관들이 505억달러의 텍스크레딧을 받았는데, 이러한 크레딧들은 약 420억달러의 투자를 저소득지역에 유치시켰으며, 700,000개 이상의 일자리창출과 약 1억 7,800만 평방피트의 제조, 업무, 상업용 공간을 조성하였다. 2016년에는 120개의 단체들이 NMTC프로그램의 지원대상으로 선정되었으며, 총 176억달러의 텍스크레딧이 분배되었다. NMTC프로그램에는 크게 3가지 유형의 투자구조가 있으며, 재무부는 국세청(Internal Revenue Service, IRS)과 협력하여 모니터링을 실시한다. 3가지 유형은 직접 투자구조, 단계별 지분투자구조, 단계별 차입자본을 이용한 구조이다.

Ⓐ NMTC의 직접 투자구조

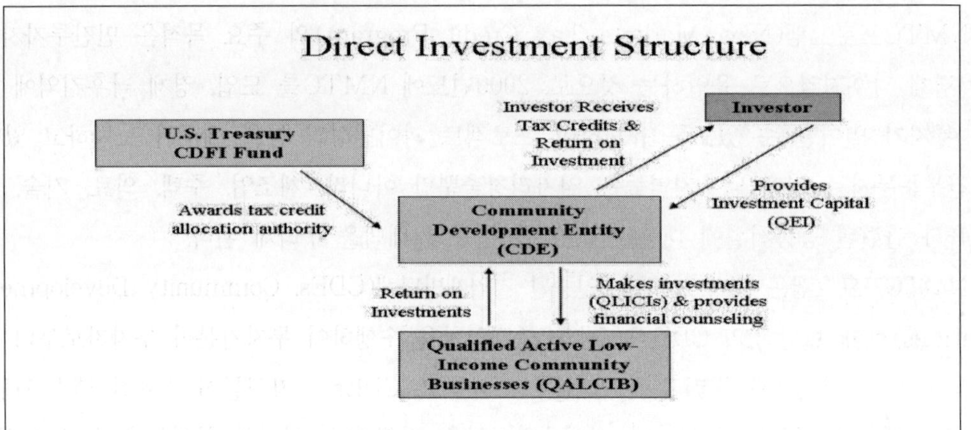

자료 : The 5th International Forum on Housing and Urban Finance(2017)

Ⓑ NMTC의 단계별 지분투자구조

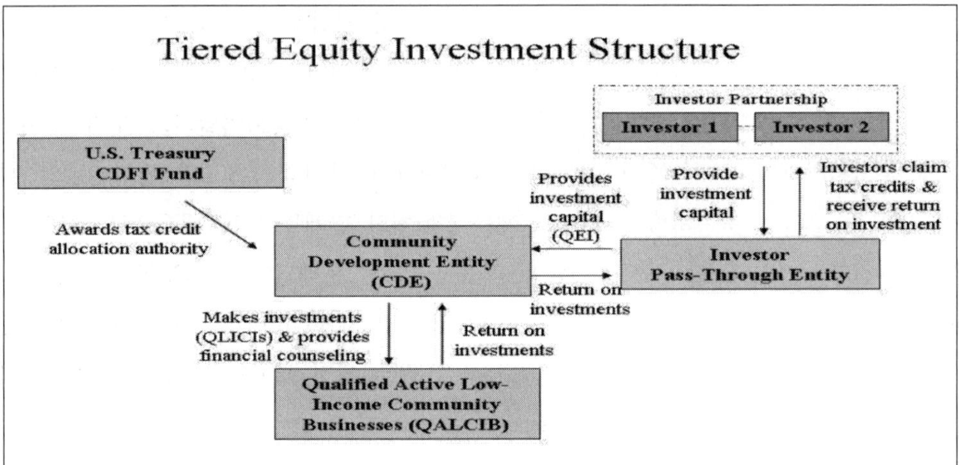

자료 : The 5th International Forum on Housing and Urban Finance(2017)

Ⓒ NMTC의 단계별 차입자본을 이용한 구조

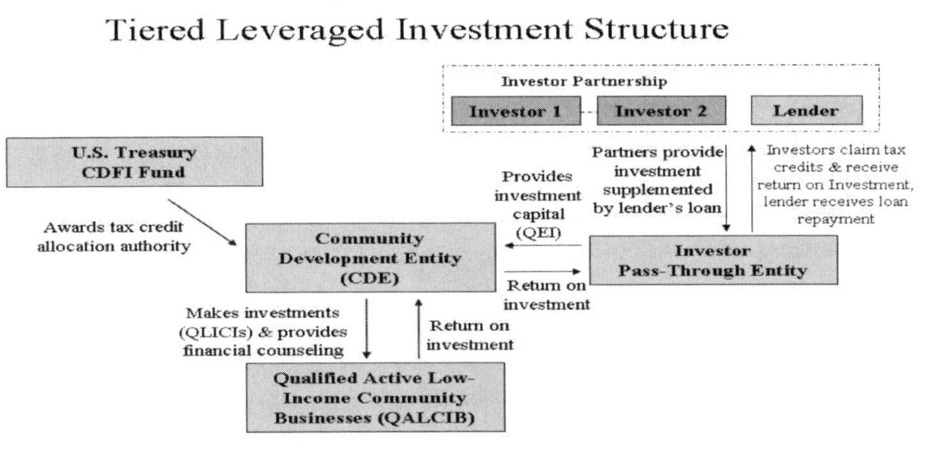

자료 : The 5th International Forum on Housing and Urban Finance(2017)

⑥ BG 프로그램

2010년 Small Business Job Act의 설정과 함께, BG 프로그램은 CDFIs에게 경쟁력 있는 이자율을 가진 장기자본에 대한 접근성을 제공하는 것을 목적으로 수립되었고, 이 프로그램을 통해 재무부는 100% 채권보증을 제공하며, 이 채권들은 인증된 CDFIs에게 융자를 해주는데 사용된다. CDFIs는 이 융자들을 사회취약계층들이 집중되어 있는 낙후 지역개발에 사용하고 있고, 재무부는 매년 10개의 채권까지 보장을 해주며, 채권당 최소 금액은 1억달러, 채권들의 총 금액은 매년 10억달러를 초과할 수 없도록 규정하고 있다.

BG프로그램(CDFI Bond Guarantee Program)을 통해 생성된 재원들은 다양한 지역개발사업에 쓰이고 있으며, 세부적으로는 임대주택 1억1,850만달러, 상업용 부동산 개발 7,750만달러, 대안/특수학교 설립 및 운영 1억 230만달러, 비영리단체 1,560만달러, 의료기관 1,330만달러, 소상공업 290만달러, 보육시설 270만달러이다.

⑦ CMF 프로그램

도시재생 및 주택공급프로젝트와 관련해서는 CMF프로그램(Capital Magnet Fund Program)을 적극적으로 활용하고 있으며, 보조금 1달러당 12달러의 민간투자를 유치하는 성과를 얻었고, 약 18억달러 이상의 결합투자(combined investment)를 유치하였다.

CMF프로그램은 경쟁적인 지원과정을 통해 CDFIs와 비영리주택단체들이, 중·저소득층을 위한 주택마련 및 경제개발활동을 위한 민간자본을 유치하기 위해 필요한 보조금을 제공하여 10,800호 이상의 affordable housing을 공급하는데, CMF프로그램을 통한 보조금은 주택건설을 위한 금융비용자본화, 리볼빙론, 위험분담론, 대출담보 등 다양한 재원조달방법으로 사용이 가능하다. CMF프로그램의 재원은 정부지원기업(GSEs, Government-Sponsored Enterprises)인 'Fannie Mae'[17]와 'Freddie Mac'[18]의 할당을 통해 조달한다. 단, 2008년 도입된 Housing and Economic Recovery Act에 따라, CMF보조금을 수여받기 위해서는 적어도 10배 이상의 레버리지(공공 또는 민간)를 보유하고 있어야 한다. 실제로 2016년 CMF보조금을 받은 프로젝트들의 재원은 70% 이상이 민간부문에서 조달되었다. 2016년 CMF프로그램에는 125개 단체가 6억달러 이상을 신청했으며, 총 32개 단체에게 9,150만달러를 지원하였는데, 이는 공공과 민간 부문에서의 투자가 9억 1천만달러 이상 이루어졌음을 의미한다. 2016년 CMF프로그램은 38개 주 17,000호의 중·저소득층을 위한 주택건설사업에 보조금을 지원하고 있으며, 이는 임대주택 15,000호, 분양주택 2,000호로 구성되어 있다.

CMF프로그램을 통한 도시재생 사례로는, 알래스카의 한 CDFIs는 저소득계층의 주택 및 건강문제 해결을 목적으로 하는 비영리단체인 VOANS(Volunteer of America National Services)에 CMF프로그램을 통한 건설자금을 지원하여 저소득층 66가구에 가족친화형 연립주택을 공급한다. 그리고 해당 지역 내 빈곤지구에 위치한 저소득층 주택의 보전 및 리모델링사업과 주택구입자금을 대출하고, 지역공공서비스 제공을 위한 시설건립에도 자금을 지원한다. 애리조나의 한 CDFIs는 영리법인이지만 높은 수준의 공공성과 시민대표성을 견지하고 있는 SCHA(San Carlos Housing Authority)에 CMF프로그램을 통해 1백만 달러를 제공하여 샌 카를로스 지역 내 아파치 부족에게 '부족 공동체형' 연립주택을 공급하는 프로젝트(Housing & Renovation on Tribal Lands)를 수행하여, 1,300만달러의 레버리지효과를 창출하였다. 메사추세츠의 한 CDFIs는 저소득계층의 주택수요 해결을 목적으로 하는 비영리주택단체인 The Massachusetts Housing Partnership(MHP)에 CMF프로그램을 통해 400만달러를 지원하여 저소득층에게 약 1,600개의 주택을 제공하였는데, MHP는 주정부의 주택공급계획에 맞춰 지역 CDFIs의 자금지원을 받아 저소득층 임대주택 개발 및 보전을 위한 장기자금을 마련하고, 이를 시민단체, 협동조합, 사회적기업 등에 제공하였다. 또한 중·저소득층을 위한 주택담보대출 프로그램인 'Soft Second Loan Program'을 제공하고 있다.

17) 연방저당권협회(Federal National Mortgage Association, FNMA)의 약칭이다.
18) 연방주택금융저당회사(Federal Home Loan Mortgage Corporation, FHLMC)의 약칭이다.

3) CDFI 지원프로그램의 참여주체별 역할 및 사후관리

① 지원프로그램 추진 시 참여주체별 역할

Ⓐ 정부(재무부)는 CDFI기금을 관리하고, 기금수혜자들이 추진하는 사업을 모니터링함으로써 기금이 지역개발사업 내에 올바로 쓰이고 있는지를 감독하는 역할을 하고, Ⓑ CDFIs 또는 CDEs는 보조금의 종류에 따라 요구되는 사항에 부합하도록 자신들이 교부받은 보조금이 지역사회로 흘러갈 수 있게 하는 중개·매개체의 역할을 한다. 또, Ⓒ 대형 은행들은 자체적으로 CDFIs에게 직접투자를 할 수도 있고, 경영지원 및 상품개발을 위한 지원을 제공하기도 한다. 아울러, Ⓓ 모든 참여주체들은 공동의 목적인 낙후지역개발을 목표로 하며, 주로 재단, 사회적 기업 또는 지역NGO 등이 이를 이루기 위한 다양한 개발사업계획을 수립하고, 은행, 재단, 정부, 사회적 기업 또는 협동조합 등이 사업을 진행하기 위한 재원조달 방법을 모색하면서 실질적으로 사업을 추진한다.

② 모니터링 및 사후관리

CDFI프로그램의 FA 및 TA를 지원받은 CDFIs는 온라인 보고 시스템(CIIS, Community Investment Impact System)을 통해 그들의 성과에 대해 보고할 의무가 있는데, CDFI기금의 수혜대상자로 선정되면 지원계약을 맺고, 지원계약을 진행하는 과정에서 CDFIs는 성과예정표를 작성하여 제출해야 한다. 평가를 통해 기금을 수여받은 기관이 목표달성에 실패하거나 성과수준이 미비할 경우, CDFI기금의 반환을 요구할 수 있으며, 이 외에도 다른 제재가 가해지게 된다. 결국 연간 성과보고시스템은 CDFI기금의 효용성 및 영향력을 측정 가능하게 한다.

(3) 지역공동체 도시재생프로그램

1) NRI(Neighborhood Revitalization Initiative)

NRI는 미국의 근린 활성화 계획으로 위험지역에서 높은 실업률, 만연한 범죄, 건강 불균형, 부적절한 조기 보육 및 교육, 학교 고충은 빈곤 속에서 생기는 부작용을 심화시키고 있음을 인지하고, 이웃에 살고 있는 가족이 직면한 상호 연결된 문제를 해결하기 위한 상호 솔루션 제공의 필요성에 따라 시행되었다. 이를 통해 미국 전역의 빈곤 증가에 대응하고 주변 지역의 기회를 개선하여 어린이의 미래에 긍정적 영향을 주는 것을 목적으로 한다. 사업주체로는 백악관 국내 정책 협의회(DPC), 백악관 도시문제 담당실(WHOUA), 주택도시개발부(HUD), 교육(ED), 법무부(DOJ), 보건복지부(HHS)와 재무부 등이 이

웃을 활성화하고 개선하는 지역 솔루션을 지원한다. 원칙적으로 NRI는 지방정부 및 기타 선도 단체가 주택, 교육 및 공공 안전 문제를 동시에 해결하기 위함이며, 여러 개의 NRI 보조금을 받는 지역사회와 함께 고충 처리된 지역에서 포괄적인 프로그램을 수행하기 위해 이들 기관의 자금 흐름을 결합할 수 있도록 허용하며, 다른 공공 및 민간 자원과 함께 연방 투자를 활용할 수 있도록 하고 있다.

〈NRI 추진체계〉

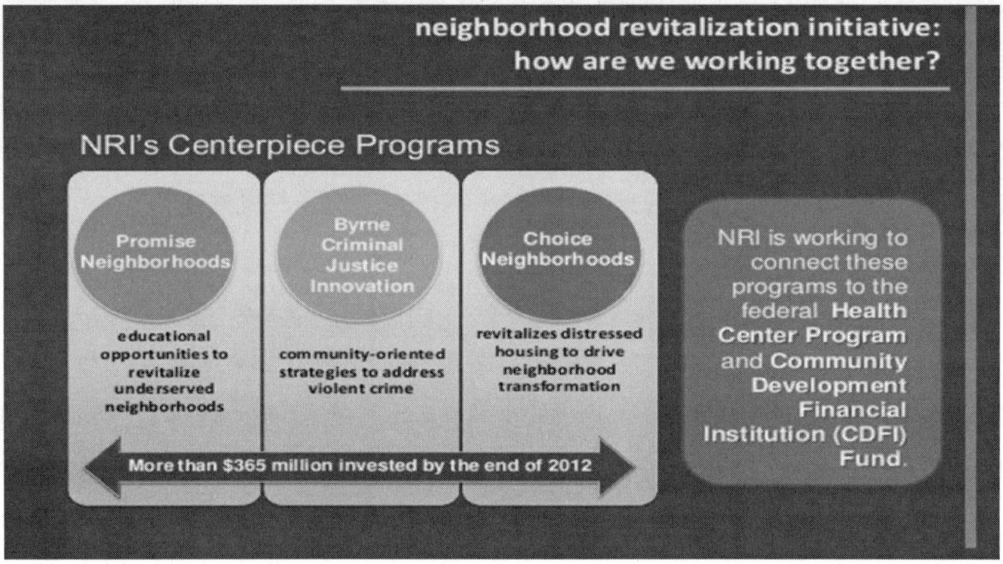

자료 : NRI 홈페이지

주요 프로그램으로, Ⓐ Choice Neighborhoods는 HUD가 주관하는데, 공공공간 및 주택을 장기적으로 물리적, 재정적 지속가능성을 확보할 수 있도록 지원하여 가정의 긍정적 변화 및 빈곤 극복, 소득 증진을 가능하게 하는 자산과 서비스를 제공한다. Ⓑ Promise Neighborhoods는 ED가 주관하는데, 교육 프로그램 및 가족 및 지역사회 지원을 위한 포괄적인 공동체를 만들기 위해 설계된 프로젝트를 지원하여 생애주기를 고려한 어린이 및 청소년의 교육 및 개발을 통해 낙후된 지역사회를 향상시킨다. Ⓒ Byrne Criminal Justice Innovation는 DOJ가 주관하는데, 2011 회계연도에 제안된 새로운 프로그램인 Byrne은 전국의 지정된 고발 범죄 지역에서 폭력 범죄, 약물 남용 및 갱단 행위를 통제하고 예방하는 것을 목표로 하는 지역사회 기반 전략이며, 예방, 개입 및 지역공동체 복원 서비스 및 목표 실행을 조화시키는 법 집행 기관, 지역사회 기반 조직 간의 파트너십을 지원하기 위한 기금을 제공한다. Ⓓ Community Health Centers는 HHS가 주관하는데, 지역사회 보건 센터는 40년 이상 동안 미국에서 의학적으로 가장 열악한 도시 및 농촌 지역사회에 포괄적인 고품질 예방 및 1차 의료 서비스를 제공한다. Ⓔ Behavioral Health Community Initiative는 HHS, SAMHSA가 주관하는데, 취약계층 공동체에 자원을 집중시키고 충분한 규모로 시행을 지원하기 위한 핵심 인프라를 구축하여 물질 사용과 정신 건강을 회복하는 서비스이다.

2) NCIF(National Community Investment Fund)

CDFI 및 소수 그룹, 소수 CDE, 기타 CDFI 및 주요 투자자를 기반으로 한 NCIF 네트워크와 파트너십을 형성하면서, 중요한 지역 금융기관에 자본을 투자하여 저소득 공동체의 경제 발전을 촉진하는 것을 목적으로 한다. 은행들이 제공하는 금융 상품 및 서비스로 인해 발생하는 강력한 영향은 실패로 이어질 수 있으므로 리스크를 줄이기 위해서 사회적으로 책임 있는 주류 자선 투자가들과 함께 자본금을 공동 투자하고 가장 중요한 곳에 예금을 배치토록 하는데, 기금을 통해 지역 내 일자리 창출을 촉진하고, 금융 상품 및 서비스에 대한 접근성을 높이며, 취약계층에 속한 사람들에게 더 많은 기회를 창출할 수 있는 환경을 조성한다.

NCIF는 전국의 저소득층 및 저소득층 지역사회에서 활동하는 영향력이 큰 회사에 투자 및 대출을 실시하는데, NCIF의 자본은 지속 가능한 영향과 경제 성장을 이끄는 고성장 회사의 성장을 지원하여, 시장 세금 공제 프로그램(New Markets Tax Credit Program)을 통해 은행은 지역사회의 촉매 개발 프로젝트를 통해 대출을 예약하고 소득을 창출한다. 중소기업 거래 구상(Small Business Transaction Initiative)과 새롭게 떠오르는 CDFI 채권 보장 프로그램(CDFI Bond Guarantee Program)을 포함한 몇 가지 새로운 이니셔티브를 시도하고 있다.

공인 CDFI(지역개발 금융기관 기금)의 12%에 투자를 실시하는데, Banks는 1등급 및 2등급 자본을 미션 위주의 은행에 투자하며, NCIF가 성장하고 발전함에 따라 선택적 은행 및 빈곤 지역에서 자본을 자연스럽게 증가시킬 수 있는 비은행 회사에 투자를 실시함으로써, 저소득 공동체를 변화시키는 데 기여하고 있다.

〈NCIF 추진체계〉

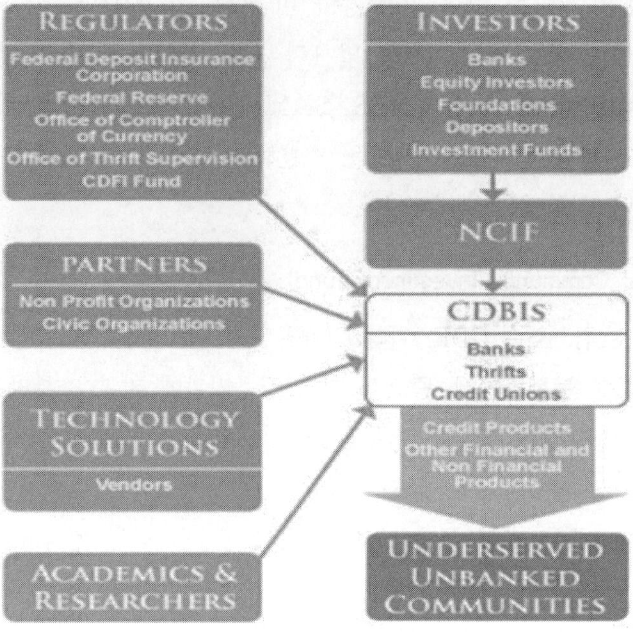

자료 : NCIF 홈페이지

〈NCIF 영향 모델〉

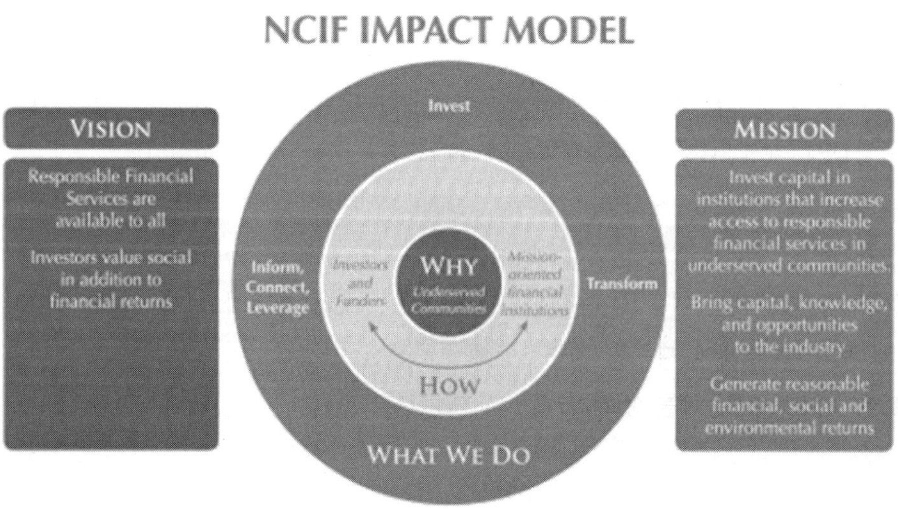

자료 : NCIF 홈페이지

3) CDCs(Community Development Corporations)

〈세금지원형 Affordable임대주택 공급시스템〉

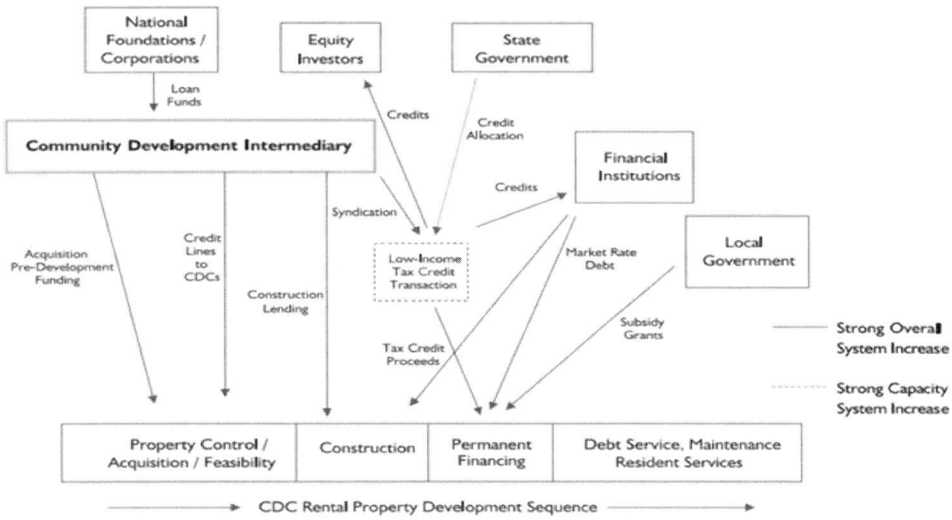

자료 : CDCs 홈페이지

지역사회개발기업은 비영리 지역사회기반조직으로 거주지의 재활성화에 중점을 두는데, 일반적으로 저소득층이 많이 거주하며 주거환경이 열악한 지역을 기반으로 한다. 미국의 지역개발과 관련한 최근의 트렌드는 연방정부의 역할약화와 지역공동체 중심의 전략수립이다. 이 새로운 정책 맥락에서 일반적으로 지역사회기반조직 및 지역사회개발기업(CDC)은 지역사회 활성화 노력을 계획하고 실행하는데 적극적이고 중심적인 역할을 수행하고 있다. 이사회의 3분의 1 이상은 지역사회 주민들로 구성되며 의사결정에 직접 참여한다. CDC의 활동은 주로 주 및 연방 보조금을 통해 이루어지나 그룹은 지역개발 금융기관(CDFIs), 중개기구 및 자선단체를 통해 자금을 지원받을 수 있다.

〈국가 사회개발 이니셔티브 자금의 흐름〉

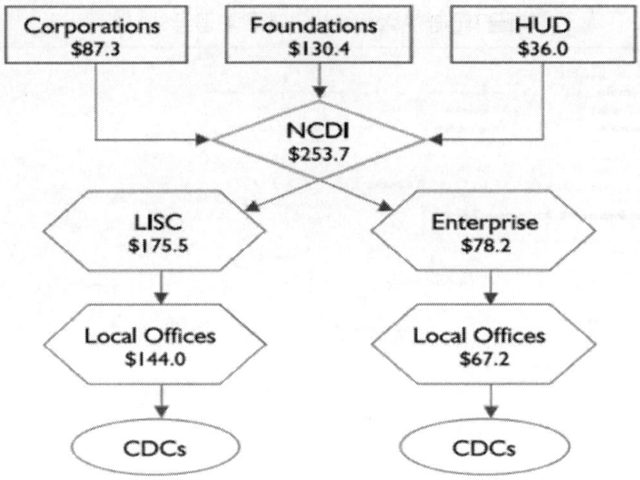

자료 : CDCs 홈페이지

4) SRI(Socially Responsible Investment)

SRI는 금융사가 주식, 채권 등 금융자산에 투자할 때 무기, 아동, 노동착취, 환경오염 등 사회적으로 해로운 계약이나 기업에는 투자하지 않는 등 투자의 대상과 방식을 선별한 투자를 지칭한다. 1960년대 사회적으로 관심을 가진 투자자들은 점점 여성, 시민권 및 노동문제에 대한 평등문제를 다루려고 노력하였고, Martin Luther King 박사가 시작하거나 관리하는 경제개발 프로젝트는 사회적 책임 있는 투자노력을 위한 초기모델을 수립하였다. 1990년대 후반 이후 SRI는 환경적으로 지속가능한 개발을 촉진하는 수단으로 점차 정의되고 있다. 최근에는 일부 사회 투자가들 중 다양한 기업의 비즈니스 관행에 영향을 받는 전 세계 원주민의 권리를 다루려고 노력하고 있으며, 이에 따라 2007년, Rockies 회의에서의 SRI는 원주민들의 관심사를 다루기 위해 특별 사전 회의를 개최하기도 하였다. 건강한 노동 조건, 공정한 임금, 제품 안전 및 기회균등 고용은 많은 사회적 투자자에게 주요 관심사로 남아 있으며, 2010년 중반, 일부 펀드는 여성 및 소녀들의 직장 평등과 일반 복지 증진을 위한 젠더렌즈 투자전략을 개발하였고, 오늘날 미국에서 전문적으로 관리되는 6달러 중 1달러가 SRI 전략을 활용하고 있으며, 일련의 SRI 전략에 투자하는 뮤추얼 펀드는 확대되고 있다. 과거 5년간 45개의 신규 펀드가 개설되었으며, 181개의 미국 뮤추얼 펀드와 39개의 교환 트레이드 펀드는 SRI를 한 가지 형태로 실행하고 있다.

5) LIHTC

미국은 각 주에 세금공제분을 할당하고, 경쟁을 통해 기초 주택 개발에 대한 기여도를 부여하고 있다.

〈정부 · 민간 기금 활용 사례(LIHTC)〉

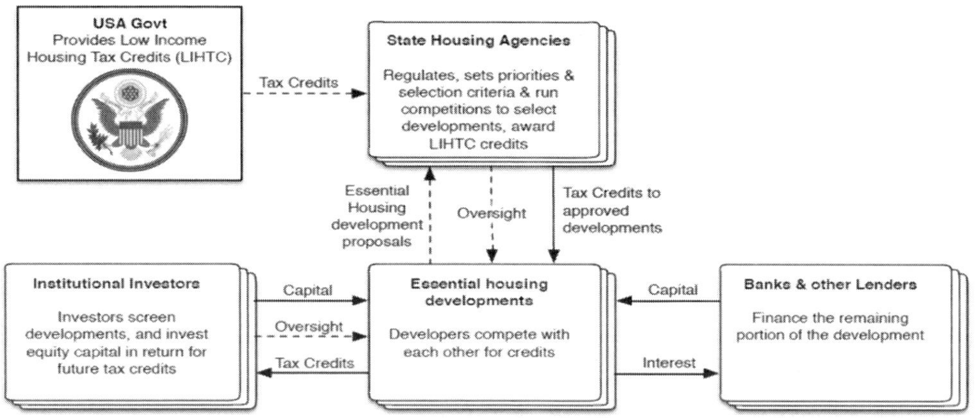

자료 : L. Janusz Hooker(2014), Austrailia's Essential Housing Crisis, 대한부동산학회(2018), 지역재생을 위한 지역공동체 주도의 공동체투자 모델 개발 연구용역

① LIHTC 프로그램 개요

저가 임대주택 건설 세액공제 프로그램(LIHTC, Low Income Housing Tax Credit)은 1986년 민간건설업자들의 저가 임대주택(affordable housing) 건설을 유도하기 위해 도입되었다. 경쟁적인 심사제도를 통해 임대주택 건설사를 선정하며, 선정되면 세금감면권(TC, tax credit)을 부여하는데, 세금감면권 비율은 공사비의 9% 또는 4% 두 가지 방안으로 운영할 수 있으며, 건설사는 TC를 판매하거나 직접 건설비로 충당할 수 있다. 신축 및 재건축은 9%, 개보수는 4% 적용된다. 9% 세액공제는 연방정부 보조금 없이 LITHC에 의해서만 수행되는 신규 건설 및 수복재개발 프로그램에 적용(전체 투자비용의 최대 70% 조달가능), 4% 세액공제는 연방정부 지원을 받아 기존건물을 매입하여 임대주택으로 활용하는 경우에 적용(전체 투자비용의 최대 30% 조달가능)한다.

② LIHTC 프로세스

Ⓐ 국세청의 협조로 연방정부는 지방정부에 TC를 배분(지자체 인구에 비례하여 TC 배분), Ⓑ 지방정부는 사업단위별로 평가하여 사업자에게 TC 부여(입주 대상가구가 저소득층이거나 임대기간이 길수록 우선 선발), Ⓒ 선정 사업자는 배정받은 TC를 투자자

에게 판매하여 즉시 현금을 창출하거나 아니면 미래 세금납부시 배정받은 TC만큼 소득세(법인세, 개인소득세 등) 세액 공제(투자자는 TC를 액면가보다 할인(10-20%)하여 구매하여 이익을 창출)한다.

③ LIHTC 성과 및 특징

1987년~2014년까지 LIHTC로 278만호의 저가 임대주택을 공급하였다. LIHTC의 핵심은 지방정부의 사업선정능력에 있으며, 지방정부는 LIHTC 지원이 아니면 진행이 불가능한 프로젝트를 선정할 수 있는 경험과 능력이 필요하다. LIHTC는 사업자가 지방정부로부터 부여받은 TC를 투자자에게 매도하여 현금화가 가능하고, 투자자는 TC 할인구매로 이익창출이 가능하며, 민간 투자자금을 임대주택건설자금으로 조달할 수 있다. 반면에 건설자금의 일부를 조달할 수 있으나 전체 자금의 조달은 어렵고, 제도의 복잡성과 비효율성의 문제가 있다. 특히 세액공제를 받기 위해 정부기관에 제출해야하는 문서가 복잡하고 많다.

(4) 지역개발금융을 통한 도시재생 사례

1) Essex Crossing 재생사업

Essex Crossing은 뉴욕 맨해튼의 동남부지역에 자리하고 있으며, 약 12억달러 규모의 다단계 혼합용도 재생사업에 포함된다. 1967년부터 유휴지로 방치되어 있었던 6에이커(ac)[19]에 달하는 9개의 사업대상지 중 한 부분(Site 6)을 차지하는데, Essex Crossing 재생사업을 위해 총 3단계의 재원조달방법을 사용하였다. 첫 번째로 CDFI기금의 지원프로그램 중 하나인 NMTC를 통해 4,200만달러에 해당하는 재원을 충당했으며, 두 번째는 LIHTC(Low Income Housing Tax)를 통해, 세 번째로 상업용 콘도개발을 통해 재원을 충당하여 사업을 추진하였다.

유휴지재생사업을 통해 낙후지역을 활성화시키려는 대규모 재생사업으로 NMTC와 LIHTC를 활용한 사례로, Wells Fargo은행은 Essex Crossing 재생사업에 사업투자자로도 참여하였고, 또한 직접적으로 Tax Credits를 CDFIs에게 할당함으로써, 전체적으로 3,450만달러의 재원을 NMTC로 충당하였다. Essex Crossing의 저층부 4개 층에는 51,000 평방피트의 의료시설 및 업무지구(New York University 입주 예정), 22,000 평방피트의 비영리단체의 커뮤니티 센터, 4,000 평방피트의 공공녹지와 6,000 평방피트의 상업지구를 조성한다. 상층부 10개 층에는 노인층을 위한 affordable housing 100개 유

19) 약 24,281㎡에 해당함. 1ac = 4,046.85642㎡, $1ft^2$ = 0.092903㎡

닛을 조성하고, 이 중 지역중위소득(AMI, Area Median Income)의 80% 이하 소득수준 대상 10개 유닛, 60% 이하 소득수준 대상 69개 유닛, 40% 이하 소득수준 대상 20개 유닛 등 중·저소득층을 대상으로 하는 임대주택을 조성한다. Essex Crossing재생사업은 300여개의 건설 일자리를 창출했으며, 사업완료 후에는 약 200개의 정규 일자리가 창출될 것으로 예상되고 있다. 현재 사업의 첫 번째 단계가 진행 중이며, 앞으로 남은 2단계의 사업은 2024년까지 완공예정이다.

〈Essex Crossing 재생사업 내용〉

Community Profile	New York, NY
Poverty rate	35.0%
Unemployment rate	9.5%
Project Highlights	Essex Crossing
Investor	Wells Fargo Bank
Co-Allocatees	Low Income Investment Fund ESIC New Markets Partners, LP
Total Project Cost	4,200만 달러
NMTC	3,450만 달러
Jobs	300 construction jobs 200 permanent full-time jobs

자료: The New Markets Tax Credit Coalition(2016), The 5th International Forum on Housing and Urban Finance(2017)

2) Crosstown Concourse 재생사업

테네시주 멤피스시에 위치한 Crosstown Concourse는 오랜 기간 버려진 채로 방치되어 있었으나, 재개발사업을 통해 상업 및 주거가 혼합된 커뮤니티센터로 재탄생하였다. Crosstown Concourse는 1927년에 Sears(미국의 유통·소매업체) 물류센터로 오픈하였는데, 미국 내 존재하는 10개의 Sears 물류센터 중 하나로, 카탈로그를 생산하는 기능을 수행한다. 초기에 650,000 평방피트로 건설되었던 물류센터는 150만 평방피트의 복합단지로 확장되었으며, 무려 14층 규모에 1,150대의 주차공간을 지닌 멤피스 내에서 가장 대규모의 빌딩 복합단지로 성장하였다. 그러나 1993년 Sears가 카탈로그 생산을 중단하면서 복합단지는 비워진 채 버려졌고, 이후 20년이 넘는 기간 동안 방치되었다.

〈Crosstown Concourse 재생사업 내용〉

Community Profile	Memphis, TN
Poverty rate	37.6%
Unemployment rate	18.1%
Project Highlights	**Crosstown Concourse**
Investor	SunTrust Community Capital
NMTC Allocatees	DV Community Investment Mid-City Community CDE Low-Income Investment Fund SunTrust CDE Midwest Renewable Capital National Trust Community Investment Corporation
Total Project Cost	2억 달러
NMTC	5,600만 달러
Jobs	6,500 construction jobs 900 jobs

자료: The New Markets Tax Credit Coalition(2016), The 5th International Forum on Housing and Urban Finance(2017)

Crosstown Concourse는 'Vertical Urban Village'라는 슬로건 아래 지역주민들을 위한 예술, 교육, 그리고 의료서비스 등을 제공하는 시설을 목적으로 재생사업을 추진하였다. 2017년 8월, 269세대의 아파트와 함께 상업, 교육, 의료 서비스가 포함된 공간으로 개장하여, 예술과 과학에 특화된 고등학교, 문화 교육기관, 피트니스센터, 응급의료기관, 현대미술전시관, 복합 암 치료센터와 다양한 상업시설들이 입점하였다.

Crosstown Concourse는 멤피스 시 최대 규모의 재생프로젝트로 주변 지역에 활력을 불어넣고, 경제를 활성화시키는 데 큰 역할을 하고 있다. 또한 중·저소득층을 위한 임대주택을 공급하여 낙후지역 개발 및 저소득층을 위한 재생사업이라는 목적에 충실하였다. 새롭게 건설된 아파트 유닛들 중 20%는 AMI의 80% 이하 소득수준을 대상으로 하고 있다. 한편, 총 개발비용은 2억달러가 소요되었으며, 이 중 5,600만달러를 CDFI기금의 NMTC프로그램을 통해 충당하고, 나머지 비용은 은행융자대출, Historic Tax Credits를 통해 확보하였다. NMTC는 유연한 자금조달의 역할을 함으로써 프로젝트의 성공을 이끌어낸 중요 요소이다.

동 사례는 낙후 도심지역 개발에 있어서 CDFIs와 지역개발주체들이 협력적으로 사업을 추진한 사례로, Crosstown Concourse재생사업은 6,500개 이상의 건설 일자리를 창출했으며, 사업완료 후 900개의 새로운 일자리가 창출된다. 또한 해당 지역 내에 거점을 둔 사업체들과 95% 이상의 계약을 체결했으며, 32%의 건설계약들을 소수인종들이 소유하고 있는 기업들과 맺음으로써 지역경제 활성화에 기여하였다.

3) Pizitz 백화점 재생사업

〈Pizitz 백화점 재생사업 내용〉

Community Profile	Birmingham, AL
Poverty rate	44.6%
Unemployment rate	17.5%
Designated area	Appalachian Regional Commission distressed area Alabama Enterprise Zone FEMA disaster area Food Desert
Project Highlights	**The Pizitz Department Store**
Investor	U.S. Bancorp Community Development Corporation
Total Project Cost	6,750만 달러
NMTC	3,440만 달러
Jobs	300 construction jobs 270 full-time jobs

자료: The New Markets Tax Credit Coalition(2016), The 5th International Forum on Housing and Urban Finance(2017)

Pizitz백화점 재생사업은 버밍햄 도심 시가지 재생사업과 맞물려 추진되었다. 알라바마주 버밍햄시의 Pizitz백화점은 1923년에 백화점 용도로 건설되었으며, 버밍햄 도심을 대표하는 건물로 그 역할을 수행했으나, 지난 30년간 도심 쇠퇴현상으로 인해 유휴상태로 방치되었으나, Pizitz백화점이 위치하고 있는 버밍햄 도심 시가지가 역사보존지정구역으로 지정되면서 주변지역의 활성화를 위해 재생사업을 추진하게 되었다. 2016년말, 총 143개의 아파트 유닛을 포함하는 주거, 상업 및 공공 공간으로 재탄생하였다. 주변 지역의 장소성을 높이고, 도시재생사업의 효과를 극대화하기 위해 143개의 아파트 유닛 중 29개의 유닛을 AMI 60%에 해당하는 저소득층을 위한 임대주택으로 공급하였다. 또한, 2만 평방피트의 푸드코트 및 슈퍼마켓, 1만 평방피트의 극장, 그리고 12,000 평방피트의 지역 내 창업주와 신생 기업들을 위한 오피스 인큐베이터 공간을 마련하여 도심 내 역사보존지구의 활성화를 시도하였다. 총 사업비용은 6,750만달러가 소요되었으며, 이 중 약 50%에 해당하는 3,440만달러를 NMTC 프로그램을 통해 충당하고, 나머지 비용은 주정부와 연방정부가 제공하는 Historic Tax Credits프로그램과 아파트 건설 및 경제활성화 사업을 위해 만들어진 HUD의 보조금을 통해 조달하였다.

Pizitz백화점 재생사업 이전에 사업지 주변 지역은 빈곤율 44.6%, 실업률 17.5%로 미국 평균의 약 2배에 달했으나, 재생사업을 통해 약 300개의 일자리를 창출하였다.

(5) 재생사업 도시금융 적용 사례의 시사점

도시재생사업의 사례가 시사하는 바는 여러 가지가 있다. 중심적인 것을 정리하면, 지역개발금융을 적시에 활용하고, 기금의 지원을 통한 자금조달, 재생사업의 공공성 확보, 지역 일자리창출 및 지역경제활성화에 기여했다는 점이다.

1) 지역의 수요에 부합하는 지역개발금융을 적시에 제공

사업성이 낮은 낙후지역 내 중·저소득층을 위한 도시재생사업에 지역개발금융을 조달하여, CDFIs가 수익성에 중점을 두지 않고 지역 내에서 발생하는 빈곤, 환경, 인권, 건강 등과 관련된 사회문제 해결을 목적으로 하는 도시재생사업에 금융을 매칭하여 사업이 가능했다. 실제 상당한 규모의 초기 자금을 필요로 하는 도시재생사업에 지역개발금융을 적시에 제공하였다.

2) CDFI 기금의 지원프로그램을 통한 자금조달

CDFI기금의 NMTC, CMF 프로그램 등을 통해 상당 부분의 사업비용을 충당하였는데, CDFI기금의 지원을 기반으로 한 유연한 자금조달을 통해 프로젝트의 성공을 이끌어냈다. 또한 정부재원이 투입되었다는 점에서 민간 투자자들에게 사업에 대한 신뢰성을 높이고, 일종의 심리적 보증을 제공하여 민간자본 유치를 용이하게 하였다.

3) 도시재생사업의 공공성 확보

낙후지역 개발 및 저소득층을 위한 재생사업이라는 목적에 부합하도록 건설 AMI 80% 이하 또는 60% 이하에 해당하는 저소득층을 대상으로 임대주택을 공급하였다. 이를 통해 젠트리피케이션을 방지하고, 장소성(placeness)을 강화하였다. 또한 노인층을 위해 affordable housing을 공급하고, 소수인종들이 소유하고 있는 건설업체들과 우선적으로 계약을 체결하는 등 사회적 약자에 대한 공공적 기여를 제공하였다.

4) 지역 내 일자리 창출 및 지역경제 활성화에 기여

상대적으로 빈곤율과 실업률이 높은 지역에 도시재생사업을 통해 일자리를 창출하였는데, 개발단계에서 다수의 건설일자리를 창출할 뿐만 아니라, 사업완료 후에도 양질의 신규 일자리를 창출하였다. 또한 해당 지역 내에 거점을 둔 사업체들과 일정 비율 이상의 계약을 체결하거나 지역 내 창업주와 신생 기업들을 위한 공간을 제공하는 등 지역경제 활성화에 기여하였다.

5. 미국 도시재생금융과 시사점

미국은 도시쇠퇴 문제를 해결하기 위해 저소득층 주거 인프라 개선, 양질의 주택제공, 지역사회 발전 등 도시재생을 목적으로 활용되고 있는 개발 포괄 보조금(CDBG)은 주택문제와 도시문제를 함께 지원할 수 있는 프로그램이다. 아울러, 중심시가지 및 상업업무지역의 활성화를 목적으로 특정지역에 강제적으로 부담금을 징수하고 이를 통하여 자치조직이 지역의 활성화 및 관리운영을 실시하는 업무환경 개선지구제도(BID)도 도시와 주택문제를 함께 지원하는 프로그램이라고 할 수 있다.

한편, 도시재생과 관련한 프로그램은 다양하게 운영되고 있음은 앞에서 살펴보았다. 미국의 도시재생금융의 시사점은 크게 두 가지로 요약해 볼 수 있다. 첫째는 상대적으로 낙후된 지역에 대한 지역개발과 이를 개선하기 위한 재원조달이 발달하였다. 둘째, 정부의 기금과 민간투자를 동시에 진행하여 합작형태를 취하고 있다.

먼저, 낙후지역의 지역개발 촉진과 재원조달을 위하여 미국의 지역개발금융(CDF)은 지역개발을 목적으로 시민주도의 금융을 견지하고 있는 모범사례라 할 수 있다. CDFIs는 지역개발을 목적으로 하는 민간 부문의 지역금융 서비스 기관 및 금융 중개조직으로, 낙후지역의 개발을 위해 저리로 자금을 대출하거나 투자하는데, 지역의 수요에 부합하는 지역개발금융을 적시에 제공 가능하다는 점에서 의의가 있다. 현재 1,012개의 CDFIs가 재무부의 인증을 받았으며, CDFI기금의 투자와 대출을 통해 CDEs 또는 CDCs 등이 장기적이고 지속가능한 지역개발사업을 할 수 있도록 지원하고 있다. CDFI기금은 지역별 CDFIs 등에 대한 자금제공, 교육훈련 및 경영지원, 민간자금의 유통을 위한 시장형성 등의 역할을 하며, CDFI기금의 규제와 인센티브, 다양한 지원프로그램을 통해 공공과 민간부문의 조화와 균형 달성을 도모하고 있다.

아울러, 일반상업은행은 상대적으로 사업성이 낮거나 리스크가 큰 낙후지역에 대출을 제한하므로, 금융의 사각지대가 발생하고 지역 간 격차는 더 커지게 되는데, CDFIs는 이와 같은 사각지대를 메우는 역할을 수행하며, 비정부적 접근을 통한 개인투자의 유도가 CDFIs의 주요한 가치라 할 수 있다. CDFIs는 상업은행 및 재단 등의 투자 및 융자, 정부의 보조, 개인의 기부를 통해 형성된 자금을 운용하면서 지역개발사업에 투자 및 융자를 제공하여, 수익성을 극대화하는 일반상업은행과는 달리 금융의 공공성 측면에서 지역의 문제해결을 추구한다. 향후 국내 도시재생에 있어서도 지방분권화를 통해 권한과 역할의 강화, 장소중심 재생을 위한 재원의 연계통합 시스템 마련, 지역여건을 고려한 공공재원의 지원방식 차별화가 필요하다.

다음으로, 정부기금지원과 민간투자 유치의 합작이다. 미국 재무부의 CDFI기금은 CDFIs가 보조금 외에 민간자본을 레버리지 하여 지역개발을 위한 맞춤형 금융상품의 개발과 서비스 수요를 달성하도록 유도한다. 특히 CDFI프로그램의 재정지원(FA)과 경영지원(TA)을 비롯하여 NMTC, CMF프로그램 등 다양한 지원프로그램을 통해 민간투자 자본을 경제 낙후지역으로 유인한다. 지역개발 및 도시재생을 위한 정부재정의 지출은 불가피하지만, 연방자금을 촉매제로 투입하여 매칭펀드방식을 통한 효율적인 민간투자 자본 유치를 도모하고 있다. 사례에서 볼 수 있듯이 NMTC, CMF프로그램 등을 통해 유연한 자금조달이 가능해진다. 실제로 NMTC프로그램은 연방 기금 1달러당 8달러, CMF프로그램은 보조금 1달러당 12달러의 민간투자를 유치하는 성과를 얻고 있다.

이처럼 미국의 CDFIs는 40년이라는 시간 동안 축적된 경험과 그 과정 속에서 겪은 시행착오를 기반으로 현재에 이르렀으며, 커뮤니티 보전을 위한 주민들의 오랜 투쟁 속에 시민영역과 제3섹터가 큰 역할을 하였다. 그리고 정부는 CDFIs영역에 대한 직접투자를 통해 핵심적인 역할을 수행하고 있다. 국내에 CDFIs도입에 대한 논의를 진행하기 위해서는, 국가 간 제반여건 및 상황의 상이성이 존재하므로 국내 적용에 앞서 한국형 CDFIs에 대한 논의와 연구가 필요할 것으로 판단된다. 또한 도시재생에 대한 정부의 철학정립은 물론 시민영역 및 제3섹터의 참여를 확대하고 역량을 강화하기 위한 노력도 선행되어야 한다. 특히 도시재생사업의 실행력을 높이기 위해서는 주민을 비롯한 다양한 주체가 참여하는 합의과정을 통해 경쟁력 있는 사업모델을 도출하기 위한 충분한 준비기간이 필요하다. 아울러 해당 지역에 부합하는 꼭 필요한 도시재생을 추진하기 위해서는 그 지역에 대한 전문성과 접근성이 기반이 되어야 하며, 당장의 가시적인 성과보다는 장기적으로 지역사회를 건강하게 만드는 것이 중요하다.

Ⅴ. 캐나다의 도시재생과 사회적 금융

1. 도시재생과 사회적 금융

캐나다는 자체적 연대와 협력체계를 기반으로 하는 사회적 금융을 활용하여 지역개발을 지원하고 있다. 주거문제 해결과 쇠퇴한 지역의 재생을 위해 데자르뎅(Desjardings), 샹티에 신탁(Fiducie), RISQ(퀘백사회투자네트워크) 등의 연대금융기관이 사회적 금융을 제공하고, 지역사회경제개발공사(CEDCs), 지역개발협동조합(CDR), 지역개발센터(CLD) 등의 지원조직이 주민주도 사업을 전개한다. 한편 벤쿠버(그린빌아일랜드)의 도시재생사업의 추진과정에서처럼 CMHC의 도시재생참여도 이루어지고 있다. 그러나 동 사업의 과정에서도 자생적 재정이 일반적으로 채용되고 있는데 이는 캐나다가 이러한 사회적 금융기반을 탄탄히 하고 있어 가능한 일이다.

캐나다 정부는 2015년에 "Economic Action Plan 2015"를 발표하면서 사회적기업과 이와 관련된 활동들에 대한 지원을 통해 탄탄한 사회적 금융 제도의 확립 및 활성화를 목표로 설정하고, 사회적 금융은 민간자본을 동원하여 사회와 환경의 목표를 달성함과 동시에 사회적으로 그리고 경제적으로 이익을 얻을 수 있는 방법이라고 정의하고 있다. 사회적 금융 투자기금들은 투자자들에게 공익과 관련한 사업에 투자의 우선권을 부여한다. 즉, 적정 가격의 주택건설 프로젝트, 지역사회 경제개발 및 환경 개선 프로젝트, 사회적 기업 혹은 비영리단체들의 사업에 우선 투자를 권유하는 것이다. 또한 다른 한편으로 캐나다 정부는 SIB(Social Impact Bonds)를 통해 정부의 사회적 목표에 부합하는 사업을 얻을 수 있는 사회적 기업을 선정하여 직접 계약을 한 뒤 목표달성 시 기금을 지급하거나, 투자자들이 사회적 기업에게 자본을 투자해 그들의 목표와 가치를 이룰 수 있도록 하고 있다. 특히 ESDC(Employment and Social Development Canada)는 사회적 금융 촉진 이니셔티브(Social Finance Accelerator Initiative)를 적극적으로 도입하고, 사회적 금융 투자유치를 위해 민간투자자들과 사회적 기업들에게 워크샵, 자문서비스, 멘토링, 네트워킹 등 다양한 수단을 제공한다.

캐나다의 사회적 경제조직은 컨소시엄 형태의 조직을 구성하여 사회적 금융을 통해 사회취약계층을 위해 소규모로 운영되고 있는 사회적 기업을 육성하여 주류의 흐름을 바꾸는 시도들을 전개하고 있다. 특히 자산이 200조원이 넘는 북미 최대은행인 데자르뎅 신용협동조합을 필두로 다양한 금융상품이 운용되고 있다.

2. 사회적 개발기금과 연대기금

(1) 퀘벡의 사회적 금융

퀘벡(Quebec) 주는 사회적 경제를 중심으로 민간과 공공부문이 공동 주체로 나서 필요한 법과 제도를 만들고 발전시켜 왔다. 사회적경제와 이를 바탕으로 한 사회적금융이 발달한 것은 캐나다와 퀘벡의 특수한 역사적, 문화적 배경에 기인한다. 퀘벡 주는 캐나다

10개 주들 중에서 가장 영토가 넓은 주(약 179만 ㎢)로 대한민국 면적의 약 17배에 해당한다. 주민의 78%가 프랑스어를 모국어로 사용하며 주민의 43%가 이중언어(프랑스어, 영어)를 사용하고 있다. 캐나다는 1500년대 프랑스 식민지였으나 1700년대 영국의 식민지로 넘어간 역사를 지니고 있다. 캐나다를 놓고 벌인 프랑스와 영국 간의 전쟁에서 프랑스가 영국에게 패하고 이로 인해 영국계가 사회의 주류세력이 된 반면, 프랑스계는 소수민족으로 남게 되었다. 이와 같은 역사적 배경 하에 프랑스계가 모여 살던 퀘벡 지역은 정치적, 경제적으로 열악한 상황에서 살아남기 위해 자연스레 강한 독립성과 자치성을 지니게 되었고, 적극성과 단결성을 기반으로 하여 주정부의 정권교체를 이루어 냈고, 퀘벡의 진보적인 자유주의 지식인들이 정부로 대거 들어간 결과, 사회적 경제가 활성화 될 장을 마련하였다.

1980년대 신자유주의와 세계화의 흐름과 더불어 세계적 경제불황은 퀘벡의 지역경제에도 악영향을 미치게 되었고, 이로 인해 지역 내 실업률이 상승하고 공공부문의 지출이 감소함에 따라 사회복지 서비스가 축소되자 퀘벡 내 국가의 개입을 비판하는 논의가 거세졌다. 하지만 경제위기 및 노동운동과 관련된 논쟁이 일어나자, 이를 극복하기 위한 정책적 의도를 가지고 정부와 시민들 사이의 적극적인 참여를 통해 지역경제를 활성화시키기 위해 퀘벡의 사회경제운동이 시작되었다. 이처럼 퀘벡에서는 저항적인 이데올로기로서 경제 민족주의가 발달하게 되었고, 이는 곧 견고한 사회적 경제시스템 및 사회적 금융으로 이어지게 되었다.

퀘벡 사회적경제의 핵심은 사회적경제조직의 연합체인 샹티에(Chantier)이다. 1995년 경기 침체로 인한 실업이 증가하자, 경제활성화와 일자리 창출을 요구하는 여성운동이 일어났으며, 주정부와 협동조합, 사회적기업, 각종 관련 단체들이 이를 해결하고자 보육과 주거, 환경 및 문화 분야에서 각종 사회적기업과 협동조합 설립 등을 이끄는 연대조직이자 사회연대회의 기구인 샹티에가 탄생하였다.

〈퀘벡의 사회적경제 지원체계〉

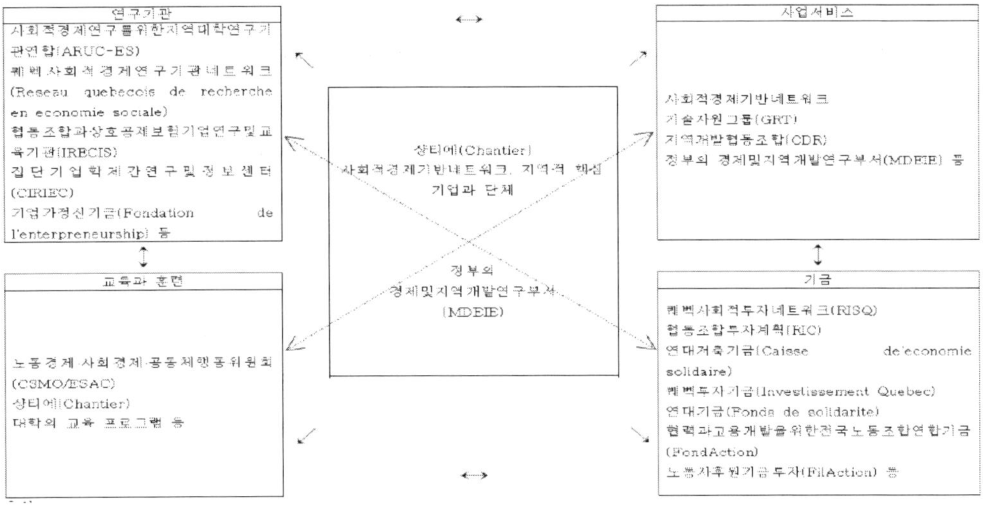

자료 : 이수연(2013), 차별과 위기를 극복한 퀘벡의 사회적 경제, The 6th International Forum on Housing and Urban Finance(2018)

〈Social finance eco-system〉

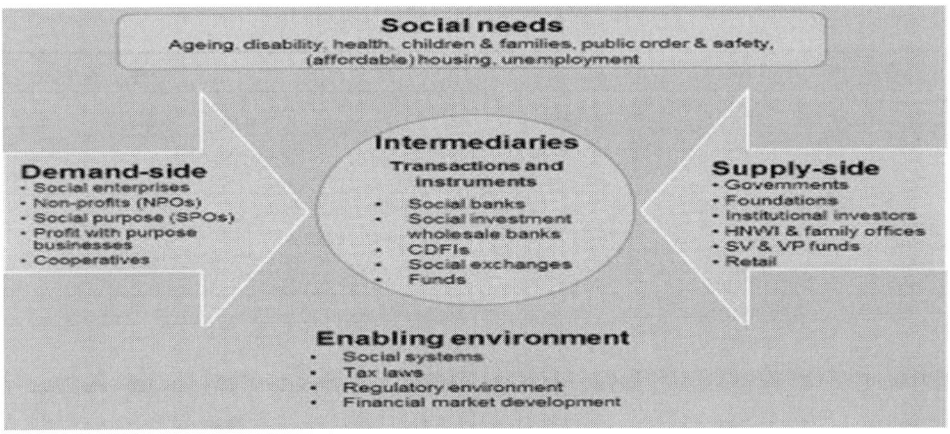

자료 : OECD 홈페이지

2013년 퀘벡의 사회경제법(Social Economy Act)을 제정하였는데, 동 법의 목적은 퀘벡 내에서 사회적경제를 촉진하고 정책수단의 생성과 시행을 통해 사회적 경제 및 기업의 발전을 장려하며, 사회적 경제기업에 대한 접근성을 활발히 하는 데 있다. 사회적 경제를 사회적 가치를 추구하는 모든 경제적 활동으로 정의하면서, 사회적 기업이 지켜야 할 6가지 원칙으로 ① 구성원이나 공동체의 필요충족, ② 정부로부터의 독립, ③ 민주적 지배구조, ④ 경제적 성과 추구, ⑤ 출자액에 비례한 배당의 금지, ⑥ 해산 시 잔여 재산의 타 법인 귀속을 제시하고 있다.

퀘벡 사회경제위원회가 정부의 주요 교섭담당기관으로 지정되어 있으며, 협동조합, 공제조합 등 법률의 원칙에 따라 운영되는 단체들이 사회적 경제조직으로 구성되어 있으며, 정부는 매 5년마다 사회적 경제 실천계획을 검토하며, 퀘벡 주에서는 7천여 개의 사회적 경제조직이 15만명 이상을 고용하고 있다.

(2) 개발기금과 연대기금

퀘벡의 사회적금융은 개발기금과 연대기금으로 구성되어 있다. Ⓐ 개발기금(개발자본)은 사회경제적 목표를 달성하기 위한 벤처자본, 사회연대경제 영역 외에 환경이나 지역사회 개발, 일자리 창출 등에 사용되며, 기본적으로 연대기금에서 필요한 자본을 제공하는 역할을 하고, Ⓑ 연대기금은 비영리기구나 협동조합과 같은 단체나 기업, 사회적 경제 기업 등 제3섹터 영역에서 필요한 자금을 직접적으로 제공하고, 주로 지역사회 활동가들에 의해서 운영된다.

〈퀘벡의 사회적금융 기금 종류〉

구분	주요사업	이해관계자	목 표
개발기금	사회경제적 목표에 의해 차별화되는 영역에 인내자본 제공	연합체 (노동계, 협동조합 등)	일자리 창출 지역개발
연대기금	지역사회 경제개발 및 사회적경제기업 발전을 위한 자금 제공	지역사회 이해관계자 (금융기관, 협동조합, 인내자본기금)	지역발전에 비전을 둔 기업의 필요자금 및 자본 제공

자료 : 서울특별시 사회적경제지원센터(2016) ; The 6th International Forum on Housing and Urban Finance(2018)

퀘벡의 대표적 개발기금(개발자본)으로는 Funds de Solidarite와 Fond Action이 있다. ⓐ Funds de Solidarite는 1983년 퀘벡의 가장 큰 노동조합연맹인 FTQ(Federation des travailleurs et travilleuses du Quebec)에 의해 조성되었는데, 2016년 122억 달러의 자산을 보유하고 있고, 약 2,636개의 기업에 76억 달러(CAD)를 투자했으며, 이로 인해 187,414개의 일자리를 창출하였다. ⓑ Fond Action은 1995년 퀘벡에서 두 번째로 큰 노동조합연맹인 CSN (Confederation des Syndicats Nationaux)이 조성하였다. Fund Action은 참여적 운영, 자주 관리, 사회적경제 기업체와 환경보호에 앞장서는 회사에 우선 투자하고 있다. 2016년 15억 달러(CAD) 규모의 자산을 보유하고 있으며,

365개의 중소기업에 투자해 32,000개 이상의 일자리를 창출하였다. 또한 Fund Action은 2000년에 Filation이라는 퀘벡 내 문화, 환경, 사회적경제 분야의 중소기업에 투자를 전문으로 하는 비영리단체를 설립하여, 여성들을 위한 프로젝트, 소수 인종을 위한 활동 관련 프로젝트, 관광과 관련된 프로젝트들에 약 1600만 달러(CAD)의 투자기금을 지원했으며, 약 3억 8백만 달러(CAD)의 경제효과를 일으켰다. 퀘벡의 대표적 연대기금으로는 데자르뎅 신용협동조합(1971년), RISQ(1997년), Fiducie(2006년) 등이 있다.

(3) 퀘벡의 주요 사회적 경제조직

1) 샹티에 신탁(Fiducie du Chantier, The Chantier de l'économie sociale Trust)

샹티에(Chantier)는 사회적 경제조직들의 연합체로서 협동조합, 사회적기업, 시민단체 등의 연대와 협력 네트워크 구조를 만들어가는 것을 목표로 한다. 1996년 퀘벡 주정부를 중심으로 기초단체, 경영자협회, 노동자연맹, 사회단체가 모인 회의에서 노동자들은 자발적으로 돈을 출연하여 연대기금을 조성하였고, 퀘벡 주정부는 이 기금에 매칭펀드의 형태로 참여하며, 1997년 샹티에는 1,000만 달러 규모의 퀘벡사회경제투자네트워크기금(RISQ)을 조성하였다. 샹티에는 2007년 Fiducie du Chantie de l'economie sociale을 출범시켜, 약 5,380만 달러(CAD)의 인내자본(patient capital)을 형성하였다[20]. 기초기금 마련은 캐나다 경제개발국(Canada Economic Development)을 통해 2,280만 달러(CAd)의 자본을 확보하였으며, 2006년 Fonds de Solidarite(FTQ)가 1200만 달러(CAD), FondAction으로부터 800만 달러(CAD), 그리고 퀘벡투자금융(Investissement Quebec)으로부터 1,000만 달러(CAD)를 투자받았다.

투자자의 주식 상장이 어려운 대신 사외이사 참여 등을 통해 사회적기업에 대한 인지도를 넓히는 방식으로 운영하고 있으며, 5만 달러(CAD)에서 150만 달러(CAD) 사이의 금액을 15년 동안 원금상환 유예 혜택을 받고 대출을 받은 사회적기업들은 고정이자를 납부하면 된다. 이는 기업의 자본화 비율을 제고하도록 도움을 주고 있다. 프로젝트 전체 필요자금의 35% 이내로 대출의 상한선을 제시하고, 의무보증의 최소화 및 상환 유예 등으로 기업 상황을 충분히 반영하는 상환관리를 하고, 고용인이 200명 이상인 회사에 대해서는 대출을 금지하며, 정부 공공기관의 역할을 대신하는 관련기업들, 보육시설 혹은 교육서비스를 주로 하는 기업들은 Fiducie 상품에 지원할 수 없고, 투자자들에게 투자

20) 인내자본(patient capital)이란 사회적경제조직의 규모와 자금 수요가 꾸준히 커지면서 새로운 형태의 운영자금 조달수단이 필요해짐에 따라 등장한 새로운 형태의 자본조달 수단이다.

포트폴리오를 제공하는 등 적극적으로 투자처를 개발하고 있다.

〈퀘벡모델에서 샹티에의 역할〉

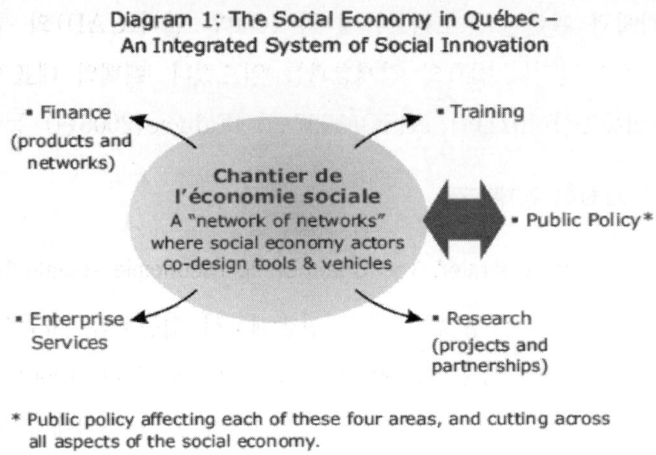

자료 : Margguerite Mendell(2009), Financing the Social Economy in Quebec, The 6th International Forum on Housing and Urban Finance(2018)

한편, 2016년에는 주택협동조합과 비영리기관들이 집세를 올리지 않고 주요한 보수작업을 할 수 있도록 샹티에 신탁 Fiducie와 각 협력사들이 함께 투자하여 지역사회주택보수기금이라는 투자기금을 창설하였다. 기금은 부동산연대기금 FTA 2,100만 달러(CAD), SSQ금융그룹 1,050만 달러(CAD), J.W.맥코넬 패밀리재단에서 100만 달러(CAD)의 투자를 받았고, 3개의 협동조합(90호 주택)에 약 200만 달러(CAD) 이상을 투자했으며, 이는 파트너십을 통한 자본조달의 예라 할 수 있다.

Fiducie는 지난 10년간 사회적 변화와 혁신을 창출하는 기업에 5,400만 달러(CAD) 이상을 직접 투자하였다. 이와 같은 투자를 통해 퀘벡 경제에 총 3억 7,400만 달러(CAD) 이상의 투자를 창출했으며, 많은 지역개발과 신규 일자리 창출에 기여하였다. 2018년 현재 파트너기업 수는 168개이며, 창업·확장 프로젝트 및 부동산투자를 지원하는 15년 만기 상환 지불유예(moratorium)를 제공한다. 크게 운영인내자본(Operations Patient Capital)과 부동산인내자본(Real Estate Patient Capital)의 두 가지 유형으로 구분하여 대부신탁(trust loans)을 제공하는데, ⓐ 운영인내자본 loan(OPC)은 운영자본과 관련된 비용, 신제품 출시와 사무실, 컴퓨터, 자동차 등 각종 장비, 기계, 도구 구입 등에 필요한 자금을 조달한다. 단, 대출금액은 프로젝트 관련 비용의 35%를 초과하지 않는 범위 내 50,000~250,000달러(CAD)이다. ⓑ 부동산인내자본 loan(REPC)은 토지,

건물, 창고 등 부동산자산의 취득, 건설 및 개보수와 직접적으로 관련된 비용을 조달한다. 단, 대출금액은 프로젝트 관련 비용의 31.5%를 초과하지 않는 범위 내 50,000~150,000 달러(CAD)이다.

그리고 사회경제적 기업, 특히 주택조합과 비영리단체에 투자하는 적격 프로젝트(Eligible Projects)를 실시하고 있는데, 퀘벡 지역 내 자산규모 1억 달러(CAD) 미만 또는 자본금 5천만 달러(CAD) 미만 사업체를 대상으로 한다. 또한 2015년에는 3억 2,500만 달러(CAD) 규모의 주택리모델링지원기금(Fonds d'aide à la rénovation de l'habitation communautaire, FondsARHC)을 조성하고, 이를 관련 주택조합과 비영리단체에 제공한다.

〈Fiducie 투자생성금액(프로젝트 비용)〉

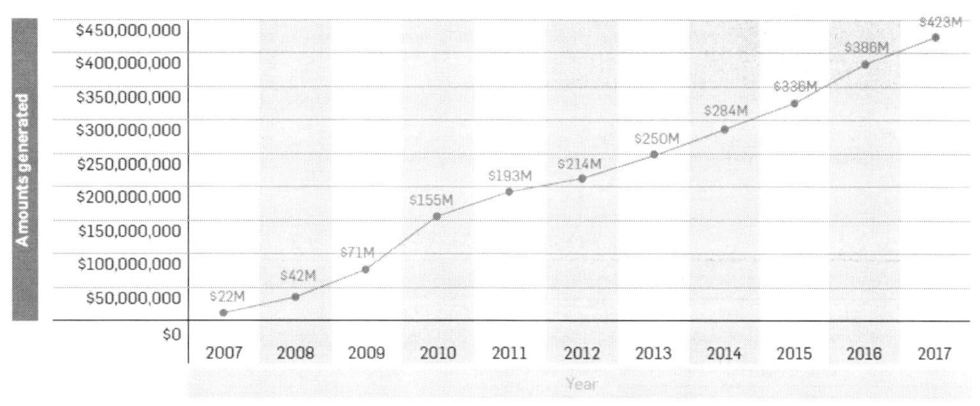

자료 : The Chantier de l'économie sociale Trust(2017), Annual Report 2017, The 6th International Forum on Housing and Urban Finance(2018)

2) 퀘벡사회투자네트워크(RISQ)

1997년 Sommet sur l'économie et l'emploi by the business sector와 샹티에, 사회적 경제대표회의에 의해서 탄생하였다. RISQ는 사회적경제기업의 장려 및 진흥을 위해 다양한 부문에서 활동하고 있는 주요 투자자들, 책임자들, 파트너들로 이루어진 이사회를 가지고 있는 비영리 조직으로서 퀘벡의 사회활동가 등 다양한 부문의 조합으로 구성되어 있기 때문에 하이브리드 기금으로 간주된다. 샹티에의 인내자본을 퀘벡의 사회적 기업들에게 직접적으로 대출해 주는 역할을 수행하며, 샹티에의 감독 하에 각 사회적 기업에게 5만 달러(CAD)까지 무보증 신용대출을 해주고 있다. 1997년 창립 당시 정부와 사회적 기업, 협동조합들에게서 투자받은 1,000만 달러(CAD)의 펀드로 시작하였고, 기금의 원활한 흐름을 위해 RISQ에서 기업심사 및 평가 방법, 리스크 기준을 변경 가능하다. RISQ의 투자자들은 캐나다 로얄뱅크, 데자르댕 신용금고조합연합, 캐나다 은행, 몬트리올 은행, 알칸알루미늄사(Alcan Aluminum Ltd.), 장코투(Groupe Jean Coutu(PJC) Inc.), Foundation(Marcelle et Jean Coutu)과 퀘벡 주정부를 포함한다.

〈RISQ 현황(1997–2015)〉

자료 : 서울특별시 사회적경제지원센터(2016), The 6th International Forum on Housing and Urban Finance(2018)

〈RISQ와 Fiducie의 융자 운영방식 비교〉

구분	RISQ	Fiducie
이자율	고정금리 - 기술적 지원, 창업자금 : 무이자 법인설립단계 이후 : 연 8%	고정금리 (연 8%)
대출한도	기술적 지원 : 1,000~5,000 달러(CAD) 창업준비금 및 운영자금 대출 : 50,000~100,000 달러(CAD)	50,000~1,500,000 달러(CAD)
상환방법	기술적 지원 및 예비창업자대출의 경우 프로젝트 완료 후 원리금 상환 도래	15년 후 원금 만기 상환
	운영자금 대출의 경우 상환 유예 가능	만 1년 이후 수수료 없이 중도상환 가능
보증여부	무담보, 무보증	운영자금 대출 : 무담보 부동산대출 : 부동산 후순위 보증

자료 : 서울특별시 사회적경제지원센터(2016), The 6th International Forum on Housing and Urban Finance(2018)

대출과 대출보증 모두 5만 달러(CAD)까지 제공 가능하며 기술적 보조 지원도 가능한데, 평균적으로는 2만~5만 달러(CAD) 정도를 대출받으며, 대출기간은 5~8년이다. 1997년부터 2015년까지 약 8,400개의 일자리를 창출했으며, 총 2,310만 달러(CAD)를 레버리지, 556개의 프로젝트가 이 기금을 통해 지원받았다. 403개의 프로젝트가 기술 보조 지원을 받았으며, 이는 180만 달러(CAD)에 해당한다.

3) 데자르뎅(Desjardings)

데자르뎅 금융그룹은 퀘벡 지역 최대의 금융기관이자 퀘벡을 대표하는 협동조합인데, 단일 은행기관이 아닌 민중금고라고 불리는 수백 개의 자율적인 지역 기반 신용협동조합으로 구성된 일종의 협동조합그룹으로, 협동조합에 속한 수백 만 명의 조합원들이 데자르뎅 금융그룹을 소유한다. 다른 금융기관들과 달리 연방정부의 관할 아래 있지 않았기 때문에 한 세기가 넘는 역사를 지닐 수 있었으며, 또한 지역사회와 매우 밀접하게 연관되어 있어 영향력이 다른 금융기관들에 비해 매우 컸다.

데자르뎅 지역협동조합 자본(Capital regional et cooperative Desjardins, CRCD)은 2001년 설립되어 데자르뎅 신용조합의 벤처 자본이 되었고, 공개 거래 기업인 데자르뎅 지역협동조합 자본기업(Desjardins Entreprises Capital regional et cooperative, DECRC)이 CRCD를 운영하고 있다. 사회경제적 목표를 가진 하이브리드 기금으로 퀘벡 지역 내 417개 기업들의 성장을 지원하고 있고, 10억 달러(CAD)에 해당하는 투자를 받았으며, 약 71,000개의 일자리를 창출하였다. 2016년 기준 18억 달러(CAD)에 해당하는 자산을 보유하고 있다.

데자르뎅 혁신기술(Desjardins-Innovatech S.E.C)기금은 퀘벡 지역 내 기술 또는 혁신 사업의 개발을 지원하기 위해 도입되었는데, CRCD가 혁신기술 기금의 스폰서로서 54.5%의 지분을 점유하고, 2016년 퀘벡 내 기술 관련 54개 회사들에게 6,850만 달러(CAD)를 투자하였다.

2016년 데자르뎅 금융그룹은 퀘벡(Quebec) 및 온타리오(Ontario) 주에 313개의 신용조합을 가지고 있으며, 560만명의 회원이 있다. 약 48,000명에게 일자리를 제공하고 있으며, 2,584억 달러(CAD)의 자산을 보유하고 있고, 국제사회에서 약 여섯 번째 규모의 금융협동조합 그룹이나 지역사회와의 밀착성으로 인해, 국제사회 내에서는 지역사회 기반 금융기관으로 인식되고 있다.

3. 사회적 금융을 통한 도시재생 사례

(1) 중간지원기관 사례

1) 중간지원기관의 역할

캐나다에서는 주거복지 및 도시재생사업을 추진함에 있어 다양한 중간지원기관들이 사회적 경제조직들의 지속가능성을 제고하는 역할을 담당하고 있다. 주정부의 협동조합개발부서, 협동조합연합회, CDECs, 비영리기관 및 사회적 기업 등 각각의 전문 중간지원기관들이 파트너십을 기반으로 네트워크를 형성하고, 지역 내 사회적 경제조직들의 창업 및 운영, 사업추진 등을 지원하고 있다. 또 경영컨설팅 등 기술적 지원뿐만 아니라 초기 사업개발, 시드머니 조성, 규모화를 위한 사업 확대 등 단계별·목적별 필요자금을 조달할 수 있는 장기 저금리의 금융지원도 제공하고 있다.

2) Cahdco(Centretown Affordable Housing Development Corporation)

affordable housing을 공급하는 비영리기관 및 사회적 기업 등에 건설업체 등을 연결시켜 주고 개발사업 전반에 걸쳐 컨설팅을 제공하는 비영리 부동산개발회사로, 1996년에 CCOC(Centretown Citizens Ottawa Corporation)의 지원을 받아 설립되었는데, CCOC는 1974년에 개정된 National Housing Act를 근거로 설립된 비영리주택회사이다.

저소득층 등을 대상으로 affordable housing을 공급하는 비영리기관 및 사회적 기업이 현재 오타와 내에만 50여개가 있으며, 토론토 지역에는 200개 이상이 존재한다. 사업의 과정은 ① 토지 매입, ② 정부보조금 신청, ③ 펀딩, ④ 건설, ⑤ 인도(사회적 기업)의 순으로 진행되며, 재원은 정부보조금과 모기지, 자체 자산을 통해 조달한다.

3) 지역사회경제개발기업(CDECs)

지역사회경제개발기업(Corporation de développement économique communautaire, CDECs)은 1980년대 초반 지역사회 내 보건 및 주거 등 살기 좋은 환경을 조성하기 위해 만들어진 민간 비영리기관으로, 2012년 기준 퀘벡 지역 내 13개의 CDECs가 존재하며, 이들은 160만명의 퀘벡 주민들을 지원한다. CDECs의 설립 목적은 기술 지원, 트레이닝, 각종 자문 및 네트워킹 서비스 등을 제공하여 지역사회 내에 비즈니스하기 좋은 환경을 조성하고 일자리 창출을 바탕으로 다양한 인구들을 유입하여 지역사회의 다양성을 추구함으로써, 경제발전을 도모하기 위한 것으로, 1980년대 몬트리올 시가 탈공업화와 산업구조의 변화로 도심 커뮤니티들의 심각한 경제위기를 겪으면서 등장하였다.

CDECs는 전통적인 경제개발 방식이었던 단일 산업의 성장을 통해 낙후된 커뮤니티에 경제성장의 영향이 가도록 하는 낙수효과(trickle-down effect)에 대해 반감을 표하고, 도심재생을 위해 지역사회 내 다양한 이해관계자들과 정부기관, 주민들의 참여를 촉구하고 이들의 의견을 수렴한 지역사회 경제발전계획을 추진하였다. CDECs는 수익을 창출하는 프로젝트에 자금을 지원하는 것을 원칙으로 하고, CDECs가 요구하는 최소 수익은 12개월 내 10,000 달러(CAD)이며, 이를 충족하지 못할 시에는 모든 투자금을 투자자에게 반환해야 한다. CDECs는 캐나다 연방정부, 퀘벡 주정부, 캐나다 경제개발국, 몬트리올 시 정부로부터 재정 지원을 받았다.

2007~2008년에 CDECs는 몬트리올 내 2,250개의 기업들에게 자문을 제공했으며, 254개의 기업들에게 7백만 달러(CAD)를 투자하였고, 이 중 240만 달러(CAD)는 사회경제적 기업에게 투자된 금액이다. 이와 같은 투자를 통해 약 4천만 달러(CAD)를 레버리지 했으며, 약 1,400개의 일자리를 창출하였다.

4) 지역개발센터(CLD)

〈CDECs와 CLD의 역할〉

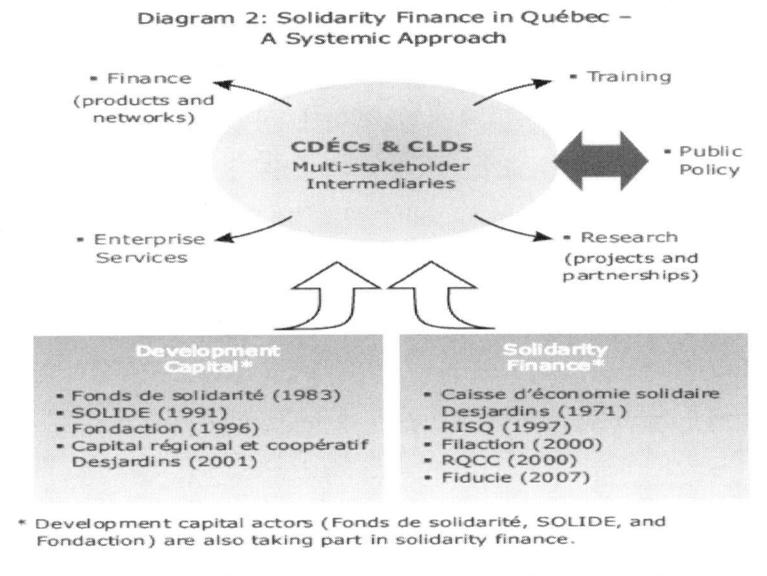

자료 : Margguerite Mendell(2009), Financing the Social Economy in Quebec, The 6th International Forum on Housing and Urban Finance(2018)

지역개발센터(Centre de Développement Locale, CLD)는 1998년 퀘벡 주정부에 의해서 창설된 비영리기관으로 지역 내 경제개발, 창업 촉진 및 장려를 목표로 하고 있다. 퀘벡 지역 내 120개의 CLD가 존재했으며, 퀘벡 주정부와 지방정부에서 재정지원을 받았다. 그러나 2014년 10월 Pierre Moreau(Minister of Municipal Affairs of Quebec)가 CLD의 폐지를 발표했으며, 120개의 CLD들은 2014년 12월부터 2015년 12월까지 점진적으로 폐지되었다.

지역개발협동조합(Coopérative de développement régional, CDR)은 신규 협동조합 설립을 지원하는 협동조합으로, 퀘벡 주정부가 보조금을 지원한다. 1983년 설립 이래 약

300개의 협동조합 설립, 4,000개 이상의 일자리 창출에 기여하였다.

(2) 주거복지 및 도시재생 사례

1) Elm Centre 프로젝트

YWCA Toronto에서 개발한 혼합주택 프로젝트(mixed housing project)로 토론토(Toronto) 다운타운에 위치한다. 여성을 대상(저소득층 여성, 정신건강 고위험 여성, 가구주가 여성인 원주민 가구 및 가정폭력 피해 여성 등)으로 여성이 운영하는 affordable housing 공급 사례(2011년 준공)로, YWCA는 정부보조금 및 기부금, 자선사업 수입금 등을 통해 창출된 2,800만 달러(CAD) 상당의 연간 운영예산으로 취업 및 주택지원 사업을 추진하였다. Elm Centre Community Bond Financing 프로젝트를 통해 7,900만 달러(CAD) 예산 중 약 100만 달러(CAD)를 공동체 채권(community bond)으로 조달하였는데, 채권은 10년 만기, 연이율 4%금리이다. 공동체 채권은 지역공동체 발전을 도모하기 위해 만든 일종의 특수채권으로, 통상 지방정부가 투자 원금에 대한 지급을 보증한 확정금리부 금융상품을 일컫는다. 100만 달러(CAD)는 전체 예산 중 일부에 불과하지만, Social housing 프로젝트 추진 시 공통적으로 직면하게 되는 문제 중 하나인 일시적인 현금 부족문제를 해결하고, 투자자들의 심리적 안정감 담보 및 투자 촉진에 기여하는 효과가 있다. 입주자는 소득의 30%까 범위 내에서 임대료를 부담하고, 초과되는 부분은 토론토 시에서 제공하는 주거비 보조를 통해 충당한다.

2) Cahdco 주요 프로젝트

Cahdco(Centretown Affordable Housing Development Corporation)는 CCOC(Centretown Citizens Ottawa Corporation)를 비롯한 다양한 협력기관과의 파트너십을 통해 지속적으로 Ottawa 지역 내 affordable housing을 공급하고 있다. 이는 주로 도시내 주거재생을 통하여 추진되고 있다.

〈Cahdco 주요 프로젝트〉

구분	위치	유형	사업비용	규모	재원조달
CCOC BEAVER BARRACKS (2012년)	Centretown, Ottawa	다목적 주거시설 (임대주택), 상업시설	$65M	5개동, 254호	모기지(인프라스트럭처 온타리오, 성모 영보 수녀회, 캐나다 연방정부, 온타리오 주정부, 오타와 시정부 및 CMHC) + 자산(CCOC)
SALUS CLEMENTINE (2015년)	Scott St, Ottawa	다가구 주거시설	$9.1M	42호	보조금(Affordable Housing Grant) + 펀딩(Action Ottawa) + 모금(오타와 살루스) + 자산(오타와 살루스)
MHI THE HAVEN (2015년)	Barrhaven, Ottawa	아파트, 타운하우스	$19.3M	98호	융자금(인프라스트럭처 온타리오) + 투자금(Action Ottawa) + 자산(MHI)
CAHDCO CLARENCE GATE (2003년)	Downtown, Ottawa	콘도미니엄	$5M	30호	콘도 판매금액 + 자산(CCOC) *저소득 가구를 위한 자가소유 프로젝트 (첫 affordable home-ownership project)
CCOC RICHMOND (2005년)	West end, Ottawa	타운하우스, 듀플렉스 (임대주택)	$4M	23호	융자금(성모 영보 수녀회, CMHC) + 자산(CCOC, 오타와 시정부)
SALUS SCOTT (2006년)	West end, Ottawa	다목적 주거시설 (임대주택), 업무시설	$6.1M	40호	펀딩(Action Ottawa, 캐나다 연방정부 Community Rental Housing Program, CMHC seed funding) + 기부금(오타와 살루스) *브라운필드 재개발 프로젝트

자료 : Cahdco, The 6th International Forum on Housing and Urban Finance(2018)

3) 지역경제개발(CED) 프로젝트

지역경제개발(Community Economic Development, CED)이란 지속가능하고 통합적인 관점을 바탕으로 지역 내 경제적 기회와 사회적 여건을 강화하기 위한 활동을 의미하며, 특히 취약계층을 우선적으로 고려하고 있다. CED는 지역사회를 기반으로 하며, 지역사회에 의한 과정으로, 사회적·경제적 발전의 결합을 통해, 지역사회의 경제적·사회적·생태적·문화적 안녕을 추구한다. 기존 지역개발에 대한 대안으로 등장했으며, 지역사회가 당면하고 있는 실업, 가난, 고용 없는 성장, 환경오염과 지역사회 자체의 통제 불능 상태가 통합적이고 참여적인 방식을 통해 해결될 수 있다는 믿음을 근간으로 한다. 즉 지역 내 경제적·환경적·사회적 과제가 상호 의존적이며 복잡하고 끊임없이 변화하고 있음을 인식하는 접근방식이다. CED의 3가지 전략은 개인에 대한 지원, 기업 육성, 커뮤니티 강화이다.

연방정부 차원의 사회적 경제 이니셔티브는 없고 주정부 차원의 지원이 이루어지고 있다. Ⓐ 퀘벡(Quebec) 주는 CED조직들이 협동조합, 사회운동, 노동조합, 신용조합 등의 조직들과 파트너십을 통해 공통의 아젠다와 네트워크(샹티에)를 구성하고, 사회적기업과 사회적 경제를 위한 1천만 달러(CAD) 이상의 자본투자기금을 형성한다. Ⓑ 마니토바(Manitoba) 주는 주정부의 우선순위가 CED, 각료위원회, 장기 기금, 세금융자(tax credits) 순이다. Ⓒ 노바 스코티아(Nova Scotia) 주는 Community and Regional Development Act, 협동조합과 지역사회 기업을 위한 세금융자(tax credits), 지역적·사회적·경제적 발전을 위해 지역사회로 권한을 이양(devolved authority)하고 있다. Ⓓ 누나분트(Nunavut) 주는 포괄적인 CED정책의 토대를 마련하고 있다.

4. 캐나다 사회적 금융과 도시재생금융의 시사점

캐나다에서는 연대와 협력체계를 기반으로 하는 사회적 금융을 통해 다양한 접근을 시도하여 새로운 형태의 주거복지 및 도시재생을 실현하고 있다. 특히 퀘벡의 사회적금융은 협동조합, 노동조합, 사회연대경제, 사회운동, 민간부문 등 다양한 부문에서 사회적 금융 투자가들이 힘을 합쳐 파트너십을 기반으로 한 협력 체계를 구축하였다. 즉 퀘벡모델은 다양한 이해관계자들이 동원(mobilized)된 새로운 형태의 대안적 금융이라 할 수 있다. 사회경제적 부문에 대한 투자 혹은 사회적 기업의 리스크는 기존의 기업형태들보다 크고, 주류 자본시장에 진입하기가 힘들기 때문에 퀘벡모델에서는 주류 투자가들을 참여시키기도 한다. 주택사업 및 도시개발사업의 경우에는 주택과 토지가 가지는 경제적 특수성으로 인해 기존의 자유시장주의적, 혹은 자본주의적 접근방법으로는 지속적인 주택난과 젠트리피케이션(gentrification)을 극복하기 어려움이 있어, 퀘벡모델은 기존 지역경제개발의 전통적인 방법이었던 낙수효과(trickle-down effect) 기반의 경제주도정책을 탈피하여 주민참여형의 새로운 시도를 통해 소규모 커뮤니티 기반의 지역경제개발을 지향하고 있다.

퀘벡 지역 사회적 경제 부문의 집중성과 다양성, 역동성을 기반으로 하는데, 퀘벡은 인구수에 비해 사회경제 부문이 매우 활성화되어 있다. 특히 그 규모와 형태면에서 다양한 사회경제 부문이 활동하고 있다. 약 800만명이 거주하는 지역에 3,300개가 넘는 각종 협동조합이 활동하고 있고 조합원은 880만명에 이른다. 캐나다 연방의 전체 협동조합은 약 9,000개, 조합원은 1,800만명임을 감안하면 퀘벡의 협동조합은 매우 활성화되어 있다고 할 수 있다.

주거복지 및 도시재생사업을 추진함에 있어 다양한 중간지원기관들이 사회적 경제조직들의 지속가능성을 제고하는 역할을 담당하고 있으며, 이는 사회적 경제 부문의 역동성을 담보한다. 다양한 전문 중간지원기관들이 각 업종별·지역별 연합회와 전방위 네트워크를 기반으로 파트너십을 형성하고, 지역 내 사회적 경제조직들의 창업 및 운영, 사업추진 등을 지원하고 있다. 특히 CDECs, CLD, CDR 등의 민간 비영리기관들은 다양한 지역사회의 실정과 주민들의 필요와 요구를 반영하고 다른 단체와 협력하여 유연하게 실현하는데 기여하고 있는데, 이 조직들은 법적으로 정부 산하기관이 아니고 민간 전문가들에 의해 자율적으로 설립된 비영리기관이나, 주정부의 예산 지원을 받아 중간지원센터의 역할을 수행하고 있다.

주민 주도의 사회적 합의 형성을 통해 연대와 협력체계를 구축하였고, 퀘벡의 사회적 경제는 크게 시민사회와 협동조합으로 구성되어 있다. 이는 1980년대 세계적 경제 불황에 대응하여 시작된 노동운동과 치열한 내부논쟁의 과정을 거치면서 어느 정도의 사회적 합의가 형성된 것이 반영된 것이다. 그리고 이를 토대로 사회적 금융을 통해 사회적 경제조직에 인내자본(patient capital)을 제공할 수 있는 지역 내 연대와 협력체계를 구축하고 있다.

캐나다의 사회적 금융을 국내에 도입하기 위해서는 민간부문과 공공부문의 신뢰가 기반이 된 파트너십과 지속가능한 관계 구축이 필요하다. 먼저 사회적 경제 및 사회적 금융이 발아할 수 있는 혁신의 토양을 마련해야 한다. 사회적금융은 기존 상업금융의 대안으로서 시민영역이 주체가 되어 주인의식을 갖고 지속적으로 사회혁신을 달성하고자 할 때 국내에 안착이 가능하다. 그리고 사회적 경제 부문의 지속가능성을 제고하기 위해 전문성 있는 중간지원기관의 육성 및 경영컨설팅 등 기술적 지원뿐만 아니라 초기 사업개발, 시드머니 조성, 규모화를 위한 사업 확대 등 단계별·목적별 필요자금을 조달할 수 있는 장기 저금리의 금융지원도 필요하다. 또한 지역 내 민간부문과 공공부문의 신뢰가 기반이 된 파트너십을 통해 각 지역의 사회적 요구를 수렴하고, 함께 해결해 나갈 수 있는 지속가능한 관계를 구축하는 것이 중요하다.

Ⅵ. 아시아 등 주요 국가의 도시재생과 금융

1. 일본

(1) 일본의 민토(MINTO) 개요

일본의 민간 지역공동체에 대한 지원 사업은 도시재생특별조치법에 근거하여 수행되고 있으며, 해당 업무는 국토교통대신의 승인을 받아 민간도시개발 추진기구(이하 MINTO라 함)에서 수행하고 있다. MINTO는 관련 법규에 따라 도시재생사업에 대한 지원업무를 수행하고 있으며, 그 구체적인 업무에 대해서는 「일반재단법인 민간도시개발 추진기구 업무방법서(이하 업무방법서라 함)」에 규정되어 있다.

(2) 민토의 주요 업무

MINTO의 업무 중 Ⓐ 참가업무는 특정민간도시개발사업의 실시에 필요한 비용의 일부를 부담하되, 민간도시개발법에 열거한 민간도시개발사업에 있어서 공공시설 등의 정비에 필요한 비용의 액수 범위 내에 한정되고, 해당 사업에 공동사업자로 참가하고, 이를 통해 취득한 부동산을 임대 또는 양도한다. Ⓑ 융통업무는 특정 민간도시개발사업을 시행하는 자에 대하여, 해당 사업의 실시에 필요한 비용으로 활용하기 위해 장기저리의 자금을 융통하는 것이다. Ⓒ 대부업무는 법률에 정한 사업자에 대하여 해당 사업의 실시에 필요한 비용으로 활용하는 자금의 일부를 무이자로 대부한다. Ⓓ 메자닌지원업무는 중간 리스크 자금의 공급을 통하여, 민간사업자의 우량한 도시개발사업을 추진하는 것이 목적이다. Ⓔ 마찌재생출자업무는 인정정비사업자의 인정정비사업 시행에 필요한 비용의 일부에 대한 지원을 한다. 단, 공공시설 등의 정비에 필요한 비용의 액수 범위 내에 한정된다. Ⓕ 토지취득 및 양도업무는 사업예정지의 취득 및 관리를 수행함과 동시에 취득한 사업예정지를 민간도시개발사업을 실시하는 자에게 양도한다. Ⓖ 조성업무는 민간도시개발사업의 초기 단계에서 해당 사업을 기획/추진하는 자에 대하여 출자, 해당 사업에 관한 기본 구상/사업계획 수립 등의 기초적 조사를 수행하는 자에 대하여 조사비용의 보조 등의 조성(助成)을 수행한다. Ⓗ 마찌즈쿠리펀드 지원업무는 지역의 자금 등을 활용하여, 해당 지역 내 일정 구역의 가치 향상에 이바지하는 리노베이션, 기타 민간사업자에 의한 마찌즈쿠리사업(이하 민간 마찌즈쿠리사업이라 함)을 지원하기 위하여, 출자(出資) 또는 자금거출(資金據出)에 의한 지원을 수행하는데, 매니즈먼트형 마찌즈쿠리펀드 지원사업과 클라우드펀드활용형 마찌즈쿠리펀드 지원사업의 두 종류가 있다.

(3) 민토의 주요 도시재생금융프로그램

1) 마찌즈쿠리펀드 지원사업

Ⓐ 주민참가형 마찌즈쿠리펀드 지원사업

국토교통성은 도시재생추진사업제도요강 등에 근거하여, 지역의 자금을 지연(地緣)단체에 의해 조달하고, 이것을 경관형성·관광진흥 등의 마찌쯔쿠리에의 유도를 위하여, 2015년부터 MINTO가 실시하는 주민참가형 마찌쯔쿠리펀드 지원사업(이하 지원사업이라 함)에 대하여 교부금을 교부하고 있다. 지원사업은 공익신탁, 공익법인, 비영리법인, 지방공공단체가 설치한 기금 등 마찌쯔쿠리펀드에 대하여 지방공공단체, 주민, 기업 등이 자금의 거출 등을 하는 경우, 보조금의 교부를 받은 민토기구가 민토자금을 거출하여 지원한다. 민토자금은 마찌쯔쿠리펀드로부터 주민 등이 실시하는 공공공익시설정비 등의 도시개발사업의 조성 등 마찌쯔쿠리사업에 할당한다. 사업의 참여자는 국가는 민토에 보조금을 교부하고, 민토는 자금을 거출하여 마찌쯔쿠리 펀드에 투자하며, 자치단체는 자금거출 또는 출자를 통하여 마찌쯔쿠리 펀드에 투자하고, 주민도 자금거출 또는 출자를 통하여 마찌쯔쿠리 펀드에 투자(클라우드펀딩활용형 마찌쯔쿠리펀드로 한정)하여 참여한다.

〈마찌쯔쿠리펀드 지원사업구조〉

자료 : 대한부동산학회(2018), 지역재생을 위한 지역공동체 주도의 공동체투자 모델 개발 연구용역

Ⓑ 매니즈먼트형 마찌쯔쿠리 지원사업

지역 금융기관과 민토기구가 제휴하여 '마찌쯔쿠리펀드'를 조성하고, 해당 펀드로부터의 투자(출자, 사채취득 등)통하여, 민간사업자에 의한 리노베이션, 기타 마찌쯔쿠리사업을 일정 지역에서 연쇄적으로 진행함으로써 해당 지역의 가치향상을 도모하여 지역의 과제 해결에 공헌한다.

〈매니즈먼트형 마찌쯔쿠리펀드 지원사업구조〉

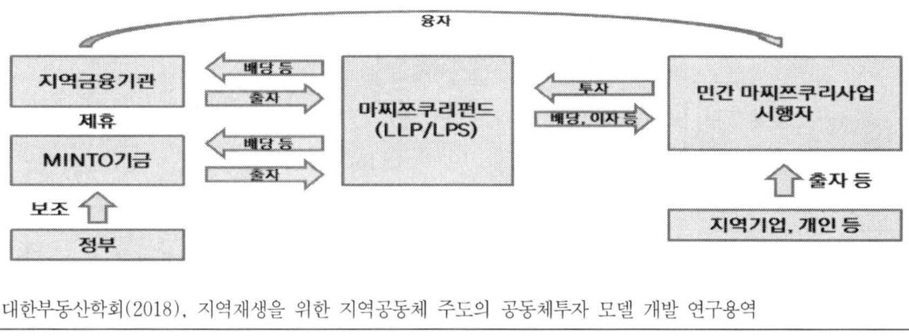

자료 : 대한부동산학회(2018), 지역재생을 위한 지역공동체 주도의 공동체투자 모델 개발 연구용역

2) 메자닌 지원사업

국가와 지자체가 정한 특정한 구역에서 수행되는 방재나 환경을 고려한 신규 우량 민간도시개발사업에 대하여, 특히 조달이 곤란한 Middle-risk 자금을 안정적인 금리로 장기로 공급하는 것이다. 메자닌은 "中2階"의 의미로 금융기관이 종래에 주로 주력해온 시니어 파이낸스(시니어론 등)보다 변제순위가 낮고(리스크가 높음), 사업자 등에 의해 제공 되는 자본의 중간에 위치한 파이낸스를 말한다.

〈메자닌 지원사업구조〉

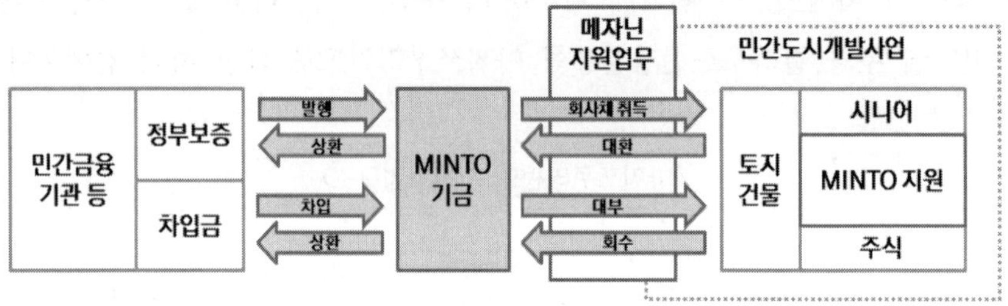

자료 : 대한부동산학회(2018), 지역재생을 위한 지역공동체 주도의 공동체투자 모델 개발 연구용역

3) 마찌재생출자사업

지자체가 정한 도시재생정비계획의 구역 내 또는 도시기능유도구역 내에 민간사업자가 실시하는 도시개발사업에 대하여, MINTO기구가 출자를 수행함으로써, 사업자에 보다 가까운 입장에서 사업수행을 지원하는 제도이며, 민간거점시설 정비사업에 대한 사업수행 지원도 수행한다. 일률적으로 출자형태가 고정되어 있지 않기 때문에, 사업자는 자금 필요에 대응하여 개별·유연하게 출자(주식취득, 특정목적회사의 우선출자증권 취득, 익명조합출자(匿名組合出資) 등)를 받을 수 있다.

〈마찌재생출자사업구조〉

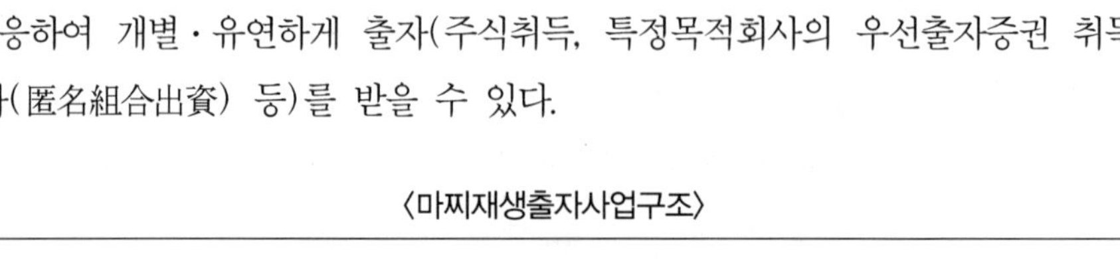

자료 : 대한부동산학회(2018), 지역재생을 위한 지역공동체 주도의 공동체투자 모델 개발 연구용역

2. 싱가포르

(1) 리츠

싱가포르는 리츠를 적극적으로 활용하는 대표적인 국가인데, 앵커리츠는 개발·건설업자, 연기금 등이 최대주주(앵커)로 리츠에 참여하는 구조이다. 스폰서 아래 신탁 형태로 다양한 투자자가 리츠 투자에 참여하는데, 스폰서 역할로 유명한 것은 싱가포르 국영 투자기관인 '테마섹(Temasek)'이며, 테마섹은 지주회사형태로 정부 관계기업(GLC; government linked companies)의 부동산 투자를 관리한다.

〈앵커 리츠 · 스폰서 리츠 구조〉

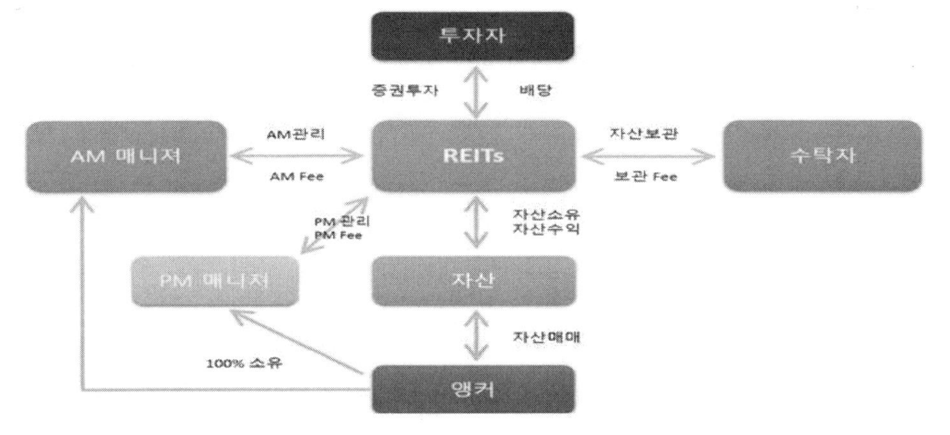

자료 : 대한부동산학회(2018), 지역재생을 위한 지역공동체 주도의 공동체투자 모델 개발 연구용역

(2) 싱가포르 중앙연금기금(CPF, Central Provident Fund)

1) CPF 개요

싱가포르의 연금 제도인 중앙연금기금(CPF, Central Provident Fund)은 1955년 최초로 설립되어 현재 싱가포르 시민과 영주권자의 주요 사회보장제도로 자리 잡았다. 설립 당시 의무납입금액은 월 소득의 10%(고용주 5%, 고용인 5%)였지만 1968년 CPF를 주택금융의 주요 수단으로 삼는 정책과 더불어 납입 금액은 가파르게 상승하였다. 납입된 금액은 일반적으로 향후 은퇴자금의 저축을 목적으로 하는 Special Account(SA), 의료 목적인 Medisave Account(MA), 그리고 주택구매가 주목적인 Ordinary Account(OA)의 세 가지 계좌로 할당되는데, 각 계좌의 할당 비율 또한 고용인의 나이에 따라서 결정

된다.

〈CPF의 개념도〉

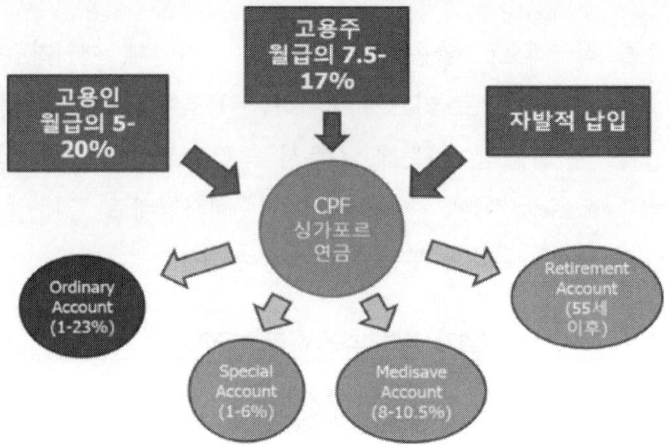

자료 : The 6th International Forum on Housing and Urban Finance(2018)

연금 가입자가 55세가 되는 시기에 Retirement Account가 신규로 생성되고, CPF는 매년도 인플레이션 등을 고려하여 55세의 연금가입자가 은퇴 후 생활유지를 위해 Retirement Account(RA)에 유지해야 하는 Retirement Sum(Basic, Full, Enhanced)을 고지한다. 55세가 되는 시점 가입자의 SA와 OA 잔고합계는 RA로 이전되며 가입자가 원할시 Basic 혹은 Full Retirement Sum을 제외한 나머지는 현금으로 인출할 수 있는데, Basic Retirement Sum(BRS)을 제한 금액을 현금 인출하기 위해서는 가입자는 자가소유자여야 하며, 가입자가 주택구매를 위해 지금까지 사용했던 CPF금액과 BRS의 합이 Full Retirement Sum 이상이어야 한다.

CPF의 은퇴 후 연금보장 프로그램은 원래 Retirement Sum Scheme(RSS)이었으나 2013년을 기점으로 CPF Lifelong Income For The Elderly(LIFE)로 전환되었다. CPF LIFE는 사망시까지 연금이 지급된다는 점에서 Retirement Account의 잔고까지만 연금이 지급되는 RSS와 다르며, 사망 후 남은 잔액은 지정한 가족에게 유산으로 지급된다. CPF LIFE는 세 가지 옵션을 제공하는데, 매월 연금 수령액이 높은 Standard, 유산으로 남기는 금액이 높은 Basic, 그리고 수령액이 연 2%씩 증가하는 Escalating 가운데 가입자가 선택하게 된다.

CPF는 싱가포르 경제에서 중요한 부분을 차지하며, CPF의 자산 총액은 싱가포르

GDP의 71%를 차지하고 총 납입금액은 GDP의 7%나 된다. 시중은행의 대출활동이 활발해지고 민영주택의 비중이 상대적으로 증가하면서 은행 모기지론은 GDP의 46%를 차지하고 있으며 HDB loan보다 훨씬 높은 비율을 보이고 있다. CPF의 총 인출 금액은 GDP의 4% 정도 되는데, 주택구매를 위한 인출이 전체 인출의 55% 정도로 높은 비중을 차지하고 있다.

2) 자가소유 지원을 위한 중앙연금기금의 역할

① HDB와 CPF 연계 시스템

싱가포르의 주택 구매자는 downpayment를 위해 CPF Ordinary Account 내의 저축금액을 사용할 수 있다. 공공주택 구매를 위해 HDB Loan을 이용하는 가구는 일반적으로 취득가의 최소 10%를 계약시 지불해야 하는데, 이 downpayment 전액을 CPF계좌에서 인출하여 사용이 가능하다. 아래 그림에서 보듯이 주택 매수자는 매월 본인의 CPF Ordinary Account에 나이에 따라 정해진 금액을 의무적으로 납입하고, 모기지 상환을 위해 이 CPF Ordinary Account내의 저축금액을 사용할 수 있다.

〈공공주택 구매를 위한 펀드의 흐름〉

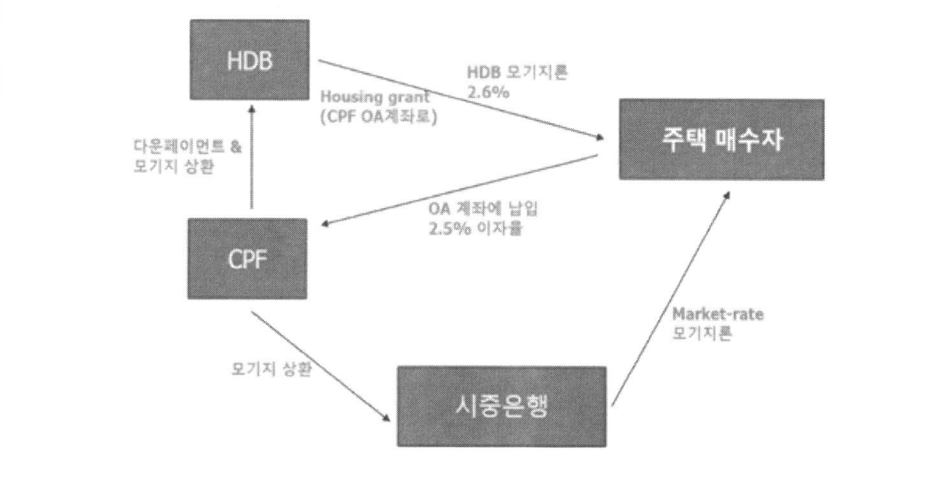

자료 : The 6th International Forum on Housing and Urban Finance(2018)

그러나 이러한 주택구매를 위한 CPF의 이용이 과도한 부동산 투기와 가입자의 은퇴후 자금부족이나 CPF의 금융 리스크로 이어질 것을 고려하여 이에 대한 제한이 있다. ①HDB loan은, 신규분양의 경우 한도 없이 Ordinary Account의 저축금액을 이용할 수 있으나, HDB loan을 이용하여 resale 유닛을 구매한 경우에는 Valuation Limit(VA, 실거래가 혹은 감정가 중 낮은 가격)이 적용된다. CPF 계좌 누적 이용금액이 VA를 초과할 경우, CPF에서 설정한 해당 년도의 기본은퇴자금(Basic Retirement Sum)을 CPF의 계좌에 확보한 후에만 계속해서 CPF 계좌를 이용해서 대출 상환이 가능하다. ② 은행 loan을 이용하는 경우에는 Valuation Limit과 Withdrawal Limit(WL, VA의 120%)가 모두 적용이 되는데, CPF계좌 누적 이용금액이 VA를 초과할 경우 위에서 언급한 조건을 맞추는 경우 계속해서 CPF를 이용한 대출 상환이 가능하지만(최대 WL까지만 가능함), 이후에는 현금으로 대출금액 상환을 해야 한다.

② 주거안정성 증진을 위한 정부보조금

싱가포르는 CPF 이외에 정부 보조금(CPF Housing Grant)을 통해 주거안정성 증진을 도모하고 있다. 1994년 HDB resale 유닛을 시장가격으로 구매해야하는 생애최초구매자를 대상으로 정부 보조금을 지원하기 시작하였으며, 이는 구매자들에게 혜택을 주는 동시에 resale 거래를 활발하게 하고 가격을 상승시키는 데에도 기여하였다. 이러한 보조금은 CPF 일반계좌에 입금되며 후에 이 주택을 매매할 경우에는 보조금 전액을 Ordinary Account에 돌려놓아야 한다.

소득이 낮은 사회 초년생들이 HDB를 구매하는 경우가 많아Additional CPF Housing Grant의 수혜자가 가장 높은 것으로 나타났다. 즉 HDB BTO의 물량이 늘어나는 해에는 새롭게 개발한 지역 BTO구매자에게 주어지는 Special CPF Housing Grant의 수혜자가 많아지는 것으로 나타났다. 또한 가장 기본적인 보조금인 Family Grant의 수혜자의 수도 꾸준히 유지되며 부모·자녀와 근거리에 거주하는 경우 받을 수 있는 Proximity Housing Grant의 수혜자도 상당히 높은 경향을 보이고 있다. 이러한 정부보조금은 housing affordability를 향상시키는데 크게 기여하고 있는 것으로 평가된다. 아래의 표에서 알 수 있듯이 정부 보조금 이후의 평균 BTO 가격은 훨씬 낮아지는데 특히 소득이 낮은 가구들이 소규모 주택을 구매할 때 그 혜택이 큰 영향을 미치게 된다. 정부보조금 이후 평균 BTO 가격을 기준으로 했을 때 소득 대비 가격 비율은 6 이하인데, 이는 대부분의 글로벌 도시들의 비율이 10이상인 것에 비해서 굉장히 낮은 수치로 HDB의 affordability를 직접적으로 증명된다고 할 수 있다.

아울러, 노인층 자가소유 가구의 자금 유동화 및 은퇴 이후 생활의 안정성 도모를 위해 Lease Buyback Scheme과 Silver Housing Bonus를 제공되는데, Lease Buyback Scheme의 자격조건은 월소득 12,000달러(SGD) 이하, 65세 이상인 싱가포르 시민으로

4룸 이하 HDB 보유한 1가구 1주택 가구를 대상으로 한다. Silver Housing Bonus의 자격조건은 월소득 12,000달러(SGD) 이하, 55세 이상인 싱가포르 시민으로 현재 HDB나 Annual Value(산정된 연간 임대료) 기준 13,000달러(SGD) 이하의 콘도 보유한 가구를 대상으로 제공된다.

〈정부보조금과 HDB의 Affordability(2014년)〉

HDB 타입	평균 BTO 가격	정부보조금 이후 평균 BTO 가격	BTO 신청 가구의 중위소득	소득대비 가격 비율 (price-to-income ratio)
2룸	$110,000	$55,000	$19,200	2.86
3룸	$187,000	$137,000	$30,000	4.57
4룸	$295,000	$265,000	$50,400	5.26
5룸	$386,000	$386,000	$72,000	5.36

자료 : The Straits Times, 17 November 2014

(3) 싱가포르 공공주택과 주택도시금융에 관한 시사점

싱가포르 공공주택 정책은 도시재생사업에서 중요한 요소 중에 하나이다. 도시재생을 통한 주택정책이 자가소유를 중심으로 추진되었으며, 그 결과 싱가포르 국민(영주권자 포함)의 80% 정도가 공공주택인 HDB에 거주하고 있고, 공공주택 가운데 95%가 자가소유이다. 이와 같이 싱가포르 공공주택은 중산층의 자가보유율을 높이고 자산축적의 기회를 제공한 점에서 매우 성공적인 것으로 평가된다. 높은 자가점유율은 다민족 국가인 싱가포르의 커뮤니티의 안정화 및 사회통합에 기여했을 뿐 아니라 대다수의 시민들에게 주택가격 상승을 통한 자산축적의 기회를 제공해 왔다.

싱가포르 공공주택정책의 성공은 싱가포르만의 정치·경제적 특수성이 바탕이 되었는데, 싱가포르 공공주택의 성공 뒤에는 건국 시부터 지속되어온 공공주택과 높은 자가점유율에 대한 정부의 강한 의지를 바탕으로 한 재정 및 정치적 지원이 있었다. 또한 정부가 토지의 85% 이상을 소유하여 부지공급이 자유롭고, 정권교체가 거의 일어나지 않아 지속적인 주택 정책의 수행이 가능하며, 신규 주택공급 계획 및 주택정책을 수행하는데 있어 이해관계자의 수가 적은 점 등 싱가포르만의 특수한 context가 이러한 성공을 뒷받침하였다.

아울러, 연금제도와 연결한 혁신적인 주택금융과 그 외의 다양한 금융지원방안들은 싱가포르 주민의 주거안정성 증진에 기여했다. CPF와 여러 가지 정부보조금을 지원하여 소득이 절대적으로 낮은 사회초년생들이 down-pay를 하고 내 집 마련을 할 수 있는 기회를 제공함과 동시에 보유한 주택의 cash-out을 가능하게 하여 노인층의 은퇴 후 연금 확대와 주택자금 유동성에 기여했다. 결국, 싱가포르 공공주택 정책이 성공한데에는 ① 자가보유에 대한 정부의 강력한 정책의지와 재정지원, ② 연금제도(CPF)를 통한 자금운용과 정부보조금, ③ 부지공급의 용이성(토지의 85% 이상이 정부 소유)과 함께, ④ 정부에 대한 강한 신뢰감이라는 보이지 않는 요인이 작용한 것이라고 할 수 있다.

3. 호주

(1) CDG(Community Development Grants)

CDG는 안정적이고 안전하며 실행 가능한 지역 및 지역경제 촉진에 필요한 인프라 지원을 위하여 설립된 것으로, 지역사회의 사회 및 경제적 생존 가능성을 장기적으로 향상시킬 수 있는 시설을 건설하고 향상시키는 것을 목적으로 한다. 지역사회개발 보조금 프로그램은 경쟁보조금 프로그램이 아니며, 호주정부가 지정한 프로젝트만이 지역사회개발 보조금 프로그램에 의거한 기금으로 간주되는데, 프로젝트 수행자는 호주정부에 의해 수행 역량이 있다고 인정되는 경우에만 자격을 부여하며, 이들은 호주 사업자 번호(ABN) 또는 호주 법인 번호(ACN)를 가지고 있어야 한다. 기금 제안자는 사업 제안의 하나의 과정으로 이익과 상충되지 않음을 선언하여야 하며, 실제로 이해 상충이 존재하거나 기금의 제안 및 실행과 관련하여 이러한 상황이 발생할 경우, 서면으로 관련 부서에 알리도록 하여 기금이 본래의 목적에 사용될 수 있도록 하는 안전장치를 가지고 있다.

(2) BBRF(Building Better Regions Fund)

BBRF는 호주 정부가 일자리를 창출하고 경제 성장을 주도하며 지역사회를 미래에 건설하겠다는 적극적인 정책 수단으로, 인프라 스트럭처 프로젝트와 커뮤니티 투자의 두 가지 자금 기금이 형성되어 있는데, Ⓐ 인프라 스트럭처 프로젝트는 새로운 인프라의 건설 또는 지역 및 원거리 지역에 경제적·사회적 혜택을 제공하는 기존 인프라의 개선 또는 확장과 관련된 프로젝트를 지원하는 것으로, 프로젝트 보조금은 전체 프로젝트 비용의 최대 50~75% 수준이며, 사업의 위치에 따라 받을 수 있는 보조금의 비율이 결정된다. Ⓑ 커뮤니티 투자는 지역 및 원거리 공동체에 경제적·사회적 혜택을 제공하는 프로그램으로 커뮤니티 활동, 신규 또는 확장 지역 행사, 전략적 지역 계획, 리더십 및 역량 강화 활동에 필요한 자금 지원 실시, 프로젝트의 비용이 2만 달러 미만인 경우에는 비용의 100%, 2만 달러 이상인 경우에는 50~75%가 지원되며, 사업이 시행되는 위치에 따라 받을 수 있는 보조금의 비율이 결정된다. 평가기준으로는 프로젝트를 통해 지역에 제공할 경제적·사회적 이익이 크고, 프로젝트를 통해 발생하는 금액이 상대적으로 작으며, 프로젝트 수행 역량 및 자원을 충분히 보유하고 있는지 등을 평가하는데, 지원 프로그램의 평가를 제도화하고 이를 통해 사업의 성과를 측정한다.

〈BBRF의 평가 절차〉

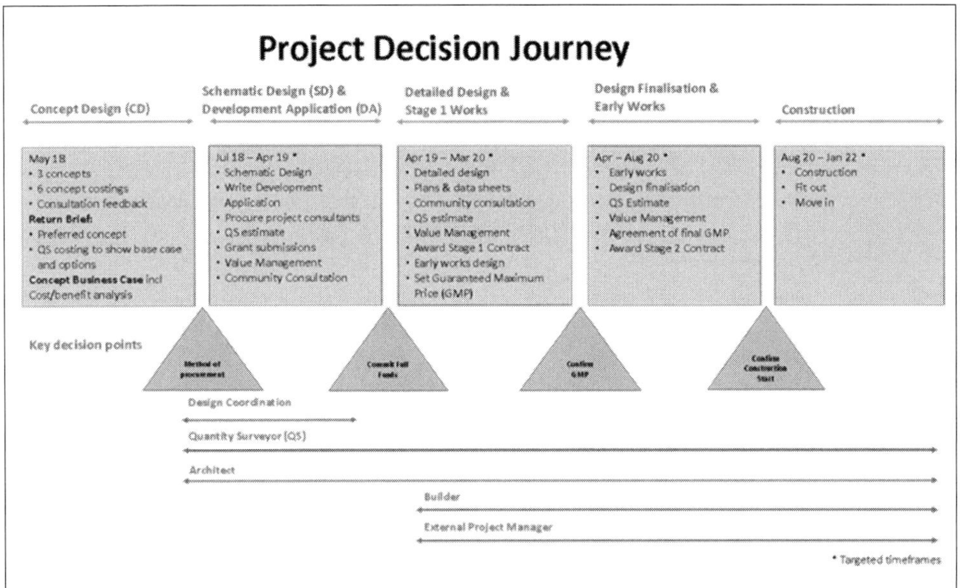

자료 : BBRF 홈페이지

제 6 장

도시재생 프로세싱 관리 및 코디네이팅

제1절 서 설

도시재생의 프로세싱관리는 해당 도시재생사업을 성공적으로 마무리하는 가장 중요한 과정이라고 할 수 있다. 도시재생사업을 추진하는 기본방침을 수립하고, 추진절차를 체계화하여, 사업추진 거버넌스 구축, 사업추진 일정 및 공정관리, 재원조달 및 자금집행관리, 각종 인허가 관리, 사업완료와 운영관리, 갈등관리와 협업 등 사업전반에 대한 추진 프로세스를 체계화하고, 이에 대한 모니터링을 하는 것이다. 특히 모니터링은 각 단계별, 사업별로 면밀하게 추진되어야 문제점을 보완하고 피드백하여 사업을 성공적으로 이끌 수 있다. 도시재생의 기본방침은 국가도시재생기본방침에서 규정하고 있어 그 일면을 체크할 수 있다. 다만, 모니터링의 툴은 아직 체계화되지 못한 부분이 있어 향후 보다 체계적으로 정비할 필요성이 있다고 할 수 있다. 아울러, 사업결과 등에 대한 효과분석도 프로세싱관리에서 중요한 부분이라고 할 수 있다.

한편, 도시재생사업이 아직 초기단계로 전문성과 체계성이 부족한 부분이 많다. 그러므로 도시재생전문가의 양성이 필요하다. 도시재생전문가(코디네이터)의 양성과 현장 배치는 도시재생사업의 성공을 이루는 또 하나의 중요한 요소라고 할 수 있다. 도시재생전문가에 대한 정의 및 역할 내용의 명확화, 전문가 양성체계의 구축과 인증체계 등에 대한 체계적인 프로그램을 설계하여야 한다. 그리고 이를 통하여 그 역할을 적극 활용하게 된다면 사업추진 거버넌스 등 추진체계의 전문성을 제고함은 물론, 보다 성공적인 도시재생사업의 추진이 가능할 것으로 판단된다. 본 장에서는 국가도시재생기본방침의 내용을 정리하고, 도시재생사업 프로세싱관리와 코디네이팅을 중심으로 설명하기로 한다.

제 2 절 도시재생 기본방침 및 절차 등

Ⅰ. 도시재생 국가 기본방침[1)]

1. 도시재생의 비전 · 목표 · 원칙

(1) 도시재생의 비전

도시재생에 대한 비전은 '국민이 행복한 경쟁력 있는 도시 재창조'이다. 이는, "ⓐ 소외 · 배제되는 사람 없이 '국민' 모두가 체감할 수 있는 '행복'한 도시재생을 추구하고, ⓑ 도시의 창조적 역량 증진을 통한 '창조경제'형 일자리가 창출되도록 하며, ⓒ 유 · 무형적 가치를 재발견하여 '경쟁력' 있는 새로운 '도시'로 재창조 한다"는 것이다.

(2) 도시재생의 목표

1) 창조경제 중심의 일자리 창출 및 도시경쟁력 강화

도시재생 과정에서 새로운 도시기능 도입, 지역자산 활용, 산업구조의 변화 등을 통해 고용기반을 창출하고 소득을 증대시킨다.

2) 국민 삶의 질 향상 및 생활복지 구현

국민 모두가 최소한의 생활수준을 누릴 수 있도록, 저소득층 · 노후주거 밀집지역 등의 기초생활인프라 등을 적정수준으로 공급한다.

3) 쾌적하고 안전한 정주환경 조성

도시재생은 환경친화적이고 건강한 도시를 지향하고, 범죄 및 재해로부터 안전한 생활환경을 조성한다.

1) 국가도시재생기본방침(국토교통부공고 제2019-113호, 2019.01.24.)의 내용을 정리하였다.

4) 지역 정체성 기반의 문화 가치와 경관 회복

과거 번성했던 쇠퇴 구도심 등이 보유하고 있는 역사적 · 문화적 정체성을 활용하여 품격있는 공간을 조성하고 문화서비스를 확충한다.

5) 주민역량 강화 및 공동체 활성화

살고 있는 도시의 쇠퇴 문제를 직접 고민하고 해결책을 도출하는 '역량 있는 주민'을 육성하고, '참여하는 주민공동체'를 구현한다.

(3) 도시재생의 추진전략

1) 기성시가지 중심으로 도시정책의 전환

무분별한 신시가지 개발을 지양함으로써 도심의 공동화를 사전에 예방하는 도시정책으로 패러다임을 전환한다.

2) 지역 · 주민의 창의성을 바탕으로 자율적으로 추진

계획수립과 사업시행은 지방자치단체와 주민의 몫으로 두고, 국가는 재정지원 · 제도개선 등을 통한 포괄적 지원 역할로 한정한다.

지역상황을 잘 아는 주민, 민간단체, 기업, 지방자치단체 등이 협조체계를 이루어, 지역자원에 기반한 자율적 재생을 추진한다.

3) 부처간 협업을 통해 재생이 시급한 지역에 집중 지원

도시재생 관련 지원제도 · 사업을 소관하는 중앙부처간, 지방자치단체 부서간 협업을 통해 쇠퇴 도시지역에 집중적으로 지원하고, 물리적 정비사업뿐 아니라, 경제 · 사회 · 문화 등 다양한 부문 사업을 도시공간에서 연계 · 융합한다.

4) 지역별 맞춤형 특례, 재정 · 금융지원 등 복합적 정책수단 활용

지역별 특성을 고려하여 도시계획 특례, 재정 · 세제 · 금융지원 등 다양한 정책수단을 효과적으로 조합하여 맞춤형으로 지원한다.

5) 시혜적 복지가 아닌 자생적 공간적 복지의 달성

쇠퇴도가 심각한 지역의 공간 및 환경을 우선 개선함으로써, 일자리 등 지역경제 활성화 및 주민 소득 창출 등을 지원한다.

(4) 도시재생에서 각 주체별 역할

도시재생이 성공하려면, 주민, 지방자치단체, 민간투자자 및 기업, 정부 등 각 주체간의 연계·협력·소통이 필수적이다.

1) 주민의 역할

주민은 도시재생계획 수립 과정에서 지역 자원을 새롭게 발굴하고, 독창적이고 특색있는 아이디어를 제안하며, 사업 시행과 이후 운영·유지관리 단계에서 적극적으로 참여한다. 또한, 주민협의체를 구성하고, 지방자치단체·정부·민간투자자 및 기업 등과 협력체계를 구축한다.

2) 지방자치단체의 역할

주민의 아이디어를 바탕으로, 도시재생전략계획과 도시재생활성화계획을 수립하고 도시재생사업을 추진하다. 이 과정에서 부서간 칸막이를 제거하고 협업함으로써, 다양한 사업들이 목표한 효과를 낼 수 있도록 관리하고 도시재생사업의 각 참여 주체간의 이해관계와 갈등을 조정한다. 또한, 도시재생특별회계를 설치하는 등 재정적으로 지원하고, 건축규제 완화 특례의 부여, 주민교육과 전문가 파견 등을 통해 도시재생사업을 촉진한다.

3) 국가의 역할

관계 법령 정비 및 특례·금융지원 등 도시재생을 지원하기 위한 정책과 제도를 마련하고, 유형별 사업모델을 제시하며, 주민·지방자치단체가 활용할 수 있는 도시재생기술·기법을 개발하고 보급한다. 재정 지원을 통해 민간투자를 견인하고, 각 부처의 도시재생 관련 예산을 쇠퇴지역에 집중 지원하는 체계를 마련함으로써 동일한 재원으로 예산지원의 효과를 극대화한다.

4) 민간투자자 및 기업의 역할

다양한 투자·개발기법을 발굴하여 지방자치단체와 정부에 제안하고, 저평가된 도시공간의 가치를 증진시키기 위한 도시재생사업을 시행함으로써, 쇠퇴한 도시에 상업·업무·첨단산업 등 고용기반을 창출한다. 또한, 지역의 경제·복지·문화 발전을 위한 후원 활동과 기부 등 사회적 공헌을 통해 도시재생에 기여한다.

5) 도시재생지원기구 및 도시재생지원센터의 역할

주민교육 프로그램을 개발하고 교육을 시행함으로써, 주민의 도시재생 역량을 증진하고, 도시재생전문가를 양성하고 파견하는 것을 지원한다. 주민의 아이디어를 도시재생사업으로 구현하기 위한 계획 수립 등을 지원하고, 마을기업의 창업·운영 등에 대한 컨설팅을 시행한다.

2. 도시정책 패러다임의 전환

(1) 기성시가지 위주로 도시·공간계획 수립

1) 도시계획 제도 개선

신규 도시용지 수요에 대해 도시 외곽의 개발보다는 기성시가지 재생을 통해서 우선 공급하고, 기존 도시계획 수립기준에 도시재생을 지원하는 사항을 추가·보완한다. 공공청사, 터미널, 대형 판매시설, 병원 등 인구집중 유발시설을 가급적 기성시가지 내에 우선 입지토록 유도한다.

2) 신규 외곽개발 이익의 도시재생 환원

개발부담금 등을 지방자치단체 도시재생특별회계로 적립하는 등 신도시 등에서 환수된 개발이익을 기성시가지의 재생에 환원·투자할 수 있도록 하고, 도시 외곽에 일정 규모 이상의 신규 토지 개발계획 수립 시에는 지방자치단체가 구도심 재생계획을 함께 수립하도록 유도한다.

3) 주민참여형 도시계획의 제도화

주민이 스스로 도시재생 등 마을 현안을 도출·제시하고, 해결하기 위한 마을 단위 재생계획을 수립토록 하고, 이를 도시계획에 반영할 수 있는 법적·제도적 근거를 마련한다.

(2) 도시 내부 토지이용의 융·복합화 및 고도화

1) 도시 내부에 대한 복합적 토지이용·개발 추진

이용수요가 높은 도심지에 대해서는 중심업무·주거·상업·첨단산업 기능 등 복합적인 토지이용이 가능하도록 개선한다. 특히, 역세권, 복합환승센터, 터미널 등 대중교통 중심지 위주로 중심상업지역을 지정하는 등 개발밀도를 높이고 복합용도를 허용한다. 도시재생활성화지역에 있는 기존 도시계획시설 부지에 다양한 시설의 복합적 입지를 활성화하여 융·복합 개발을 유도한다.

2) 도시 내부에 다양한 계층의 주거기능 확보

신혼부부·대학생·청년 등을 위한 임대주택과 1~2인 가구, 노인 등을 위한 주택을 도시 내 교통이 편리한 지역 위주로 공급하도록 하여 도시 내부의 주거기능을 강화한다.

3) 노후공단·항만, 이전적지 등을 창조적 경제·문화공간으로 전환

과거 도심 인근에 형성되어 입지여건이 좋은 노후공업단지를 도시첨단산업단지로 전환하고 열악한 기반시설을 개선한다. 항만 기능이 약화된 항만부지, 군사시설·공공기관 등 이전적지 등에 주거·업무·상업 기능을 유치하고, 문화·예술 창작공간을 조성한다. 또한, 항만, 철도, 이전적지 등을 개발하는 경우 관련 기관과 관할 지방자치단체 등으로 협의체를 구성하여 통합적인 계획을 수립하도록 유도한다.

(3) 기존 도시의 정주여건 및 매력 극대화

1) 지역자산을 활용한 매력적인 문화도시 조성

근대 산업유산, 한옥 등 지역의 역사·문화적 건축물을 창의적으로 활용하여 특색 있는 경관을 조성하고 머무르고 싶은 공간을 창출한다. 또한, 창고, 폐공장 등 기존 건물을 재활용하여, 도시민이 필요로 하는 도서관과 전시·공연장 등의 문화·여가 공간 등을 공급한다.

2) 복지시설, 사회서비스 및 기초생활인프라의 확충

국공립 보육시설, 각급 병원 등을 도심부 위주로 설치하도록 하여, 노약자·장애인·저소득층의 이용 편의성을 제고하고, 도서관, 공원, 놀이터 등 국민생활에 밀접한 기초생활인프라의 국가적 최저기준을 설정한 후 이를 단계적으로 확충하도록 노력한다.

3) 쾌적한 생태형 도시공간 확충

장기 미집행 도시계획시설, 공·폐가 등 유휴부지를 활용하여 생활공원을 정비하고, 실개천 습지, 복개천 등 도심하천의 생태복원을 추진한다. 도시재생사업 추진 시에는 빗물관리, 자원순환 등 친환경적 기술을 적용한 시스템 등을 도입하도록 하여 도시의 지속가능성을 제고한다.

4) 공간환경디자인의 품질 제고를 통한 아름다운 도시 전략

도시 내 중요한 가로에 대한 경관을 개선하고, 특히 시 청사, 도서관, 주민자치센터 등 공공시설 건축디자인을 정비한다. 벤치, 가로등 등 가로환경시설물의 디자인 품격을 제고하고, 경관을 저해하는 지상전선·통신선 등에 대한 지중화사업 등을 우선적으로 실시하도록 한다.

3. 도시재생사업 재정지원 확대

(1) 부처 협업지원을 통한 재정지원 효율화

1) 장소 중심적 부처 협업지원

각 부처의 재정지원 사업 중 도시재생과 연계가 가능한 다양한 사업들을 도시재생활성화지역에 우선 지원하도록 배려한다. 이를 통해, 부처별 분산투자에 따른 비효율을 해소하고 장소중심적으로 종합적 지원을 통해 쇠퇴도시의 재생효과를 극대화한다. 이러한 부처 협업체계 구축을 위해 부처간에 도시재생 협업지원 활성화를 위한 포괄적 업무협약 체결 등을 추진한다. 도시재생과 연계된 사업의 지원 및 관리에 있어, 해당 사업과 관련된 법률 및 지침 등에 따른다.

2) 도시재생특별위원회의 운영 등

도시재생특별위원회를 운영하여 각 부처 도시재생 관련사업의 협업을 지원한다. 지자체의 재생계획에 포함된 각 부처의 유관사업에 대해 기획재정부장관 및 관계 중앙행정기관의 장과 협의하여야 하며, 협의 후 특별위원회의 심의를 거쳐 지원여부를 결정하고 지원한다.

(2) 도시재생 활성화를 위한 마중물 지원

1) 마중물 예산 지원

지방자치단체가 도시재생 활성화를 위해 직접 시행하는 사업(이하 "재생지원사업"이라 한다.)에 대해, 사업초기 민간활력을 유도하기 위한 예산을 지원하도록 한다. 동 예산은 국토교통부 예산으로 편성하여 연차별·단계별로 지원하되, 부처 협업을 통해 지원되는 예산과 별도로 지방자치단체 재생사업에 지원한다.

재생지원사업 예산지원의 기본원칙으로는, ⓐ 민주적 거버넌스, 명확한 비전을 갖춘 준비된 지방자치단체부터 지원한다. ⓑ 외곽신규개발 등 과도한 도시확장 계획이 있는 지방자치단체에 대한 지원은 지양한다. ⓒ 지방자치단체 책임성 제고를 위해 국가와 지방자치단체가 사업비를 분담하여 추진한다. ⓓ 한정된 국가재원을 고려하여 지원금액의 상한선을 설정한다.

단계별 지원전략을 채택하여, 2014년 선정하는 도시재생선도지역을 대상으로 우선 추진하고 성공모델을 창출한 후 다른 지역(이하 "일반지역"이라 한다.)으로 지원을 확산하도록 한다. 또한, 매년 도시재생활성화계획 추진실적을 평가하고, 그 평가 결과를 차년도 재정지원과 연계하도록 하여 재정지원의 효율화를 도모하도록 한다. 아울러 지방자치단체의 정책방향·노력 등을 재정지원과 연계함으로써 바람직한 도시정책을 유도하도록 한다. 가령, 기성시가지 우선으로 도시정책을 수립한 지방자치단체에 대해 보다 많은 재정지원을 고려할 수 있다. 평가결과에 따른 재정지원 차등 방안은 재정중립적으로 시행한다.

(3) 도시재생 지원을 위한 재원 확충

1) 국가지원예산

국가는 재생지원사업에 필요한 예산을 안정적으로 지원할 수 있는 방안을 마련하여야 한다. 이를 위해, 광역·지역발전특별회계로 지원하고 있는 도시활력증진지역개발사업(특별시·광역시·일반시·인구 50만 이상 도농통합시 지원)을 도시재생사업과 연계·활용하는 방안, 국민주택기금을 활용한 도시재생사업 융자 방안 등을 추진한다.

2) 지방자치단체 소요재원

현재 도시재생특별회계의 재원으로 재산세·개발부담금·수도권 과밀부담금 일부 등을 활용할 수 있도록 되어 있으나, 도시재생특별회계에 활용할 수 있는 추가재원을 발굴하도록 노력한다. 도시개발특별회계, 재정비촉진특별회계, 도시·주거환경정비기금 등 지방자치단체에 설치된 개발·정비 관련 특별회계를 도시재생의 활성화를 위하여 통합적으로 운영하는 방안을 추진한다. 기반시설 설치비용을 현금으로 대납하고, 그 금액을 도시재생특별회계에 적립하여 재생을 지원하는 방안 등도 추진한다.

3) 민간기부 등

공유지, 기부채납 받은 부지 등에 도서관·복지센터 등의 시설을 건설하고, 그 건설비용은 시민·기업 등으로부터 모금을 받는 국민신탁 제도를 활용하는 방안을 활성화한다. 또한, 지역에 필요한 시설 등을 건설·기부한 기업 등에 대해 향후 도시재생사업 참여시가점을 부여하는 등의 우대방안을 추진한다.

4. 민간활력 유입을 위한 금융지원 및 규제완화

(1) 조세 및 금융기법을 활용한 도시재생사업 지원

1) 조세 및 부담금 감면 특례

조세·지방세 및 각종 부담금 관련 법령·제도를 개선하여 도시재생사업 활성화를 위한 세금 및 부담금 감면을 관계 부처와 협의하여 추진한다.

2) 국민주택기금을 활용한 투자 및 융자 지원

주거지역 노후주택 개량 등에 대한 국민주택기금 융자사업을 확대한다. 또한 변화하는 사회·경제적 환경을 고려하여, 국민주택기금의 지원대상을 주택뿐만 아니라 도시재생사업까지 확대한다.

3) 한국형 경제기반형 도시재생 모델 정립

공공성이 높은 적정한 규모의 도시재생사업에 국가, 지방자치단체, 민간투자자등이 함께 참여하는 경제기반형 도시재생사업모델을 마련한다.

4) 새로운 도시재생금융 지원제도 도입

도시재생사업 이후 지역의 세수증대분을 담보로 지방자치단체가 재원을 조달하는 방안의 도입을 추진한다.

(2) 맞춤형 규제특례 지원

1) 도시재생 활성화를 위한 건축규제의 완화

도시재생활성화계획을 수립하면, 특별건축구역 등 건축규제가 완화되는 구역으로 함께 지정이 되도록 한다. 블록 단위, 필지 단위로 소규모 맞춤형 재생사업을 시행할 수 있도록 관련 법령·규정 등을 정비한다.

2) 도시계획 제안제도 도입

경제기반형 도시재생의 경우, 역세권·이전적지 등 일정규모 이상 사업의 민·관 합동 시행자에게 도시계획을 제안할 수 있도록 허용한다. 다만, 이 경우 도시계획위원회와 경관위원회 등의 심의를 받도록 하여 주변 도시계획과 정합성을 최대한 확보하도록 조치한다.

3) 지역자산 및 한옥 밀집지역에 대한 건축 특례

근대건축물, 역사적 장소, 한옥 등 보존이 필요한 자산을 활용하여 복합문화공간을 신축할 경우 용적률·건폐율 등을 완화하는 방안과 지역자산·한옥 밀집지역을 하나의 단지로 보아, 필지별 건축 인·허가가 아닌 여러 건축물 일괄 인·허가를 통해 기준을 완화하는 방안 등을 추진한다.

4) 행정절차의 간소화

도시재생사업에 대해 지방자치단체의 장이 사업 유형별로 목표 인·허가 기간을 정하고, 최대한 그 기간 내에 관련 인·허가를 처리할 수 있도록 하는 등 행정절차의 간소화도 추진한다.

5) 지역특화발전특구 중복 지정을 통한 다양한 규제 특례 활용

경제·산업·교통 등 다양한 특례를 맞춤형으로 부여할 수 있는 지역특화발전특구를 도시재생활성화지역에 중복 지정하여 건축규제와 함께 다양한 규제 특례를 함께 부여할 수 있도록 하는 방안을 추진한다.

6) 규제 특례·완화 사항 지속적 발굴

국토교통부와 지방자치단체간 제도개선 협의회를 정례화하고, 국토교통부가 단일 창구가 되어 법·제도적 개선사항 발굴 및 협의를 추진하도록 한다.

(3) 국·공유지를 활용한 도시재생 활성화

1) 도시재생사업에 필요한 국·공유재산 처분 특례 등 적용

국·공유 재산에 대해서는 타 법률에도 불구하고 도시재생사업의 시행자 등에게 우선적으로 수의계약으로 매각·임대를 하도록 하는 구체적인 방안을 마련한다.

2) 공공기관을 활용한 국·공유재산에 대한 위탁개발

도시재생활성화지역 내에 활용도가 낮고 저평가된 국·공유재산에 대해 공공기관이 개발에 참여하여 효용가치를 높이고, 도시재생에 촉매가 될 수 있도록 활용한다.

3) 공유지를 소규모 도시재생사업 등에 활용

종전부동산 등 행정목적이 종료된 부지 및 행정목적에 활용이 곤란한 소규모 공유지 등을 도시재생사업에 활용하고, 비어 있는 공유지 등을 활용하여 순환형 정비 사업을 추진한다.

5. 지역역량 강화 및 공동체 활성화

(1) 주민 · 지방자치단체 역량에 의한 사회적 자본 형성

1) 사회적 경제 활성화를 통한 일자리 창출

취약계층을 위한 일자리 및 사회서비스를 제공하고 주택개량 등을 시행하는 협동조합, 사회적기업, 마을기업 등 사회적 경제 법인을 육성한다. 사회적 경제 법인에 대한 재정지원과 대출보증 등 지원제도를 발굴 · 지원하고, 지역 사회적 경제법인의 공동브랜드 사업화, 공익광고 등 미디어 홍보, 대기업과 지역 사회적 법인을 연결해 주는 캠페인 등을 전개한다.

2) 도시재생 현장지원 전문가 조직 구성 · 운영 지원

도시재생 제도 · 조사연구, 도시재생 교육프로그램 개발 · 운영 등 업무를 위해 공공기관에 도시재생지원기구를 지정한다. 지방자치단체 단위에 도시재생 사업현장에서 계획수립 · 이해관계 조정 · 사업 컨설팅을 담당할 도시재생지원센터를 설치한다. 전국 단위의 도시재생지원센터간 협의체 등을 구성 · 운영하여 다양한 지역별 성공사례 및 노하우 등을 공유 · 확산하도록 한다.

3) 자생적 주민역량 강화 프로그램 개발 및 활성화

기존에 시행중인 도시재생대학 등 주민교육 프로그램을 토대로 표준교육과정을 개발하고, 전문 강사를 양성 · 관리한다. 상인대학, 창업학교 등 실무 중심의 교육프로그램을 활용하여, 쇠퇴상가 등의 소상공인의 기획 및 사업추진 역량을 강화할 수 있도록 한다. 지역별로 자격 · 역량을 갖춘 기관을 도시재생 교육기관으로 인증하여 지역별 맞춤형 교육을 시행 및 확산한다.

4) 도시재생전문가(코디네이터) 양성

도시재생지원센터 등에서 대민지원, 주민교육 등을 담당할 도시재생 코디네이터(활동가, 전문가) 양성 표준 프로그램 개발하여 운영하고, 기존의 도시재생 현장활동가들을 체계적인 교육, 인증 등을 통해 마을계획가로 육성하고 관련 일자리를 창출한다. 또한, 도시재생지원기구를 통해 지방자치단체 등에 전문가를 파견하여 지원한다.

5) 지방자치단체의 도시재생 계획수립 등을 위한 가이드라인 제공

지방자치단체가 도시재생전략계획 및 활성화계획 수립 시에 참고할 수 있는 가이드라인 및 세부 매뉴얼을 작성하여 제공한다.

6) 도시재생종합정보체계를 통한 과학적인 쇠퇴진단

인구, 사업체수, 주거환경, 재정, 보건, 교육 등 도시 관련지표에 대해 매년 실태조사 등을 통해 데이터베이스를 구축한다. 지방자치단체의 여건에 따라 쇠퇴 정도 및 양상을 다각적으로 진단할 수 있는 복합쇠퇴지수를 단계적으로 개발한다.

(2) 첨단기술과 도시재생과의 연계

1) 도시재생 R&D를 통해 개발된 신기술 · 기법 보급

1차 도시재생 R&D(2006년-2014년)로 개발된 다양한 기술을 지방자치단체 · 주민이 사업에 활용할 수 있도록 기술을 이전하고 매뉴얼을 보급한다. 2014년부터 2차 도시재생 R&D를 추진하여, 생활권 단위 근린재생 실증모델 및 도시경제기반형 도시재생 기법을 개발한다.

2) 첨단 U-City 기술을 활용한 구도심 재생 추진

노인 및 저소득층을 위한 U-복지서비스를 도시재생에 적용하여 주민복지를 향상시킨다. 전통시장 활성화, 역사 · 문화자산의 관광자원 활용 등 도시재생사업에 U-City 기술을 활용하여 도시경제를 활성화한다.

6. 도시재생전략계획 및 도시재생활성화계획 작성 방향 및 원칙

(1) 도시재생전략계획

① (진단) 도시의 성장 · 쇠퇴의 원인 및 배경 등을 명확히 진단하고, 도시재생의 필요성, 당위성에 대하여 정확히 파악하여야 한다. ② (전략) 지역의 역사 · 문화 자산, 지리적 특성, 산업의 비교우위 등 잠재력을 발굴하고, 도시재생을 위한 핵심 목표 및 과제를 도출하여야 한다. ③ (기본구상) 목표를 달성하기 위한 과제들을 도시공간상에 배치하여 도시의 재생 개념과 방향성을 제시하여야 한다. ④ (활성화지역) 도시재생의 공간적 범위(도시재생활성화지역)를 과도하게 설정하는 것을 지양하고, 지역역량을 고려하여 적정한

개수로 지정하여야 한다. ⑤ (우선순위) 쇠퇴도, 각종 관련계획과의 정합성, 기대효과, 주민 역량 등을 종합적으로 고려하여 활성화지역별 우선순위를 정하여야 한다. ⑥ (추진체계) 주민(협의체), 지원조직(지원센터), 지방자치단체(전담조직) 등에 재생을 추진하기 위한 조직을 구성하고 상호간 협력 방안 강구하여야 한다. ⑦ (재원조달) 도시재생에 필요한 예산소요를 정확히 산출하고, 국가보조금 · 지방비 · 민간투자 등 연차별 재원조달계획을 제시하여야 한다. ⑧ (자원 · 역량의 집중) 지방자치단체의 도로 · 공원 등 도시계획시설사업 등을 쇠퇴지역에 집중하고, 지방자치단체 보유자산의 양여 · 임대 등 적극 지원하여야 한다. ⑨ (성과관리) 도시재생 목표에 부합하는 평가지표를 제시하고, 주기적으로 모니터링하기 위한 계획을 수립하여야 한다.

(2) 도시재생활성화계획

① (진단) 도시재생전략계획에서 도출된 도시재생활성화지역에 대한 보다 세밀하고 상세한 쇠퇴 원인 및 현황 등을 진단하여야 한다. ② (전략) 지역자산, 특성 등 여건을 분석하고, 해당 활성화지역의 특성을 반영한 비전과 목표를 제시하여야 한다. ③ (사업의 발굴) 이미 관련계획에 반영된 사업, 시행중인 사업 등을 최대한 활용하고, 도시재생에 활용이 가능한 신규 사업 등을 발굴하여야 한다. ④ (사업계획 수립) 희망하는 사업을 나열하는 것이 아니라, 구체적으로 실현가능한 사업 위주로 실행계획을 수립하여야 한다. ⑤ (다양한 수법 활용) 개별 사업별로 가장 최적의 사업시행방식을 도출하고, 다양한 개발수법 · 재원조달 방식을 활용하여야 한다. ⑥ (기반시설의 정비) 활성화계획의 실현을 위해 필요한 기반시설의 정비 계획을 수립하고, 향후 운영 · 관리방안까지 제시하여야 한다. ⑦ (중앙부처 지원사업 활용) 도시재생에 활용이 가능한 다양한 중앙부처 사업을 발굴하여 활성화계획과 연계시키는 방안을 마련하여야 한다. ⑧ (재원조달 및 예산집행) 사업별로 국가보조금, 지방비, 민간투자 등의 비율 · 금액을 명확하게 제시하고 연차별 투자계획을 마련하여야 한다. ⑨ (위험 관리) 전반적인 경기 상황 등을 충분히 고려하여 과도한 계획수립을 지양하고, 개발 수요 등에 맞는 적정한 계획을 수립하여야 한다. ⑩ (주민 참여) 지역 주민이 계획수립에 적극적으로 참여토록 하며, 주민 역량강화 프로그램 등 운영계획을 병행하여 수립하여야 한다. ⑪ (추진체계) 주민협의체 · 지원센터 · 지방자치단체 전담부서간 협력체계를 구축하여야 한다. ⑫ (평가 · 환류) 추진실적에 대한 주기적 평가 · 환류계획을 수립하여야 한다.

7. 도시쇠퇴기준 및 진단기준

(1) 쇠퇴기준

1) 쇠퇴기준으로서의 쇠퇴지표

도시쇠퇴란 일반적으로 물리적 노후화, 경제적 쇠퇴, 사회적 문제 등이 도시공간에 집중되어 나타나는 현상으로 그 원인 및 양상은 복합적·상대적이어서 쇠퇴여부를 판단할 수 있는 절대적인 기준을 제시하기는 어렵다. 다만, 지방자치단체가 인구·사회, 산업·경제, 물리·환경적 측면의 쇠퇴실태를 시간적·공간적 관점에서 파악할 수 있는 쇠퇴기준으로서 쇠퇴지표를 활용할 수 있다.

2) 쇠퇴지표의 설정

쇠퇴지표는 인구·사회, 산업·경제, 물리·환경적 측면의 각 영역별 쇠퇴를 합리적이고 객관적으로 설명할 수 있어야 한다. 또한, 지표로서의 일반원칙, 즉 대표성, 방향성, 이론적 근거, 측정의 단순성, 지속적 자료취득 가능성 등 5가지 원칙을 충족해야 한다.

쇠퇴지표는 읍·면·동을 기준으로 조사하여 구축하는 것을 기본으로 하며, 향후 구체적·실증적인 현황파악을 위해 집계구, 필지 등 최소공간단위 기준으로 지표 조사 및 자료 구축이 가능하다.

지방자치단체는 기본적으로 도시재생종합정보체계에서 제공하는 지표를 활용한다. 영역별로 제시된 지표군 이외에 지역고유의 쇠퇴특성을 보다 심층적이고 종합적으로 파악하기 위하여 지방자치단체 내부자료, 현장조사 및 설문조사 등을 통해 추가적으로 쇠퇴지표를 발굴·조사할 수 있다.

〈영역별 쇠퇴지표 예시〉

대분류	중분류	쇠퇴기준으로서 쇠퇴지표 예시
인구·사회	인구	인구변화율, 순이동률, 노령화지수, 독거노인가구 비율 등
	사회	기초생활보장수급자수, 소년소녀가장수, 평균 교육년수, 범죄율, 주야간 인구 비율, 통행량 등
산업·경제	산업	사업체수증감율, 종사자증감률, 고차사업종사자비율 등
	재정	1인당 지방세액, 의료보험료, 재정자립도, 지가변동률 등
	소득	평균소득, 실업률, 사업체별 매출액 등
물리·환경	건축물	노후건축물 비율, 노후주택비율, 공가율, 최저주거수준 미달가구 비율 등
	환경	토지이용현황, 과소필지 비율, 1인당 도로연장, 접도율 등 공공시설 및 도시기반시설 접근성 등

(2) 진단기준

1) 진단기준의 필요성

지방자치단체는 쇠퇴지표를 활용하여 해당 도시의 쇠퇴실태를 객관적이고 효과적으로 진단하고, 도시재생 관련 계획의 수립 및 지원을 위해 쇠퇴 진단기준을 마련할 필요가 있다.

지방자치단체는 지방자치단체 여건, 도시특성 및 자료 구축 가능성을 고려하여 진단기준으로서 개별 쇠퇴기준을 활용하거나, 복합쇠퇴지수를 활용할 수 있다.

2) 진단기준 예시

① 개별 쇠퇴기준을 활용한 진단기준 예시

가장 간단하고 용이한 방법으로 도시·지역간 상대적 비교가 용이하다는 장점이 있으나 한 가지 속성을 통한 진단기준이므로 쇠퇴실태의 복합적 특성을 진단하기에는 한계가 있다.

도시재생활성화지역의 지정 등을 목적으로 해당 지역의 쇠퇴여부를 진단하기 위하여 인구감소율, 사업체수 및 종사자수 감소율, 노후건축물의 증가율 등 개별 쇠퇴기준을 활용하여 해당 지역의 쇠퇴실태를 진단하기 위한 기준으로 활용이 가능하다.

② 개별 쇠퇴기준의 교차분석을 통한 진단기준 예시

서로 상관성이 있는 개별 쇠퇴기준의 교차분석을 통해 도시쇠퇴 특성의 진단이 가능하다. 교차분석 결과의 산포도 작성 등 시각화를 통해 도시쇠퇴실태를 보다 객관적으로 진단할 수 있다.

③ 다양한 쇠퇴기준의 복합화를 통한 진단기준 예시 : 복합쇠퇴지수

인구·사회, 산업·경제, 물리·환경 영역별로 여러 개의 쇠퇴기준을 종합화한 복합쇠퇴지수를 진단기준으로 활용할 경우, 다양하고 복합적으로 나타나는 도시쇠퇴의 종합적인 진단이 보다 용이하다.

인구·사회, 산업·경제, 물리·환경 영역별로 지역의 특성에 맞는 쇠퇴기준을 활용하되, 개별 쇠퇴기준들 간의 상대적 중요도를 고려하여 기준별 가중치를 부여하고 이를 종합한 복합쇠퇴지수를 산출·활용한다. 지표선정 및 영역별 가중치는 지역특성에 따라 전문가 자문, 지방자치단체 내 자원배분 우선순위 등을 고려하여 결정한다.

(3) 진단기준의 활용

다양한 도시쇠퇴 진단기준에 따른 쇠퇴진단 결과는 도시내부의 쇠퇴수준과 양상을 확인하고, 공공의 역할과 지원이 시급한 지역을 도출하는 등 도시재생이 우선적으로 필요한 지역선정에 활용할 수 있다.

구체적으로는 도시재생활성화계획 수립 시 해당 지방자치단체내에서 도시재생이 필요한 쇠퇴지역의 진단 및 해당 쇠퇴지역에 필요한 도시재생사업의 유형, 쇠퇴지역간의 도시재생사업 추진 시급성 여부, 우선 지원 여부 등을 결정하는 과정에 활용이 가능하다.

다만, 도시재생 활성화 및 지원에 관한 특별법의 도입 초기인 점을 감안하여, 단기적으로는 인구・사회, 산업・경제, 물리・환경 각 영역의 쇠퇴특성을 대표할 수 있는 인구감소율・총 사업체수・노후건축물 비율 등의 개별지표를 쇠퇴진단기준으로 활용하고, 중장기적으로 복합쇠퇴지수를 활용함으로써 지방자치단체 고유의 쇠퇴 특성을 진단할 수 있도록 점진적으로 보완할 필요가 있다.

Ⅱ. 도시재생 추진단계별 절차

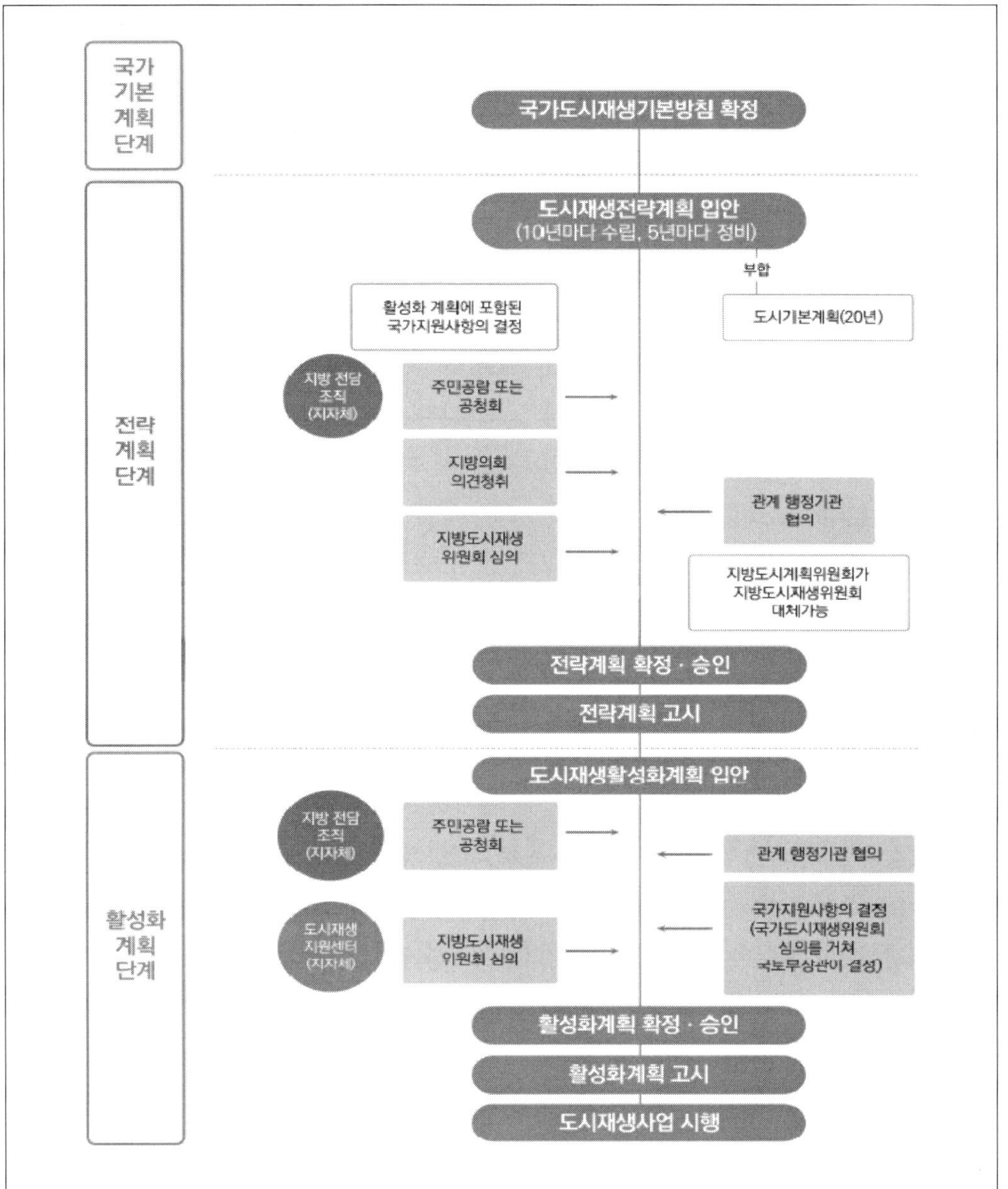

자료 : 도시재생종합정보체계 홈페이지

도시재생추진단계는 크게 국가기본계획단계, 전략계획단계, 활성화계획단계로 구분된다.

각 단계별 세부 추진과정은 앞의 표와 같다.

1. 국가기본계획 단계

도시재생사업을 추진하기 위해서는 앞서의 국가도시재생기본방침에 근거하여 사업지 물색, 주민협의, 인허가, 절차, 방법, 금융기법, 목적 등에 대한 기본적인 검토가 선행되어야 한다. 국가적인 차원에서 추진하는 도시재생, 지자체 차원에서 추진되는 도시재생, 공공이나 민간이 추진하는 도시재생 등에 대한 사업주체 내지 추진체에 대한 설정과 목적, 방법, 재원조달 등 전반적인 검토가 선행되어야 한다. 그리고 도시재생이 필요한 지역에 대한 물색으로 도시의 쇠퇴정도를 측정하여야 한다.

국가는 관계 법령 정비 및 특례·금융지원 등 도시재생을 지원하기 위한 정책과 제도를 마련하고, 유형별 사업모델을 제시하며, 주민·지방자치단체가 활용할 수 있는 도시재생기술·기법을 개발하고 보급한다. 재정 지원을 통해 민간투자를 견인하고, 각 부처의 도시재생 관련 예산을 쇠퇴지역에 집중 지원하는 체계를 마련함으로써 동일한 재원으로 예산지원의 효과를 극대화한다.

2. 도시재생 전략계획 단계

(1) 전략계획의 개념 및 내용

도시재생전략계획이란 전략계획수립권자가 국가도시재생기본방침을 고려하여 도시 전체 또는 일부, 필요한 경우 둘 이상의 도시에 대하여 도시재생과 관련한 각종 계획, 사업, 프로그램, 유형·무형의 지역자산 등을 조사·발굴하고, 도시재생활성화지역을 지정하는 등 도시재생 추진전략을 수립하기 위해 도시재생법에 따라 수립되는 계획을 말한다.

도시재생전략계획을 수립할 때에는 국가도시재생기본방침 및 국토계획법에 따른 도시기본계획의 내용에 부합하도록 하여야 하며, 도시재생과 관련한 각종 계획, 사업, 프로그램, 유·무형의 지역자산 등이 우선적으로 도시재생활성화지역에 연계·집중되게 함으로써 도시재생이 효과적으로 이루어질 수 있도록 하여야 한다.

도시재생전략계획은, 계획의 목표 및 범위, 목표 달성을 위한 방안, 쇠퇴진단 및 물리적·사회적·경제적·문화적 여건 분석, 도시재생활성화지역의 지정 또는 변경에 관한 사항, 도시재생활성화지역별 우선순위 및 지역 간 연계방안, 도시재생지원센터, 주민협의체 등 실행 주체 구성 방안, 중앙·지방 정부 재정 지원 및 민간투자유치 등 재원 조달 계획, 지원조례, 협정지침 등 지방자치단체 차원의 지원제도 발굴, 도시재생기반시설의 설치·정비 또는 개량에 관한 계획, 기초생활인프라 최저기준 달성을 위한 계획, 도시재생 활성화계획의 성과관리 방법 및 기준이 포함되어야 한다.

(2) 도시재생 전략계획 수립 시 고려사항

도시재생 전략계획 수립 시 고려할 사항으로 진단, 전략, 기본구상, 활성화지역, 우선순위, 추진체계, 재원조달, 자원·역량의 집중, 성과관리 설명 등이다. ① 진단 : 도시의 성장·쇠퇴의 원인 및 배경 등을 명확히 진단하고, 도시재생의 필요성, 당위성에 대하여 정확히 파악하여야 한다. ② 전략 : 지역의 역사·문화 자산, 지리적 특성, 산업의 비교우위 등 잠재력을 발굴하고, 도시재생을 위한 핵심 목표 및 과제를 도출 하여야 한다. ③ 기본구상 : 목표를 달성하기 위한 과제들을 도시공간상에 배치하여 도시의 재생 개념과 방향성을 제시하여야 한다. ④ 활성화지역 : 도시재생의 공간적 범위(도시재생활성화지역)를 과도하게 설정하는 것을 지양하고, 지역역량을 고려하여 적정한 개수로 지정하여야 한다. ⑤ 우선순위 : 쇠퇴도, 각종 관련계획과의 정합성, 기대효과, 주민 역량 등을 종합적으로 고려하여 활성화지역별 우선순위를 정하여야 한다. ⑥ 추진체계 : 주민(협의체), 지원조직(지원센터), 지방자치단체(전담조직) 등에 재생을 추진하기 위한 조직을 구성 하고 상호간 협력 방안 강구하여야 한다. ⑦ 재원조달 : 도시재생에 필요한 예산소요를 정확히 산출하고, 국가 보조금·지방비·민간투자 등 연차별 재원조달 계획을 제시하여야 한다. ⑧ 자원·역량의 집중 : 지방자치단체의 도로, 공원 등 도시계획시설사업 등을 쇠퇴지역에 집중하고, 지방자치단체 보유자산의 양여·임대 등 적극 지원하여야 한다. ⑨ 성과관리 : 도시재생 목표에 부합하는 평가지표를 제시하고, 주기적으로 모니터링하기 위한 계획을 수립하여야 한다.

(3) 도시재생 전략계획 수립 절차

① 기초조사 단계 : 문헌, 통계자료, 현장 조사, 주민·지역전문가 설문·인터뷰 등을 통해 도시재생자원 발굴, ② 계획수립 단계 : 쇠퇴진단/여건분석/기본구상/전략수립, 도시재생활성화지역 선정/우선순위 설정/재원조달계획 등, ③ 의견청취·협의 단계 : 공청회/지방의회 의견청취/관계행정기관 협의 등, 시장·군수의 경우 지방도시재생위원회 자문, ④ 심의 단계 : 지방도시재생위원회 심의(특별시장, 광역시장, 특별자치시장, 특별자치도지사, 도지사), ⑤ 확정·공고 단계 : 계획의 확정에 따른 공고 및 열람(특별시장, 광역시장, 특별자치시장, 특별자치도지사, 시장·군수)

3. 도시재생활성화계획 단계

(1) 도시재생활성화계획의 개념 및 내용

도시재생활성화계획이란 도시재생전략계획에 부합하도록 도시재생활성화지역에 대하여 국가, 지방자치단체, 공공기관 및 지역주민 등이 지역발전과 도시재생을 위하여 추진하는 다양한 도시재생사업을 연계하여 종합적으로 수립하는 실행계획을 말한다.

도시재생활성화계획은 주요 목적 및 성격에 따라 ⓐ 도시경제기반형 활성화계획과 ⓑ 근린재생형 활성화계획으로 구분된다. 도시경제기반형 활성화계획은 산업단지, 항만, 공항, 철도, 일반국도, 하천 등 국가의 핵심적인 기능을 담당하는 도시계획시설의 정비 및 개발과 연계하여 도시에 새로운 기능을 부여하고 고용기반을 창출하기 위한 계획을 말하고, 근린재생형 활성화계획은 생활권 단위의 생활환경 개선, 기초생활인프라 확충, 공동체 활성화, 골목경제 살리기 등을 위한 계획이다.

도시재생활성화계획에는 계획의 목표, 도시재생사업의 계획 및 파급효과, 도시재생기반시설의 설치·정비에 관한 계획, 공공 및 민간 재원 조달계획, 예산 집행 계획, 도시재생사업의 평가 및 점검 계획, 행위제한이 적용되는 지역, 도시재생지원센터 등 도시재생 관련 조직의 운영 및 활성화 방안에 관한 사항이 포함되어야 한다.

(2) 도시재생 활성화계획 수립 시 고려사항

전국 지자체별 활성화계획 수립 시 고려사항은 진단, 전략, 사업의 발굴, 사업의 수립, 다양한 수법활용, 기반시설의 정비, 중앙 부처 지원사업 활용, 재원조달 및 예산 집행, 위험관리의 설명이다. ① 진단 : 전략계획에서 도출된 도시재생활성화지역에 대한 보다 세밀하고 상세한 쇠퇴 원인 및 현황 등을 진단하여야 한다. ② 전략 : 지역자산, 특성 등 여건을 분석하고, 해당 활성화지역의 특성을 반영한 비전과 목표를 제시하여야 한다. ③ 사업의 발굴 : 이미 관련계획에 반영된 사업, 시행중인 사업 등을 최대한 활용하고, 도시재생에 활용이 가능한 신규 사업 등을 발굴하여야 한다. ④ 사업계획 수립 : 희망하는 사업을 나열하는 것이 아니라, 구체적으로 실현가능한 사업 위주로 실행계획을 수립하여야 한다. ⑤ 다양한 수법활용 : 개별 사업별로 가장 최적의 사업시행방식을 도출하고, 다양한 개발수법·재원조달 방식을 활용하여야 한다. ⑥ 기반시설의 정비 : 활성화계획의 실현을 위하여 필요한 기반시설의 정비 계획을 수립하고, 향후 운영·관리방안까지 제시하여야 한다. ⑦ 중앙부처 지원사업 활용 : 도시재생에 활용이 가능한 다양한 중앙부처

사업을 발굴하여 활성화계획과 연계시키는 방안을 마련하여야 한다. ⑧ 재원조달 및 예산 집행 : 사업별로 국가보조금, 지방비, 민간투자 등의 비율·금액을 명확하게 제시하고 연차별 투자계획을 마련하여야 한다. ⑨ 위험관리 : 전반적인 경기 상황 등을 충분히 고려하여 과도한 계획수립을 지양하고, 개발 수요 등에 맞는 적정한 계획을 수립하여야 한다.

(3) 도시재생 활성화계획 수립 절차

① 쇠퇴진단 및 여건 분석 : 물리적 현황, 인문·사회 현황, 산업·경제 현황 측면의 쇠퇴진단, ② 지역자원조사 및 잠재력 분석 : 지역현황조사 항목에 따른 현황조사 및 인적자산 등 지역자산 조사, 해당 지역 내 타 부처, 타부서의 관련 사업 계획 조사, 해당 지역의 향후 발전 가능성, 거버넌스 구축 정도 등 잠재력 분석, ③ 계획의 목표 및 지표 설정 : 쇠퇴진단 및 잠재력 분석을 토대로 해당 지역의 실현 가능한 목표 설정, 평가 및 모니터링과 연계할 수 있는 정량·정성적 성과 지표 제시, ④ 핵심 콘텐츠 및 단위사업 계획 : 지역특색을 반영하고, 경쟁력 있는 핵심 콘텐츠 제시, 핵심 콘텐츠의 실현을 위한 단위사업 계획 제시, ⑤ 재원조달 및 예산집행 계획 : 단위사업별 재원조달 주체와 재원의 단계적 확보 방안, 단위사업별 단계별 추진계획 및 예산집행계획 수립, ⑥ 평가 및 점검 계획 : 도시재생사업 성과의 점검·평가를 위한 모니터링·평가 계획 마련

Ⅲ. 도시재생추진 지원체계 및 지원기구

중앙부처는 도시재생특별위원회를 통해 범부처 협업사업을 지원하고, 지자체는 도시재생지원센터와 주민과 함께 경쟁력 있는 사업을 추진하고, 도시재생 지원기구는 지자체·주민이 도시재생사업을 추진하는 과정에서 맞춤형 지원을 제공한다.

1. 도시재생 지원체계

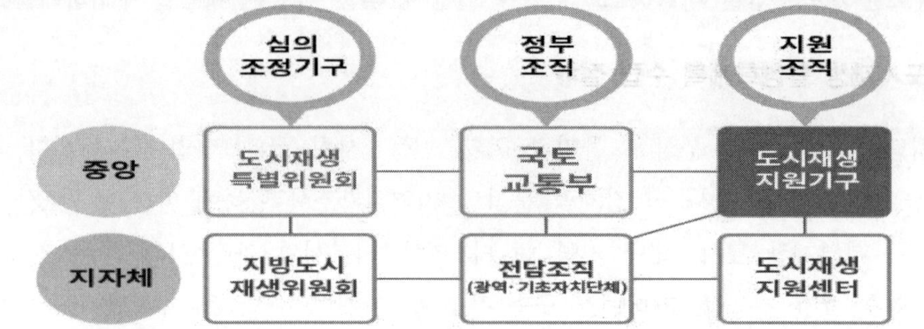

자료 : 도시재생종합정보체계 홈페이지

중앙정부는 도시재생 특별 위원회, 국토부 도시재생기구(도시재생사업단 등)를 통해서, 지자체는 지방도시 재생위원회 전담조직(광역·기초자치단체) 도시재생 지원센터를 통해서 수행되고 있다.

2. 도시재생 지원기구

국토교통부 장관은 도시재생 정책홍보 및 성공모델 창출, 확산 등 도시재생의 활성화를 촉진하기 위해 도시재생지원기구를 설치하거나 별도의 공공기관을 지정할 수 있다. 지원기구는 정책홍보 및 성공모델 창출·확산 등 도시재생 활성화 촉진, 도시재생지원·관리·컨설팅 및 모니터링, 전략 및 활성화 계획 등 지원, 도시재생 시책 발굴·제도 조사·연구, 도시재생종합정보체계 구축·운영, 도시재생 전문가 육성 및 파견, 도시재생사업 시행 및 운영·관리 지원업무를 수행한다.

주택도시보증공사, 한국토지주택공사, 한국감정원, 국토연구원, 한국교통연구원, 한국사회적기업진흥원, 한국디자인진흥원이 지원기구로 지정되어 있다.

3. 도시재생지원센터의 설치

전략계획수립권자는 도시재생전략계획 및 도시재생활성화계획 수립과 관련 사업의 추진 지원, 도시재생활성화지역 주민의 의견조정을 위하여 필요한 사항, 현장 전문가 육성을 위한 교육프로그램의 운영, 마을기업의 창업 및 운영 지원, 주민참여 활성화 및 지원,

그 밖에 도시재생사업의 효과적인 추진을 위하여 해당 지방자치단체의 조례로 정하는 업무를 수행하도록 하기 위하여 도시재생지원센터를 설치할 수 있다. 도지사 및 구청장 등은 필요한 경우 대통령령으로 정하는 바에 따라 도시재생지원센터를 설치할 수 있다. 도시재생뉴딜정책발표문에도 전국에 300곳 이상을 설치하는 내용을 담고 있다.

제 3 절 도시재생 프로세싱 관리와 모니터링

사업추진과정에서의 모니터링은 해당 도시재생사업에서의 성공여부를 가름하는 중요한 요소 중에 하나이다. 아직 우리나라에서 추진되는 도시재생사업이 초기이면서 경험적으로 부족한 노하우를 어떻게 활용하여 성공적인 사업의 사례를 만들 수 있는가에 대한 고민에서, 사업추진 단계별 사업관리와 모니터링은 해당사업의 성공뿐만 아니라 다른 사업의 성공여부에도 적용할 수 있어 중요한 과정이라고 할 수 있다. 그러므로 이러한 모니터링은 단계별로 체계화 하고 사업유형별로 정형화하는 것이 필요하다. 아울러 사업초기 타당성 분석부터 추진과정 및 추진 후의 효과분석까지 보다 엄밀한 프로세스를 구축할 필요가 있다고 할 수 있다.

Ⅰ. 사업타당성 분석 및 조사지원

사업타당성 분석과 조사는 사업추진에 앞서 진행된다. 추진해야할 사업지의 도시재생이 사업성은 있는지, 현황은 구체적으로 어떠한지 등 향후 사업추진을 수행하는데 필요한 제반사항을 분석 검토하는 것이다. 이러한 측면에서 우리 보다 앞선 유럽에서는 이러한 사업성 분석과 모니터링을 중요한 과정으로 활용하고 있다.

그러한 예를 ECORYS와 EIB의 역할에서 볼 수 있다. ECORYS는 컨설팅, 프로젝트 관리 서비스 제공회사로서 아시아개발은행, 캐나다국제개발기구, 유럽투자은행, OECD, 세계은행, 아프리카유니온 등 세계 각국의 정부기관, 개발기구를 고객으로 두고 있다. 연구 분야는 크게 경제정책, 사회정책, 공간정책으로 구분되며 공간정책 분야는 공간계획, 주택·부동산 개발, EU 구조화기금을 활용한 개발에 대한 컨설팅 서비스를 제공한다. ECORYS는 도시재생의 목표를 ① 물리적 환경 개선, ② 사회 통합, ③ 경제개발로 설정하고 있다. 도시재생은 취약계층의 주거·고용 여건을 개선하고 양질의 일자리를 창출하여 궁극적으로 주민의 삶의 질을 고양하기 위한 공간개발전략으로, ECORYS가 위치한 로테르담 및 네덜란드는 현재 부동산 시장이 활황기에 접어들고 있어 JESSICA 도시재생사업도 탄력을 받을 것으로 예상된다. 민간 투자가 저조한 재생 사업에 대해 ECORYS가 사전평가(ex ante assessment)를 통해 JESSICA 구조화기금 투입 여부를 결정하는 등의 자문을 한다. ECORYS가 컨설팅을 수행한 로테르담 도시항만 도시재생사업의 경우 EU기금 투입액에 비해 민간투자금을 상당량 유치하기도 하였고, 공공의 마중물 역할도 중요하였다. 이러한 역할은 다양한 이해관계자 및 사업참여자간 소통을 중개하는 네트워커의 역할을 담당하는 도시개발 컨설팅 서비스에 매우 중요한 기능인데, 도시재생사업 프로세싱관리에 참고할 필요가 있다. 아울러 유럽투자은행(EIB)도 전체 인력 중 10%를 사업 전단계를 모니터링하는 요원으로 활용하고 있다.

사업타당성분석은 분석지표항목들을 정하고 지표항목들을 중요도, 비중 등을 고려하여 가중치를 부여하고, 각 항목들에 대한 척도평가를 활용하여 산출한다. 척도에서는 10등급, 5등급 등의 등급척도를 활용하거나 절대비중척도를 활용하여 합산한 수치를 기준으로 사업의 우선순위와 당해 사업의 타당성을 판단한다. 일정수준에 미치지 못하는 경우 우선순위에서 고려되지 못하거나 타당성에서 실격이 된다. 물론 종합수치의 정도에 따라 각종 지원 및 규제 등이 수반될 수도 있다. 그리고 이러한 분석지표항목들에 대한 가중치, 척도 등은 사후평가에서도 고려되어야 한다.

Ⅱ. 사업추진과정 모니터링

1. 사업단계별 모니터링 체계

유럽투자은행의 경우는 사전 프로세스에서의 모니터링, 추진단계에서의 모니터링, 추진 후에서의 모니터링을 중심으로 도시재생사업의 프로세싱관리를 추진하고 있다. 우리나라의 경우도 아래 그림에서처럼 도시재생 선도지역의 활성화 계획에 따라 각 단계별로 모니터링을 실행추진체계를 제시한 바 있다.

〈도시재생 선도지역 모니터링 단계(사례)〉

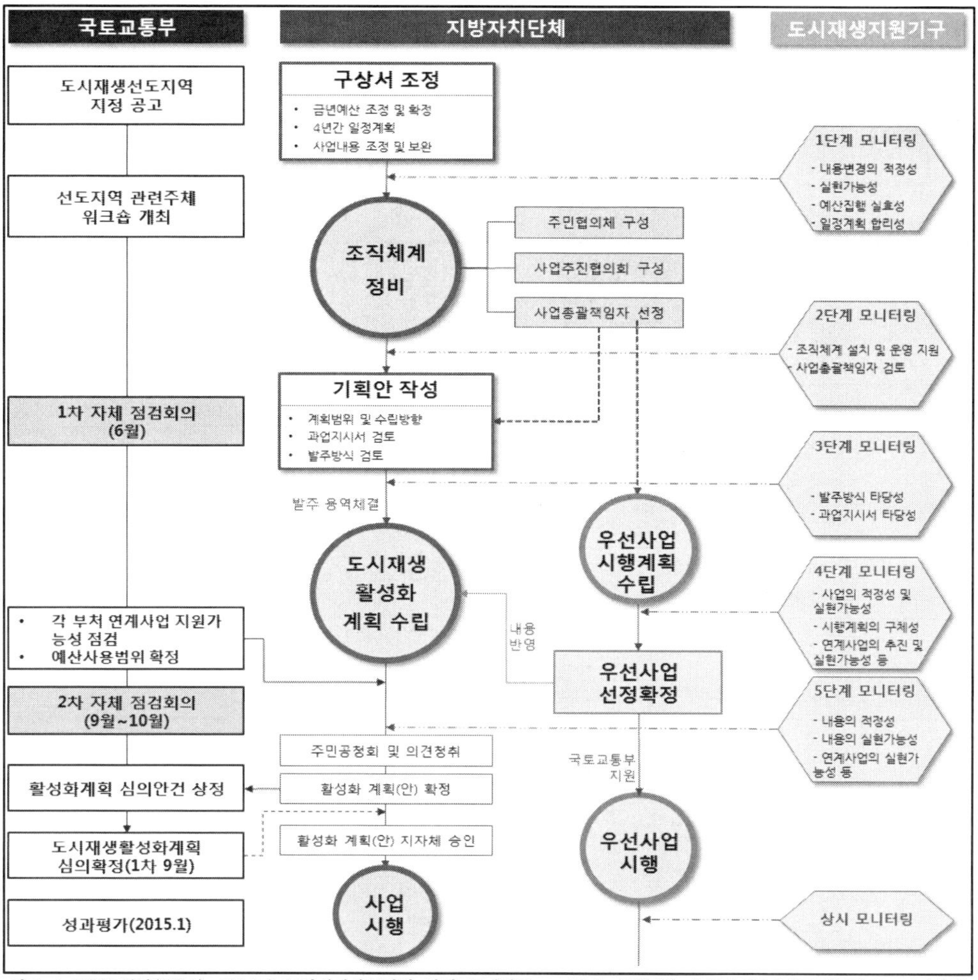

자료 : 국토교통부(2014), 2014년 도시재생선도지역 사업 모니터링 · 평가 계획(안), LH토지주택연구원(2018), 도시재생 선도지역의 사업추진 모니터링 및 정보활용 방안 연구

2. 모니터링 지표항목 설정

도시재생 모니터링 지표와 관련하여서는 이미 국내외 많은 지표연구가 진행되어 자료도 많이 있다. 일종의 주요 체크항목을 설정하여 평가하는 방식을 통하여 이루어지고 있다. 즉, 사업단계별 추진 항목을 정의하고 체크하여 그 추진내용의 정도를 평가하는 방식을 채택하고 있다. 이러한 방식은 국내 모니터링 지표와 평가방식도 같은 방법으로 운영되고 있다. 다만, 현행 모니터링 항목과 재생사업장의 사업추진상황은 건설부분도 중요한 내용에 해당하므로 주택건설 및 일반시설 등의 설치 공정에 해당하는 공정관리도 추가적

으로 모니터링할 필요가 있다. 형식에 따라서는 사업항목 중심으로 모니터링 지표가 설정되어 있어 사실상 공학적인 부분 등에 대하여는 간과하고 있는 것으로 판단된다. 그러므로 건축물, 시설물들에 대한 각각의 공정관리도 모니터링 항목에 추가하여 세밀하게 살필 필요가 있다. 도시재생선도지역 모니터링 항목은 아래와 같다.

〈모니터링 항목 – 2014년도 선도지역(사례)〉

단 계		모니터링 검토항목
1	사업구상서의 보완	• 내용변경의 적절성 및 실현가능성 • 예산집행의 실효성 • 일정계획의 합리성
2	사업시행을 위한 조직체계 구축	• 주민협의체 구성·운영 현황 • 선도지역 사업총괄책임자 선정 • 전담조직 구성·운영 • 도시재생지원센터 구성·운영 • 추진협의회 구성·운영 현황
3	도시재생활성화계획 용역 발주	• 과업지시서의 합리성 및 도시재생의 목표달성 가능성
4	우선추진사업 계획수립	• 사업의 적설성 및 실현가능성 • 시행계획의 구체성 • 연계사업 추진 및 실현가능성 등
5	도시재생활성화계획 수립	• 도시재생사업내용의 적절성 • 도시재생 거점 공간·시설의 확보 방안 • 법정사업 및 타부처사업의 연계 • 도시재생기반시설 설치 및 운영 방안 • 주민·공동체 역량강화사업의 운영 방안 • 예산 확보 및 집행 방안 • 전문가 활용 방안 • 성과관리 방안
6	사업시행	• 도지재생정책 목표달성을 위한 세부사항

3. 모니터링과 평가

(1) 모니터링과 평가체계

모니터링은 사업추진의 주체 또는 사업추진의 인허가 권자, 재정 투자자 등이 중심이 되는 것이 일반적이다. 그러나 이러한 기관들이 전문성이 없거나 모니터링 인력 등이 확보되지 않은 경우는 전문성을 가진 기관이 추진하는 것이 통일된 일관성을 유지하는 측면에서도 효과적일 것이다. 도시재생지원기구 등이 수행한 모니터링 결과는 도시재생사업 총괄기관인 국토교통부에 보고를 하고 이를 리뷰하여 사업추진방향 등을 정할 것이다. 결과를 바탕으로 예산 및 정책을 투입할 대상과 범위를 결정할 수 있다. 아울러, 지자체 등이 추진하는 사업은 사업성과 등을 분석평가하여 중앙정부에 보고를 하고, 결과를 토대로 예산지원 등의 정책결정을 할 수 있다. 운영체계는 아래 그림과 같다.

〈모니터링 및 평가체계〉

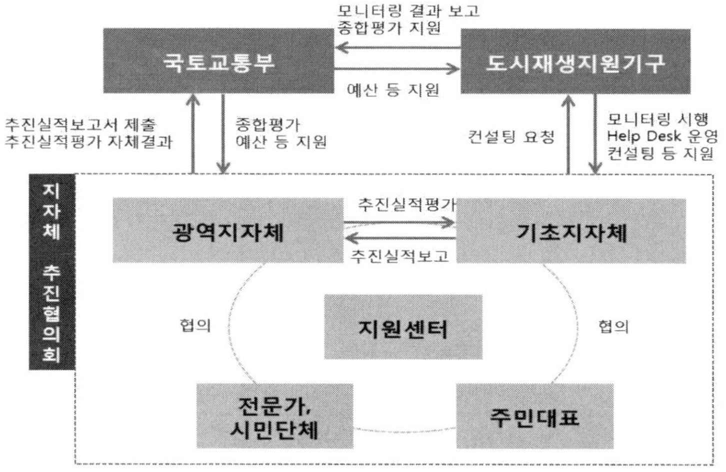

자료 : 국토교통부(2014), 2014년 도시재생선도지역 사업 모니터링 · 평가 계획(안)

(2) 성과관리목표와 평가항목

〈성과관리 목표(예시)〉

구 분	정량적 지표	정성적 지표
사회·문화적 지표	▪인구수 ▪문화시설 수 ▪공동체 행사 수 ▪참여 예술가의 수	▪주민 참여 및 활동현황 ▪주민만족도 ▪주민공동체성 증진 ▪주민 문화예술 참여도
경제적 지표	▪공시지가 / ▪매출액 및 종사자수 ▪방문객 수 / ▪가구별 월소득 ▪사회적 경제조직* 창업건수 ▪사회적 경제 종사자수 ▪주요지점 보행통행량 ▪상업지역 점포 수 / ▪상인회 회원수 ▪창업 점포 수 / ▪신규 일자리 수	▪지역상민 만족도 ▪방문객 만족도 ▪상업지역 이용자 만족도
물리·환경적 지표	▪공가 및 폐가 호수 / ▪노후건축물 비율 ▪주택 신축 및 개량 건수 ▪과소필지 수 / ▪미이용필지 수 ▪접도율 / ▪도로율 / ▪주차장 면적 ▪공원 및 녹지 면적 / ▪주요지점 통행량	▪주거환경 만족도

* 사회적 경제조직 : 마을기업, 협동조합, 사회적 기업 등

성과지표는 추진하는 도시재생사업의 종류 내지 특성에 따라 결정하여야 하고, 정량적인 지표 외에 정성적인 지표도 고려되어야 한다. 그리고 평가결과에 따라 급간별 지원수준 내지 관리수준에 대한 기준도 마련되어야 한다. 예를 들어 높은 점수를 낸 사업장의 경우는 예산지원과 정책지원을 활성화 하고 낮은 점수를 낸 사업장은 예산축소, 모니터링 강화 등 사업성공을 위한 추가적인 조치가 수반되어야 할 것이다. 그리고 원인적인 측면에서 낮은 점수를 내는 요소가 정상적인 사업수행을 방해하는 요소가 있는 경우 이를 해소할 수 있는 지원대책도 마련되어야 한다.

우선은 위의 표와 같이 관리지표를 예시하여 성과목표를 설정할 필요가 있다. 이를 토대로 사업추진체는 성과관리 방안을 마련하여 체계적으로 추진할 수 있다. 동시에 아래의 표와 같이 이러한 목표 등에 대하여 평가할 항목과 내용, 가중치 등을 설정하여 제시하여야 한다.

〈선도지역 종합평가 항목 및 주요내용(사례)〉

평가분야	평가항목	평가 주요 내용
기획	주민참여도	▪ 계획수립 및 사업기획과정에서 주민 및 지역사회 참여 정도
	거버넌스	▪ 주민협의체, 사업 추진협의회 등 구성·운영의 충실성 ▪ 전담조직, 지원센터 등 운영체계의 효율성 ▪ 지자체 내 부서간 협력 정도 ▪ 사업 참여 주체 및 이해관계자간 협력 정도
	계획의 적절성	▪ 지역자원, 지역역량 등 지역특성 반영 및 활용 정도 ▪ 도시재생사업 내용의 구체성과 타당성 ▪ 국비·지방비·민간투자 등 재원조달의 적절성 ▪ 성과관리방안의 적절성
	사업간 장소적연계	▪ 중앙부처사업, 지자체사업 등 다양한 사업간 연계 및 적절성 ▪ 경제·사회·문화·복지 등 부문별 사업계획의 종합적 추진
집행	주민참여도	▪ 사업 집행과정에서 주민 및 지역사회 참여 정도
	거버넌스	▪ 주민협의체, 사업 추진협의회 등 구성·운영의 충실성 ▪ 전담조직, 지원센터 등 운영체계의 효율성 ▪ 사업집행 과정에서 지자체 내 부서간 협력 정도 ▪ 사업 참여 주체 및 이해관계자간 협력 정도
	추진·집행 실적	▪ 계획대비 사업의 진척 정도 ▪ 계획대비 예산의 집행실적
	모니터링 결과 반영	▪ 도시재생지원기구의 모니터링에 대한 협조 및 수용 노력 ▪ 모니터링 결과에 대한 피드백의 충실성 등
성과	목표달성도	▪ 성과관리방안에 제시된 목표 달성 여부
	기타 파급효과	▪ 성과관리방안에 제시되지 않았으나, 기타 경제·사회·물리적 지표 개선 등

Ⅲ. 사후 효과분석

도시재생사업은 각 단계별 모니터링이 중요하지만 결과에 대한 효과분석이나 평가도 중요한 과정이다. 한 사업의 완성결과에는 종합적인 판단이 가능하고, 판단결과의 세부내용과 요인분석을 토대로 다른 유사한 사업 등의 추진에 지침으로 활용할 수 있기 때문이다. 사후효과분석과 관련하여서는 사업유형별(3가지, 5가지), 다양한 사업목표별로 구분하여 분석하는 것이 필요할 것이다. 즉 도시재생뉴딜사업에서 구분하고 있는 다섯 가지 유형별 효과분석지표를 운영하는 방법, 도시재생사업장별 목표 내지 사업장 특성에 따른 유형별로 공동체 활성화 기반조성, 역사예술문화 활성화, 상업 및 산업활성화, 관광 활성화, 도시환경 개선, 주거환경 개선, 공공교통 편리성 증진, 생태복원 등 다양한 특성이 고려된 평가지표를 운영하는 것이 바람직하다. 종합적인 평가지표는 아래 표와 같이 운영할 수 있겠다. 결국 사후 효과분석 평가는 도시재생사업의 성과를 분석함은 물론 다른 유사 사업 등에 피드백자료로 활용될 수 있다.

〈도시재생 사후효과 평가지표(예시)〉

부문	사업목표		주요 평가지표	유형관련성[1]		
				경제형	중심형	근린형
인문·사회	공동체 활성화 및 기반조성		공동체(마을기업, 주민조직, 주민협의체 등) 활동 수 (주민회의, 마을공동체 프로그램, 주민축제, 행사 등)	●	◕	◒
			공동체(마을기업, 주민조직, 주민협의체 등) 조직 수	·	●	◕
			주민교육 및 프로그램(도시재생대학, 마을학교 등) 참여자 수	·	◕	◒
			주민공모(공동) 및 주민제안 사업 수	·	◒	◔
			주민교육 및 프로그램(도시재생대학, 마을 학교 등) 수	·	·	◕
			커뮤니티 거점 공간(시설) 수	·	·	◔
	역사예술문화 활성화 및 기반조성		관련행사·이벤트·프로그램·사업·활동 수 (문화축제 및 행사, 조합 활동, 청년플랫폼 활동, 문화 컨텐츠 발굴 등)	◕	●	●
			관련 거점공간(시설) 수	◕	·	◔
			관련 거점공간(시설) 방문객 수 및 이용객 수	◕	◔	·
			역사건축물 리모델링 수	·	◒	·
			관련 사업체·입점·창업 수	·	◔	◔
			주요 지점 및 거점의 보행통행량	·	·	◔
	도심정주 인구증가		거주인구 증가	◔	◕	◒
			공공공간 신규·개선·정비 수	·	·	◔
산업·경제	도시 및 지역경제 활성화	상업 및 산업 활성화	신규 창업·개업 점포·사무실 수	●	◕	◕
			종사자 수(전체, 특정업종 등) ☞ 일자리 창출수 관련	●	◒	◔
			총사업체 수·점포 수	◔	◒	◔
			주요시설(시장, 상가 등)방문객 및 이용객 수	◔	·	◒
			주요지점 지가	◔	·	·
			주요 지점 및 거점의 보행통행량	·	●	◒
			청년 창업자·기업·점포 수	·	◒	◔
			고용인수 증가	·	◒	◔
		관광 활성화	주요시설 방문객 및 이용객 수	◔	●	◒
			주요 지점·거점 보행통행량	·	◒	◒
			지역축제·이벤트·문화공연 등 개최 수	·	◔	·
			관련사업체·영업점포 수	·	·	◔
		유휴자원 활용	빈 점포 수 감소	·	●	◕
물리·환경	도시환경 개선		신축·건축 허가	◕	◔	·
			공원 및 오픈스페이스	◔	◔	◔
	주거환경 개선		빈집·공가·폐가 수 감소	◔	◕	●
			주택신축 허가 수	·	◔	◒
			범죄 감소	·	◔	◒
			최저주거미달 가구 수 감소	·	·	◔
	공공교통 편리성 증진		대중교통 수단별 분담률 및 이용자 수	·	◔	·

유형관련성 표시는 각 유형의 계획서수 대비 지표의 채택 수 및 해당 지표의 해외국가 채택 수를 근거로 하여 5단계로 구분함. '·'은 관련성이 거의 없음, '◔'은 관련성 약간 있음, '◒'은 관련성 중간정도, '◕'은 관련성 약간 높음, '●'는 관련정도 매우 높음을 표시함. '근린형'은 근린 재생형, '중심형'은 중심시가지 재생형, '경제형'은 경제기반 재생형을 의미함.

자료 : 송기백(2018), 도시재생 사업효과의 평가지표에 관한 연구

제 4 절 코디네이터 양성 및 코디네이팅

Ⅰ. 도시재생사업 지원기구 등의 역할

도시재생법에서는 도시재생지원기구의 역할에 '도시재생전문가의 육성 및 파견 등의 업무와 도시재생지원센터 운영 등의 지원'을 규정하고 있고, 도시재생지원센터의 역할에는 '현장 전문가 육성을 위한 교육프로그램의 운영'의 업무를 규정하고 있고, 도시재생뉴딜정책에서는 '도시재생대학'설치와 컨설팅지원 등의 내용을 담고 있다. 아울러 국가도시재생기본방침에는 '도시재생 제도·조사연구, 도시재생 교육프로그램 개발·운영 등 업무를 위해 공공기관에 도시재생지원기구를 지정하고, 지방자치단체 단위에 도시재생 사업현장에서 계획수립·이해관계 조정·사업 컨설팅을 담당할 도시재생지원센터를 설치'하며, '도시재생대학 등 주민교육 프로그램을 토대로 표준교육과정을 개발하고, 전문 강사를 양성·관리하며, 상인대학, 창업학교 등 실무 중심의 교육프로그램을 활용하여, 쇠퇴상가 등의 소상공인의 기획 및 사업추진 역량을 강화할 수 있도록 함은 물론, 지역별로 자격·역량을 갖춘 기관을 도시재생 교육기관으로 인증하여 지역별 맞춤형 교육을 시행 및 확산'하는 방침을 규정하고 있다.

결국, 도시재생지원기구와 지방 도시재생센터는 도시재생사업의 추진을 위한 추진체의 역할도 하면서 도시재생전문기관으로서 해당 사업 등에 대한 자문 및 지원을 하는 역할을 할 수 있고, 현재까지는 이러한 기구들이 자문역할을 수행하고 있는 것이 일반적이다. 그러나 국가적으로는 전국적인 도시재생사업이 동시 다발적, 상시적으로 추진되어야 하는 점을 감안하면 장기적으로는 보다 다양하고 더 많은 전문가들이 양성되어 활동을 하여야 원만하게 지역밀착형 도시재생사업이 추진될 수 있다고 할 수 있다. 동시에 이러한 기구들은 당해 도시재생사업을 추진함은 물론 전문가를 양성하고 배치하는 기능도 이루어져야 도시재생 전문가가 양산·확산될 수 있다고 할 수 있다.

Ⅱ. 도시재생전문가 양성

국가도시재생기본방침에서는 도시재생지원센터 등에서 대민지원, 주민교육 등을 담당할 도시재생 전문가(코디네이터) 양성 표준 프로그램 개발하여 운영하고, 기존의 도시재생 현장활동가들을 체계적인 교육, 인증 등을 통해 마을계획가로 육성하고 관련 일자리를 창출한다. 또한, 도시재생지원기구를 통해 지방자치단체 등에 전문가를 파견하여 지원한다는 내용을 담고 있다.

1. 코디네이터의 역할정의

우선, 도시재생전문가(코디네이터)의 역할에 대한 명확한 정의가 마련되어야 한다. 코디네이터의 역할이 명확히 정의되어야 필요한 지식과 스킬, 기술 등을 배양하도록 할 수 있고, 이를 토대로 인증을 하고, 정확하고 명확한 역할을 수행할 수 있다.

현재 도시재생사업을 추진하는 사업체는 물론, 이들 지역에 거주하고 이해관계자의 한 축을 가지는 지역주민 등의 경우 도시재생사업에 대한 인식이 매우 낮다. 도시재생사업의 성공요인 중에 가장 큰 이해관계자의 합의와 참여에서 이러한 낮은 인식은 도시재생사업의 성공여부를 가늠하기 어렵게 한다. 최근 들어 이러한 점을 보완하기 위하여 도시재생 코디네이터가 활동하기 시작하였다. 본격적으로 추진되고 있는 국내 도시재생사업의 성공적인 추진을 위해서는 전문가의 참여가 중요한데, 도시재생사업의 추진절차와 방법 등 전반적인 지식과 경험을 보유한 전문가의 역할이 기대된다고 할 수 있다.

우리나라에서는 도시재생전문가라는 직업분류에서 그 정의를 "정부, 지자체, 기업 등의 도시재생 컨설팅 의뢰를 받고 역할과 권한을 위임받는다. 도시재생 사업 대상지역을 탐방하여 지역의 역사, 문화, 도시기능적 특징, 생태자원, 고유한 환경, 인문학적 특징 등 도시재생을 위한 지역적 자산, 지역내 사회적 관계(갈등사안, 주민의 요구, 이해관계 등) 등을 조사한다. 지역의 비전, 지역경제 활성화 방안, 삶의 질 향상 방안, 자립적 선순환 환경시스템, 지역경쟁력 강화, 생태자원의 활용, 인문학적 자산의 활용 등을 기획하고 도시재생마스터플랜을 작성하여 보고한다. 도시재생 사업이 추진되면 공공 및 민간분야의 여러 사업주체에게 도시재생 기법에 대한 지식을 제하고 중재자 역할을 수행한다. 사업 추진 중에 발생하는 갈등을 조정하기도 한다." 하는 것을 말한다.

본서에서 다루는 코디네이터는 이러한 단순한 수준의 전문가가 아니라, 도시재생사업을 발굴하고, 사업추진 프로세스를 기획하고, 거버넌스를 구축하여 운영지원함은 물론, 금융구조화 작업과 재원의 조달, 사업관리 및 이해관계자의 조정, 사업홍보 및 마케팅, 사업과정에서의 인허가 지원 등 도시재생의 전반적인 문제를 코디네이팅하는 전문가를 말한다. 이는 인문학적인 지식, 행정학 및 법학적인 지식, 공학적인 지식, 금융학적인 지식 등 융합적인 지식과 경험을 겸비하고 협상능력과 사업추진역량을 갖춘 전문가여야 한다. 그러나 현실적으로는 이러한 모든 역량을 갖춘 전문가는 아직 없을 수도 있으므로, 우선적으로는 부문별 전문가를 협의체로 구성하여 융합적으로 코디네이팅하는 체계를 마련할 필요가 있다. 이와 관련하여 도시재생법과 도시재생뉴딜정책, 국가도시재생기본방침에서는 전문가의 양성 및 도시재생대학의 설치에 대하여 규정하고 있다.

2. 외국의 코디네이터 및 양성사례

일본의 리노베이션 스쿨을 예로 들 수 있는데, '리노베이션 스쿨'이란 리노베이션마을은 일본에서 시작된 움직임으로 국가나 지자체의 보조금 없이 자생적으로 도시 재생을 추진하여 지방 도시의 경영난을 해소하고, 구도심의 활력을 되찾는 것을 목적으로 한다. 지역 내 유휴 부동산을 활용하여 산업진흥, 고용 창출, 커뮤니티 재생을 통해 지역 가치 향상을 목표로 하고 있는데, 이 정책의 시행방법으로 고안된 '리노베이션 스쿨'은 새로운 도시계획 방법론이라는 평가를 받으며 일본 전역으로 확산되고 있다.

리노베이션 스쿨은 지역에 있는 유휴 부동산을 활용하여 마을 만들기 사업의 발판을 만들고, 실천에 필요한 지식과 기술을 수강생에게 제공하는 것을 목적으로 개발된 단기 합숙형 워크숍이다. 2011년 일본 후쿠오카 북부에 위치한 키타큐슈시에서 공무원이 발의하여 민관협력으로 시작된 프로그램으로 일본 20여 개 도시로 확대되었다. 한국에서는 최근 제주창조혁신센터가 일본 키타큐슈시의 리노베이션스쿨을 참관하고 협력하여 리노베이션스쿨 프로그램을 기획・진행했다.

한편, 유럽의 ECORYS는 도시재생사업의 추진을 위한 사업구조의 분석, 설계, 금융구조의 설계 등 사업의 전반적인 구조화 작업부터 모니터링, 관리 등에 대한 자문, 컨설팅을 수행하고 있는데, 이러한 예도 코디네이터의 좋은 예라고 할 수 있고, 유럽투자은행(EIB)도 전체 인력 중 약 10%가 사업추진 전에서부터 사업추진과정, 사업추진 후까지 전반적인 모니터링 역할을 담당하고 있다. 이러한 모니터링결과를 토대로 사업의 성공요인과 문제요인들을 발굴하여 피드백하여 투자사업이 효과적으로 추진될 수 있도록 하는 자문 등의 기능을 가지므로 코디네이터의 역할을 하는 사례라고 할 수 있다.

3. 코디네이터의 양성과 인증

코디네이터의 육성은 앞에서도 설명한 것처럼 도시재생지원기구, 도시재생지원센터, 도시재생대학, HUG의 역할, LH의 역할 등을 고려하면 중심적인 양성기관으로 판단할 수 있다. 여기에 각 교육기관들도 이러한 분야에 대한 전문적인 교육과정을 운영할 수 있을 것으로 판단된다. 코디네이터의 양성은 종합적인 코디네이터, 분야별 코디네이터(법률/행정, 도시공학, 금융/재무, 프로젝트설계, 조정/협상, 마케팅 등) 등으로 고려해 볼 수 있고, 이론전문가, 실무전문가 등으로 구분하여 양성할 수도 있을 것이다.

(1) 양성과정

코디네이터의 양성에 필요한 커리큘럼을 어떻게 마련할 것인가가 관건이다. 과정내용은 각 사업(장)의 분류 특성(예를 들면 도시재생사업의 5가지 분류기준, 또는 도시재생사업 지구 특성을 고려하여 상업지구, 주거지구, 생태지구, 업무지구, 문화특구, 산업단지지구 등)을 고려하여 설정할 수도 있고, 도시재생사업의 방법(국가주도, 지자체주도, 민간주도, 주민주도, 협업 등), 사업추진의 규모나 범위, 기간, 종류 등에 따라 다양한 형태의 전문성을 가진 코디네이터가 필요할 수도 있다. 우선 양성과정은 전문가부분을 장·단기 양성과정, 학위과정(주택도시정책학, 도시재생금융학 등)등 다양한 과정의 개설운영이 필요하다고 판단된다.

(2) 양성과정 과목내용

도시재생사업의 사업별 특성을 고려하면 다양한 지식과 전문성이 요구된다고 할 수 있다. 여기서는 일반적인 도시재생사업의 프로세스를 중심으로 살펴본다면 각종 도시재생관련법규, 도시재생(정책)론, 도시재생금융론, 주택도시정책론, (지역)경제론, 지역개발론, 도시계획론, 도시개발론, (지역)공동체론, 거버넌스체계론, 갈등조정론 등이 기본과정으로 설계되어야 한다고 판단된다. 그리고 여기에 특수성을 고려한 다양한 과정에 필요한 과목의 설계(이론전문가, 실무전문가 등)가 고려되어야 할 것이다.

(3) 전문가인증제도

전문가의 역할이 중요한 만큼 그 전문성을 판단할 수 있는 기준이 명확해야 한다. 과정운영에서의 성과평가 중심(공인과정수료)으로 할 수도 있고, 과정결과와 인증시험(공인과정수료+시험)을 통할 수도 있고, 과정과는 별도로 자격시험을 통할 수도 있다. 또는 실무경력(사업추진경력, 연구경력 등)과 양성과정 등의 병행도 고려할 수 있다. 이는 도시재생사업이 국가적으로나 지역적으로나 경제적으로도 그 중요성이 큰 사업으로 비전문가가 사업자문 등에 진입하여 난립하는 것을 방지하고, 사업의 본질을 훼손 내지 손실이 발생하지 못하도록 하고, 사업이 가장 효과적이고 효율적으로 추진될 수 있도록 하는 등에 반드시 필요한 부분이라고 할 수 있다. 그리고 인증은 도시재생 분야별로 하는 방법, 등급별로 하는 방법 등이 고려될 수 있겠다.

Ⅲ. 코디네이터의 역할과 책임

코디네이터의 역할(코디네이팅) 범위의 설정은 도시재생사업의 중요한 부분에 해당한다. 코디네이터의 자문 등이 해당 도시재생사업의 방향성을 결정하는데 중요한 기준이 될 수 있기 때문이다. 물론 국가차원에서는 도시재생위원회가, 그리고 지자체별로 지역도시재생위원회가 그 방향성을 제시할 수도 있다. 그러나 해당사업의 현장에서의 현안문제까지 위원회가 검증하고 자문하기에는 무리가 있다. 그러므로 위원회 기능에서의 역할과 현장에서의 역할을 모두 갖춘 기능을 코디네이터가 수행할 수 있어야 한다. 이는 국가 도시재생사업전략과 지역도시재생전략을 연계하여야 해당 도시재생사업의 특성을 반영한 도시재생사업의 추진이 가장 효과적이고 효율적으로 추진될 수 있기 때문이다.

코디네이터의 역할은 다양하게 구분지울 수 있겠으나 사업추진단계별로 그 중요한 부분을 체크해 보면, 사전적으로는 사업지의 선정과 사업타당성 등의 분석이 전문성을 가지고 추진되어야 한다. 사업의 필요성분석, 추진과정, 방법, 절차, 재원, 거버넌스, 협업 등 다양한 프로세스에 대한 정확하고 구체적인 검토가 수반되어야 한다. 그리고 사업추진과정에서의 각종 인허가와 행정적인 절차, 법률적인 문제 해법, 사업관리와 자금운영, 현안문제 마다 협상과 갈등조정 등 전반적인 모니터링 절차와 방법 등을 수행하는 것이다. 다음으로는 사업이 종료되면 효과분석은 물론, 추진과정에서의 장단점을 비롯하여 장애요인과 해소과정에서의 시사점, 향후 유지운영방법에 대한 구체적인 방향설정 등을 고려하면 크게 세단계로 나누어 설명될 수 있다. 다만, 갈등문제는 어느 단계에서도 발생할 수 있으므로 그 가능성과 사례를 다양하게 고려하여야 할 것이다.

1. 코디네이터의 역할

(1) 사업구조설계

사업구조단계는 사업추진을 위한 준비단계이다. 국가나 지자체로부터 지정된 사업지의 경우는 이미 많은 부분에서 이러한 과정이 검토된 상황일 수도 있다. 그러나 일반적인 경우 사업추진승인 전에는 무형에서 유형을 창조하는 과정처럼 난관이 많다. 우선 사업방향 설정을 위해서는 후보지물색과 후보지의 특성을 면밀하게 분석·조사하여야 한다. 그리고 사업타당성분석, 프로젝트설계, 자금구조설계, 추진 거버넌스구축 등을 마련한 다음 이해관계자(행정청, 주민 등)들과 협상·설득을 해야 하고, 이러한 과정이 마무리되면, 사업구조와 재정, 추진절차 등을 더욱 명확히 하여 인허가 등을 추진하게 된다. 구조화 단계에서 분석해야 할 사항으로 재무적인 효과가 크게 나타나는 경우는 그 증빙을 제시할 수 있으나, 크지 않거나 없는 경우는 그 필요성과 사회적 효용 등에 대한 편익을 부각시킬 수 있어야 한다. 그리고 도시재생마케팅 등 장기간의 사업추진과정에서 발생되거나 문제화될 수 있는 요소들을 모두 열거하고 체계적으로 체크하면서 추진되어야 한다. 사업구조화설계의 내용에 따라서 이후 사업의 성공여부를 가름할 수 있는 기준이 될 수 있다. 이러한 내용을 검토할 수 있어야 하고, 분석하고 방법론적으로 대안을 제시할 수 있어야 하는 것이 코디네이터의 역할이다.

(2) 사업추진관리

도시재생사업의 준비단계를 거쳐 사업인가가 나고 본격적인 사업의 추진단계에 돌입하게 된다. 추진단계에서는 사업절차행정처리, 사업관리, 사업결과정산, 사업효과분석(경제적, 재무적, 정성적, 정책적, 사회적 효용 등) 등의 과정을 가지게 된다. 사업추진과정에서의 갈등요소들도 노출될 수 있고, 준비단계에서 예상하지 못한 돌발상황도 발생할 수 있다. 또한 자금사정도 변수가 될 수 있고, 환경이 변화되어 정상적인 사업추진이 곤란할 수도 있다. 그러므로 추진단계에서는 전 단계를 세밀하게 모니터링하는 것이 가장 중요하다. 각 상황마다 발생하는 문제를 협업 등을 통하여 해소할 방안을 마련하고 추진한다. 지역사업이 일반적인 것이 도시재생이므로 지역주민의 참여는 많은 문제를 해소할 수 있는 대안이 될 수 있다. 또한 추진준비단계에서 미처 준비되지 못한 재정도 이 단계에서 추가 발생할 수 있으므로 투자유치 등도 추가로 고민해야 할 것이다. 사업이 정상적으로 완료되면 정리해야 할 행정적, 법적 절차도 상당부분 있으므로 꼼꼼하게 챙겨야 한다.

(3) 사후운영과 관리

도시재생사업은 사업완료가 곧 끝이 아닌 새로운 사업의 시작이다. 그러므로 더욱 중요한 것은 사후관리의 문제이다. 많은 경우가 지역사업인 만큼 지속적인 주민참여와 이해관계자의 논의가 필요하다. 또한 기본사업이 종료되어도 부가적으로 보완해야 할 사안들도 발생하게 된다. 이를 체계적으로 관리하기 위해서는 사업추진 전 단계부터 고려했던 거버넌스의 추가적인 구축이 필요하다. 사업추진 전단계의 거버넌스와 진행단계에서의 거버넌스, 그리고 완료 후 사후관리 거버넌스는 또 다른 문제이다. 모든 사업이 구축하고 활용하는 것은 사전에 고려하지만 오랜 시간이 소요되는 사업은 변화된 상황과 향후 발생할 상황을 고려하면서 완료시점에 관리방안 등을 고려한 거버넌스를 새롭게 구축해야 한다. 잘못하는 경우 어렵게 만든 도시재생사업에서의 시설들이 애물단지가 될 수도 있기 때문이다. 가장 효율적으로 활용하고 운영할 수 있는 대안, 그리고 일정한 시점에 멈추어 선 것이 아니고, 계속적이고 지속가능한 발전을 위한 도시재생의 성공은 사후관리가 중요하다는 점을 고려하여야 한다. 그리고 모든 단계에서 필요한 사항이지만 완료 후 활용, 유지 등에서 발생할 수 있는 갈등에 대하여도 고려하여야 한다. 코디네이터는 이러한 모든 상황을 고려한 지속관리자문 등의 역할을 수행할 수 있어야 한다.

2. 코디네이터의 책임

코디네이터의 역할이 부적절하거나 법규위반 등의 사례가 발생한 경우 책임을 수반하는 것은 당연하다. 이는 그 역할의 중요성과 역할에 대한 부담을 강화하여 정당화 하고, 투명하게 하는데 중요한 장치라고 할 수 있다. 이러한 책임은 당해 부분에 대한 코디네이팅의 책임, 분야별 협업코디네이터와의 역할 책임도 고려되어야 한다. 그리고 인증체계에서는 법규화의 필요성이 더욱 크며, 인증체계가 없는 경우에도 코디네이터의 활동을 합법화 한다면 그에 상응하는 책임도 부담하도록 하여야 한다. 책임은 윤리적인 책임을 부과하지 않는다고 하더라도, 법률적인 책임, 행정적인 책임은 부담하여야 하며, 책임강화를 위한 교육 등도 부과되어야 한다.

(1) 법률적인 책임

도시재생사업의 준비단계에서부터 추진과정 및 완료단계와 사후관리 전 단계에서의 코디네이터의 역할이 필요한 만큼, 이러한 진행과정에 코디네이터의 판단오류, 진단자문 등의 오류로 도시재생사업이 큰 손실을 보게 되거나 법적 분쟁 등에 휘말리게 된다면 이는 코디네이터의 자질문제를 비롯하여 법률적인 측면에서 손해배상책임의 물론, 피소대상이 될 수도 있다. 이러한 책임은 선관주의 의무를 다하였는지를 따져봐야 할 것이지만, 의사결정과정에서의 명백한 오류가 발생하였다면 그 책임을 면하기는 어려울 것이다. 그리고 이러한 책임을 부과하는 것은 코디네이터의 역할의 중요성을 제고하는 동시에, 그 활동과 역할에서 책임감을 가지고 임할 수 있도록 하는 장치가 될 것이다.

(2) 행정적인 책임

도시재생사업이 상당한 부분 도시개발사업에서 필요한 인허가 등 행정절차가 요구되는 만큼, 행정절차 등을 체크하면서 추진되어야 한다. 특히 공공이나 지자체 등이 추진하는 것이 아닌 민간 내지 지역주민 위주로 추진되는 사업의 경우 이러한 절차적인 문제를 지역주민은 잘 알지 못하므로 코디네이터는 이러한 내용을 잘 관리해 주어야 한다. 만약 위반 사실이나 지체 등의 상황이 발생한 경우 과태료 등의 행정처벌의 부과를 면하기는 어려울 것이다. 그리고 자격인증 등을 통한 경우는 자격정지, 자격취소 등의 처분도 감수해야 할 것이다. 행정적인 책임을 부과하는 것도 앞의 법률적인 책임과 마찬가지로 코디네이터의 역할에 공신력을 제고함과 동시에 책임성을 강화하는데 꼭 필요한 부분이라고 할 수 있다.

(3) 책임강화를 위한 장치

비록 윤리적인 책임을 부담하지는 않아도 직업윤리측면에서 코디네이터의 윤리적인 소양을 배양하는 것은 매우 중요하다. 그리고 경제상황과 법규, 정책상황이 변화하고 지식과 기술도 변화하는 만큼, 이러한 변화된 상황을 습득하여 코디네이터의 역할을 잘 수행할 수 있도록, 주기적인 보수교육도 강화해야 한다. 교육의 의미는 단순히 지식보강뿐만아니라 소양의식을 제고함은 물론, 자격증만 가지고 사업에 언제나 진출이 가능한 것이 아니라 일정주기별로 보수교육을 통하여 수료된 경우 활동등록(국토부, 지자체 등)이 가능하도록 하고, 등록된 자에 한하여 코디네이터의 활동이 가능하도록 하는 장치도 필요하다.

[저자 소개]

• 林昇洙(임공수, LIM GONGSOO)

저자는 주택도시기금 전담 운영기관인 주택도시보증공사(HUG)에서 1995년부터 주요 실무업무를 풍부하게 경험하면서, 연구개발처장, 연구센터장, 한국정책학회 이사(도시재생특별위원회), 한국거버넌스학회 이사(도시재생거버넌스특별위원회), 한국주택학회 이사, 주택도시금융연구원장(초대원장)으로 활동하면서 주택도시금융정책(주택·부동산 정책, 도시재생정책, 주택도시기금제도, 주택도시재생 금융·금융보증 등) 연구를 총괄하였고, 현재 HUG 동부도시금융센터장으로 재직하면서 도시재생금융실무와 도시재생코디네이터의 역할을 수행하고 있다. 「주택도시금융정책론(2018)」 등을 저술하였다.

○행정학사·법학사/법학석사/법학박사(고려대학교)
○경영지도사(중소벤처기업부)
○HUG : 전, 연구개발처장·연구센터장·주택도시금융연구원장
현, 동부도시금융센터장(도시재생코디네이터)
○전, 한국정책학회 이사(도시재생특별위원회)
○현, 한국거버넌스학회 이사(도시재생거버넌스특별위원회)
○현, 한국주택학회 이사
○「주택도시금융정책론(2018)」

도시재생정책론

2019년 4월 10일 초판인쇄
2019년 4월 21일 초판발행

저 자 임 공 수
발행인 유 성 열
발행처 **청목출판사**
서울특별시 영등포구 신길로 40길 20
전화 (02) 849-6157(代)·2820 / 833-6091
FAX (02) 849-0817
등록 제318-1994-000090호

파본은 바꾸어 드립니다. 값 24,000원

http : //www.chongmok.co.kr

ISBN 978-89-5565-773-7